傅申
中国书画
鉴定论著
全编

董其昌研究

傅申 著

上海书画出版社

丛书总序

多年前非常荣幸承上海书画出版社社长王立翔先生之邀，谈及将本人历年来有关书画研究的著述文字重新整理出版，但我个人由于种种原因一直有所搁置。后来在弟子田洪等人的协助下，终于拟定选目，比较积极地推进。

我自1955年始入大学美术系，学习传统书画篆刻，成绩当可。但从1965年因特殊机缘进入台北故宫博物院工作之后，因工作关系将兴趣转向书画史和书画鉴定，无暇继续绘画及篆刻的创作。

由于个人先从事创作，再做研究，与前辈学者如启功、谢稚柳、徐邦达、王季迁诸先生经历相同，故研究领域、方法、兴趣等较为接近，但是时代的巨轮不停地转动，我个人虽逢上科技的进步，但利用稍迟。当时从影印机的使用，暗房照片的冲洗，幻灯片又改为扫描及PPT的制作，还要学生帮助操作，网络搜寻等均未尽其用，所以相关讯息及资料都有一定的限制。但是自照相印刷的便利，改变了20世纪以前完全靠文字资料的不足，美术史及鉴定工作开始有了翻天覆地的改变与进展。

由于工具的进步，一定限制了本人自20世纪60年代起所做的种种研究，有时甚至还因此而产生错误的判断！所以本丛书的编排，特别注重论文的时序，并且呼唤读者，不论引用本人、近人或古人论点的时候，一定要注意，并注出此文此论发表时地。因为同一作者在过了几年之后，对同一作品或观点会有所改变，不能因此一错而痛加针砭或批判，以凸显自己的看法。

由于少数文章在分类时同属两类，不免有重复的情形，为了读者方便并编辑之完整，还是采用重复印出的方法，谨此告知读者。

丛书文字不少，在校对及其他方面一定有不如读者之意。请不吝致于本人，以求释及同业之改过。谢谢！

傅申 谨序

2017年9月16日 于西子湖畔

目录

丛书总序

《画说》作者问题的研究 7

董其昌的收藏与《画说》及“南北宗论”之形成年代 83

董其昌与明代书法 97

董其昌的书学 115

董其昌与颜真卿 135

董其昌书学之阶段及其在书史上的影响 143

董其昌的书画船——水上行旅与鉴赏、创作关系研究 147

《书迹》图版释文·解说 213

《画说》作者问题的研究

我对《画说》作者问题的研究兴趣，是在1969年的春天研究莫是龙的书画时，由方闻教授的介绍而读了因岛田修二郎教授之力从日本内阁文库所得的《莫廷韩遗稿》的孤本缩影本时发生的。所以我一开始就想到应该利用这珍贵的孤本，去直接比较《画说》以及董其昌的论画文字，而从文字和思想两方面去分析谁是《画说》的作者。对于这种分析和比较方法的运用，我又参看了近人辩论《老子》成书的时代和作者问题的论著。但是方法是因为研究题材而改变的，所以他们的方法也不能全部适用，但对我的启发还是很大的。

后来在我研究的过程中又陆续研读了各家对于此一问题所发表过的意见，由于过去对于这一问题的研讨，大多注重外在证据，同时又对莫是龙缺乏全面的了解，而这些外在证据又相当错综复杂，难于究诘。所以，直到目前对于此一作者问题，还没有专文讨论，而全是附在讨论中国画史上的大问题——南北宗问题之内，但是意见纷纭，莫衷一是！因此，我在后来意识到：如果我一开始就先读那些各执一是的论辩文字，我可能也会一陷不出，既没有清晰的思路，也没有这么大的勇气来做这个研究了！正如同当年讨论老子问题一样："不要说旁观者望而却走，当事者也见而生畏！"（罗根泽《诸子考索》）所以，我很庆幸在一开始的时候没有卷入那个旋涡！

虽然读者对我这篇文章可能也会望而却步，但是《画说》的作者问题毕竟是需要解决的！且不从大处的南北宗问题来想，如果对于《画说》的作者有了误解，在画史上我们就同时误解了两个人，何况董其昌还是画史上的大名家呢！所以也就不管是否令人见而生畏，且尽一己之微力，利用新的资料，增加一些新的角度，为这一个时机留下片痕半羽，而等待他人再有更新的资料，做更正确更细密的分析而已！

由于《画说》的第十一条是中国山水画上南北宗派论的首倡者，所以这是17世纪以来最重要的画论之一。而《画说》第一次出现，是在所谓《宝颜堂秘笈》的《续集》之内，在莫是龙名下；其后在陆续刊行的董氏文集中，《画说》各条均又出现于《容台别集》的《画旨》《画禅室随笔》以及《画眼》中，均在董其昌名下。相同的文字，却有不同的作者，于是产生了究竟谁是真正的作者这一问题。20世纪以来的中外学者，对于此一问题曾经发表意见的已不在少数，答案分为两种：一为主莫说，一为主董说。此外，撇开《画说》的作者问题不谈，对于南北宗论的提出，有主为华亭人之说者，这是因为董、莫二人同时同里，已不容易究诘，甚至于加上陈继儒，于是就统而言之，称为华亭人之说。本文的动机就是希望彻底解决这所谓《画说》的作者问题，也就是要找出谁是山水画上南北宗论的首倡者。

本文的目的，即是要寻找出谁是《画说》的原作者，所以凡在本文中提及《画说》之处，均只指《画说》现有的内容而言，或悬指《画说》的真正作者而言，而并不特指莫是龙或者董其昌，此其一。

其次，本文为了引用上的便利，或为读者检对时的方便，将《画说》各条给以固定的条数。而在本文中将《画说》分为十七条，这与传统上将《画说》分为十五条或十六条略有不同，因为《画说》原来的第十五条出现在董氏《画旨》中，在《画禅室随笔》和《画眼》中均分作两条，而且这两条在《画禅室随笔》中前后倒置；在《画旨》中，则前半条为《画旨》第二十一条，后半条为《画旨》第二十四条，前后并不衔接；在《画眼》中则未见上半条。再者，下半条“张伯雨题倪迂画”云云，与上半条专论赵大年全不相干，因此在本文中均以原十五条之上半条为十五条，下半条为十六条，原十六条则改为第十七条。

《画说》十七条，前后并无一个中心观念，忽而论书法，忽而论宗派，忽而评画家。有关的各条，也并没有紧连在一起，如第一条论赵大年，第十五条也论赵大年；第五条至第八条均论画树，第十四条又论画树。各条中最重要的南北宗论却不前不后，放在第十一条，夹在第十条论寄乐于画和第十二条论笔墨之间。因此，《画说》本身无组织极为明显。再者，《画说》第一条论赵大年“绝似右丞，秀润天成”，到了十五条又说“赵（大年）未能尽其（王维）法也”，虽然立说的根本观念相同，但是说话的立场不同，足见短短的十七条并不是作者有系统的单独著作，而是后人搜集同一作者在不同时间所作的题跋而已。至于《画说》之名，是否作者自拟，或者是原文遗失而后人将此十七条冠以此名，此中也尚有研究余地。所以本文述及《画说》时，不仅没有明指是莫是董，而且也没有暗示该作者原有所谓《画说》一文，而只是指现有《画说》的内容思想而已。

《画说》既是后人收集的题跋，而且《画说》的内容都不是空泛之论，而都是从实际作品得来的深刻体验，以及长期思考而成，不是一蹴可就的，所以同一作者的画论和题跋，绝不会仅有此十七条而已。那么，这位作者在此以外，必定还有未被采入的材料；而这些材料之中，也必定有与《画说》的文字、思想有相类、相通，甚至于相同的地方。所以，我们只要将《画说》的文字和内容，和莫、董二氏的文字、内容逐一分析比较，就应当可以找出《画说》的原作者。这是一个很普通的原则和方法，只是在过去研究此一问题时，并未充分地运用而已！而在本文中，此一分析和比较占最大的篇幅，都包括在第一章内；然后在其余各章内，再对莫、董二家，以及《画说》的刊行各方面等作较为全面的探究，然后再对《画说》的真正作者下最后的结论。

总之，本文的目的固然是希望较为彻底地解决这一个画史上17世纪初期以来的大疑案，同时也想借此个案的研究，对这一类论画文字的鉴别或作者问题的研究，提供一些较为有效和决定性的方法；而这种方法，不但可以作为同类问题的研判案例，并且也可以作为书画鉴别方法的借鉴。

在此，我要谢谢方闻教授和岛田教授对我的鼓励和指导；吴讷孙教授和何惠鉴博士赐给我的资料，他们的论文对我也有很大的帮助；此外，昔日师长们的教导，以及昌彼得先生、江兆申先生、罗覃先生和吴同先生等的协助或建议，也都是要感谢的；最后，也要特别感谢台北故宫博物院给我这个发表的机会和资料的提供，以及洛克菲勒基金会给我在美国进修和参观的机会！至于拙文中的任何错误，都当由笔者自己负责！

一、《画说》与莫、董二氏画论的分析比较

本章是本文的主干，篇幅也最多，原则上是利用今存莫、董两家的书画题跋和言论资料，去直接和《画说》的文字内容作分析比较。这不但可以避免过去各家讨论此一问题的各执一词、相持不下的局面，而且也可以从根本上去解决作者的归属问题，使真相大白于世。兹将本文中据以讨论比

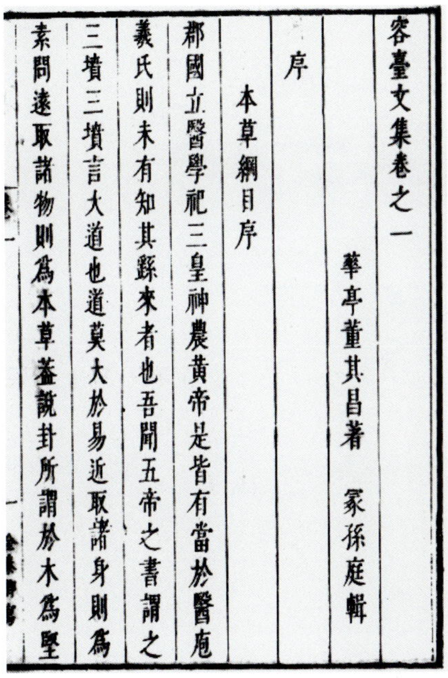
容臺文集卷之一
華亭董其昌著　冢孫庭輯
序
本草綱目序
郡國立醫學祀三皇神農黃帝是皆有當於醫庖
羲氏則未有知其繇來者也吾聞五帝之書謂之
三墳三墳言大道也道莫大於易近取諸身則爲
素問遠取諸物則爲本草蓋說卦所謂於木爲堅

图1　董其昌《容台集》书影，明崇祯三年刻本

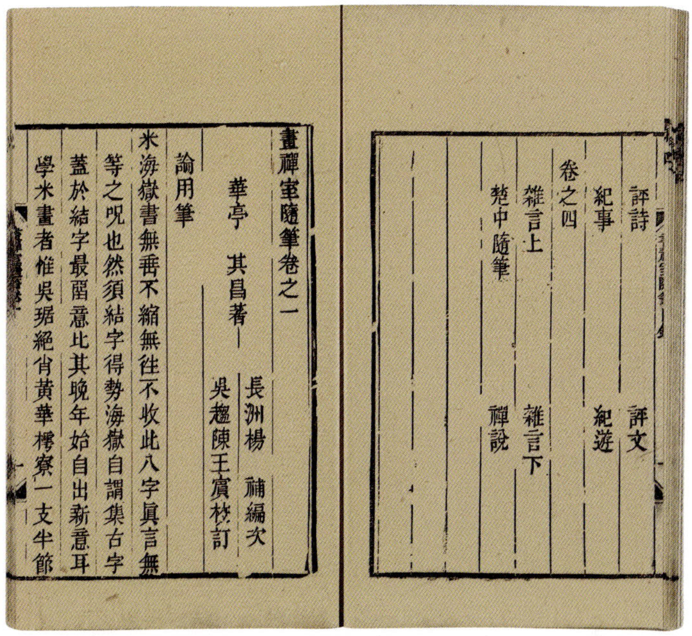
畫禪室隨筆卷之一
華亭　其昌著　長洲楊　補編次
吳趨陳王賓校訂
論用筆
米海嶽書無垂不縮無往不收此八字真言無
等之呪也然須結字得勢海嶽自謂集古字
蓋於結字最留意比其晚年始自出新意耳
學米書者惟吳琚絕肖黃華樗寮一支半節

評詩　評文
紀事　紀遊
卷之四
雜言上　雜言下
楚中隨筆　禪說

图2　董其昌《画禅室随笔》书影　清刻本　美国加州大学伯克利分校东亚图书馆藏

较的两家资料，略作说明于后。

（一）莫是龙资料：以东京内阁文库的《莫廷韩遗稿》为主，以台北图书馆的《石秀斋集》、式古堂本《笔麈》，以及影印或著录中的莫氏书画题跋为辅。因为《莫廷韩遗稿》一书外界不易得见，而且莫氏资料以此为最多，故略介于下。是书为沈及之编刊，前有壬寅（1602年）陈继儒的题词，不但较1604年的《石秀斋集》为早，而且也早于宝颜堂秘笈本《画说》（约1610年）。全书共十六卷：卷一，赋；卷二，四言古五言古；卷三，七言古；卷四，五律；卷五，五言排律；卷六，联句；卷七，七言近体；卷八，五绝；卷九，七绝；卷十，词。以上十卷与《石秀斋集》互有异同。而自十一卷以下，则为该书所独有，而且较为重要的资料均出于此：卷十一，记、传、叙、志铭、疏文；卷十二，书简；卷十三，书简；卷十四，题跋；卷十五，笔麈；卷十六，赞、铭。其中《书简》部分有助于了解他的生活状况，《题跋》和《笔麈》两卷则有助于了解他的书画思想。此书上有“德祖”及“诸生布衣”二藏书印，当为中国人，惜姓氏及时代均不详。另，日本藏书家“佐伯侯毛利高标字棓松藏书画之印”一朱文大印，可能为19世纪初期人。

（二）董其昌资料：以《容台集》（图1）和《画禅室随笔》（图2）为主，以《画眼》及现存或著录中的董氏书画题跋为辅。因为对于《画禅室随笔》一书的可靠性尚有不同的看法，兹略论于后：此书一般均据梁穆敬康熙庚子序，而定此书于1720年编；然梁序中云：“予家向藏《画禅室随笔》二帙，系杨子无补所辑。”则编成年份必早于1720年。今承岛田教授赐知钱谦益（1582—1664）《有学集》有杨氏卒年，兹查得该书三十二卷《处士杨君无补墓志铭》曰：

……（杨君）为清新古淡之学，诗道于是乎大就。善画，落笔似黄子久，好游虞山，谓子久粉本在是，坐卧不忍舍，揽取其烟峦雨岫……卒于丁酉岁七月……

故知杨氏卒于1657年，是一位诗人兼画家，则是书之编成最晚为1657年，很可能在董氏生前就

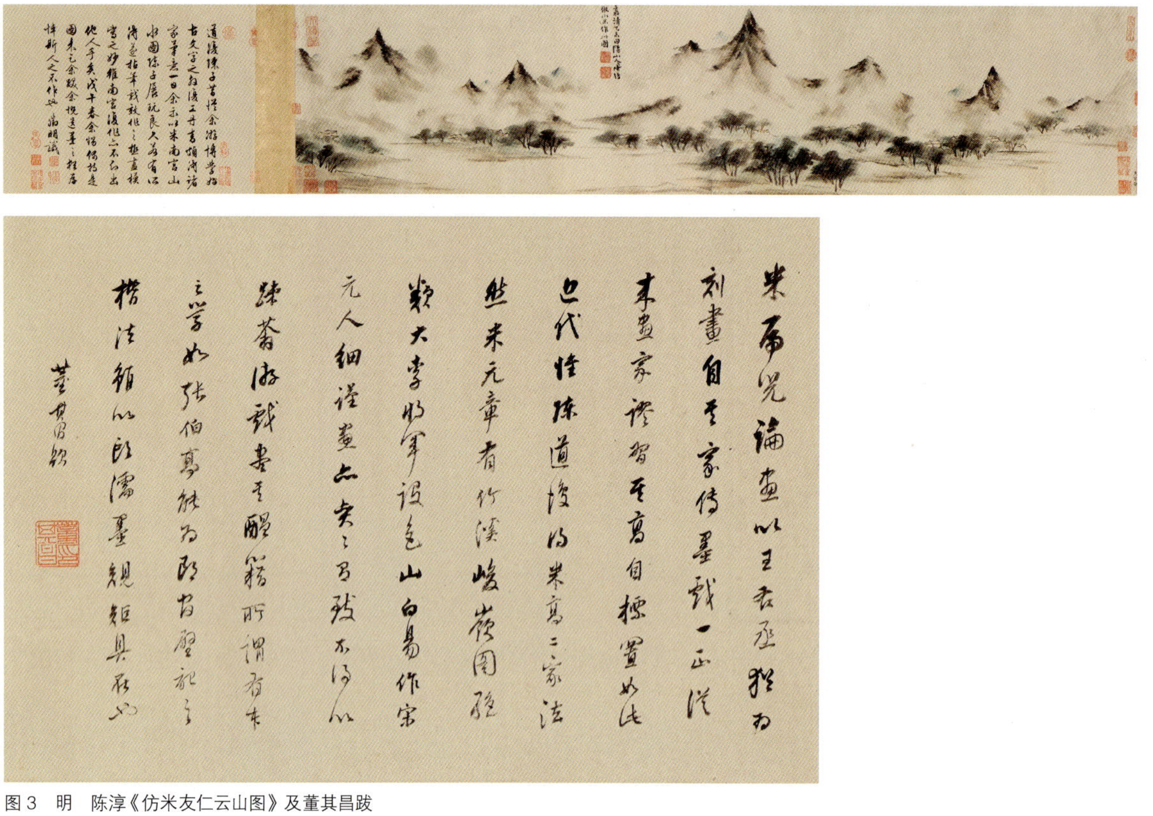

图3 明 陈淳《仿米友仁云山图》及董其昌跋

开始收集的，所以时间上和1630年的《容台集》相去极近。然二书之编辑方式不同，内容亦各有异同，如别集《禅说》有五十二则，此书只有十五则；《画旨》中的题跋都略去标题，而此书则有；足证此书并不摘抄自《容台别集》。因此，在资料的利用价值上，是仍然不可以随便抹杀的！

至于《画旨》的条数，原刻本及闽中本均作一五五条，可是经我用式古堂本对校重数之后，都应作一六九条。而在本文引用《画旨》时，均注以自编条数及台北图书馆影印本页数，以便于读者检阅。

总之，莫、董两家在目前都有相当数量的资料，可与《画说》中的文字内容作比较研究。兹从两家的画家评所藏所见、文字思想、宗派观念、以禅论画以及两家的书画作品等五项逐一分析比较。

（一）从两家的画家评及所藏所见来看

下文将讨论的画家包括：王维，张璪、荆浩、关仝、郭忠恕，李成，董源，赵大年，二米，江参，黄公望，倪瓒，吴镇、王蒙，李思训、李昭道，赵幹，赵伯驹、赵伯骕，马远、夏圭，仇英（共二十三家）。

《画说》中除了一部分专门讨论画树的诀要以外，一部分讨论画家的宗派以及对于某些画家的评论。同一作者的其他文字，其对于某家的宗派及评论，不论其文字与内容，都应该有其共同之处，即使因前后思想的转变，或者因立场的不同而产生差异，也应该可以从他思想的演变过程中找出其因果关系的。

基于上述原则，在本节中，将莫、董两家和《画说》中的画家评作并列比较，以为推定《画说》作者的重要根据之一。又，《画说》在讨论画家或画法时，有时提到某些特定的作品，因此，我们可以肯定《画说》的作者曾经见过、题过，或者藏过这些作品，只要找出谁曾收藏或见过这些作品，谁就应该是《画说》的作者。因为这些是物证，所以要比从概论性的画家品评来判断《画说》的作者更为具体，这是毫无疑问的！同时，在比较两家的一般收藏时，也可以看出谁是言出有据，而不只是空谈。所以，追寻两家的收藏和题跋，成为研究《画说》作者的具体根据。可是，对画家的评论，大部分是根据古画的题跋，而题跋又与收藏相关联。所以，虽然这两点都能各自构成《画说》作者研究的重要依据，但为了讨论上的便利和避免重复，在这里列于同一节内进行讨论。

不论收藏或题跋，都有助于理论的发展和对作品的认识。一般的收藏者，上焉者希望了解他们所藏作品的历史渊源，以及在书画史上的地位；下焉者也希望知道其所藏作品的历史价值和经济价值。所以对待自己的收藏，研究起来总要比较热心，同时也比较方便；若是只看他人的收藏，不过等于过眼云烟罢了！所以理论的建立，一定会受自己收藏作品的影响。因此，在比较两家的收藏时，一定能够找到作者的线索。

再者，题与不题之间，也有很大的差别。因为题跋是要公之于当代，也要传之于后世的，所以题跋者绝不会过分随意，而大多是慎重其事的。因此，在下笔之前，都不免要研究一番，先要起稿，然后才誊录到书画上。所以，题得越多，研究和思考的机会也就越多，渐渐的，思想就会成熟起来。反之，只看而不题，在过去的收藏家手里，是很难得有比较仔细的研究机会的。若是随看随收，即使有追求绘画史的旨趣，其所得亦必有限！此外，如果你在鉴赏上无籍籍名，收藏家也不会随便请你题跋的。所以理论的建立，也一定与他的题跋——包括题自画和题古画——有密切的关联。而在比较两家的题跋时，自然也能找到《画说》作者的线索来。

兹将《画说》中述及之画家，逐一比较莫、董二氏之论述和收藏如后。

在目前所得资料中，尚未见莫氏提到王维的名字一次，对于《画说》的作者来说，这是很不正常的，而董其昌却曾屡屡论及王维，兹归纳比较《画说》与董氏之论如下。

王维

1.董氏以赵大年得自王维，又云倪瓒为赵大年一派，皆与《画说》相合；2.《画说》中米元晖评王维画如刻画一语，董文中曾一再引用；3.董氏之“右丞以前无作者”及“文人之画，自王右丞始”，都与《画说》中以王维为南宗之祖相合；4.《画说》中“云峰石迹”等语，董文中曾一再引用，董氏又谓王维“千载不可庶几”及“李唐一人而已”都与《画说》中“吾于维也无间然，知言哉”相合。

可见董氏对于王维的评论，不论在文字及思想两方面均与《画说》相符，而莫氏则无资料可比，兹将比较资料附表于后，以便作直接比较。

评王维		
莫是龙	《画说》	董其昌
	赵大年画平远，绝似右丞……此一派又传之为倪云林……（《画说》第一条）	1.赵令穰《江乡清夏卷》笔意全仿右丞。（《画旨》） 2.余至长安，得赵大年《临右丞湖庄清夏图》，亦不细皴……此得右丞一体者也。（《画旨》） 3.赵令穰……酝酿王右丞《辋川》墨法。（《退庵金石书画跋》） 4.……令穰此卷……虽谓前身右丞可也。（《大观录》） 5.倪迂……盖米襄阳、赵大年一派耳。（《画眼》）

图 5　唐　王维（传）　江干雪意图（画心）　台北故宫博物院藏

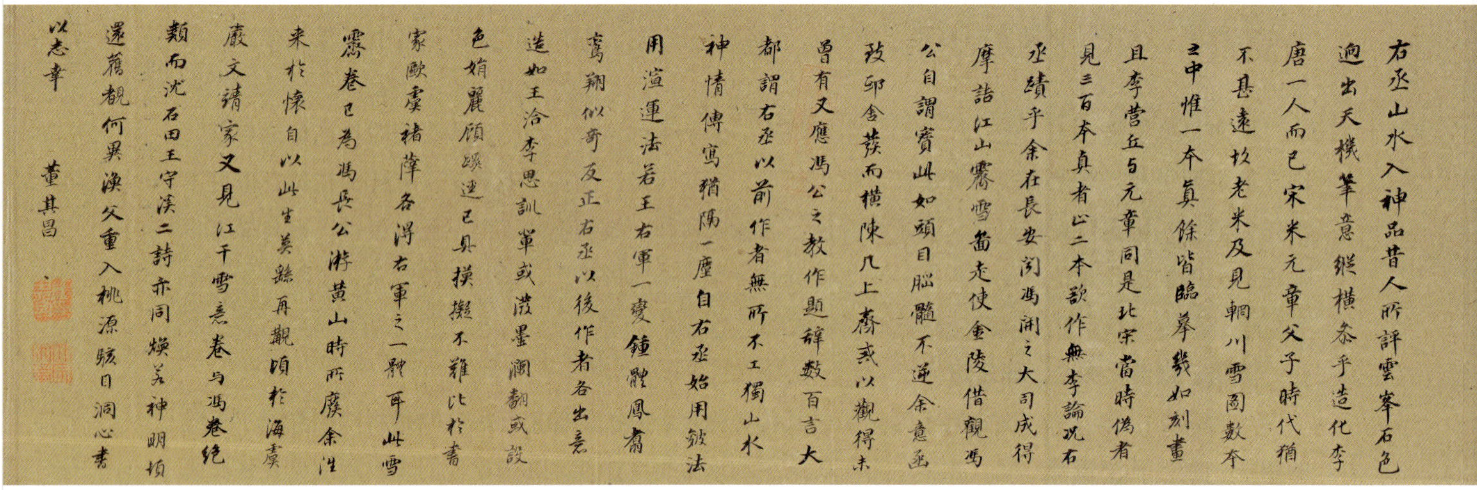

右丞山水入神品昔人所評雲峯石色
迥出天機筆意縱橫參乎造化李
唐一人而已宋米元章父子時代猶
不甚遠故老米及見輞川雪圖數本
之中惟一本真餘皆臨摹幾如刻畫
且李營丘与元章同是北宋當時偽者
見三百本真者止二本欲作無李論況右
丞蹟乎余在長安聞馮開之大司成得
摩詰江山霽雪圖走使金陵借觀馮
公自謂寶此如頭目腦髓不逆余意亟
致郵含获而横陳几上齋戒以觀得未
曾有又應馮公之教作題辭數百言大
都謂右丞以前作者無所不工獨山水
神情傳寫猶隔一塵自右丞始用皴法
用渲運法若王右軍一變鍾體鳳翥
鸞翔似奇反正右丞以後作者各出意
造如王洽李思訓輩或潑墨瀾翻或設
色娟麗顧蹊逕已具模擬不難比於書
家歐虞褚薛各得右軍之一體耳此雪
霽卷已為馮長公游黃山時所廢余性
来於懷自以此生莫繇再覯頃於海虞
嚴文靖家又見江干雪意卷与馮卷絕
類而沈石田王守溪二詩亦同煥若神明頓
還舊觀何異漁父重入桃源睹目洞心書
以志幸
董其昌

图 4 《江干雪意图》后董其昌等人的题跋（局部）

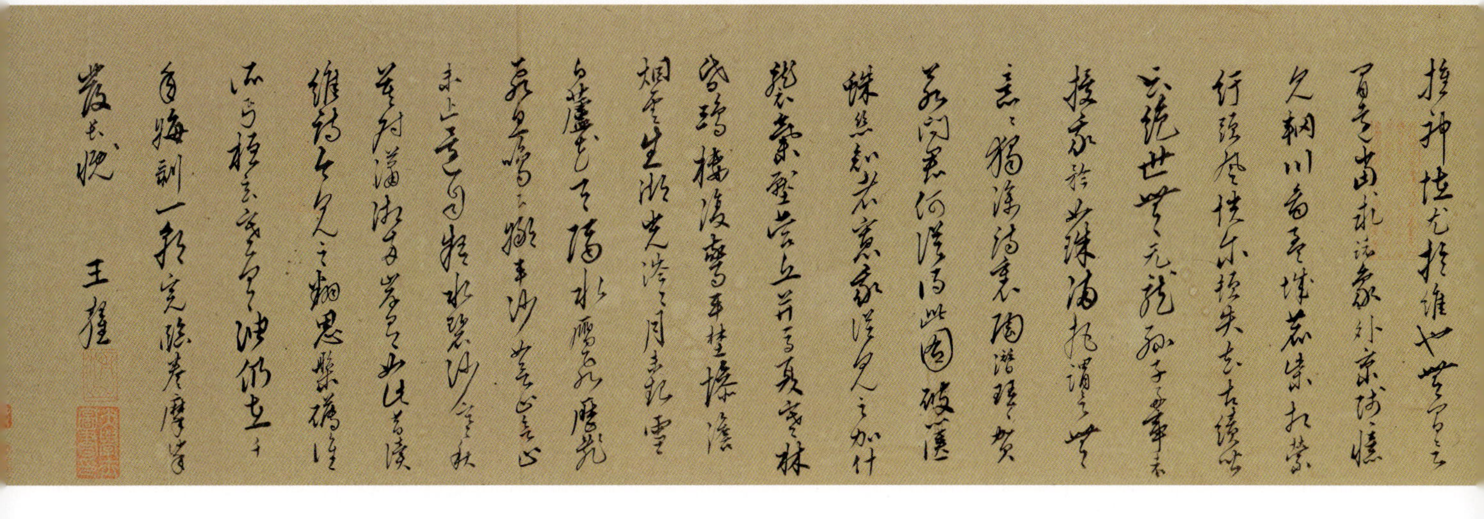

军……图及郭忠恕雪景”同一观点，因此无疑是对主莫说不利的。

兹将莫、董二氏对上述四家的所评所藏列表比较于后。

莫是龙	《画说》	董其昌	
	南宗则王摩诘始用渲淡，一变钩斫之法，其传为张璪……（《画说》第十一条）		
		评论	所藏所见
1. 观其（周砥）意匠墨采，仿佛荆、关以上诸公。（波士顿艺术博物馆藏周砥《宜兴小景》、沈周《铜官秋色》合卷跋） 2. 荆、关、董、李之墨不可复睹矣。（跋王洪《潇湘八景图》） 3. 由来老笔荆、关辈，施粉施朱笑后生。余志可见矣。（《莫廷韩遗稿》跋自画卷）	荆关（《画说》第十一条）	1. 上自荆关，下逮黄子久……（《画眼》） 2. 关仝画为倪迂之宗。（《画旨》） 3. 荆浩河内人，自号洪谷子，博雅好古，以山水专门……语人曰：吴道子画山水有笔而无墨，项容有墨而无笔，吾当采二子所长，为一家之体，故关同北面事之。世论荆浩山水为唐末之冠……（《画旨》，语出《宣和画谱》卷十）	1. 余家有关仝《秋林暮霭图》，绢素已剥落，独存其风骨，尚足掩映宋代名手数辈。（《画旨》） 2. 余尝见赵文敏《扣角图》，仿关笔，皆用横皴，如叠糕坡。（《画旨》）
	郭忠恕（《画说》第十一条） 石用大李将军……图及郭忠恕雪景（《画说》第十七条）	1. 郭忠恕画绝类右丞。（《书画鉴影》） 2. 董思白《跋楼居仙图》云：郭忠恕作石似李思训，作树似王摩诘，至于屋宇楼阁，则自为一家，最为独妙。（《绘事微言》） 3. 画家右丞……必于皴法有奇……最后复得郭忠恕辋川粉本，乃极细皴……（《画旨》）	1. 郭忠恕《溪山行旅图》，余得之长安……乙巳（1605）春作此小幅，如与古人有合。（《画旨》） 2. 题《宋元名人山水册》第二幅：“郭忠恕画绝类右丞。”（《书画鉴影》） 3.……最后复得郭忠恕辋川粉本，乃极细皴，相传真本在武林，既称摹写，当不甚远。（《画旨》） 4.《辋川招隐图》，为郭恕先笔，余得之长安周生。（《画禅室随笔》） 5. 郭忠恕《辋川招隐图》……吾斋神交师友。（《画源》） 6. 家有王右丞、郭恕先《雪山》，须雪乃悬壁游赏。（《容台别集》） 7. 郭忠恕《越王宫殿图》……流传至玄宰处。（《妮古录》卷四，《画禅室随笔·画源》） 8. 子晋《吹笙图》——山右潘侍御翔公……“视余《子晋吹笙图》乃郭恕先笔”。（《董华亭书画录》） 9. 此余在长安苑西草堂所临郭恕先画，粉本也，恨未设色与点缀小树，然布置与真本相似。癸卯春玄宰。（喜龙仁《中国画》第262图）

上述数家，荆、关在画史上的地位是非常稳固的，但张、郭二氏的地位，即在董氏本人的画论

中也没有固定。如《画禅室随笔》及《画旨》中的“文人之画”一条，即未曾将张、郭二氏列入，在他之前的何良俊及王世贞也如此。所以现在董其昌将郭氏列入，一定要有某种原因才成。他固然可能受苏轼和李廌的影响，因为东坡曾对郭氏的品格特表赞赏，而郭忠恕“作石似李思训”条原出于李廌《德隅斋画品》。[2]而最重要的原因是他发现了郭氏的画“绝类右丞”，又收藏郭氏《摹辋川图》，所以他就自然将郭氏列于王维一脉之下；他所藏的《雪山图》，很可能与《画说》中“石用……郭忠恕雪景”为同一图。所以，即使我们只从郭忠恕一人的身上去探究，就应该可以肯定谁是《画说》的作者。因为对于董其昌来说，一切都是因果分明的，而对于莫是龙来说，就追究不出他将郭忠恕列入王维一脉的原因了！

李成

莫是龙在1571年题了王洪的《潇湘八景图》卷以后，是否见过李成的画迹诚为疑问，因为在他的题跋文字中再也没有道及李成，所以不得而知！他所谓的“荆、关、董、李之迹，不可复睹矣”，除了表明他未见之外，或者他也不相信当世还有李成的画迹传世，正如董氏所云：

世人闻米元章欲作无李论，遂以李画皆题为范，痴人前不得说梦，此之谓也！戊戌六月。（《故宫书画录》卷六，七二页，《小中见大》第一开）（图6）

董氏的鉴定和看法，我们固然可以不同意，但我们有很多资料，可以证明他对李成有其个人的看法和认识。他作画又仿李成的寒林法，又曾借过临过李成的画迹，所以若由董其昌来说李成的树“千屈万曲”，自是顺理成章的。

再者，一般鉴赏家都已不相信在明末还有李成画迹的存在，更不会说出李成还有“着色青绿，俱宜宗之”的话来，因为大家都知道李成是水墨画家，所以这种话说出来很容易被人当作笑语的。因此，不论是莫是董，说出这样的话来，一定是有他的根据的！而在董氏这一方面，他不但收藏有“携以自随”的“神交师友”这一李成《着色山图》，以及李成的青绿山水《烟峦萧寺图》（二图或为同一图）！这些不就是《画说》中所谓应该宗法的“着色青绿”吗？那么，两相比较之下，谁是《画说》的作者，不是很显然的吗？兹列表比较莫、董之论及所藏所见于后。

莫是龙	《画说》	董其昌
荆、关、董、李之墨，不可复睹矣！（跋王洪《潇湘八景》卷）	1. 画树……李营丘则千屈万曲，无复直笔矣！（《画说》第五条） 2. 李成画法有小帧水墨及着色青绿，俱宜宗之。（《画说》第十七条）	1. 余写此图，用李成寒林法。（《画旨》） 2. 偏头关万金吾邦孚家藏李营丘平远小绢幅，与成国家巨轴同一笔法。（图7） 3.《再题婉娈草堂图》：“是岁（丁酉 1597）长至日，仲醇携过斋头设色，适得李营丘青绿《烟峦萧寺图》及郭河阳《溪山秋霁》卷，互相咄咄叹赏永日。（图8） 4. 李成《晴峦萧寺》，文三桥售之项子京，大青绿，全学王维，今归余处，细视之其名董羽也。（《画旨》《妮古录》） 5. 李营丘《着色山图》……右俱吾斋神交师友。（《画禅室随笔・画源》） 6. 此册开卷右丞、营丘，便足压一世。（《容台别集》） 7. 营丘山水，用墨颇浓……余尝见一双幅，每对之，不知身在千岩万壑中。（《画眼》《画禅室随笔・画源》） 8. 此幅相传为范中立……谛玩之，其古雅简淡，有摩诘之韵，兼巨然之势，定是李营丘也……痴人前不得说梦，此之谓也。（见图6）

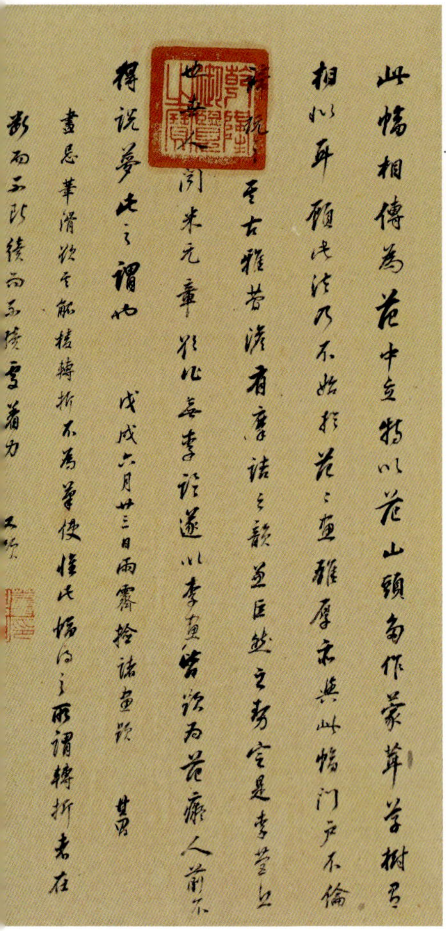

图 6　明　董其昌《小中见大》册第一开　台北故宫博物院藏

图 7　董其昌《仿古山水册》之《岩居高士图》
纸本设色　美国纳尔逊－阿特金斯艺术博物馆藏

董源

董源在画史上的地位，自从米芾在他的《画史》中倍加推崇之后，在元明两代画论中，都占有崇高的地位，所以《画说》中曾屡次论及董源，自不足为奇。然则，在同一作者的论画文字中，对于董源也应该有相同的看法才成！可是在莫是龙画论中，不但极少论及董源，而且对他的敬意也不甚高，他说："一峰道人好写水墨，人以为高古苍润，即董北苑、僧巨然不能过也！"（《莫廷韩遗稿》）

其实在许多莫氏画论中，都有重元人的观念（另见宗派观念一节），所以如果是他说出《画说》第十六条中的："若不从董北苑筑基，不容易到耳！"那就大有可疑了。可是在董其昌的资料里，不但与莫氏不同，而且与《画说》处处吻合无间。兹归纳比较董氏《画说》之论如下。

1.董其昌以董源上接王维，与《画说》相合。

2.董其昌以巨然及元四家皆出于董源，与《画说》谓巨然及元四家学北苑相合；董氏的"子久学董源，又自有子久"与《画说》中语何等相似！又董氏所谓"不师北苑，乌能梦见南宫耶"，也就是《画说》中"若不从董北苑筑基，不容易到耳"的另一注脚。

3.董其昌所谓"森梢直树，起于北苑"，与《画说》中"董北苑树作劲挺之状"相合。

4.董北苑作小树只凭点缀或以笔点成形，以及米画出于董源，董氏之说均与《画说》相合。

5.《画说》云"皴法用董源……《潇湘图》点子皴"，此《潇湘图》曾为董氏所藏，却未经莫氏收藏及题跋；董氏又以子昂学北苑，与《画说》中北苑、子昂并论相合。

兹将董、莫之论，附表于后。

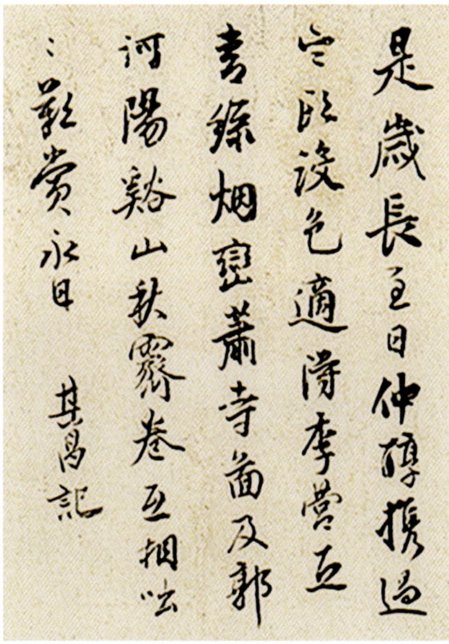

图 8　董其昌《婉娈草堂图》上的题跋

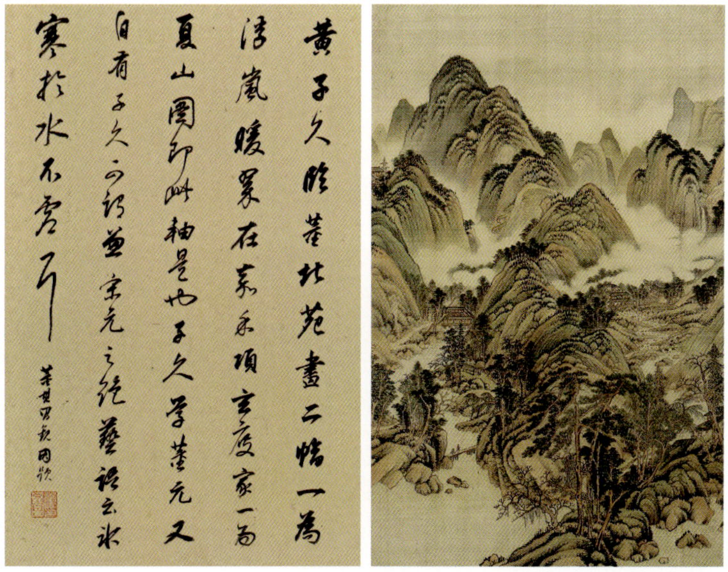

图 9　明　董其昌《小中见大》册第九开　台北故宫博物院藏

莫是龙	《画说》	董其昌
	南宗则王摩诘……董巨……(《画说》第十一条)	1. 王叔明画从赵文敏风韵中来……而以董源、王维为宗。(《画旨》) 2. 文人之画，自王右丞始，其后董源、僧巨然……(《画禅室随笔·画源》)
	巨然学北苑，元章学北苑，黄子久学北苑，倪迂学北苑，学一北苑耳，而各各不相似。(《画说》第十三条) 顾谨中题倪迂画云，初以董源为宗……若不从董北苑筑基，不容易到耳。(《画说》第十六条)	1. 题北苑《潇湘图》："……董源画世如星凤，此卷尤奇古荒率，僧巨然与此还丹，梅道人尝其一脔者……"(《式古堂书画汇考》《画旨》) 2. 尝悬北苑画于堂中，兼以倪赵诸迹，无复于北苑着眼者，政自不知元人来处耳。(《式古堂书画汇考》《画禅室随笔·画源》) 3. 黄子久临董北苑画二幅……子久学董元，又自有子久……(图 9) 4. 客以北苑画授予……不师北苑，乌能梦见南宫耶？(《画眼》《画禅室随笔》) 5. 倪云林、黄子久、王叔明，皆从北苑起祖。(《画禅室随笔》《画诀》)
	董北苑树作劲挺之状，特曲处简耳。(《画说》第五条)	自题山水册第四幅："山水家森梢直树，起于北苑。老杜所谓：请君放笔为直干者是也。"(《岳雪楼书画录》)
	董北苑画树，多有不作小树者，如《秋山行旅》是也。又有作小树，但只远望之似树，其实凭点缀以成形者，余谓此即米氏落茄之源委。(《画说》第十四条) 元章学北苑。(《画说》第十三条)	1.……客以北苑画授予，云烟变灭，乃知米氏父子深得其意。(《画禅室随笔·题自画》) 2. 北苑画小树，不先作树枝及根，但以笔点成形，画山即用画树之皴，此人所不知，乃诀法也。(《画眼》《画禅室随笔》《画诀》) 3. 董北苑好作烟景，烟云变没，即米画也。(《画旨》《画禅室随笔》) 4. 北苑画杂树，止只露根，而以点叶高下肥瘦，取其成形，此即米画之祖。(《画眼》《画禅室随笔》《画诀》) 5. 米氏父子宗董巨法，稍删其繁复。(《画眼》)
	皴法用董源麻皮皴，及《潇湘图》点子皴，树用北苑、子昂二家法。(《画说》第十七条)	1. 题《潇湘图》："此卷予以丁酉六月得于长安……董源画世如星凤，此卷尤奇古荒率……"(《式古堂书画汇考》《画旨》) 2. 题赵孟頫《鹊华秋色图》："吴兴此图，兼右丞、北苑二家画法……"(《故宫书画录》卷四) 3. 题《小中见大》第四开："赵文敏公学董北苑天下第一。"

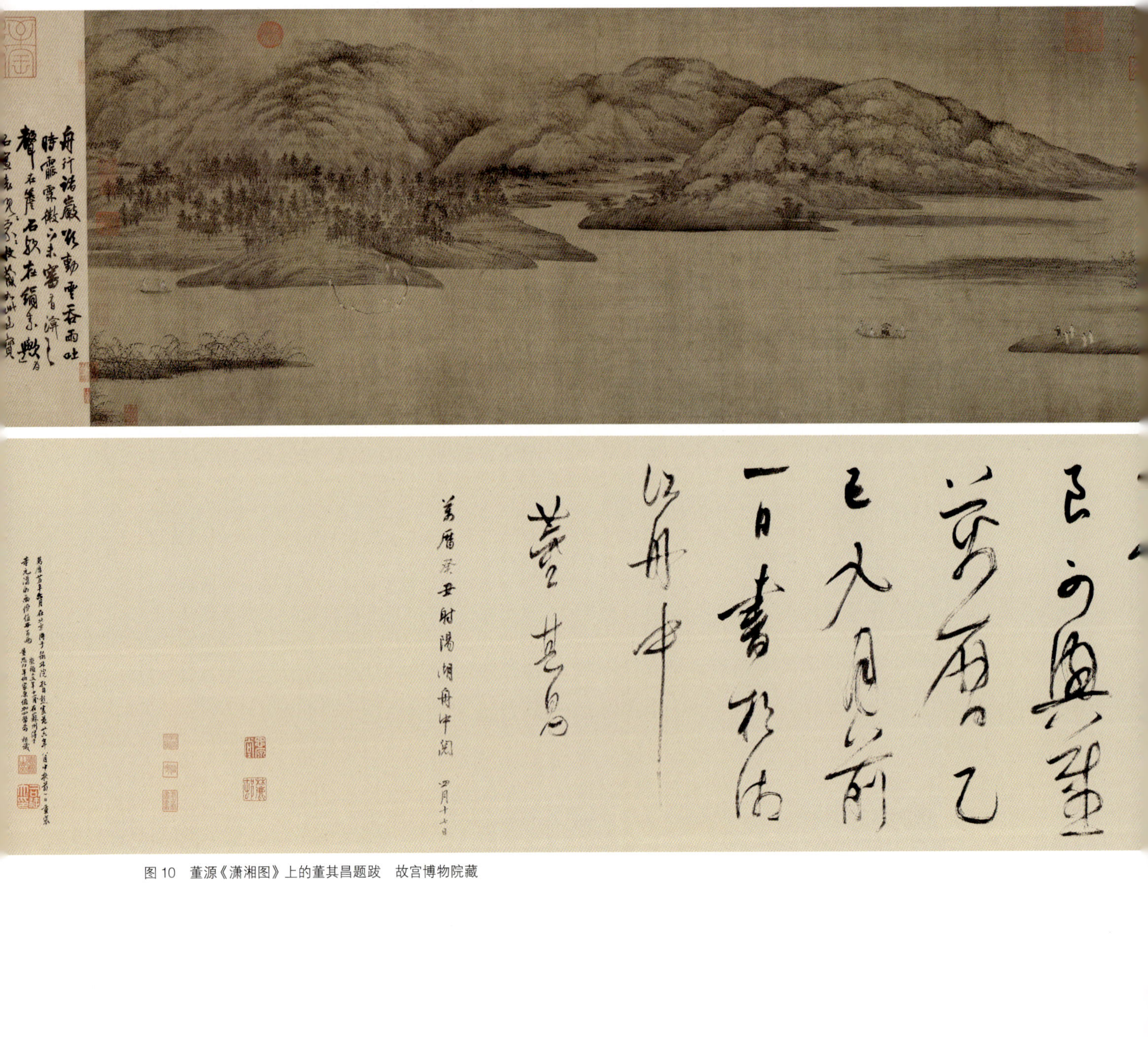

图 10　董源《潇湘图》上的董其昌题跋　故宫博物院藏

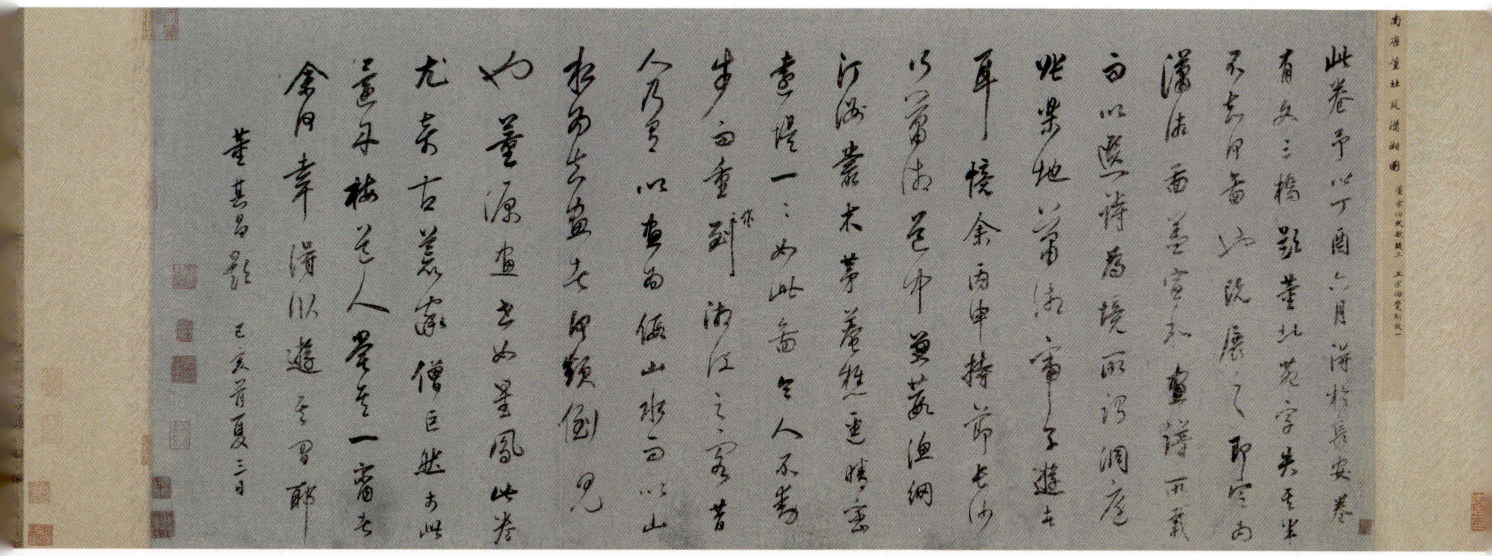

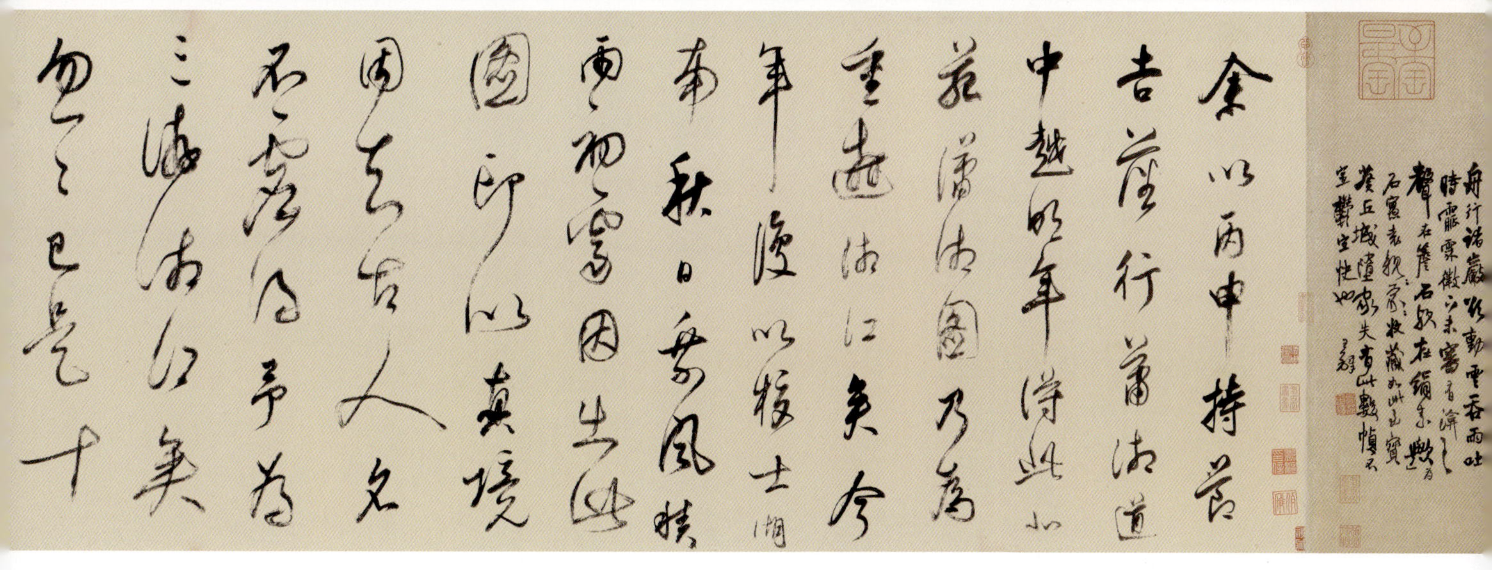

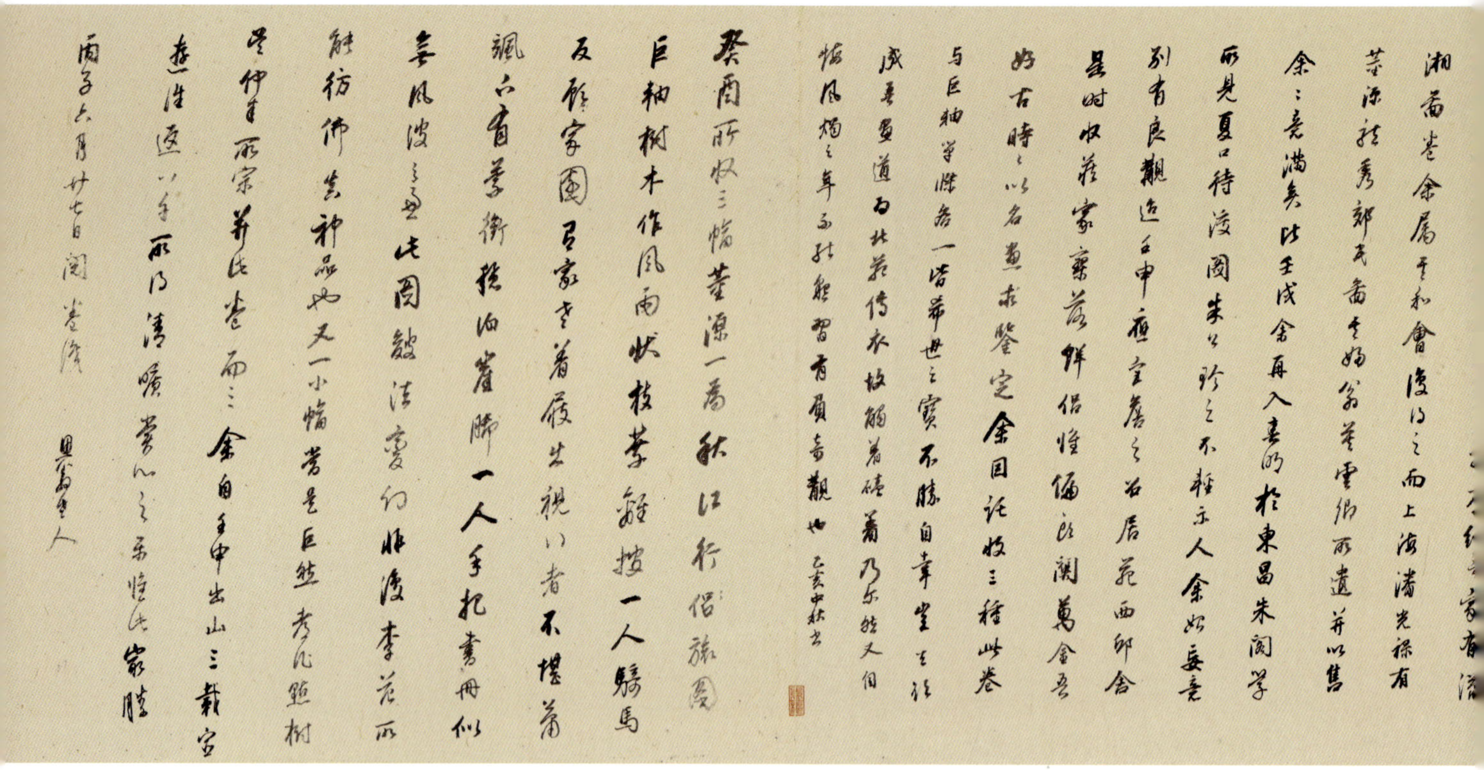

图 11　董源《夏山图》后的董其昌题跋　上海博物馆藏

至于比较起董、莫二氏所藏所题或所见之董源画，两人也极为悬殊。在莫氏资料中，莫氏只藏《龙宿郊民图》一图（《虚斋名画录》卷一，董其昌跋董源《夏山图》），但他在跋王洪《潇湘八景图》卷时说：“荆、关、董、李之墨，不可复睹矣！”

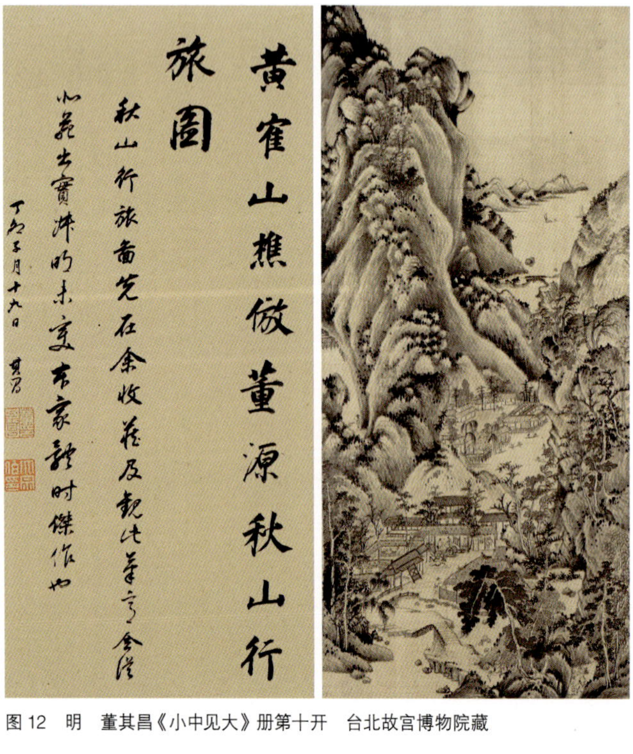

图 12　明　董其昌《小中见大》册第十开　台北故宫博物院藏

莫氏说这话时，不知他是否已经藏有《龙宿郊民图》，而又不见他题跋或论及此图，是否他不以为当时还有董源真迹？但在董氏这一方面，即如《清河书画舫》所云：“董玄宰太史酷好北苑画迹，前后收得四本，内惟《潇湘图》卷为最，至以四源名其堂云。”（《式古堂书画汇考》）

其实董氏所藏尚不止此数，在他题董源《秋山行旅图》时云：“北苑画，米南宫时止见五本，予家所藏凡七本，以为观止矣，都门又见《夏口待渡图》卷，吴阊泊舟又见此本，皆世之罕

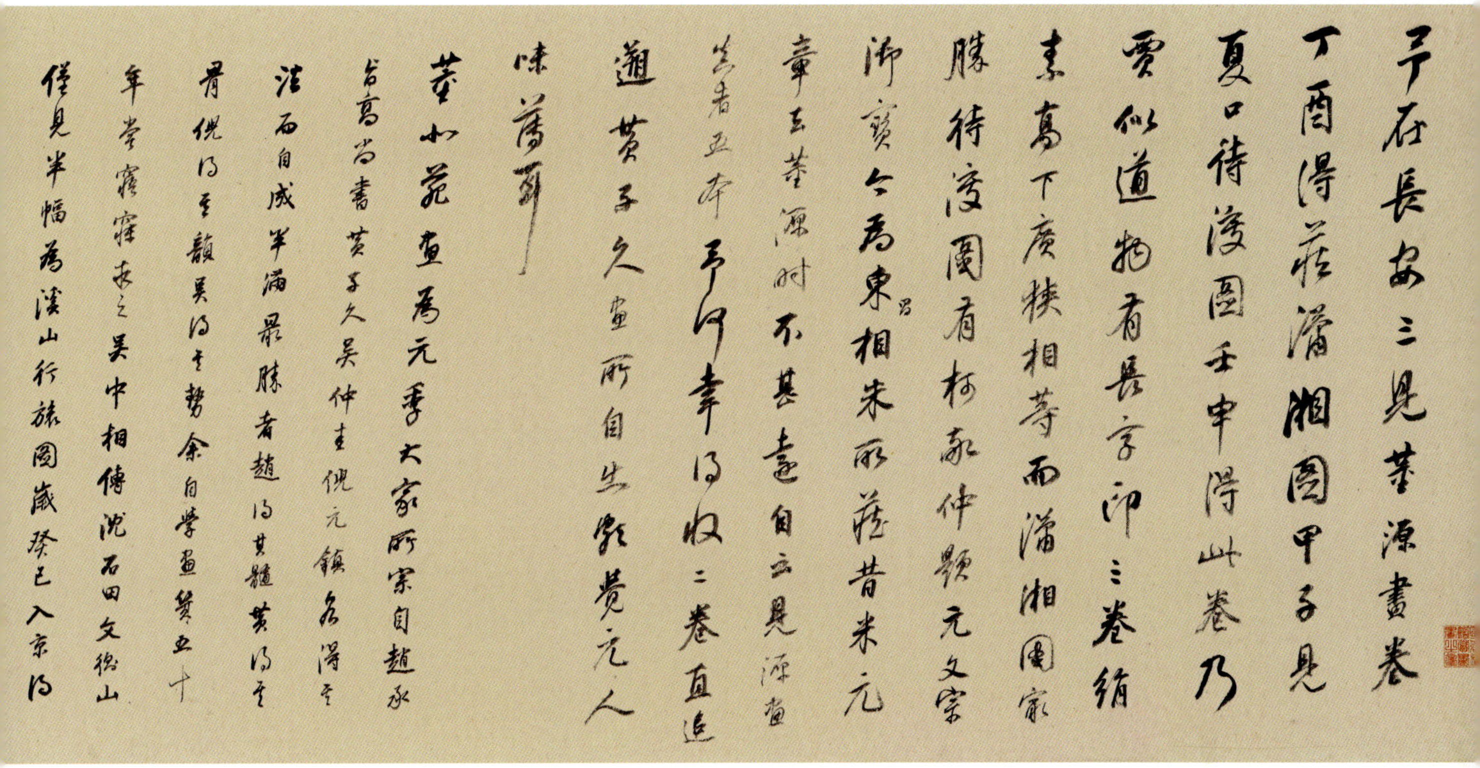

物！”（《式古堂书画汇考》）

董其昌对于董源画的酷好，一则因为董源在画史上的地位，上接王维，下开米氏父子及元四家，他为了探根究源，同时也为了他自己画学上的欲望，要与米氏父子及元四家抗衡而同师董源；再则他与董源同姓，他一再亲切地喊“吾家北苑”，俨然是董源的嫡派了！因此他特别着力于搜求董源的真迹。[3]兹将其所题所藏及所见之董源画列表于后。

莫是龙	董其昌
1.荆、关、董、李之墨，不可复睹矣。 2.藏《龙宿郊民》（董其昌跋董源《夏山图》）	1.《潇湘图》卷跋云：“此卷予以丁酉六月得于长安。”（图10） 2.《龙宿郊民图》（董其昌跋为《夏山图》）跋云：“丁酉得。”（图11） 3.《溪山行旅图》跋云：“余求董北苑画于江南不可得。仲方曰：君入长安，从张乐山金吾购之……辛丑题。”（《式古堂书画汇考》） 4.《夏景山口待渡图》跋云：“东昌阁朱公所藏……乃北苑笔。”（《容台别集》） 5.《小中见大》第三开跋云：“董北苑真迹神品。”（《故宫书画录》六） 6.《寒林重汀图》跋云：“魏府收藏董元画天下第一，董其昌鉴定。”（《东洋美术》第一卷） 7.《群峰霁雪图》 8.《秋江行旅图》 以上二幅均收于癸酉（1633）。（《梦园书画录》卷二） 9.《关山行旅图》，跋云：“用笔苍劲，元季四家皆宗之，余幸收之。”（《董华亭书画录》） 10.《溪山图》跋云：“余家有董源《溪山图》。”（《画旨》） 11.《蜀江图》跋云：“董北苑蜀江图……在吾家……”（《画眼》《画禅室随笔·画源》） 12.《溪山樾馆图》跋云：“往在北扉得观朱黄门所。因临粉本箧中，今始成此，颇有肖似。”（《岳雪楼书画录》卷四，现藏美国大都会艺术博物馆） 13.《山居图》跋云：“此董北苑画《山居图》真迹也。”（《容台别集》） 14.“董源二图，予家所藏北苑画有《潇湘图》《秋山行旅图》……又二图不著其名。”（《画禅室随笔·画源》） 15.《秋山行旅图》跋云：“黄鹤山樵仿董源《秋山行旅图》，《秋山行旅图》先在余收藏，及观此笔意，全从北苑出，实叔明未变本家时杰作也。”（图12） 16.《夏山图》跋云：“壬申（1632）得此卷。”（《虚斋名画录》卷一）

由上表可见董其昌所藏所见董源画之富！然则，《画说》中有关董源诸条，当出谁氏的手笔，可以不问而知了。特别是《潇湘图》及《秋山行旅图》均曾出现在《画说》之中，而又均为董氏收藏，则更是《画说》作者的物证！是以《画说》的作者谁属，已经具体化了！

赵大年（令穰）

《画说》十七条中有四条论及赵大年，在《画说》中的分量是相当重的。可是莫是龙论及赵大年的还未见一次，如果他是《画说》的作者，就很值得怀疑的。反之，董其昌不但屡次论及赵大年，而且文字、思想都与《画说》一致。兹将《画说》中有关赵大年各条与董文作综合比较的结果如下：

1.《画说》以赵大年为王维一派，再下去为倪瓒，董氏也说，赵大年“酝酿王右辖《辋川》墨法”以及“前身右丞”等，又谓倪瓒画品为米襄阳、赵大年一派；2.《画说》谓赵大年“真宋之士大夫画”，与董文“真宋之士大夫一派”文义相合；3.《画说》与董文均以赵为平远之宗，董氏又以大年《夏山图》为神交师友；4.《画说》与董文均以赵大年不耐多皴，虽云学王维，而《画说》认为“赵未能尽其法”，董氏也认为他“未尽右丞之致”，二说相合；5.《画说》借赵大年论作画须读万卷书、行万里路，董氏亦屡论之，在文字上也只是大同小异而已。

因此，只就文字比较，《画说》的作者也应属于董氏，兹将《画说》与董文论及赵大年各条，附表于后，以便比较。

莫是龙	《画说》	董其昌
	1.大年画平远绝似右丞，秀润天成，真宋之士大夫画。此一派又传之为倪云林。……今作平远及扇头小景，一以此二人为宗。(《画说》第一条) 2.画平远师赵大年。(《画说》第十七条) 3.赵大年平远写湖天淼茫之景，极不俗。然不奈多皴，虽云学维，而维画正有细皴者，乃于重山叠嶂有之，赵未能尽其法也。(《画说》第十五条) 4.昔人评大年画，谓得胸中千卷书更奇古，又大年以宋宗室不得远游，每朝陵回，得写胸中丘壑，不行万里路，不读万卷书，欲作画祖，其可得乎？(《画说》第三条)	1.《仿赵大年画卷》:“赵大年画平远，不落当时蹊径，自有一种风味，真宋之士大夫一派。”(《董华亭书画录》) 2.倪迂……定其品，当称逸格，盖米襄阳、赵大年一派耳。(《画眼》) 3.赵令穰在宋时诸王孙中，书品最高，以其酝酿王右辖《辋川》墨法，无一点尘气。(《退庵金石书画跋》十一，董其昌跋赵大年《山水》卷) 4.王右丞画：于长安杨高邮所得《山居图》，则笔法类大年。(《画眼》) 5.赵令穰《江乡清夏》卷，笔意全仿右丞……赵与王晋卿皆脱去院体，以李咸熙、王摩诘为主。然晋卿尚有畦径，不若大年之超轶绝尘也……出此卷临写因题后。(《画旨》《画眼》) 6.跋赵大年《江村秋晓图》卷：“……今赵令穰此卷乃绝肖似，虽谓前身右丞可也。”(《大观录》) 7.赵大年《夏山图》……为吾斋神交师友。(《画禅室随笔·画源》) 8.赵大年《临右丞湖庄清夏图》:“亦不细皴……窃意其未尽右丞之致……大年难俊爽，不耐多皴，遂为无笔，此得右丞一体者也。”(《画旨》) 9.昔人评赵大年画，谓得胸中千卷书更佳。又大年以宋宗室不得远游，每得一新境，辄目之曰：又是上陵回也。不行万里路，不读万卷书，看不得杜诗，画道亦尔。(《画旨》) 10.昔人评赵大年画，以为胸中有千卷书更奇。又每作山水图，来人戏之曰：又是上陵回也。大年以宗室不得远游故云。不行万里路，不读万卷书，看不得杜诗，乃知画史亦大未易。(《董玄宰评画》《真迹日录初集》)

虽然从上表的比较里，已经明显地看出谁是《画说》的作者，但是如果进一步想：赵令穰在画史上的地位，在《画说》以前是很少出现于各家画论中的，而今却在《画说》中一再论及，大表推崇，这就值得特别注意，也是研究谁是《画说》作者的绝好线索。董其昌的言论不但符合于

《画说》，最重要的是他都根据实际作品而发，绝无空论。因此，说他是《画说》的作者是可以信的。兹再列其所藏所题的赵氏画迹于下：1.藏《江乡清夏图》；2.藏赵大年《临右丞湖庄清夏图》；3.跋赵大年山水卷；4.跋赵大年《江村秋晓图》卷；5.藏赵大年《夏山图》。（以上诸图出处，均见上表）

以上第五图为其“携以自随”的“神交师友”，第一、第二两图可能为同一图。其中《江乡清夏图》，董氏得于北京后“日阅数过，觉有所会”，认为“超轶绝尘”，而且在丙申（1596）七月出此卷临写（《画旨》一百零二条），足见他对赵大年画的真爱好，有真心得。那么，由他来说一句“画平远师赵大年”，是何等合理的事！不但如此，《画说》第十五条的形成，还可以在董氏的思想发展过程中找出其思想线索来：董氏在1596年以前，即见到王维《江山雪霁图》卷以前，他只是推想王维画“必于皴法有奇”（《画旨》），直到他见过该卷后，方能肯定地说“维画正有细皴者”。所以《画说》第十五条不但可以肯定是出于董氏，而且是董氏1595年以后之论。反之，如果定《画说》为莫氏作，那么既然有“赵未能尽其法也”之句在先，到1595年董氏题此画时何必还说“窃意其未尽右丞之致……但以想心取之，果得与真肖合”等悬想之词？所以《画说》第十五条的产生一定是在1595年之后，这时莫氏下世已有八年之久，则莫氏不可能为《画说》的作者明矣！

二米

《画说》中论及米家父子者亦不在少数，莫是龙的论书论画文字中，虽然也常提到米家父子，但没有任何文字接近《画说》者。而且论说空泛，与《画说》的言之有物，气调不同。而董氏之论，不但根据实际画迹，而且文字思想皆与《画说》合若符节。综合述之，有三端：一、将二米列于王维董巨一派；二、董源为二米直接所出；三、二米评王维画如刻画。兹将莫、董文字与《画说》列表于后。

莫是龙	《画说》	董其昌
1.孙汉阳写苏长公石供四种……（余）手摹米氏《研山图》及元章易宅事于左方。(《莫廷韩遗稿·题孙汉阳画石谱卷后》) 2.文徵君此卷在高尚书、米氏父子间，墨沈淋漓，笔势苍润。(《莫廷韩遗稿·跋文衡山画卷》)	1.南宗则王摩诘……其传为董巨米家父子……(《画说》第十一条) 2.董北苑画树……有作小树，但只远望之似树，其实凭点缀以成形者，余谓此即是米氏落茄之原委。(《画说》第十四条) 3.元章学北苑。(《画说》第十三条) 4.米虎儿谓王维画见之最多，皆如刻画，不足学也，惟以雪山为墨戏。(《画说》第二条)	1.跋米元晖《云山得意图》:“米元晖自谓出王右丞之上，观其晚年墨戏，真淘洗宋时院体，而以造化为师，盖吾家北苑之嫡家也。”(《大观录》) 2.跋米元晖《五洲烟雨图》卷:“……此卷独不用本家笔，皴染用吾家北苑法，尤可宝也！”(《大观录》) 3.董源、米芾、高克恭三家合并，虽从而有法。(《画旨》) 4.董北苑好作烟景，烟云变没，即米画也。(《画旨》) 5.米元章作画一正画家谬习，观其高自标置，谓无一点吴生习气。又云：王维之迹，殆如刻画，真可一笑。(《画旨》《画禅室随笔·题自画》) 6.米元晖自谓墨戏,足正千古画史谬习,虽右丞亦在诋诃。(《画旨》) 7.右丞山水入神品……宋米元章父子时代犹不甚远，故米老及见《辋川雪图》，数本之中，惟一本真，余皆临摹，几如刻画……(《画旨》) 8.客以北苑画授予，云烟变灭，草木郁葱，真骇心动目之观，乃知米氏父子深得其意。余家有虎儿《大姚村图》，政复相类。不师北苑，乌能梦见南宫耶！(《画禅室随笔·评旧画》《画眼》) 9.跋米元晖《云山图》卷:“……此卷在水墨游戏中，深入北苑三昧，可称神品矣。”(《式古堂书画汇考》)

莫氏所以不能言之有物，自然跟他的缺乏研究心得有关，同时也与他的乏于收藏有关。他虽曾藏小米山水一卷，比起董氏来不免小巫见大巫，兹列表于后。

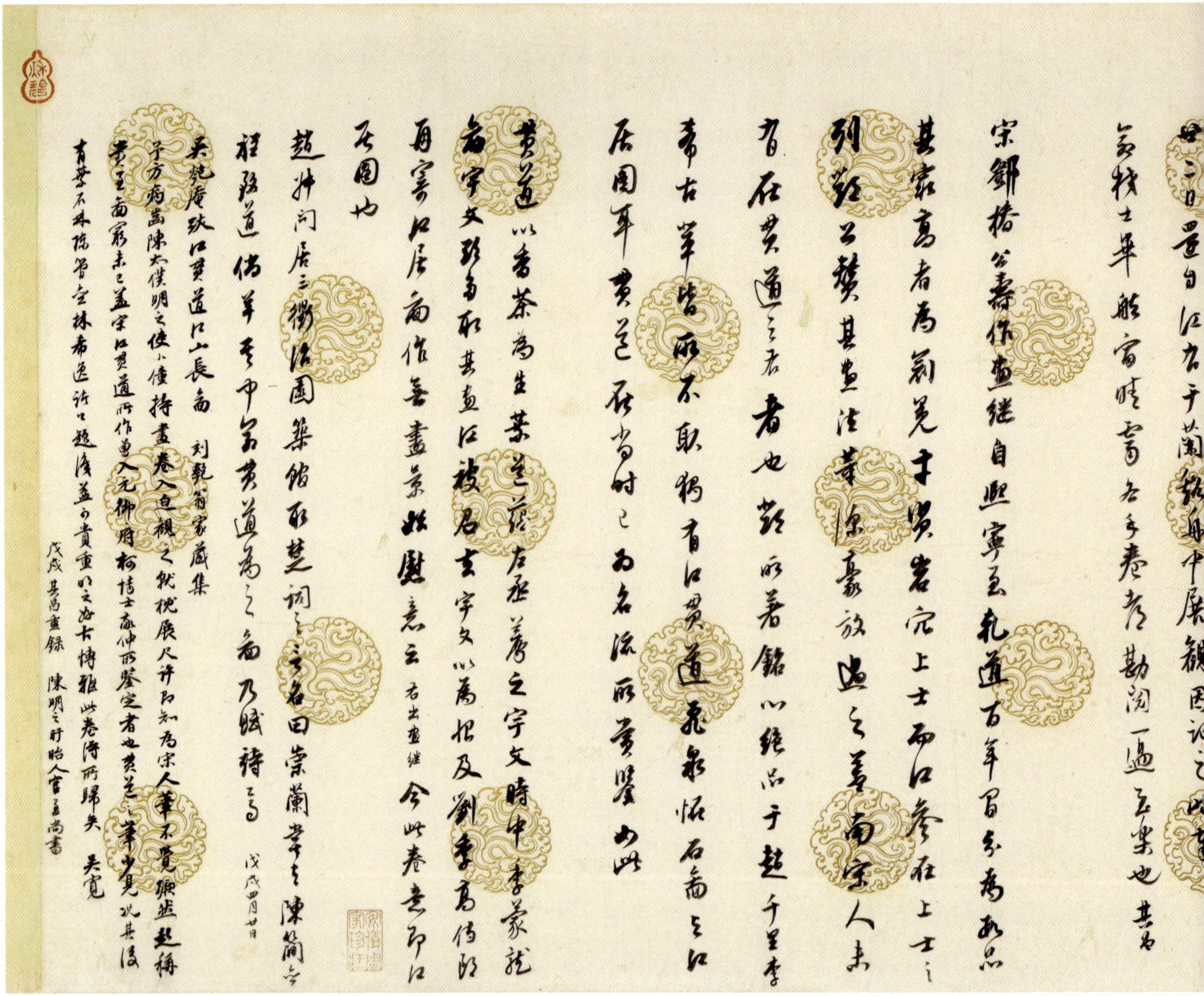

图 13　南宋　江参《千里江山图》董其昌跋　台北故宫博物院藏

莫是龙	董其昌
小米《山水》一卷——詹景凤《玄览编》:“廷韩小米《山水》一卷，有元末人跋，然细阅笔可谓文矣，而乏古劲,非真迹也。”(《美术丛刊（四）》)	1.藏米元章《云山图》(《画禅室随笔·画源》) 2.跋米南宫《云山图》(《江村销夏录》) 3.藏米海岳《潇湘白云图》(《书画鉴影》) 4.临米海岳《楚山清晓图》(《岳雪楼书画记》卷四自题《秋兴八景册》) 5.题米襄阳《云起楼图轴》(《书画鉴影》) 6.藏米虎儿《楚山清晓图》(《书画鉴影》卷八题仿米友仁《楚山清晓图》) 7.学米元晖《欲雨图》(董其昌《诗画册》第六开) 8.跋米敷文《潇湘奇观图》(《大观录》) 9.跋米元晖《云山得意图》(《大观录》) 10.跋米元晖《五洲烟雨图》(《大观录》) 11.藏米元晖《潇湘白云图》(《画旨》) 12.藏米元晖《海岳庵图》(《画旨》) 13.藏米虎儿《大姚村图》(《画眼》《画禅室随笔·评旧画》)

由此看来，不论莫氏所藏是否伪迹，或其所藏尚不止此，但也显然不能与董氏相提并论，何况

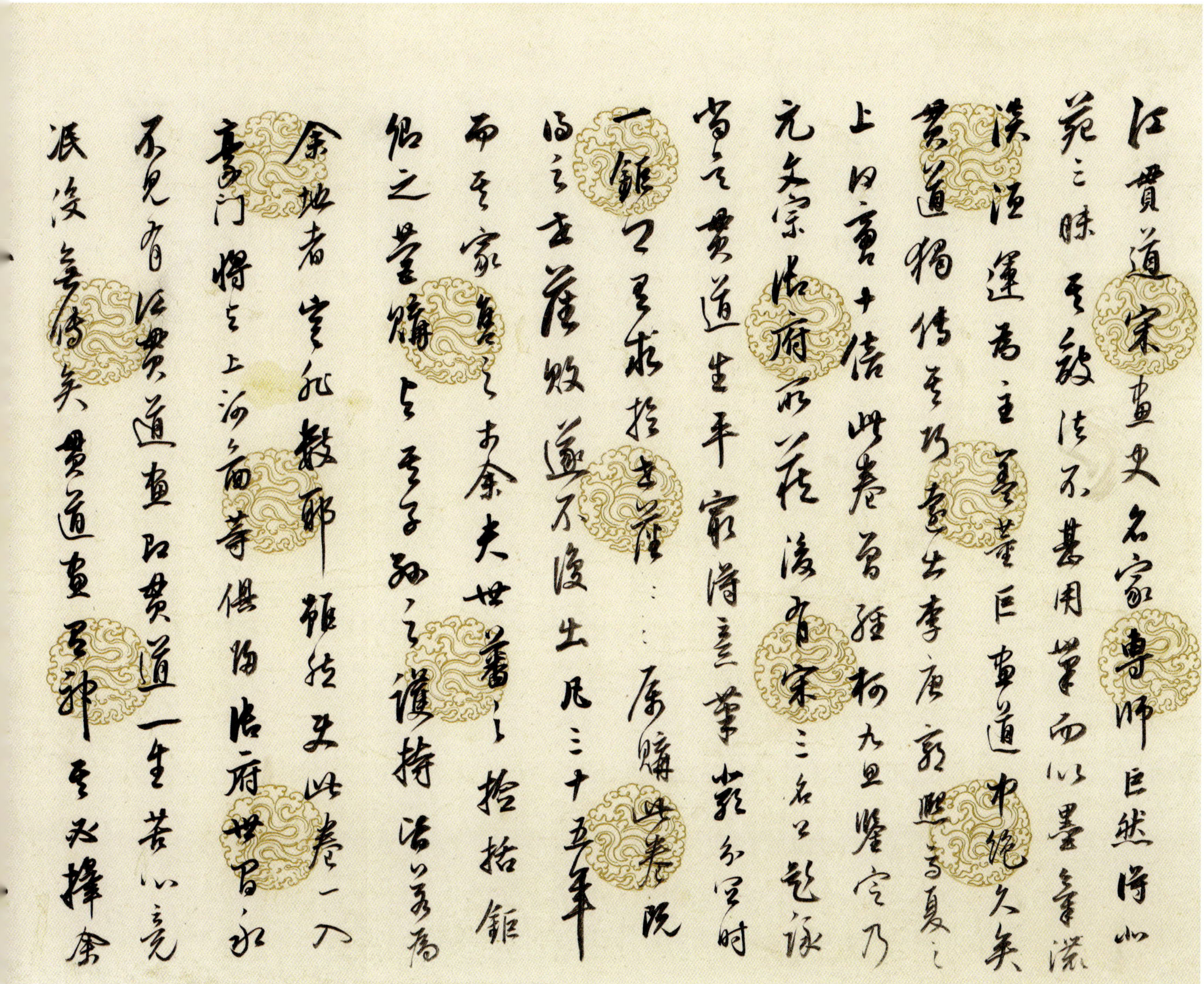

董氏在这些画上的题跋与《画说》有直接关系，故对《画说》作者的选择，于此已不难下手。而在《画说》第四条末，作者更明说“吾有元人论米、高二家山书”，那么，只要找出谁曾收藏或论及此书，则《画说》的作者已经在掌握之中了。兹仅就此条比较如下。

莫是龙	《画说》	董其昌
	吾有元人论米、高二家山书，正先得吾意。（《画说》第四条）	1. 米家山画，谓之士夫画。元人有画论一卷，专辨米海岳、高房山异同，余颇有慨其语。（《画禅室随笔·画源》） 2. 高房山多瓦屋，米家多草堂，以此为辨。此图潇洒出尘，非南宫不能作。（《画旨》） 3. 跋陈白阳《仿小米山水卷》：“……近代惟陈道复得米、高二家法……”

董其昌的所谓“元人有画论一卷，专辨米海岳、高房山异同”，不就是《画说》中所谓的“元人论米、高二家山书”吗？董氏的“余颇有慨其语”，不就是《画说》中的“正先得吾意”吗？至于董氏所谓“高房山多瓦屋，米家多草堂”，应该就是这“论米高二家山书”的内容。相反的，莫氏却一

语也未曾道及。那么，即从《画说》中最不关紧要的两句中，却隐含了《画说》作者的重要线索。

江参

江参（字贯道）的名字出现在元明人画论中者甚少，一方面在南宋时，全是刘、李、马、夏的天下，一方面也如吴宽所云："贯道之笔少见！"而今，江参的名字不仅在《画说》中突然出现，而且将其与董源、大李将军、李成等画史上的一流大家并列，事非寻常！如果《画说》的作者没有某种特殊的原因，是不容易解释此一现象的。而在莫氏资料中，既不见江参之名，又在现存的江参画迹中如台北故宫博物院的《千里江山图》及《秋山图》，以及美国纳尔逊–阿特金斯艺术博物馆的《林峦积翠图》卷都不见莫氏跋语、题名或收藏印章。虽然不能由此断定莫氏一生未曾见及任何江参画迹，但更无证据以证明他必曾见过江参画迹！

反之，董其昌不但曾经收藏今存台北故宫博物院的《千里江山图》卷，而且从1596年到1598年三年之中，董氏先后题了五次，记载江参的事迹，考证江参的画迹。再者，此画也属于他"携以自随"的"神交师友"之一，其于此画的重视与爱护，自不必言说！诚如他《题千里江山卷》中所云："贯道画有神，其必择余为主人也夫！"（图13）

事实上，江贯道在画史地位上的再建立，全赖董氏之力。那么，由他来说一句"《重江叠嶂》师江贯道"，那是何等自然而合理的事！还有什么可以怀疑的呢？反之，没有收藏过，没有讨论过，可能还没有见过江贯道画的莫是龙，怎能凭空说出一句"《重江叠嶂》师江贯道"来？

兹将有关之董说与收藏列表于后。

莫是龙	《画说》	董其昌	
		评论	收藏
	《重江叠嶂》师江贯道。(《画说》第十七条)	1.江贯道，宋画史名家，专师巨然，得北苑三昧，其皴法不甚用笔，而以墨气浓淡渲运为主。盖董巨画道中绝久矣，贯道独传其巧，远出李唐、郭熙、马、夏之上。(《故宫书画录》卷四) 2.盖南宋人未有在贯道之右者也。(江参《千里江山图》后董其昌题跋)	1.江参《千里江山图卷》董跋："……此卷一入豪门，将与《上河图》等俱归御府，世间永不见有江贯道画，即贯道一生苦心，竟泯没无传矣。贯道画有神，其必择余为主人也夫！万历丙申冬得之海上……" 2.江贯道《江居图》……俱吾斋神交师友。(《画禅室随笔·画源》,按:《江居图》即《千里江山图》)

董其昌不但屡题《千里江山图》，而且此图的风格的确是"重江叠嶂"，董氏又以之为神交师友，所以《画说》中此言，必当出于董其昌之口而非莫是龙，明矣！

黄公望

黄公望在元四家中的地位始终没有动摇过，而且在明末以前来说，不但重元于宋，而且元四家去古未久，存世作品尚多，莫、董二人的友人如何良俊和顾仲方等也都以收藏元四家画为主，所以莫、董二人都有收藏、题跋和见及黄氏作品的机会，同时也都曾论及黄公望。因此，我们可以直接比较《画说》与二人之论。

1.《画说》论黄公望因寄乐于画，故得享高寿，在莫文中无一处涉及此观点；而董氏所谓"烟云供养"和"九十而貌如童颜"，与《画说》是基于同一出发点的。

2.《画说》将元四家列于王维、董巨一脉之下。莫氏虽然也将黄公望置于董巨一脉，但未及王维，而且宗派思想不甚浓厚。可是在董文中，不但系统分明，而且与《画说》之论完全吻合。

3.《画说》谓黄公望虽学董源，而与其他各家也学董源者"各各不相似"，也与董氏"子久学董元，又自有子久”相同，只是一语两说而已，可是在莫文中未见此类思想。

4.《画说》中因大赞倪瓒画的平淡天真，所以觉得黄公望还不免有纵横习气，这与董氏谈到倪瓒古淡天然的品格，在元四家中为最，是互相符合的。因此，就全体来看，我们虽然也有莫氏论及黄公望的资料，却正可以看出莫、董两家的不同处。同时，我们也更可以肯定《画说》的作者是董氏而不是莫氏，兹将两家之论与《画说》列表比较于后。

莫是龙	《画说》	董其昌
1.一峰道人好写水墨，人以为高古苍润，即董北苑、僧巨然不能过也。(《莫廷韩遗稿》《跋自画卷》) 2.余见近时人作画绝无古人用拙之意，其点染愈工，则意味益远……至元黄公望、王叔明、倪元镇诸人遂得此致，故识者评为逸品。(《莫廷韩遗稿》《题璩敏仲小幅》)	1.黄子久……大耋，寄乐于画，自黄公望始开此门庭耳。(《画说》第十条) 2.南宗则王摩诘……以至元之四大家。(《画说》第十一条) 3.黄子久学北苑……各各不相似。(《画说》第十三条) 4.纵横习气，即黄子久未断。(《画说》第十六条)	1.黄大痴九十而貌如童颜……盖画中烟云供养也。(《画旨》《画眼》) 2.文人之画，自王右丞始……直至元四大家，黄子久、王叔明、倪元镇、吴仲圭皆其正传。(《画旨》) 3.大痴画卷，予所见……不似真迹，唯此卷规摹董巨……与摩诘《雪江》共相映发，吾师乎！(题黄公望《富春山居图》卷) 4.黄子久临董北苑画二幅……子久学董元，又自有子久……(《小中见大册》第九幅) 5.元之能者……独云林古淡天然，米痴后一人也。(《画旨》) 6.元季四大家，独倪云林品格尤超。(《画禅室随笔·题自画》) 7.余所藏(倪瓒)《秋林图》……其韵致超绝，当在子久、山樵之上。(《画旨》)

黄公望的作品，晚明尚存不少，松江一带的藏家又都以收元四家为主，故莫、董二家都曾收藏和见及黄公望画；不过，谁有较多的收藏和题跋，还是有较多的可能为《画说》的作者，故将两家所藏、所题和所见的黄公望画列表于后。

莫是龙	董其昌
1.藏山水一小幅(詹景凤《东图玄览编》卷一) 2.藏《秋山无尽图》(《秋山无尽图》自题，陶梁《红豆树馆书画记》卷五 2/a) 3.藏《秋山亭图》(张丑《真迹日录》)	1.藏《富春大岭图》卷，1596年题，即今台北故宫博物院《富春山居卷》“无用师卷”。(《画旨》) 2.藏《晴山晓色》(《大观录》) 3.藏黄子久赠陈彦廉画二十幅(自题《仿黄公望山水卷》) 4.藏《子久山水》(《小中见大册》第十七幅) 5.藏《万壑松风图》(《清河书画舫》) 6.藏《晴峦晓色图》 7.题子久《良常山馆图》(《古缘萃录》) 8.题《陡壑密林图》(《小中见大册》第八幅)(《画旨》) 9.题《阳明洞天图》(《画旨》) 10.题《天池石壁图》(《大观录》) 11.题《夏山图》(《小中见大册》第九幅) 12.题子久山水(《小中见大册》第十二幅) 13.题子久山水(《小中见大册》第十八幅) 14.见《浮峦暖翠图》(《画旨》) 15.见《临溪书屋图》(《画旨》)

就现有资料可知，莫氏曾藏黄公望画三幅，未见其他题跋。但是比较起董氏来，其藏品不但数量远逊，而且董氏曾藏黄公望名迹——《富春山居图》卷。其实董氏所藏尚不止此，《画禅室随笔·画源》云：“黄子久画，以余所见不下三十幅，要之《浮峦暖翠》为第一。”则《浮峦暖翠图》似较《富春山居》更为精彩，此后董氏所见子久画续有增加：“江以南，黄子久画所见不止四五十帧！”（《大观录》卷十七《题子久〈天池石壁图〉》）如此看来，莫氏所藏子久三幅，比

起董氏来又不免小巫见大巫了！所以，莫氏虽然也对黄子久有相当的认识，但是仍然远不及董氏。

倪瓒

在《画说》论及诸家中，倪瓒的资料甚多，兹与莫、董二家之论比较如下。

1.《画说》将倪瓒排在王维、赵大年及董源一派，董说与之符合者不胜枚举。

2.《画说》论倪迂虽学北苑，而与其他诸家各不相似，董氏亦谓其“自成一家”与“各有变局”，而莫氏未见其论及。

3.《画说》引倪瓒自题《狮子林图》语，董氏在他处亦常引用，却未见莫氏引用一次，而且董氏曾明说“余尝见其自题《狮子林图》”，是以言出有据。

4.《画说》又引张伯雨题倪瓒画“无画史纵横习气”，董氏论画语中亦常用之。

5.《画说》论倪瓒书画早晚年之不同与其天真幽淡，董氏之论均与之相符。

因此，是谁写下了《画说》中的这几条，又可不言而喻了！兹将两家之论列表于后。

莫是龙	《画说》	董其昌
余见近时人作画，绝无古人用拙之意，其点染愈工，则意味益远，若汉晋人作乎山水人物，略存大都，至元黄公望、王叔明、倪元镇诸人遂得此致，故识者评为逸品。(《莫廷韩遗稿》《题璩敏仲小幅》)	1.赵大年画平远绝似右丞……真宋之士大夫画，此一派又传之为倪云林。(《画说》第一条) 2.南宗则王摩诘……以至元之四大家。(《画说》第十一条) 3.巨然学北苑……倪迂学北苑，学一北苑耳，而各各不相似。(《画说》第十一条) 4.其自题《狮子林图》云：“予此画真得荆、关遗意，非王蒙辈所能梦见也。”其高自标置如此。(《画说》第十六条) 5.张伯雨题倪迂画云：无画史纵横习气。余家有此帧。(《画说》第十六条) 6.又顾谨中题倪迂画云：“初以董源为宗，及乎晚年，画益精诣而书法漫矣。”盖迂书绝工致，晚年乃失之，而聚精于画，一变古法，以天真幽淡为宗，要亦所谓渐老渐熟者。若不从董北苑筑基，不容易到耳！纵横习气即黄子久未断，幽淡两言，则赵吴兴犹逊迂翁，其胸次自别也。(《画说》第十六条)	1.倪迂在胜国时以诗画名世……定其品当称逸格，盖米襄阳、赵大年一派耳。(《画眼》) 2.文人之画，自王右丞始……直至元四大家……倪元镇……皆其正传。(《画旨》《画禅室随笔·画源》) 3.倪云林、黄子久……皆从北苑起祖。(《画眼》) 4.此倪元镇画……书作欧阳信本体，画作董北苑体。(《画旨》) 5.云林山水早学北苑，后乃自成一家。(《画旨》) 6.云林画法，山石宗关仝，皴法似北苑，而各有变局。(《画眼》《画旨》《画禅室随笔·题自画》《古缘萃录》卷五《自题仿倪高士山水》) 7.元季四大家，独倪云林品格尤超，蚤年学董源，晚乃自成一家。(《画禅室随笔·题自画》) 8.倪迂在胜国时以诗画名世，其自标置不在黄公望、王叔明下。有云：我此画深得荆、关遗意，非王蒙辈所能梦见也。(《画眼》) 9.《题倪高士〈秋林山色图〉》：“迂翁画……古宕之致，尝自谓合作处，非王蒙辈所能梦见……”(《大观录》) 10.余尝见其自题狮子林图曰“此卷深得荆关遗意，非王蒙诸人所能梦见也”，其高自标许如此。(《画禅室随笔·题自画》) 11.关仝画为倪迂之宗，余尝见赵文敏《扣角图》，仿关笔，皆用横皴如叠糕，乃知倪所自出也。(《画旨》) 12.余家有关仝《秋林暮霭图》……元季惟倪迂得其意。(《画旨》) 13.迂翁画在胜国时可称逸品……而三家(黄、王、吴)皆有纵横习气，独云林古淡天然，米痴后一人而已，(《画眼》)(《画禅室随笔·画源》三十四条)(《画旨》《书画鉴影》二十《题倪高士小山竹树》) 14.倪迂作画，简澹中自有一种风致，非若画史者流，纵横习气也。(《岳雪楼书画记》四《董文敏书画册》) 15.云林画，……其韵致超绝，当在子久、山樵之上。(《画旨》) 16.题倪瓒《渔庄秋霁图》：“倪迂早年书胜于画，晚年书法，颓然自放，不类欧、柳，而画学特深诣，一变董巨，自立门户，真所谓逸品在神妙之上者。” 17.倪迂题元时画，每称房山、鸥波，虽大痴、叔明犹下一格。观此图平淡天真，近于董米，与子昂并驱不虚矣。(《小中见大册》第七幅)

若比观上表，则《画说》的作者谁属，当不问自明。至于比较莫、董二家对于倪瓒画的收藏和

题跋来，其结果也是悬殊的。莫氏所收倪画，恐怕只有台北故宫博物院藏《雨后空林图》（图14），上有莫是龙朱文印一方，似乎是应该经他收藏过的，此外则未见第二幅。至于莫氏在倪画上的题跋至今也没有发现，虽然当时江南一带所存元画不少，莫氏所见云林画似不止此，但也恐怕只是看看而已，这与董氏是很不同的，兹将两家所藏所见列表比较于后。

莫是龙	董其昌
藏《雨后空林图》	1.题《六君子图》;2.题《渔庄秋霁图》;3.题《雨后空林图》(此图有莫氏印)4.题《小中见大册》第二十一幅；5.题《松林亭子图》；6.题《西园图轴》；7.题《优钵昙花图》;8.题《小山竹树图》(《书画鉴影》);9.题《秋林山色图》(《大观录》);10.见《山阴丘壑图》;11.题《狮子林图》卷(《画禅室随笔·题自画》12.见《龙门僧图》(《画旨》);13.藏《荆蛮民图》(《画旨》);14.藏《秋林图》(《画旨》《画禅室随笔·评旧画》)；15.藏《鹤林图》(《画旨》)；16.临《东冈草堂图》

不必广搜，董氏所藏所见即达十六幅之多，其中也包括莫氏可能收藏过的《雨后空林图》。而最重要的是《画说》中述及的《狮子林图》，即曾为董氏所见或所藏，今传《狮子林图》卷上亦只有董氏印章而无莫氏印，[4]所以谁是《画说》的作者，答案已经明显。

吴镇、王蒙

《画说》中除了笼统谈及元四家之外，并未提及吴镇一次，王蒙也只是在论及倪瓒时曾附带道及，故资料不多，总之将吴、王二家列于王维、荆关和董巨一系之下。在莫氏的题跋中，虽也常论及元四家，但从未道及元四家的宗派关系，每次只是单独出现，不要说远至于王维，即近至于董巨，也没有和元四家联在一系的。在董其昌这一方面，不但说吴镇与荆浩、董、巨的关系，而且是有本有源的，都是从实际作品中体验出来的。同时，董氏所收藏过、题跋过的吴镇画迹，也都是今日所能见到的最好的吴镇!

董氏评论王蒙，也都根据实际作品，而不作空泛之论。他以为王蒙出于王维、董源和巨然一系，是与《画说》符合的。至于《画说》中因褒倪（瓒）而有贬王（蒙）之意，也只是借用倪瓒的自题语；事实上，倪瓒在另一次题赞王蒙画时曾说“王侯笔力能扛鼎，五百年来无此君！”所以董氏题《青卞隐居图》时说：“倪元镇退舍宜矣。”这是与《画说》中倪瓒的自高语是互相照应的。

因此，综合而论，莫氏不是《画说》的作者又得到了进一步的证实。兹将《画说》与董、莫之论列表比较于后。

	莫是龙	《画说》	董其昌
吴镇	1.跋孙汉阳竹谱：今孙汉阳先生临梅道人《竹谱》，佳趣横发，可谓青出于蓝。(《莫廷韩遗稿》) 2.题顾仲方小幅：“其韵之妙真当求之元季四大家伯仲间矣。”(《莫廷韩遗稿》) 3.余见近时人作画，绝无古人用拙之意，其点染愈工，则意味益远……至元黄公望、王叔明、倪元镇诸人遂得此致，故识者评为逸品。(《莫廷韩遗稿》《题璩敏仲小幅》) 4.跋顾仲方山水：“顾仲方雅好胜国时四大家笔法……此册大都多法黄一峰，而间出王叔明、倪元镇。”(《莫廷韩遗稿》)	南宗则王摩诘始用渲淡，一变勾斫之法，其传为张璪、荆、关、郭忠恕、董、巨、米家父子，以至元之四大家。(《画说》第十一条)	1.题梅道人《仿荆浩渔父图》卷：“梅道人画都仿巨然，此又自称师荆浩，盖画家酝酿，顾无所不能。”(《大观录》) 2.《题梅花道人真迹》：“巨然衣钵，唯吴仲圭传之……”(《小中见大册》第十一幅) 3.“……及是观庵主乃一变其（王诜）法，以吾家北苑为宗。”(《小中见大册》十七幅) 4.题《清江春晓图》：“此幅气韵生动，布置古雅，大类巨然，非王蒙所能梦见也。董其昌藏并鉴定。” 5.“南都魏国有世藏赐画二幅……一为梅花道人《关山秋霁图》，皆世之罕物，此即梅花也。神品兼逸品，奇绝奇绝。”(《小中见大册》第十五开)

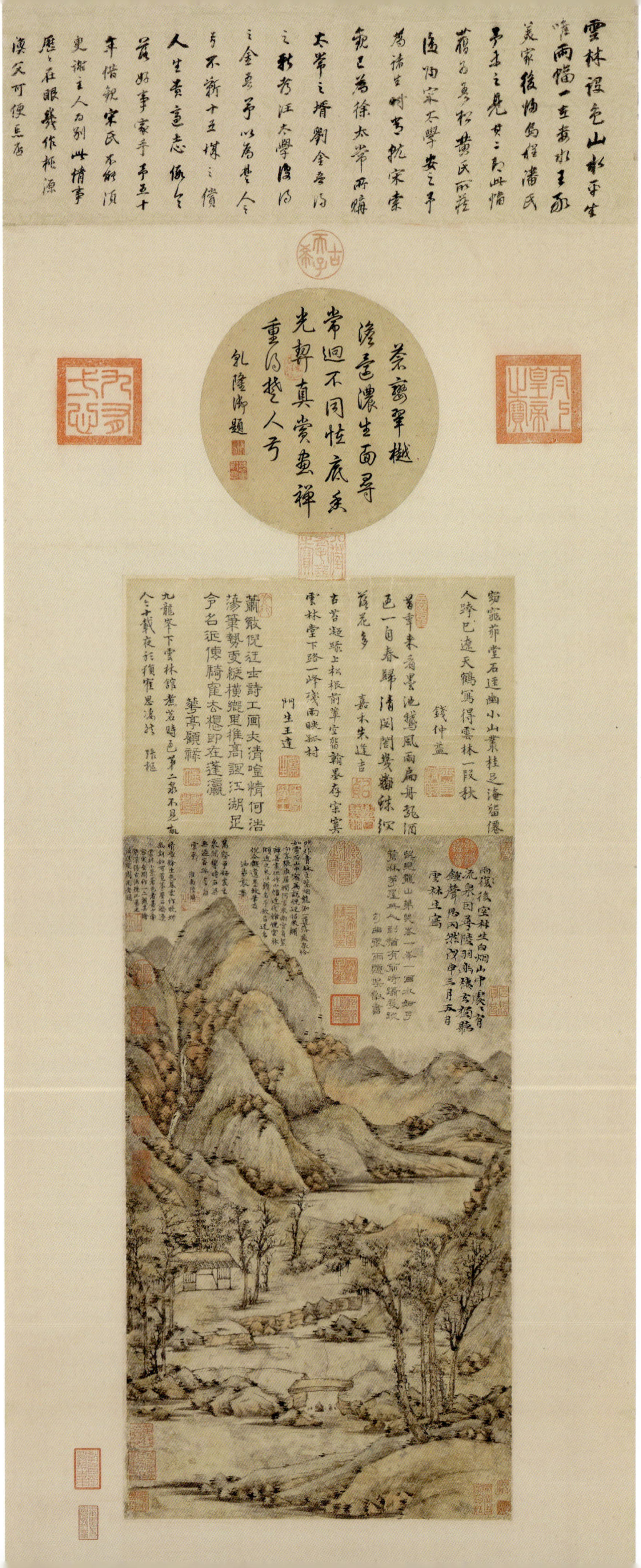

图 14
元　倪瓒《雨后空林图》
台北故宫博物院藏

（接上表）

	莫是龙	《画说》	董其昌
王蒙		1.同上。 2.其（倪瓒）自题《狮子林图》云："此画真得荆、关遗意，非王蒙辈所能梦见也。"（《画说》第十五条）	1.题王蒙《松山书屋图》："黄鹤山樵画以右丞为师，时出入巨然……此图……与吾家《青卞图》绝类。"（《辛丑销夏记》） 2.王叔明画……泛滥唐宋诸名家而以董源、王维为宗。（《画禅室随笔·题自画》《画旨》） 3.王叔明……尝见其《溪桥玩月图》，又名《具区林屋图》，皆摹王右丞，石穴嵌空，树枝刻画。（《画旨》） 4.王叔明……其画皆摹唐宋高品，若董、巨、李、范、王维备能似之。（《画眼》） 5.题《青卞隐居图》："……实山樵平生第一得意山水，倪元镇退舍宜矣。"（《大观录》） 6.题王蒙《仿董源〈溪山行旅图〉》："……观此笔意，全从北苑出，实叔明未变本家体时杰作也。"（《小中见大册》第十开） 7.题王蒙《谷口春耕图》："……元人题此图，有老董风流尚可攀，谓吾家北苑也。" 8.自题《丹台春晓图》："丹台春晓山樵之笔，今年秋于惠山吴氏得之，拟为此图。"（《别下斋书画录》） 9.题《小中见大册》第十四、第十九两幅王蒙山水。

李思训、李昭道

董氏以赵伯驹、赵伯骕及马、夏归属于李思训及李昭道一派，与《画说》相合；又，"《海岸图》必用大李将军"与《画说》"石用大李将军"含义与语气均同。此外，《画说》中述及的大李将军《秋江待渡图》，却正是董其昌携以自随的"神交师友"之一，则定董氏为《画说》作者，岂非合若符节？而这种相同很不寻常，因为在宗派论里，李思训是北宗，是不可学的。所以宗派论的追随者，都不会讲出这种话来，而一定是宗派论的创立者，在其思想的发展过程中产生的。相反的，在莫氏资料中，均未见其讨论二李、二赵的文字，故谁是作者甚明。兹将董说与《画说》列举于后。

莫是龙	《画说》	董其昌
	1.北宗则李思训父子着色山，流传而为宋之赵幹、赵伯驹、（赵）伯骕，以至马夏辈。（《画说》第十一条） 2.石用大李将军《秋江待渡图》。（《画说》第十七条）	1.李昭道一派为赵伯驹、（赵）伯骕，精工之极，又有士气。（《画旨》） 2.若马、夏及李唐、刘松年，又是大李将军之派，非吾曹当（或作易）学也。（《画禅室随笔·画源》《画旨》） 3.若《海岸图》必用大李将军。（《画旨》） 4.李将军《蜀江图》、大李将军《秋江待渡图》，右俱吾斋神交师友，每有所如，携以自随。（《画禅室随笔·画源》）

赵幹

董其昌见了赵幹的《秋涉图》，"始知南宋刘、李、马、夏诸家从此宗极"，与《画说》将赵幹列于北宗而下接马、夏相合。一般来说，赵幹画江南山水，《画说》却列于北宗，而董氏居然与其一致！又，一般的画论家都不涉及赵幹，而《画说》中郑重提出，列于李氏父子之下，这其中必当有某种原因。莫氏尚未见其述及赵幹的名字一次，自然无法解释他是《画说》的作者。而董氏却曾见赵幹《秋涉图》数幅，其中的真本在借观之余，"爱弗能释"！而且看了此图以后"始知南宋刘、李、马、夏诸家从此宗极”，最后，此画终为其所有，得意之余又题上：“吾斋所收南唐画迹，当以此为甲观！”这所有的一切都足以说明将赵幹列入北宗的原因。那么，《画说》的作者还能不是董其昌吗？兹将董说与《画说》对照于后。

莫是龙	《画说》	董其昌
	北宗则李思训父子着色山，流传而为宋之赵幹、赵伯驹、(赵)伯骕以至马、夏辈。(《画说》第十一条)	题赵幹《秋涉图》："赵幹《秋涉图》，余见数幅，皆赝本。槜李项子蕃见示此图，云烟展舒，人物生动，始知南宋刘、李、马、夏诸家从此宗极，且有宣和御府钤印……此王蒙泉郡丞所藏，余在吴门曾借观，爱弗能释，兹恭儿忽以重价获之，吾斋所收南唐画迹，当以此为甲观……"(《退庵金石书画跋》)

赵伯驹、赵伯骕

董氏以二赵列于李昭道一派，又云“与右丞画非一家法也”；又将董、巨与二赵对列，一一与《画说》吻合。又，董氏所藏所见之二赵画迹不下六幅，又屡次述及其他名家仿二赵画法，足见董氏对二赵的画风极为明了。相反的，在现有资料中，未曾一见莫氏述及二赵，如果他真的是《画说》作者，岂非大有蹊跷？兹将董说及董藏附表于后。

莫是龙	《画说》	董其昌	
		评论	所藏所见
	北宗则李思训父子着色山，流传而为宋之赵幹、赵伯驹、(赵)伯骕……(《画说》第十一条)	1. 李昭道一派为赵伯驹、(赵)伯骕，精工之极……(《画旨》《画禅室随笔·画源》) 2. 伯驹、伯骕亦从此发窍，与右丞画非一家法也。(《大观录》) 3. 米氏父子宗董巨，然法稍删其繁复，独画云仍用李将军勾笔，如伯驹、伯骕辈，欲自成一家……(《画旨》)	1. 藏赵伯驹《春山读书图》(《画旨》《画禅室随笔·题自画》) 2. 赵千里《设色桃源图》卷，昔在庚寅见之都下。(《画旨》) 3. 藏赵伯驹《后赤壁图》(《江村销夏录》卷一《董跋文太史〈仙山图〉卷》) 4. 余在长安得赵伯驹画《老姥授阴符图》(《容台别集》) 5. 见赵伯骕《万松金阙》，故仿之。(《画旨》) 6. 丁酉见赵千里《三生图》。(《画旨》)

马远、夏圭

董文中屡见马、夏并称，此事虽平常，却不见于莫文，莫氏只称马氏父子。又，董氏明说马、夏为大李将军之派，自与《画说》吻合，唯尚未见董氏曾收藏马、夏画，而莫氏曾收“马远山水一片”，此点似于主莫说有利。但若纵有其画，而不能在他论画文字中发挥，则与一般收藏家何异？故综合而论，对于主莫说也并不特别有利，兹比较董、莫文字列于后。

莫是龙	《画说》	董其昌
1. 跋孙汉阳画《梅竹》卷："……此幅尤得马氏父子笔法，可宝也。"(《莫廷韩遗稿》) 2. 廷韩：马远山水一片，古雅可爱。(《东图玄览编》)	北宗则李思训父子着色山，流传而为宋之赵幹、赵伯驹、伯骕，以至马、夏辈。(《画说》第十一条)	1. 若马、夏及李唐、刘松年，又是大李将军之派，非吾曹当学也。(《画旨》《画禅室随笔·画源》) 2. 惟树木则不然，虽李成……赵千里、马、夏，皆可通用也。(《画眼》) 3. 马远、夏圭写钱塘山。(《画旨》) 4. 跋李唐《江山小景图》卷："……萧照、马远、夏圭皆师之。" 5. 夏圭师李唐，更加简率，如塑工所谓减塑者，其意欲尽去模拟蹊径，而若灭若没……(《画旨》)

仇英

董氏所谓“语曰：巧者不过习者之门”，也就是《画说》中的“皆习者之流”之意；董氏说仇英“其术近苦”，也就是《画说》中的“非以画为寄，以画为乐”。所以，董说是与《画说》完全相符的，而尚未见及莫氏论仇英一次。至于董氏明说“行年五十，方知此一派画（二李二赵）殊不可习”，如果真有莫氏《画说》在先，那么在他三四十岁时就可知道这一派不可学，何必要等到五十岁？因此，这些都无法解释莫氏为《画说》的作者！但从董氏这一方面来看，却可以看出他前后思想的因果关系。兹比较董文与《画说》于后。

莫是龙	《画说》	董其昌
	至如刻画细碎，为造物役者，乃能损寿，盖无生机也……仇英知命，赵吴兴止六十余，仇与赵虽品格不同，皆习者之流，非以画为寄，以画为乐者也。（《画说》第十条）	1. 宋赵千里设色《桃源图》……及观此仇英临本，精工之极，真千里后身，虽文太史悉力为之，未必能胜，语曰：巧者不过习者之门，信矣。（《画旨》） 2. 实父作画时，耳不闻鼓吹阗骈之声，如隔壁钗钏，顾其术亦近苦矣！行年五十，方知此一派画（二李二赵）殊不可习，譬之禅定，积劫方成菩萨，非如董、巨、米三家，可一超直入如来也。（《画禅室随笔·画源》《画旨》）

从上列各家的比较中，我们可以明确地看出董氏在画家品评方面，不论其文字和内容，无一不与《画说》符合，而莫氏之说，只是偶有相近而已。故大体来说，只此一节，就已经足够证明谁是《画说》的作者！至于董氏有无抄袭模仿或继承“莫氏画说”的可能，本文另有专节讨论，不详于此。

在比较两家的所藏所见方面，莫、董之间也极为悬殊。虽然我们不能因为莫氏没有收藏过或题跋过某件作品，就肯定他没有见过那件作品！我也相信他所见的一定要比他所题所藏的要多，[5]但是，再进一步想：为什么他所见甚多而所题甚少？这关系到他一生经历的问题，他虽然早享盛名，但是终因功名未遂，不但大为影响了他整个后半生的心情，而且势利的世俗，自然也减少了请他题画的机会；加之他在壮年去世，不论在书画上和鉴赏上的成就和声名，都远不及后来名成利就的董其昌！所以在今日还可以看得很清楚：莫是龙在历代剧迹上很少有题跋，某些名迹如虞世南《汝南公主墓志铭》和赵孟頫《重江叠嶂图卷》，[6]虽有莫氏题跋，但只略记年月、姓名而已！他的较长的题跋，大多题的是次等的作品，而董其昌在剧迹上的题跋却比比皆是！我提出这一点，是要说明不是我们今天缺乏莫是龙的题跋资料，而确实是他没有留下太多的题跋给我们！所以我们不应该再对莫氏怀有许多幻想和希望。

尤其是在短短的《画说》中，作者偶然透露出他曾经收藏或见过如下的作品：1.《画说》第四条，元人论米、高二家山书——董氏曾见或曾藏；2.《画说》十四条，董源《秋山行旅图》——董氏曾藏；3.《画说》十六条，倪瓒《狮子林图》——董氏曾题或曾藏；4.《画说》十七条，董源《潇湘图》——董氏曾藏；5.《画说》十七条，李思训《秋江待渡图》——董氏曾藏；6.《画说》十七条，郭忠恕《雪景》——董氏曾藏；7.《画说》十七条，李成《着色青绿山水》——董氏曾藏。

以上七种，莫氏均未道及，亦未见其题跋，但却均为董氏曾藏或曾见！另有赵大年、郭忠恕、江参三人，在画史均极少被人述及，莫氏亦然，而董氏却曾收藏、临仿或一再题跋江参画迹。那么，不论从一般所藏所见之富且广来看，或只从《画说》中特指的作品来看，不但莫是龙不可能为《画说》的作者，而且可以确定董其昌是《画说》的作者。

（二）从两家的文字思想来看

我们再从词汇与思想两方面进行比较，可资比较的词汇有：高自标置、烟云变灭、梦见、渐老渐熟、绝似、刻画。

思想上的比较有：论笔墨、论皴法、论画树、论寄乐于画、论师古人与师造化、论读书行路、论变古、论分合与取势、论天真幽淡、论形似与传神。

莫、董二氏虽属同时同里，但是每一作者的文字、思想之间，既有相似相近处，也有相异处。例如《画说》中的“高自标置”“烟云变灭”“梦见”“渐老渐熟”“绝似”“刻画”等词，均为董氏习用之词汇，却未见莫氏曾用，则《画说》不当为莫氏所作也甚明！兹附表于后。

莫是龙	《画说》	董其昌
其标誉如此……（《莫廷韩遗稿》）	高自标置 ……非王蒙辈所梦见也，其高自标置如此。（《画说》第十五条）	1. 米元章作画，一正画家谬习，观其高自标置，谓无一点吴生习气。（《画旨》《画禅室随笔·题自画》） 2. 东坡作书于卷后数尺曰：以待五百年后人作跋，其高自标许如此。（《容台别集》） 3. 跋陈白阳《小米山水卷》：“米虎儿论画，以王右丞犹为刻画……其高自标置如此。”
	烟云变灭 画家之妙，全在烟云变灭中。（《画说》第二条）	1. 客以北苑画授予，烟云变灭……（《画眼》《画禅室随笔·题自画》） 2. 今年六月在吴门得其（高克恭）巨轴，烟云变灭，神气生动。（《画眼》《画禅室随笔·题自画》）
	梦见 ……非王蒙辈所能梦见也。（《画说》第十五条）	1. 不师北苑，乌能梦见南宫耶？（《画眼》《画禅室随笔·题自画》） 2. 果非子久、山樵所得梦见。（《画禅室随笔·题自画》《画眼》） 3. 倪迂题黄子久画云，虽不能梦见房山，特有笔意。（《画眼》） 4. 题吴镇《清江春晓图》：“……此幅气韵生动……非王蒙所能梦见也。”（图 15）
	渐老渐熟 以天真幽淡为宗，要亦所谓渐老渐熟者。（《画说》第十五条）	1. 渐老渐熟，乃造平淡，米老犹隔尘。（《容台别集》） 2.（苏子瞻）论文曰：“笔势峥嵘，词采绚烂，渐老渐熟，乃造平淡，实非平淡，绚烂之极也。”（《容台集》）
	绝似 赵大年画平远绝似右丞。（《画说》第一条）	1. 米元章所谓：绝似《兰亭叙》。（《容台别集》） 2. 学古人不能变，便是离堵间物，去之转远，乃由绝似耳。（《画眼》）
	刻画 至如刻画细碎（《画说》第十条） 王维画皆如刻画。（《画说》第二条）	1. 钱穆父呵其（米芾）刻画太甚！（《容台别集》四） 2.（王叔明）于刻画之工，元季当为第一。（《画眼》《画禅室随笔·画源》） 3. 宋画至董源、巨然，脱尽廉纤刻画之习。（《画旨》） 4. 跋陈白阳《小米山水卷》：“米虎儿论画，以王右丞犹为刻画……”

此外，莫氏文中常用“吾党”一词，偶然亦用“吾徒”“我辈”，但是《画说》中的“吾曹”未见莫氏运用，而董氏却曾说“非吾曹当学也”！那么，《画说》第三条中的“此在吾曹勉之”，应当出于谁之口甚明。

再者，《画说》中有“吾吴”一词，不见于董氏文中，似于主董说颇为不利，但是《画说》

图 15　元　吴镇《清江春晓图》　台北故宫博物院藏

“文、沈二君不能独步吾吴矣”是在讨论文、沈，自不能归入董氏常用的“吾乡”“吾松”“吾郡”等之中。而且董氏用“吾*”的习惯也并不固定，他是以个人为中心而随时变通的，如：

《画说》	董其昌
1. 此在吾曹勉之。(《画说》第三条) 2. 再四五年，文、沈二君不能独步吾吴矣！(《画说》第十七条)	1.……自书一篇，令人望而知为吾家书也。(《容台别集》) 2.……非吾曹当学也。(《画旨》) 3. 吾乡画家，元时有曹云西。(《画眼》) 4. 高彦敬尚书载吾松上海志。(《画旨》) 5. 吾郡画家顾仲方中舍最著。(《画旨》) 6. 当吾世而见薛绍彭、王晋卿……何幸何幸！(《容台别集》) 7. 吾朝文、沈，则又远接衣钵。(《画旨》)

他以个人中心为出发，小而至于“吾家”“吾曹”，大而至于“吾乡”“吾郡”，在时间方面又用“吾世”“吾朝”等。那么，当他讨论到不是他小同乡的文、沈时，自然可以用“吾吴”了。因此，我们自不能因为未见董氏曾用“吾吴”一词而怀疑他是《画说》的作者了。（按：《画说》中的“吾吴”一词，亦为主莫说的论证之一，故特加考察如上。）

以上是只就两家的惯用词汇来比较谁是《画说》的作者，兹再分析《画说》中的思想，如论笔墨、皴法、画树、师古人与师造化、读书行路、变古、寄乐于画、形似与传神、分合与取势以及天真幽淡等，分别与莫、董二氏的思想加以比较，以定谁是《画说》的作者。

论笔墨

莫是龙	《画说》	董其昌
1. 人物树石，笔势苍古。(《莫廷韩遗稿·跋李唐〈关山雪霁图〉》) 2. 此幅尤得马氏父子笔法，尤可宝也(《莫廷韩遗稿·跋孙汉阳画梅竹卷》) 3. 一峰道人好写水墨，人以为高古苍润。(《莫廷韩遗稿·跋自画卷》) 4. 墨沈淋漓，笔势苍润。(《莫廷韩遗稿·跋文衡山画卷》)	古人云：有笔有墨。笔墨二字，人多不晓，画岂有无笔墨者？但有轮廓而无皴法，即谓之无笔；有皴法而无轻重、向背、明晦，即谓之无墨。古人云：石分三面。此语是笔亦是墨，可参之。(《画说》第十二条)	1. 大年虽俊爽，不耐多皴，遂为无笔。(《画旨》) 2. 荆浩……自撰《山水诀》一卷。语人曰：吴道子画山水有笔而无墨，项容有墨而无笔。吾当采二子之所长，为一家之体。盖有笔无墨者，见落笔蹊径而少自然；有墨无笔者，去斧凿痕而多变态。(《画旨》) 3. 至于用墨用笔，(赵)文敏所谓千古不易者，不如是，何以名喧宇宙也。(《容台别集》) 4. 老米画，难于浑厚，但用淡墨、浓墨、泼墨、破墨、积墨、焦墨，尽得之矣！(《画旨》) 5. 李成惜墨如金，王洽泼墨沈成画，夫学画者，每念惜墨、泼墨四字，于六法三品思过半矣。(《画眼》)

《画说》第十二条“论笔墨”，其所下的定义：“有轮廓而无皴法，即谓之无笔；有皴法而无轻重、向背、明晦，即谓之无墨。”不但非常清楚明白，而且确有所指，不是一般泛用“笔墨”二字者可比！而莫氏在其画论及题跋中所用的笔墨二字，含义都比较概括笼统。我们再看董其昌的观念，第一条他评赵大年“不耐多皴，遂为无笔”，就是《画说》中“但有轮廓而无皴法，即谓之无笔”的一个实例说明。两者对于“无笔”的定义是相同的。第二条关于“荆浩”的评语虽出于《宣和画谱》，也正好说明《画说》中“古人云，有笔有墨”的出处，所谓“古人”即是指荆浩；同时也足见他对笔墨观念的重视，也是渊源有自。正因为如此，董氏的画论中才会一再出现像上面第三、第四、第五各条中专论笔墨的文字，而所谓的淡墨浓墨、惜墨泼墨等都要比莫是龙涉及笔墨时确有所指，因此，只就《画说》第十二条而论，是当属董其昌而不属于莫是龙的。

论皴法

莫是龙	《画说》	董其昌
1. 此卷一点一染皆从董源、巨然中来。(《跋文五峰〈秋山游览〉卷》) 2. 笔意清远，置位幽奇。(《跋王洪〈潇湘八景图〉卷》) 3. 顾仲方写一峰道人笔意册子……其画精致绝俗。(《莫廷韩遗稿·跋顾仲方画》) 4. 顾仲方雅好胜国时四大家笔法……此册大都多法黄一峰。(《莫廷韩遗稿·跋顾仲方山水》)	1. 但有轮廓而无皴法，即谓之无笔；有皴法而无轻重、向背、明晦，即谓之无墨。(《画说》第十二条) 2. 山之轮廓先定，然后皴之。(《画说》第四条)	1.……所见(王维)《雪江图》都不皴擦，但有轮廓耳……盖大家神品，必于皴法有奇。(《画旨》) 2. 大年虽俊爽，不耐多皴，遂为无笔。(《画旨》) 3. 凡诸家皴法，自唐及宋，皆有门庭，如禅灯五家宗派，使人闻片语单词，可定其为何派儿孙。(《画旨》) 4. 自右丞始用皴法，用渲淡法。(《画旨》) 5. 云林画法……山石宗关仝，皴法似北苑，而各有变局。(《画眼》) 6. 潘子辈学余画，视余更工，然皴法三昧，不可与语也。(《画眼》《画禅室随笔·画诀》) 7. 画中山水位置皴法皆各有门庭，不可相通，惟树木则不然。(《画眼》)

皴法是山水画中最基本的技法之一，也是最基本的“笔墨”，所以与前一节论笔墨是相互关联的。可是在莫是龙的资料中，只见其泛用与皴法相近的词类如“一点一染”“笔意”“笔法”等，而见不出他对皴法特别的重视。

相反，在董其昌的言论里，时常有特别讨论画中的皴法问题，究其原因：皴法虽小，却是宗派所分的出发点，不但诸家皴法“皆有门庭”，而且“不可相通”！自王维“始用皴法”之后，“如禅灯五家宗派，使人闻片语单词，可定其为何派儿孙”！对于这分宗的基本要素，《画说》的作者自然不应该忽视的！

因此，若定《画说》为莫是龙所作，只就“论皴法”一点而论已经不能立足！而若定《画说》为董其昌所作则不仅有根有据，而且可以逐条印证：如第一条将皴法与轮廓分论，即与《画说》吻合，而“大家神品，必于皴法有奇”足以说明《画说》中两度讨论皴法的原因；又第六条足以见出他自以为已得“皴法三昧”，也可以见出他平时致力于皴法一道的研究，颇有自信。那么《画说》中为什么要讨论这微细的皴法，就可以找到根源了。

论画树

莫是龙	《画说》	董其昌
1. 人物树石，笔势苍古。(《莫廷韩遗稿》《跋李唐〈关山雪霁图〉》) 2. 观其苍润淋漓，正如身在秋林万翠间也。(《大观录》卷二十《跋唐解元〈晚翠图〉卷》)	1. 山行时见奇树，须四面取之，树有左看不入画，而右看入画者，前后亦尔。看得熟，自然传神……树岂有不入画者，特画史收之生绡中，茂密而不繁，峭秀而不寒，即是一家眷属耳。(《画说》第九条) 2. 画树之窍，只在多曲，虽一枝一节，无有可直者。其向背俯仰，全于曲中取之。或曰：然则诸家不有直树乎？曰：树虽直而生枝发节处必不多直也。董北苑树作劲挺之状，特曲处简耳；李营丘则千屈万曲，无复直笔矣！(《画说》第五条)	1. 画须先工树木，但四面有枝为难耳。(《画禅室随笔·画诀》《画眼》) 2. 画中山水位置皴法……不可相通。惟树木则不然，虽李成、董源……皆可通用也。如柳，则赵千里，松则马和之，枯树则李成，此千古不易，虽复变之，不离本源，岂有舍古法而独创者乎？盖萃古人之美于树木，不在石上着力而石自秀润矣！今欲重临古人树木一册，以为奚囊。(《画禅室随笔·画诀》《画眼》)

（接上表）

莫是龙	《画说》	董其昌
	3. 枯树最不可少，时于茂林中间见乃奇古。茂林惟桧、柏、杨、柳、椿、槐要郁森。其妙处在树头与四面参差，一出一入，一肥一瘦处。古人以木炭画圈，随圈而点点入之，正为此也。（《画说》第六条） 4. 柳，宋人多写垂柳，又有点叶柳。垂柳不难画，只要分枝头得势耳。点叶柳之妙，在树头圆铺处只以汁绿渍出，又要森萧，有迎风摇飏之意，其枝须半明半暗，又春二月柳未垂条，秋九月柳已衰飒，不可混，设色亦须体此意也。（《画说》第七条） 5. 画树木各有分别：如画《潇湘图》，意在荒远灭没，即不当作大树及近景丛木；如园亭景，可作杨柳梧竹及古桧青松。若以园亭树木，移之山居便不称矣！若重山复嶂，树木又别当直枝直干，多用攒点，彼此相藉，望之模糊郁葱，似入林有猿啼虎嗥者乃称。至如春夏秋冬，风晴雨雪，又不在言也。（《画说》第八条） 6. 有作小树，但只远望之似树，其实凭点缀以成形者……盖小树最要淋漓约略，简于枝柯，而繁于形影，欲如文君之眉，与黛色相参合，则是高手也。（《画说》第十四条）	3. 树固要转而枝不可繁，枝头要敛不可放，树头要放不可紧。（《画眼》《画禅室随笔・画诀》） 4. 画树之法，须以转折为主，每一动笔便想转折处。枝有四枝，谓四面皆可作枝着叶也。但画一尺树，更不可令有半寸之直，须笔笔转去，皆秘诀也。（《画眼》《画禅室随笔・画诀》） 5. 余少学子久山水……今间一仿子久，亦差近之，日临树一二株，石山土坡随意皴染。（《画眼》《画禅室随笔・画诀源》） 6. 画树之窍，只在多曲，古人一枝一节，亦无直笔。然老杜有诗云：请君放笔为直干，又不可不知也。（《董华亭书画录》《仿赵大年画卷》） 7. 北苑作小树，不先作树枝及根，但以笔点成形。（《画眼》《画禅室随笔・画诀》）

《画说》中专论画树者几乎超过三分之一，这自是《画说》的撰辑者个人的撰取标准。因为这些言论就如画诀，最为实际，可以立刻示初学者以入门途径。同时，画山水通常一开始就要画树，所以对于初学山水者也最为有用。因此，我们并不能解释《画说》的作者最重视画树的技巧；不过，至少反映《画说》的作者对于山水画中树木的研究颇为深入，每一句都是言之有物的。而在莫氏的论画语中，都只是泛泛之论，未见其有专论皴法和树法者。但是董氏之论，却处处与《画说》符合，他不但特别强调“画须先工树木”，而且“欲重临古人树木一册，以为奚囊”。他对古来大家的树木都有深入的研究和看法，他说“虽李成、董源……皆可通用也”，也与《画说》中的“董北苑树作劲挺之状……李营丘则千屈万曲……”相辅相成；又董氏的“画树之窍，只在多曲，古人一枝一节，亦无直笔”，《画说》的第五条以及董氏的“北苑作小树，不先作树枝及根，但以笔点成形”与《画说》第十四条，文意均似！又董氏所谓“画树之法，须以转折为主”也与《画说》的“画树之窍，只在多曲”同一含义。所以，在论画树这一方面，董氏之论也处处与《画说》互相契合，而又找不出一点莫氏为《画说》作者的痕迹来！

论寄乐于画

莫是龙	《画说》	董其昌
	画之道，所谓以宇宙在乎手者，眼前无非生机，故其人往往多寿。至如刻画细碎，为造物役者，乃能损寿，盖无生机也。黄子久、沈石田、文徵仲皆大耋，仇英短命，赵吴兴止六十余，仇与赵品格虽不同，皆习者之流，非以画为寄，以画为乐者也。寄乐于画，自黄公望始开此门庭耳。（《画说》第十条）	1. 黄大痴九十而貌如童颜，米友仁八十余，神明不衰，无疾而逝，盖画中烟云供养也。（《画眼》《画旨》） 2. 行年五十，方知此一派画（李昭道至仇英一派）殊不可习。（《画旨》《画禅室随笔・画源》） 3. 观此仇英临本，精工之极……语曰：巧者不过习者之门，信矣！（《画旨》）

《画说》第十条，论寄乐于画，则眼前多生机而多寿，在董氏文中，也论及黄、米二人因得画中烟云供养而多寿，其用意与画说完全相同。董氏又谓仇英“不过习者之门”，以及“行年五十，方知此一派（李昭道、仇英）画不可习”，都与《画说》中的“仇英短命”和“皆习者之流”的言论一致！可是在莫氏文中，不但找不到将“寄乐于画”与“多寿”联系在一起的观念。而且莫是龙五十岁左右而卒，如果《画说》第十条真是莫氏所作，岂不对他自己也成了一个不小的讽刺么？

论师古人与师造化

莫是龙	《画说》	董其昌
1. 其傅染描写，皆得品物真态，足追古人。(《莫廷韩遗稿·跋丁南羽画卷》) 2. 余见近时人作画，绝无古人用拙之意。(《莫廷韩遗稿·题璩敏仲小幅》) 3. 益盖公于古人书，无帖不习。(《莫廷韩遗稿·书褚河南帖》) 4. 仲方笔全写江南诸奇胜。(宋)伯灵事此游，宛然作旧林想也。(《莫廷韩遗稿·跋顾仲方画》	1. 画家以古为师，已自上乘，进此当以天地为师。(《画说》第九条) 2. 每朝起，看云气变幻，绝近画中山。(《画说》第九条) 3. 山行时见奇树，须四面取之，树有左看不入画而右看入画者，前后亦尔。看得熟，自然传神。(《画说》第九条) 4. 大年以宋宗室不得远游，每朝陵回，得写胸中丘壑。(《画说》第三条)	1. 画家当以古人为师，尤当以天地为师。今困坐斗室，无惊心洞目之观，安能与古人抗衡也。(《梦园书画录》卷十三《自题山水立轴》) 2. 画家初以古人为师，后以造物为师。(《画旨》《画禅室随笔·题自画》) 3. 士大夫当穷工极妍，师友造化。(《画旨》) 4. 杜东原先生尝云：绘画之事，胸中造化吐露于笔端。(《画旨》) 5. 画家以古人为师，已自上乘，进此当以天地为师。米元晖自题画卷云：“墨戏得之潇湘奇趣，及居京口时，以秋早过北固，观烟云变态，是处江海空阔，群峰与涛头相吞吐，致足取为画境。又曰：宿雨初霁，晓烟未泮，正是吾家粉本也。”(《真迹日录》) 6. 米元晖又作《海岳庵图》，谓于潇湘得画境，其次则京口诸山……所谓天闲万马皆吾师也。(《画旨》) 7.……画则不然，要须酝酿古法。(《容台别集》) 8. 画家当以古人为师，尤当以天地为师，故有天闲万马皆粉本之论。黄子久每袖笔墨山行，见奇树即写之，王安道游华山……赵大年以宗室之禁，惟上陵一回，画出新意。今块坐斗室，无惊心洞目之观，安能与古人抗行也。(《董华亭书画录》) 9. 朝起看云气变幻，可收入笔端。吾尝游洞庭湖，推篷旷望，俨然米家墨戏。(《画眼》) 10. 画家以天地为师，其次以山川为师，其次以古人为师，故有“不读万卷书，不行千里路，不可为画”之语。(《珊瑚网》卷十八)

师古人，在明代画坛来说，不但不是新鲜的论调，而且是大家一致的论调，所以《画说》中有，莫氏、董氏也有，这是意料中的事。至于师自然造化，虽然去明末还不甚远的黄公望说过：“皮袋中置描笔，或于好景处，见树有怪异，便当摹写记之。”（《写山水诀》）而且黄公望还是大家最熟悉的画家之一，但是除了《画说》和董其昌的画论以外，这种“师自然”的呼声是不太高的。要到《画说》和董氏之后，此一思想才普遍起来，如略晚于董氏的唐志契《绘事微言》即曾将董氏之说加以发扬。

《画说》中以“天地为师”的主要用意是要“传神”，是要从大自然的云气得到启发和培养“胸中丘壑”，而并不是在写实或写景。可是在莫是龙诸论中，所谓得“品物真态”和“写江南诸奇胜”以及“宛然作旧林想”，都没有《画说》中各层的意思，而且在文字上也大相径庭，判然为两人之作！再看董其昌诸条，不但用大略相同的文句，而且其所以师天地、师造化的目的也与《画说》相同，那么，是谁写下了《画说》中的这几条又可以了然了。

论读书、行路

莫是龙	画说	董其昌
1.君不见，长安道上风尘苦，何似山中日月长！（《莫廷韩遗稿·云松歌赠许山人》） 2.别自吴门，大暑中行烟沙灌莽之地……世路之难，岂惟蜀道羊肠哉！（《莫廷韩遗稿·寄盛伯灵》）	昔人评大年画，谓："得胸中千卷书更奇古。"又大年以宋宗室不得远游，每朝陵回，得写胸中丘壑。不行万里路，不读万卷书，欲作画祖其可得乎？此在吾曹勉之，无望于庸史矣。（《画说》第三条）	1.画家六法，一曰：气韵生动。气韵不可学，此生而知之，自然天授。然亦有学得处，读万卷书，行万里路，胸中脱去尘浊，自然丘壑内营，成立鄄鄂，随手写出，皆为山水传神。（《画禅室随笔·画诀》《画旨》） 2.不行万里路，不读万卷书，看不得杜诗，画道亦尔。（《画旨》） 3.昔人评赵大年画，以为得胸中有千卷书更奇，又每作山水图，来人戏之曰：又是上陵回也，大年以宗室不得远游，故云。不行万里路，不读万卷书，看不得杜诗。乃知画史亦大未易。（《真迹日录》） 4.余之游长沙也，往返五千里……江山映发，荡涤尘土。（《画旨》） 5.画家以天地为师，其次以山川为师，其次以古人为师，故有"不读万卷书，不行千里路，不可为画"之语。又云"天闲万马皆吾师也"。然非闲静无他？好者，不足语此。噫，是在我辈勉之，无望庸史矣。乙巳六月，舟次城陵矶写。（《珊瑚网》卷十八）

《画说》中强调读书行路，"行路"实际上与"以天地为师"有很大的关联，从上表的比较中，自然很容易看出董其昌屡次用相同或相近的文句，表述出与《画说》相同的观点。董其昌与莫是龙的一生，都当得起"读万卷书，行万里路"，可是所不同的是：董其昌从长沙往返，觉得"江山映发，荡涤尘土"，而莫是龙的北京往返，只觉得"风尘苦"！虽然不能用这一两段概括莫是龙一生游踪的心境，可是也代表他大部分几次往返的感受。外界之景物随其心境而转变，所以在他坎坷的下半生，虽然也往返于南北道上，而"功名一念，未忘鸡肋"（《莫廷韩遗稿》十二《与谢少廉》），哪还有心情去师天地造化呢？其所以不能写出《画说》以及董其昌这一类的画论来，又是意料中事了。

论变古

莫是龙	《画说》	董其昌
1.夫隶，为书法之一变也。 2.右军父子及盛唐诸名家，皆用其（钟繇）意，而时代相沿，不能无改前辙……古法不传，良可慨也。 3.法度既得，任吾心匠，适彼互合，时发新奇。 4.钟书点画各异，右军万字不同，物情难齐，变化无方。（上四段皆出《莫廷韩遗稿》十五卷《论书法》） 5.东坡戏笔所作枯木竹石……绝去古人画格，自我作古。（《莫廷韩遗稿》十五卷《杂言》）	1.王摩诘始用渲淡，一变勾斫之法。（《画说》第十一条） 2.余尝谓右军父子之书，至齐梁而风流顿尽，自唐初虞褚辈一变其法，乃不合而合。（《画说》第十三条） 3.（倪）迂书绝工致，晚年乃失之而聚精于画，一变古法，以天真幽淡为宗。（《画说》第十六条）	1.米海岳书自率更得之，晚年一变，遂有冰寒于水之奇，书家未有学古而不变者也。（《容台别集》） 2.守法不变即为书家奴耳。（《容台别集》） 3.……自右丞始用皴法，用渲运法，若王右军一变钟体。（《画旨》） 4.云林画法，大都树木似营丘，寒林山石宗关同，皴法似北苑而各有变局。学古人不能变，便是篱堵间物，去之转远乃由绝似。（《画旨》《画眼》） 5.诗至少陵，书至鲁公，画至二米，古今之变，天下之能事毕矣。（《画眼》） 6.李（成）出于右丞，故自变法，超其师门。（《画旨》） 7.余学书三十年，不敢谓入古三昧，而书法至余亦复一变，世有明眼人，必能知其解者。（《容台别集》）

《画说》中论书论画均主“变”：1.因王摩诘一变，而为南宗之主；2.虞世南、褚遂良一变右军之法，才与东晋风流不合而合；3.倪瓒一变古法，而自成面目。因此可以看出《画说》的作者主变的思想极为浓厚，绝不是随口说说而已，因此在他其余论书论画的文字中，一定也会有同一类的思想文字才对。事实上，主变也不是一个新观念，稍微读书通理的人都不会同意“食古而不化”，所以《画说》中有此思想，同时的人也都可以有相同的思想。不过，虽同具主变的思想，而在各人的思想上有轻重地位的不同，也有无系统与有系统的分别，同时在表达此一思想的文字上，也必有其习惯上的不同。所以，虽然莫、董二氏都用“一变”，也都有变古的思想，我们还应当可以分析出谁是《画说》的作者。

莫是龙说“夫隶，为书法之一变”，他也用相同的词汇，可是在他处述及变古的思想时，如“绝去古人画格”，应该就是《画说》中的“一变古法”，而他不用类似的词汇和句法。又第三条也是主变古创新的，可是词汇既不同，也没有强调变后的价值。如第四条论“右军万字不同”，只讲变化而并不讲变化的重要性；至于第二条又感慨起古法的不传了，可见莫氏并没有一个中心思想。我们再看董氏，他一再鄙弃不变者为“书家奴”和“篱堵间物”。同时，变的目标是要“超其师门”，并且站在历史价值上，只有变才能创造历史地位。他不但主变的目标很明确，而且还作为他追求的目标，因此，不论从文字还是从思想来比较，莫氏之说与《画说》是有距离的，而董氏之说与《画说》却吻合无间。

论分合与取势

莫是龙	《画说》	董其昌
文征君此卷在高尚书、米氏父子间，墨沈淋漓，笔势苍润。(《莫廷韩遗稿·跋文衡山画卷》)	1.古人运大轴，只三四大分合，所以成章，虽其中有细碎处甚多，要之取势为主。(《画说》第四条) 2.垂柳不难画，只要分枝头得势耳。(《画说》第七条)	1.古人画不从一边生去，今则失此意，故无八面玲珑之巧，但能分能合，而皴法足以发之。(《画眼》《画禅室随笔·画诀》) 2.凡画山水，须明分合，分笔乃大纲宗也，有一幅之分，有一段之分，于此了然，则画道思过半矣。(《画眼》《画禅室随笔·画诀》) 3.作画凡山俱要有凹凸之形，先如山外势，形象其中，则用直皴，此子久法也。(《画眼》《画禅室随笔·画诀》) 4.书须离合二字，杨凝式非不能为欧虞诸家之体，正为离以取势耳。(《容台别集》) 5.(赵)文敏之书病在无势。(《容台别集》) 6.……因悟小楷法，欲可展为方丈者，乃尽势也……襄阳少时不能自立家……有规之者曰……须得势乃传(《容台别集》) 7.因书《兰亭叙》有脱误，再书一本正之，都不临帖，乃以势取之。(《容台别集》) 8.米元章云：小字如大字，取势为主，是也。(《容台别集》)

《画说》中只有一次论画山，而即以“取势为主”。又一般论画树有“画树难画柳”之语，而《画说》中云：“垂柳不难画，只要分枝头得势耳。”因此可以看出《画说》的作者特别注重全体的“势”，因为重势，所以也讲“分合”。论“势”，也并不是一种独创的观念，任何人都可以论势，不过也要看《画说》的作者在平时论不论“势”，讲不讲分合？

在董其昌的画论里，曾说“画山水，须明分合”，要“能分能合”，而且要顾及到“山外势”。不但如此，他在论画时也有相同的观念，他说“离以取势”就是《画说》中的“分合”以

“取势”。他评赵孟頫的书法“病在无势”；米芾少时的书法因为不得势，所以不能自成一家；他自己写字时也将“取势”的观念付诸实行。所以不论从思想、文字、实践各方面来看，董其昌与《画说》是浑然一体的！

可是在莫是龙方面，他虽也讲“笔势苍润”，可是笔势只是局部的势，每一笔画的势，而不是全体分合的势；他又用“苍润”来形容“笔势”，显然与《画说》中的“势”不是站在同一标准上立论的。那么，谁是《画说》的作者，只从这“势”的观念上推究，也可以明白了。

论天真幽淡

莫是龙	《画说》	董其昌
1. 陈征君书李青莲《宫词》一卷，笔气纵横，天真烂然。（《莫廷韩遗稿·跋陈白阳书李青莲宫词后》） 2. 南宫书狂纵自喜，当其合作，烂然天真，无一毫俗气。（《莫廷韩遗稿·杂言》）	（倪）迂书绝工致，晚年乃失之而聚精于画，一变古法，以“天真幽淡”为宗，要亦所谓渐老渐熟者。若不从董北苑筑基，不容易到耳。纵横习气，即黄子久未断；幽淡两言，则赵吴兴犹逊迂翁，其胸次自别也。（《画说》第十六条）	1. 余谓张旭之有怀素，犹董源之有巨然，衣钵相承，无复余恨，皆以平淡天真为旨。（《容台别集》） 2. 观（高克恭）此图平淡天真，近于董、米，与子昂并驱不虚矣。（《小中见大册》第七开） 3. 自学柳诚悬，方悟用笔古淡处。（《容台别集》） 4. 作书与诗文同一关捩，大抵传与不传，在淡与不淡耳……而淡之玄味，必繇天骨，渐老渐熟，乃造平淡，实非平淡，绚烂之极。（《容台别集》） 5. 诗文书画，少而工，老而淡，淡胜工，不工亦何能淡。东坡云：“笔势峥嵘，文采绚烂，渐老渐熟，乃造平淡，实非平淡，绚烂之极也。”（《画旨》） 6.《内景经》曰“淡然无味天人粮”，此言可想。 7. 昔刘劭《人物志》，以平淡为君德……而大雅平淡，关乎神明，非名心薄而世味浅者，终莫能近焉。（《容台集·论美堂集序》） 8. 余不好书名，故书中稍有淡意。（《容台别集》《画禅室随笔》）

在《画说》中，他特别推崇倪瓒，而对赵孟頫时有贬意，主要的原因是赵没有倪的那种“幽淡”的意味，而倪的“天真幽淡”是从“渐老渐熟”的境界中获得的。又因为倪能“幽淡”，所以可以免除“纵横习气”。他从这一角度去衡量倪瓒，则黄公望还要输着一筹。因此，可见《画说》的作者对“天真幽淡”此一境界的重视，现在我们就此以比观莫、董二氏论。

在上表的莫氏论书文字中，他也有重视“天真”的观念，如评陈淳书“天真烂然”，评米书“烂然天真”。但是“天真烂然”与《画说》中的“天真幽淡”，虽然同为天真，但是层次不同，“幽淡”是近于“枯寂”的，而与“烂然”恰好站在“天真”的两个极端。这只要看莫氏将“笔气纵横”与“天真烂然”连成上下句的语意中就可以看出，而与《画说》中“纵横习气，即黄子久未断；幽淡两言，则赵吴兴犹逊迂翁”，将“幽淡”与“纵横习气”放在相对地位的含义，是有很大的距离的！

我们再看董其昌，他推崇董、巨、二米，推崇张旭、怀素，都是因为他们“平淡天真”的境界，扩之于诗文、书画，他都主“淡”。而他此一思想是自有其来源的，他认为《内景经》所谓的“淡然无味天人粮”“此言可想”；又认为《人物志》中的“以平淡为君德”的平淡，“非名心薄而世味浅者，终莫能近焉”，所以他说“余不好书名，故书中稍有淡意”。再看《画说》中“渐老渐熟”上有“所谓”两字，一定是《画说》作者引用前人的思想文字，而我们在董其昌文中可以找到此语出于苏轼，他说：“东坡云，笔势峥嵘，文采绚烂，渐老渐熟，乃造平淡……”所以两相比较之下，不但董其昌的文字思想与《画说》为近，而且思想渊源非常清楚，同时他也身体力行，以“淡”作为他书法上追求的境界。那么，只从此一思想来看，董氏也应该就是《画说》的作者了。

论形似与传神

莫是龙	《画说》	董其昌
1. 善画者，画意不画形。(《莫廷韩遗稿》十五卷《杂言》) 2. 刘越石又言：以为近视似形，不若远视似神，此书（自书兰亭）之为神耶！为形耶？(《莫廷韩遗稿》十五卷《杂言》) 3. 钟书点画各异，右军万字不同，物情难齐，变化无方，此自神理所存，岂但盘旋笔札间，区区求象貌之合者！(《莫廷韩遗稿·论书法》)	1. 余尝谓右军父子之书，至齐梁而风流顿尽，自唐初虞褚辈一变其法，乃不合而合，右军父子殆如复生，此言大不易会，盖临摹最易，神会难传故也。 2. 巨然学北苑……学一北苑耳，而各各不相似，使俗人为之，一与临本同，若之何能传世也。(《画说》第十三条) 3. 看得熟，自然传神，传神者必以形，形与心手相凑而相忘，神之所托也。(《画说》第九条)	1. 唐人书无不出于“二王”，但能脱去临仿之迹，故称名家。世人但学兰亭面，谁得其皮与其骨，临书者不可不知此语。(《容台别集》) 2. 柳诚悬书极力变右军法，盖不欲与《禊帖》面目相似，所谓神奇化为臭腐，故离之耳。(《容台别集》) 3. 兰亭无下拓……各有所近，如得肉得骨之论，但定武唐本得其神耳。(《容台别集·跋兰亭》) 4. 尝见妄庸子有摹仿《黄庭经》，及僧家学《圣教序》，道流学赵吴兴者，皆绝肖似，转似转远！(《容台别集》) 5. 余此书学右军《黄庭》《乐毅》，而用其意，不必相似。(《容台别集》) 6. 临帖如骤遇异人，不必相其耳目手足头面，当观其举止笑语，真精神流露处。(《容台别集》) 7. 子昂背临《兰亭帖》，与木石无不肖似……余所书《禊帖》……字形大小及行间布置皆有出入……论书者政须具九方皋眼，不在定法也。(《容台别集》) 8. 东坡有诗曰：“论画以形似，见与儿童邻。”……余曰：此元画也。(《画旨》) 9. 右丞以前作者，无所不工，独山水神情传写，犹隔一尘。(《画旨》) 10. 师法拾短，如书家以肖似古人，不能变体，为奴书也。(《画旨》)

轻形似而重传神，这是中国文人画的基本精神之一，而且此一思想由来已久，莫、董都可同时有这种思想，自不足为奇。同时这倒是一个更好的机会，去比较哪一个人的思想、文字与《画说》更接近？

董其昌所谓的“唐人书无不出于二王，但能脱去临仿之迹，故称名家”，以及“柳诚悬书极力变右军法”，都与《画说》中“自唐初虞褚辈一变其法，乃不合而合”含义和用例都相同。又董氏所云“尝见妄庸子摹仿……皆绝肖似，转似转远”，与《画说》中“使俗人为之，一与临本同，若之何能传世也”，语气、思想也全契合。又董氏自比赵氏之书，以为赵虽得形似，终不及己；自仿大王书，也“不必相似”，处处与《画说》的要求相合。

在莫氏这一方面，自题临《兰亭》，也是轻形而重神，但是表现在文字上，总与《画说》有距离。他说“画意不画形”，也是轻形似之论。他论书也重“神理所存”，而不求“象貌之合”，都与《画说》的论点相同。可是文词、句法、气息不近，或者说是性格不同，所以一读文字，就会觉得他与《画说》的文字不是出于同一手笔。可是读董氏之文，就会觉得跟《画说》同出一手！这是我在读莫、董文字的总体感觉，是不容易作具体分析的。不过，本文中全部的分析比较，都是从我这种感觉作为出发点的。而在本节的比较中，不论是外表的词汇，或是内在的思想，都找不出莫氏是《画说》作者的线索来！相反，董氏与《画说》的文字思想却又无不丝丝入扣。那么，《画说》的作者自当属董氏，明矣！

（三）从两家的宗派观念来看

《画说》中的宗派观念是很鲜明强烈的，如第一条："赵大年画平远，绝似右丞，秀润天成，真宋之士大夫画，此一派又传之为倪云林。"至于第十一条"禅家有南北宗"，则更是代表作者在宗派观念上的大成。因此，我们可以想象《画说》的作者，在廓清其宗派观念和宗派名单之前，必有一个酝酿时期；在其形成之后，也必定有其余论，而不可能不发则已，而一发中的；也不可能在一发之后，随即戛然而止，而绝无丝毫余响！因此，同一作者的其他论画文字中，也应当可以看出他的宗派观念来的。

从词汇方面比较两家的宗派观念

《画说》第十条有"自黄公望始开此门庭耳"，"门庭"就是宗派的一种观念，董氏屡用之；莫氏曾用过"门户"，虽意义相同，但比较起来，就觉得不是一个人。《画说》中又用"宗""派"等字眼，未见莫氏曾用，而董氏亦常用之，且语气相似。他更用"一家眷属"及"衣钵"等表现他的宗派观，所以只从词汇运用上就可以看出董氏的宗派观念很强烈的。兹将两家文字列表于后。

莫是龙	《画说》	董其昌
何所根据把持为进道门户。（《莫廷韩遗稿》）	〔门庭〕 寄乐于画，自黄公望始开此门庭耳。（《画说》第十条）	1. 凡诸家皴法，自唐及宋，皆有门庭。（《画旨》） 2. 画中山水位置皴法，皆各有门庭。（《画眼》《画禅室随笔·画诀》） 3. 画与字各有门庭。（《画旨》《画禅室随笔·画诀》） 4. 欧、虞、褚、薛之书各有门庭。（《容台别集》） 5. 大都米家书与赵吴兴各有门庭。（《容台别集》） 6. 两家法门，如鸟双翼。（《画旨》）
	〔宗、派〕 1. 一以此二人为宗。（《画说》第一条） 2. 此一派又传为倪云林。（《画说》第一条） 3. 禅家有南北二宗，唐时始分。画之南北二宗，亦唐时分也。	1. 关仝画为倪迂之宗。（《画旨》） 2. 如禅灯五家宗派。（《画旨》） 3. 谢万《鲠恨帖》……虞永兴之祖宗也。（《容台别集》） 4. 湖州一派，真画学所宗也。（题赵孟頫《鹊华秋色图》） 5. 行年五十，方知此一派画殊不可学。（《画旨》） 6. 盖米襄阳、赵大年一派耳。（《画禅室随笔·画源》）
		1.……即是一家眷属耳。（《画旨》） 2. 犹董源之有巨然，衣钵相承。（《容台别集》）

从两家的思想方面来比较两家的宗派观念

从词汇上的比较，固然也可以看出董氏为《画说》的作者，但词汇只是表面的。

一峰道人好写水墨，人以为高古苍润，即董北苑、僧巨然不能过也！（《莫廷韩遗稿》）

因为他是专学黄公望的，所以他几乎将一峰道人置于董、巨之上，这一观点实在有碍于他宗派观念的发展，他在《题璩敏仲小幅》时又说："余见近时人作画，绝无古人用拙之意，其点染愈工，则意味益远，若汉晋人作手，山水人物，略存大都，至元黄公望、王叔明、倪元镇诸人，遂得此致。"（《莫廷韩遗稿》）

他的论画语，虽然颇有高致，但他是重元不重宋的，因此莫氏的画和思想也始终在元四家以下转圈子，终身未曾跨出一步。表现在他画论方面的，也只是搬弄一些画史上名家的名字，只有简单的师法关系，而无宗派上的系统观念。兹将莫、董二氏在这一方面的文字，各选若干条比较于后。

莫是龙	董其昌
1. 周砥《宜兴小景》、沈周《铜官秋色》合卷跋："……观其意匠墨彩，仿佛荆、关以上诸公。"（波士顿艺术博物馆藏） 2. 题唐解元《晚翠图》卷："此卷墨气疏秀……自非绘事家所能仿佛其万一也。"（《大观录》） 3. 跋文五峰《秋山游览》卷："……一点一染皆从董源、巨然中来。"（《式古堂书画汇考》） 4. 跋李唐《关山雪霁图》："……人物树石，笔势苍古……非后人所能仿佛也。"（《莫廷韩遗稿》） 5. 跋孙汉阳画《梅竹》卷："……此卷尤得马氏父子笔法，可宝也。"（《莫廷韩遗稿》）	1. 画家右丞……大年虽俊爽，不耐多皴……得右丞一体……郭忠恕《辋川》粉本……当不甚远……赵吴兴《雪图》……一见定为学王维……赵文敏此图，行笔非僧繇，非洪谷，非关仝，乃至董、巨、李、范皆所不摄，非学维而何？（《画旨》） 2. 赵（大年）与王晋卿皆脱去院体，以李咸熙、王摩诘为主。（《画旨》） 3. 文人之画，自王右丞始，其后董源、巨然、李成、范宽为嫡子，李龙眠、王晋卿、米南宫及虎儿皆从董、巨得来，直至元四大家黄子久、王叔明、倪元镇、吴仲圭皆其正传，吾朝文、沈，则又远接衣钵；若马、夏及李唐、刘松年又是大李将军之派，非吾曹当学也。（《画禅室随笔·画源》） 4. 迂翁（倪瓒）在胜国时可称逸品，昔人以逸品置神品之上，历代惟张志和可无愧色，宋人中米襄阳在蹊径之外……吴仲圭大有神气，黄子久特妙风格，王叔明奄有前规，独云林古淡天然，米痴后一人也。（《画旨》《画眼》） 5. 画中山水位置皴法皆各有门庭，不可相通，惟树木则不然，虽李成、董源、范宽、郭熙、赵大年、赵千里、马、夏、李唐，上自荆、关，下逮黄子久、吴仲圭辈，皆可通用也……如柳则赵千里，松则马和之，枯树则李成……倪云林亦出自郭熙、李成，稍加柔隽耳，如赵文敏则极得此意。（《画眼》） 6. 董源画世如星凤，此卷（《潇湘图》）尤奇古荒率，僧巨然于此还丹，梅道人尝其一脔。（《画旨》） 7. 宋画至董源、巨然脱尽廉纤刻画之习……若《海岸图》必用大李将军，北方盘车、骡网必用李晞古、郭河阳、朱锐。黄子久专写海虞山、王叔明专画苕霅景，宋时李迪专画潇湘，各随所见，不得相混也。（《画旨》） 8. 李思训写海外山，董源写江南山，米元晖写南徐山，李唐写中州山，马远、夏圭写钱塘山，赵吴兴写雪苕山，黄子久写海虞山。（《画旨》《画禅室随笔·题自画》）

两相比较之下，莫氏之论不但显得贫乏空疏，而且看不出他在画学上的宗派思想。相反的，如上举董氏之论对于画史上的名家，不但如数家珍，而且都言之有物，和《画说》中第十、第十一、第十三、第十六、第十七条气势充沛的情形都很相似，显然是出于同一人的手笔！可是再回头去看莫氏的题跋，就没有一条有相等的分量与相同的气势的！如一定要将《画说》归之于莫氏所作，如何能令人信服呢？

董氏不但很明显地具有浓厚的宗派观念，而且时常显示他主动去追根穷源的精神，譬如他在自题《仿大痴〈湖庄图〉卷》时说："余仿黄大痴《湖庄图》，以董北苑法为之，非敢曰见过于师，才堪传授，欲溯其渊源耳！"（《古芬阁书画记》卷十六）

他说"欲溯其渊源"，他这个"欲"字，是表示他自己主动有这种要求去溯其渊源。他在题董源《龙宿郊民图》中说："余以丁丑……试作山水画……辛卯请告还里，乃大搜吾乡（元）四家泼

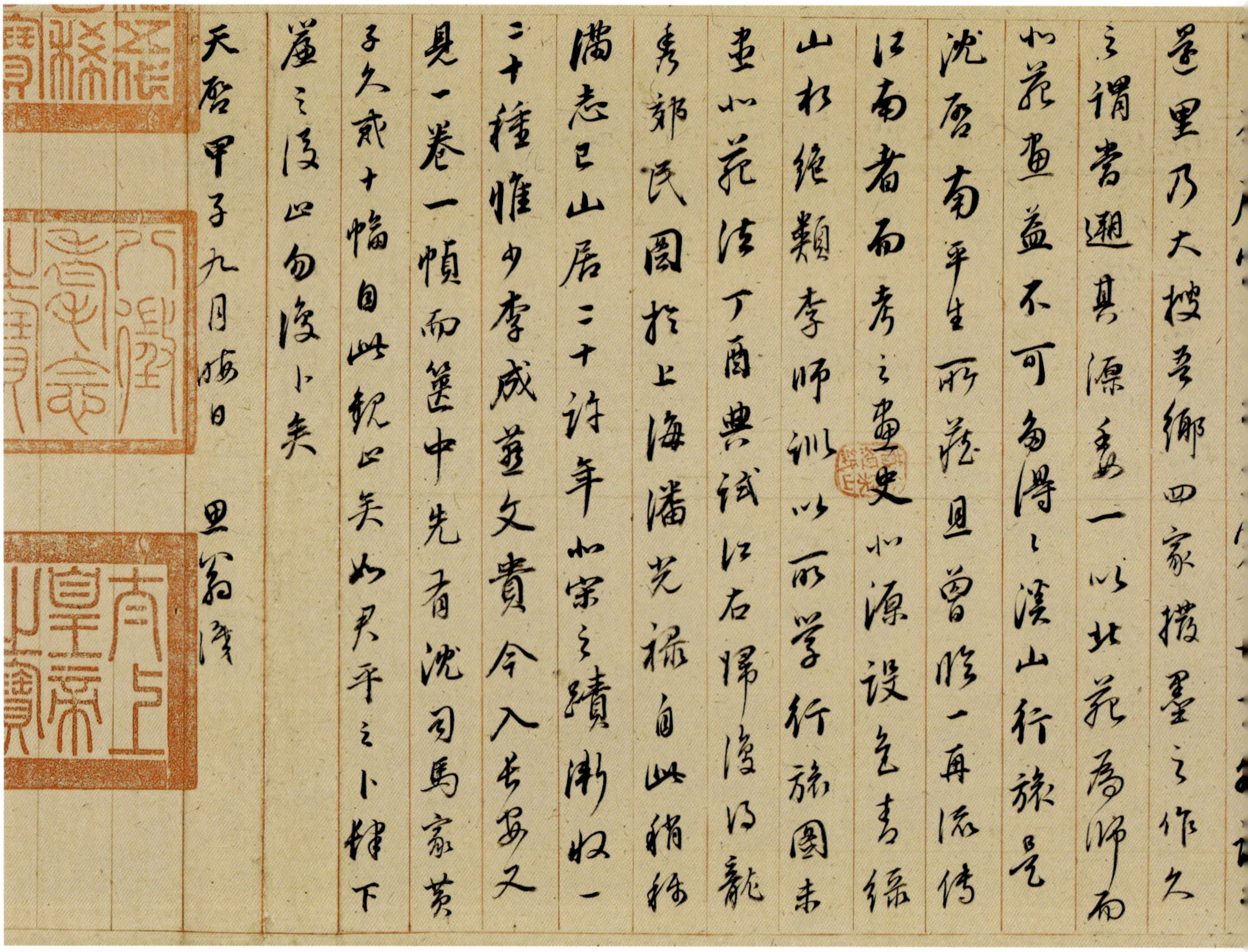

图 16　董源《龙宿郊民图》上董其昌题跋　台北故宫博物院藏

墨之作，久之谓当溯其源委……”（图16）

从这一条可以看出他与莫氏不同之处，董氏是不以元四家为满足的，同时他这种溯其源委的思想是发动在辛卯以后，重要的是那时莫氏早已下世，如果《画说》真是莫氏所作，他何至于迟钝若是？再看《画旨》第一五五条：“行年五十，方知此一派（二李二赵）画殊不可习！”董氏行年五十，已是1604年，距莫氏下世已有十七年之久，若《画说》真是莫氏所作，则董氏又何至于独自苦苦摸索，一直到莫氏去世如是之久，才突然开窍而恍然大悟起来？

因此，莫氏既无探究宗派的兴趣，董氏又在莫氏死后才开始追溯画学渊源，直到他五十岁后才发现北宗的不可学。显然，在他以前并无“莫氏《画说》”的存在，而董氏的宗派论，是他自己追求研讨得来的，那么《画说》中的宗派论，既不可能在莫氏生前存在，则《画说》的作者不是莫氏而是董氏，明矣！

（四）从以禅论画的角度来看

禅家有南北二宗，唐时始分，画之南北二宗，亦唐时分也……南宗则……亦如六祖之

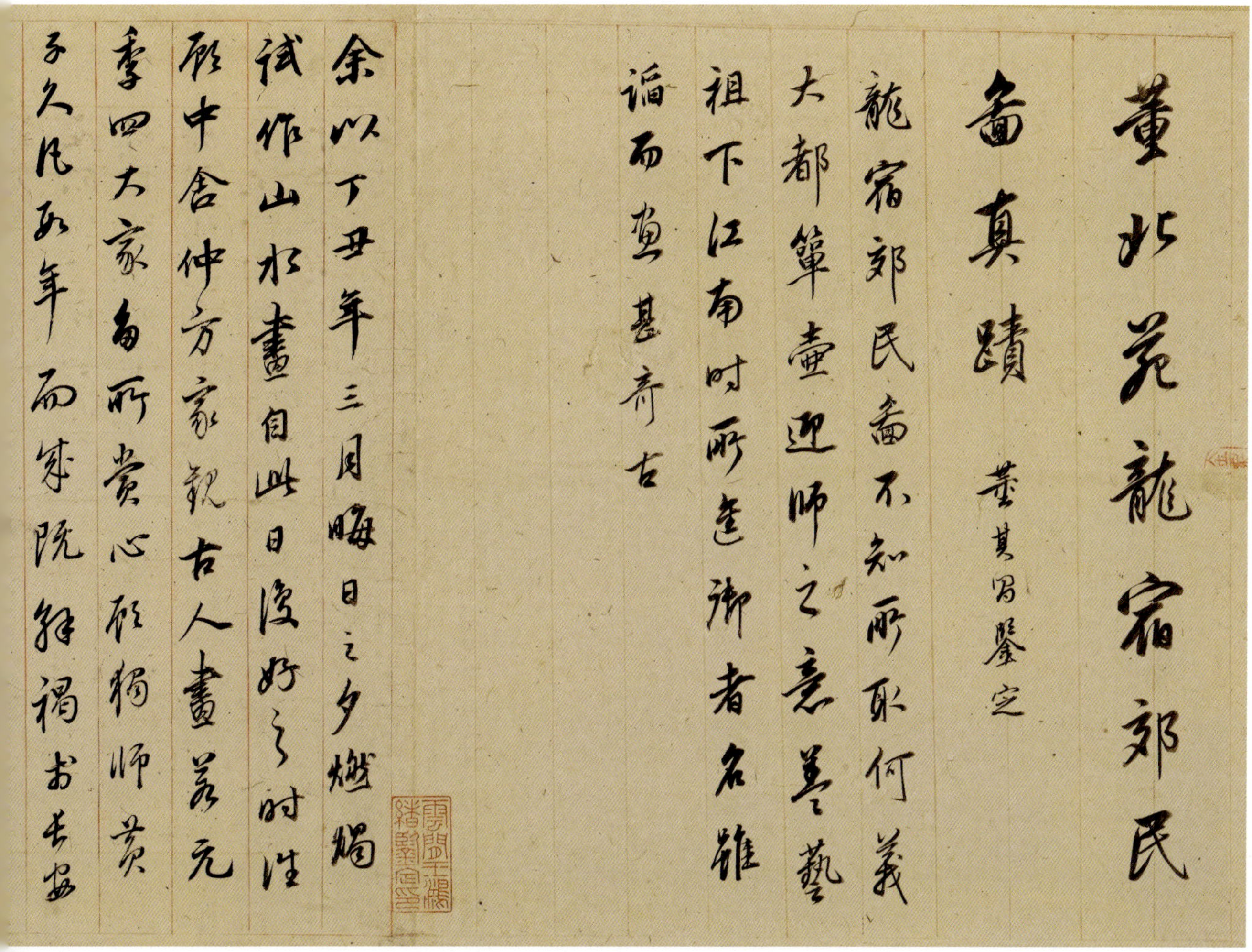
董北苑龍宿郊民圖真蹟　董其昌鑒定
龍宿郊民圖不知所取何義大都箪壺迎師之意蓋藝祖下江南時所進御者名雖謟而畫甚奇古
余以丁丑年三月晦日之夕燃燭試作山水畫自此日復好之時往于中舍仲方家觀古人畫若元季四大家多所賞心顧獨師黃子久凡五年而學既輟出長安

后，有马驹、云门、临济儿孙之盛，而北宗微矣！

这是《画说》的十一条，不仅是十七条中最重要的一条，也是中国画论上划时代的大事。而这分宗说的动机，既是从禅宗的启发而得，则从禅学方面去考察《画说》的作者问题，自是必行的方法之一。不过，我们可以不必牵涉到禅学修养的深浅问题。因为禅学的深浅，既不能解决问题，同时也牵涉到主观的评论，容易产生歧见，所以主要考察董、莫二氏的禅学活动和文字表见，作为我们衡量谁是《画说》作者的根据之一。

在明末禅学风行的时代，一般士子都或多或少的受到影响，莫氏也不例外，在他的《石秀斋集》中有谈禅一首：

欲悟三乘妙，还从万劫来。浮生终是幻，一念未成灰。水月凝附坐，天花聚讲台。空明本吾性，真使泊尘埃！

又，《石秀斋集》和《莫廷韩遗稿》均有《访金出禅师不遇》一首："祇洹精舍石桥通，欲解迷尘叩远公…何必持缘礼真相，一看留偈性俱空！"至于莫氏其他的禅学活动和谈禅的资料都很缺乏，也不见他曾以禅论画。

可是在董氏这一方，在《容台集》中资料甚多，综而述之，他的禅学兴趣，是在他尚是书生时期，从达观禅师（紫柏）初到云间时启发的。自是以后，他才开始“沉酣内典，参究宗乘，后得密藏激扬，稍有所契……”但是他久参不悟，一直要到乙酉（1585），舟过武塘时才“瞥然有省”，又到了明年读《曹洞语录》，才稍悟文章的宗趣。陈继儒的《容台文集》序中说董其昌“独好参曹洞禅，批阅永明宗《镜录》一百卷，大有奇悟”，也与他的自述相合。自是以后，董氏与当世名流常有禅悦之会，如1588年冬，他与唐彦徵、袁伯修等，同会于龙华寺憨山禅师作夜谈；1589年，日与陶望周、袁伯修游戏禅悦；至1594年董氏入都，与袁氏兄弟复为禅悦之会；1598年春，又与李卓吾见于都门之外兰若中，“略披数语，即许可莫逆”；嗣后，李贽在1602年为张问达疏劾，终于惧罪下狱而死！次年，达观禅师也以妖书事入狱而死，[7]禅风自是渐息！所以董氏在取得进士（1589）前后，直到五十岁以前，正是处于所谓临济末流的全盛时期，也正好在莫氏去世之后，《容台别集》卷三的《禅悦》五十二则，也大都是这一时期的产品，也是他笃好禅学的具体表现。除此之外，他又表现在以禅论文，和以禅论书画方面，此类文字也不在少数。兹以论文、论书、论画三项分列如下。

论文	论书	论画
1. 至岁丙戌（1586）读《曹洞语录》……遂稍悟文章宗趣，（《容台集》二《戏鸿堂稿自序》） 2.……此舍法喻也，又喻之于禅，达摩西来，一门超出，而忆劫修持，三千性相，弹指了之，佛头坐断，文家三昧，宁越此哉！（《容台集》三《漱六斋草题词》） 3. 苏端明文章妙古今，虽韩、欧当却步，良由韩、欧皆未精内典，而禅宗最盛于子瞻之时，又有耆宿与相盘旋，是以悟后言语，六通四辟……苏公可谓文字般若矣！（《容台别集》）	1. 章子厚日临《兰亭》一本，东坡闻之，谓其书必不得工。禅家云：从门入者非是家珍也。（《容台别集》） 2. 米元章书……少壮未能立家，一一规模古帖，又钱穆父诃其刻画太甚，当以势为主，乃大悟，脱尽本家笔，自出机轴，如禅家悟后拆肉还母，拆骨还父。（《容台别集》） 3. 吾学书在十七岁时，凡三年，自谓逼古……比游嘉兴，得尽睹古人迹……方悟从前妄自标许。譬如香岩和尚，一经洞山问倒，愿一生作粥饭僧，予亦愿焚笔研矣！然自此有小诣……（《古缘萃录》卷五《董香光书论书画四则卷》）	1. 元季诸君子画唯两派……至如李郭者……不能自立堂户，此如五宗子孙，临济独盛，当亦绍隆祖法者，有精灵男子耶！（《画眼》《画禅室随笔·画源》） 2. 凡诸家皴法，自唐及宋，皆有门庭，如禅灯五家宗派，使人闻片语单词，可定其为何派儿孙。（《画旨》） 3. 五代时，僧惠崇与宋初僧巨然，皆工画山水……一似六度中禅，一似西来禅，皆画家之神品也。（《画旨》） 4. 行年五十，方知此一派（李昭道至仇英一派）画不可习，譬之禅定，积劫方成菩萨，非如董、巨、米三家，可一超直入如来地也。（《画旨》） 5. 友人以巨然《松阴论古图》售于余者，余悬之画禅室，合乐以享同观者，复秉烛扫二图，厥明示客，客曰：君参巨然禅几于一宿觉矣！（《画旨》） 6. 李（成）出于右丞，故自变法，超其师门，禅家呵称，见过于师，方堪传授者也。（《画旨》） 7. 吾郡顾仲方、莫云卿二君皆工山水画，仲方专门名家，盖已有岁年，云卿一出，而南北顿渐，遂分二宗。（《画眼》）

以上董氏以禅论画之例甚多，其中第一条所论元季诸君子画，如“临济独盛”与《画说》中称南宗“亦如六祖之后，有马驹、云门、临济儿孙之盛”同一含意。又第四条所谓李昭道至仇英一派不可学，也与《画说》中南北宗论相符。至于第五条中，众所周知董氏斋名为“画禅室”，以及他有一印曰“画禅”，可见更是他喜欢将画与禅相提并论的具体事实，而与其他诸条借用禅学上的掌故话头来论画，都是合于此一事实的。此外，董氏不仅以禅论画，而且还喜欢以禅论文、论书，再加上他中年时期参与禅悦之会，又作《禅悦》五十二条等的具体表现，都足以证实他以禅论画是有本有源的！

相反，考察莫氏一生，虽然也身际其世，在他晚期失意家居时，也曾“读书谈道，足以自娱”，他也曾说“大抵禅宗机锋，决捷入理最深”。且不论他的禅学修养是否比董氏深入，但是他谈道就止乎谈道，论书画就止乎论书画，绝不像董其昌一样喜欢表见于文字！因此，两相比较起来，究竟是谁借了禅门的宗派来比喻画学上的宗派，自然就不言而喻了！（按：笔者的禅学知识极为有限，故不敢深论。但对《画说》的作者问题而论，此一表面的观察比较，似已足够证明《画说》的作者不是莫氏，而是董其昌了。）

（五）从两家的书画作品来看

从书迹上看

《画说》是某一作者的论画语或题跋的集合作品，已在前言中述及。因此，在同一作者的存世书迹或著录中的书迹里，应当可能找到他所书《画说》中某一条或某几条的实例。基于此一原则，如能够找到谁曾书写《画说》中的某几条，谁就应该是《画说》的作者。兹将目前搜集到的《画说》书迹，分现存墨迹及著录书迹列表于后。

现存书迹之同于《画说》者						
作者	与《画说》中相同者	作品年份	作品名称	著录书籍	卷	备注
莫是龙						
董其昌	第二条	1616	《画册》	《故宫书画录》增订本	三	台北故宫博物院藏
	第十二条	1628	《仿张僧繇白云红树图》	《故宫书画录》增订本	四	台北故宫博物院藏

著录书迹之同于《画说》者						
作者	与《画说》中相同者	作品年份	作品名称	著录书籍及编者	卷	备注
莫是龙						
董其昌	第一条至第十六条	1613	《董文敏论画卷》	《吴越所见书画录》	五	风雨楼本
	第十三、第十四条	1597	《董其昌论书画四则卷》	《古缘萃录》	五	澄兰室本
	第九、第三条		《董玄宰论画》	1643年前《真迹日录》	初编	张丑自注“真迹”
	第九条		《董香光书画袖珍册》	《过云楼书画记·画卷》	五	
	第三条		《跋赵大年江干雪霁卷》	1692年《式古堂书画汇考》	十三	正中书局影印本
	第十三条下半条		《仿北苑卷自题》	《书画所见录》		世界书局艺术丛编本书画录下

由上两表看，不论现存墨迹或著录书迹之同于《画说》者，均只有董氏而没有莫氏。且不论董氏书迹是否全是真迹，而奇怪的是连莫氏的伪迹竟然也没有！上列董迹即便有伪迹在内，也正可以证明伪作作者认为原作者是董氏；如果是后人临本，也可以证明原本为董氏真迹。所以不论真伪，都对主董说有利，也都与主董说相契合。

从画迹上看

笔者曾屡言之，《画说》的作者不论在批评画家以及论及皴法或树法时，都是从实际作品所得的真实体验，从不作虚玄空泛的讨论。而且我们可以看出《画说》若干条是表明作者对自己在绘画上追求的途径和理想，尤其以下两条最为显然：

> （1）今作平远及扇头小景，一以此二人（赵大年、倪瓒）为宗。
>
> （2）画平远师赵大年，《重江叠嶂》师江贯道，皴法用董源麻皮皴及《潇湘图》点子皴，树用北苑、子昂二家法，石用大李将军《秋江待渡图》及郭忠恕《雪景》，李成画法有小帧水墨及着色青绿，俱宜宗之，集其大成，自出机轴，再四五年，文沈二君不能独步吾吴矣！

以上两条因为述及某些特定的画家以及特定的作品，所以最为落实，也最容易探究谁是《画说》的作者，除了在比较两家的所藏所见时，已证实《画说》当为董氏所作外，现在要从另一个角度，也就是从两家存世及著录中的山水作品中，去考察比较谁是《画说》的真正作者。也就是说，《画说》的作者在画学上既有如此的追求目标，则在他自己的作品上也应当表现此一意向，即拟仿上述八家的风格或笔意。兹根据此一原则，将著录中或现存之莫、董二氏作品列表比较于后。

莫是龙	《画说》	董其昌
	［赵大年］ 作平远及扇头小景，一以此二人为宗。	1.《仿赵大年画卷》：“赵大年画平远，不落当时蹊径，自有一种风味，真宋之士大夫一派……”（《董华亭书画录》） 2.《仿赵令穰〈村居图〉》：“壬寅（1602）……过嘉兴鱼江中，写所见之景，却似重游也。”（《画禅室随笔·题自画》） 3.《仿六家册》：“帆墙柳外出，鸥鸟镜中飞，仿赵大年笔。”（《董华亭书录》） 4.《赵大年〈夏山图〉》：“……右俱吾斋神交师友。”（《画禅室随笔·画源》）
	［江参］ 《重江叠嶂》师江贯道。	江贯道《江居图》……右俱吾斋神交师友，每有所如，携以自随。（《画禅室随笔·画源》）
	［董源］ 皴法用董源麻皮皴及《潇湘图》点子皴，树用北苑、子昂二家法。	1.《自题夏木垂阴轴》：“董北苑《夏木垂阴图》，观于长安吴太学所，始知黄子久出蓝之自……”（《故宫书画录》五） 2.《自题仿董源〈溪山樾馆图〉》：“往在北扉，得观朱黄门所，因临粉本箧中，今始成此，颇有肖似。”（《岳雪楼书画录》四） 3.《题董源〈龙宿郊民图〉》：“辛卯（1591）请告还里，乃大搜吾乡四家泼墨之作，久之谓当溯其源委，一以北苑为师。”（《故宫书画录》五） 4.《仿十六家巨册》：“北苑《关山行旅图》，用笔苍劲，元季四家皆宗之。余幸收之，此图亦仿其意。”（《董华亭书画录》） 5.《仿董北苑笔意》：“友人以北苑《夏山图》视余……适兴到漫为点染，聊得其十之一耳。”（《董华亭书画录》）
	［赵孟頫］ 树用北苑、子昂二家法。	1.《仿六家册》：“六月杖藜来石路，午阴多处听潺湲。玄宰临赵承旨笔。”（《董华亭书画录》） 2.《仿六家册》：“余家有《鹊华秋色》卷，收为此帧。壬寅。” 3.《江山秋思图》自题：“……余家有吴兴小册，故临于此。”（《画禅室随笔·题自画》） 4.《韩昌黎盘谷序》：“……赵吴兴尝补图……亦仅模吴兴画境耳。”（《明清之绘画》） 5.题《鹊华秋色图》：“赵吴兴画余见之武康沈氏，因忆临之。”（台北故宫博物院藏）

（接上表）

莫是龙	《画说》	董其昌
	〔李思训〕石用大李将军《秋江待渡图》。	大李将军《秋江待渡》……右俱吾斋神交师友，每有所如，携以自随。(《画禅室随笔·画源》)
	〔郭忠恕〕石用……郭忠恕《雪景》。	此余在长安苑西草堂所临郭恕先画粉本也，恨未设色与点缀小树，然布置与真本相似。(喜龙仁《中国画》图版五)
	〔李成〕李成画法有小帧水墨及着色青绿，俱宜宗之。	1.偏头关万金吾邦孚家藏李营丘《平远》小绢幅，与成国家巨轴同一笔法。米元章云，真李成见二本，此殆近之，因仿为小景。唯水墨渲运处，非郭熙、许道宁所能及耳。(见图7) 2.《仿李营丘〈寒林图〉》(《南画大成》八卷) 3.《仿十六家山水册》:“李成画偏头关，在万金吾邦孚家，余在长安借临，今仿其意为此。”(《画旨》《董华亭书画录》) 4.李营丘着色山图……右俱吾斋神交师友，每有所如，携以自随。(《画禅室随笔·画源》)
	〔倪瓒〕今作平远及扇头小景，一以此二人为宗。	1.《仿倪元镇〈山阴丘壑图〉》，京口陈氏所藏，余曾借观，未及摹成粉本，聊以巨然《关山雪霁图》拟为之。(《故宫书画录》五) 3.《临倪瓒〈东冈草堂图〉》:“……己巳长夏避暑，偶临倪迂此图，并存诗识，以知所自。”(《故宫书画录》五) 3.题《横云秋霁图》:“此仿倪高士笔也，云林画法，大都树木似营丘、寒林山石宗关同……”(《画禅室随笔·题自画》) 4.倪云林画，平淡天真，无画史纵横习气，此图余所临吴中王年先家藏本也。(《董华亭画录》)

我们由上表可以看出，莫是龙对于《画说》中所云应该宗学的古名家，不要说冷门的赵大年、郭忠恕、江贯道等，就是比较热门的倪瓒、赵孟頫、董源等也都不见莫氏曾经宗学过。相反，董其昌对于以上八家都有临仿的画迹和言论存世。而且可以从他很多的题跋中看出他热心研究名迹，古书经目，常常勾存粉本。未及勾成粉本的，在日后还能忆临出之，也见出他的体察入微和萦绕脑际，都可以证明他潜心于古名迹的研究。实际上，董氏曾临仿过的古画家，绝不止于以上数家，自元四家以上，以至于杨升的没骨、王洽的泼墨，都曾临仿过，在陈继儒的《太平清话》中有一则云：

> 董玄宰寄余书云：所欲学者，荆、关、董、巨、李成，此五家画尤少真迹，南方宋画，不堪赏鉴，兄幸为访之！

又《画禅室随笔》中题周山人画时亦云：

> 余少喜绘业，皆从元四大家结缘，后入长安，与南北宋五代以前诸家血战，正如禅僧作宣律师耳。

足见董氏不像莫氏只限于元人，甚至于只限于黄公望一人，他是处处与《画说》吻合的！我们再从莫氏的现存和著录画迹看看他所宗学的山水家数。

《跋自画卷》：“一峰道人好写水墨，人以为高古苍润，即董北苑、僧巨然不能过也，余因仿其笔意，写绝壑泉声……”（《莫廷韩遗稿》）

《陡壑泉声图》：“仿子久笔意，云卿。”

《秋山无尽图》：“余每登名山，常思作图，竟未可得。今从张伯起从舟中游新江，遥望山川嵚秀，岩壑幽奇，因展箧中所藏黄大痴《秋山无尽图》把玩，心境顿开，颇合吾意，参其法度，遂为作之。”（《红豆树馆书画记》三）[8]

图 17
明　莫是龙《东冈草堂图》
台北故宫博物院藏

上述三图是目前所得所有莫氏画迹中，有自题仿某家语者，三图均仿黄公望。又从莫氏其他存世画迹来看，虽未自题仿某家，但大都是仿黄公望的风格，如苏黎世珍诺瓦（C. A. Drenowatz, Zurich）所藏《白云空翠图》，正与画史中所云相同：

山水宗黄大痴，甚好。

画法黄大痴，放情磅礴，极意仿摹，不轻落笔。

山水宗黄大痴。

廷韩摹大痴画十年，乃出以示人。

那么，莫氏专学大痴一家已甚明。而今存莫氏画迹中只有台北故宫博物院的《东冈草堂图》（图17），虽未说明仿某家，而笔法是仿王蒙解索皴，与其他莫氏作品风格不同；不过大体来说，莫氏画风仍可用黄氏一家来包括。因此，比较起《画说》的内容来，明显是两人！那么，只从两人的画迹比较中，也可以知道谁是《画说》的作者了。

因此，在上述五节中将《画说》莫、董二家的文字思想以及书画作品分析比较的结果，由于董氏处处与《画说》相符，已经到了超过“偶然”的程度，而莫氏的处处不同也已经到了不是可以用“缺乏莫氏资料”所能解释的程度，所以就上述比较的总结果，已经可以肯定地说一句：《画说》十七条的作者当是董其昌而不是莫是龙了！

二、从董氏是否会模仿或抄袭莫氏来看

在以上的比较讨论里，虽然已经提出若干有力证据证明《画说》当为董氏所作，作者不可能是莫氏；但是还有若干证据，由于没有莫氏的资料可以比较，而正如胡适所谓的两面锋的剑，两边都可以割的！[9]为了在“割”的时候有一个正确的方向，我觉得有再将董其昌的性格和董、莫二氏的关系加以分析和比较的必要，看看他究竟有没有如此亦步亦趋地模仿、追随或抄袭莫氏的可能，兹分下列几方面去探讨。

（一）从董氏“自成一家”的思想来看

在董氏的题跋中，我们可以看出董氏虽然主张师古，但他绝不赞同师古不化，所以他论书时说：

要知“二王”之书，世间罕存，吾辈但向《墓田》《丙舍》《官奴》《王润》《禊帖》，想其风韵神情，不落唐人蹊径，自成一家，去山阴何远……

从这一则可以看出董氏心大言大，即唐人书法也不在眼内，他的目标是要跟“二王”抗衡，是自成一家，他又论赵孟頫书云：

……文敏之书，病在无势……虽然，其可传者，自成一家，望而可知为赵法，非此则鲜于、康里得并驱墨苑矣！（《容台别集》四）

董氏认为赵孟頫如果不能自成一家，也只不过跟鲜于枢、康里夔夔同一程度而已。反过来说，因为鲜于、康里二人不能自成一家，所以不能不输子昂一筹！此外，董氏在论画时亦常表现此一思想，他认为米氏父子虽宗董、巨，为了“自成一家”，却仍宗李将军。他又论文徵明画曰：“文太史本色画极类赵承旨，第微尖利耳，同能不如独诣，无取绝肖似……”（《画旨》）

这里所谓的"同能不如独诣"也是强烈地表示独创和自成一家的思想，而这类思想在董文中是屡见不鲜的！至于在论文方面，可以在陈继儒《容台集序》中看得很明显："往王长公主盟艺坛，李本宁与之气谊声调甚合，董公方诸生，岳岳不肯下，曰：神仙自能拔宅，何事傍人门户间！"

可见董氏这种不肯随人附和、寄人篱下的思想性格，在早期便已表露无余，他在二三十岁时对于当时主盟艺坛的王世贞还不甘依傍，则又何至于到五十岁左右时又模仿起所谓的"莫氏《画说》"来？

（二）从董氏主变的思想来看

主变的观念与自成一家的观念相关联的，意思是学古而变古，不变即不能自成一家。而此一主变的思想，在董文中是俯拾皆是的。他评赵孟頫书最大的缺点便是不变："自元人后，无能知赵吴兴受病处者，自余始发其膏肓，在守法不变耳。"所以他论临书时说："要如李光弼入郭子仪军，旌旗一变。"

同时，他称赞米芾书，即因其能变："米海岳书自率更得之，晚年一变，遂有冰寒于水之奇。"接下去，他又一再加以强调："书家未有学古而不变者也！"因此，他又大斥学古而不变者："如书家以肖似古人不能变体，为奴书也。""守法不变，即为书家奴耳！"

董氏不但在书论里一再强调变古，表现在其画论上，也有同样的要求。他论倪瓒的画："云林画法，大都树木似营丘，寒林山石宗关仝，皴似北苑，而各有变局。""李（成）出于右丞，故自变法，超其师门！"只有变，才能超其师门，所以他又大声疾呼："学古人不能变，便是篱堵间物！去之转远，乃由绝似耳！"

以上这些言论，并不是他的空谈，他不但身体力行，而且自认为有相当的成就。在书法方面，试看他以下的一段话："余学书三十年，不敢谓入古三昧，而书法至余亦复一变。世有明眼人，必能知其解者！"他是自信而且自负的，在绘画上他也有此类言语："余非不好元季四家画，直诉其源委，归之董、巨，亦颇为时人换眼。丁南羽以为画道一变！"这虽是他借旁人的话来自赞，其实他也自认是画道一变的！

以上所举董氏在书画上不但主变，而且身体力行，同时又与《画说》的思想相同。试看《画说》十三条："余尝谓右军父子之书，至齐梁而风流顿尽，自唐初虞褚辈一变其法，乃不合而合……"接下去又说："巨然学北苑、元章学北苑……学一北苑耳，而各各不相似，使俗人为之。一与临本同，若之何能传世也？"

不但与董氏的思想丝丝入扣，而且两者都用"一变"的词汇，那么从董氏主变和自成一家的思想来看，他既然没有抄袭模仿的可能，那么唯一的解释便是《画说》也是董氏的作品。

（三）从董氏的自视与自信来看

我们再从另一方面去考察董氏之个性，从他的自视如何以及自信心如何，来看他是否有模仿抄袭的可能，同时也比较《画说》的作者与莫、董二氏的性格，究竟以谁较为接近？

首先从他在书法方面的自视与自信来看，他说：

（1）吾书无所不临仿……若使当其合处，便不能追踪晋魏，断不在唐人后也。（《容

台别集》四）

（2）赵吴兴有此墨迹，未尽其趣，盖吴兴所少，正《洛神》疏隽之法，使我得之，故当不啻也。（《容台别集》四）

（3）赵文敏书《雪赋》……余爱其笔法遒丽……恐文徵仲瞠乎其后矣！遂自书一篇，意欲与异趣，令人望而知为吾家书也。昔人云：非惟恨吾不见古人，亦恨古人不见我。又云：恨右军无臣法。此则余何敢言，然世必有解之者。（《容台别集》五）

（4）鲜于伯机书……余为跋其后并临一卷，侍御颇讶其相肖，不知余乃降格为之耳！（《容台别集》四）

（5）此书陶诗，运笔得米元章之髓，非敢自誉。书道本如是，历代皆迷耳。（《容台别集》五）

（6）余此书仿《黄庭》《乐毅》，颇得右军遗法。（《容台别集》四）

以上（2）（3）两条都有与赵孟頫争胜的意思；（4）条则不将鲜于枢放在眼中；（5）条自称已得米书之髓；（6）条自云颇得右军遗法，所以在（1）条内有不下唐人书之意。其自负自信如此，溢于言表。

再看他在绘画上的自负自信，他说：

（1）元季四大家，独云林品格尤超……其自题《狮子林图》曰：此卷深得荆、关遗意，非王蒙诸人所梦见也。其高自标许如此！岂意三百年后有余旦暮遇之乎！（《画禅室随笔》）

（2）客有云，赵文敏《夏木垂阴图》在岩镇汪太学家者，靳固不示人。予以北苑笔意拟之，他日觅真迹并观，未知鹿死谁手！（《董华亭书画录》）

（3）赵文敏、黄鹤山樵皆有《青卞图》……二公之画，各能为此山传神写照，然山川灵气无尽，余于二公笔墨蹊径外，别构一境，未为蛇足也。（《画旨》）

（4）……别构一境，不复米氏父子伎俩矣。（《画旨》）

（5）余虽不学米画，恐流入率易。兹一戏仿之，犹不敢失董、巨意，善学下惠，颇不能当也！（《画旨》）

（6）尚书能书者，宋时有燕肃，元时有高克恭。在本朝，余与鼎足。（《画旨》）

（7）余少学子久山水，中去而为宋人画……五十后大成！（《画眼》）

以上（1）条自许深得荆、关遗意，与倪瓒并行；（2）（3）两条意与赵孟頫、王蒙抗行；（4）（5）两条学米而用董、巨法，在米氏父子蹊径之外，有取法乎上之意；（6）条自豪其官职与画学；（7）条自称“五十后大成”，则他在大成以后的三十二年中，画学日进，则其自视之高，自信之强，自不在言下。

此外，他在画学及评鉴方面也自视甚高，他说：

（1）每观唐人山水皴法，皆如铁线，至于画人物衣纹亦如之。此秘自余逗漏，从无拈出者，休承虽解画，不能参此用笔诀也！（《画旨》）

（2）自元人后，无能知赵吴兴受病处者，自余发其膏肓，在守法不变耳！（《容台别集》五）

(3)以萧散古淡为贵，顾世人知者绝少！(《容台别集》五)

(4)远山一起一伏则有势，疏林或高或下则有情，此画诀也，余盖欲拈出以示人，惜未有知其解者！(《画眼》)

以上诸条，都是他在画学上的“独得之秘”，姑不论他人是否真的不解，但都是他体验有得之语，则可以肯定。这也足见他的自负自信，都不是浮夸之语。在他《戏鸿堂稿自序》里又说：“如此集者，自可不须序。序，大都谀语耳！海内具眼者多，何必以谀语先之？愿足下（赵公益）并破此窠臼！”

从中不仅可以看出他对自己的诗文颇具信心，而且他性情如骨鲠，有不愿随俗浮沉的气质。那么，像他这样对于书画、诗文都具有自信的人，古人尚且不在他眼内，而且明知“海内具眼者多”，他又何至于抄袭模仿一个与他同时的小家，且到如此毕肖的程度呢？若一旦为具眼者发现，则其八十余年的修为，岂不付之流水于一旦？

又，《四库全书总目提要》对《画说》中第十七条有所疑问，说：“其末一条谓，‘师赵大年、江贯道、北苑、子昂、大李将军、郭忠恕、李成，集其大成，自出机轴。再四五年，文、沈二君，不能独步吾吴矣’云云，不知所指何人也？”

我们如果了解了董氏的自负与自信，看他自称“五十后大成”“三百年后有余旦暮遇之”，以及“在本朝，余与鼎足”等语；比起赵孟頫来，还“未知鹿死谁手”，那么，在他眼中哪里还有文、沈一席之地？即《画说》中此语出于何人之口，以及所指何人，自然都昭然若揭了！此外，我们还可以举两个旁证。

其一：

《容台集》云：“余稍加岁月，当不令文、沈诸公横行吴中矣！”不觉陡然大惊。观翁画，乃知其无一非得笔前人，无一笔落前人陈迹！翁之深心惟余能测之，这所谓眼高手生者耶？今日者，翁画之声价，十倍文、沈焉！(顾复《平生壮观》十)

其二：

往与伯修过董玄宰，伯修曰：“近代画苑诸名家，如文徵仲、唐伯虎、沈石田辈，颇有古人笔意否？”玄宰曰：“近代高手，无一笔不肖古人者，夫无不肖，即无肖也，谓之无画可也！”余闻之悚然曰：“是见道语也！”(袁宏道《瓶花斋论画》)

读了这两段之后，《画说》中的“文、沈二君，不能独步吾吴矣”一说，究是谁的口气，更是不言自明了！

(四)从莫、董之间的关系来看

董氏在《崇兰帖题词》中说“余师方伯而友廷韩”，短短八字说清了他与莫是龙的关系。“方伯”是指莫如忠。关于这一关系，也可在董氏《戏鸿堂稿自序》中见之：“仆于举子业本无深解，徒以曩时读书于莫中江先生家塾……荏苒十五年，业亦屡变。至岁丙戌，读《曹洞语录》，遂稍悟文章宗趣。”丙戌是1586年，十五年前，大约是1571年左右，那么董氏在十七八岁时读书于莫如忠家塾是可以肯定的。当时，莫是龙已经三十三岁左右了。所以两人虽是同辈，但一定还有相当的距离，因为这时两人的年龄、学问和声名都悬殊。如莫氏在1571年正月在顾从义玉泓馆中联句，由莫氏书之；同年秋，莫氏又应殷无美之请，题跋王洪《潇湘八景图》，便可以看出他已经是一位名士了，而董氏在这一年才开始学书。此后在1574年和1576年，莫氏两游燕山。因此，在这几年中，两人的行迹不会太亲是可以想见的。

一直到丁丑年（1577）三月，董氏“燃烛始作山水画”。渐渐的，董氏的学问书画都成长起来，与莫氏的距离也缩小了，如《画禅室随笔》卷二《题莫秋水画一则》云：“莫廷韩为宋光禄作此图，在己卯之秋，时余同观，咄咄称赏，今已二十年事矣！”己卯（1579）时，董氏二十五岁，习画才三年。从语气里揣度，比起大约四十岁的莫氏，在各方面还逊一筹，但距离缩小了，两人开始在同一个圈子里活动了。

这可以从董氏另一记载中看得更清楚：“顾光禄公清宇于前己卯岁造青莲舫，余时与莫廷韩、徐孟孺、宋安之辈，常为泛宅之游，距今五十年矣！”己卯再加十年，董氏已是七十五岁的老人了，还偶然会怀念起昔日同游之人。至于前一则题画，董氏大约已四十五岁。那时，他不但正在追求画学的大成，而且经眼的名迹甚多，他实际上的书画成就也已经不下于莫氏了，可是在语气中，丝毫看不出他对莫氏有芥蒂或不正的用心。如陆时化《跋莫方伯行楷大字诗卷》云：“廷韩书法远胜方伯，余所见甚少。曾至华亭旧家遍购之，竟不可得。谓董宗伯恶其胜己，出重价收而焚之，冀为第一人。此齐东之语，香光居士何至焚琴煮鹤至是！然每观其论书，则以赵松雪暨文徵仲、祝希哲辈痛毁之，冀为第一人之说，亦似可信！”

虽然陆氏自己不信这种齐东野语，但仍为主莫说用作证据之一。因此，我们应该分析一下，看看这种传说的可靠性，也有助于澄清作者的问题。

这种类似传说曾发生在赵孟頫身上，说他因恐鲜于枢的书名将他压倒，所以将己书十幅易鲜于枢一幅以收之。但是，在今存若干鲜于枢书迹上，赵氏跋语都对鲜于枢推崇备至，毫无妒意！而赵氏的书名仍在鲜于枢之上。同时，有谁真正相信这种无稽的传说？而且书画作品易于流散各地，谁能收尽对方之书画？再者，重价收购的办法也容易助长对方的声名。聪敏如董氏者，即便有此意，也不会出此下策的！其为无稽之谈，自属显然。

再看董氏究竟有没有恶其胜己的心理？在董氏品书中曾云：“荆州仲宣楼所刻《登楼赋》，为吾松乔茂敬书。乔素无书名，彼中士大夫亦不知为名手也。乔曾为荆南观察，乃从游莫廷韩是龙所书，今为正之！”

照理说，董氏若真有“恶其胜己”的心理，一般人既然不知道这《登楼赋》实出于莫氏，则董氏又何必多一举，特别指出这是莫氏所书，因而又助长莫氏之书名呢？如果他真的曾“出重价收而焚之”，自当收而焚之。再看众所周知的另一段，更是大褒莫氏：“吾郡顾仲方、莫云卿二君，皆工山水画，仲方专门名家，盖已有岁年，云卿一出，而南北顿渐，遂分二宗……仲方向余敛衽，云卿画不置……俯仰间二君意气可薄古人耳！”

如果董氏真的“恶其胜己”，则又何必大褒莫氏？则事出虚构，已自彰明甚！

（五）从董氏对莫氏的真实评价来看

我要讨论董、莫关系，主要着眼点是在董氏是否屑于抄袭、模仿莫氏之《画说》，所以我们也应该知道董氏对莫氏的真正评价，因为在前引各段中只是泛泛的赞词，而在《崇兰帖题词》一则中则比较语之有物：“每论两家（莫氏父子）之书……当时知廷韩者，有大令过父之目。然吾师以骨，廷韩以态，吾师能自结构，廷韩结字多出前人名迹，此为甲乙，真如羲献耳！”

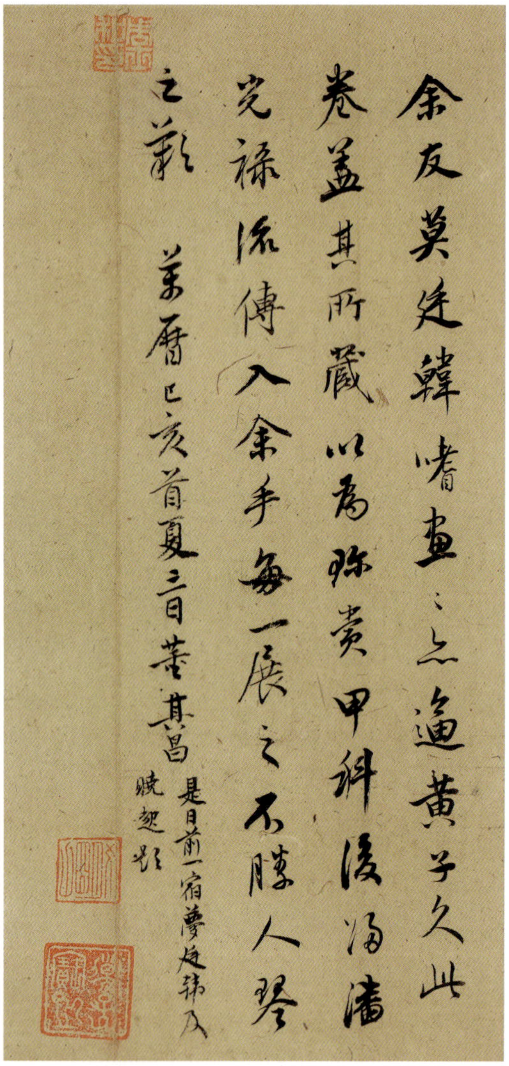

图 18　王诜《溪山秋霁图》后的董其昌跋

他说莫父自能结构，也是说他能学古而变古，而莫氏还是学古而不能变。董氏论书曾云“书家以豪逸有气，能自结撰为极则”，因此，足见他是不同意当时“大令过父”之论的，在他的《画禅室随笔》一则中，此意更明：“吾乡莫中江方伯，书学右军……其沉着逼古处，当代名公，未能或之先也！……其子云卿亦工书。”他对莫是龙只是轻轻一笔带过，因此他总有“子不如父”的看法，足以证明他对莫是龙的书法并不过分推崇，加上他的自负，说什么“吾于书似可直接赵文敏”，那么他不会将莫氏“置之眼角”也是很自然的事了。

事实上，莫氏虽早得盛名，但在他四十岁前后，由于屡试不利，神理悲怆，又坐穷病，终于郁郁以终。在书画方面，既吝于笔墨，又不享大寿，传世作品本不甚多，虽然在他死后还常有人回忆起他的才情，但其声名也随其早逝而渐渐为人淡忘。莫氏卒后还不到两年，董氏即于科场得利，虽然他在政治上并没有大发展，但是进退自如。不到十几年，书名已遍播大江南北，个人的收藏也非昔年的莫氏可比。这时的董氏偶然梦到莫氏，展阅莫氏曾经收藏过的郭熙《溪山秋霁图》卷（图18），想起莫氏早逝以及昔日同游情景，题上“不胜人琴之叹”的句子，已经满是怜惜之情，哪里还有可能抄袭莫氏之文而据为己有之事？更何况莫氏也根本没有遗留下什么特别突出的画论，董氏又从何抄袭、模仿起呢？

三、从莫氏的其他方面来看

（一）从莫氏的生卒年来看

莫氏的生卒年，一直未曾确定，而且众说纷纭，莫衷一是。有的固然很接近，有的则相去甚远！而莫氏的生卒年，关系到《画说》的作者问题甚大，是必须要解决的。本来，有了《莫廷韩遗稿》的出现，已经可以推算出非常接近的生卒年，近又蒙吴讷孙教授函告，程琦先生已于年前在冯开之《快雪堂日记》中发现莫氏确实卒期：“（丁亥）八月初三，卧中闻雨滴，得莫廷韩六月书，笔工某斋至。廷韩以七月初旬弃人间矣。”（《快雪堂集》卷四十七）

丁亥即1587年，也就是莫氏的卒年。莫父如忠卒于1589年，所以跟莫氏小传中“先其父卒”之说相符，也可用以下两则小故事作为旁证：

1.莫方伯（如忠）于书独费苦心，故廷韩亦得具家法一派。方伯病时，诸笥零星，诸

子欲争得之，独廷韩先逝，不能承方伯丝粟之藏，所得方伯一只手耳！（《南吴旧话录》十六）

2.莫云卿既死，方伯公抚膺而已，无泪！王长公寄声曰："云卿诣白玉楼，觉非忝窃，第不知为父者将何遣？"曰："凡一切眷属，即芝兰玉树，修短固有定数……"（《南吴旧话录》十九卷）

此外，在《莫廷韩遗稿》中，其自题有甲子而最晚者为丙戌年（1586）："岁丙戌之夏六月，余归自燕中，而友人张长公以是年五月十五日卒……谆谆命诸子乞余言铭其墓。（《莫廷韩遗稿》十一）"

丙戌即是莫氏卒期的前一年。因此，都与冯开之日记中所记莫氏卒年相符，故莫氏卒年自是确定！

莫氏卒年既明确，兹再据之推论其生年。在莫氏遗稿中，其自述年龄的有好几处，都自云四十余：

仆四十余，霜毛冉冉。（《莫廷韩遗稿》十三）

我生四十余，未曾见此翁。（《莫廷韩遗稿》三）

而未见其自述有五十余的，所以正与《无声诗史》中所载相符：

得幽疾以死，享年不满五秩！（《无声诗史》卷三）

因此，关于莫氏的享寿，其第一个可能是"不满五秩"；但此外又有莫氏享寿五十一岁的记载，见于章有谟的《景船斋杂记》中（章氏生卒及确实撰期目前均不明，而该书有乾隆廿九年章氏从孙德棨之序，故可约略定此书之成在雍正前后）云：

（莫氏）疾革时，与友对弈，客曰公惫矣，何事于此。公曰：非是无以消长昼。已较胜负，收其子，倏然而逝，时年五十一。

因章氏亦为华亭人，故此书虽撰时稍晚，且得自传闻，然或有据，故莫氏享寿亦有五十一岁之可能。在《莫廷韩遗稿》中另有一则与莫氏生年有关："癸酉之别，迨今八易星霜……仆四十余，须眉未白，而万虑消耗，老冉冉至矣！"癸酉为1573年，八年之后，依中国通常算法，或为1580年，也有可能为1581年，就是他自称"四十余"的这一年；则该两年莫氏至少四十一岁，也等于说莫氏的生年不能晚于1540年或1541年，这是莫氏生年的下限。

如据《无声诗史》，莫氏不满五十而卒，则莫氏享年最多为四十九岁，由其卒年（1587）推之，莫氏生年最早为1539年，否则莫氏享寿就会超过五十岁。

如据《景船斋杂记》，莫氏享年五十一岁，则其生年当为1537年。

因此，莫氏生年最早为1537年，最晚为1541年，而也有可能是1539年或1540年，所以一共有四种可能。而莫氏的生日我们是知道的："余生辰七月六日，友人朱孟所欢宋姬，以丝履见赠。"（《石秀斋集》六）此为一香艳的故事，可惜未记甲子和年龄，否则就不用后人大费精神了！兹将莫氏之卒年及可能生年，换算成阳历列于后：

1.莫氏生年，不能早于嘉靖十六年丁酉七月六日（1537年8月11日）；

2.莫氏或生于嘉靖十八年己亥七月六日（1539年7月20日）；

3.莫氏或生于嘉靖十九年庚子七月六日（1540年8月7日）；

4.莫氏生年不能晚于嘉靖二十年辛丑七月六日（1541年7月28日）；

5.莫氏卒年为万历十五年丁亥七月初旬（1587年8月4日至8月13日）。

比较董其昌来，莫氏较董氏长十四岁至十八岁。莫氏卒时，董氏才三十三岁；莫氏卒后，董氏又活了四十九年才去世！所以虽说两人同辈同时，而两者之去世竟相去半个世纪之久！如果在20世纪，两人去世时的世界已经截然不同了。虽说16、17世纪的中国，变化较慢，但思想之变迁也当有若干迹象可循，而不应当仍然停滞在同一思想层次上。如果说董氏的一生，始终只在莫氏的十七条思想中打圈子而未能跨出一步，也就不成其为我们今天所知道的董其昌了！

不但如此，由于莫氏的短命，他的书画作品和题跋资料也不多。假定莫、董二氏的作品，都从三十岁以后开始传世，在莫氏只有二十年左右的创作时期，而董氏还有五十二年之久，这中间的差距是很大的！实际上，就董氏的作品和题跋而言，不说四十岁以前的作品已经难得一见，即便是五十岁以前的作品也存世不多！那么，在四五十岁逝世的莫氏，也就难怪他没有太多的作品和题跋传世了。更何况他对自己的作品也是“妄自矜重，不轻示人”（《莫廷韩遗稿》）。顾复《平生壮观》也说他“惜墨太甚”，足见其作品在生前也不会太多，我们自可不必期待他有更多的资料出现了。

（二）从莫氏的遭遇来看

由于莫氏从少年到青年时期，他的才情倾倒一世之人，所以从片断的记载来看，总不免让人对他存有很高的幻想！所以既有宝颜堂订正《画说》在《画旨》之先，则莫氏自是《画说》的作者不疑。但是《画说》的完成不可能在一个人的青年时期，所以我们应该看他在晚期有没有可能写出《画说》来？在《莫廷韩遗稿》中，他在《与费怀古》中说：“甲戌以后，不肖两游燕山，犹然故吾，高卧穷巷。”

这是他说1574年及1576年两次去北京考试不利之事，正如他自己在《送杨太和北上叙》中所说：“夫功名之心，人孰无之，四方之志，虽圣贤亦有所不废也！”

所以这种功名之心，一直腐蚀着他自己的心境，在《与谢少廉》中云：“仆老矣，而功名一念，未忘鸡肋！”

他中年时虽“以不次贡于廷，廷试第一人，名噪都下……时相君太宰欲以翰林孔目待诏处廷韩，如文徵仲、何元朗故事”（《无声诗史》卷三），但他自恃才情，认为总有高中的一天。不然，长此以往，要为“诸轻俊少年愧死”。他在《与陈伯求太史书》中，将这种心情表露无遗：

> 别来都无长进，独能于举子业中寻得出路，姑将朝夕从事，求售俗目，了世之魔，当不复为市井小儿所诮！不然，班马再生，曹刘嗣出，谁能识者？

可是《与张岷崃中丞》中又说：“两就北闱之试，虽数遇知己者，而文卷误失，辄致遗弃，命运坎坷，乃至于此！今亲老而家事益困，去冬落魄抵舍，继以哭子之痛，造物厄我甚矣！”

他屡试不利，不但心情大受影响，而且资用渐乏，加之父病子卒，悲怆情怀在其书札中比比皆是，有不忍卒读者！《与沈君典太史》即其一也：

> 弟四十举一子，颇佳慧可喜，而残岁以疹死。春来侍老父汤药，继以妻女俱抱病，家贫无信宿之储，欲得解颐一笑，难于河清，衡门况味，大都若此，足下闻之，亦为我酸鼻否？

有时，他虽然想“少伸末锐，表见于著述”，但是终究“鸡肋未忘，进退维谷”！最后，在临死前两年再度北上，在1586年又失利南返，终于郁郁以终！

相反，董其昌虽然出身低微，但从他功名得利之后，富贵两全。所以我们可以很明显地看出，莫、董两人后半生的生活遭遇是全然不同的。所以从莫氏传世及著录作品来看，他不越元人一步。我们不能说他限于见闻，主要的还是受他心境的限制，他无心致力于绘事的研究，这与“热心于艺术，无心于政治”[10]的董其昌刚巧相反，所以我们不妨说他“无心于艺术而羁绊于功名”！

此外，功名未成，又增加了他的贫困，他几次北上，都“旅资羞涩”。这也可以用董氏的情形做对比：董氏最后一次北上考试的时候，他还接受朋友们帮助他的旅资，[11]但他在北京做官没有几年就回乡开始大收古画，没几年就成了大藏家了。可是莫氏的资财只有出去的，没有进来的，也就无怪到后来“家贫无信宿之储”了！像他这样的下半生，任他是“当世一才子”或者“八步倚马才”，到这时也只有“梵书一编，清香一供，以消永日。酒徒相寻，则又欣然引满，与时浮沉，且快目前而已”！

这样的才子，落得如此的下场，诵其书札，怎能不为他酸鼻呢！所以从莫氏的一生来看，既不如董其昌的幸运和顺利，又不如陈继儒看破功名，沉潜于著述！以董氏的收藏，又以董氏的热心于艺术，也要到他四五十岁时才在各方面成熟起来。那么，以莫氏的遭遇、心境，能否写出《画说》，自是大有问题了！

（三）从莫氏的收藏来看

在本文第一节中，我们已经由比较而知莫氏的收藏远不及董氏之精且富。但他既然也算是一位收藏家，我们也应该弄清楚他究竟有些什么样的收藏，以看他可不可能是《画说》的作者。为了对他的收藏有一个概括的了解，兹先将《画说》中述及的画家作品重述于下表。

1. 董源《龙宿郊民图》	《虚斋名画录》卷一董其昌跋董源《夏山图》中提及
2. 小米《山水卷》	詹景凤《东图玄览编》
3. 黄公望《山水》一小幅	詹景凤《东图玄览编》卷一
4. 黄公望《秋山无尽图》	《红豆树馆书画记》卷五自题《秋山无尽图》
5. 黄公望《秋山亭图》	《真迹日录》初集
6. 倪瓒《雨后空林图》	上有“莫是龙印”，似曾为莫氏藏。《故宫书画录》五
7. 马远《山水》一片	詹景凤《东图玄览编》卷一

至于与《画说》无关的画家作品，以及其他零星收藏另列于后。

1. 米海岳石——下刻“云卿”二字，莫氏以此而字“云卿”，又以“石秀”名斋。(《妮古录》三)
2.《五星及二十八宿神形图》(《大观录》十一)
3. 米芾《临谢万五月五日帖》(詹景凤《东图玄览编》)
4. 李易安《墨竹》一幅（《妮古录》三）
5. 郭熙《溪仙秋霁图》一卷（《东图玄览编》)
6. 赵孟頫《白描佛母图》(《味水轩日记》)
7.《黄庭外景经》(“如莫廷韩所藏，不过宋拓耳。”《吴越所见书画录》四）
8. 祝允明《书阮籍咏怀诗》(《莫廷韩遗稿》)
9. 三龟研一、古研一、方研一（《莫廷韩遗稿》)
10. 古琴一（“梅花断纹，声极洪亮，后廷韩卧病，忽一日此琴七弦俱绝，寻不起。”《云间杂志》中）
11. 藏书（“得其外家常熟杨梦仪藏书尤多。”《偃曝谈余》下）

莫氏的收藏固然不止如上所述，而且趣味高雅，但是终限于资财，算不得是一位大藏家。更重要的是，他的收藏和《画说》的内容联系不起来。尤其是《画说》中特指的作品，莫氏既未收藏，又没有题跋过！再者，他自己的收藏毫无系统，没有一个中心思想，零星散乱，除了藏书以外，只不过是一些随机所收的杂件而已，这跟董氏的收藏是很不同的！董氏的收藏是依照他对画学上的追求，是一种主动的，有目标、有系统的收集，如：

辛卯请告还里，乃大搜吾乡四家泼墨之作。久之，谓当溯其源委，一以北苑为师……已山居二十许年，北宋之迹渐收一二十种，惟少李成、燕文贵。今入长安，又见一卷一帧……（董其昌题董源《龙宿郊民图》）

董玄宰寄余书云：所欲学者，荆、关、董、巨、李成，此五家画尤少真迹，南方宋画，不堪赏鉴，兄幸为访之。（《妮古录》四）

因此，可以看出他的这种收集和研究态度，是含有史学观念在其中的。只从这一点，我们就可以说董氏是《画说》的作者，而不能说莫氏是《画说》的作者，虽然我们也称他是一位鉴赏家和收藏家！

此外，由于他的收藏远不如董氏之精且富，也是他传世题跋远较董氏为少的主要原因之一。所以，若从各方面去了解莫氏，我们就不会怀疑存世的莫氏作品和题跋为何如此之少，而董氏又如此之多了！因此，我们可以肯定地说，不是我们找不到莫是龙的有利证据，而是莫氏本身并没有给我们留下什么有利的证据。所以，他根本就不是《画说》的作者！

四、从《画说》的刊行以及明末清初的画论来看

这是过去研讨《画说》作者问题最普遍运用的方法，也是最不容易理清的纠结。说者又多半各据一面之词，读者容易得到片面不全的印象，故在本文之中仍本原来的宗旨，集合、检讨和比较双方面的证据，使读者得到较为全面的认识。

（一）从《宝颜堂秘笈》问题来看

因为《画说》的第一次刊行，是在所谓《宝颜堂秘笈（续集）》之中，列在莫氏名下，这是不能忽视的事实。所以，我们要研讨一下这个本子的可靠性。

1.《宝颜堂秘笈（续集）》（1606—1615）确切的刊行时间并不清楚，由于《正集》在1606年刊行，故续集当在是年之后。而《宝颜堂秘笈》共有《正》《续》《广》《普》《汇》五集，在《广集》沈德先乙卯（1615）序中有“故从秘笈《正》《续》就函已来”之语，故知《续集》之刊行当在《正集》和《广集》之间，也就是1606年至1615年之间；要《广集》后之《普集》又相隔五年，有1620年序，故《续集》之刊行约当1610年左右。“莫氏《画说》”即在此集之中，为“莫氏《画说》”之祖本，亦为主莫说最有力的证据，兹再检讨其可靠性如何。

首先，因为宝颜堂是陈继儒的斋名，所以一般都认为这是陈继儒所编的，而陈氏既为董氏之密友，决不至于将董作错认为莫作！但是，《宝颜堂秘笈》之《正集》在初刊时不作是名，原名为《尚白斋秘笈》，前有姚士麟刻《尚白斋秘笈序》，编者是沈德先、沈孚先二兄弟，大部分材料出于家藏，尚白斋即是沈氏斋名，与陈氏无关。因为刊行以后，销路甚好，故有《续集》《广集》等

之陆续刊行，而自《续集》以后才大量借陈氏藏书，如沈德先在《续集·序》中所云：

……复从陈眉公簏中，索得若干种……而家弟（孚先）更从荆邸寄我数编……尚有余书，则更俟《广集》。

从此看来，即使《续》《广》二集也不全是陈氏藏书，已甚彰明，更不是陈眉公手编，亦可断言！至于在何时或何集始更名为《宝颜堂秘笈》，则据《清代名人传略》房兆楹执笔“陈继儒条”谓，当自1616年沈德先印行陈氏杂著之后。所以，陈氏根本不能对这所谓的《宝颜堂秘笈》负责，则主莫说的此一证据在根本上便发生了动摇！

2.关于陈继儒，以上是对《宝颜堂秘笈》而论，但是《画说》亦有所谓“宝颜堂订正《画说》”，且由陈氏挂名校阅。如果“莫氏《画说》”真的出于陈氏收藏和校阅，而且他自己在论画时也已经受《画说》的影响，那么在他大量的论画或杂著中，应该可以找寻出蛛丝马迹才对。可是在陈眉公的《书画史》《妮古录》《偃曝谈余》《岩栖幽事》《笔记》和《太平清话》等之中，虽然述及莫氏数次，但只限于莫氏藏书、藏李易安画以及藏米海岳石三事而已，与《画说》毫无关系！又陈氏1602年刻《莫廷韩遗稿题词》中也只说他“昔作文豪，今为才鬼”而已，对于莫氏在画论上的成就丝毫不提；又由陈氏等在1631年编成的《松江府志》的四十二卷《莫氏传》中，只云其所著有《莫廷韩集》，五十四卷著述目也只有《石秀斋集》，均无《画说》。在陈氏书中也常引董其昌所云以及记录董氏论画之话，那么是否真有“宝颜堂订正《画说》”之存在已自大有可疑，如何还能作为主莫说的有力证据呢?

（二）从莫、董两家的刊行文字来看

《画说》既是后人编集的文字，那么同一作者的其他集子也自然可以有相同的材料编入。所幸今日都有莫、董两家的诗文集传世，而且都包括书画题跋及论书画的文字。那么，谁的集子里收有与《画说》相同的文字，谁就应该是《画说》的作者。此理甚浅显，兹将莫、董文集说明如下。

1.莫是龙《石秀斋集》，此是诗集，虽有不少题画诗，但都是咏情写景之作，与画论无关，姑且不论。《莫廷韩遗稿》则是全集性质，包括题跋和散论。可是其中不但没有与《画说》相同的任何一条，也没有一条相近相类的文字！以《画说》各条的精彩重要，及其影响力之大且广，竟被：

……章莪顾氏，手录居多，益以沈生及之，广为搜集。即残编落简，只语单言，籍置簏中，不胜珍重，购求有日，几案徐盈……（袁之态《遗稿叙》）

广为搜集的编者所遗，已大自可疑！而陈继儒既收有所谓宝颜堂订正《画说》，却只是为此书题词而并不提供出来，为何又供给沈德先兄弟刊印在《尚白斋秘笈》中？这也是可疑处之一。此外，在莫氏者述中，尚有《莫廷韩集》一种，《陈眉公集》中即有《莫廷韩集序》一篇，可惜此书尚未发现传本，但该书亦列于1708年《佩文斋书画谱》书目之中，在该谱第七、第十论书两卷中，亦曾引用莫氏此集中论书两篇，但在第十一至第十八卷论画数卷中，却从未引述任何莫氏论画文字，相反，却大引董氏《画旨》。因此，虽然我们看不到《莫廷韩集》，但也可以肯定该书中并无所谓《画说》的存在，也没有片言只语与《画说》有关！又陈继儒等在1631年编修的《松江府志》中，在莫氏名下也无《画说》。因此综合起来看，所谓的“宝颜堂秘笈本”《画说》，在根本上发生了问题！

2.兹再就董其昌刊行的文字论之。在董氏集中，不论《画旨》《画禅室随笔》《画眼》《论画琐言》，都全有或大部分有《画说》各条。不仅如比，即董氏其他的题跋或画论也或多或少与《画说》相关相通。那么，谁是《画说》的作者，只要不昧于外在因素的迷惑和困扰，就自然可以拨开迷雾，而还我神明了！又，在本文前言中，曾论及《画旨》与《画禅室随笔》的编者各不相袭，而二文都包括《画说》，这就不是偶然的了！再者，在董其昌诗文集中，虽曾屡次道及莫氏，却全与画论无关。如果他真是受“莫氏《画说》”的影响，为什么找不出一点线索来？则比较起莫、董二氏的刊行文字，谁是真正的作者，已不言自明。

（三）从明末清初的有关画论来看

考察明末清初与《画说》有关的画论，而究其来源与可靠性并分成以下四类分别讨论之：1.引莫氏名下《画说》者；2.引《画说》中语而归于董氏或与董氏有关者；3.引《画说》中语，并归莫、董二氏名下者；4.只言莫氏有《画说》一卷而未及内容者。

引莫氏名下《画说》者

（1）朱谋垔《画史会要》——崇祯四年辛未（1631）（据日本铁斋原藏，今藏岛田教授明版），是书之编成，晚于《容台集》一年，时董氏尚存，而此书五卷《书法》中有一则云：

> 莫云卿云：禅家有南北二宗，唐时始分……亦如六祖之后有马驹云门也。

这就是《画说》第十一条之大部分，唯少：“临济”以下五十六字，而重要部分均已在此。又该书第四卷“莫是龙”条云：

> 莫是龙，字云卿，松江贡士，山水宗黄大痴，甚妙。有《画说》一卷。

这里又明说莫氏有《画说》一卷，而且结合前一条看，朱氏所见的《画说》内容与今日所见的相同，则在1631年以前当有“今本莫氏《画说》”之存在，所以对主莫说极为有利。不过，我们再看看他人对此书的评语，如余绍宋《书画录解题》：

> 全书俱不注所出，终为俗学。第五卷《画法》，最为无聊！杂采前人论画之作，真伪杂淆，未能分列……杂采前人成言，殊欠伦次，则明季著书风气如斯，难以深责矣！

此外，在《四库提要》亦评之曰：

> 盖明之末年，士大夫多喜著书，而竞尚狂禅，以潦草脱略为高尚，不复以精审为事！

那么此书虽有若干史料价值，不能一概抹杀，但既是“真伪杂淆”，当然也应该有条件和有选择地接受。何况此书在引用书目中，根本没有“莫氏《画说》”，何以在《画法》一卷中突然出现“莫氏《画说》”中语？也难怪余绍宋深责“《画法》一卷，最为无聊”了。

（2）其他：除此之外，在18世纪中引用“莫氏《画说》”者，据目前所知尚有1721年的《南宋院画录》、1726年的《图书集成》和1782年的《四库提要》等。但这些书均晚出，在证据运用上都已失时效。因为在我个人看来，上引《四库提要》及余氏对《画史会要》“真伪杂淆”等评语，都应该移用于《宝颜堂秘笈》，因为《画说》之最初出现即在《宝颜堂秘笈》之《续集》，若后人引用不审，从此一错百错，终至积非成是！那么，自《画史会要》以下既然都是踵袭《宝颜堂秘笈》之误，也就不可深责了。

引《画说》中语而归于董氏或与董氏有关者

与上述《画史会要》相反的，将《画说》作为董其昌的作品，或受“董其昌《画说》”之影响者，在明末清初的画论里却为数甚多，而且凡受《画说》思想影响者，都得自董氏而非莫氏，兹分别说明于下。

（1）唐志契《绘事微言》（1631年前），此篇内容与《画说》有极密切的关系，如以下八条：

“画要读书”条有“不读万卷书，欲作画祖其可得乎”	与《画说》第三条有关
“品质”条有“纵横习气，即黄子久犹有焉”等	与《画说》第十六条有关
“画有自然”条有“山行时见奇树，须四面取之”等	与《画说》第九条有关
“仿旧”条有“一北苑耳，各各学之而各不相似”等	与《画说》第十三条有关
“碎石”条有“大画中虽多细碎处，要之取势为主”等	与《画说》第四条有关
“树木”条有“然则诸家岂无直树乎”等	与《画说》第五条有关
“枯树”条有“画中最不可少”等	与《画说》第六条有关
“柳与松柏”条有“宋人多写垂柳，又有点叶柳”等	与《画说》第七条有关

由于此书已经见引于1631年编的《画史会要》中，所以书成时间必当早于是年，俞剑华将是篇定于1620年前后，亦相去不远。但在未明其实际写作年代之前，对于这种思想和文字上的雷同，推测有三种可能的情形：一为唐说早于《画说》和董氏，故两者皆受唐氏思想的影响；二为唐说与《画说》同时产生，互为影响；三为唐氏之说晚于《画说》，即受《画说》思想之影响。兹从此篇其他的内容来考察，探究其属哪一种情形，他曾说：

苏州画论理，松江画论笔。

……惟董北苑不用染，而用淡墨渍出在树石之间，此生纸更佳也……松江派多用此法。

以上两条，都涉及松江派。而松江之有派，以及苏州的吴派与松江派的对立，当发生于董其昌和赵左之时，而不当发生于莫是龙时。与董氏同时的范允临在他的《输廖馆论画》里曾说：

……皆胸中有书，故能自具丘壑……此意唯云间诸公知之，故文度（赵左）、玄宰（董其昌）、元庆（顾正谊子）诸名氏，能力追古人，各自成家，而吴人见而诧曰：此松江派耳。

所以松江之有派，既然在董其昌之时，则唐氏之说显然不可能早到莫氏卒前，而当与董氏同时，且当在董氏成熟时期之后。因此，上述第一、第二两种推测已经不可能。我们还有另外一个旁证，在该书《雪景》条中又云：

近日董太史只要取之，不写雪景，尝题一枯木单条云：吾素不写雪，只以冬景代之。若然，吾不识与秋景异否？此吴下作家有干冬景之诮。

此段不但也有松江派与吴派对立之意，而且引用董氏的画论，唐氏在“名人画图语录”一则中，也曾录“董思白跋楼居仙图”一条。那么，不仅唐氏之论晚出于董氏已极明显，而且他既引《画说》中画论多处，却未尝道及莫是龙一次。那么弦外之音，莫是龙不是《画说》的作者，在董其昌同时的作品里也可以反映出来。换言之，《绘事微言》受《画说》的影响，实际上是受董其昌的影响。（笔者按，以上是就《绘事微言》一篇所作考察的结果，至于《画史会要》引唐志契言“云卿《画说》”云云，在本节末另加讨论。）

（2）汪砢玉《珊瑚网》（1644年），此书编者汪砢玉，其序文作于崇祯癸未嘉平腊月（即1644年1月。一般均定此书为1643年，然序文之作，已在腊月，推算阳历，已在明年1月。如依序文时间，当在1644年），而该书第二十四卷有“董玄宰论画”二十一则，汪氏云：“向余集《董太史论画》一卷，今题跋内有者删半矣！”而这二十一则董氏论画中，竟包括《画说》十五则之多，其中只缺《画说》第三条和第十七条两条而已！汪氏与董氏在时间上如此接近，而且这些论画语是他自己收集而得，与后人摘抄自《画旨》的意义极为不同，且不论汪氏所据真伪如何，至少他认为这些论画语出于董氏而不是莫氏，所以又为主董说者增加了一个很重要而且显著的证据。

（3）顾凝远《画引》（约1640年），在卷一有“评赵大年”一则云：“董宗伯玄宰评赵大年画平远，绝似右丞，秀润天成，真宋之士大夫画，此一派传为云林，云林工缀（“皴”字之误）不皴，以荒率苍古胜。非宗伯当今宗匠，安得此鉴赏！”[12]

这一条是《画说》第一条，也是《画旨》第二十条，他称董氏为“当今宗匠”，则顾凝远记录此条时，还在董氏生前！他既将《画说》此条直说出于董氏，岂不又替主董说者增加了一个有力的证据！

不过，是书的成书年代，由于顾氏的生卒未详，故颇有出入，如俞剑华在《中国画论类编》中，将其定于1570年前后。实际上，在《丁丙善本书室藏书志》中有：“吴郡顾凝远诗瘦阁崇祯乙亥（1635）仿宋刻晁先生鸡肋集识”（见吴辟疆“画苑秘笈本”《画引》跋），因此俞氏实错推一甲子。又《画引》二卷《白门游记》“牛首山”第三则云：

崇祯癸酉八月，与新安吴君：再登牛首……第今丁丑夏……

则知此书之编成不能早于崇祯丁丑年（1637）；又，是书《洞庭游纪序》中云：

余……二十余，奉命读书石湖……自注：时万历乙巳、辛亥之间。

由此可见，他在乙巳、辛亥之间（1605—1611）为二十一岁至二十九岁余，推算起来，其生年当在1581年至1585年间。（按：吴辟疆据同理推算，得其生年在1577年至1585年间，与余推算不符，因顾氏如生于1577年，则万历辛亥读书石湖时，他已经三十五岁了！）

又据吴氏《画引·跋》，顾氏于顺治二年尚存世，则其卒年当在1645年后，所以可以知道顾氏的一生约为1581年至1585年生，1645年后卒，享年至少六十一岁，则是书的成书年代约在1640年前后。可见，顾氏也与董氏大约同时，距莫氏亦不远。可是，此书“国朝姓氏”一节中，他将莫氏列于“文士名家”，只说他是“嘉隆间高士也”，而且也没有说他曾著《画说》，而他将董氏列于“中兴间气”，说：

幸董宗伯起于云间，才名道艺，光岳毓灵，诚开山祖也！

从种种情形来看，在顾氏的眼中，《画说》的作者不是莫氏而是董氏！

（4）恽向道生《论画山水》（约1650年前后），恽向（1586—1655）晚出于莫，而与董氏后先并世，故在其画论里也当有《画说》作者的一二痕迹。他曾说：

大年画往往逸气……平远则带浅近……而古人犹以不读书少之！

南北派虽不同，而致各可取而化，故于马、夏辈亦偶变而为之。

由以上二则，则知恽氏受《画说》思想之影响无疑，但他究是受谁的影响？莫耶？董耶？请再看下一条：

董先生云，云烟供养，以至于寿而仙者称高人。吾以为黄公望子久外，无他人也！

这与《画说》第十条“黄子久大耋”一条同一思想，恽氏既然引的是董其昌之论，那么，他的南北宗派思想、他对赵大年的言论，究竟是从谁处得来，也就不问可知了。

（5）沈颢《画麈》（约1630），此文下列各条与《画说》有关。

“分宗”条有“禅与画俱有南北宗……”	与《画说》第十一条有关
“定格”条有“赵大年平远……得胸中千卷书更奇古”	与《画说》第一条、第三条有关
“位置”条有“米氏谓，王维画见之最多，皆如刻画，不足学”	与《画说》第二条有关
“称性”条有“顾谨中题倪迂画……非王蒙辈所能梦见”	是《画说》第十六条口语化表达

所以，也要研究沈颢思想的来源，跟董、莫思想的关系。沈颢生卒年不详，其小传见于周亮工《读画录》，中云：“（沈颢）为予作南北宗各二十幅。”因此可以确定沈氏曾与周氏后先同时。此外，在徐邦达编《历代流传书画作品编年表》内，沈颢作品自1620年直至1658年中，共有十一件著录中的画迹，而且徐氏标明1620年时，沈氏三十五岁，故推算其生年当为1586年，少董氏三十一岁，则《画麈》一书不但晚于《画说》，而且还受董氏影响，因为他曾说：“米襄阳用王洽之泼墨，参以破墨、积墨、焦墨，故融厚有味！”（《画麈》“笔墨”条）

沈氏此条的文字和观念，实即合并董氏两则而成：

云山不始于米元章，盖自唐时王洽泼墨，便已有其意。（《画旨》）

老米画难于浑厚，但用淡墨、浓墨、泼墨、破墨、积墨、焦墨，尽得之矣！（《画旨》）

从中可以看出他受董氏影响之深，已经到了董氏的思想即是他的思想的程度。他在“定格”条中曾说：“董北苑之精神在云间。”而云间之有董北苑的精神，一定要在常说“吾家北苑”的董其昌之后。所以推究起沈颢的思想渊源来，我们可以肯定他是得之于董氏而不是莫氏的！

关于《画麈》的成书年代，如依其画迹传世年份，可约略定于1620年至1658年中。又岛田教授曾见有朱鹭（1553—1632）序本《画麈》，则又可定该书之成书年代，当在1632年朱氏卒前，而与《容台集》约略同时的。

（6）杨无补辑《画禅室随笔》（1657年前）——此书虽为董氏专集，但为他人所辑，辑成时间大概在董氏卒年前后，杨氏本人且为钱牧斋所推崇的诗人和画家。今《画禅室随笔》中包括全部《画说》十七条，足见杨氏心目中并无“莫氏《画说》”，故此书不论他是辑抄自董氏真迹或有其他来源，至少在杨氏看来该书中全部作品均属董氏，实亦董氏为《画说》作者的主要证据之一！

（7）周亮工《书影》（1667）——据周亮工之子周在延于雍正三年重刻《书影》序中云“先君子……丁未之冬刻是书于金陵”，则知是书原刻在1667年，距董氏去世三十一年。而此书卷四记“董华亭画论”一则云：

画之道，所谓宇宙在乎手者……寄乐于画，自黄公望始开此门庭耳。

这也就是《画说》第十条。那么，周亮工似乎也并不知道这就是所谓“莫氏《画说》”。至少，他认为这一条是出于董其昌的。

（8）卞永誉《式古堂书画汇考》（1692），在此书有董思白《画旨》全部，共一六九条，与《容台集》初版及闽中本之条数和次序完全相同，而是书又无“莫氏《画说》”，则卞氏似当承认

《画旨》，包括《画说》为董氏之作。至于其引用书目中虽有“莫是龙《画说》”，然检全书并未引用一次，故卞氏所谓之“莫氏《画说》”是否与“今本《画说》”相同尚不可知，故问题不同，当另论之。

（9）《佩文斋书画谱》（1708），此谱为康熙四十七年御制，据书前纂集书目中有《莫廷韩集》与《容台集》，并无“莫氏《画说》”。又在四十三卷“书家传”和五十七卷“画家传”的莫氏条下，都未述及他有《画说》。又，此书十一卷至十八卷“论画”各卷中，亦无“莫氏《画说》”，却有《容台集》。在十二卷、十四卷及十六卷，三卷中所引《画旨》，与《画说》共有十三条相同，仅缺《画说》之一、三、十三、十六条而已。而《莫廷韩集》中的书论却曾两次见引于该书第七卷、第十卷中。因此，不但《佩文斋书画谱》的编者不知有“莫氏《画说》”，而且可以证明恐已失传的《莫廷韩集》也并未载有“莫氏《画说》”！

引《画说》中语，并归莫、董二氏名下者

张丑（1577—1643）亦与董氏同时，然其二书中，一引“莫氏《画说》”，一引董氏论画均同于《画说》。在张氏丙辰（1616）编就之《清河书画舫》中，第六卷引“莫氏《画说》”第五条“画树之窍”一节，及第十四条“董北苑画树”一节；第十一卷引《画说》十六条“张伯雨题倪迂画”一节，自注出于“莫士龙《画说》”，“是龙”作“士龙”。而张氏《真迹日录（初集）》，载《董玄宰评画》书迹一件，其中两条与《画说》第三、第九两条相同，张氏自注“真迹”二字。主莫说之启功在《山水画南北宗说考》一文中，即以《清河书画舫》引“莫氏《画说》”为其证据之一。然主董说者亦可据张氏《真迹日录》中之董氏真迹为证据之一。所以客观地说，两方均不宜运用张氏为其证据，因为张氏本身已有矛盾存在，何况“莫氏《画说》”在《清河书画舫》之前，已有“宝颜堂秘笈《画说》”存在了呢！

只言莫氏有《画说》一卷而未及内容者

（1）唐志契云“云卿《画说》……是以文气为宗门者”，此出于《画史会要》卷四所引唐氏言，然此语不见于唐氏《绘事微言》中，故当单独讨论。

（2）《式古堂书画汇考》引用书目中有“莫氏《画说》”，而全书中未曾引用一次。

（3）《明画录》莫氏传下亦云“著有《画说》一卷”。

以上三种虽都是莫氏曾著《画说》之证据，但只有《画说》之名而无内容，所以也不能在研究“今本《画说》”之作者问题时发生任何作用。而且，即使这三者所谓之《画说》同于“今本《画说》”，在时间上也都在宝颜堂本《画说》刊行之后。而既如前述，已证明宝颜堂本也靠不住，又还有什么可依靠的呢！

经过上面的分析，原来错纵复杂的问题也比较单纯化了，自《宝颜堂秘笈》以下各书凡引有《画说》者，均因宝颜堂秘笈本《画说》，或所谓“宝颜堂订正《画说》”之不可靠，全体的证据都发生动摇；在莫氏本身的著作里，没有作《画说》的证据；在董氏的著作里可以证明他是《画说》的作者；在明末清初的画论里，所谓受《画说》影响的实际上都是受董氏的影响。由此看来，谁是《画说》的作者也不会因为这些外在的证据而让我们迷失了。

五、结语与余论

在以上各节的讨论之中，将董、莫二氏的文字、思想和书画作品与《画说》作一全面比较和检讨的结果中，我们可以看出：

1.董其昌对于古代画家的观念、文字和《画说》一致，而莫氏则否；

2.董氏有足够的收藏和见识作为他立论的根据，而且《画说》中指出的作品皆为其收藏或所及，而莫氏则否；

3.董其昌有宗派观，有对画史的探究精评，而莫氏则否；

4.董其昌喜借禅学来喻论诗文、书画，而莫氏则否；

5.在董其昌的书画作品上，可以看出他的言行一致，而莫氏书画与《画说》无关；

6.董其昌性情骨鲠，主张“变”和“自成一家”，而且对于自己的书画和赏鉴有足够的自信，不会随声附和；

7.莫氏在中年后，由于功名不得志，心情矛盾痛苦，不能潜心于艺术，又因经济拮据，他也无力有计划地收藏历代名家的书画；

8.《宝颜堂秘笈》真伪杂淆，失去证据价值，而明末清初的画论里所反映的，都是受董其昌思想的影响而不是莫氏；

9.莫氏早逝，是他传世书画作品及题跋甚少的原因之一，所有主莫说的证据，也经过重新研讨，已不足据。

所以，当我们逐项比较的时候，我们已经了然谁是《画说》的作者了！实际上，只要选取其中某几点就已经足以证实《画说》的作者当为董其昌。但为了使问题更为明显化，同时也为了使得此一结论更为巩固不移，所以在本文中尽量从各个角度去探讨或者加以试验，以衡量此一结论之是否正确。站在彻底解决问题的立场上，我认为这是有必要的，因为只有在这样全面的比较之后，才能深信不疑的！

站在莫是龙这一边说，本来也只要发现某一点或某几点不能解释他是《画说》的作者，就可以了，但是，为了不使资料来限制我们，还是要等到做过各方面的比较之后，才会得到比较公允的结论。因为资料虽少，如果各方面都不能解释问题，我们就再也无法说他是《画说》的作者了！我们也就不能再说这是因为缺乏莫氏资料的关系。如果我们对莫氏始终抱有幻想，而不从莫氏的各方面去了解，而固执地说我们缺乏莫氏的资料，我们就永远不能证明《画说》究竟是谁作的了。但是就我尽量发掘的结果，我已经放弃了对莫氏的希望，因为从莫氏的各方面来看，他已经不可能是《画说》的作者。所以即使有再大的神力，有再全的资料，甚至于能够回到莫氏的时代，也不会找得到他是《画说》作者的线索来！反过来说，即使董其昌的资料减少到现有的一半，甚至四分之一，而比观起现有的莫氏资料来，我们还是可以看得出《画说》的作者是董其昌而不是莫是龙！

最后，我想再补充一点莫、董之间的不同来：莫是龙是以文学与书法得名的画家，而董其昌却是以书画得名的历史家。在1937年燕京大学图书馆排印的董氏所撰《神庙留中奏疏汇要》一书时，邓之诚在序中云：

> 深叹其昌不以史学立名，而成就见解卓然如此！……世但知其昌文采风流，照映天下

后世，而不知中所蕴蓄如此！

所以，董其昌实在是一位“良史材”，只是为其书画方面的成就所掩而已！其实，他的史才又何尝没有发挥呢？他所有的画论和宗派论不都是他史才的表现吗？他自己的绘画时常追仿古代名家，不也是他对画史追求的具体表现吗？而不像莫是龙只是认定了黄公望等元代画家“高古苍润”的意味，只是依他个人的喜好和欣赏标准，而终身奉为圭臬的！所以莫、董二人对于绘画的理论和创作是各有不同趋向的，莫氏是文学的、意境的，而董氏是史学的、形式的（指模仿古名家的不同表现法和风格）。我认为这一方面的了解，也能帮助说明《画说》的作者是董其昌，而不是莫是龙。

此外，要特别申明一点：我所证实的“《画说》的作者为董其昌”，只是证明现在我们所谓《画说》名下的十七条论画的文字，或者是所谓《宝颜堂订正〈画说〉》原是董其昌所作而已！而并不是说董其昌真有所谓《画说》一文，因为《画说》的篇名，本来并不属于这十七条的。

（一）余论之一：董氏写作这十七条的概略时间

“今本《画说》”的十七条画论，或所谓《宝颜堂订正〈画说〉》，既经证明为董其昌作，而直接的有关问题就是，董氏何时写作这十七条？兹据目前所得有关资料试推之：

1.《画说》第十五条谓赵大年“虽云学维，而维画正有细皴者”，此语必出于董氏借观冯开之藏王维《江山霁雪图》之后，即1595年11月16日（十月之望）之后；

2.董氏所藏赵大年最重要的作品《临右丞湖庄清夏》得于1595年题王维《江山霁雪图》前，又得赵氏《江乡清夏图》于1596年8月23日（丙申七月三十日）以前（以上二图亦有就是同一图之可能），故有关赵大年各条，当成于1596年左右或稍后数年；

3.董氏曾经五次题跋的江参《江居图》（即《千里江山图》），都题于1596年到1598年的三年中，故《画说》也当成于这几年左右；

4.《画说》第十七条中有李成着色青绿，董氏得李成青绿《烟峦萧寺图》于1597年，故此条应在是年之后；

5.《画说》第十七条之董源《潇湘图》，董氏得于1597年；

6.《画说》第十三、第十四两条出现在大约1597年[13]董氏所书《论书画四则卷》中，所以这两条董氏应成于1597年或略早；

7.《画说》第三条“论赵大年画”提出“不行万里路，不读万卷书，不能作画祖”之论，并云“吾曹勉之”，另见董氏于乙巳（1605）六月自题《画语》（见前“论读书行路”一节），故知《画说》第三条至迟在1605年已形成。

又其他与《画说》思想的一般性有关的各重要年份如下：

1591 年	请告还里，大搜元四家画
1593 年	求董源画于江南不能得，得董源《溪山行旅图》于京师
1595 年	11 月 16 日题王维《江山雪霁图》卷
1596 年冬	得黄公望《富春山居图》卷
1597 年前	于米芾《潇湘白云图》悟墨戏三昧，是年得董源《龙宿郊民图》及赵千里《三生图》

（接上表）

1598年	遇李贽于北京，略披数语，即许可莫逆
1599年	董氏辞职归里，与陈眉公常作泛宅之游，董氏所谓携以自随作为他神交师友的宋元名画，可能都已在此年前后收得
1601年	跋董源《溪山行旅图》
1602年	李贽卒
1603年	2月题赵子昂《鹊华秋色图》，此年以前得赵伯驹《春读山书图》；是年紫柏禅师卒；题在北京时所临郭忠恕粉本
1604年	再借观王维《江山雪霁图》并题；是年，始知李昭道至仇英一派不可学
1605年	以前藏有小米《潇湘图》及《潇湘奇观图》及郭忠恕《溪山行旅图》

从以上有关的史实里看，董其昌在1590年到1595年左右，可以说是他对中国绘画史的追求时期；1596年到1600年左右是酝酿时期；到1605年左右为成熟时期。画说十七条既非同时所成，大约可以定于1595年到1605年之间所成。此外，还有两则与《画说》的时间有关。一是陈继儒的《太平清话》：

董玄宰寄余书云：所欲学者，荆、关、董、巨、李成。此五家画尤少真迹，南方宋画，不堪赏鉴。兄幸为访之，作一铭心记，如宋人者。俟弟书成，与合一本；即不能收藏，聊以适意，不令海岳独行画史也！

由于陈氏在《太平清话》一书前有1595年小叙，故知董氏在1595年以前即有与米氏《画史》抗行之意。这不但可以证明我所推定的《画说》的约略写作时间，而且说明了他在平时题跋之外，即有成专书以传世的用心，更表明了他平时写这些论画语的原始动机。另一则出于袁宏道的《瓶花斋论画》：

往与伯修过董玄宰。伯修曰："近代画苑诸名家，如文徵仲、唐伯虎、沈石田辈，颇有古人笔意否？"玄宰曰："近代高手无一笔不肖古人者，夫无不肖，即无肖也，谓之无画可也。"余闻之悚然曰："是见道语也。"

因为这一则与《画说》中之"再四五年，文、沈二君不能独步吾吴矣"语意相关，孰先孰后，不易遽断；但表面看来，《画说》似在先，至与袁氏论画时，董氏已经有凌跨文、沈之意，似当在后。可惜的是，袁氏并未纪年。不过，由于袁宗道卒于1600年，此段会话必在1600年以前，则《画说》中的第十七条也应当在此年以前，但又不能早于董氏得《潇湘图》的1597年。因此，只就《画说》第十七条而言，可定于1598年前后。再者，由于1602年及1603年两年，李贽与紫柏禅师相继下狱而死，狂禅之风渐息，也许可以定"以禅论画"的年代不能晚于这两年，所以可定《画说》十一条在1600年左右，亦当相去不远。而且这一条只论两派之盛衰，并没有如《画旨》中"文人之画"一条中明说"非吾曹当（易）学也"，有排斥之意；由于董氏在五十岁时始知李昭道、仇英一派不可学，所以我们可以说"文人之画"一条当在1604年之后，而《画说》中的南北宗论在1604年以前，似也与实际情形相近。而综合说来，董氏写作《画说》十七条的时间，约略可定于1598年前后。

董氏此一《画说》的完成年份，是另有其重要意义的，因为这正好在所谓《宝颜堂订正〈画说〉》（约1610年）之前，所以足以证明所谓的《宝颜堂订正〈画说〉》是某种情形下将董氏的画论借已故名士莫是龙之名而刊行的某种程度的伪作！

（二）余论之二："董说"的其他问题

今本《画说》的作者问题是解决了，但是《画说》的问题还没有完全解决：莫氏究竟有没有写过一篇论画文字，其篇名为《画说》？如果莫氏曾有《画说》之作，其内容与文体如何？

关于这个问题，笔者还没有解决，现在提出来是希望靠大家的力量去解决。因为在现有的资料里，有下列三种虽曾言及"莫氏《画说》"，而无由得知他们所谓的《画说》是否与今本《画说》同一内容？

1.在《画史会要》卷四莫氏条下引唐志契言"云卿画说……是以文气为宗门者"，而在唐氏《绘事微言》中，虽与今本《画说》有密切关系，但从未道及莫氏，所以我们无法断定唐氏所云《画说》就是今天我们所见的《画说》。

2.《式古堂书画汇考》引用书目中，有莫氏名下的《画说》，然在全书中未曾引及该《画说》的只言片语，所以我们也不能肯定卞氏所云之《画说》即为今本《画说》。

3.《明画录》卷四，莫氏名下亦有"著《画说》一卷"之语，但也毫无线索可知其内容是否同于今本《画说》。

以上三种《画说》，如果有一种不同于今本《画说》，即可比较肯定莫氏原有《画说》一文；即使以上三种《画说》全与今本《画说》相同，也不能证明莫氏生前并无作《画说》；也就是说，"莫氏《画说》"原文可能佚失，后人如沈氏兄弟之流取董氏画论而冒以"莫氏《画说》"之名以刊行图利。这是一种合理的推测，而且听说何惠鉴先生新近在明末一文集中发现了一段骈散兼行的"莫氏画说"，也许唐志契所谓的"莫氏《画说》一卷……是以文气属宗者"很可能指的是这骈散体《画说》，这自然又是主董说的好证据。不过站在方法上论，以及此一问题的复杂性而论，不得不自我检讨如何来利用这个证据，以及这个证据的意义。

1.在利用之前，先要问这个证据的可靠性。就是这骈散体《画说》是否可以肯定为莫氏原作？还是和今本《画说》一样同出于董氏？或者是出于第三者之手？

2.如果能证明这是莫氏原作，我们就知道莫氏原有《画说》一文。而可能由于这莫氏《画说》流传不广，终于为人将董氏画论冒以莫氏《画说》之名以行世。

如果证明了这骈散体《画说》为莫氏原作，由于这只是片段而不是全文，则其内容如何仍然是一个很值得寻味的问题。就我目前对莫氏的了解，认为有下列的可能性：

1.没有南北宗论；

2.如唐志契云，是"以文气为宗门者"，也就是比较讲究词汇修饰；

3.比较起今本《画说》来，其内容必多概论性，重性灵，重意境，而少论风格、形式、技巧和宗派。

（三）余论之三：对"云卿一出，而南北顿渐，遂分二宗"的解释

近代主张《画说》为莫氏所作者，有很多是利用董其昌《画眼》第八十二条和《画禅室随笔》中"跋仲方云卿画"一则作为强硬的证据，如滕固《唐宋绘画史》云：

> 董其昌之说，由莫氏承袭而来的，这是可找出董氏自己的话来证明。他说："云卿一出，而南北顿渐，遂分二宗"。

图 19
明　顾正谊《山水图》
台北故宫博物院藏

对于这样一个简洁有力的证据，会使一般人立刻信服而附和其说，也很容易使主董说者哑口无言！但是很多文字，在截头去尾以后，文意就会改观，所以为了让我们对董氏原意有一个正确的了解，就必须再读全文：

传称西蜀黄筌，画兼众体之妙，名走一时，而江南徐熙后出，作水墨画，神气若涌，别有生意，筌恐其轧己，稍有瑕疵；至于张僧繇画，阎立本以为虚得名。固知古今相倾，不独文人尔尔！吾郡顾仲方、莫云卿二君，皆工山水画。仲方专门名家，盖已有岁年；云卿一出，而南北顿渐，遂分二宗。然云卿题仲方小景，目以神逸，乃仲方向余敛衽云卿画不置，有如其以诗句相标誉者，俯仰间，二君意气可薄古人耳！

一读全文，滕氏所举的话便退居于次要的地位，因为全段的重点是在赞美顾、莫二君的意气，说他们既不相轻，而且还互相推誉让服，求之古人，也不可多得！然则，这“南北顿渐，遂分二宗”究应作何解释？

有一种解释即是上述滕氏所用的，因为他们主张莫氏是《画说》的作者，是中国山水画中南北分宗的首创者，所以莫氏一出，遂分二宗。但是这种解释只能运用在截句上，因为如此解释，不但与上下文失去了联系，而且顾仲方在这里失去了意义，不能与莫氏产生关联。因为前举二例如黄筌和徐熙，张僧繇和阎立本，都是站在对等的立场，所以顾仲方也应该和莫是龙站在对等的立场，也就是说“二宗”当是指顾、莫两人，所以这种截句解释法是不正确的。

第二种解释就是将顾、莫二人放在对等的地位，而将顾仲方作为北宗，莫氏为南宗，所以“云卿一出，遂分二宗”！但这种解释，明眼人一看就知道比第一种更为不通！因为顾仲方不但画宗元四家，用披麻皴，而且董其昌还曾经其指授[14]（图19），所以董其昌绝不会说顾氏是北宗的。若反过来将莫氏作为北宗，顾氏为南宗，则更滑稽可笑。不但无人会信，也无人会作如是想。

正确的解释是要将董氏对于“二宗”和“顿渐”的用法，先加以分析，然后取得适当的解释。《大观录》卷十九载董氏自题《仿惠崇册》：“惠崇、巨然，皆僧中之画禅也。惠崇如神秀，巨然如慧能。南能北秀，二宗各有意趣！”这里的所谓“二宗”，自然指的是惠崇和巨然。巨然是南宗，自不必说，但惠崇是不是北宗呢？且看董氏在临仿惠崇画八幅之后的自题以及《画旨》中语：“此惠崇学毕宏所谓卷云皴者，赵大年专师之！”

……惠崇以右丞为师，又以精巧胜，《江南春卷》为最佳，一似六度中禅，一似西来禅，皆（惠崇、巨然）画家之神品也。（《画旨》）

董氏既然将惠崇放在王维和赵大年一派，是以绝无将惠崇列于北宗之意，故，这里的“二宗”，南能北秀，并无轩轾之意。董氏只是借禅宗的南北来比喻两家的异趣而已，与山水画的南北二宗，显然具有不同意义的。再看他在《画禅室随笔》中“临官奴帖真迹”一则云：

……盖渐修顿证，非一朝夕。假令当时力能致之，不经苦心悬念，未必契真。怀素有言豁为心胸，顿释凝滞，今日之谓也。（《画禅室随笔》）

董氏借用禅家语“渐修顿证”来譬喻在书画上的苦修与顿悟的境界，所以上述的南北顿渐，实际上是将顾仲方譬作北宗之渐修有年，而莫氏则如南宗之一旦顿证，于是莫氏一出，与顾仲方遂分二宗！因此跟画学上南北宗的创立是无关的！

其实这种说法在郑秉珊1956年《山水画南北宗的创说及其影响》一文中已经有了很好的说明：

这是一种修辞学上的比喻，大意是说顾画以功力胜，得之渐修；莫画以天资超逸胜，得之顿悟。用禅宗南北顿渐故事，来喻两人画学各极其妙，难分高低。而两人的交相推服，友谊深笃，这也是值得赞美的，这种比喻要活看！

郑氏虽然解释得非常明确，但是他也是主董说者，恐怕还有人怀疑这是主观的片面说法。那么，再举一位主莫说者对于这一段的解释。启功在1938年《辅仁学志》第七卷有《山水画南北宗说考》一文，因为他在文中曾说："分宗之说，常属莫氏明矣！"所以可以肯定他在当时是主莫说者，且看他对此段的解释：

绎其辞旨，盖谓顾正谊得名在先，如禅宗之神秀，莫是龙一出，如禅宗之慧能，以后起而分神秀半席，并为领袖，相互推崇，了无妒嫉！故曰："意气可薄古人。"董氏论画，好用禅门典故，"南北顿渐，遂分二宗"之句，实词章用典之例耳！于此可见当日禅学流行，遂有以禅家宗派，比拟画家宗派之事。故谓为画派南北之说，起于晚明之证则可，执之以为莫氏创说之证则不可。

滕固是主莫说者，已见前述。童书业在1936年《中国山水画南北分宗说辨伪》一文中，也引这《画眼》八十二条，说："这也是南北二宗说，起于莫是龙的旁证。"所以也是主莫说者。而启功却看出了他们误解了董氏原意，错用了证据，所以虽然启功与滕、童二氏同是主莫说者，却不能不提出加以纠正，也足见这第三种解释，绝不是主董说者的片面之词。郑氏及启功二说都非常详尽透彻，读者也自可在以上三说中选取正确的一说的。

（四）余论之四：陈继儒问题——对于华亭人共倡说之辨正

很多主张《画说》为莫氏所作的言论中，多半提到董氏文集中如《画禅室随笔》，除了杂有《洞天清禄集》的文字以外，[15]还误辑了陈继儒《妮古录》中的文字，如"气霁地表"一段是。[16]同时，在陈氏《偃曝谈余》一书中亦有与《画说》中南北二宗说相似的一条：

山水画，自唐始变古法。盖有南宗：李思训、王维是也。李之传为宋赵伯驹、伯骕，以及于李唐、郭熙、马远、夏圭，皆李派；王之传为荆浩、关仝、董源、李成、范宽，以及于大小米、元四大家，皆王派……

所以也有人主张南北宗说为莫、董、陈三人所同倡，这可以启功为代表："莫、陈、董三氏同时、同里、同好，著书立说，亦持同调，则南北宗说谓为三人共倡者，亦无不可！"

其实，启功氏在该文开头就曾说过："分宗之说，当属莫氏明矣！"现在又说三人同倡，亦无不可，足见他的立场并不肯定，观念并不清楚！不过，既然有此一说，亦当加以解决才成。

实际上，董、陈书中文字重出者尚不止此"气霁地表"一条，经笔者初步检校，两人重文至少有十数条。但是今本《画说》中的十七条没有一条出现在陈氏文中，所以陈氏本可摈于《画说》的作者问题之外，但陈氏既有分宗之说，又与董氏同时，则不能不研究一下谁受谁的影响！

首先，董、陈二氏的形迹甚亲，远远超过于莫、董二氏之间的关系。其重出的文字，也不一定是故意抄袭；同时，重出的文字，固然可能将陈氏之文误辑入董氏之文，却也有可能为陈集中误辑入董氏之文！为什么过去的学者们在没有经过仔细研究之前，就断然肯定"气霁地表"一段不是董氏之文？这中间自是有先入之见存在的。事实上，这一段正是董氏之文，这是可以拿陈氏自己的文集来证明的：这一条除了出现在《妮古录》之外，还曾出现在陈氏《太平清话》卷三中，并且在这一段的末尾有小字注云“董玄宰云”。笔者亦曾检对早期刻本，亦有此四字，所以过去自余绍宋以下诸家将董集中的“气霁地表”一条断为陈继儒的文字，都无疑是唐突古人了！不过，在其他重文中不一定都有证据可以证明谁是原作者，兹先将目前找到的董、陈二氏的重文列表于后。

<table>
<tr><th colspan="2">陈继儒</th><th colspan="4">董其昌</th></tr>
<tr><th>出处</th><th>原文</th><th>《画旨》</th><th>《画眼》</th><th>《画禅室随笔》</th><th>与上文之异同</th></tr>
<tr><td>《妮古录》二</td><td rowspan="2">（1）气霁地表，云敛天末，洞庭始波，木叶微脱……宋书院各有试目……文沈之后，广陵散绝矣，奈何奈何！（太平清话本有注：“董玄宰云”四小字）</td><td rowspan="2"></td><td rowspan="2">第四十九条</td><td rowspan="2">《画诀》第五条</td><td rowspan="2">全文同上，末句只有一“奈何”</td></tr>
<tr><td>《太平清话》三</td></tr>
<tr><td>《妮古录》三</td><td rowspan="2">（2）霅有华溪，胜国时人，多写华溪渔隐，盖是赵承旨倡之，王叔明是赵家甥，故亦作数幅，今皆为玄宰所藏。每欲买山霅上，作桃源人，以应画谶。为余图赵王孙桃花录山一册。</td><td rowspan="2"></td><td rowspan="2"></td><td rowspan="2">《画源》第十二条</td><td rowspan="2">……今皆为余所藏，余每欲买山霅，上作桃源人，以应画谶。</td></tr>
<tr><td>《太平清话》二</td></tr>
<tr><td>《妮古录》四</td><td>（3）李成晴峦萧寺，文三树售之项文京，大青绿全法王维。今归董玄宰，余细视之，其名董羽也。</td><td>第一〇〇条</td><td></td><td>《画源》第十八条</td><td>……今归余处，细视之其名董羽也。（此画为董氏藏，见《珊瑚网》十九卷《唐宋元宝绘册》）</td></tr>
<tr><td>《妮古录》四</td><td>（4）郭忠恕越王宫殿……流传至玄宰处……余细检乃画钱镠越王宫，非勾越也。</td><td></td><td></td><td>《画源》第十七条</td><td>……流传至余处……余细检……非勾践也。</td></tr>
<tr><td>《妮古录》四</td><td rowspan="2">（5）董玄宰寄余书云，所欲学者，荆、关、董、巨、李成，兄幸为访之，作一铭心记，如宋人者，俟弟书成，与合一本……不令海岳独行画史也。</td><td rowspan="2"></td><td rowspan="2"></td><td rowspan="2">《画源》第二十一条</td><td rowspan="2">余长安时寄仲醇书云：所欲学者……（以下全同）</td></tr>
<tr><td>《太平清话》四</td></tr>
<tr><td>《妮古录》四</td><td>（6）董玄宰云：余性好书而懒矜庄，鲜写至成篇者，虽无日不执笔，皆纵横断续……然予不好书名，故书中稍有淡意，此亦自知之……</td><td>《容台别集》四</td><td></td><td>《评法书》</td><td>自“余性好书”以下全同。</td></tr>
<tr><td>《妮古录》一</td><td rowspan="2">（7）倪迂画在胜国时可称逸品……吴仲圭大有神气、黄子久特妙风格、王叔明奄有前规，而三家未洗纵横习气，独云林古淡天然，米痴后一人而已。</td><td rowspan="2">《画旨》第六十四条</td><td rowspan="2">《画眼》第三十二条</td><td rowspan="2"></td><td rowspan="2">《画旨》：……吴仲圭大有神气，独云林古淡天然，米痴后一人而已。
《画眼》：全同《妮古录》。</td></tr>
<tr><td>《太平清话》二</td></tr>
</table>

（接上表）

陈继儒		董其昌			
《岩栖函事》 《太平清话》三	（8）画与字各有门庭，字可生，画不可不熟；字须熟外生，画须熟外熟。	《画旨》第四条		《画诀》第二十九条	《画旨》：……画不可熟……（余全同，疑《画旨》本误）《画诀》：全同《太平清话》。
《妮古录》三 《太平清话》一	（9）倪云林生平不画人物，惟龙门僧一幅有之，亦罕用图书，惟荆蛮民一印者，其画遂名荆蛮民。	《画旨》第一二二条	《画眼》第一〇〇条	《画源》第十二条	……其画遂名荆蛮民，今藏余家。
《岩栖函事》	（10）士人作画，当以草隶奇字之法为之……不复可救药矣。	《画旨》第七条		《画诀》第一条	……不复可救药矣。若能解脱绳束，便是透网鳞也。
《书画史》	（11）董玄宰在广陵见司马端明所画山水，细巧之极，绝似李成，而画谱不载，以此知古人之善于逃名。	《画旨》第九十八条			余在广陵见司马端衡画山水，细巧之极，绝似李成，多宋元题跋，画谱俱不载，以此知古人之逃名。
《妮古录》四	（12）黄子久画，以余所见不下三十幅，要之以浮峦暖翠为第一，恨景碎耳。			《画源》第十五条	全文同

在上表中，（1）“气霁地表”一条已证明原为董氏之文外；（2）“雪有华溪”条从语气里可以看出原是董氏自题为陈氏所作册中语；（3）“李成晴峦萧寺”条及（4）“郭忠恕”条，二画皆董氏所藏，故原文亦多半出自董氏；（5）（6）（7）三条陈氏明说是董氏之语；（9）“倪云林”条二画亦为董氏所藏；其余（8）（10）（11）（12）四条则没有任何线索。但是如“气霁地表”一条是董氏之文，却在《妮古录》中并未注明出处，所以这四条既在董文中重出，也极可能原是董氏的作品。何况在陈氏的《太平清话》《妮古录》《岩栖幽事》《书画史》等诸书中，许多有关论书论画之文都录自董氏，足见陈氏虽然享誉文坛，在论书画方面还是服膺董氏的，如陈氏《书画史》云：

京师杨太和大夫家，所藏晋唐以来名迹甚佳。玄宰借观，有右丞画一幅……向相传为大李将军，其拈出为辋川者，自玄宰始。

画以士气为主，自吾乡董思翁拈题正印……（《书画鉴影》卷八《跋沈子居〈长江万里图〉长卷》）

当然，陈氏也是书画家，而且董氏也曾托陈氏在南方访求宋画，作一铭心记等，所以他也有不少论书论画之作。但比较起董氏来，深浅又自不同，正如一是专业，一是业余；而且董氏的南北宗派论，有他自己的思想发展过程，而在陈氏则并无这种发展、追求的线索。所以从全盘去了解陈氏，他的这种宗派论不但不是自创的，而且是受了董其昌的影响而来的！因此，启功氏所谓华亭人共倡之论，也嫌过于笼统了。本文既已摒莫氏在“今本《画说》”作者之外于前，现在又证明陈氏的宗派思想得自董氏于后，则南北宗之说，其功其过，均当由董氏一人负担，自与他人无关的！

附录：《画说》（《宝颜堂订正〈画说〉》——台湾图书馆《石秀斋集》本）

1.赵大年画平远，绝似右丞，秀润天成，真宋之士大夫画。此一派又传之为倪云林，云林工致不敌，而着色苍古胜矣！今作平远及扇头小景，一以此二人为宗，使人玩之不穷，味外有味可也。

2.画家之妙，全在烟云变灭中。米虎儿谓：“王维画见之最多，皆如刻画，不足学也！惟以云山为墨戏。”此语虽似过正，然山水中，当着意生云，不可用拘染，当以墨渍出，令如气蒸，冉冉欲坠，乃可称生动之韵。

3.昔人评大年画，谓“得胸中千卷书更奇古”；又大年以宋宗室不得远游，每朝陵回，得写胸中丘壑。不行万里路，不读万卷书，欲作画祖其可得乎？此在吾曹勉之，无望于庸史矣！

4.山之轮廓先定，然后皴之，今人从碎处积为大山，此最是病！古人运大轴，只三、四大分合，所以成章；虽其中有细碎处甚多，要之取势为主！吾有元人论米高二家山书，正先得吾意。

5.画树之窍，只在多曲。虽一枝一节，无有可直者，其向背俯仰，全于曲中取之。或曰：然则诸家不有直树乎？曰：树虽直而生枝发节处，必不多直也。董北苑树作劲挺之状，特曲处简耳！李营丘则千屈万曲，无复直笔矣！

6.枯树最不可少，时于茂林中间见乃奇古。茂林惟桧柏杨柳椿槐要郁森，其妙处在树头与四面参差，一出一入，一肥一瘦处。古人以木炭画圈，随圈而点点入之，正为此也。

7.柳，宋人多写垂柳，又有点叶柳。垂柳不难画，只要分枝头得势耳！点叶柳之妙，在树头圆铺

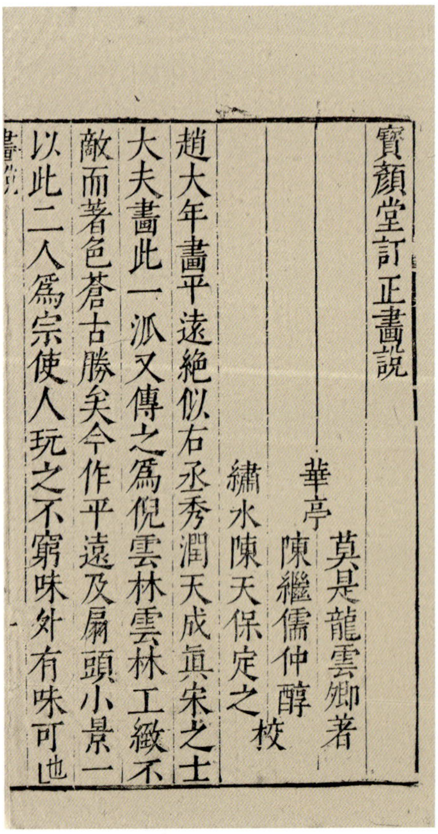
寶顏堂訂正畫說
莫是龍雲卿著
華亭 陳繼儒仲醇
繡水陳天保定之 校
趙大年畫平遠絕似右丞秀潤天成眞宋之士
大夫畫此一派又傳之爲倪雲林雲林工緻不
敵而著色蒼古勝矣今作平遠及扇頭小景一
以此二人爲宗使人玩之不窮味外有味可也
畫說

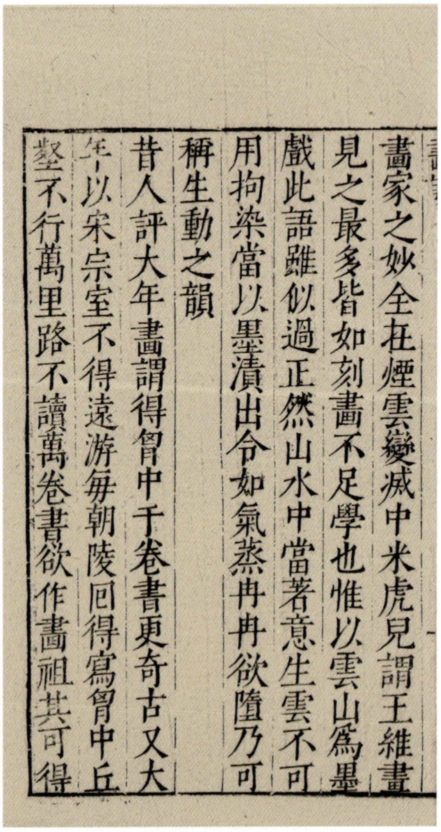
畫說
畫家之妙全在煙雲變滅中米虎兒謂王維畫
見之最多皆如刻畫不足學也惟以雲山爲墨
戲此語雖似過正然山水中當著意生雲不可
用拘染當以墨漬出令如氣蒸冉冉欲墮乃可
稱生動之韻
昔人評大年畫謂得胷中千卷書更奇古又大
年以宋宗室不得遠游每朝陵回得寫胷中丘
壑不行萬里路不讀萬卷書欲作畫祖其可得

明　万历刻本
《宝颜堂订正〈画说〉》
香港中文大学图书馆藏

处，只以汁绿渍出，又要森萧，有迎风摇飏之意。其枝须半明半暗。又春二月柳未垂条，秋九月柳已衰飒，不可混；设色亦须体此意也。

8.画树木各有分别，如画《潇湘图》，意在荒远灭没，即不当作大树及近景丛木；如园亭景，可作杨柳梧竹及古桧青松。若以园亭树木移之山居，便不称矣！若重山复嶂，树木又别当直枝直干，多用攒点，彼此相籍，望之模糊郁葱，似入林有猿啼虎嗥者乃称！至如春夏秋冬，风晴雨雪，又不在言也。

9.画家以古为师，已自上乘，进此当以天地为师！每朝起，看云气变幻，绝近画中山。山行时见奇树，须四面取之。树有左看不入画而右看入画者，前后亦尔，看得熟，自然传神。传神者，必以形；形与心手相凑而相忘，神之所托也！

树岂有不入画者？特画史收之生绡中，茂密而不繁，峭秀而不寒，即是一家眷属耳！

10.画之道，所谓以宇宙在乎手者，眼前无非生机，故其人往往多寿。至如刻画细碎，为造物役者，乃能损寿，盖无生机也。黄子久、沈石田、文徵仲皆大耋，仇英知命，赵吴兴止六十余。仇与赵虽品格不同，皆习者之流，非以画为寄，以画为乐者也。寄乐于画，自黄公望始开此门庭耳。

11.禅家有南北二宗，唐时始分；画之南北二宗，亦唐时分也，但其人非南北耳。北宗则李思训父子着色山，流传而为宋之赵幹、赵伯驹、伯骕，以至马、夏辈。南宗则王摩诘始用渲淡，一变勾斫之法，其传为张璪、荆关、郭忠恕、董巨、米家父子，以至元之四大家；亦如六祖之后，马驹、云门、临济儿孙之盛，而北宗微矣！要之，摩诘所谓云峰石迹，迥出天机，笔意纵横，参乎造化者！东坡赞吴道子王维画壁亦云：吾于维也无间然，知言哉！

12.古人云：有笔有墨。笔墨二字，人多不晓，画岂无笔墨哉？但有轮廓而无皴法，即谓之无笔；有皴法而无轻重向背明晦，即谓之无墨，古人云：石分三面。此语是笔亦是墨，可参之！

13.余尝谓右军父子之书，至齐梁而风流顿尽，自唐初虞、褚辈，一变其法，乃不合而合，右军父子，殆如复生！此言大不易会，盖临摹最易，神会难传故也。巨然学北苑、元章学北苑、黄子久学北苑、倪迂学北苑，学一北苑耳，而各各不相似，使俗人为之，一与临本同，若之何能传世也！

14.董北苑画树，多有不作小树者，如《秋山行旅》是也；又有作小树，但只远望之似树，其实凭点缀以成形者，余谓此即是米氏落茄之源委。盖小树最要淋漓约略，简于枝柯，而繁于形影，欲如文君之眉，与黛色相参合，则是高手也。

15.赵大年平远，写湖天淼茫之景极不俗，然不奈多皴，虽云学维，而维画正有细皴者，乃于重山叠嶂有之，赵未能尽其法也！

16.张伯雨题倪迂画云：无画史纵横习气，予家有此帧。又其自题《狮子林图》云：予此画真得荆、关遗意，非王蒙辈所能梦见也。其高自标置如此。又顾汉（谨之误）中题迂画云：初以董源为宗，及乎晚年，画益精诣，而书法漫矣！盖迂书绝工致，晚年乃失之而聚精于画，一变古法，以天真幽淡为宗，要亦所谓渐老渐熟者，若不从董北苑筑基，不容易到耳！纵横习气，即黄子久未断，幽淡两言，则赵吴兴犹逊迂翁，其胸次自别也。

17.画平远师赵大年，重山叠嶂师江贯道，皴法用董源麻皮皴及《潇湘图》点子皴，树用北苑、子昂二家法，石用大李将军《秋江待渡图》及郭忠恕《雪景》，李成画法有小帧水墨及着色青绿，俱宜宗之，集其大成，自出机轴，再四五年，文、沈二君不能独步吾吴矣！

注 释

[1] 冯开之跋王维《江山雪霁图》，并未纪年，只知其得此数月以后，题于南翰林院。此跋原迹见日本小川收藏该画之后，亦见《快雪堂集》卷三十。而冯氏在此集卷六十三结交篇序中，自云于癸巳（1593）擢掌南翰，故知冯氏得此卷必于1593年后。又此集三十一卷《跋李昇潇湘烟雨图》云："甲午南翰署中，与王维《雪霁卷》同日寓目，措大薄福，不能并En毛嫱西施，遂任此卷流落……"故知冯氏实得此卷于1593年，董氏第一次借阅此卷在1595年，第二次借阅在1604年，并见该卷董跋或《式古堂书画汇考》。

[2] 《苏东坡全集》上册二七八页（世界书局，中国文学名著，第六集第九册）郭忠恕画赞："郭忠恕放旷不仕，遇佳山水辄留旬日……尤善画，妙于山水屋木，有求者必怒而去，意欲画即自为之。"李廌《德隅斋画品》有《题郭恕先楼居仙图》一则，董文出此。

[3] 董其昌得董源诸画时间：1593年，得《溪山行旅图》。1597年夏，得《潇湘图》，且此卷定为《潇湘图》乃出自董其昌，见董跋。见《画说》，莫氏未见。1597年夏，得《龙宿郊民图》。1624年，得《夏口待渡图》。1630年，得《寒林重汀图》。1635年，得《夏山图》。

[4] 此画不明今藏何处，原藏清宫，笔者以为是佳摹本，至于是否为董氏亲见之本，则不敢确定。然此董氏收藏印即为伪作。或全画摹写于董氏之后，亦当有其所据，故仍于主董说有利，却与莫氏无关！

[5] 所见一定比所藏所题为多，这是必然的。即董其昌在《崇兰帖题词》中亦云："廷韩游道既广，鉴赏之家无不遍历。"但是只见而不题，只见而不想，也并不能建立理论的。

[6] 莫是龙，《跋虞世南〈汝南公主墓志铭〉》："万历五年仲夏二日，与徐天祐同观于弇山堂中，莫是龙敬题。"莫氏《跋赵孟頫重江叠嶂图卷》："万历丁丑仲夏二日，华亭莫云卿、吴苑徐天祐得共观焉。"（《故宫书画录（增订本）》卷四，一〇四页）

[7] 晚明江南佛学风气与文人画，新亚书院学术年刊第二期。

[8] 此画据《红豆树馆书画记》著录，其年款作万历壬子，即1612年，然此时莫氏已卒二十余年，因莫氏卒年既已有确凿证据，故此画只有三个可能：一、此画为伪，二、莫氏误书甲子，三、此书误录或误刻。笔者认为第三个可能性很大，因"子"字草书，与"午"字极为相近，而万历壬午为一五八二年，莫氏卒于五年之后，故此画原作或为万历壬午，俟再详考。

[9] 胡适在《评论近人考据老子年代的方法》（《胡适文存》第四集）中曾说："这个方法（指用思想线索一法作为考据的方法）是很有危险性的，是不能免除主观的成见的，是把两面锋的剑，可以两边割的！你的成见偏向西，这个方法可以帮助你向西，如果没有严格的自觉的批评，这个方法的使用，决不会有证据的价值。"

笔者觉得他批评得甚为中肯，因为在本文第一章中所有文字和思想的比较，都可以有两种迥然不同的解释方向：一是如我所解释的董其昌即是"画说十七条"的作者，故两者的文字思想如此接近；一是董其昌受"画说十七条"的文字和思想的影响，或董氏模仿抄袭《画说》所造成的结果。至于究以何者为正确的答案，是容易引起争论的。所以笔者为了避免独断的解释，而增加了第二、第三两章，对莫、董作进一步的考察和比较其可能性，所以这两章也可以说是我对于第一章的"自觉批评"。

[10] "热心于艺术，无心于政治"是吴讷孙教授发表在《儒家列传》中关于董其昌研究的最佳论文的标题。

[11] 见吴讷孙教授在耶鲁大学的博士论文 *Tung ch'i-ch'ang, the man, his time, and his Landscape Painting* by Nelson I. Wu. 1954, "When he went to take the last examinations in the nation's capital, Peking,he was still a poor student and had to have aid from his friends to finance the three-month journey by boat up the canal."

[12] 注："画苑秘笈本"《画引》卷一，3/a。"美术丛书本"之《画引》不全。

[13] 此卷并未纪年，然第二则中云："吾学书在十七岁时……今将二十七年，犹作随波逐浪书家，翰墨小道，其难如是，况学道乎！"则依中国通常算法，董氏书此卷时，当为四十三岁，即1597年。

[14] 台北故宫博物院藏顾正谊《山水图》自题："连日摹宋元诸大家真迹，颇能得其神髓，思白从余指授，已自出蓝。画此质之，品评当不爽也。友人顾正谊识。"（全图见图版廿图）

[15] 余绍宋氏只指出"画无笔迹"条出于《洞天清禄集》，其实至少有以下三条误编入董集者：

《洞天清禄集》（宋赵希鹄）	《画旨》	《画眼》	《画禅室随笔》
"画无笔迹"条	无	第十九条	《画源》第二十九条
"人物顾盼语言"条	第三十四条	第四十三条	《画源》第十六条
"古人远矣"条	第三条	第九十条	《画源》第三十六条

[16] 余绍宋《书画书录解题》卷三评《画眼》一书时云："……其中有见于莫云卿画说者十数条，又'画无笔迹'一条，乃宋赵希鹄《洞天清禄》（为《洞天清禄集》之误）之文，故有今人如米元章之语，当亦后人误入者。心印本尚有'气霁地表，云敛天末'一条，乃陈眉公《妮古录》之文，亦误入者。"观余氏此语，虽于画说作者并未肯定，但仍偏于主莫说一派。

俞剑华《中国画论类编》，《画禅室论画》后俞氏按语："《画旨》《画眼》《画禅室随笔》等书，均非董氏手自编定，故参差错落，重见迭出，莫可究诘；且多阑入他人作品，如莫云卿《画说》之全部阑入，久为人所共知。今严加汰除，归还莫氏。此外'气霁地表'一条、'倪迂画在胜国时'条均系《妮古录》之文。"

董其昌的收藏与《画说》及“南北宗论”之形成年代

一、引言

将中国画分成南北二宗是中国画史上重要且对后世画风发展具有很大影响力的理论，首先出现于《宝颜堂订正〈画说〉》中，而该《画说》注明是：

华亭莫是龙云卿著。

陈继儒仲醇（及）绣水陈天保定之校。

陈继儒（1558—1639）是董其昌（1555—1636）一生中最重要的书画、诗文方面的密友，因此这一关系使得近代学人对《画说》的作者产生了严重的误判。笔者曾对此作过细密的全面研究，结论是《画说》的十七条从文字到思想内容全是董其昌的画论，与莫是龙无关。笔者在1971年台北故宫博物院举办的“中国画研讨会”上发表《〈画说〉作者问题的研究》。当时只在论文集中发表了英文摘要，后来在1988年译成中文，发表于《朵云》第十九期。由于原文是摘要，可谓语焉不详，同时关于《画说》作者问题的研究枝节甚繁，至今学界仍有许多学者对作者究竟是董其昌抑或是莫是龙还是观念模糊，故本文再次择要提出论证，希望能改变明末出版商所种下的错误印象。

二、《画说》的本质

上述所谓的《宝颜堂订正〈画说〉》，大约一千六百字，分成十六条，其中第十五条文字较长；而且前半论赵大年，后半论倪云林。故笔者将全文依先后次序编号时，一共分成十七条以便讨论。

纵读全文，各段落之间没有连贯性，也无必然的先后关系。如第一条论赵大年画；第二条论画家之妙“全在烟云变灭中”；第三条又论赵大年。接下去第四、第五、第六、第七、第八各条皆论画法。大多论画树，只一条论画山。到第十五条又专论赵大年。《画说》中最有影响和争议性的就是本文开头所说的以禅宗论画，分南北二宗，却排在第十一条。接下去的第十二条又论起笔墨来，第十四条又论画树，最后的第十七条则以师法唐、宋名家集其大成为终结。

从上述排序来看，这十七条显然不是一篇有系统、有中心思想贯穿的文章，只可以“画论随笔”名之。

探讨《画说》的作者，吾人可以从不同的切入点，分为外在与内在的两类证据。如前述此文最早出现在所谓的“宝颜堂秘笈”的版本之内，重要的是，此书并非是由陈继儒负责刊印，而是由沈德先兄弟的尚白斋编印。如去研讨这一版本的问题，就是外在的证据；如从《画说》的内容方面去探讨，就是去挖掘内在的证据。外在的证据只具有辅助的作用，内在的证据才是具有决断力的主要证据。

用以与《画说》比证的资料则是现存董、莫两家的书画题跋和言论资料，包括两家相关著录中的文字资料、传世相关书画作品上两家的题跋和收藏资料等。

莫是龙的文字资料以东京内阁文库本的《莫廷韩遗稿》为主，此书有陈继儒万历三十年（1602）题词，全书共十六卷，其中与书画相关者为第十四卷《题跋》及第十五卷《笔麈》，其中并无《画说》，甚至连类似的影子也没有。至于台北图书馆影印的莫氏《石秀斋集》则全是诗词而已，更无《画说》。

董其昌的文字资料则以《容台集》（包括《容台别集》）中的《画旨》为主，辅以后人集的《画禅室随笔》《画眼》《论画琐言》等，以上这些书中均包括了《画说》的十七条，而且《容台集》也有陈继儒崇祯三年（1630）所作的序。

揆诸以上莫、董二书，皆有陈继儒序文。在莫书中并无所谓的《画说》，而董氏书中的《画旨》却有与《画说》相同或其他相关的文字，这不是从侧面告诉我们，吾人不能相信在莫是龙名下的所谓《宝颜堂订正〈画说〉》，因此《画说》的著作权应归于董氏，而与莫氏无关。

但以上只能说是外在证据或旁证，并非主证，笔者本文却是要从《画说》的内容中寻找最具体、最直接、最有说服力的物证来证明谁该是《画说》的原著者。

当我们细读各条画论时，不仅仅出现画家的名字及其风格流派，吾人可以肯定，这位原作者必定熟悉那些作品，甚至曾经收藏过那些作品。基于此一原则，只要吾人重建莫、董两人的古画收藏，考察有无与《画说》中涉及的画作重叠，用以了解这些画论都有实据，言之有物，不是空谈。而这些相关的作品，就是断定谁是《画说》作者的“物证”。

在《画说》十七条中曾经被论及的画家不少，但具体论述其作品者较少，兹以出现先后为序，并系《画说》条号列于下。

	作者	《画说》条目	作品
1	赵大年	第一、第三、第十五、第十七条	《江乡清夏图》
2	王维	第一、第二、第十一条	
3	倪云林	第一、第十三、第十六条	《狮子林图》
4	米家父子	第二、第十一、第十三、第十四条	《论米、高二家山书》
5	董北苑	第五、第十一、第十四条	《秋山行旅图》《潇湘图》
6	李成	第五、第十七条	小帧水墨、着色青绿
7	黄子久	第十、第十三、第十六条	
8	沈石田	第十、第十七条	
9	文徵仲	第十、第十七条	
10	仇英	第十条	
11	赵孟頫	第十、第十六、第十七条	
12	李思训父子	第十一、第十七条	秋江待渡图
13	赵幹	第十一条	
14	赵伯驹、赵伯骕	第十一条	
15	马远、夏圭	第十一条	
16	张璪	第十一条	
17	荆浩、关仝	第十一条	
18	郭忠恕	第十一、第十七条	《雪景图》

（接上表）

	作者	《画说》条目	作品
19	巨然	第十一、第十三条	
20	王蒙	第十六条	
21	江参	第十七条	《千里江山图》

以上这些画家，大部分是历代画论中公认的，也是常被论及的大家，因此，若未具体指出某一作品，本文暂不论列。然而也有少数画家不常见于历代画论及重要流派之中。笔者认为《画说》中罕被论及的画家或其作品具有举证上的特殊性。只要能举证莫、董二人中，何人曾藏、曾见、曾题或曾论及某画家某作品者，往往更具说服力，因此本文特选在《画说》之前比较冷僻的画家和作品——北宋末的赵大年和南宋初的江参为举证的例子。以下依画家时代的先后为序逐一讨论之。

李思训

唐代画家李思训在《画说》中的地位，与王维分领南北二宗之祖：

> 北宗则李思训父子着色山水，流传而为宋之赵幹、赵伯驹、（赵）伯骕，以至马、夏。（《画说》第十一条）
>
> 石用大李将军《秋江待渡图》及郭忠恕《雪景》……俱宜宗之，集其大成。（《画说》第十七条）

可见《画说》的作者并不完全排斥北宗，吾人要追究谁是《画说》的作者，最重要的线索是谁的手里有一幅李思训的《秋江待渡图》。

在莫氏的相关资料中并无线索，只有在董其昌的画论里可见到相关的言论和作品：“若《海岸图》，必用大李将军。”（《画旨》第十八条）

海岸多石，故用大李将军法。至于《秋江待渡图》，也是董其昌书画船上携以自随的“神交师友”：

> 董北苑《潇湘图》、江贯道……李将军《蜀江图》、大李将军《秋江待渡图》……右俱吾斋神交师友，每有所如，携以自随。（《画禅室随笔·画源》第四十八条）

这些书画船中随行之“师友”，有唐、五代、宋、元，并分南北宗，也符合《画说》中“俱宜宗之，集其大成”的用心，因此足证董其昌确实是《画说》的原创者。

董源

董源在画史上的地位，自从米芾在其所著《画史》一文中倍加推崇之后，在元、明两代画论中，都占有崇高的地位，所以在《画说》中屡次论及董源，自不足为奇。且不论莫是龙一生最为推崇的是黄公望，在其收藏之中也居然有《龙宿郊民图》，此画在所谓的《画说》中没起作用。吾人要问的是，《画说》中论及的董源是什么作品？在谁的手里？《画说》的第十四条及第十七条中云：

> 董北苑画树，多有不作小树者，如《秋山行旅》是也。
>
> 皴法用董源麻皮皴及《潇湘图》点子皴。

以上两图均非莫氏收藏，而董其昌对董源的酷好，既是上承王维，下开二米及元四家，又与自己同宗，常称“吾家北苑”，所以特别着力于搜求董源画迹，《画说》中的《秋山行旅图》就先为董氏所见并题云：

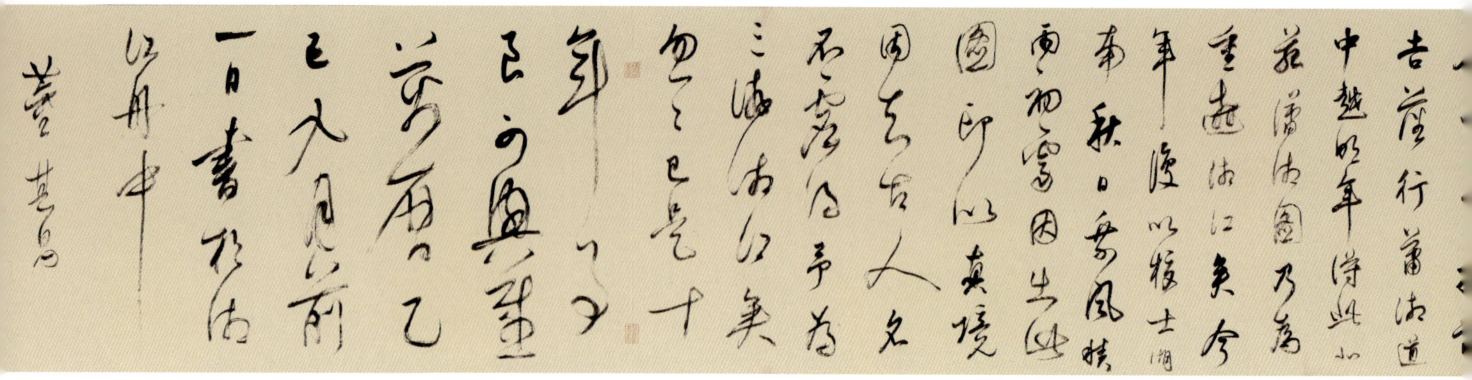

图1 董源《潇湘图》后的董其昌跋 故宫博物院藏

北苑画，米南宫时止见五本，予家所藏凡七本，以为观止矣。都门又见《夏山待渡图》卷，吴阊泊舟又见此本。

其后曾被董氏收藏、题跋的《黄鹤山樵仿董源〈秋山行旅图〉》云：

《秋山行旅图》先在余收藏。今观此笔，全从北苑出。（《小中见大》册第十幅）

至于董源名作《潇湘图》更是今人熟知为董氏藏品，因为董氏在卷后有长题（图1）。张丑在《清河书画舫》中亦曾云：

董玄宰太史酷好北苑画迹，前后收得四本，内唯《潇湘图》卷为最，至以四源名其堂云。

董其昌确曾以其收藏董源画之富而自豪，以四源名其堂尚属较早期，因为上引董跋《秋山行旅图》时已云“予家所藏凡七本”，该图尚不在其内。因此《画说》第十六条中说：“若不从董北苑筑基，不容易到耳。”

数条论及北苑的画树法等，都是在这样的收藏和研究基础上的心得之语，他人是体悟不出来的。所以董源的《秋山行旅图》《潇湘图》都是《画说》原作者的重要“物证”，只要证明莫、董谁曾见过、收藏或题跋过这两件作品，谁就是《画说》的作者。

李成

《画说》中第五条论李成画树“千屈万曲，无复直笔”。第十七条述及“李成画法有小帧水墨及着色青绿，俱宜宗之”。李、郭派的树，一般人的印象本是“千屈万曲”，没什么特别之处，倒是李成竟然在水墨之外，还有“着色青绿”，显见《画说》的作者有特殊的见识或收藏了。

吾人在莫是龙的题跋文字中只见到有一处提到李成：

荆、关、董、李之墨，不可复睹矣！（莫是龙跋王洪《潇湘八景图》卷，普林斯顿大学美术馆藏）

可是董氏画仿李成，见李成小幅大帧，自己也曾收藏李成的着色青绿画，如以下资料：

余写此图，用李成寒林法。（《画旨》第四十四条）

偏头关万金吾邦孚家藏李营丘平远小绢幅，与成国家巨幅同一笔法。（董其昌《仿古山水册》三《岩居高士图》，美国纳尔逊-阿特金斯艺术博物馆藏）

李成（《晴峦萧寺》）……大青绿……今归余处。（《画旨》第一〇〇条）

是岁（万历二十五年[1597]）长至日……适得李营丘青绿《烟峦萧寺》……（董其昌自题《婉娈草堂图》）

李营丘着色山图……右俱吾斋神交师友。（《画禅室随笔·画源》第四十八条）

从以上董氏文字，可见《画说》所论李成的种种全出于董氏。所谓的“小帧水墨”乃指平远的《寒林图》，其寒林的枝干是“千屈万曲”；而所谓的“着色青绿”，即是指董氏收藏“神交师友”：大青绿《晴峦萧寺图》可能与《烟峦萧寺图》为同一图。

最重要的是，董氏在万历二十五年（1597）长至日才得到李成的青绿山水。所以，《画说》第十七条出现的上限是万历二十五年（1597）的长至日。

郭忠恕（字恕先）

《画说》中曾两度简短述及郭忠恕的名字，一是第十一条将郭氏列于南宗的王维一派，二是第十七条论师法时说：“石用大李将军《秋江待渡图》及郭忠恕《雪景》。”

郭忠恕在明人画论中出现的频率不高，即如莫氏的相关论画资料中未曾见其述及郭氏，但是在董其昌的题跋和画论中居然还比较常见，而且因为将郭氏列于南宗王维一脉，董氏还临过郭氏的画，兹录数则如下：

郭忠恕画绝类王右丞。（李佐贤《书画鉴影》卷十一）

忠恕作石似李思训，作树似王摩诘。（唐志契《绘事微言》）

最后复得郭忠恕《辋川》粉本。（《画旨》第八十九条）

此余在长安苑西草堂所临郭恕先画粉本也……癸卯（万历三十一年[1603]）春……

郭忠恕《辋川招隐图》……吾斋神交师友。（《画禅室随笔·画源》第四十八条）

董氏所临的就应当是上述的《辋川图》粉本，也可能就是董氏“携以自随”的《辋川招隐图》。而《画说》中的《雪景》也一如所料是董氏所藏：“家有王右丞郭恕先雪山，须雪乃悬壁游赏。”（《容台别集》卷四）

董氏对郭忠恕既有这样的收藏和认知背景，毫无疑问，他就是《画说》的原作者。

《论米、高二家山》书

米氏父子的云山一派，在元、明文人画家中多有追随者，所以《画说》中将二米作为王维、董源一派，以及论米家云山及画树之法亦为众人熟知。然莫氏论米家父子的文字，没有像董氏的文字思想均与《画说》合若符节，可以看出是同一人的口吻。《画说》论米家山水虽未曾涉及具体画迹，然而第四条中在论及画山时，末句轻轻附带说：“吾有元人论米、高二家山书，正先得吾意。”

这不正说明了《画说》的作者收藏有一件小品书法，连书家的名字也不知或不值得提示于人，那是元朝人写的《论米、高二家山》的书法？吾人在莫氏的诗文集中都不见此书踪影，然而在《画禅室随笔·画源》的第三十二条却写道：“米家山画，谓之士夫画。元人有《画论》一卷，专辨米海岳、高房山异同，余颇有慨其语。”

这不就是《画说》中的“元人论米、高二家山书”的进一步说明吗？是专在辨米、高二家的异同。“余颇有慨其语”不就是《画说》中的“正先得吾意”吗？董氏的《画旨》第一〇八条又说：“高房山多瓦屋，米家多草堂，以此为辨。此图潇洒出尘，非南宫不能作。”

这一条又告诉吾人什么是《论米、高二家山》书的内容，因此可以确定董其昌拥有此书，也因此可以确定《画说》的第四条出于董其昌之手。以小见大，推而至于整篇《画说》，都是出于董其昌，即使没有其他的线索和证据，这个结论也是可以肯定的。

赵大年（令穰，生卒年不详）

在前人画论中几乎很少有人论及赵氏。

然而在《画说》十七条中竟有四条一再论及他的画，将他的平远山水列为王维一派，为宋代士大夫画的代表，并传而为倪云林一派。也许赵氏没有王维的兼有重山叠嶂以及细皴的风格，并且由此感叹赵氏不得远游，不行万里路，又不读万卷书，所以不能像王维一般能作画祖。

这些言论，特别是具体说赵氏画只有平远而无皴，也无重山叠嶂等，一定是评论者的心目中有赵大年的画才能道出，可是在《莫廷韩遗稿》中，虽有《题跋》和《笔麈》讨论书画，然而从未出现赵大年的名字，遍搜著录中赵大年的作品上也无莫氏题跋或收藏迹象。然而读董氏诸文及著录中关于赵画的题跋，不但多有与《画说》思想观点一贯的题跋，而且董其昌还有收藏。

首先来看董氏著录、题跋中曾经收藏过的赵大年画。

（1）藏赵大年《江乡清夏图》，见于《画禅室随笔》中《题自画・仿三赵画题右》：

余家有赵伯驹……赵大年《江乡清夏图》，今年长至，项晦甫以子昂《鹊华秋色》见贻，余兼采三赵笔意为此图。

赵大年《临右丞〈湖庄清夏图〉》，亦不细皴……窃意其未尽右丞之致……大年虽俊爽，不耐多皴，遂为无笔，此得右丞一体者也。（《画旨》第八十九条）

这一条题跋的文字与内容与《画说》第十五条大致相同，可见是同一人在不同时间所说的话。

（2）藏赵大年《夏山图》（按：即《江乡清夏图》之另一名）：

董北苑《潇湘图》……赵大年《夏山图》……右俱吾斋神交师友，每有所如，携以自随，则米家书画船，不足羡矣！（《画禅室随笔・画源》第四十八条）

（3）跋《赵大年山水卷》云：

赵令穰在宋时诸王孙中，画品最高，以其酝酿王右辖《辋川》墨法，无一点尘气。（梁章钜《退庵金石书画跋》卷十一）

（4）跋《赵大年〈江村秋晓图〉》卷：

今赵令穰此卷乃绝肖似，虽谓前身右丞可也。（吴升《大观录》卷十三）

由上知董氏曾题赵大年五画（以上第一、第二两图可能是同画异名），其中至少有两画为其所藏。除此之外，其他见于著录的文字每有与《画说》类似的言论，可见董氏将赵大年归为王维一派等，全是从他书斋中“神交师友”的实际画迹出发，并且将赵大年一画带在其“书画船”上，“每有所如，携以自随”！

最重要的“物证”是目前尚传世的赵大年《江乡清夏图》卷（波士顿美术馆藏），后有董氏五次题跋。（图2）其内容与《画说》中的语句和内容全是同一个人的思想和口吻，诸如：

笔意全仿右丞……脱去院体……超轶绝尘……宋人画赵大年、马和之可称逸品，盖元镇倪迂所自出也。……丙申七月……待潮多暇，出此卷临写。

波士顿美术馆所藏此画，就是董其昌实际临仿过的赵大年作品，这样才使吾人恍然大悟为什么在短短的《画说》中竟然被再三地提出讨论，而且这些见解都不是因袭前人，而是从其追寻王维一

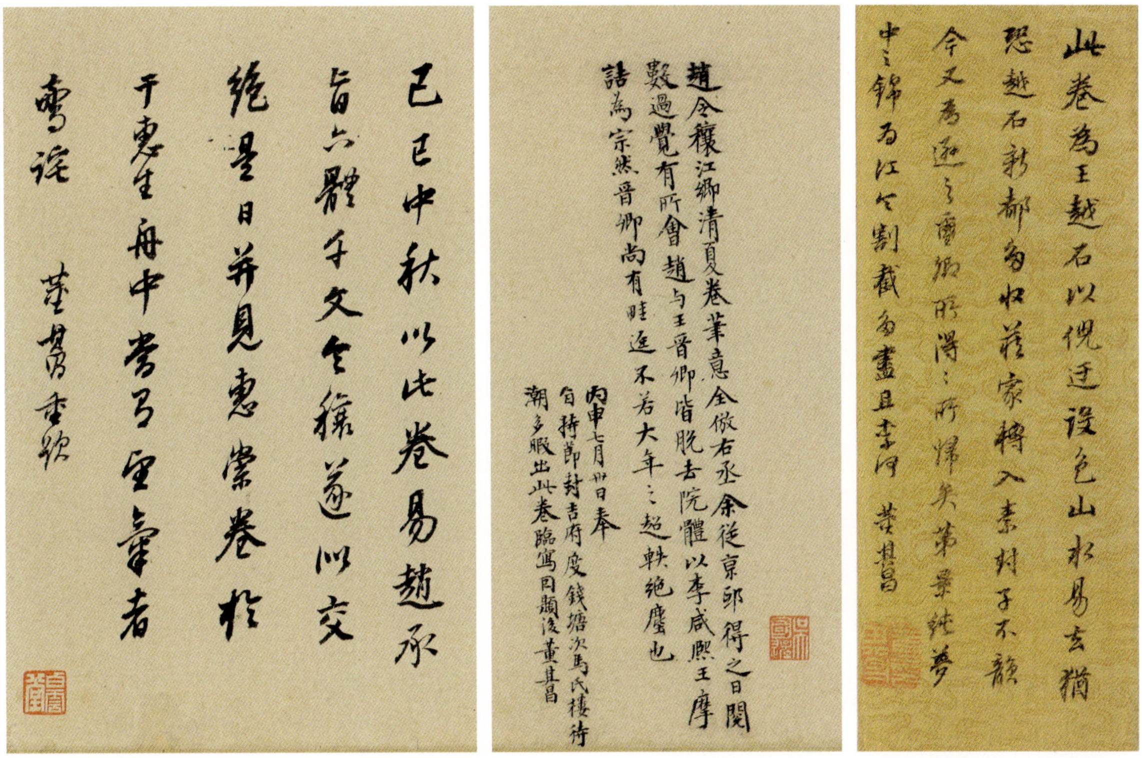

图 2　赵令穰《江乡清夏图》后的董其昌跋　波士顿美术馆藏

派及重建画史渊源过程中的个人心得与创见！因此，《画说》中有关赵大年画风及画派传承的评论绝对不可能是出于没有收藏，没有苦心建立画史新秩序的莫是龙所能做得到的。

江参（字贯道）

不同于在《画说》中出现四次的赵大年，江贯道只出现过一次，而且只有第十七条中的一句：“画平远师赵大年，重江叠嶂师江贯道……”江贯道即南宋初的江参，山水师董源、巨然，曾被召至临安，然名声不高，流传画迹极少，故其名甚少出现在元、明人的画论之中。一方面，在南宋时全是李唐、刘松年、马远、夏圭的天下，一方面也如吴宽所言：“贯道之笔少见！”然而在《画说》第十七条中特别被提出，而且将其与董源、大李将军、李成、郭忠恕、赵孟頫等画史上一流的大家并列，其画作也值得宗学，作为集大成的重要来源，这就令人好奇究竟是莫还是董，他对江贯道为何如此情有独钟?

查莫氏的各种资料中，既不见江参之名，又在著录及存世江参名下的画迹，都不见莫氏的藏印或题跋。相反的是，董其昌不但曾经收藏过今存台北故宫博物院的江参《千里江山图》卷（图3），而且从万历二十四年（1596）至二十六年（1598）的三年中，董氏先后题了五次之多，不但记载了江参的事迹，并考据其画作，而且这一幅江参画也属于他“书画船”上“携以自随”的“神交师友”之一。

江参的《千里江山图》，其布景的确是重江叠嶂般的万里江山，当董其昌在万历二十四年（1596）初得之后，第二年在兰溪舟中展观并有长题，内有句云：“……得北苑三昧……盖董、巨画道中绝久矣，贯道独传其巧，远出李唐、郭熙之上。”

可见他对自己的藏品评估甚高，这就不难理解《画说》中将江参与历代大家并列，“俱宜宗

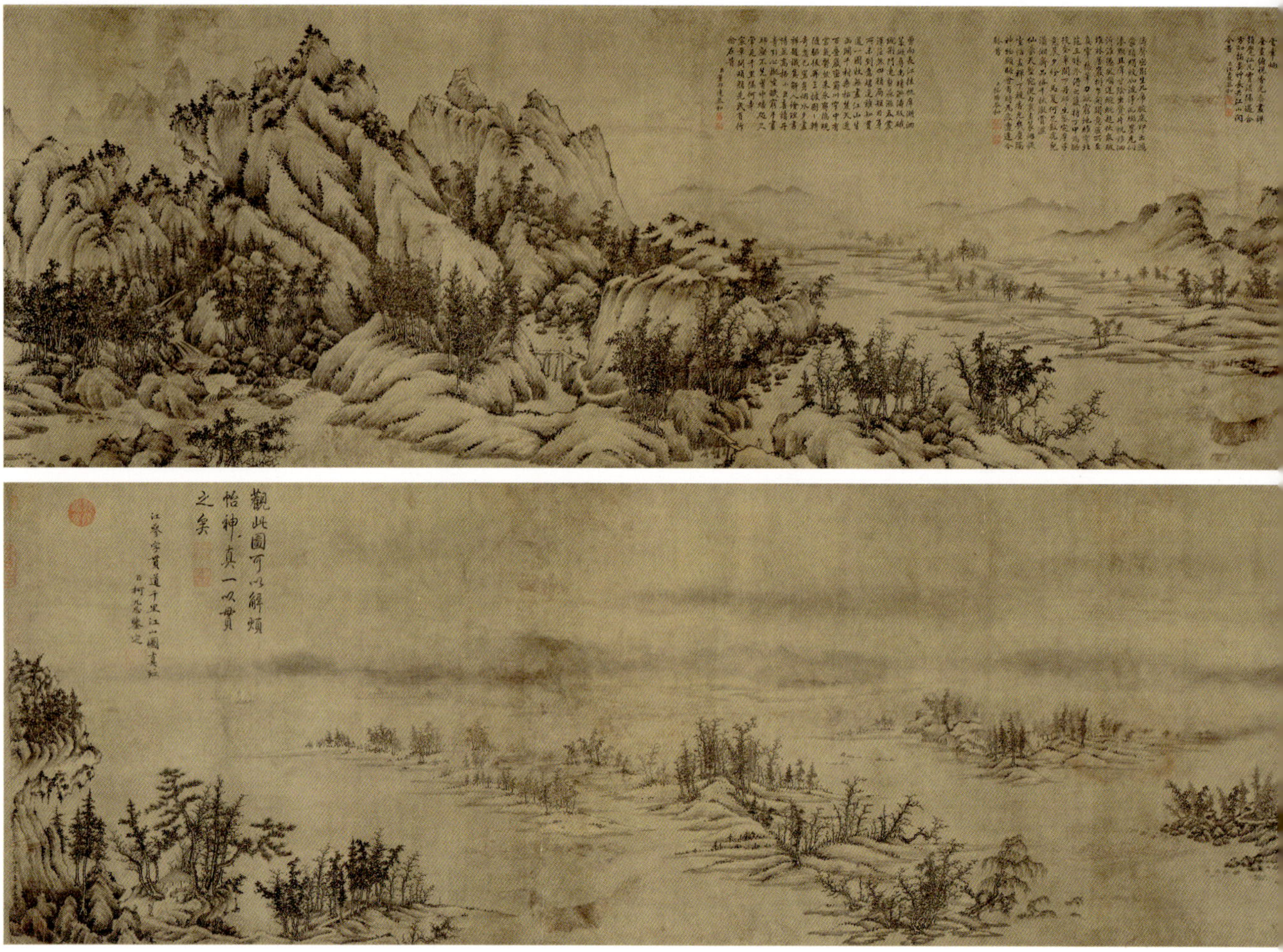

图 3　南宋　江参《千里江山图》 台北故宫博物院藏

之，集其大成”。该画长跋又说：

使此卷一入豪门，将与《上河图》等俱归御府，世间永不见有江贯道画。即贯道一生苦心，竟泯没无传矣。贯道画有神，其必择余为主人也夫！

江贯道《江居图》……俱吾斋神交师友！（《画禅室随笔·画源》第四十八条）

可见董氏得此画也属机缘巧合，其时莫是龙已经去世十年，根本没有机会见到此画，而且董其昌自以为是江贯道的知己。事实上，江参在画史地位上的再建立，全赖董氏之力。因此，吾人仅就《画说》中的“重江叠嶂师江贯道”，只要这一句就可以肯定《画说》的全文是出于董其昌之口，不是任何人可以取代的。

倪瓒

《画说》中论及倪瓒的有第一条、第十三条及第十六条，其中前两条，论倪瓒为王维、赵大年的文人士大夫一派以及学董源等，全与董氏散见的画论相合。除此之外，《画说》第十六条云：“其自题《狮子林图》云：‘予此画真得荆、关遗意，非王蒙辈所能梦见也。’其高自标置如此。”

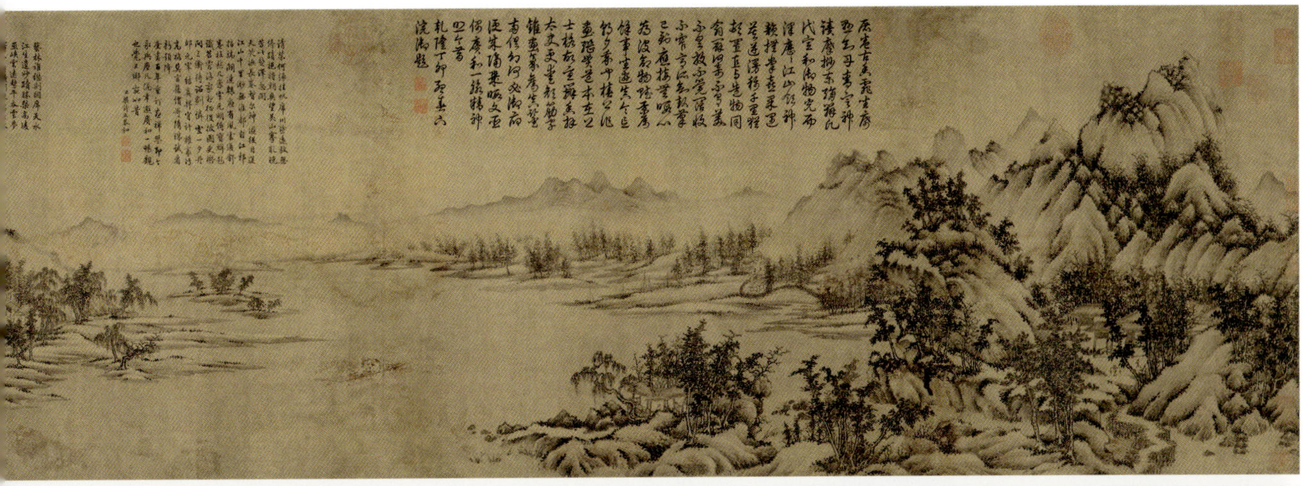

倪瓒《狮子林图》既非莫氏所藏，也非董氏所藏，但是该画曾为项元汴收藏，并且只有董其昌的题跋，而无莫是龙的印章或题跋。董其昌在《画禅室随笔》的《题自画》第十八条云：“元季四大家，独倪云林品格尤超。……余尝见其自题《狮子林图》曰：‘此卷深得荆、关遗意，非王蒙所梦见也。’其高自许如此……”

此内容与《画说》大同小异，而又并不直接抄自《画说》。据张丑《清河书画舫》云：“后有董玄宰太史跋尾，弗及录云。”吴其贞的《书画记》亦记录此卷：“上有项墨林、王越石鉴赏图书，卷后董思白题跋。”至清代张庚有一摹本，录有董其昌题跋全文：“云林画江南以有无为清俗，（项）晦伯所藏，当以此为甲观。己未十月晦……董其昌题。”可见董氏早年在项元汴家曾见，元汴卒后转入晦伯手才加题跋的。

由此看来，《画说》第十七条的原作者，当然是董而不是莫。

小结

经过上述逐一将《画说》中论及的实际画迹追查与莫、董二家之关系，发现并不是偶然在莫氏资料中缺席，而是全部缺席！相反的，并不是其中之一两条偶然在董氏资料中出现，而是每一幅都被董氏所见、所题或所藏！再加上两位不常在他人画论中言及的宋代冷门画家赵大年、江参居然在《画说》中出现，特别是赵大年曾被“再四”论及。而追究的结果，乃是因为董其昌曾经收藏赵大年和江参的手卷，并且各自在长卷后题跋四五次，论其绘画渊源，与《画说》中所论同出一辙，因此笔者认为证据确凿齐备，不但不是孤证，而且可以说是经过“DNA”（基因）的检验，董其昌是《画说》唯一的作者，是绝对翻案不了的！

三、《画说》的创作时间

前文已说过，《画说》十七条并不是一篇有先后次序的完整的画论，基本上杂抄董氏的论画题跋，应出版的需求而仓促冠以《画说》之名，借已故名家莫是龙之名，是真正所谓的“张冠李戴”之下的出版物，因此《画说》绝不是一时之间，在一个中心思想下写成的，而是董其昌逐年思索以及依据其实际看到或收藏的作品，以现代“风格分析”的方法，逐渐发展而成的。故而有关上述《画说》中的特定作品或相关画家的传承定位等，均与董其昌的收藏活动相应，就成为断定《画说》中各条写作年代的重要依据。兹举相关资料试推之：

（一）第十一条论“王摩诘使用渲淡，一变勾研之法”，以及第十五条论赵大年“不耐多皴，虽云学维，而维画正有细皴者”，此语必出于董氏向冯开之借观王维《江山雪霁》卷之后，乙未十月之望（1595年11月16日）前后。因为该画乃“正有细皴者”，所以董氏在当时的长跋中，前半段多在比较王维和赵大年的皴法，而评赵大年“不耐多皴”。

（二）第一条、第三条、第十五条及第十七条均论及赵大年，而董氏所藏赵大年最重要的作品是前述的《江乡清夏图》卷。在王维卷《江山雪霁图》的董跋中，有句云：“余至长安得赵大年《临右丞〈林塘清乡图〉》，亦不细皴。”

在现存波士顿美术馆的赵大年《湖庄清夏图》卷上，董氏纪年丙申（万历二十四年[1596]）七月的第一跋云：“赵令穰《江乡清夏》卷，笔意全仿右丞，余从京邸得之，日阅数过，觉有所会。”

以上两卷所得时间与地点皆相合，而名称略异，应是同图异名。同图上董氏再跋时，又说“宋人画赵大年、马和之可称逸品，盖元镇倪迂所自出也”，则又与《画说》第一条相合。因此合以上两则有关王维、赵大年的画论大多是在万历乙未（1595）、丙申（1596）两年间或稍后时形成。

（三）董氏曾经五次题跋江贯道《江居图》（按：即台北故宫博物院所藏江参《千里江山图》卷），都题于万历二十四年（1596）至二十六年（1598）的三年之中，故《画说》第十七条也当成于这几年左右。

（四）第十三条、第十四条出现在董氏《论书画四则卷》中，其第二则云：“吾学书在十七岁时……今将二十七年”，推算此卷书于万历二十五年（1597）。

（五）第十四条论及董源画树不作小树，如《秋山行旅图》。按此图董氏跋可知在万历癸巳（1593）入京三日得于吴廷之手。

（六）第十七条“皴法用董源麻皮皴及《潇湘图》点子皴”，今《潇湘图》后董氏跋云：“余以丙申持节吉藩，行潇湘道中，越明年得此北苑《潇湘图》。”知董氏得此图在万历二十五年（1597）。

（七）第十七条“李成画法有小帧水墨及着色青绿，俱宜宗之”，董氏于丁酉（万历二十五年，1597）自题为陈继儒画《婉娈草堂图》云：“过岁长至日适得李营丘青绿烟峦萧寺。”故知此论必出于丁酉（1597）或稍后。

本文已依照原先的目标，论证了《画说》中涉及的几幅具体而且可以追究藏、见或题跋年份的画作，以及两位几被画史遗忘的画家——赵大年和江贯道，全都是与董其昌的收藏密切相关，而且对董其昌的宗派论有实质关联，因此笔者再一次用“实证”的方法，以内在“物证”为基础和逻辑来厘清因“外证”所带来的种种困扰。

本来，在董其昌的宗派论中，王维的地位特高，这是在稍早的王世贞（1526—1590）及何良俊的画论中所没有的，而董氏对王维画作的致力追求是其宗派论中最重要的一环，然而由于在《画说》中并未提到王维特定画作的名称，所以在“物证”方面没有一个明确的目标，因而在撰写此文时不予列入。

实际上，当董氏听闻冯开之收到王维画迹时便不远千里派人借观，自云“有右丞画癖”，“借观经年”之后“题辞数百言”，自后又“往来于怀”等，一生中见及、论及、题跋、收藏的王维画远超过他人，这一切才是倡立南北宗论者，将王维推尊为南宗画祖应具的热诚和背景（这在笔者《〈画说〉作者问题的研究》中已大略涉及，或可留待将来作更详尽的探讨）。

在上述王维《江山雪霁图》卷后的董氏长跋中，告诉我们是在万历二十三年乙未（1595）秋借到此画，历数其与赵大年、郭忠恕、赵孟頫诸家画风之传承关系，因此有关宗派论的种种，万历乙未秋是董氏画史思想的分界线，可以将此年定为《画说》中最重要的宗派论之上限。

为了使吾人对董其昌画史思想的建构过程有进一步的理解，再将董氏相关的重要事迹简列于下。

年代	事迹
16 世纪 80 年代	董氏曾在项元汴（1525—1590）家观赏古书画，与之讲论，永日忘疲，引为同味。董氏所见应包括倪云林《狮子林图》、赵孟頫《鹊华秋色图》等。
1587 年 8 月	莫是龙卒。
1591 年 1592、1593 年间 1593 年	请告还里，大力搜寻元四家画。 “家居多暇，与顾中舍、宋太学借画临仿……不下数十幅，自是蓄画颇多，临摹反不及前。”（《画旨》） 求北苑画于江南不能得，得董源《溪山行旅》于京师。
1595 年 11 月 16 日	题王维《江山雪霁》卷。
1596 年冬	得黄公望《富春山居》卷。
1597 年前	于米芾《潇湘白云图》悟墨戏三昧，得董源《龙宿郊民图》及赵千里《三生图》。
1598 年	遇李贽于北京，略披数语，即许可莫逆。
1599 年	董氏辞职归里，与陈继儒常作泛宅之游，董氏所谓携以自随作为他神交师友的宋、元名画可能都已在此年前后获得。
1601 年	跋董源《溪山行旅图》。
1602 年	李贽卒。
1603 年 2 月	题赵子昂《鹊华秋色图》卷。此年以前，得赵伯驹《春山读书图》。题在北京时所临郭忠恕粉本。是年紫柏禅师卒。
1604 年	再借王维《江山雪霁图》并题，是年始知李昭道至仇英一派不可学。
1605 年以前	藏有小米《潇湘》及《潇湘奇观图》，与郭忠恕《溪山行旅图》。

从以上有关的史实里看，董其昌在万历十八年（1590）至二十三年（1595）左右，可以说是他对中国绘画史的追求时期：万历二十四年（1596）至二十八年（1600）是酝酿完成时期；到万历三十二年（1604）左右为完成时期。《画说》十七条并非同时所成，大约可以定于万历二十三年（1595）至三十二年（1604）间陆续写成的。此外，还有两则与《画说》的时间有关。

一在陈继儒的《太平清话》中：

> 董玄宰寄余书云："所欲学者，荆、关、董、巨、李成。此五家画尤少真迹，南方宋画，不堪赏鉴，兄幸为访之，作一铭心，如宋人者，俟弟书成，与合一本；即不能收藏，聊以适意，不令海岳独行《画史》也！"

由于陈氏在《太平清话》一书前有万历二十三年（1595）小叙，故知董氏在乙未以前即有与米氏《画史》抗行之意。这不但可以证明笔者所推定的《画说》十七条的约略写作时间，而且说明了他在平时题跋之外，即有成专书以传世的用心，则更表明了他平时写这些论画语的原始动机。

另一则出于袁宏道的《瓶花斋论画》，见俞剑华《中国画论类编》：

> 往与伯修过董玄宰。伯修曰："近代画苑诸名家，如文徵仲、唐伯虎、沈石田辈，颇有古人笔意否？"玄宰曰："近代高手无一不肖古人者，夫无不肖，即无肖也，谓之无画可也。"余闻之悚然曰："是见道语也。"

因为这一则与《画说》第十七条中之"再四五年，文、沈二君不能独步吾矣"语意相关，孰先孰后，不易遽断。但表面看来，《画说》似在先，至与袁氏论画时，董氏已经有凌跨文、沈之意，似当在后。可惜的是袁氏并未纪年。不过，由于袁宗道卒于万历二十八年（1600），此段会话必在是年以前，则《画说》中的第十七条也应当在此年以前，但又不能早于董氏得《潇湘图》的万历二十五年（1597）。因此，只就《画说》第十七条而言，可定于万历二十六年（1598）前后。

再者，由于万历三十年（1602）、三十一年（1603）两年，李贽与紫柏相继下狱而死，狂禅之风渐息，也许可以定"以禅论画"的年代不能晚于这两年，所以可定《画说》十一条在万历二十八年（1600）左右，亦当相去不远。而且这一条只论两派之兴衰，并没有如《画旨》中"文人之画"一条中明说"非吾曹当（易）学也"，有排斥之意；由于董氏在五十岁时始知李昭道、仇英一派不可学，所以我们可以说"文人之画"一条当在万历三十二年（1604）之后，而《画说》中的南北宗论在万历三十二年以前，似也与实际情形相近。而综合来说，董氏写作《画说》十七条的时间约略可定于万历二十六年（1598）前后。

董氏此一《画说》的完成年份，是另有其重要意义的。因为这正好在所谓的《宝颜堂订正〈画说〉》（约万历三十八年［1610］）之前，所以足以证明所谓的《宝颜堂订正〈画说〉》是出版商在某种情形下用董氏的画论，借已故名士莫是龙之名而刊行的某种程度的伪作。

四、总论与余论

任何特立独行的理论，必有其孕育和发展的过程，不可能凭空立论。

《画说》的作者究竟是莫是董，吾人只要将牵涉到的两位可能作者，将其一生中相关的活动和蛛丝马迹做出较详尽的比较研究，就不难得出结论。

本文则将“内证”中的“实物证据”（物证）以实证方法逐一比勘两家的可能性，结果是非常明确，毫无模糊的地方，可以百分之百地确定《画说》的作者与莫是龙无关，只有董其昌一人。

而董氏在建构其画史宗派论的追寻过程，吾人也可以明确从以上的“物证”并扩及于更全面。凡牵涉到建构董氏画论的画迹，尤其是王维的作品，使吾人确定《画说》中的言论其上限为万历二十三年（1595），这时莫氏已经谢世八年之久。莫氏地下有知，也会将为《画说》一文误刊在其名下而感诧异，甚至为无功受禄而感到惭愧吧！依董氏的相关事迹和思想轨迹来看，《画说》十七条的完成应在万历二十五年（1597）前后数年中。

或有人问：为什么要斤斤计较于究竟谁是《画说》的原创者？莫是龙与董其昌虽有先后，但时差不大，也可以说是师兄弟，其互相切磋、相互影响是很平常、很合理的事，何必管他是莫是董呢？

站在宏观的角度看，的确是如此，但站在微观的角度来看就不可以了，尤其站在非常注重著作权的现代人来看更不可以。而且站在史家的立场上，还不只是著作权的私人利益而已，我们是要求真，要还原历史的真相。

因此我们要去确切认识莫、董二人的才情、兴趣和对画学追求的异同。《画说》作者的误定，代表吾人既不了解莫，也不真知董，同时也不了解历史的发展和进化！

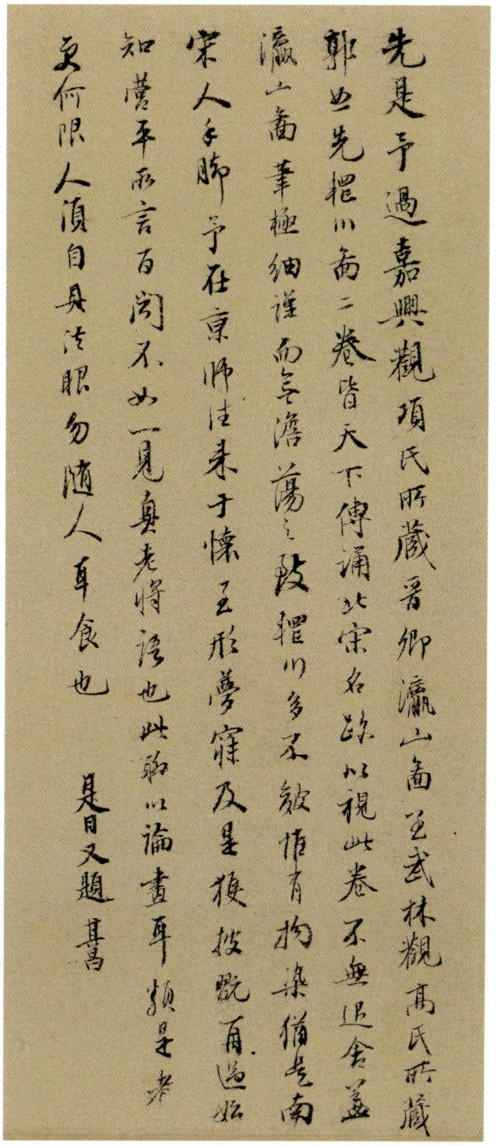

图 4　赵令穰《湖庄清夏图》后的董其昌跋

诚如近代国学家高明教授谈及“古籍辨伪”时说不辨古籍真伪所产生的流弊之一是进化系统紊乱：社会是随着时代而发展而演进的，如果以晚期的假资料，冒充早期的社会产品，学者误用假资料去研究，结果必使进化系统紊乱。其他的流弊则是：“事实真相歪曲，思想源流混淆，个人表现矛盾，社会是非颠倒”等。

笔者深以为是，在研究董、莫二氏的过程中，笔者发现两人的志趣和研究方向迥异，而又特别感受到董其昌对山水画史的执着钻研和探究精神与现代学者无异，这可以从其题赵大年《湖庄清夏图》卷中见之：

> 先是予过嘉兴，观项氏所藏晋卿《瀛山图》，至武林观高氏所藏郭恕先《辋川图》……予在京师，往来于怀，至形梦寐。及是获披玩再过，始知营平所言，百闻不如一见，真老将语也！（图4）

可见董氏对画风画史的探索到了痴迷的程度，而且强调亲见原作。这一则题跋的最后一句是：“人须自具法眼，勿随人耳食也。”

这就是他独立自主的精神，因此不论是《画旨》《画禅室随笔》或《董华亭书画录》等所录董氏的画论，包括在《画说》名下的十七条都是他“自具法眼”之论，绝不是人云亦云的话。

又《画说》中论画树者甚多，计有第五条、第六条、第七条、第八条、第九条、第十四条，占全文三分之一，而今故宫博物院仍藏有董其昌《集古树石稿》卷，这也辅助说明了他不仅是倡言者，也是实践者。

由此数端，都可否定有些学者仍然以为是莫氏倡之在先的观点，那是因为没有彻底了解莫氏的思想，也不了解董氏历年从实迹去苦心钻研画史传承关系的缘故。假如《画说》真的是莫氏所著，他卒于万历十五年（1587），则在16世纪80年代这些宗派论就应存在，哪还需要董氏逐步去探索？也就是上述高明教授所说的流弊之一，“思想源流混淆”。即使在董其昌一人的身上，吾人也可见到他自16世纪80年代看了项氏收藏以后，渐渐透过各处拜观名迹以及发展个人的收藏，从实迹日渐孕育和逐步发展其对画史的建构，这并不是一蹴可就的。

董其昌不仅是一位书画家，他更是一位书画史家，他为了了解书画史的传承和学习而收藏，他也从其收藏中发展出他的书画史观。如果吾人忽略了董其昌这一经过长期苦心孤诣的孕育和发展过程，而仍沿旧误认为《画说》是莫是龙所作，这不仅是对董其昌个人的不公，而且也绝不是史家应犯的严重失误！

董其昌与明代书法

晚明艺术家董其昌是繁盛于宋、元、明三朝的帖学书派的成员。他拥有出众的天赋，在书画艺术上倾注了诸多心血，还撰写了与中国艺术史研究和中国艺术理论发展有关的重要著作。吴门书派与云间书派在明代展开了激烈的竞争。作为松江人的董其昌挑战了在当时占主导地位的吴门书派，复兴了松江曾经的荣光。董其昌精通晋、唐、宋诸朝书风，兼善楷书、行书、草书。他自诩为元代赵孟頫之后最伟大的书法家。晚明全国各地涌现出了诸多天赋出众的书法家。然而，作为帖学最后的集大成者，董其昌对于这一时期的书坛有着独特而深远的影响。董其昌的书风与书法理论得到了清初帝王的青睐，其巨大影响力一直延续到了清朝开国之后的一百五十年。

董其昌生活在晚明，毫无疑问，他最初接触且接触最多的便是明代前二百年发展起来的书法风格，不过，不少其他方面的因素同样影响了董其昌艺术之路的最终走向。

中国书法史可以分为两个阶段。第一个阶段是商代到中唐，这一时期大致为公元前16世纪到公元8世纪，中国书法的艺术面貌与不同书体同时得到了发展。第二个阶段从中唐一直延续到当代。这一时期并没有产生新的书体，书法风格创新源自既存的书体，与开创全新的书法形式截然无关。这为书法家的创造能力带来了挑战。从六七世纪起，中国最常用的字体是楷书、行书和草书。

赵孟頫的楷书、行书和康里巎巎的草书是明初最具影响力的书法风格。它们确立了董其昌之前明代书法的整体面貌。到了明代中期，人们开始有意识地复兴某些风格独特的宋代（960—1279）书风。从元代（1279—1368）灭南宋之后，宋代书风则一直遭到人们的冷落。这种变化极大地丰富了当时书坛的风格面貌，宋人书风的影响普遍存在于明中期到明晚期的书法家身上。

因此，作为晚明书法家的董其昌全方位地担负起了复兴书法历史传统的重担。除了必须精通魏晋、隋唐楷书、行书和草书风格之外，人们还期待董其昌汲取来自唐、五代、宋、元和明代前期二百年书法创新中的养分。这一挑战吓不倒董其昌这样的人，反而激励着他以百折不挠的态度超越前代大师。

一、董其昌与书法

关于董其昌的正统传记都强调他在青年时代就因为出众的艺术天赋和对书法的投入而得到了人们的认同。[1]还有一些文献提到董其昌的早慧得到了老一辈学者的赏识，例如董其昌在学生时代就与重要书画鉴赏家、收藏家项元汴有过交往。1588年，他第二次前往南京赴乡试，其间得到了大文豪王世贞的赞誉。[2]

毫无疑问，青年董其昌身上所具有的潜力得到了大众的认同。要是董其昌没有在青年时代下定决心苦攻书法，那他所具有的艺术天赋就不会如此明显地表现出来。在雄心壮志和不屈不折的坚定信念的作用下，董其昌才能最终实现并超越自身的天赋。董其昌关于自己书法生涯早期阶段的总结清晰无疑地反映了包括不甘屈于人后在内的性格特点：

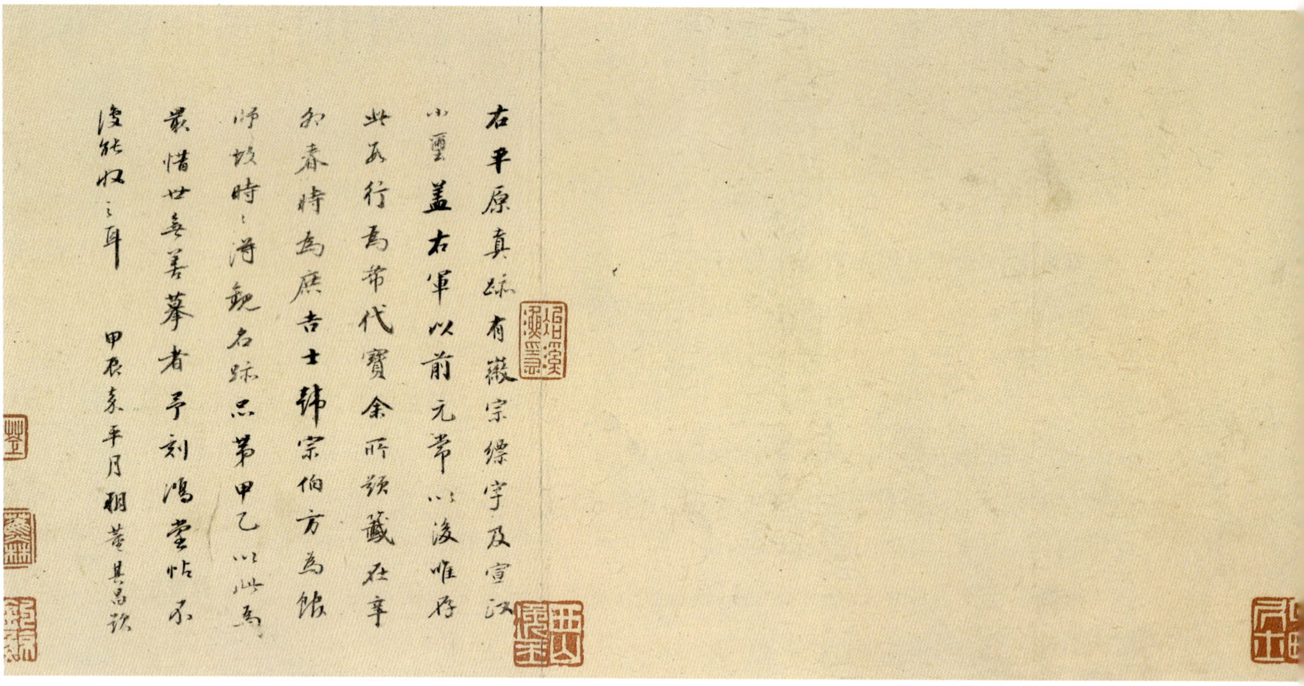

图 1　晋　陆机《平复帖》 故宫博物院藏

> 吾学书在十七岁时，先是吾家仲子伯长名传绪，与余同试于郡。郡守江西洪溪，以余书拙置第二，自是始发愤临池矣。初师颜平原《多宝塔》，又改学虞永兴，以为唐书不如晋魏，遂仿《黄庭经》及钟元常《宣示表》《力命表》《还示帖》《丙舍帖》，凡三年，自谓逼古，不复以文徵仲、祝希喆置之眼角，乃于书家之神理，实未有入处，徒守格辙耳。比游嘉兴，得尽睹项子京家藏真迹，又见右军《官奴帖》于金陵……然自此渐有小得。[3]

从这段文字来看，董其昌的自信时常达到傲慢的程度。不过，他经常用远大的理想和严格的标准要求自己，此外，他还以客观公正的方式来评价自己的作品，因此他的自负并没有导致恶劣的后果。纵观董其昌的艺术生涯，他不是试图超越同代人，就是试图超越前代大师。董其昌在这些艺术上的较量中取得了一场又一场胜利。最终，元代大书法家赵孟頫吸引了董其昌的注意，成为董其昌毕生追赶的目标。当然，董其昌在漫长的超越之路上也有过几次失利，虽然他看待赵孟頫的态度发生过几次转变，但促使他取法晋唐书风和包括米芾在内的特定宋人书风的源头正是赵孟頫。

按照时间先后顺序排列现存的董其昌题跋，我们很容易就能勾勒出董其昌在长达六十五年的书法生涯中的心态起伏。尽管董其昌通常表现得信心十足，但他有时也会经历自信危机，偶尔遭遇的“艺术瓶颈期”同样让他痛苦不堪。幸运的是，这样的失落期通常十分短暂，它们并没有阻碍董其昌书艺的进步。恰恰相反，它们迫使董其昌进行反思并回顾自己的作品，这样的回溯和自我分析帮助他在书法方面更上一层楼。每逢这些时刻，董其昌在选择正确技法和艺术方向上的神奇本领就会发挥作用，这总能帮助他最终取得成功。

所有书法家都或多或少地熟悉书法艺术的发展历程，但身为艺术史家的董其昌却创造出了最为独到的见解和观念。董其昌对于书法艺术的学术热情丝毫不逊色于众多当代艺术史家。与每个时代的学者一样，董其昌同样受到材料的限制，这一局限使他所得出的结论不乏讹误。董其昌的艺术史

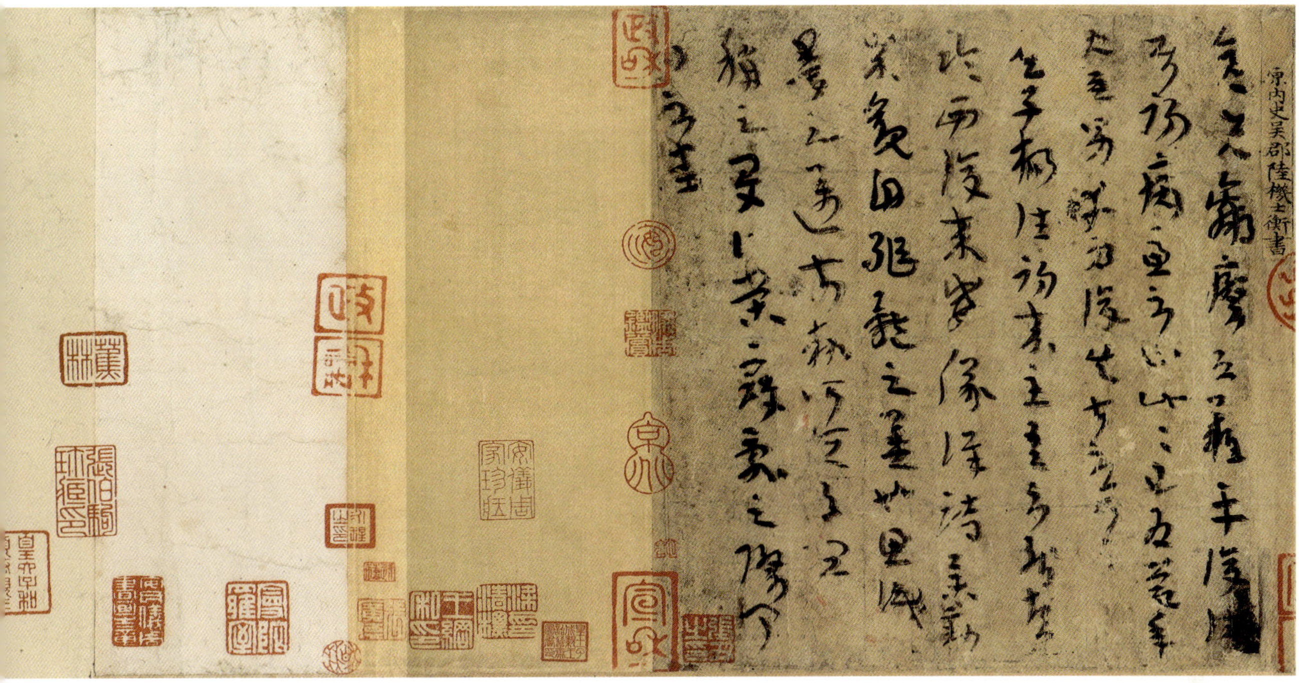

理论都源于对传世作品的风格分析，而他之前的艺术史家不是依靠零散而含糊的文字叙述，就是依靠后世摹本来进行研究。董其昌在传统中国的艺术史论述中建立起了一个经验式的模型，而绝大多数中国古代艺术史家都没能采用这样的方法。例如，董其昌在众多题跋中提到了一些特定的存世书作，借此表现和证明他关于书风变迁的观念。因此，董其昌通过现存的题跋和出版的学术著作对中国书法的发展产生了不可磨灭的影响。鉴于他在整体上为中国艺术和中国艺术史做出了突出贡献，他那些偶然出现的缺陷就显得不值一提了。

在论述书法时，董其昌主要关注的是建立特定艺术家之间或特定书法作品之间的历史联系和确定它们的时间先后关系。董其昌并不仅仅是一个学者，他自己就是一位书法家，他总是试图寻找新的研究方法和理解这一他亲身实践的艺术媒介。因此，他的探究变得越来越深入和复杂。在董其昌所处的时代，人们想要学习书法时总会临摹刻帖。然而，版本精良的刻帖往往难以获得。[4]董其昌很快就发现这些刻帖无法满足自己的需求，所以他开始积极地四处搜寻古代书法真迹。随着董其昌书名和鉴赏声名的扩展，他的交游圈也不断扩张。这使得董其昌能够在私人收藏中寓目越来越多的古代书法真迹。[5]董其昌在财力足以负担艺术品购藏之后成为一位重要的古代书画收藏家。这些因素不仅加深了董其昌对于书法的学术认识，还推动了其书法创作的发展。例如，16世纪90年代，董其昌经常能够借阅与题跋陆机（图1）、王献之、王珣（图2）、虞世南、褚遂良、徐浩、颜真卿、赵孟頫等人的书法作品。[6]16世纪90年代中下叶，为了制作刻帖，董其昌开始有意识地以双钩法临摹他寓目过的古代书法杰作。这项工作的成果便是初刻于1603年的《戏鸿堂帖》（图3）。此帖是董其昌艺术生涯前半段博览古代书法的结晶。它还反映了董其昌的鉴赏眼光、古代法书遴选标准以及对中国书法史发展的个人见解。

董其昌在论述中国书法史时往往同时论及书法的审美准则。他引入了一些重要的全新术语，其中不少术语后来成为书法家和艺术史家的常用词汇。到了今天，我们已经将它们视作这一领域的标准概念。例如，由于刻帖本身的局限，董其昌之前的书法批评家只强调笔法，他们从未把注意力放在墨法之上。董其昌通过欣赏古代真迹强化了自己对书法技法特点的理解。董氏据此提出的结论帮助他开创出了一种强调墨色变化的个性书风：

> 字之巧处在用笔，尤在用墨，然非多见古人真迹，不足与语及此窍也。[7]

就章法和结字而言，董其昌与前代评论家一样，将王羲之《兰亭序》推为标杆。王字皆映带而生，或小或大，随手所如，皆入法则，如凤翥鸾翔，似欹反正。[8]除了赞同这种率真且个性化的书法技巧之外，董其昌同样认同米芾等宋代书家所标榜的“势”。

董其昌区分了书法中的“生”与“熟”，强调“字须熟后生”[9]。换而言之，他钟意生拙的书风，反对精巧圆熟的书风。“赵书因熟得俗态，吾书因生得秀色。”“（吾书）第少生耳，而子昂之熟，又不如吾有秀润之气。”[10]从这些论述来看，董其昌显然认为“生”与“秀润”是其书风的优点。

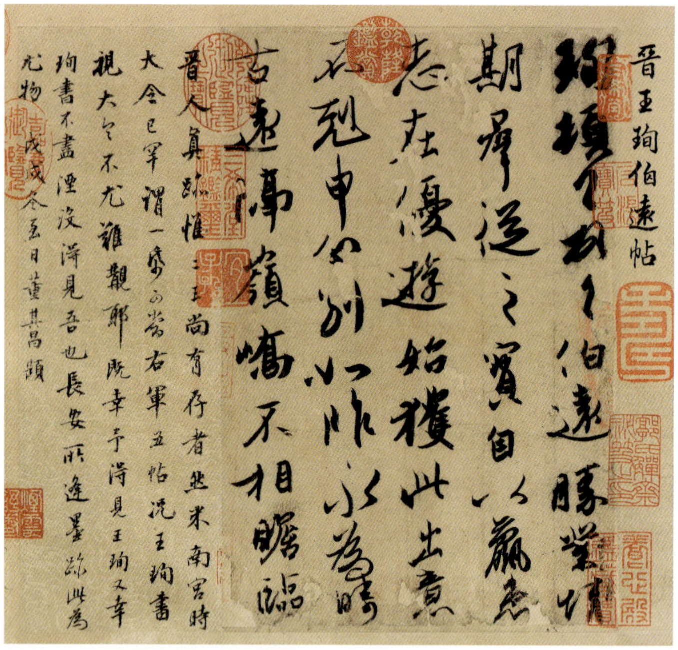

图 2　晋　王珣《伯远帖》 故宫博物院藏

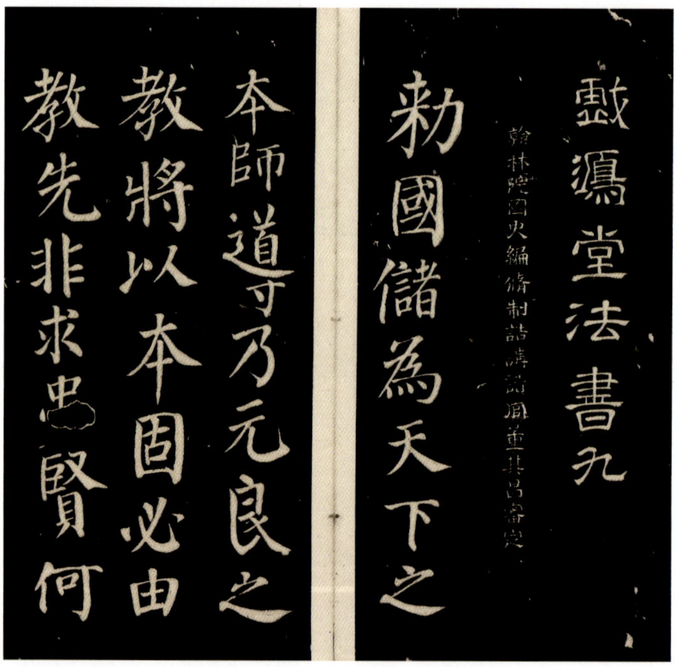

图 3　明　董其昌《戏鸿堂帖》（卷九） 美国哈佛大学图书馆藏

不过，董其昌最为推崇的书法特征是“平淡天真”。“平淡”并不意味着平庸与无趣，它指的是书法家笔墨和心境的宁静与平和，它强调作书时无须刻意苛求。从董其昌对这两个词汇的运用来看，他认为王羲之、张旭、颜真卿、怀素、苏轼、米芾等晋唐宋大书家最为完美地表现了平淡天真的特色。[11]

或是因为情感方面的天性，或是因为身体方面的习惯，董其昌的书法总带有明显的娇柔感。董氏本人清楚这一点，后世的评论家也强调过这一点。张照[12]和包世臣都提到过董字的这一特征。康有为甚至评论说：“香光俊骨逸韵，有足多者，然局束如辕下驹，蹇怯如三日新妇。”

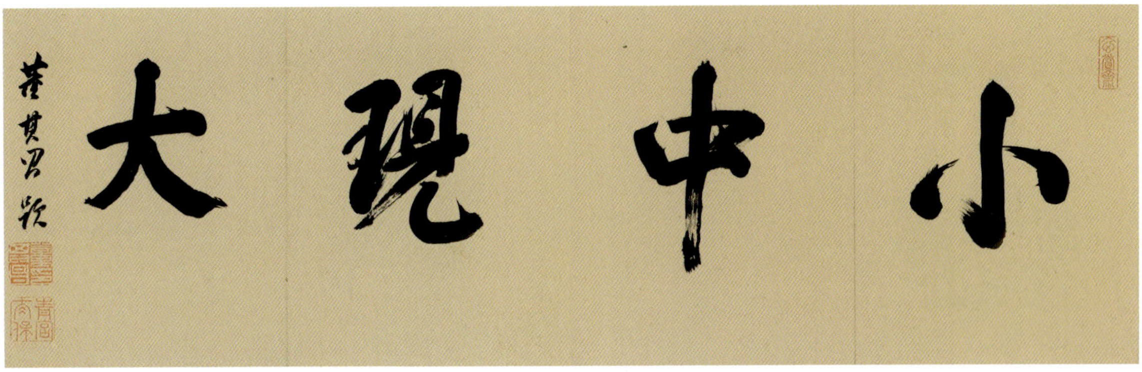

图4　董其昌《小中见大》册自题

董其昌真诚地希望能在自己的作品中抹除或减轻这些缺陷。然而，他虽然为此付出了诸多努力，但这些缺陷却一直困扰着他。正如前文所引段落所述，董其昌在十七岁学书时首先取法的是颜真卿《多宝塔碑》，此时的董其昌可能尚未认识到自己的书风拥有柔弱这一缺陷，他很快就转而取法其他书法范本。但他之后仍然多次临摹、评论颜真卿的众多书作。[13]董其昌尤为欣赏颜真卿的行书，称其“郁屈瑰奇”“尤为沉古”[14]。董其昌之所以孜孜不倦地效法颜真卿书风，正是因为他想要将颜氏书风的气势与平淡天真的取法结合到一起，以此弱化他在结体方面固有的劣势。董氏的中大字楷书最能体现他在这一方面所取得的成功，它们均以颜体为根基。他的大字行书在一定程度上也能体现这一点。（图4）从表面来看，董其昌的中小字行书和草书并没有发生什么变化，但事实上这些秀润的书法作品同样融入了源自颜真卿的元素与技巧。董其昌虽然看似高傲自负，但他始终愿意承认和剖析自身的缺点，这帮助他找到了有效的解决方案并尽可能地矫正了那些已知的缺陷。

二、吴门书派与云间书派的竞争

吴门书派与云间书派在明代展开了激烈的竞争。毫无疑问，明代书画中心集中在苏州、松江附近的江南地区。自元代以来，这里就是全国的文化与经济中心。就书法史而言，这两派书风轮番在书坛占据统治地位。

从元代起，松江不仅诞生了包括曹知白、任仁发在内的众多书画家和收藏家，这里还吸引了一大批外来学者与书画家。他们包括元初的赵孟頫与元末的黄公望、倪瓒、杨维桢和马琬。他们共同活跃在松江地区，并对当地的艺术发展和文化氛围产生了直接的影响。

虽然松江直到晚明才成为主要的绘画中心，但云间书派在明初就已经崭露头角。云间书派成型期最重要的书家是宋克。（图5）包括陆深、王世懋、詹景凤在内的众多明代文人都强调过宋克在云间书派创立过程中所发挥的作用。[15]王世懋、詹景凤等外地人批判了宋克之后的云间书派书家，但这种批判中蕴含着一种有趣的历史反讽——宋克自己也不是松江本地人，他从与之竞争的苏州迁居来此。[16]

将宋克与后世云间书派书家联系在一起的人是松江人陈璧。[17]陈璧存世作品数量稀少，但其中却包含两幅重要的草书立轴，它们分别藏于台北故宫博物院和上海博物馆。[18]（图6）

陈璧之后，松江地区最重要的书法家是人称“二沈”的沈度、沈粲兄弟。他们发展了宋克的楷

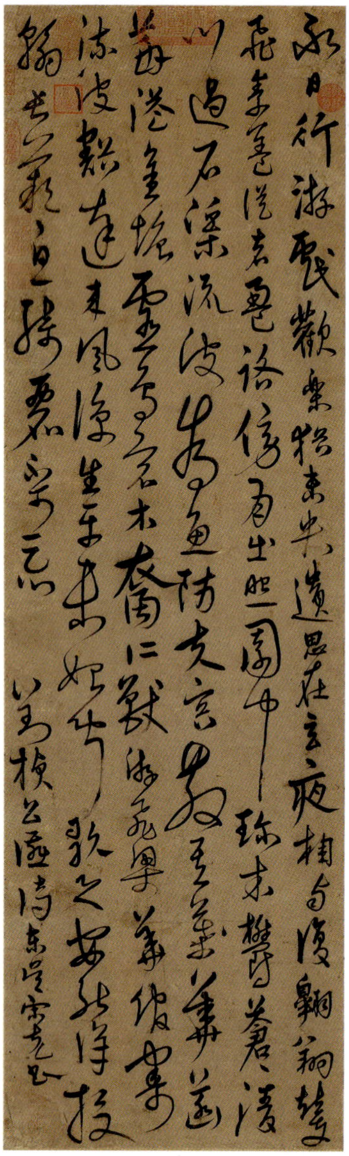

图5　明　宋克《公宴诗》 台北故宫博物院藏

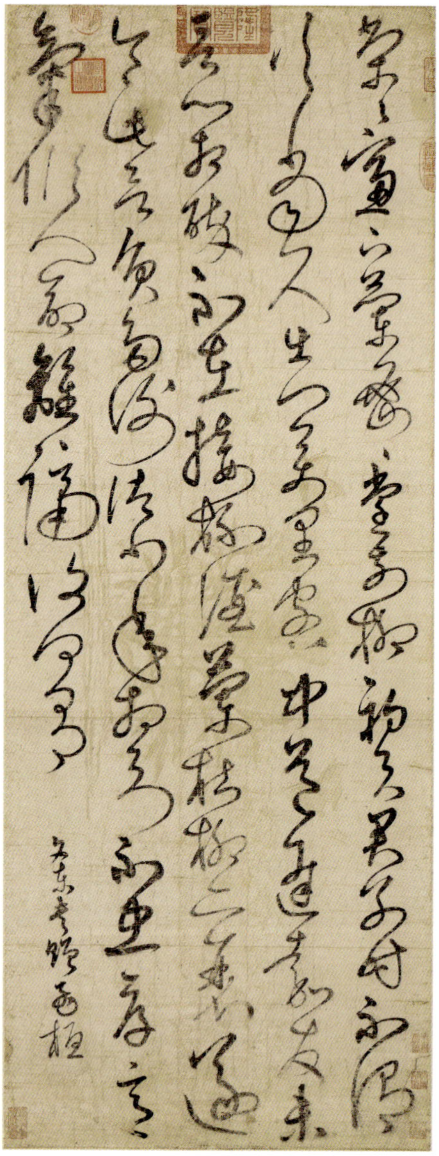

图6　明　陈璧《五言古诗轴》 台北故宫博物院藏

书、行书和草书书风，将其打造成雅俗共赏的风格。（图7）不过“二沈”书风的流行主要得益于皇室赞助：

> 太宗征善书者试而官之，最喜云间二沈学士，尤重度，每称曰我朝王羲之。[19]

永乐帝（1403—1425年间在位）在登基后没多久就开始广征才俊和书法家协助编纂官方百科全书《永乐大典》。沈度、沈粲兄弟以及沈度之子沈藻（知名书法家）先后入翰林。沈度长于隶书、行书与草书，其隶书书风源自汉代范式。由于深得皇帝喜爱，沈度书风成为举国上下的标准书风，其影响范围远超同辈书家。

云间书派继之而起的书家是钱溥、钱博昆仲。他们保留并延续了“二沈”书风的本来面貌。后世书法家和批评家（尤其是詹景凤这样的外地人）在提到云间书派时多用“云间字习”这样的贬义词。为了满足保守的皇家趣味和宫廷行政文书书写的需要，这种雍容华贵的书风在结字上偏向于规整和同质化。它表现

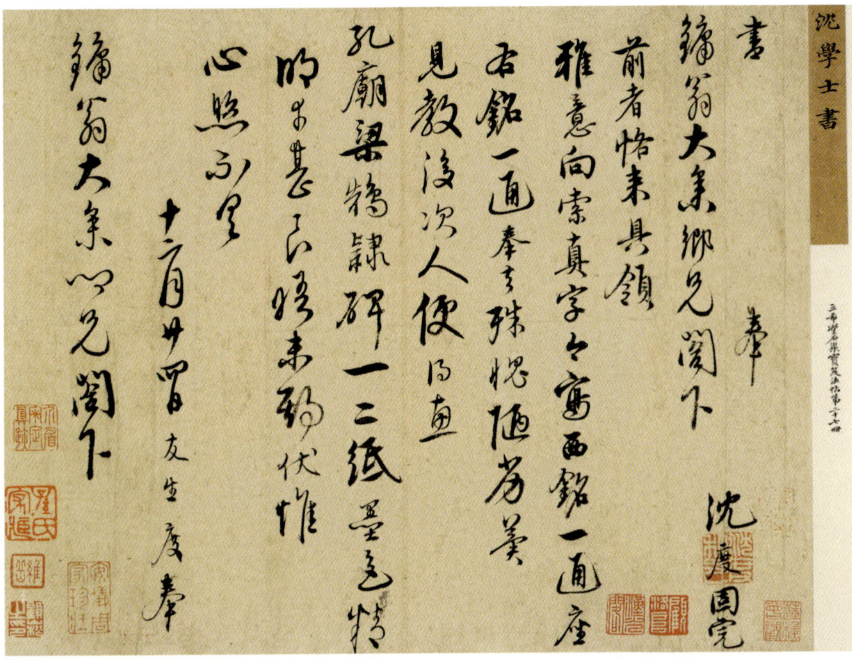

图7　明　沈度《致梁仲仁书》 美国纽约大都会艺术博物馆藏

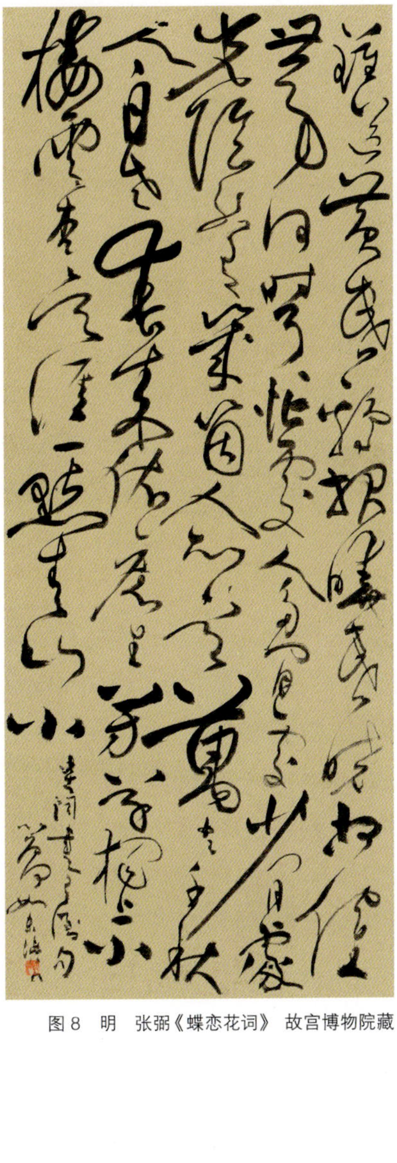

图8　明　张弼《蝶恋花词》 故宫博物院藏

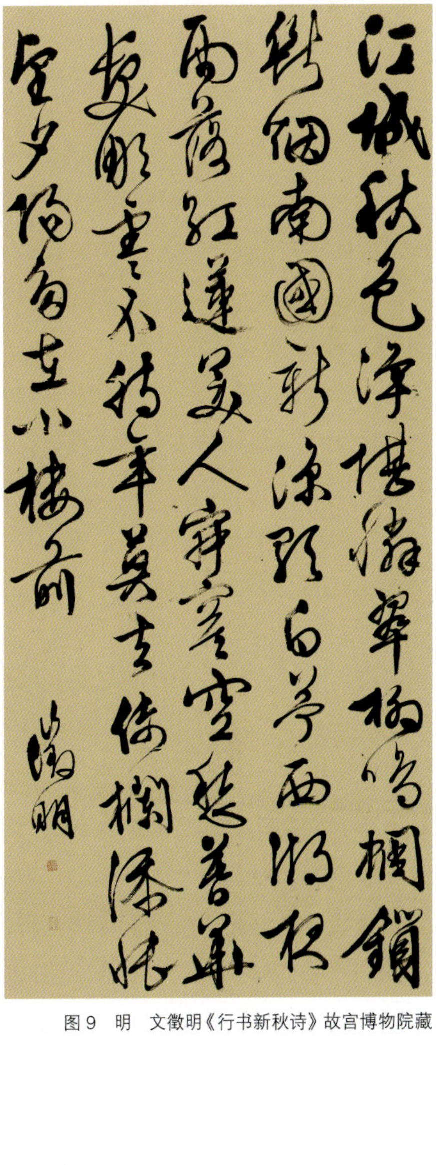

图9　明　文徵明《行书新秋诗》故宫博物院藏

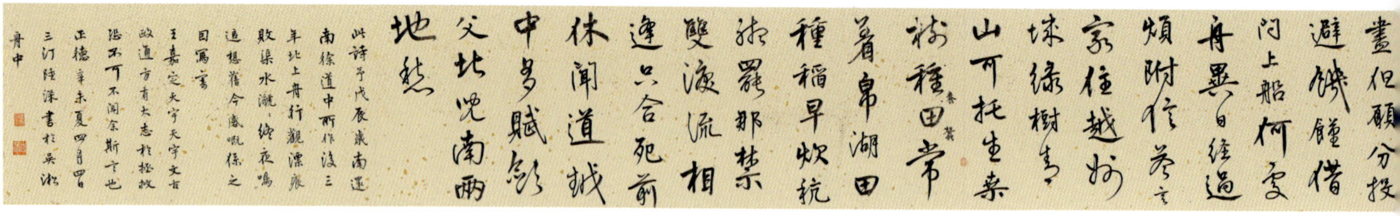
图 10　明　陆深《沛水行》 台北故宫博物院藏

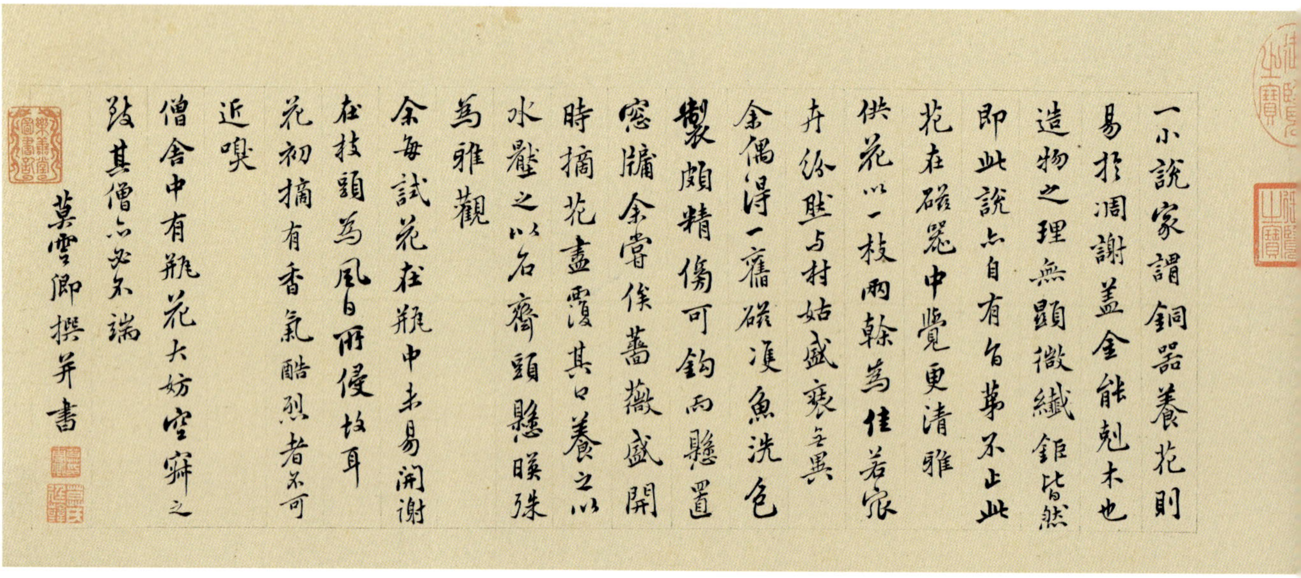
图 11　明　莫是龙《供花闲语》 台北故宫博物院藏

的是悦目却肤浅的美并成为明初独特的馆阁体书风。

永乐、宣德（1426—1435年间在位）朝之后，书法家们自然而然地萌发了革新的冲动。作为馆阁体主要赞助者——皇室，逐渐对这一书风丧失了兴趣，云间书派就此衰落。与此同时，为了探索书法发展的新方向，学者与官员开始钻研古代法书刻帖。多方取法之后，他们最终扬弃了馆阁体的余绪，转而开创真正能够代表明代书风的独特艺术风格。一开始，以张弼、张骏为代表的少数松江书法家也投身到了这一运动之中。（图8）“二张”书风的灵感源泉是唐代张旭、怀素等草书大家。然而，他们的表现手法仍然带有几分当时人常有的俗气和平庸之气。松江“二张”的出现证明，纵使在松江这个大本营，宋克草书与“二沈”馆阁体也逐渐丧失了活力。

云间书派的第一个发展阶段就此告一段落，与此同时，明代中叶吴门书派的先锋人物开始登上历史舞台。这些人包括徐有贞、刘珏、沈周和吴宽，求新求变成为时代主流。他们或追摹赵孟頫，或复兴宋人书风，为下一代吴门书家的崛起奠定了稳固的基础。后者的代表人物包括祝允明、文徵明、陈淳、王宠等著名书家。

祝允明与文徵明都是极为活跃的书法家。他们全面而深入地掌握着书法史与书法艺术。他们是吴门书派的领袖人物，他们两人代表着明代书法史发展新巅峰的到来。

其中，享乔松之寿的文徵明显得尤为重要，他晚年仍临池不懈。祝允明谢世后的三十三年里，文徵明独霸书坛，他拥有数量众多的门生，因此成为明代中叶书坛的教父与引路人。在文徵明的庇护下，吴门书派全面压倒云间书派，取代后者成为主流书风的代表。（图9）

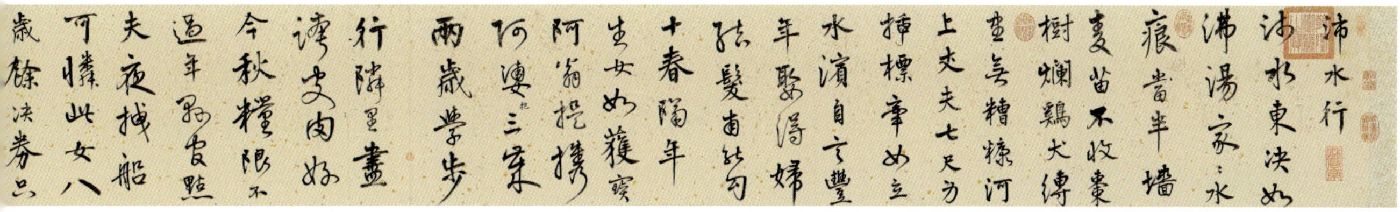

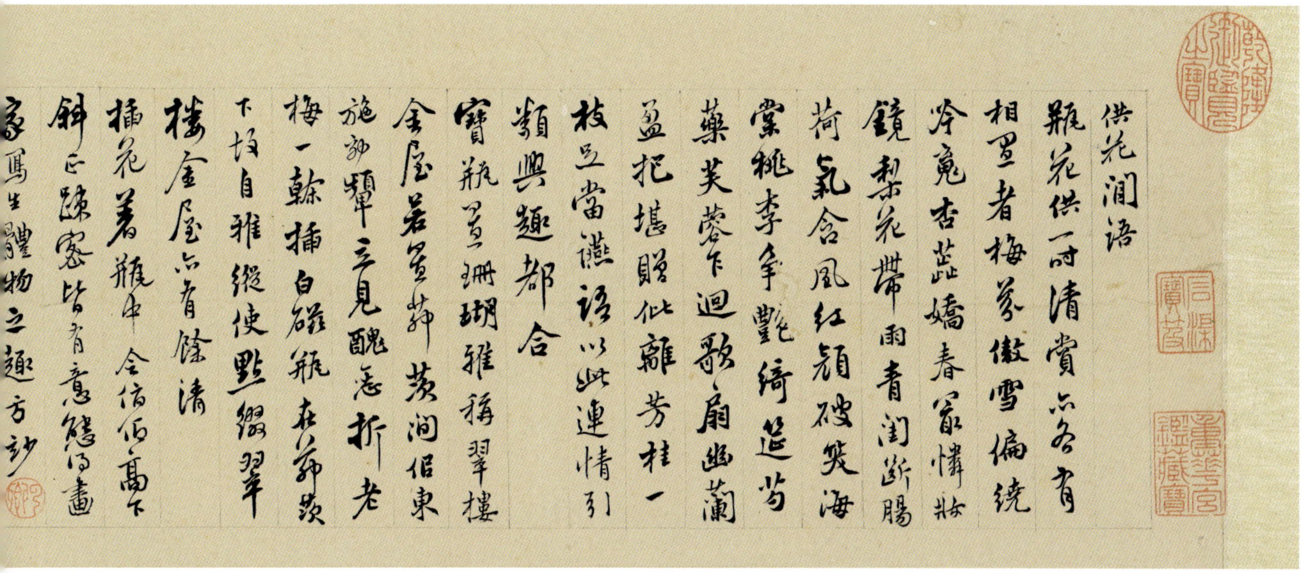

就在祝允明、文徵明风头一时无两的当口，云间书派在沉寂了一段时间后开始逐渐复兴。此时最早成名的松江书家是前文所提及的陆深。陆深突破了宋克、二沈书风的限制，转而取法赵孟頫和唐代书家李邕。继二张之后，陆深进一步革新了“云间字习”。（图10）

陆深之后的两大松江书家是莫如忠、莫是龙父子。莫如忠是董其昌的老师。董其昌称赞他深谙晋人书风，甚至一度还称其堪与王羲之比肩。[20]董其昌同样大为赞赏好友莫是龙书法的秀美与活力。莫氏父子不仅尊崇“二王”，他们还取法米芾，云间书派书风开始经历第三次重大转向。（图11）

因此，董其昌在1571年前后开始学书时，云间书风已经彻底摆脱“云间字习”，回归到书法正统之中。尽管此时吴门书风仍然是书坛的主流风格，但吴门书派的大师们早已离世，吴门书派在世的第二代书家在接下来的几年里也纷纷故去。在此之后，苏州、松江地区的重要书家所剩无几。无怪乎董其昌环顾当世，自谓无有可匹敌者。吴门书派的鼎盛期已然谢幕，这为全新云间书派的兴起提供了契机。由董其昌引领的云间书派即将取代吴门书派的位置。

三、董其昌与云间书派

董其昌对松江书学传统了然于心，他有时会站在地域自豪感的角度去阐述一些事件。他的不少看法引起了人们的质疑：

吾松书自陆机、陆云创于右军之前，以后遂不复继响，二沈及张南安、陆文裕、莫方伯稍振之，都不甚传世，为吴中文、祝二家所掩耳。[21]

将公元3世纪的陆氏兄弟与千载之后的松江书家联系起来的做法无异于痴人说梦。董其昌想要为云间书派创造出与之相宜的显赫血统。一直以来，吴门书派和吴门画派都主宰着书坛与画坛。我们或许应该将这种做法视作董其昌在反击吴门书派、吴门画派时所萌生的自然心理反应。无论如何，董其昌的此类说法不仅没有解决什么问题，反而带来了众多疑问：是否真的存在一个云间书派？如果真是如此的话，那它的典型特征是什么？它是在何时，以怎么样的形式产生的？

笔者在论述时用到了“云间书派”这个现成的概念。或许现在是岔开去简要论述这个概念有效性的好时机。按照通常的理解，想要形成一个地方“艺术派别”，这一派别的所有成员不仅要拥有相同的地域联系，还要秉持明显区别于其他派别的风格与实践偏好。从这个意义上而言，陆深绝不是中国书法史上任何一个“书派”的创立者。“云间书派”这一概念最早用在14世纪到15世纪初的一批明代书法家身上。这些书法家包括陈璧、沈度、沈粲、钱溥、钱博等人。他们的风格源头都可以追溯到宋克，而宋克却是一个苏州人。因此，从创始人的角度来看，我们或许应该把他们称作“宋克书派”。

在此之后，这个源自宋克书风的松江书法传统分崩离析。张弼、张骏取法的是唐代书家张旭、怀素，陆深追摹的是元人赵孟頫；莫氏父子则上溯“二王”传统。这些书法风格彼此之间的差异十分明显。除了都是松江人之外，这些活跃于15世纪末、16世纪初的书法家之间并没有什么共同之处。因此也就不存在什么真正的“云间书派”。董其昌崭露头角之后，松江书派才再次形成。

从本质上来说，董其昌对于家乡书家的态度是一种孝道。书名初盛之后，董其昌就认定自己是赵孟頫以来最伟大的书法家。他虽然开始以隐晦的方式抨击前辈松江书家的书风，但他仍然尊崇“二沈”、张弼、陆深和莫如忠，还将他们的书法作品纳入同一个书法传统之中。然而，这仍然没能解决我们的问题：董其昌的书风与这些人之间究竟有没有联系？如果有的话，那他们之间究竟有怎么样的联系？董其昌是否长期宣扬和推广一些明确的地方性书法元素？董其昌对于这一地方书法传统究竟作出了哪些独特贡献？他的影响力是否延续到了后世的松江书家身上？或许是因为相隔太过久远的缘故，又或者是宋克书风经历了重大的变革，我们很难在董其昌的书法里看到来自宋克的影响。诚然，董其昌写过章草，但这并非他的强项，他也很少采用这种书体，这让他得以基本摆脱宋克与“二沈”的影响。另一方面，董其昌在青年时代将大量时间和精力花在学习虞世南书风之上，他的小楷倒是与明初的松江书风有几分相似。董其昌虽然竭力想要摆脱这种影响，但由于小楷是他的拿手书体，因此他很难完全彻底与这些早期松江书家推崇的馆阁体断绝关系。

董其昌最擅长的书体是行书和草书。与宋克与“二沈”不同，他在这两种书体上取法的对象十分广泛。在这一方面，与董其昌时代相距不远的陆深则对他有着较为重要的影响。陆深主要取法赵孟頫与李邕，董其昌后来也学过赵孟頫书风与李邕书风。陆深还学过颜真卿的楷书，而董其昌之所以会在颜真卿书风上下苦功，可能就与陆深的影响有关。对董其昌影响最大的松江书家是他的老师莫如忠，董其昌从他身上学到了对“二王”书风的尊崇。（图12）

除了莫如忠之外，此时的松江还有一位叫陆万里的书法家。《松江府志》称其善书，并提到说董其昌“少贫，尝作书署万里名市之”[22]。尽管人们识破了这一赝品，但我们可以从中推断出董其昌曾苦心追摹过陆万里书风。从这个角度来看，陆万里显然对青年董其昌的书风有影响。陆万里书作无一存世，因此我们无法考察这种影响的性质与深度。

四、董其昌与吴门书派

尽管董其昌与吴门书派之间存在竞争（甚至是敌对）关系，但吴门书风显然还是对他产生了一定的影响。赵孟頫在元初提倡复古，他效法过黄庭坚和米芾的书风。由于没人追随赵孟頫的主张，宋人书风在长达一百多年的时间里遭到了人们的忽视。就在“二沈”书风主导宫廷之时，苏州地区的学者和官员开始逐步复兴一些宋代书家的风格。其中，徐有贞学的是米芾，姚绶、沈周学的是黄庭坚，吴宽学的是苏轼。在这些苏州书家的引领下，明代书坛出现了一种新的风格。无论这些书家是独擅一家还是兼攻多家，明代中叶的这一变化都推动了宋人书风的复兴。他们之后的祝允明和文徵明同时取法上述三位宋代大书家。如前文所述，当时的云间书派并没有复兴宋代书风的趋势。因此，董其昌对宋人法书的反复临摹显然与吴门书派所开创的这种风气有关。在上述三位宋代大书家中，董其昌最为偏爱米芾。（图13）除此之外，他还学过蔡襄。以苏、米二家为首的宋人的影响，不仅体现在董其昌的书法之中，还体现在董其昌的艺术批评与艺术理论著作之中。

在祝允明和文徵明初露锋芒的时代，书法家们取法的对象集中在元末到明中叶的书家之间（赵孟頫是其中唯一的例外；由于祝允明年龄稍长，因此这点在祝允明青年时表现得尤为明显）。祝允明与文徵明于魏晋、隋唐、宋元书风无所不学，直到学得神形兼备为止。例如，明代学者王世贞在《艺苑卮言》中为我们提供了对祝允明书风有重要影响的书家名录。这份名录不仅人数众多，而且风格极为多样。[23]

最能代表祝允明个人风格的书体是草书。（图14）他的草书融合了唐人怀素、张旭与宋人黄庭坚的书风。董其昌提及祝允明的次数并不多。董其昌在世时，祝允明的书法已有诸多赝鼎，不过董其昌仍然盛赞了他所寓目的祝允明真迹。他说它们具有一种内在的力量，“如绵裹铁，如印印泥”[24]。有时董其昌甚至还将自己比作祝允明，不过他整体上对祝允明和吴门书派的草书书风持批判态度。[25]

王世贞等人在评论明代书法时通常将祝允明和文徵明视作明代第一、第二书家。不过董其昌却更看重文徵明，这可能与祝允明去世相对较早，艺术生涯相对短暂有关，也可能与文徵明生活的时代与董其昌更为接近有关。此外，在董其昌所处的时代，文徵明的弟子与传人仍然享受崇高的声誉。出于这些原因，虽然文徵明的书法成就在广度和深度方面都逊色于祝允明，但他仍然是董其昌眼中的吴门书派的主要竞争对手。董其昌尊重贯穿文徵明漫长书法生涯的勤勉，他还担心自己有可能无法超越文徵明，但他显然对屈居他人之后并不满足。[26]事实上，董其昌经常将吴门书派领袖与松江书派书家放在一起比较，以之抨击前者。[27]

毫无疑问，我们不能轻信董其昌对吴门书派的批评。他的看法一方面带有地域偏见，另一方面则有几分同行相妒的味道。不过，祝允明对松江书风的轻视在一定程度上也助长了董其昌对于吴门书派的敌意。祝允明的观点在包括松江的广大地区动摇了云间书派的地位：

> 吾郡书家如二沈、东海公，皆非苏人所能到，乃为祝希哲《述书》一篇所贬，于沈学士则曰有绳削之诮，于南安公则曰，虽名远天下而知音叹骇，二公光彩亦颇为希哲所掩。又有文待诏推崇希哲，至俎豆之山阴父子间，而耳食之流靡然集风于是。吾乡后来亦无复家鸡之好矣。[28]

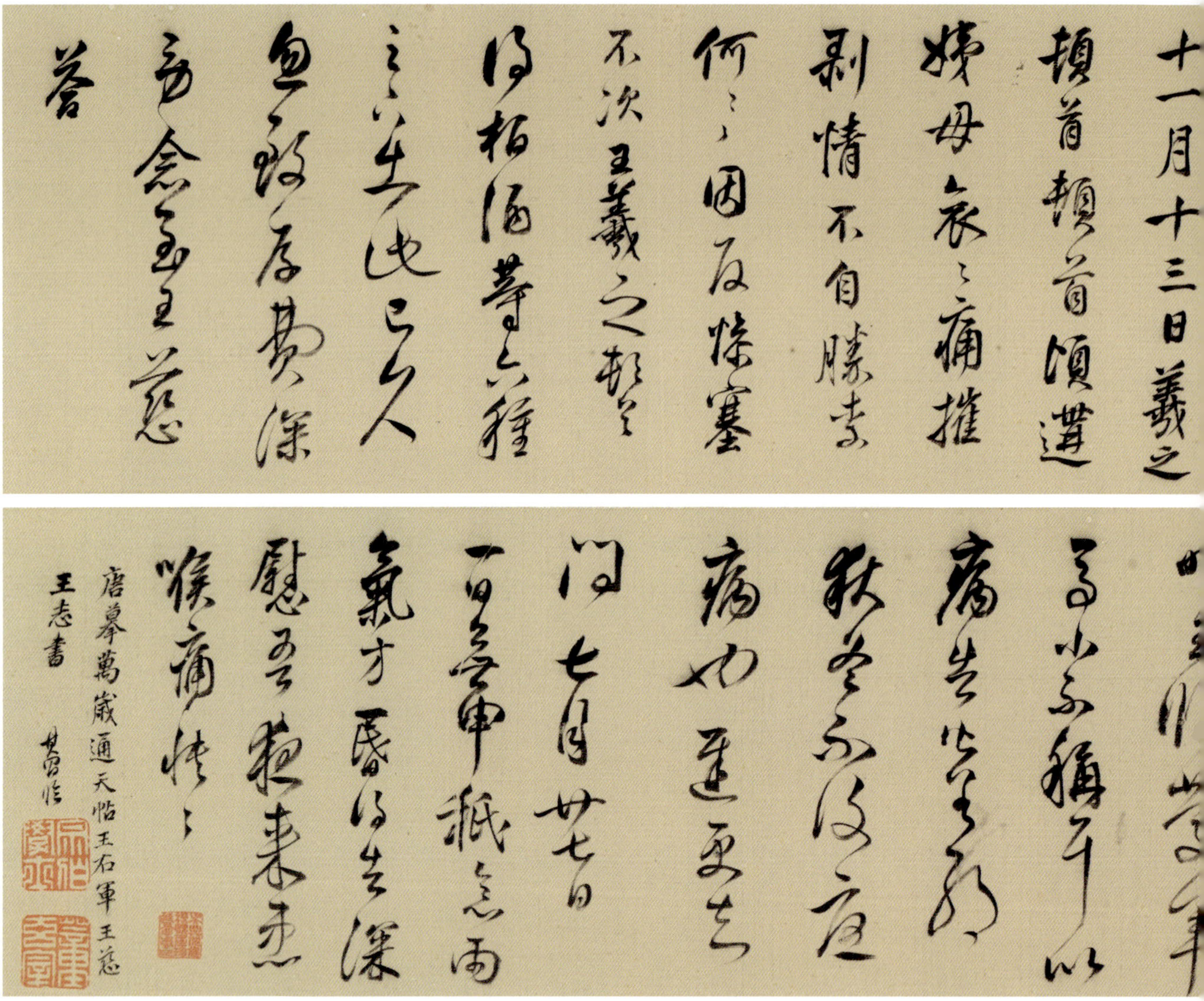

图 12　明　董其昌《临万岁通天帖》 台北故宫博物院藏

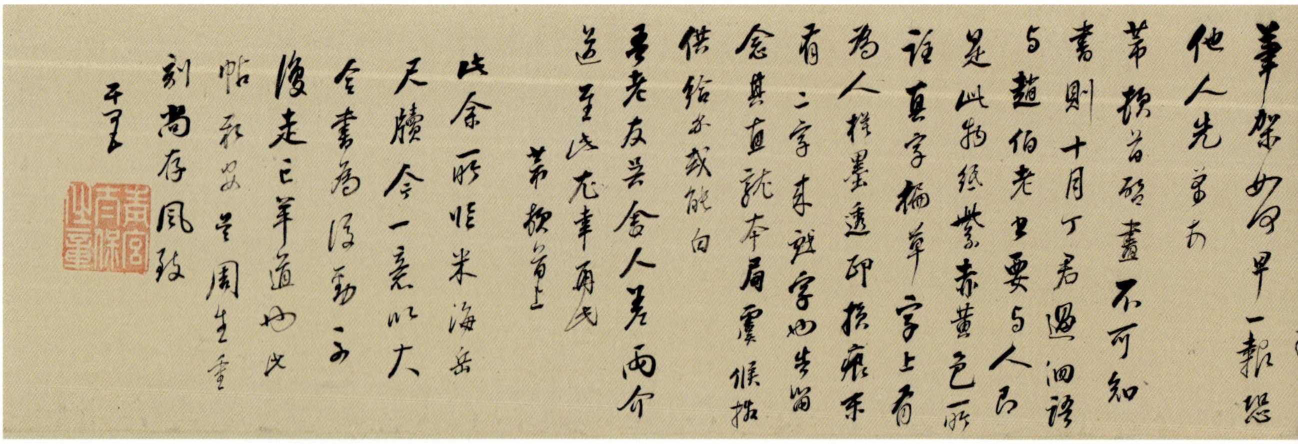

图 13　明　董其昌《仿米芾书画合卷》（局部） 故宫博物院藏

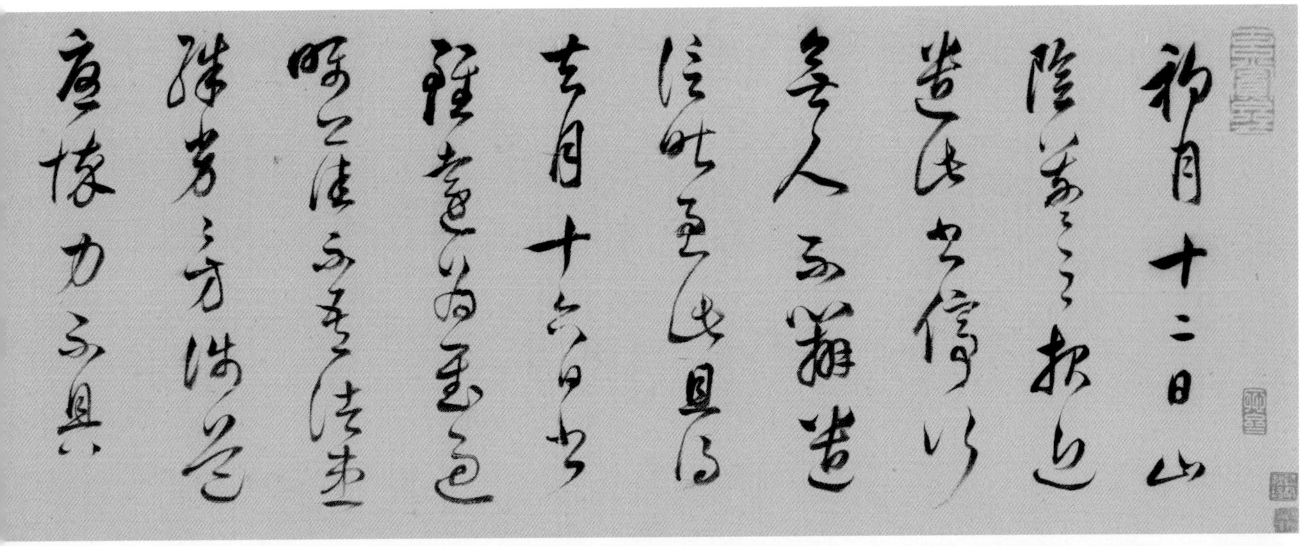

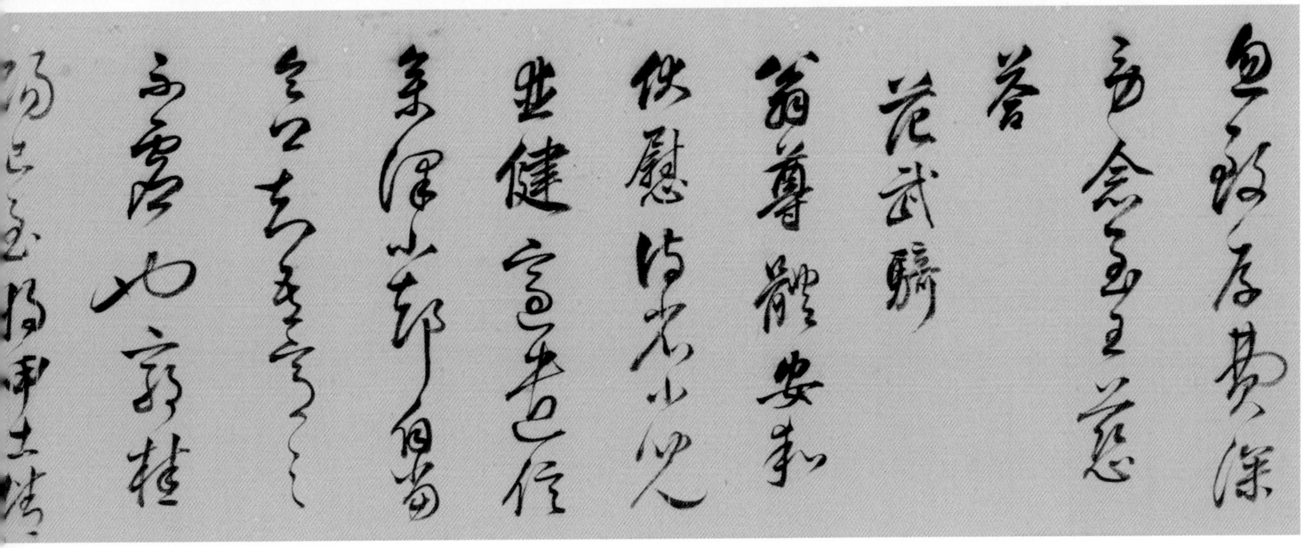

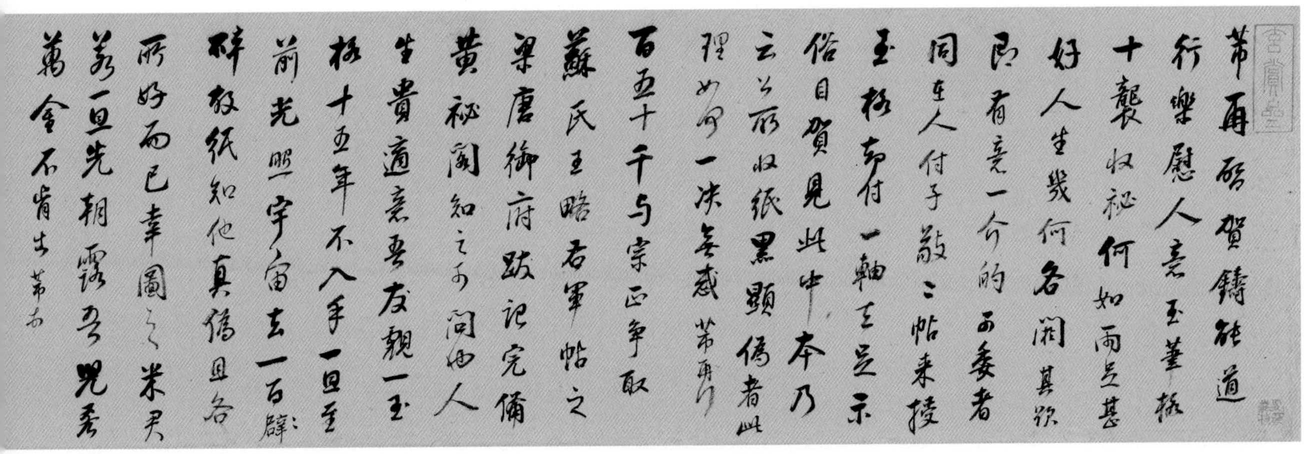

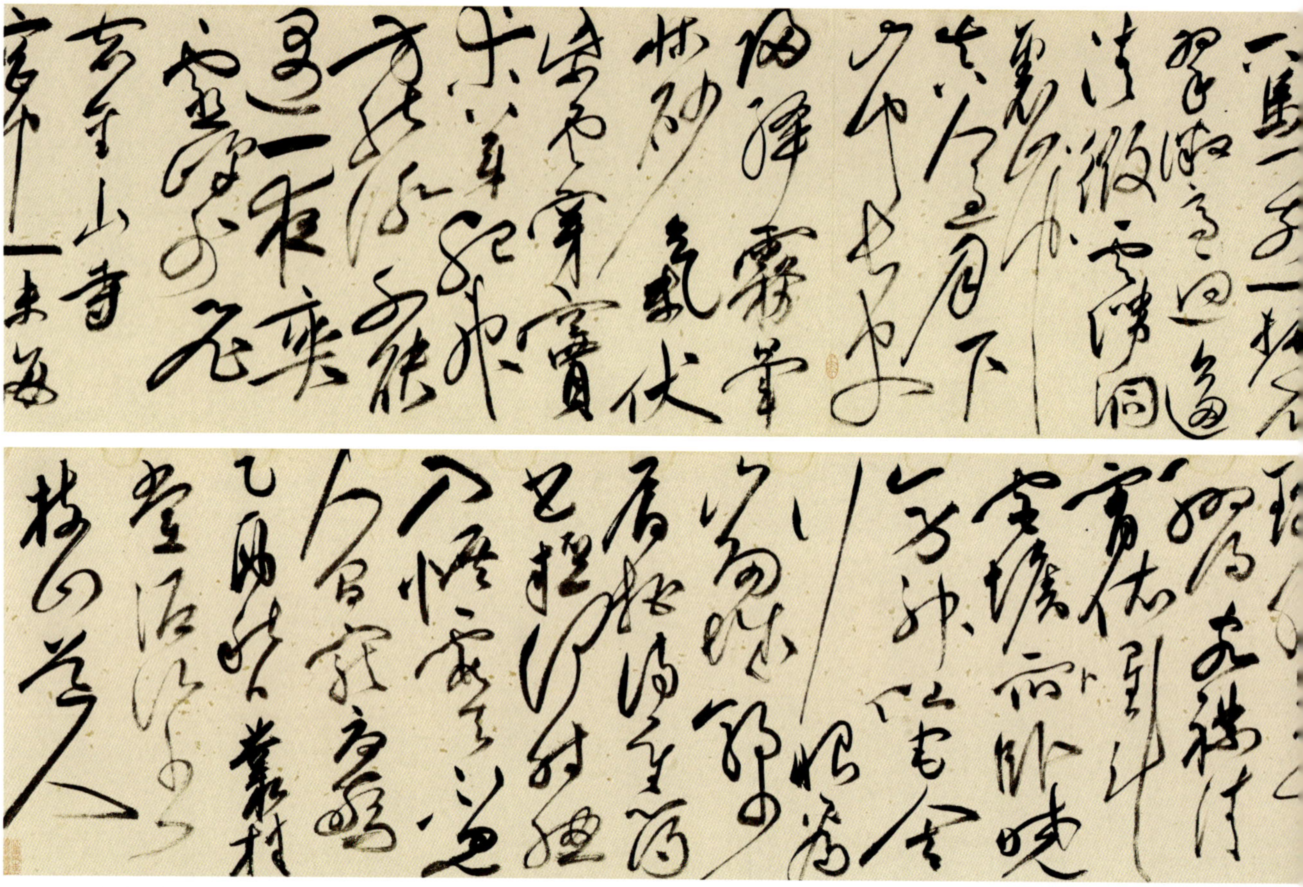

图 14　明　祝允明《祝允书七言律诗》 台北故宫博物院藏

祝允明与文徵明显然是明代中叶的两大书法家，天赋出众且雄心勃勃的董其昌将他们视作自己的强劲竞争对手。祝、文通过对古代书风的系统性学习实现了书艺的集大成，董其昌在书法学习之路上用的也是相同的方式。总而言之，祝允明与文徵明是值得取法的榜样，他们始终刺激着董其昌的求胜心。从这一角度而言，他们也影响到了董其昌。

五、董其昌与晚明书法

随着吴门书派的逐渐衰弱，董其昌成为当时书坛的领袖人物。然而，他却无法引领云间书派走向复兴。在长期和平繁荣的局面之下，以书法为代表的中国文化在神州大地上兴旺发达。全国各地涌现出了众多杰出书家，他们包括：来自山东的邢侗，他比董其昌大四岁，不过他去世得要比董其昌早许多年；来自北京的米万钟，他比董其昌小十五岁左右，不过他也比董其昌去世得早；来自福建的张瑞图，他活了七十多岁，开创出了一种全新书风。这三个人通常与董其昌合称为“晚明四家”，他们是晚明最有天赋、最富创造力和影响力的书法家。

晚明四家后一辈的重要书法家都见证了明王朝的覆灭。他们包括：来自福建的黄道周，来自河南的王铎，来自浙江的倪元璐。虽然他们三人活得都不长，但他们都独辟蹊径地开创出了雄健率性的书法风格。

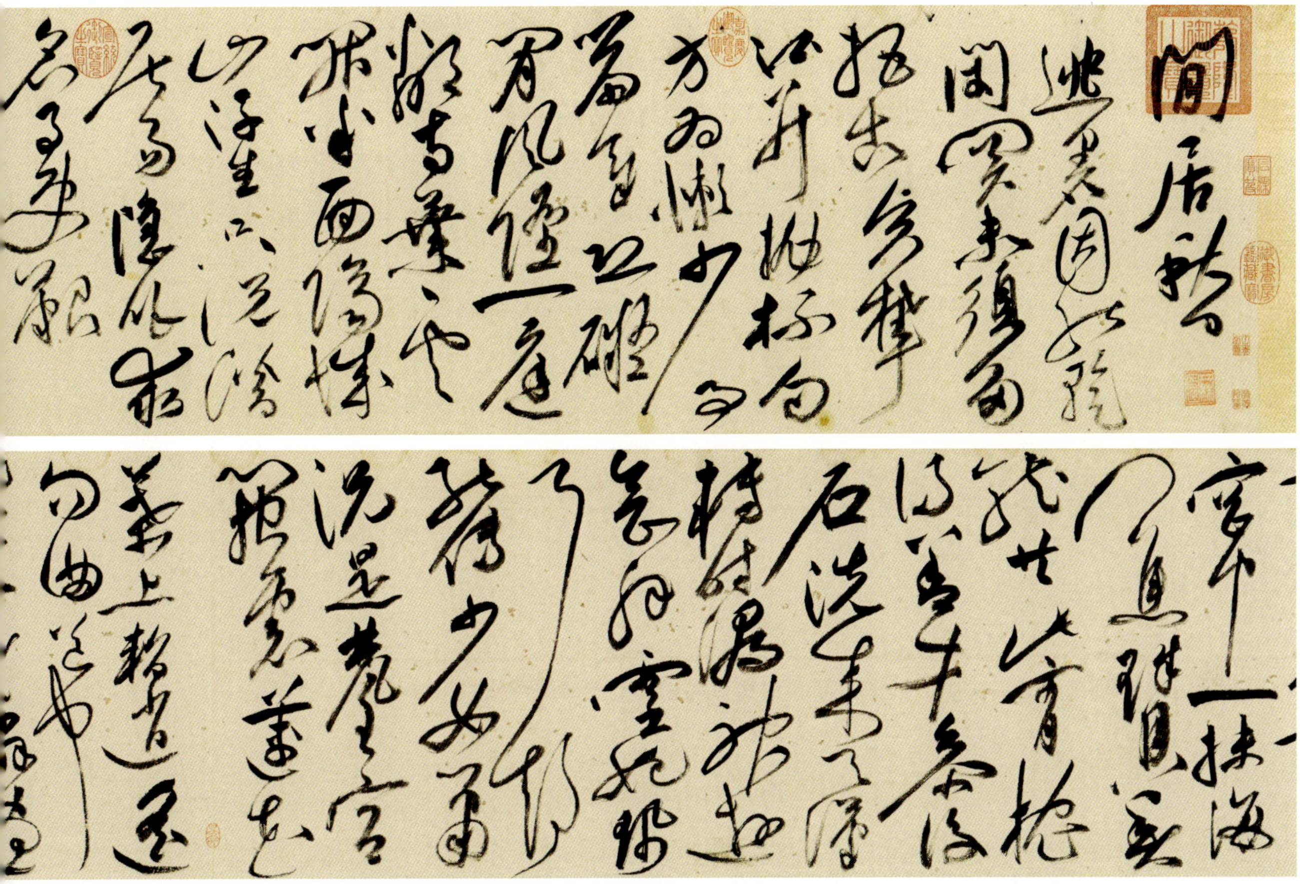

值得注意的是，这些重要书法家都不是苏州人，而且其中只有董其昌是松江人。这与明初与明中期的情形产生了鲜明的差异——明初，“二沈”及其传人独霸书坛；明中期，祝允明、文徵明书风风靡海内；到了晚明，众多各不相同的书法风格同时并存，来自不同地区的书法家为争取自己书风的流行而彼此竞争。由于重要书家广泛分布于全国各地，纵使是在董其昌晚年书法声望如日中天之时，他的影响力也远远不能与早年的文徵明相比肩。

到了明末清初，黄道周、王铎等晚明末代书家的影响力已然消退。董其昌清新淡雅的书法风格成为清代前期一百五十年的主流书风。与“二沈”书风在明初流行的原因一样，在命运的主导下，董其昌相对保守中正的书风符合皇室美学的标准与政府公文书写的要求。董其昌书风成了清初宫廷的正统书风，因此大获成功。

六、董其昌的自我评价

董其昌是书法史上少数几位执着于关注自身历史地位的书法家，他在自己的著作中明确表达了这方面的观念。董其昌始终都处于与前代书家的对比之中，这一类的文字在他的著作里十分常见。董其昌尤为崇敬晋唐书家，他认为后世书家均不能望其项背。与此同时，他在面对自己的最得意之作时，有时又会夸口说自己已然超越唐人，直逼晋人。[29]董氏还以宋代书家米芾为榜样，他虽然认为自己不及米芾，但有时却会说自己的书法成就堪比米芾，[30]在这方面，就连赵孟頫都不如自己。[31]他认为，元代书家中自己唯一的对手便是赵孟頫，他与赵孟頫的水平不相上下。董其昌一生中对赵孟頫的评价有不少矛盾之处。在意气风发或是见到赵孟頫的平庸之作时，董氏就会认为赵孟頫不如自己；在意志消沉或是见到赵孟頫的得意之作时，董其昌又会认为自己赶不上赵孟頫。尽管董其昌在论述中经常表现出过度的自信，但总的来说他还是能够公正客观地评价自己与赵孟頫的艺术地位。[32]

然而，董氏在论及吴门书派与云间书派的相对优势时，却显然认为自己不仅继承了云间书派的传统，还将其发扬光大：

> 吾松之书，得在范古，而失在不能脱胎。苏人之书，得在潇洒，而失在不能模古。今文、祝书罕传习者将二十年矣，二公安知黄雀之后是螳螂也！[33]

这段文字的潜在含义是董其昌认为自己既能范古，又能潇洒。因此，文、祝之后，融吴门、云间两派精华的书家只有他一人而已：

> 余学书三十年，不敢谓入古三昧，而书法至余亦复一变。[34]

董其昌对自己的评价虽然大致准确，但他对文、祝二家书法成就的忽视却值得诟病。然而，就对后世的影响以及在中国书法史上的地位而言，董其昌的地位远高于文徵明和祝允明。

七、中国书法史上的董其昌

所有艺术家都受到时代的制约，董其昌也不例外。董其昌一方面是帖学的集大成者，另一方面又是开创中国书法史新篇章的大宗师。

董其昌的书法创作几乎完全围绕楷书、行书和草书展开。他融合了晋唐宋元诸家的风格要素。他尤为尊崇晋唐书风，特别是“二王”和颜真卿的书法风格。他还再度肯定了米芾、赵孟頫等人的历史地位，并将自己视作他们的直系传人。董氏书法的风格来源十分广泛。他所取法的书家有不少作品都收录在《戏鸿堂帖》之中。不过董其昌在书法方面的成就主要源自其作品的卓越之处。董其昌在正统派书风中的显赫地位让他得以成为后人效法的楷模。董氏为后人提供了大量有效且易得的正统派书法范本，他的书法雅俗共赏。董其昌书风易学难精，因此，这一风格虽然在董其昌去世后的一百五十年里吸引了无数的效法者，但极少有人能够真正掌握其中的精髓。

作为碑学书家，现代艺术家张大千对董其昌书风并不是很感兴趣，不过他却站在20世纪人的角度公正地评价了董其昌的重要地位，且指出了董其昌在书法史上最为重要的一大贡献：

> 予少年时颇不甚喜董书，以其姿媚太甚，近乃识其致力处赵文敏而后山阴正脉，此公一人而已。古人作书俱重浓墨饱笔，《李义山诗》书被催成，墨未浓，足见古人虽笺牍不必浓墨也。渴笔自元章始，淡墨自思翁，为书法一大关键。伯谨宗长兄出示此卷，漫书其后。甲午冬月在日本东京。大千书张爰。[35]（图15）

董其昌在书法理论方面对后世的影响并不逊色于他本人的书法实践。董其昌并没有撰写过任何系统性的书法论著，但《容台别集》、后人整理的《画禅室随笔》以及各类文献和图录中都收录了众多董其昌题跋。从这些题跋来看，董其昌提及次数最频繁的主题是：古代著名书法家的真

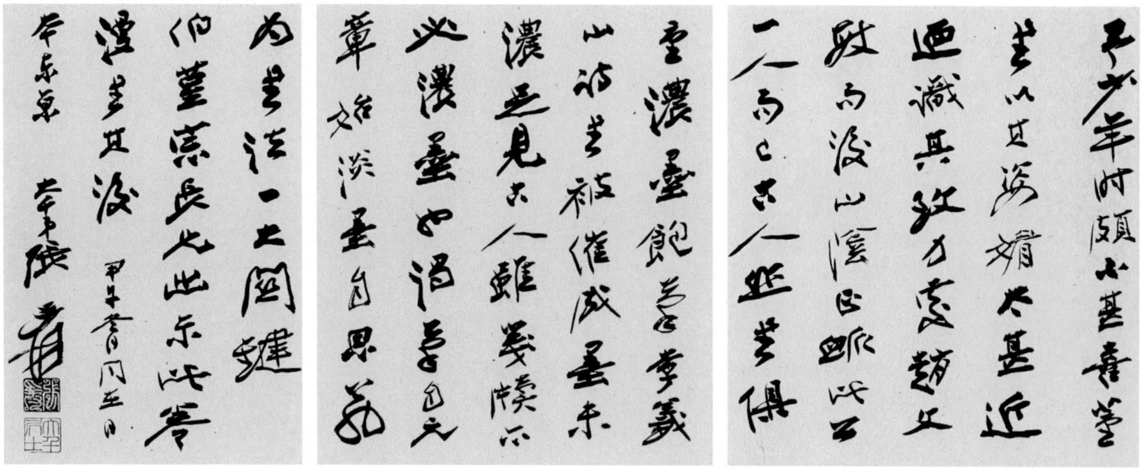

图 15　董其昌《鲜于公论交诗》后的张大千题跋　张伯谨旧藏

迹和拓本、他对古代法书的临摹和他本人的书法。这些题跋书于不同的时间段，它们的论述对象也各有不同，因此它们所表达的观念有时会相互抵牾。但这不过是董其昌六十多年艺术、学术生涯中观念变化的自然体现。例如，董其昌曾说过："古人神气淋漓，翰墨间妙处在随意所如，自成体势，故为作者，字如算子，便不是书。""书家未有学古而不变者也。"他还强调说书法家虽然必须摹古，但每个书法家都得化古为新，带着明确的目的和方向去开创属于自己的风格[36]但不能机械地取法古人。

董其昌去世后，其书风得到了清帝的青睐，大幅提升了董其昌的威望，并使得他的书风遍行天下。然而到了清代中晚期，董字的影响力明显减弱，绝大多数有天赋的书法家都将精力集中到了新出现的碑学书风之中。帖学在20世纪中叶一度复兴，此时出现了一些全新的个性化书风，但帖学传统早已衰落的事实阻碍了帖学在实践层面的大规模复兴。如今，王铎及其传人的书风在影响力上已经盖过了董其昌。风靡一时的董字在宽广的中国书法长河中被压缩成了涓涓细流。

（翻译：郑涛）

注　释

[1]　参见《明史》，北京：中华书局，1974 年，第 7396 页；《松江志》，载《佩文斋书画谱》（序言写于 1708 年），第 44 卷，第 7a 页。

[2]　关于项元汴，参见《墨林项公墓志铭》，载董其昌《容台集》，台北：台北图书馆，1968 年，第 2 卷，第 1088 页。

[3]　参见董其昌《画禅室随笔》，载《艺术丛编》，台北：世界书局，1962 年，第 5 页。

[4]　关于对刻帖的简要论述，参见傅申《海外书迹研究》（*Traces of the Brush: Studies in Chinese Calligraphy*）（纽黑文、伦敦：耶鲁大学美术馆，1977 年），第 4—5 页。

[5]　关于董其昌在 1577 年和 1579 年欣赏书法名迹的经历，参见董其昌《容台集》，载《佩文斋书画谱》，第 94、12b 页；《画禅室随笔》第 9 页；《墨禅轩说》，载《容台集》，第 2 卷，第 668 页。

[6]　关于 1591 年的情况，参见董其昌在《西晋陆机〈平复帖〉》上的题跋，载《故宫博物院藏历代书法选集》（北京：文物出版社，1977 年）；关于《曹娥碑》，参见《画禅室随笔》，第 17—18 页；关于《玉版十三行》，参见《画禅室随笔》，第 15—16 页。关于 1592 年的情况，参见任道斌，《董其昌系年》，第 28 页；《容台集》，第 4 卷，第 1960 页。关于 1597 年的情况，参见《画禅室随笔》，第 41 页；任道斌，《董其昌系年》，第 53 页。关于 1598 年的情况，参见任道斌，《董其昌系年》，第 56 页。

[7]　参见《画禅室随笔》。

[8] 参见《画禅室随笔》。

[9] 参见《画禅室随笔》。

[10] 参见《画禅室随笔》;《容台集》卷四,第1895页。

[11] 关于董其昌运用这些词汇的例子,参见《画禅室随笔》;《临怀素帖书尾》,载《画禅室随笔》;《临颜帖跋》,载《画禅室随笔》;《题争座位帖后》,载《画禅室随笔》;《容台集》卷四。

[12] 关于张照,参见《跋董文敏鉴后赤壁赋真迹》,载《天瓶斋书画题跋》,载《艺术丛编》(台北:世界书局,1962年),第26卷,第140页。

[13] 参见《画禅室随笔》;《容台集》卷四。

[14] 关于董其昌对于颜真卿《送刘太冲叙》的评论,参见《画禅室随笔》。关于其对《蔡明远序》的评论,参见《画禅室随笔》;《容台集》卷四。

[15] 关于陆深的说法,参见马宗霍编《书林藻鉴》,载《艺术丛编》,第6卷,第289a—b页。关于詹景凤的说法,参见《古今图书集成》(中华书局,1934—1939年),第652册,《理学汇编·字学典》,第120卷,第17a中页。

[16] 值得注意的是,丰坊说宋克是华亭人。参见《书诀》,载《艺术丛编》(台北:世界书局,1966年),第86页。

[17] 参见《松江志》;另见李东阳的说法,载马宗霍编《书林藻鉴》,载《艺术丛编》,第6卷,第290a页。

[18] 关于台北故宫博物院藏本,参见《故宫历代法书全集》(东京:东京堂,1979年),第30卷,第23页;关于上海博物馆藏本,参见《中国美术全集》,《书法篆刻编五》,《明代书法》(上海:上海书画出版社、上海人民美术出版社,1989年),第5卷,第3页,图版3。

[19] 参见《皇明世说新语》,载马宗霍编《书林藻鉴》,载《艺术丛编》,第6卷,第296b页。

[20] 参见《崇兰帖题词》,载《容台集》卷一,第411—412页;又可参见《画禅室随笔》。

[21] 参见《画禅室随笔》。

[22] 参见《松江志》,载马宗霍编,《书林藻鉴》,载《艺术丛编》,第6卷,第333b—334a页。

[23] 参见马宗霍编《书林藻鉴》,载《艺术丛编》,第6卷,第310b页。

[24] 参见《容台集》卷四,第2074页。

[25] 参见《明董香光临古卷》,载《壮陶阁书画录》(上海:中华书局),第12卷,第27b页;《容台集》卷四,第1970页。

[26] 参见《画禅室随笔》;《容台集》卷四,第2006页。

[27] 参见《董玄宰品书》,载卞永誉《式古堂书画汇考》(吴兴:鉴古书社,1921年),第2卷,第45a页;又见《画禅室随笔》。

[28] 参见首都博物馆所藏手卷,载《中国古代书画图目》(北京:文物出版社,1986年),第1卷,第287页,图版5-234(2)(图16)。

[29] 关于与晋人的对比,参见《容台集》卷四,第1945页;另见关冕钧《三秋阁书画录》,载任道斌《董其昌系年》,第265页。关于与唐人的对比,参见《容台集》卷四,第1901页;另见《画禅室随笔》。

[30] 参见《容台集》卷四,第1974页,第2001页。

[31] 参见《容台集》卷四,第1973页,第2029页。

[32] 参见《容台集》卷四,第1902—1903页。

[33] 参见首都博物馆所藏手卷,载《中国古代书画图目》(北京:文物出版社,1986年),第1卷,第287页,图版5-234(2)。

[34] 参见《酣古斋帖》,载《容台集》卷四,第1931页。

[35] 参见张大千在一幅董其昌手卷上的题跋,载《中国历代法书名迹全集》(东京:东京堂,1978年),第6卷,第17-19页。

[36] 参见《画禅室随笔》;《容台集》卷四。

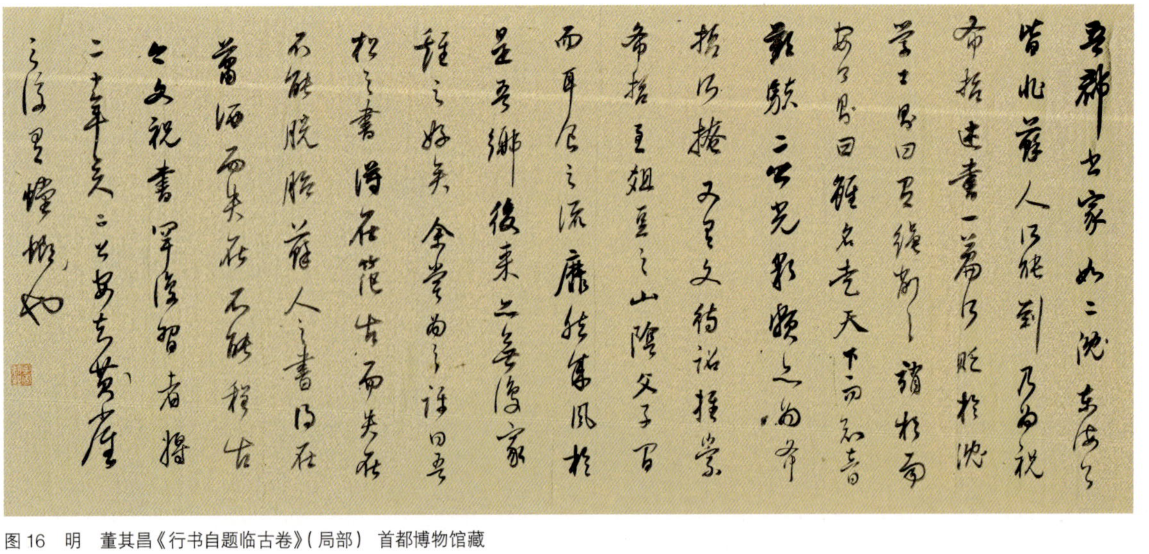

图16 明 董其昌《行书自题临古卷》(局部) 首都博物馆藏

董其昌的书学

书家神品董华亭，楮墨空玄透性灵。

除却平原俱避席，同时何必说张邢。

这是清代书家王文治《论书绝句》中的一首，其时距董其昌谢世已有一百五十余年，但是在康熙、乾隆年间，董其昌书派如日中天，笼罩书坛，从帝王到士子，莫不习董，承其风旨。

董其昌是明代以来最重要的书家，他的出现绝不是孤峰独耸式的存在，而是和时代有着极为密切的关系。在明末社会经济发展的前提下，上有帝王的提倡，前有先辈的指点和名家的遗规，同时代又有许多收藏家的名品可供研究，在他周围还有许多师友，可切磋琢磨。董其昌极有天赋，他在书学和书史上苦心探究，晚年终于功成名就。他深得友人和爱好者的赞赏，并有许多追随者，他的一生是从不寂寞的。当然只有在以上所论及的种种条件下，才造就了董其昌这样的人物。下面对产生董其昌的时代因素，他的书论和他一生中书学发展的各个阶段的情况逐一进行论述。

一、董其昌的书学环境

1.帝王的提倡

明代诸帝，自成祖永乐帝以下，有好几个人在书学上都有较高的造诣，而神宗万历皇帝十几岁时已工于书道。董其昌曾从中书舍人赵士桢处听到下面一段话：

万历皇帝天藻飞翔，雅好书法，每携献之《鸭头丸帖》、虞世南《临乐毅论》、米芾《文赋》以自随。[1]

万历年间，董其昌正值壮年。帝王爱好书艺，尤其看重晋唐法帖和书札，因而当时书学的好尚当与董其昌书学的方向是完全一致的。帝王的提倡给当时的书坛带来极为有利的影响。

2.苏松书派

董其昌最初接触的书家，自然是与之有师友关系的云间（松江华亭）地方书家。他十七岁发愤习书时，正在莫如忠的家塾中学习。[2]莫氏的儿子莫是龙（字廷韩）亦有书名于世。董其昌颇以自己能“师方伯（如忠）而友廷韩”而感到自豪，他写道：

父子书家，自二王后，有欧阳询、欧阳通、徐峤之、徐浩，本朝则吾郡莫方伯与其长公廷韩耳。余师方伯而友廷韩。[3]

莫如忠的书法主要学习王羲之，他自己说得自《圣教序》。但董其昌开始认为莫如忠的书体与《圣教序》体稍异，直到见了《官奴帖》，他才理会到莫如忠书法的出处，并对莫氏深于“二王”的造诣大为钦佩，他写道：“其沉着逼古处，当代名公未能或之先也。”[4]

在莫如忠父子以前的松江书家中，为董其昌所尊重并屡屡加以称颂的有陆深。他和文徵明同时代，师法李北海和赵孟𫖯，作书态度极为严肃。董其昌写道："虽率尔作应酬字，俱不苟且，曰：'即此便是学字，何得放过。'"[5]这样的态度，董其昌最为服膺，对此他又写道："今后遇笔研便当起矜庄想，古人无一笔不怕千载后人指摘，故能成名。"[6]此地乡先贤的宝贵教诲，对他无疑产生了极大的激励作用。此外，陆深书法学李北海，又极类赵子昂。每当有人称赞他的书法似赵子昂时，他总是回答："吾与赵同学李北海耳。"[7]这体现了他并非一味拜倒在赵子昂面前的自尊态度。这种态度对董其昌一生在书法上的追求都产生了极大的影响。我们可以看到，在董氏的许多议论中，赵子昂无疑成了他毕生的对手。

在文徵明和祝允明以前，松江书家有"二沈"（沈度、沈粲）和张弼。张弼有诗云："诗不求工字不奇，天真烂漫是吾师。"[8]董其昌最赞赏这一点，把他视为苏东坡那样的人物。对"二沈"的成就，他评论道："文、祝二家，一时之标，然欲突过二沈，未能也。"[9]再前面，他则推崇王羲之以前的陆机、陆云兄弟，处处表现了浓厚的地方观念和必欲超过对手的气概，以此和吴中书派分庭抗礼。由此可见，明代松江地区书风隆盛并自然而然地形成了一种传统，这就是产生董其昌书法的重要背景。

毗邻松江的苏州，在当时是全国的文化中心，对松江地区产生了直接的影响和刺激。董其昌诞生之际，正是文徵明左右一代风气的时候。文氏殁时，董其昌刚满五岁，当时吴中书派，包含文氏一门及其弟子，人才之多，前所未有。王世贞在《艺苑卮言》中说的"天下法书归吾吴矣"[10]，诚非虚言。

3.论著和刻帖的好尚

董其昌生活的时代，不光书风昌盛，人才众多，而且自明代中叶后，有关法书收藏的论述和法帖刊刻的风气也颇为盛行，这在中国书法史上确实是比较稀见的时期。了解了这一情况，更能明白董其昌从著述《书品》和《画旨》，到摹刻成《戏鸿堂法帖》这些活动，都是这一时代好尚下的产物。以下记述了关于明代中叶以来的书家、书法论著及刊刻的法帖等情况，由此，董其昌的书学环境窥可见一斑。

书家：

徐有贞	1407—1472	王宠	1494—1533	△詹景凤	生卒年不详
张弼	1425—1487	文彭	1498—1573	△邢侗	1551—1612
沈周	1427—1509	王穀祥	1501—1568	董其昌	1555—1636
李应祯	1431—1493	文嘉	1501—1583	陈继儒	1558—1639
吴宽	1435—1504	彭年	1505—1566	赵宧光	1559—1625
△李东阳	1447—1516	莫如忠	1508—1588	△李日华	1565—1635
王鏊	1450—1524	黄姬水	1509—1574	△米万钟	1570—1628
祝允明	1460—1526	陆师道	1511—1574	娄坚	1567—1631
文徵明	1470—1559	周天球	1514—1595	△张瑞图	1570—1641
唐寅	1470—1523	△徐渭	1521—1593	△黄道周	1585—1646
△王守仁	1472—1528	王世贞	1526—1590	△王铎	1592—1652
陆深	1477—1544	王穉登	1535—1612	△倪元璐	1593—1644
丰坊	生卒年不详	王世懋	1536—1588	△傅山	1607—1684
陈淳	1482—1544	莫是龙	1540—1587		

注"△"的为非苏松地区的书家

论著：

《珊瑚木难》	朱存理撰
《铁网珊瑚》	朱存理撰
《寓意编》	都穆撰
《金薤琳琅》	都穆撰
《南濠居士文跋》	都穆撰
《文待诏题跋》	文徵明撰
《书辑》	陆深撰
《墨池琐录》	杨慎撰
《书品》	杨慎撰
《法帖神品目》	杨慎撰
《钤山堂书画记》	文嘉撰
《平泉题跋》	陆树声撰
《书诀》	丰坊撰
《笔诀》	丰坊撰
《童学书程》	丰坊撰
《玄牍记》	盛时泰撰
《四友斋书论》	何良俊撰
《孙氏书画钞》	孙凤撰
《书画跋跋》	孙鑛撰
《画禅室随笔》	董其昌撰
《容台别集·书品》	董其昌撰
《眉公书画史》	陈继儒撰
《妮古录》	陈继儒撰
《味水轩日记》	李日华撰
《六研斋笔记》	李日华撰
《东图玄览编》	詹景凤撰

《书苑补益》	詹景凤撰
《书法雅言》	项穆撰
《寒山帚谈》	赵宧光撰
《弇州山人题跋》	王世贞撰
《古今法书苑》	王世贞撰
《清河书画舫》	张丑撰
《真迹日录》	张丑撰
《张氏四表》	张丑撰
《法帖释文考异》	顾从义撰
《书法约言》	宋曹撰
《书法离钩》	潘之淙撰
《书史会要续编》	朱谋垔撰
《郁氏书画题跋记》	郁逢庆撰
《帖笺》	屠隆撰
《考槃余事》	屠隆撰
《大书长语》	费瀛撰
《书指》	汤临初撰
《书法纶贯》	宋啬撰
《朱卧庵藏书画目》	朱之赤撰
《珊瑚网》	汪砢玉撰
《重编红雨楼题跋》	徐𤊹撰
《石墨镌华》	赵崡撰
《金石史》	郭宗昌撰
《金石林时地考》	赵均撰
《游鹤堂墨薮》	周之士撰
《墨林快事》	安世凤撰

刻帖：

《东书堂集古法帖》	明永乐十四年（1416），朱有燉刊成。
《宝贤堂帖》	明弘治九年（1496），朱奇源刊成，
《真赏斋帖》	明嘉靖元年（1522），无锡华夏刊成，章简甫刻。
《停云馆帖》	明嘉靖十六年（1537）—嘉靖三十九年（1560），长洲文徵明撰集，子文彭、文嘉摹勒，温恕、章简甫刻。
《小停云馆帖》	文徵明编次。
《二王帖》（三卷本）	明嘉靖二十六年（1547），江阴汤世贤摹刻。
《二王帖选》	明嘉靖二十七年（1548），长洲章杰摹勒。
《归来堂选》	文嘉编次。
《（五名山房本）淳化阁帖》	明万历十一年（1583），上海潘云龙翻刻。
《小西馆选帖》	王世贞刊成。
《二王帖》（七卷本）	明万历十三年（1585），吴江董汉策摹刻。
《宝翰斋帖》	明万历十三年（1585），归安茅一相撰集，东吴章田、马士龙、尤荣甫刻。
《玉兰堂帖》	明万历十八年（1590），云阳姜氏摹勒。
《余清斋帖》及《续帖》	明万历二十四年（1596）—万历四十二年（1614），休宁吴廷摹勒。
《墨池堂选帖》	明万历三十年（1602）—万历三十八年（1610），长洲章藻摹勒。
《戏鸿堂帖》	明万历三十年（1602），华亭董其昌勒成。
《雪浪斋苏帖》	明万历三十六年（1608），卢氏摹勒。

（接上表）

《宝鼎斋帖》	明万历三十七年（1609），上海吴之骥摹勒。
《来禽馆帖》	明万历三十七年（1610），临清邢侗撰集，长洲吴应祈、吴士端摹勒。
《郁冈斋帖》	明万历三十九年（1611），金坛王肯堂编次，管驷卿刻。
《玉烟堂帖》	明万历四十年（1612），海宁陈瓛，上海吴之骥刻。
《书种堂帖》	明万历四十二年（1614），董镐摹勒。
《金陵名贤帖》	明万历四十三年（1615），徐氏勒石。
《（肃府本）淳化阁帖》	明万历四十三年（1615），重摹上石。
《玉烟堂董帖》	明万历四十四年（1616）—崇祯三年（1630），海宁陈瓛编次，上海吴朗摹刻。
《晚香堂苏帖》	明万历四十四年（1616），陈继儒辑，释莲儒、古冰蕉幻陈梦莲摹勒。
《来仪堂帖》	陈继儒撰集。
《书种堂续帖》	明万历四十五年（1617），董镐摹勒。
《篚斐堂帖》	明万历四十五年（1617），王时敏摹勒。
《红绶轩帖》	明万历四十七年（1619），吴县陈钜昌撰集。
《鸲鹆馆帖》	陈钜昌辑刻。
《剑合斋帖》	陈钜昌辑刻。
《三十二体金刚经帖》	明万历四十七年（1619），徐雅池撰集。
《崇兰馆帖》	明泰昌元年（1620），莫后昌撰集，顾功立刻。
《来禽馆真迹帖》	明泰昌元年（1620）—天启元年（1621），王洽撰集，管驷卿摹刻。
《申文定公赐闲堂帖》	明天启间摹勒。
《三朝宸诰帖》	明天启间，吕兆熊刻。
《观海堂帖》[11]	明天启元年（1621）—天启七年（1627），陈瓛刻成。
《来仲楼帖》	明天启二年（1622），董尊闻审定，董镐勒成。
《延清堂帖》	明天启四年（1624），陈钜昌辑刻。
《澄观堂帖》	明天启四年（1624），海阳程齐撰集。
《果亭墨翰帖》	明天启六年（1626），晋江张瑞典摹勒。
《寿松堂帖》	李日华撰集。
《有美堂帖》	明崇祯二年（1629），松陵陆绍琏摹勒。
《汲古堂帖》	明崇祯三年（1630），董庭藏，吴泰裔摹，顾绍勋、沈肇真刻。
《渤海藏真帖》	明崇祯三年后，海宁陈甫伸编次，古吴章镛摹勒。
《海宁陈氏藏真帖》	海宁陈氏摹勒。
《研庐帖》	明崇祯四年（1631），吴泰摹勒。
《晴山堂帖》	江阴徐霞客编次，梁溪何世太摹勒。
《铁汉楼帖》	明崇祯五年（1632），张以诚摹勒。
《道德经帖》	明崇祯八年（1635），道士刘虚中撰集，金陵诸文彰刻。
《清鉴堂帖》	明崇祯十年（1637），新都吴桢摹勒。
《旧雨轩帖》	明崇祯十三年（1640），上海朱长统摹勒。
《琅华馆帖》	明崇祯末年（1644），关中张翱、子尔楫同摹刻。
《泼墨斋帖》	金坛王秉錞辑，长洲章德懋刻。
《铜龙馆帖》	杨继鹏、彦冲父审定。
《净云枝藏帖》	宜兴蒋如奇摹勒。
《天益山颠帖》	慈溪冯元仲刊。
《秀餐轩帖》	海宁陈春永辑。
《古香斋蔡帖》	宋珏撰集。
《片玉堂帖》	陆起龙刻。

4.明末的收藏好事家

上述苏松地方，在董其昌时代，除了书风盛、书家多和明中叶后著述刻帖丰富这三个特点外，还有许多古代的重要书迹仍在江南一带民间收藏家手上流传，使董其昌得以有机会进行赏玩研究，这对他的书论和书风的发展产生了极为重要的影响。

他初学书法时，习颜真卿、虞世南、右军的《兰亭》、钟繇的《宣示表》等，以上全都是刻拓本。经过数年的研习，颇“以为踞唐人之上”[12]而沾沾自喜。后来在项子京处，他看到项所珍藏的晋唐墨迹，方始悟得“从前苦心，徒费年月”[13]。接着他在金陵又见到右军的《官奴帖》，遂愿“焚笔研”[14]。因此，以后他便告诫后辈，学书必从真迹。

“禅家亦云，须参活句，不参死句。书家有笔法，有墨法。惟晋唐人真迹，具是三昧。其镌石、锓版，流传于世者，所谓死句也。学书者，既从真亦，得其用笔用墨之法，然后临仿古帖，即死句亦活。”[15]

由此可见，当时的收藏家及其收藏的名迹，对他产生的影响是很明显的。除了上面谈及的嘉兴大收藏家项元汴外，尚有武进的唐氏和苏州韩氏，董其昌把他们看作当时的三大收藏家。万历十七年（1589），董氏举进士，入翰林院为庶吉士，当时“长安官邸，收藏鉴赏之家不时集聚”[16]。他和重要的收藏家韩世能相识，交往密切，其藏品有《曹娥碑》（图1，又作《曹娥诔辞》）、王献之《洛神十三行》、杨义和《黄庭经》及徐浩《朱巨川告身》（图2）等墨迹，这些杰作都对他发生了影响。

此外，由于董其昌颇有声名，又能有目的地访求古迹，还常常南来北往地旅行，这使他有机会接触了许多收藏家，如太仓的王元美（世贞）、王敬美（世懋）兄弟，义兴的吴光禄（之炬），新都的吴廷、许少保（许国）、汪太学（孺仲），海上的潘方伯、顾仲方，京口的张修羽，以及他的毕生好友陈继儒等。阅读《容台别集》中的《书品》，就可以看到他具有广阔的交际和见识，在当时没有第二个人可以和他相比。随之，他自己也成了一位重要的收藏家，他究竟见到和收藏到多少古代法帖，这从他的《戏鸿堂法帖》和《容台别集》《画禅室随笔》的题跋中可以窥见大略。即便在当今流传的晋唐名迹中，经由董其昌题跋的东西仍然达到惊人的数量。研究这些名迹和其上的董其昌的跋文，可以找到理解他书风变化的重要依据，从中可以充分看到明末民间的藏品对他书学的发展具有重要的作用。

二、董其昌的书论

董其昌好论书，也好评书。他继承了宋元人，尤其是米芾的论书传统，成为有明一代最重要的正统派书论家。其书论所涉及的资料多，而且很多观点随着他的见识和经验的增长而有所改变。有时尽管根据对象来作题跋，然而在见解上也不免有偏颇之处。下面笔者仅对自己所能搜罗到的材料进行一番归纳。

1.书法论

（1）用笔用墨

关于用笔，董其昌一贯主张“无垂不缩，无往不收”，即必须笔笔留神。为此，他常常反对信笔。信笔会产生“波画皆无力”[17]的弊病，避免的方法是须悬腕，须正锋。[18]他更进一步说道：“作

图 1　东晋　佚名 《曹娥碑》 辽宁省博物馆藏

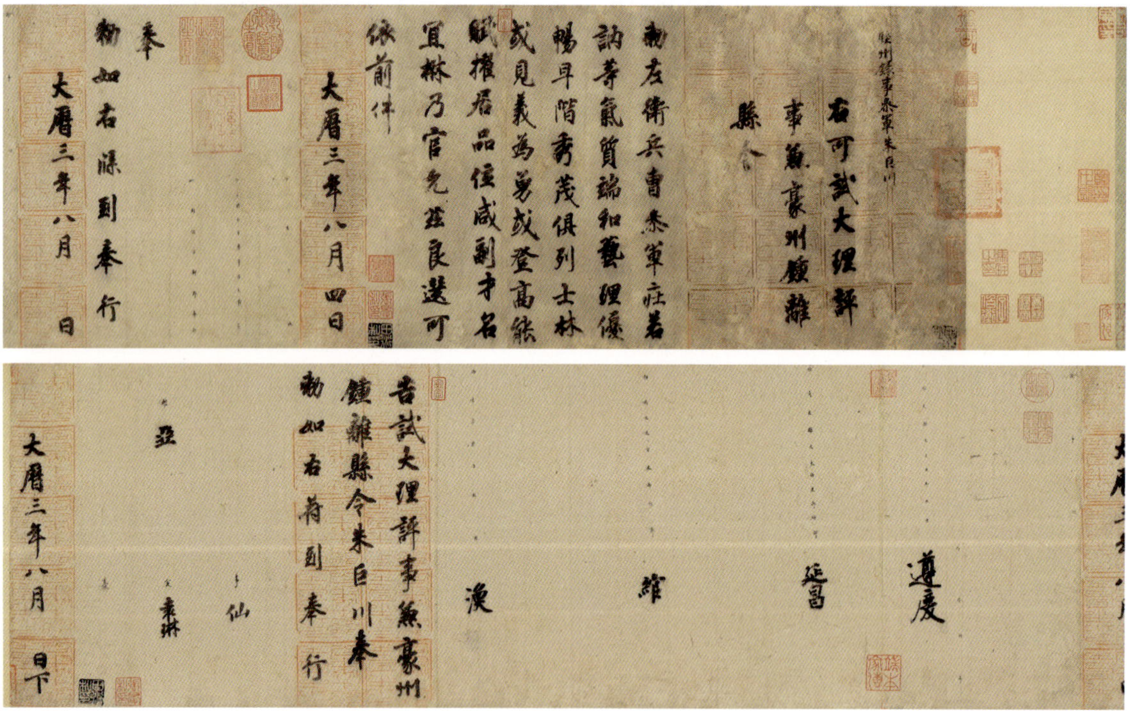

图 2　唐　徐浩《朱巨川告身》 台北故宫博物院藏

书须提得笔起，自为起，自为结，不可信笔。后代人作书，皆信笔耳。”[19]又说：“提得笔起，则一转一束处皆有主宰。转、束二字，书家妙诀也。”[20]

董其昌虽然如此极力反对信笔的弊病，然而他自己却也不能避免。有一次，他评自己的书法：“予学书三十年，悟得书法，而不能实证者，在自起自倒，自收自束处耳。过此关，即右军父子亦无奈何也。”[21]为此，他先引乡先贤陆深的书法为例，说了“虽率尔作应酬字，俱不苟且”[22]的话，真是推崇备至。“率尔”和“苟且”，均是说的信笔。董其昌还说：“用笔之难，难在遒劲。”[23]信笔无力，自然成为大的弊病。何谓遒劲，他还做了说明：“而遒劲，非是怒笔木强之谓，乃大力人通身是力，倒辄能起。”[24]“怒笔木强”只是表示表面上的气势，有类剑拔弩张，徒呈恶态而已。真正的遒劲，用的是内蓄的力，如锥画沙，一方面藏锋而取势劲利，一方面又须酿成力不外露的风韵，董其昌的佳作常常能达到这样的境界。

用笔问题是历代书论家必定要论及的课题。由于董其昌还是画家，当然也注意用墨。他说：“字之巧处在用笔，尤在用墨。然非多见古人真迹，不足与语此窍也。”[25]

大多数人习书都是从刻拓本开始，不能像董其昌那样亲炙古人墨迹，自然谈不出有关用墨方面的话。他在跋苏轼《前赤壁赋》中有这样的论述：

> 此《赤壁赋》，庶几所谓欲透纸背者，乃全用正锋，是坡公之《兰亭》也。……每波画尽处，隐隐有聚墨痕，如黍米珠，非石刻所能传耳。嗟呼！世人且不知有笔法，况墨法乎！”[26]

此外，董其昌还提出书法用墨方面的大的原则，他说：“用墨须使有润，不可使其枯燥。尤忌秾肥，肥则大恶道矣。”[27]从董其昌的法书中，我们可以看到他用墨非常清润，仅在晚年时用干笔。虽干但不觉得枯燥，时而轻灵，时而凝重，皆能恰到好处，各极其妙。要论肥瘦，董其昌则有更进一步的说明。他有时学苏东坡，有时又学徐浩，他说：“但笔下有神，何论肥瘦哉，故东坡有曰‘短长肥瘦各有态，玉环飞燕谁敢憎。’”[28]

形体肥一点，但只要有神韵，仍然有可人处，至于说到秾肥，不仅不清朗，也缺乏神韵。自董其昌的书法和用墨之说问世后，明末以后的书家，如王铎、傅山、石涛等都喜用饱满的墨色，或并用浓、淡墨，或用倪元璐一路的焦墨，使书坛上呈现了更加多样化的风格。

（2）结字章法

结字指的是单个字的结构，章法指的是字与字之间及行与行之间的结构。首先是用笔正确，其次则须讲究结字和间架。董其昌说：“欲学书，先定间架，然后纵横跌荡，惟变所适也。”[29]意思是学书要揣摩间架的原则，然后求变化，而变化必须以得势为主。又说：“妙处在随意所如，自成体势，故为作者。字如算子，便不是书。”[30]这里所谓字如算子，说的是像算子那样被束缚住，产生没有变化的弊病。董其昌面对古人结字之妙，提出要上宗晋唐，他写道：“晋唐人结字须一一录出，时常参取，此最关要。”[31]他还以“二王”的字为例，指出：“王大令之书从无左右并头者。右军如凤翥鸾翔，似奇反正……此皆言布置不当平匀，当长短错综，疏密相间也。”[32]这也是对“转左侧右，乃右军字势”[33]的具体说明。因此，在宋元人中，他最推崇的是米芾。（图3）米氏因能“奇宕潇洒，时出新致”[34]常常引起他的思念，他认为这一点是赵孟頫辈所未尝“梦见”的。

关于章法，董其昌作了非常明确的说明：“古人论书以章法为一大事，盖所谓行间茂密是也。”[35]古人书迹，在章法方面取得成功的例子中，他最推崇《兰亭序》，他赞叹道：

> 右军《兰亭序》章法为古今第一，其字皆映带而生，或小或大，随手所如，皆入法

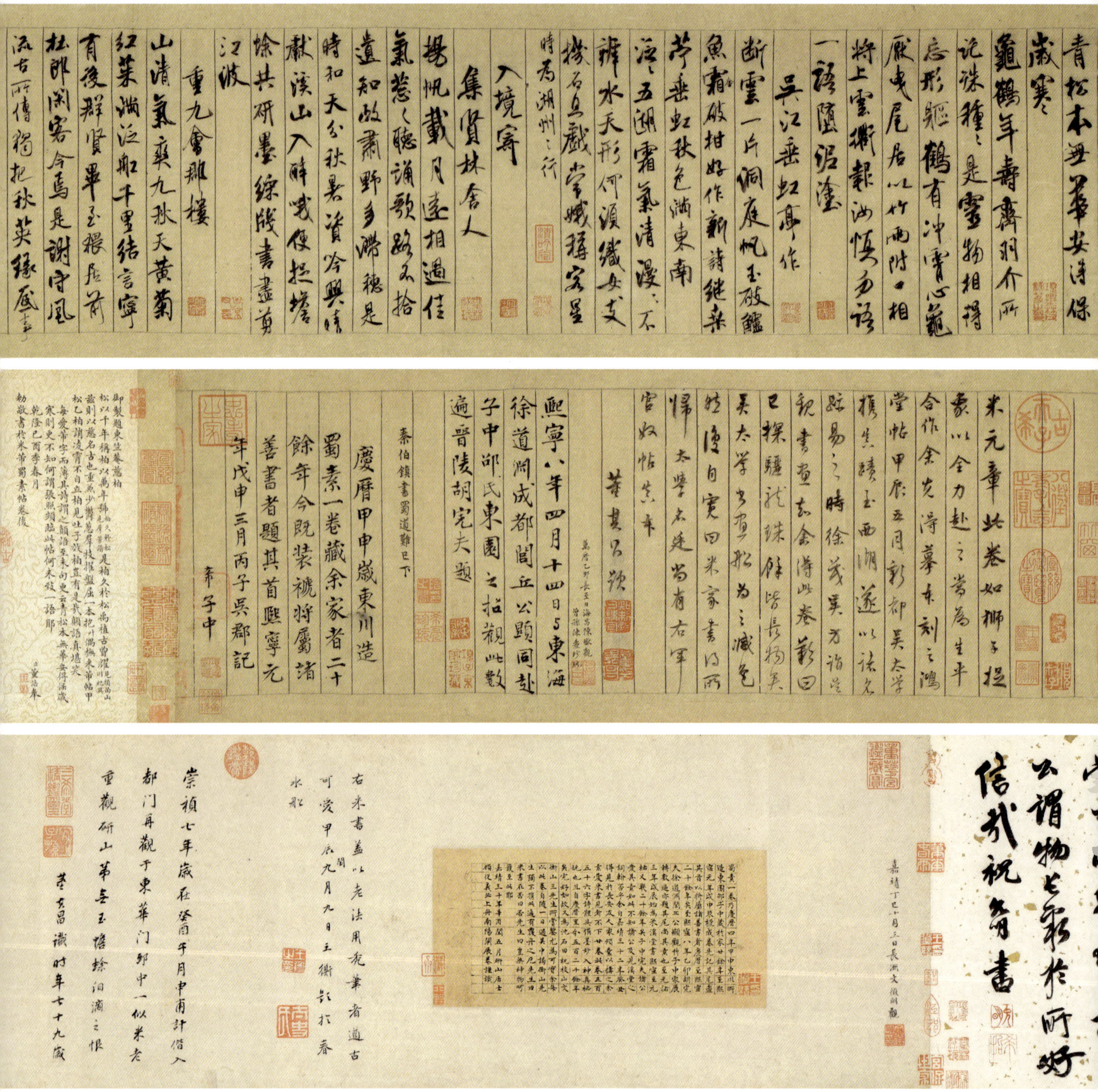

图 3　北宋　米芾《蜀素帖》 台北故宫博物院藏

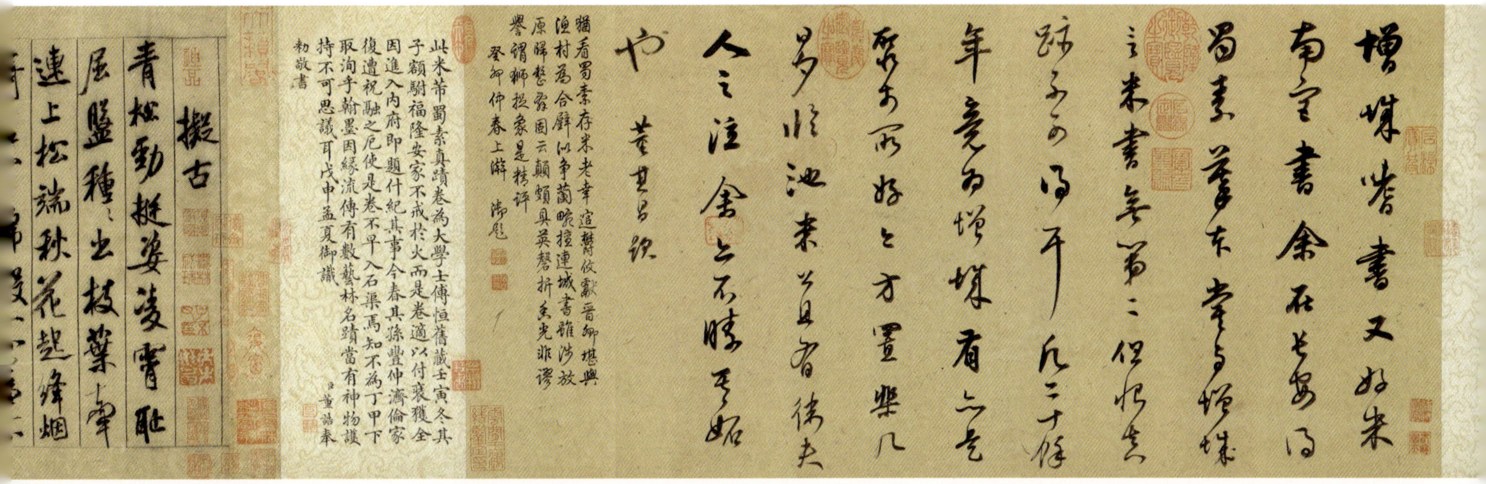

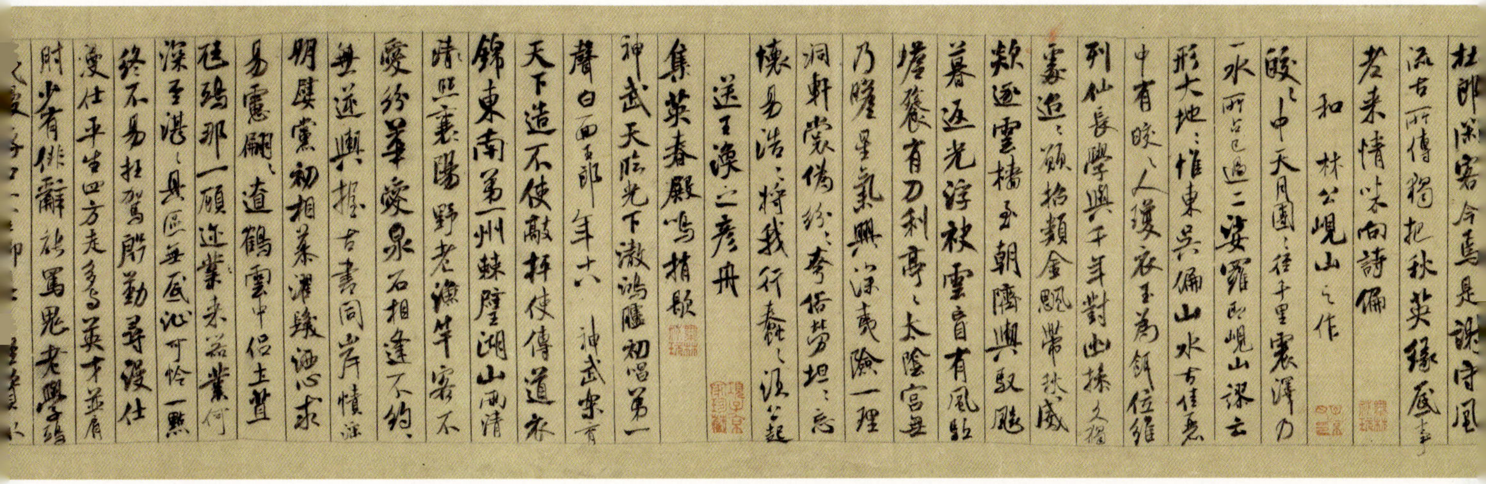

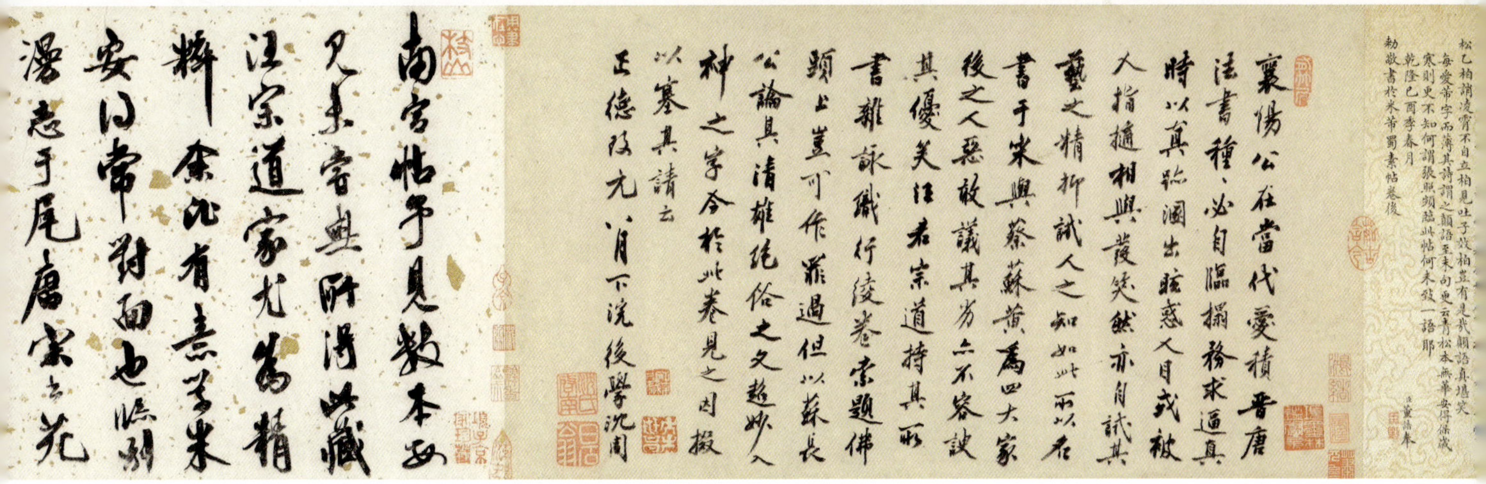

则，所以为神品也。[36]

这样，孙过庭在《书谱》中说的“既得平正，务追险绝”，成了他追求的最高境界。

（3）论境界

除了上述关于用笔用墨的技法和结字章法外，董其昌还有关于书法境界和原则的重要论点，这对理解他本身的书风是极为重要的，现略述如下。

在书法的一般性论点中，他把“巧”看得重于“拙”，主张“书道只在巧、妙二字，拙则直率而无化境矣”[37]。从这里出发，他还提出要追求“圆熟”，他写道：

颜平原屋漏痕、折钗股，谓欲藏锋。后人遂以墨猪当之，皆成偃笔。痴人前不得说梦，欲知屋漏痕、折钗股，于圆熟求之，未可朝执笔而暮合辙也。[38]

不过，对他所谓的“圆熟”，他自己还有一个注解，而且书和画在层次上有所不同，他说：“画与字各有门庭，字可生，画不可不熟。字须熟后生，画须熟外熟。”[39]对书法而言，所谓熟后生，就是要避免烂熟，最终进入平淡的境界。董其昌追求圆熟的目标，就是要有这个“平淡”的境界，而平淡要熟后方始能达到，也即是他所谓“渐老渐熟，乃造平淡”[40]。为此，他又推崇柳公权，他叙述道：“余于虞、褚、颜、欧，皆曾仿佛十一。自学柳诚悬，方悟用笔古谈处，自今以往，不得舍柳法而趋右军也。”[41]

董其昌就是这样重视“淡”，除此之外，他重视“气韵”，这是对“淡”的另一解释。他说：“淡乃天骨带来，非学可及，内典所谓无师智，画家谓之气韵也。”[42]对他来说，唯有淡，即气韵，才是画学的第一要义，也是书学的第一要义。从这点出发，他揭示了“作书与诗文同一关捩，大抵传与不传，在淡与不淡耳”[43]的道理。而他评自己的书法为：“余不好书名，故书中稍有淡意。”[44]但从这句话上，可以看到他对自己的书名能传世这一点是充满自信的。

所谓“天真”是和“平淡”相关的，因此常常连用。他论道：“余谓张旭之有怀素，犹董源之有巨然。衣钵相承，无复余恨，皆以平淡天真为旨。人目之为狂，乃不狂也。”他极其称赞苏东坡论书诗句“天真烂漫是吾师”，评为“此一句为丹髓也”[45]。基于这个道理，在唐人书中，他推崇颜真卿，他论道：“唐时欧、虞、褚、薛诸家，虽刻画‘二王’，不无拘于法度，惟鲁公天真烂漫，姿态横出，深得右军灵和之致，故为宋一代书家渊源。”[46]

最后，董其昌强调书画都须“自成一家”，他屡屡批评赵孟頫的书“病在无势，所学右军，犹在形骸之外。右军雄秀之气，文敏无得焉，何能接武山阴也。”[47]董其昌持论轻视“形骸”，重视“气势”，他自然要作出这样的评论。尽管说了上面这些话，但他还是看到了赵孟頫在书史上的主流地位，认为鲜于枢和康里子山是无法和他比肩的。他说“自成一家，望而可知为赵法”[48]，不然的话，“守法不变，即为书家奴耳”[49]。即使对自己的书法，也极为重视这个所谓“成一家”的原则。他说“令人望而知为吾家书”[50]，有时评自己的书法“书法至余，亦复一变也”[51]，这是颇有自知之明的话，决非大言不惭。我以为明末以来，董其昌的书法能风靡一代，实在是书史上一件关键性的大事。

2.书史观和书家论

董其昌是米芾以后最重要的中国古代书画史家。他在自身的书画创作和寻求师承对象的过程中，潜心搜访，博闻多见，对涉及的书画史上的一些关键问题和书画家之间的渊源关系作了大量的探求和寻访工作。由于论述的时间和场合不同，其具体的论述，前、后显得稍有不同，然而不难看

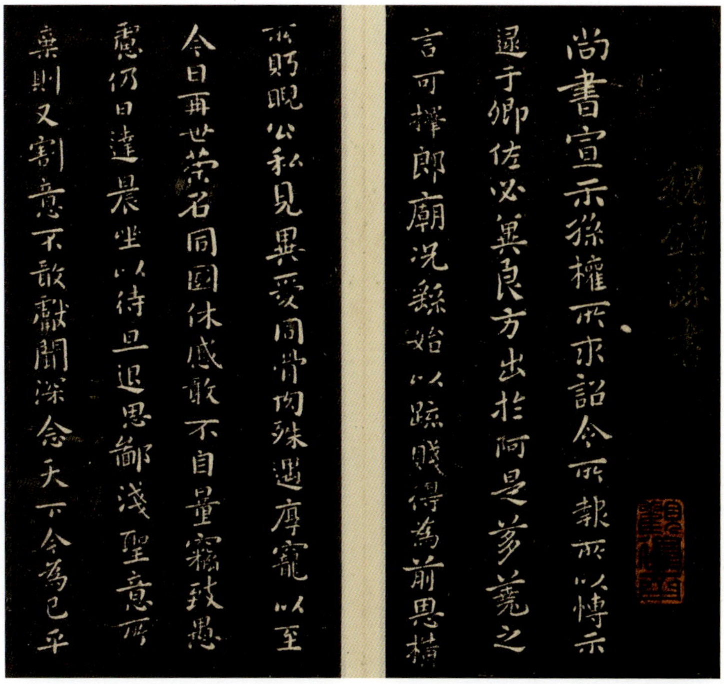

图 4　三国　钟繇《宣示表》墨拓本　台北故宫博物院藏

出，在其传世的书论中，他的论点是有一贯性的。而在了解他对书史的见解及对古代名家和书迹的评论后，将更有助于进一步认识他在书法艺术上的追求及取得的成果。

董其昌的书法以晋唐为宗，因此他的书论也尊晋唐而卑宋元。他得意时，曾评自己的书曰“不能追踪晋宋，断不在唐人后乘也”[52]。这就把晋置之唐之上。他又说“宋人书不及唐”[53]。关于这个观点，在下面一段文字中有更进一步的说明：

> 晋人书取韵，唐人书取法，宋人书取意。或曰意不胜于法乎？不然！宋人自以其意为书耳，非能有古人意也，然赵子昂则矫宋之弊，虽己意亦不用矣，此必宋人所呵，盖为法转处也。[54]

假定服从这个论点，董其昌可被认为是最早重视气韵的人。所谓韵，就是他所说的风流之谓。“晋宋人书但以风流胜，不为无法，而妙处不在法，至唐人始专以法为蹊径，而尽态极妍矣。”[55]这就是说，唐人书有法，晋人书无法。为此，学晋必须首先学唐，所以又有“晋书无门，唐书无态，学唐乃能入晋”[56]的说法。这就是董其昌对为何要学唐人的说明。此外，他还说要学宋人，偶然也讲要学元人。这些方面，以下再作详细说明。

董其昌推崇“二王”，但“二王”从钟繇出，因此也要学钟繇。他说：“钟太傅书，余少而学之，颇得形模。”[57]他年轻时候学的大约是《淳化阁帖》中的《宣示表》和《还示帖》。（图4）根据他后来对钟书的理解，他所见到的那些钟书全是王羲之的临本。真正的钟书，当然仍带有隶书笔意，仅有《戎辂表》（又名《贺捷表》）接近这种面目。

董其昌曾论定“唐人书无不从二王出”[58]，从而确立了“二王”的地位。在王羲之书法中，他最称赞《兰亭序》，推为神品，对其章法更评为“古今第一”。尽管《兰亭序》是摹拓本，但仍然被人们视为范本，他说过“兰亭无下拓”[59]的真意就在这里。（图5）此外，王右军的《官奴帖》真迹也对他产生了极其深刻的影响。他把《官奴帖》和《兰亭序》看成风格上相类似的作品，他说：“以《官奴》笔意书《禊帖》，尤为得门而入。”[60]对右军《十七帖》，董其昌曾临摹数十本，对此，他也曾说“草以《十七帖》为宗”[61]，其推重的程度，由此可见一斑了。（图6）对王书中极有影响力的作品《圣教序》，董氏认为“有蹊径”[62]，只不过又说非临仿所能达到那种程度，倒是像用虞永兴的笔意来书写的。在王献之的书法中，以《洛神赋十三行》的影响最大（见“论小楷”一节），至于其他有关的晋人书法，他说“当以王僧虔、王徽之、陶隐居（弘景）、大令（王献之）帖几种为宗”[63]，其他的都不必学。

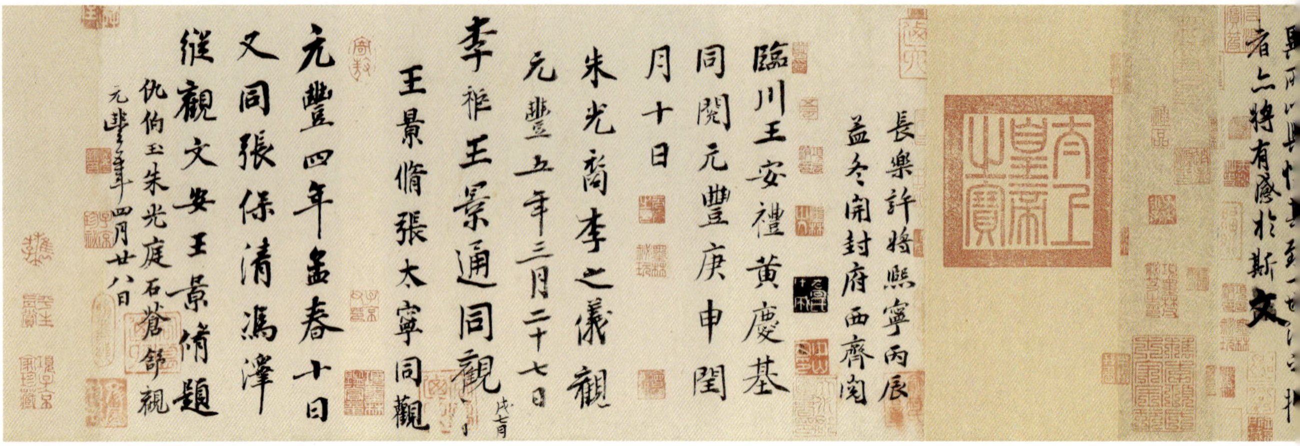

图5　唐　冯承素《摹王羲之兰亭序》故宫博物院藏

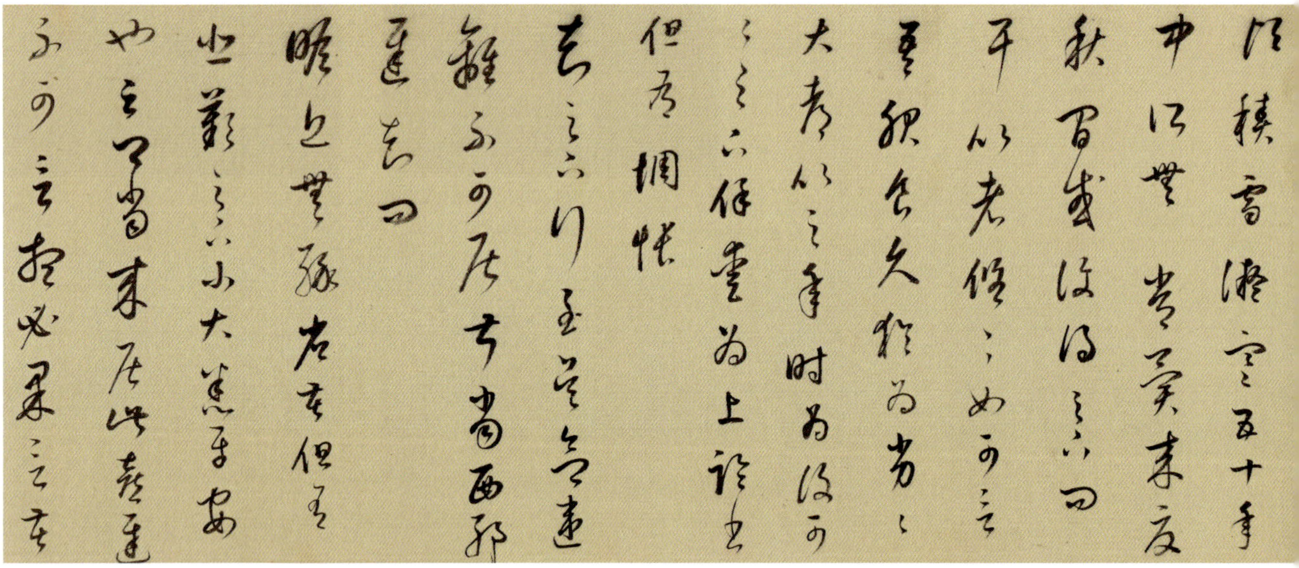

图6　明　董其昌《临十七帖》(局部) 台北故宫博物院藏

在唐人书法中，被他当作范本学习的东西数量很多。欧阳询、虞世南、褚遂良、柳公权、李北海及徐季海等都无不临写，但他最推崇颜真卿，颜氏的《多宝塔碑》是董其昌十七岁开始学习书法时的范本，其《自书告身帖》，董氏也临摹过。后来他改学颜真卿的行书，特别是《争座位帖》，他说："以平原《争座位帖》求苏、米，方知其变，宋人无不写《争座位帖》也。"[64]其所谓"变"是指颜书的出现是"二王"以后的一大变革。苏东坡把颜书比成杜诗[65]，董其昌也爱好颜书，曾称赞颜书"不减二王"[66]，还评论道："余近来临颜书，因悟所谓折钗股、屋漏痕者，惟二王有之，鲁公直入山阴之室，绝去欧、褚轻媚习气。"[67]在颜氏行书中，有《祭侄文稿》(《祭侄季明文》)(图7)，董其昌把它刻入《戏鸿堂法书》中，此外，还评《送刘太冲序》为"郁屈瑰丽，于二王法外别有异趣"[68]。

虞世南虽是继颜真卿后，董其昌的第二位"入门老师"，但董氏没有讲要学虞世南的哪一本帖。董其昌研习他的书法，并领悟了他和智永之间的关系，他论述道："智永为虞世南师，欲作永师书，当思永兴之用笔，乃不笨钝；欲作虞书，当思永师之用笔，乃不板结。"[69]他认为虞世南的行

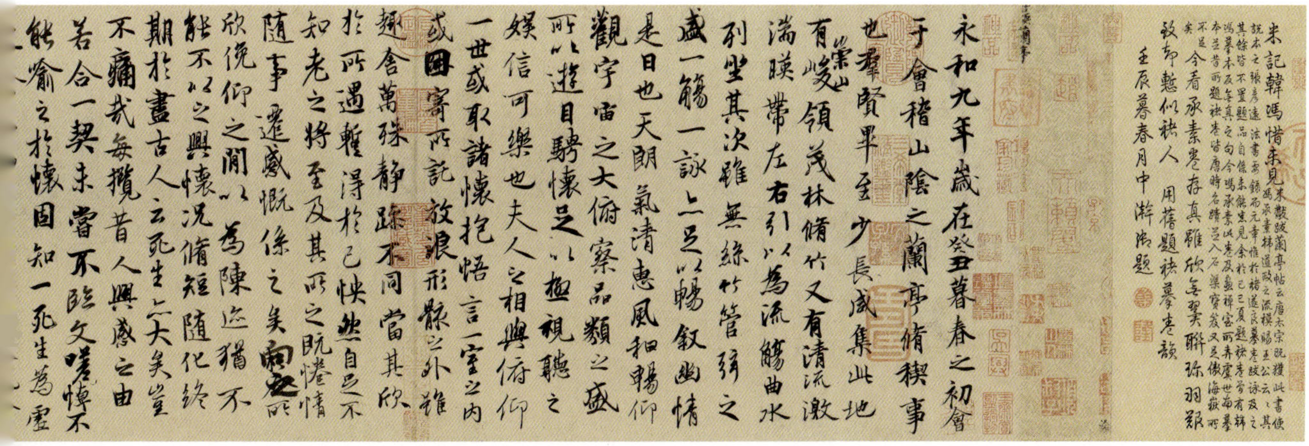

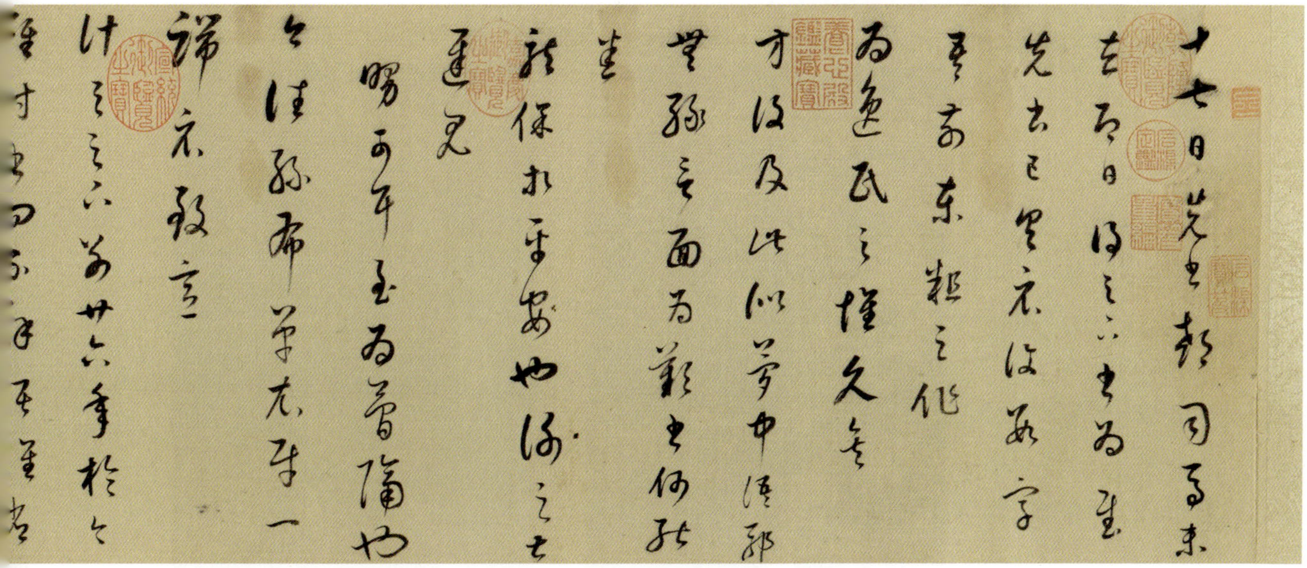

书《即时帖》胜过《汝南公主墓志》。[70]

此外，在唐人书法中，欧阳询的《化度寺碑》和《九成宫醴泉铭》被评为佳品。董其昌依据拓本，学习了这些楷书及《草书千字文》，他评论道：“正书敢议者无，褚河南犹退避三舍也。”[71]他还论及褚遂良的《哀册》和《枯树赋》是米芾书法的来源[72]，评褚书“深于《兰亭》，为唐贤秀颖第一”[73]。他得到万历本褚遂良临《兰亭序》后，赞叹道：“笔法飞舞，神采奕奕，可想见右军真本风流，实为希代之宝。”[74]自从得到此卷后，每逢佳日，总要展玩自娱，“至于手临不一二卷止矣，苦其难合也”[75]，则又坦陈临书之难。现在台北故宫博物院还藏有他的一幅临本。苏东坡曾师法徐浩，董其昌曾见到他的《朱巨川告身》，此外，董其昌也临过他的《张九龄告身》。在梁溪见到徐浩《道德经》一卷后，他评曰：“季海藏锋，正书欲透纸背。”[76]在清宫中曾藏有董其昌楷书《储光羲田家杂兴诗》轴[77]，那是一件用徐浩《道德经》的笔意写成的作品。还有柳公权的小楷《清静经》，董其昌曾手摹后刻入《戏鸿堂法书》[78]，他作了这样的评述：“学柳诚悬，方悟用笔古淡处，自今以往，不得舍柳法而趋右军也”[79]，对柳公权真是推崇备至。

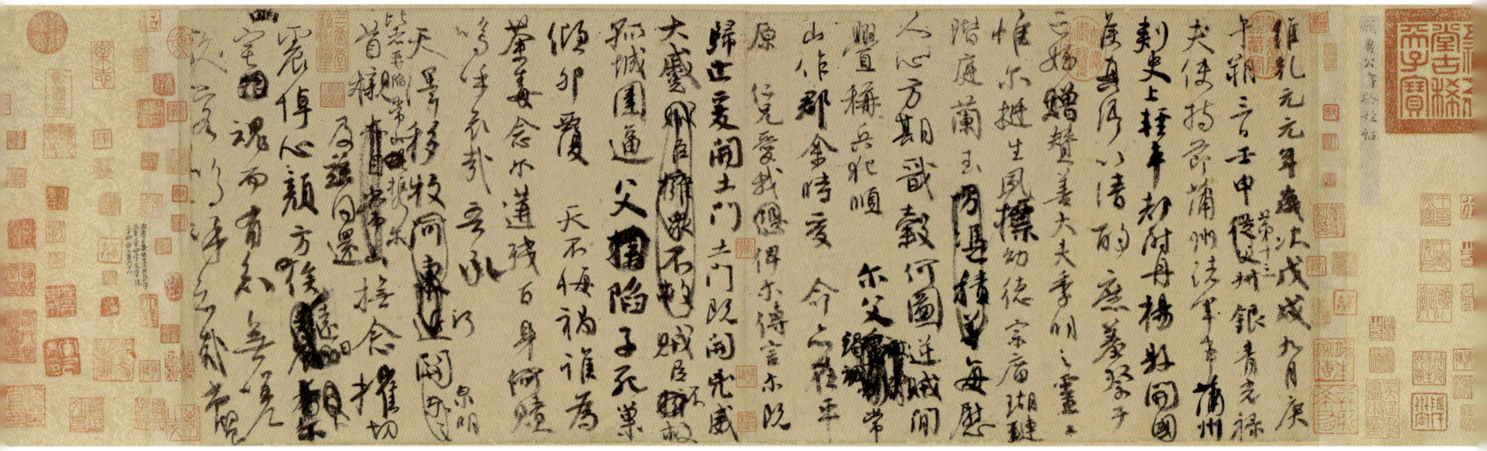

图7　唐　颜真卿《祭侄文稿》 台北故宫博物院藏

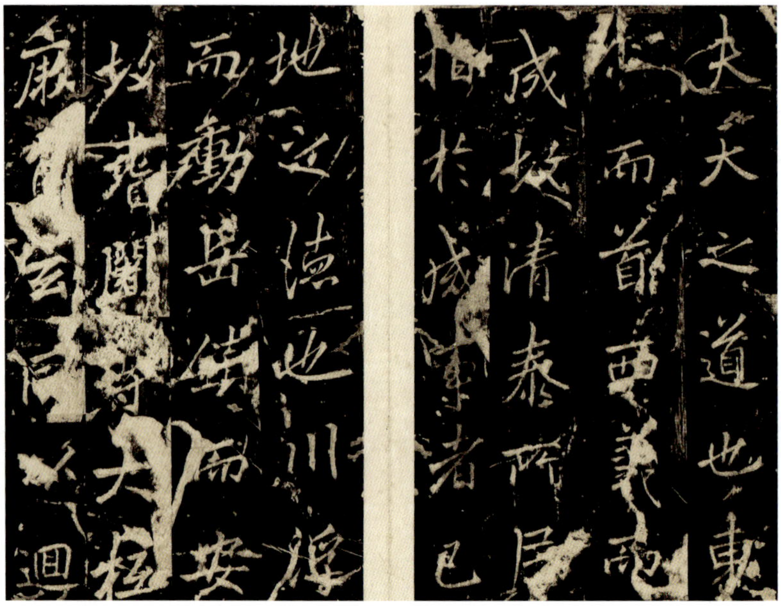

图8　唐　李邕《麓山寺碑》墨拓本　台北故宫博物院藏

唐人书中，董其昌除了最推重颜真卿外，其次大约要数李北海了。董其昌赞同李阳冰把李北海称为“书中仙”[80]，指出李书出自王献之，“大令实为北海之滥觞”[81]，而且举出《辞中令帖》[82]作为李北海书法接近王献之的例证，甚至把李北海和王羲之进行对比，并断言：“右军如龙，北海如象，世必有肯余言者。”[83]由于李北海在书史上的地位及赵子昂的尊崇，元代的书家必定要把李北海当作宗匠来学习，董其昌则更进一层，把他比喻为书中的象，这对李北海的声誉来说，评价之高到了无以复加的地步。（图8）

唐人草书中，孙过庭的书论名著《书谱》使董其昌受到若干影响（图9），但董其昌对孙过庭的书法并没有作出什么评价，他推崇的是张旭和怀素，他甚至说道：“张旭之有怀素，犹董源之有巨然，衣钵相承，无复余恨，皆以平淡天真为旨，人目之为狂，乃不狂也。”[84]但张旭对董其昌最有影响的不是草书，相反的却是楷书《郎官壁记》，他曾把它刻入《戏鸿堂法书》，并经常临仿，认为“学草必自真入也”[85]。董其昌说曾用草书临摹过《郎官壁记》，其临本现藏美国底特律美术馆。除《十七帖》外，怀素的草书《自叙帖》实在是董其昌草书的基础。“余为诸生时，馆嘉禾，与项元汴交善，屡屡得以借临”[86]，这里说的就是《自叙帖》。他又记述道：“余素临怀素《自叙帖》，皆以大令笔意求之，时有似者。”[87]董其昌对草书颇为自负，从下面的评论中可以窥见一斑，“本朝学素书者鲜得宗趣，徐武功、祝京兆、张南安、莫方伯，各有所入，丰考功亦得一斑，然狂怪怒张，

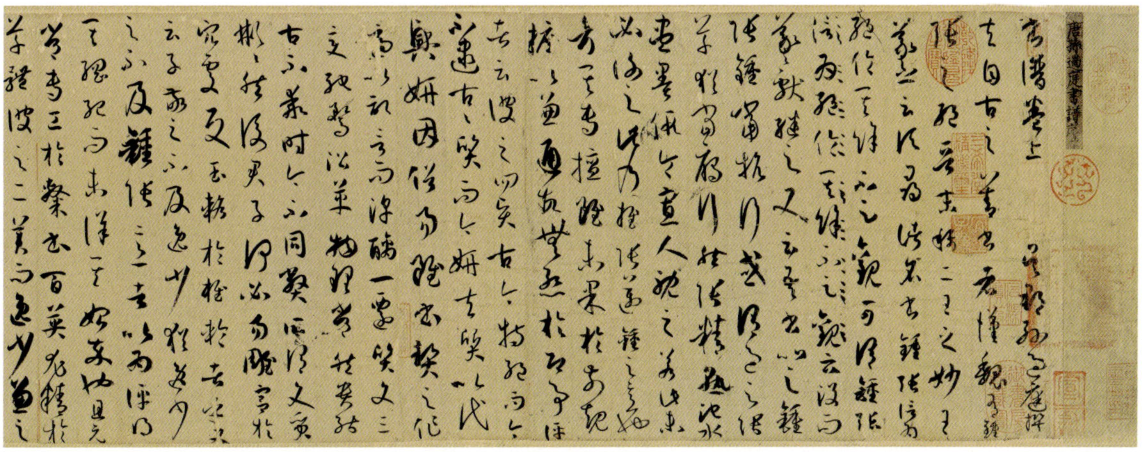

图9　唐　孙过庭《书谱》(局部)　台北故宫博物院藏

失其本矣”[88]。除《自叙帖》外，董其昌见到过的怀素书迹尚有《苦笋帖》《食鱼帖》《天姥吟》《各热帖》，但仍然以《自叙帖》为最佳。在他传世的作品中，有临摹《自叙帖》及其他行草书的作品，颇得怀素笔法。（图10）其草书《琵琶行》卷也取法怀素，实质上兼有张旭笔意，这一点也是不能忽略的。

唐以后的书家中，董其昌最推崇的人是杨凝式。他收藏的杨书有《合浦散帖》《韭花帖》《洛阳帖》等。[89]他甚至认为杨书“深得颜鲁公之神，非欧、虞辈所能梦见也”[90]。董其昌还临摹过他的《步虚词》，并加以评论道：“其书骞翥简淡，一洗唐朝姿媚之习，宋四大家，皆出于此，余每临之，未得一班。”[91]他还说：“余得杨公《游仙诗》，日益习之。”[92]由此足见杨凝式对他的影响。

董其昌认为宋人书不及唐人，他说：“宋四家书派皆出鲁公。”[93]有时也说从杨凝式出，[94]但董其昌的书学和书论，实际上是以苏、米为宗，长时间研究宋人书法的结果。（图11）他叙述道：“余十七岁时学书，初学颜鲁公《多宝塔》，稍去而之钟、王，得其皮耳，更二十年学宋人，乃得其解处。”[95]由此可见，他是借径宋人才进入晋唐的。在宋人书中，他推重苏、米二家。他对苏东坡书法的渊源有独特的见解，评曰：“世谓其学徐浩，以余观之，乃出于王僧虔耳，但坡公用其结体，而中有偃笔。”[96]他虽然批评苏书中有偃笔，但却从苏东坡的《赤壁赋》中悟得了墨法。（图12）而且如前所述，他对苏东坡的“天真说”是极为推服的。对于苏书，他说“亦予所习”[97]，从对他书法产生的影响来论，苏远不及米芾。他在宋人中最推崇的是米芾，他作了这样的评述：“吾尝评米书，以为宋朝第一，毕竟出东坡之上。山谷直以品胜，然非专门名家也。”[98]米芾事实上是董其昌毕生追求并企图超越的对象，因此在他的书论中，米芾的名字是出现得最多的一位。他是如此尊重米芾，说“米元章书沉着痛快，直夺晋人之神”[99]，甚至又说“自唐以来，未有能过元章书者”[100]。连杨凝式也被忘了列在米芾之前。

董其昌一生学米书，得出的结论是：“吴兴书易学，米书不易学。二公书品，于此辨矣。”[101]董其昌倒是常常批评赵孟頫，但尽管那样，自米芾以来，直至明末，在他眼中也只有赵孟頫。他屡屡把赵氏和米氏做比较，还和自己做比较，他说：“自唐以后，未有能过元章书者，虽赵文敏亦于元章叹服，曰今人去古远矣。”[102]又评论道：“字须奇宕潇洒……不主故常，此赵吴兴所未尝梦见者，惟米痴能会其趣耳。”[103]而且董其昌偶尔临仿赵书，觉得对他自己是有效果的。为此，他告

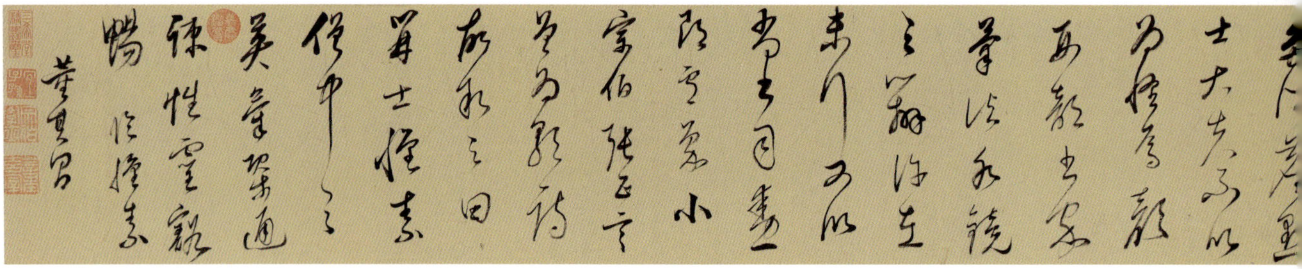

图 10　明　董其昌《临怀素草书卷》 台北故宫博物院藏

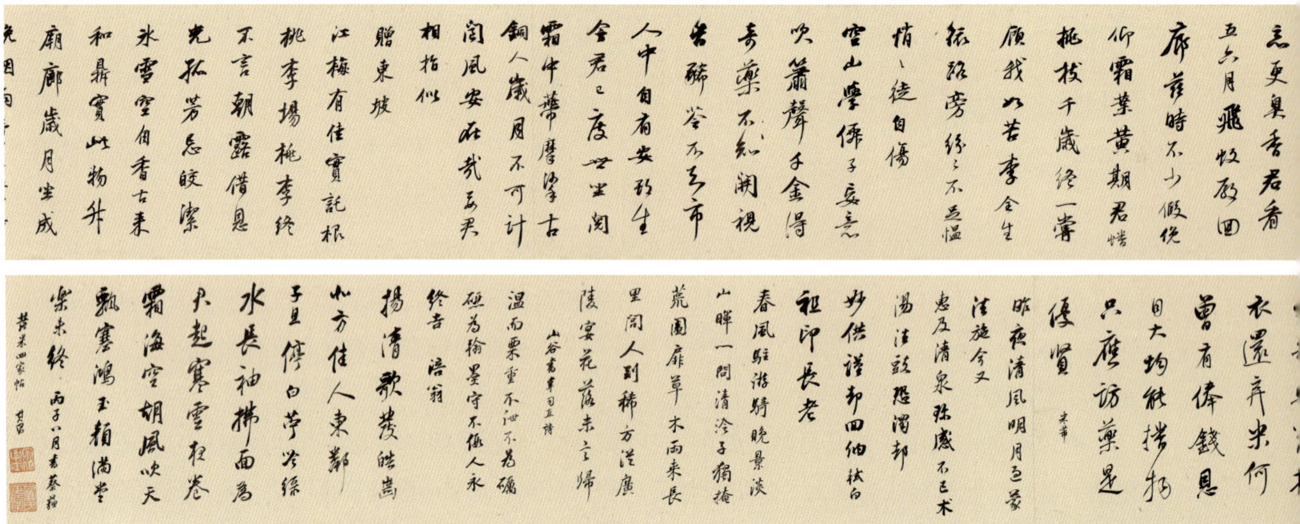

图 11　明　董其昌《临宋四家书》 台北故宫博物院藏

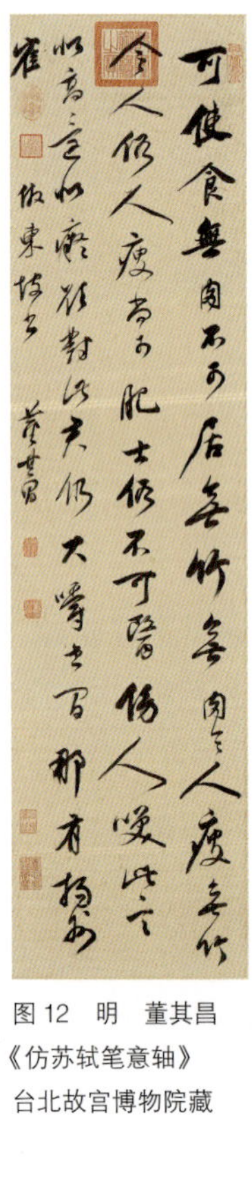

图 12　明　董其昌《仿苏轼笔意轴》 台北故宫博物院藏

诫道："前人正自未可轻议。"[104]董其昌常以自己的书法"不落宋人之后"而感到自负，但这是欺人之谈，仅不过表现了他自以为已超过米芾，又不敢从正面讲的心态。如果对手是赵氏，则显得非常从容，仅仅说："吾于书，似可直接赵文敏。"[105]和董其昌同时的书家邢侗也极其推重赵书，认为赵越过唐宋，直接右军。董其昌还评赵孟頫："亦有刻画处，余稍及吴兴而出入子敬，同能不如独胜，余于吴兴是也。"[106]

以上我们可以看到董其昌的书论，从而也可看到他自己在书史上的地位，大约如下。他是钟繇、王羲之正统派论者，在唐人中，他最推崇颜真卿、李邕、张旭、怀素，五代仅杨凝式，宋代仅米芾，以后只有赵孟頫能够与他颉颃，且二人互有短长。

附带论及小楷书。

在董其昌的书论中，论述小楷的部分，自成一独立的单元，现试单独拈出论述之。米芾曾说："行书十行，不敌楷书一行。"[107]董其昌也认为那样的话是极其正确的，他常常说："小楷书不易工。"[108]他引用米芾的话，所谓"米海岳……平生所自负者为小楷，贵重不肯多写。"[109]他自述道："吾书无所不临仿，最得意在小楷书，而懒于拈笔，但以行草行世。"[110]这是为什么董其昌小楷传世不多的原因。有关米芾的小楷，据说"惟跋古帖用之"[111]，董其昌也学米芾

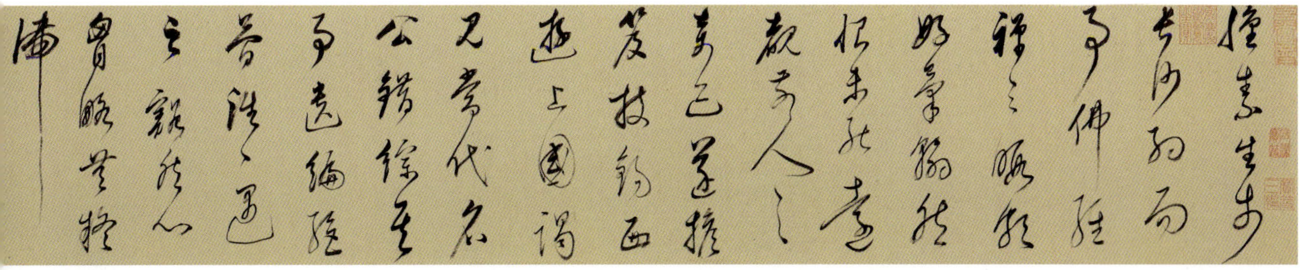

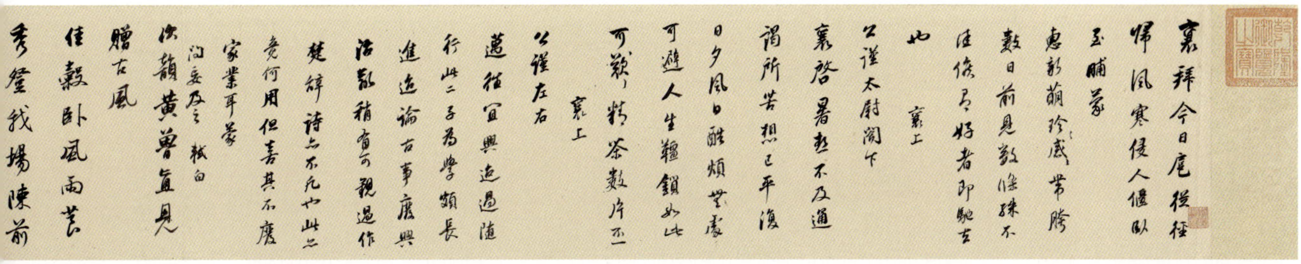

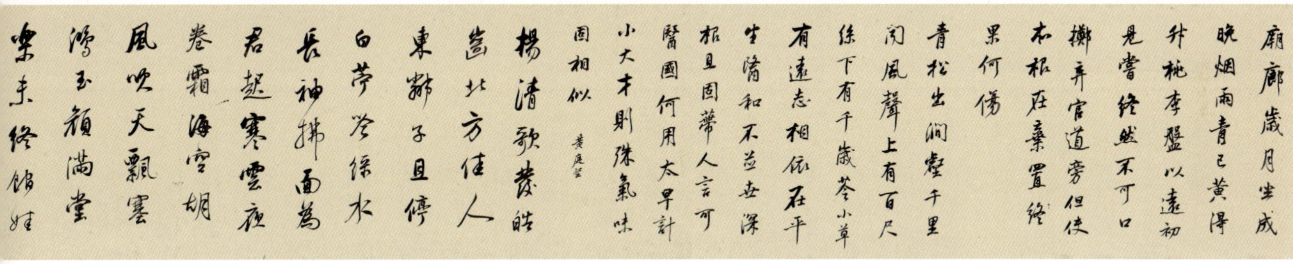

的方法，仅在作古书画的题跋时多用小楷。了解了这点，我们对他的小楷和题跋当另眼看待。关于他学习小楷的过程，有下面这样的论述：“余少时为小楷，刻画世所传之《黄庭经》《东方赞》，后见晋唐人真迹，乃知古人用笔之妙，殊非石本所能传，既折衷王子敬、顾恺之，自成一家。”[112]

董其昌最初学习《黄庭经》《东方赞》，这些都是《淳化阁帖》中的东西。他曾论述道：“《黄庭经》以师古斋刻为第一，乃遂良所临也。”[113]当他在韩宗伯处见到杨义和的《黄庭经》后，便借来临摹数行，刻入《戏鸿堂法书》，并置之帖首，足见他是何等地重视《黄庭经》。在《戏鸿堂法书》中他写的跋文是：“黄素《黄庭经》……米芾跋以为六朝人书，无虞、褚习气，惟赵孟頫以为飘飘有仙气，乃杨许旧迹……吴兴精鉴，必有所据，非臆语也……今此经，行楷数千字，神采奕然，传流有绪，岂非墨池奇遘耶？”[114]他又指出：“书楷当以《黄庭》、怀素为宗，不可得则宗《女史箴》。”[115]《女史箴》，即上述所谓“折衷王子敬、顾恺之”的小楷书，原件在今大英博物馆。（图13）董其昌曾把它刻入《戏鸿堂法书》，在跋《临女史箴》中，他指出：“其字结体全类十三行。”[116]而《洛神赋十三行》，董其昌则把它看作是王献之书法中的极品。

董其昌的小楷还学唐宋，以柳公权、米芾二家为主。他摹柳公权的《道德经》，并刻入《戏鸿堂法书》，但他认为自己未能完全表达出柳书的趣味。有次，他看到柳公权的小楷《度人经》，评为“遒劲有致”[117]，并对柳书做了进一步的论述：“柳诚悬有小楷《清静经》，余摹于海上潘光禄，刻之《戏鸿堂帖》，因摹手不称，未尽柳法。今停云馆刻《玄真护命经》，亦柳书也，以《护命经》参合嘉禾项希宪所藏诚悬《度人经》真迹书法，知其与颜尚书颉颃，名不虚传矣。”[118]此

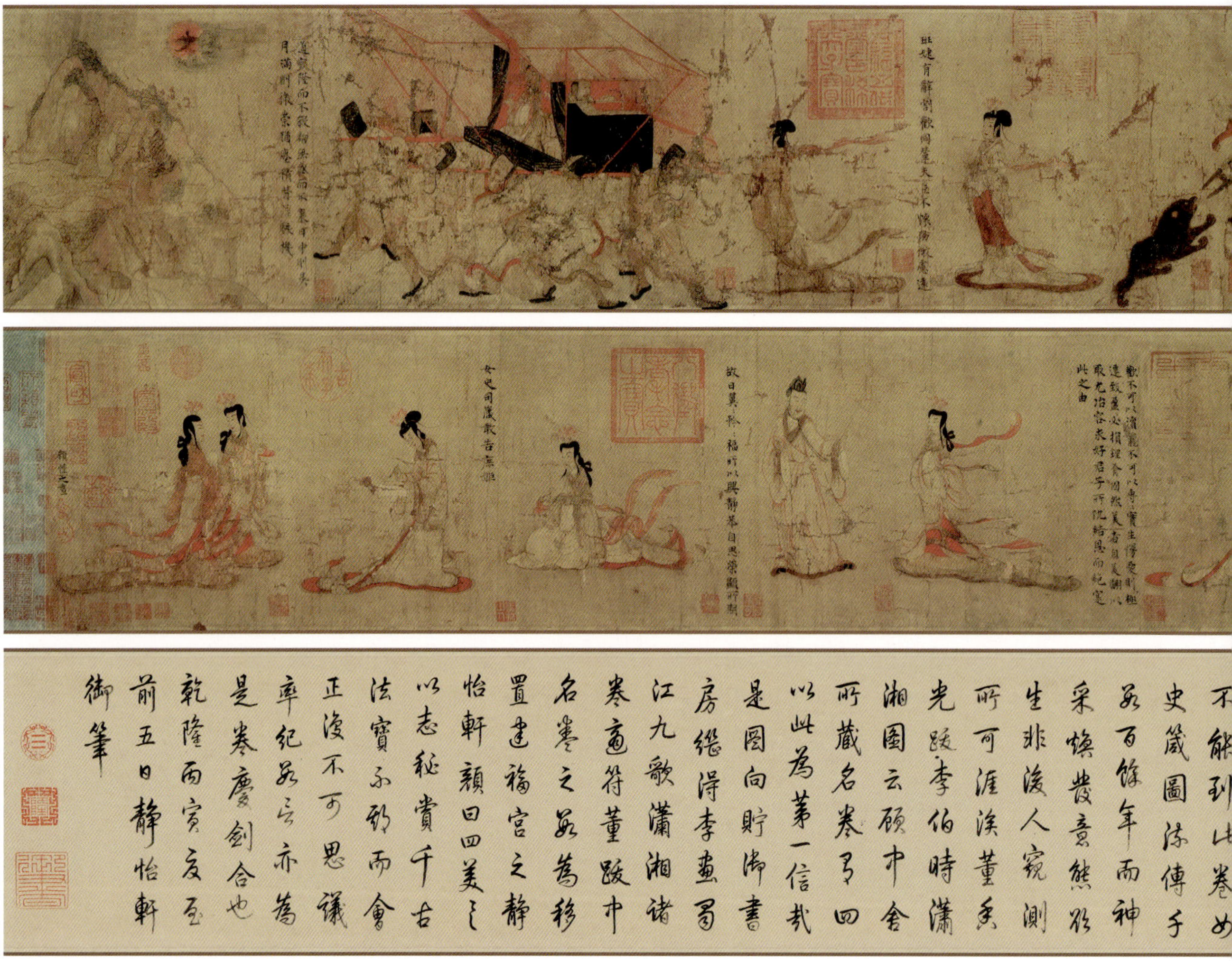

图 13　晋　顾恺之（传）《女史箴图》 大英博物馆藏

外，董其昌评他所藏的徐浩《道德经》为“《道德》二千五百字，唐文皇时，国诠所书《善见律》一万字，备具楷法，人间鲜见”[119]，对五代杨凝式《韭花帖》等，他也一再称扬，以上诸书，都是董其昌师法的对象。

米芾对自己的小楷书最为自负，董其昌在北京见到的《西园雅集图记》，为蝇头小楷，和《兰亭序》的笔法最为相似。他又从唐完初处借得《海岳千文》，这是临仿褚河南《哀册》《枯树赋》的作品，董氏临摹一过以作副本。董其昌还藏有米芾题的《破羌帖》《谢公帖》《兰亭序》三帖诗，以及《窦宪燕山铭》，并说：“时拟为之，得十之五六。”[120]

董其昌尽管多次贬低赵孟頫的书法，可是仍藏有赵书《过秦论》，并加以评述：“学《黄庭内景经》，时年三十八岁，最为善者机也。”[121]同样评所藏的赵氏《六体千字文》为“惟楷书绝类智永，盖以虞伯施参合为之，遂为古今之绝”[122]。又评赵孟頫小楷《内景经》为“一卷数千言……绝类杨上真，乃吴兴生平神品，颇恨晚而获见”[123]。以上这些赵子昂的书法作品，无疑对董其昌产生了相当的影响。

（翻译：董寿琪）

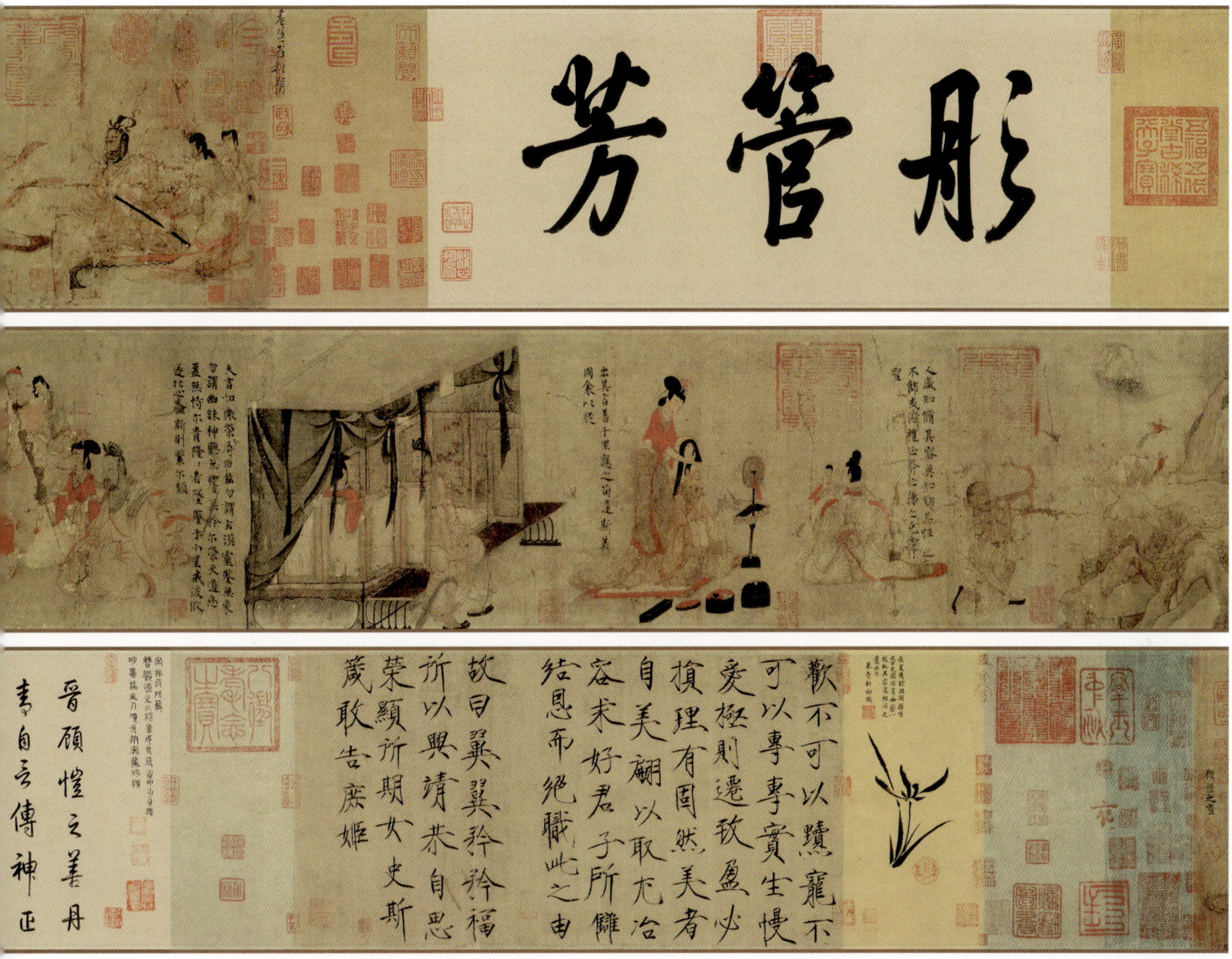

注　释

[1] 《画禅室随笔》卷一《法书·明神宗帝天藻飞翔》。
[2] 《容台集》卷二《戏鸿堂稿自序》。
[3] 《容台集》卷三《崇兰帖题词》。
[4] 《画禅室随笔》卷一《法书·吾乡莫中江方伯书学右军》。
[5] 《画禅室随笔》卷一《法书·吾乡陆宫詹以书名家》。
[6] 《画禅室随笔》卷一《法书·晋唐人结字》。
[7] 《画禅室随笔》卷一《法书·吾乡陆宫詹以书名家》。
[8] 《容台别集》卷五《题跋·诗不求工字不奇》。
[9] 《画禅室随笔》卷一《法书·吾松书自陆机陆云创于右军之前》。
[10] 《艺苑卮言》附录三·《弇州山人四部稿》卷一五四,《说部》。
[11] 编者按:该条目疑似有误,《观海堂帖》是晚清刻帖。明天启间海宁陈元瑞刻有《观复堂帖》。
[12] 《容台集》卷五《墨禅轩说》。
[13] 《容台集)卷五《墨禅轩说》。
[14] 《画禅室随笔》卷一《法书·吾学书在十七岁时》。
[15] 《容台集》卷五《墨禅轩说》。
[16] 《容台集》卷五《墨禅轩说》。
[17] 《画禅室随笔》卷一《用笔·作书须提得笔起、不可信笔》。
[18] 《画禅室随笔》卷一《用笔·余尝题永师千文后》。
[19] 《画禅室随笔》卷一《用笔·余尝题永师千文后》。
[20] 《画禅室随笔》卷一《用笔·作书须提得笔起》。
[21] 《画禅室随笔》卷一《用笔·予学书三十年》。
[22] 《画禅室随笔》卷一《法书·吾乡陆宫詹以书名家》。
[23] 《画禅室随笔》卷一《用笔·发笔处便要提得笔起》。
[24] 《画禅室随笔》卷一《用笔·发笔处便要提得笔起》。
[25] 《画禅室随笔》卷一《用笔·字之巧处》。
[26] 《画禅室随笔》卷一《评旧帖·跋赤壁赋后》。
[27] 《画禅室随笔》卷一《用笔·用墨须使有润》。
[28] 吴升《大观录》卷九《董文敏临诸体书册》。
[29] 《画禅室随笔》卷一《评旧帖·跋率更千文》。
[30] 《画禅室随笔》卷一《用笔·药山看经日》。
[31] 《画禅室随笔》卷一《法书·晋唐人结字》。

[32]《画禅室随笔》卷一《用笔·作书所最忌者》。
[33]《画禅室随笔》卷一《用笔·予学书三十年》。
[34]《画禅室随笔》卷一《用笔·书家好观阁帖》。
[35]《画禅室随笔》卷一《法书·古人论书》。
[36]《画禅室随笔》卷一《法书·古人论书》。
[37]《画禅室随笔》卷一《用笔·书道只在巧妙二字》。
[38]《画禅室随笔》卷一《用笔·颜平原屋漏痕折钗股》。
[39]《画禅室随笔》卷二《画诀·画与字各有门庭》。
[40]《画禅室随笔》卷一《跋自书·临颜帖跋》。
[41]《画禅室随笔》卷一《法书·柳诚悬书极力变右军法》。
[42]《容台别集》卷五《书品·三十年前参米书》。
[43]《容台别集》卷四《杂记·作书与诗文同一关捩》。
[44]《画禅室随笔》卷一《法书·余性好书》。
[45]《画禅室随笔》卷一《用笔·作书最要泯没棱痕》。
[46]《画禅室随笔》卷一《跋自书·题争座位帖后》。
[47]《容台别集》卷四《书品·邢子愿侍御尝为余言》。
[48]《容台别集》卷四《书品·邢子愿侍御尝为余言》。
[49]《容台别集》卷四《书品·章子厚日临兰亭一本》。
[50]《容台别集》卷五《书品·客有持赵文敏书雪赋见视者》。
[51]《容台别集》卷四《书品·余见怀素一帖》；又《画禅室随笔》卷一《跋自书·酣古斋帖跋》。
[52]《画禅室随笔》卷一《法书·吾书无所不临仿》。
[53]《画禅室随笔》卷一《跋自书·书圆通偈后》。
[54]《容台别集》卷四《题跋·书品》。
[55]《画禅室随笔》卷一《法书·晋宋人书》。
[56]《容台别集》卷四《书品·唐人诗律与其书法颇似》。
[57]《画禅室随笔》卷一《跋自书·临宣示表题后》。
[58]《画禅室随笔》卷一《跋自书·临象赞题后》。
[59]《画禅室随笔》卷一《评旧帖·题禊帖黄庭各帖后》。
[60]《画禅室随笔》卷一《跋自书·临官奴帖真迹》。
[61]《画禅室随笔》卷一《用笔·书楷当以黄庭怀素为宗》。
[62]《容台别集》卷四《书品·每以怀仁圣教序》。
[63]《画禅室随笔》卷一《用笔·书家好观阁帖》。
[64]《画禅室随笔》卷一《法书·以平原争座位帖》。
[65]《容台别集》卷四《书品·余近来临颜书》。
[66]《容台别集》卷四《书品·鲁公祭季明文》。
[67]《容台别集》卷四《书品·余近来临颜书》。
[68]《画禅室随笔》卷一《评旧帖·跋鲁公送刘太冲叙》。
[69]《容台别集》卷二《跋·跋智永千文》。
[70]《画禅室随笔》卷一《评旧帖·虞伯施即时帖》。
[71]《故宫书画录》卷三《明董其昌仿欧阳询千文》。
[72]《画禅室随笔》卷一《跋自书·临海岳千文跋后》。
[73]《画禅室随笔》卷一《跋自书·书自叙帖题后》。
[74]《画禅室随笔》卷一《跋自书·跋禊帖后》。
[75]《画禅室随笔》卷一《跋自书·跋禊帖后》。
[76]《画禅室随笔》卷一《跋自书·书乐志论题尾》。
[77]《墨迹大成》卷八。
[78]《容台别集》卷五《书品·柳诚悬有小楷清静经》。
[79]《画禅室随笔》卷一《法书·柳诚悬书》。
[80]《画禅室随笔》卷一《评旧帖·题云麾将军碑》。
[81]《画禅室随笔》卷一《评旧帖·题娑罗树碑后》。
[82]《画禅室随笔》卷一《评旧帖·题洛神违远各帖后》。
[83]《画禅室随笔》卷一《评旧帖·跋李北海缙云三帖》。
[84]《画禅室随笔》卷一《跋自书·临怀素帖书尾》。
[85]《画禅室随笔》卷一《评旧帖·题张长史真书》。
[86]《容台别集》卷二《跋·跋自书》。
[87]《画禅室随笔》卷一《跋自书·书自叙帖题后》。
[88]《画禅室随笔》卷一《跋自书·临怀素帖书尾》。
[89]《容台别集》卷四《书品·余既失颜鲁公送蔡明远帖》。
[90]《容台别集》卷五《杨凝式书》。
[91]《容台别集》卷五《杨少师步虚词》。
[92]《画禅室随笔》卷一《法书·书家以险绝为奇》。
[93]《画禅室随笔》卷一《法书·跋鲁公送刘太冲叙》。
[94]《画禅室随笔》卷一《跋自书》。
[95]《画禅室随笔》卷一《法书·余十七岁时学书》。
[96]《容台别集》卷四《书品·东坡先生书》。
[97]《画禅室随笔》卷一《跋自书·临四家尺牍跋尾》。
[98]《画禅室随笔》卷一《法书·米元章尝奉道君诏》。
[99]《容台别集》卷四《书品·米元章书沉着痛快》。
[100]《容台别集》卷四《书品·米元章云》。
[101]《画禅室随笔》卷一《跋自书·临米书后》。
[102]《画禅室随笔》卷一《法书·米元章云》。
[103]《画禅室随笔》卷一《用笔·书家好观阁帖》。
[104]《容台别集》卷五《书品·右皆赵文敏闲窗信笔所书》。
[105]《画禅室随笔》卷一《法书·晋唐人结字》。
[106]《画禅室随笔〉卷一《跋自书·书月赋后》。
[107]《画禅室随笔》卷一《跋自书·书古尺牍题后》。
[108]《画禅室随笔》卷一《跋自书·书月赋后》。
[109]《画禅室随笔》卷一《跋自书·临海岳千文跋后》。
[110]《画禅室随笔》卷一《法书·吾书无所不临仿》。
[111]《董华亭书画录》。
[112]《容台别集》卷四《书品·余少时为小楷》；又，《画禅室随笔》卷一《跋自书·书月赋后》。
[113]《画禅室随笔》卷一《评旧帖·黄庭经跋》。
[114]《容台别集》卷五《书品·黄素黄庭经》。
[115]《画禅室随笔》卷一《法书·书楷当以黄庭怀素为宗》。
[116]《画禅室随笔》卷一《跋自书·跋临女史箴》。
[117]《画禅室随笔》卷一《评旧帖·书度人经后》。
[118]《容台别集》卷五《书品·余为庶常时》。
[119]《容台集》卷五《墨禅轩说》。
[120]《董华亭书画录》。
[121]《容台别集》卷五《书品·吴兴此书学黄庭内景经》。
[122]《容台别集》卷二《跋智永千文》。
[123]《容台集》卷五《墨禅轩说》。

董其昌与颜真卿

为了纪念颜鲁公（真卿，708—784，一说709—785）逝世一千二百年，台北的文化建设委员会与历史博物馆于1984年11月10日至13日联合举办“中国书法学术研讨会”，这是继本人在1977年4月8日至10日在耶鲁大学举办的首届“国际中国书学史论会”以来的第二次国际性大集会，笔者应邀发表《颜书影响分期》一文，其中提到董其昌在颜书中兴期的地位；本文即专以台北故宫博物院藏品为例，说明颜书对他的影响。

鲁公的书史地位，经宋代苏轼、黄庭坚两家的大力推崇，成为中国书史上除了王羲之以外最有影响力的书家。八百多年后，董其昌（1555—1636）出世，一生致力书画，他的风格也左右了明末及清代前半期的书画风尚。

董氏的书法代表作品是以风格清新婉丽、飘逸秀雅见长，比较近于“二王”、米芾一路，这当然是代表他个人的秉气与书性，但是在董氏一生致力于书学的过程中，自初学到晚年，颜真卿一直是对他起着引导作用的。

董其昌学书，是从颜鲁公多宝塔入手的，这在他自述书学时曾一再提到：

> 余十七岁时学书，初学颜鲁公《多宝塔》；稍去而之钟、王，得其皮耳；更二十年学宋人，乃得解处。（《画禅室随笔·评法书》）

> 吾学书在十七岁时……初师颜平原《多宝塔》，又改学虞永兴，以为唐书不如晋魏，遂效《黄庭经》及钟元常《宣示表》……（《画禅室随笔·评法书》）

虽然他后来改习他家，但是入手所学的笔法最是不易遗忘或改变，并且到了他晚年也还时常回头临写颜真卿的作品。因为在书论上，董氏很受宋人苏、黄、米诸大家的影响，极力称颜鲁公是直接“二王”的，他说：

> 余近来临颜书，因悟所谓折钗股、屋漏痕者，惟二王有之，鲁公直入山阴之室，绝去欧、褚轻媚习气。（《画禅室随笔·跋自书》）

因此，董氏的书性，虽以清秀飘逸见长，但是他能免于轻媚习气，不能不归功于他一生中不断地临学鲁公的书迹。兹举现存台北故宫博物院的藏品为例，说明他受颜真卿作品的影响。

一、临颜鲁公《多宝塔碑》

前述董氏于十七岁学书，即以鲁公此碑为其入门字帖，但传世董氏书迹，几乎都是他四十岁以后的作品，台北故宫博物院所藏的《董其昌杂书册》前七页皆是临鲁公《多宝塔碑》，惜无纪年。从书风来看，已近于他晚年作品，同册最后一页楷书《赤壁词》的款书为：“丁卯子月，舟行锡山道中书。”若为同时所书，当在1627年董氏七十三岁时。此帖虽曰临写，但并非笔笔对临，结体用笔皆多已意。

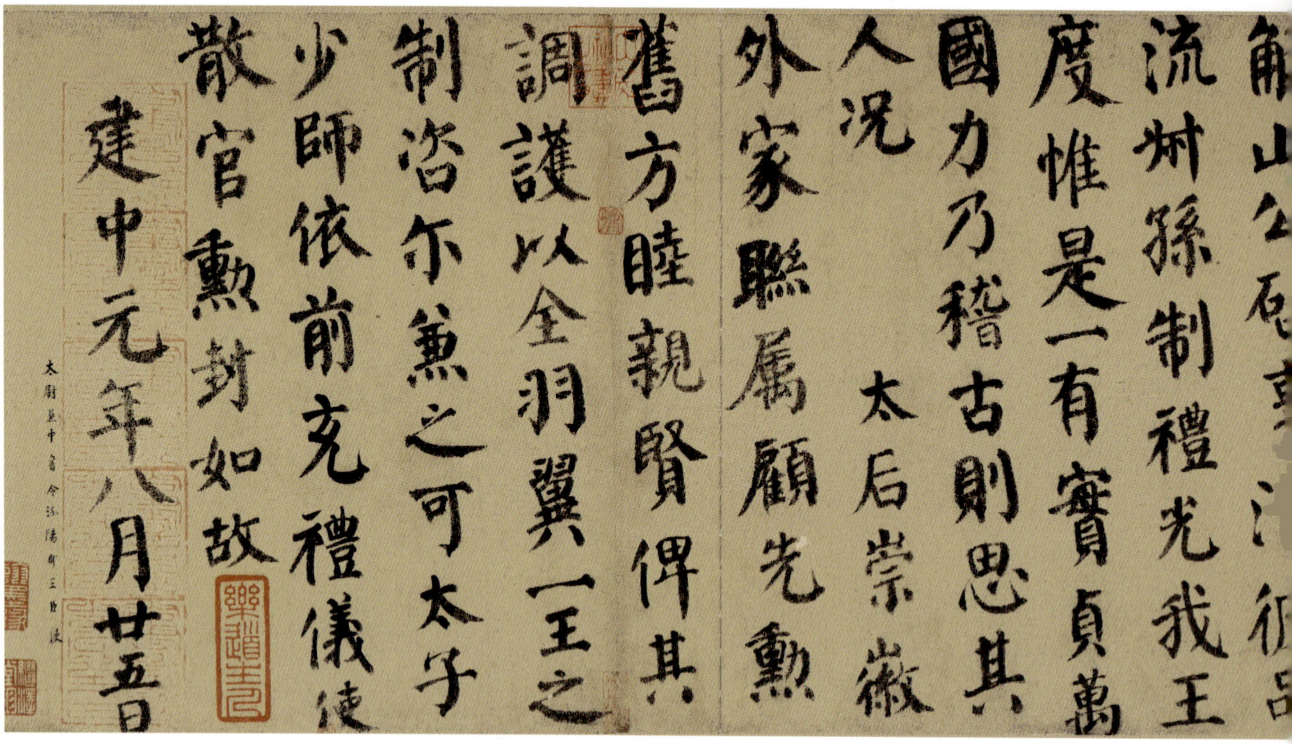

图 1　唐　颜真卿《自书告身帖》 日本台东区立书道博物馆藏

二、临鲁公《自书告身帖》轴

《多宝塔碑》是鲁公书迹中最早年的作品，时年四十四岁，工整易学。鲁公的墨迹传世虽少，但其中有一件难得的楷书真迹，即《自书告身帖》，是鲁公七十二高龄所书，为其最晚年作品之一。（图1）

此帖原迹，曾在董氏馆师韩宗伯家收藏，故董氏有机会借来摹刻在他的《戏鸿堂帖》中，当然也是董氏临学的对象之一。在台北故宫博物院所藏董氏作品中，有他临写此帖的立轴一件，并有跋语：

鲁公《告身帖》真迹在吴门韩宗伯家。米元章重颜行而不许颜真书，亦是偏见，张长史《郎官壁记》，乃狂草之筑基也。

米元章曾讥评颜真卿的楷书，以为是俗品，不过董氏自颜氏楷书入手，故持论不同，并举张旭的楷书《郎官石柱记》为例，说明草书当从楷书打基础。此轴亦未纪年，款下有“青宫太保”一印，当是他八十岁诏加太子太保致仕后所书。（图2）

董氏一生临写鲁公此帖，当然不止台北故宫博物院一轴，在《画禅室随笔》所录《跋自书》中，另有《临颜平原诰书后》一则，内容与此完全不同，即为一例。在清宫旧藏中，还有临此帖一册，董跋云：“……告身，米元章家藏墨迹所列，今在吴门韩宗伯馆师家。米评颜楷为后世挑剔恶札之祖，独于此诰，宝爱不置，大都英雄欺人，身所不习，即加诋毁，不可信为笃论也。岁在庚午……时年七十六。”

由于董氏从颜楷入手，而且初唐诸家楷书仅止于中楷，结体用笔不及颜书雄浑。因此，当董

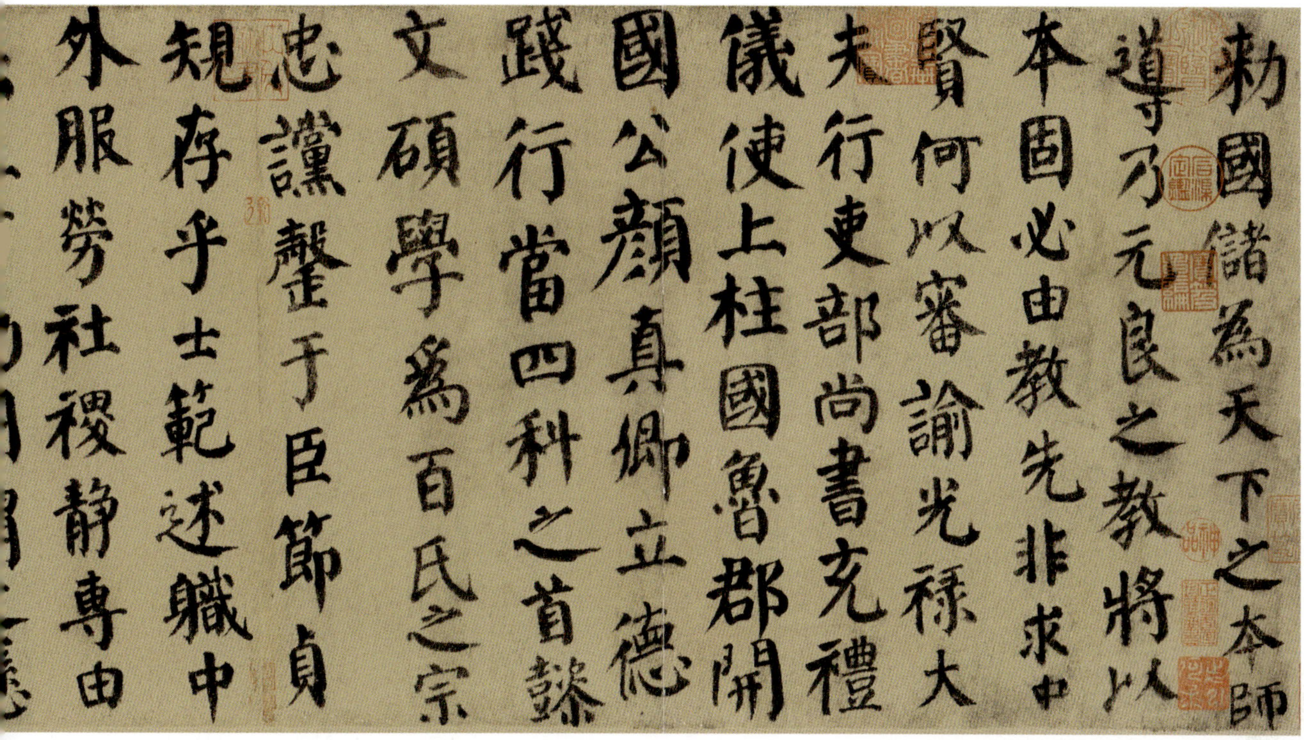

氏作大楷时，就会不期然而然地以颜法渗入。在此可以举出台北故宫博物院所藏的几个例子来加以说明。

三、书周子通书轴

这是台北故宫博物院所藏最大的董氏书轴，其用笔起讫转折比较简朴，动作较少，但整体骨架多有颜法，与未习颜法者绝不相同。（图3）

四、《小中见大》册引首四大字

所谓《小中见大》册，就是《故宫书画录》中《董其昌临宋元人缩本山水册》的首二页。此书用羊毫笔书，丰筋多肉，为董氏现存大书中之佳品。其所用颜氏笔法较前轴为显著。（图4）

五、仿颜真卿书轴

在《故宫书画录》第二卷中，另有两件立轴皆自署“仿颜书”。其中之一，文字内容实节录张旭的《郎官壁记》，但并不临仿张旭的笔法而用颜法。（图5）另一轴则为行书，并未说明仿颜氏何帖。

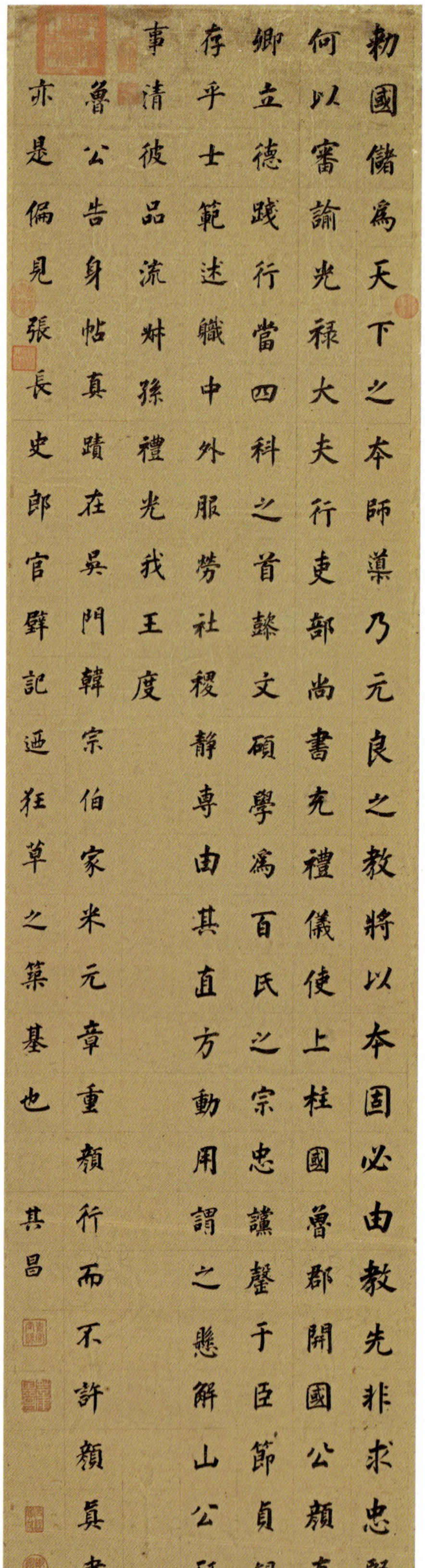

图 2　明　董其昌《临颜真卿告身帖》
台北故宫博物院藏

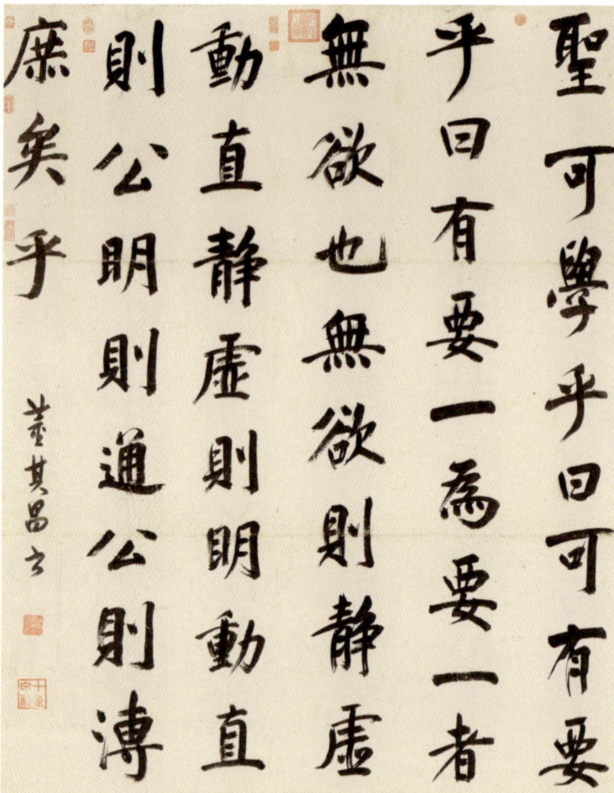

图 3　明　董其昌《周子通书轴》 台北故宫博物院藏

图 4　董其昌《小中见大》册自题　台北故宫博物院藏

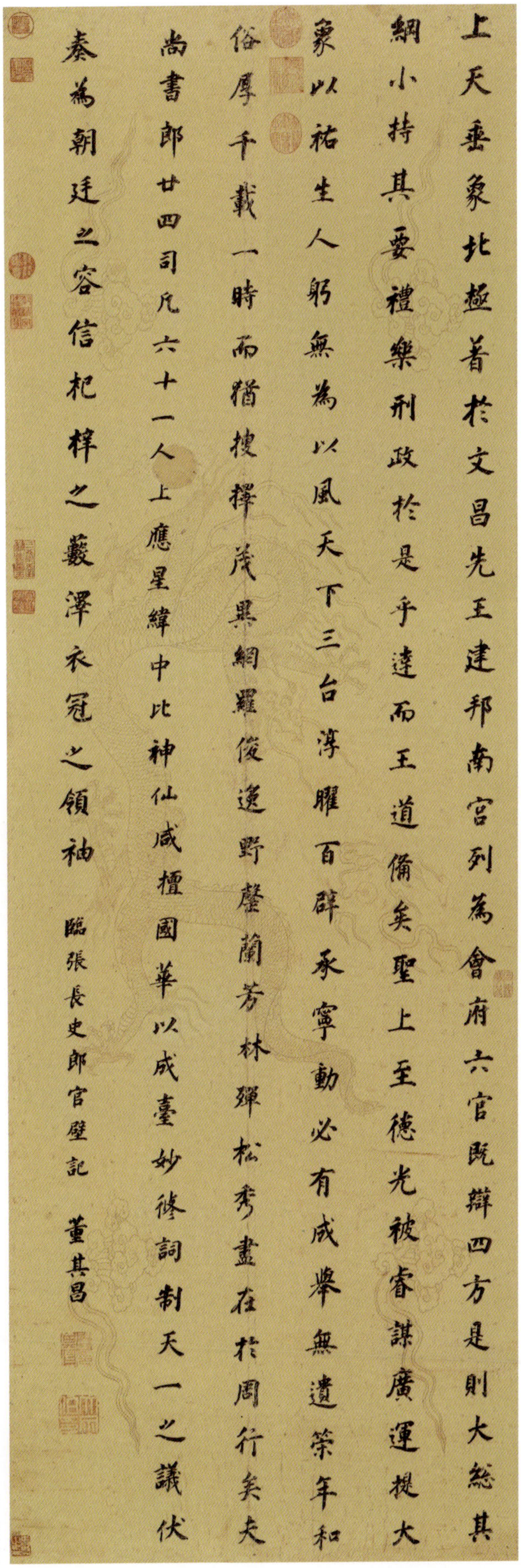

上天垂象北極著於文昌先王建邦南宮列為會府六官既辯四方是則大總其
綱小持其要禮樂刑政於是乎達而王道備矣聖上至德光被睿謀廣運提大
象以祐生人躬無為以風天下三台淳曜百辟承寧動必有成舉無遺策年和
俗厚千載一時而猶搜擇茂異網羅俊逸野罄蘭芳林殫松秀盡在於周行矣夫
尚書郎廿四司凡六十一人上應星緯中北神仙咸擅國華以成臺妙條詞制天一之議伏
奏為朝廷之容信杞梓之藪澤衣冠之領袖
臨張長史郎官壁記
董其昌

图 5

明　董其昌《临张旭郎官壁记》

台北故宫博物院藏

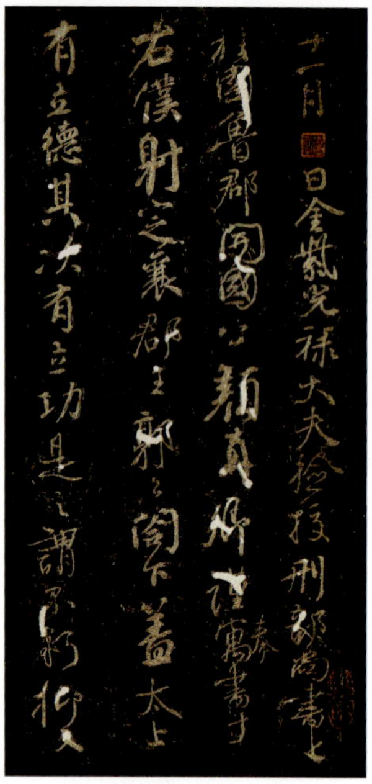

图6　唐　颜真卿《争座位帖》拓本　上海图书馆藏

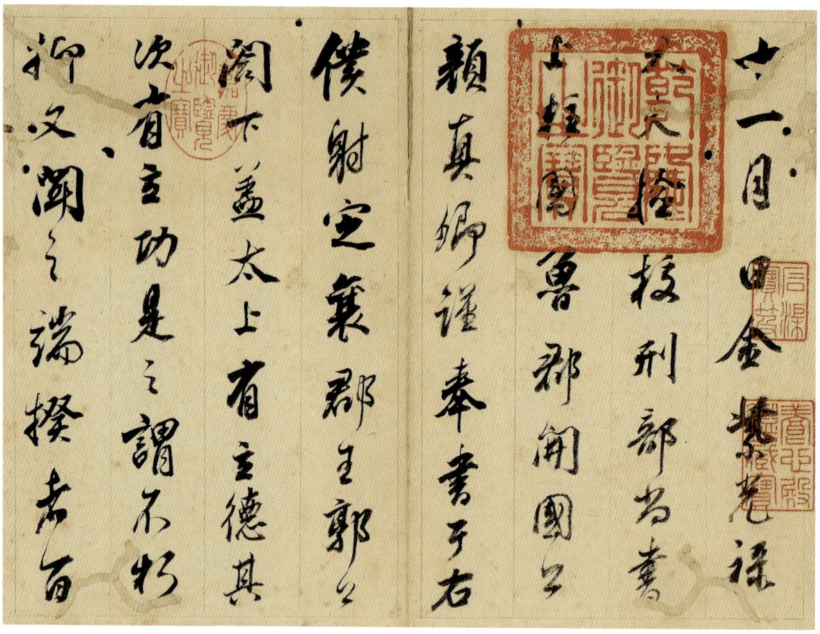

图7　明　董其昌《临颜真卿争座位帖》册　台北故宫博物院藏

大体而论，董其昌是一位行草书家，对于颜书的评论，也与北宋人相同，是更推重行书的：

鲁公行书在唐贤中，独脱去习气。盖欧、虞、褚、薛，皆有门庭，平淡天真，颜行第一。（《容台别集·书品》）

鲁公书惟行体最佳，绝去唐人纤媚之气，余好之不减二王，因临书识之。（《容台别集·书品》）

兹举台北故宫博物院所藏董临颜行卷册如后。

六、临颜鲁公《争座位帖》

《争座位帖》是鲁公名迹之一。（图6）董氏曾刻入《戏鸿堂帖》，有短跋两行，兹录《画禅室随笔·题争座位帖后》于下：

《争座位帖》，宋苏、黄、米、蔡四家书皆仿之。唐时欧、虞、褚、薛诸家，虽刻画二王，不无拘于法度，惟鲁公天真烂漫，姿态横出，深得右军灵和之致，故为宋一代书家渊源，余以陕本漫漶，乃摹北宋拓精好者，刻之《戏鸿堂》中。

知董氏家藏北宋拓本，故得时时临摹。据《画禅室随笔·跋自书》，后来他又见到一本宋拓，认为是米芾所书："新都汪太学儒仲，以宋拓《争坐位帖》见示，神采奕奕，字形较陕刻差肥。余临之次，时有讹字，乃知是米海岳所临。尝自记有临《争座位帖》在浙中，此殆其真迹入石者耶？"

今台北故宫博物院所藏董氏临《争坐位帖》有两册，其无纪年册之题跋与上述米临本大同小异，知是出于米临本。另一册为董氏七十八岁所书，自署"临颜鲁公《争坐位帖》真本"，则应当是出于他家藏的北宋拓本。（图7）

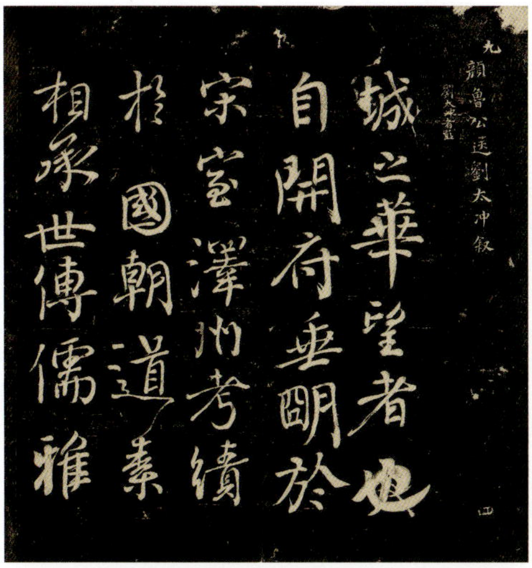

图8　明　董其昌《戏鸿堂帖》中的颜真卿《送刘太冲叙》（局部）　日本山口大学附属图书馆藏

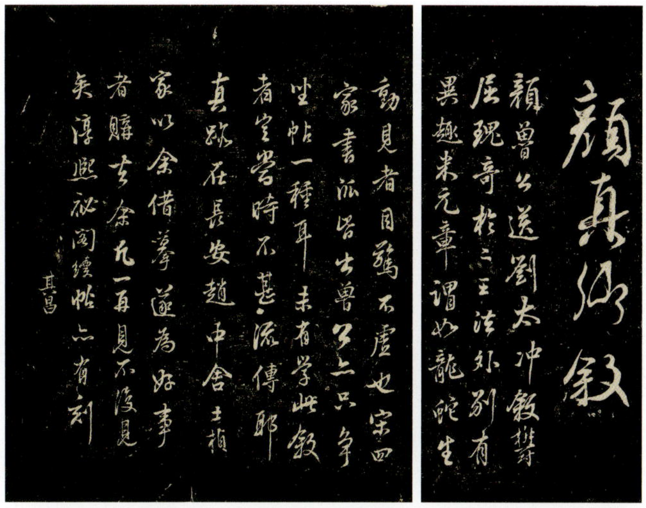

图9　明　董其昌《戏鸿堂帖》中的颜真卿《送刘太冲叙》后董其昌跋　日本山口大学附属图书馆藏

七、临颜平原《送刘太冲叙》

此颜帖亦在《戏鸿堂法帖》中（图8），董氏并有长跋：

颜鲁公《送刘太冲叙》郁屈瑰奇，于二王法外，别有异趣，米元章谓，“如龙蛇生动，见者目惊”，不虚也。宋四家书派，皆出鲁公，亦只《争坐帖》一种耳，未有学此叙者，岂当时不甚流传耶！真迹在长安赵中舍士桢家，以余借摹，遂为好事者购去，余凡一再见，不复见矣！《淳熙秘阁续帖》亦有刻。其昌。（图9）

董氏既曾借摹并一再见，则其临仿亦必再三。台北故宫博物院此本，在《元明书翰册》之第五十五册中，无跋亦无纪年，从书风来看，当是他六七十岁时所书。

将董氏所临与《戏鸿堂帖》对看，知董氏临本不但有异文异字，且有脱句、倒句，可见此一临本不但不是临其大意，而且是未对原帖的背临本，纯粹出自他的记忆。即从这一点看来，可知道他对此帖必定曾经临仿过几十上百遍，否则亦不能随意背临也。

八、临鲁公《蔡明远帖》

《蔡明远帖》也是董氏极为推崇并临仿极熟的作品之一，他跋其临本之一云：

临颜太师《明远帖》五百本后，方有少分相应。米元章、赵子昂止撮其胜会，遂在门外，如化城鹿车，未了事耳。（《画禅室随笔·跋自书》）

这一则题跋可以证明董氏临书之勤，他临帖不以几遍、几十遍来计算，而是动辄几百遍，难怪他的字写得如行云流水，自然之极。台北故宫博物院藏董氏临此帖一册（图10），卷尾自跋云：

鲁公《送蔡明远叙》，山谷称为兼隶篆之势，余临大令帖，知鲁公得笔于献之也。董其昌临，甲戌七月晦日识。

这一年（1634）董氏已经八十高龄，可谓人书俱老，欲其清秀流丽，已不可能，这时临写“郁

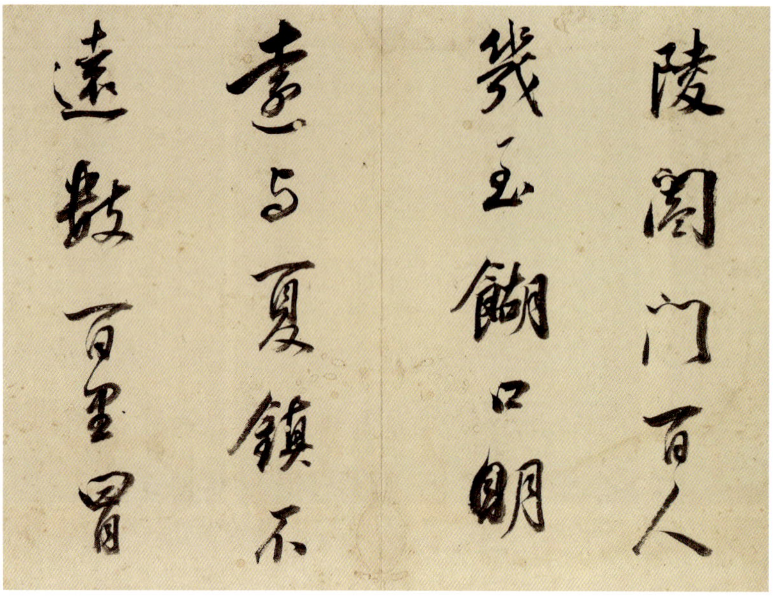

图 10　明　董其昌《临颜真卿书送蔡明远序册》 台北故宫博物院藏

屈瑰奇”的颜字，倒有事半功倍之效。在颜氏诸行书帖中，董氏对此极为推重，所以用功亦深，又尝于自临此帖后跋云：

颜书惟《蔡明远序》尤为沉古，米海岳一生不能仿佛，盖亦为学唐初诸公书，稍乏骨气耳！灯下为此，都不对帖，虽不至入俗，第神采璀璨，即是不及古人处。渐老渐熟，乃造平淡，米老犹隔尘，敢自许逼真乎！题以志吾愧。（并见《容台别集》与《画禅室随笔》）

董氏此题，于谦逊中掩不住自得的神色，对于北宋大家米芾，董氏一生与他争胜不已。董氏晚年，也深深了解自己的书法长于神韵，稍乏骨气，所以力求“沉古”与“平淡”，因此对《蔡明远帖》用功特深。董氏有题跋一则，与此帖有关：

余既失颜鲁公《送蔡明远帖》《借米帖》……遂欲焚砚……落笔时想二家神情风韵，所及当反深也。（《容台别集·书品》）

由此可知董氏曾藏此帖，其后失去，故亦未见刻入《戏鸿堂帖》中；或是得之稍晚，已在刻帖之后矣。

从上述董其昌临仿颜书诸例来看，不难看出他一生对颜书研索体会之深，临仿之勤。这正是因为他有自知之明，要以“平淡天真”的颜书，去力救他天性上柔弱纤媚之病。如果不从这一个角度上去了解董氏一生自我改造、自我提升的努力，那么我们对他的认识难免会停留在片面不全的程度上，对他书风的了解也就有欠深入了。

董其昌书学之阶段及其在书史上的影响

董其昌在中国书画史上有着其关键地位，宋人而后，他与元代的赵孟頫并称大家，因此，20世纪的书画史家都无可避免地一定要讨论到他。1981年，二玄社出版由古原宏伸教授主编的《董其昌之书画》两大册，上册为书画图版，下册为邀请专家学者撰写的论文集，皆为日文。笔者应邀主编书法方面的图版及说明，并撰《董其昌的书学》一文。本人研究书画家的作品，最注重作品的编年资料。因此，这一图录的编排，凡是董氏自记年月的作品，皆依年代先后排列，然后将未纪年的作品附排于后。此一编年的图录，虽然限于当时搜集的范围，但仍然显示了他书风的演变轨迹。本文就是当时选编图录时的一得之见，愿供同道参考。

董氏之传世书迹虽甚夥，然正如一般书家，其早年书迹极罕见。其中，晚年书迹亦不一定纪年，所幸董氏承宋人苏、米之遗风，喜题跋议论，若将其传世有年代可考的书迹，参照其自评自述，尚能使人一窥其发展之大略。约而言之，可分五期：

第一期：自十七岁至二十五岁，为发愤勤学时期；第二期：自二十六岁至三十五岁，为博览反省时期；第三期：自三十六至四十五岁，为搜藏研讨时期；第四期：自四十六岁至六十六岁，为大成时期；第五期：自六十七岁至八十二岁，为老年时期。兹分述于后。

一、发愤勤学时期

董氏之初学书法，以常情推之，当始自童蒙就塾，习举子业之时。然其时董氏学书，只如一般学童之日课而已，其自觉的习书则始自十七岁，早于其学画五年。习书原因并非对书法本身发生兴趣，而是为了举子业：

> 余学书在十七岁时，先是吾家仲子伯长，以与余同试于郡，郡守江西袁洪溪以余书拙，置第二，自是发愤临池矣。（《画禅室随笔》）

所谓“吾家仲子伯长”，乃是董其昌晚辈“家侄原正，又字伯长”。他虽是晚辈，但少董氏一岁，故与董氏同时就塾并就试，董氏跋其书云：“少有俊才，临池特妙……二十一夭矣。”（《容台别集》）则董伯长之生卒年为1556年至1576年。可见董氏因书法不及其侄而被拙为第二，激发了他学书的动机，终因其锲而不舍的精神成就了一代大书家。

董氏的入门范帖为颜真卿的《多宝塔碑》，入门字范往往影响一人一生之书风，虽然自此之后，董氏转益多师，博学纵览，上追魏晋，下仿唐宋，但终其一生，其楷书笔意未脱颜氏风格。在其存世书迹中，也不乏临仿鲁公之作。颜书之后，他又改学虞世南，其书蕴藉遒媚，颇与董氏性格相合。

数年后，他发现唐书不如魏晋，于是改习阁帖中的《黄庭经》以及钟繇的《宣示表》《力命表》《还示帖》《丙舍帖》以及右军《兰亭》，大约经过数年的研习，信心大增，以为逼近古人，连吴中的前辈大书家文徵明和祝允明都已不置于眼角。后来他回忆此一少年时期的书法，自谦实未得古书家之神理。

二、博览反省时期

在董其昌早年期中，对他书画艺术影响最大的一件事，当是1579年前后，嘉兴的大收藏家项元汴请他前往为幼子授课，因而使董氏“得尽睹项子京家藏真迹”。不论是否“尽睹”，但项氏藏品之富使董氏大开眼界，这对他日后成为书画史家、鉴赏家和书画家有密不可分的关系。

在同一时期中，另一件事也对董氏产生了相同的影响。那是在己卯（1579）秋，他前往金陵参加省试，得见右军《官奴帖》墨迹。见了这许多古人名迹，“方悟从前妄自标许”，回视己作，大失所望，遂欲焚笔碎碗，几于搁笔不书有三年之久。自此之后，他结束了师法名刻拓本而妄自尊大的时期，进入了博览反省时期。同时，在临仿古人的取径上，也渐渐改变了方向。

在16世纪80年代，他开始学宋人。他说：

余十七岁时学书，初学颜鲁公《多宝塔》；稍去而之钟、王，得其皮耳；更二十年学宋人，乃得解处。（《画禅室随笔》）

可见晋唐书法，为时早远，又经历代传拓，笔法失真。及他见真迹，方怅然若失，却又无力购置晋唐人的墨迹作范本。这时，他发现了在宋人之中，米芾极得晋人风韵，且米氏笔性亦与董氏相近。宋人书迹存世尚多，于是米芾成了他一生追求的目标。可以说，董氏是借径宋人，直追晋唐，故这一时期临仿米书不少。

三、搜藏研讨时期

在董氏生平中，第二件与他书画事业有密切关系的事，是他在1589年考取了进士。这使他拓宽了交游范围，结识了更多士大夫收藏家。个人地位的提高既增加了他对书道的自信心，也让他意识到“书以人重”的道理。同时，家庭经济的改善使他有实力步入收藏家之列，以实现“学书必从真迹”的主张。

自1590年起，由于地位以及收入的提高，董氏进入了热心搜访、收藏古书画名迹的时期，因此在他的存世书迹中，有不少是书画题跋，且多小楷。由于见多了古人名迹，他也抛弃了早年的自大自满。1597年时，他说：“吾学书……今将二十七年，犹作随波逐浪书家，翰墨小道，其难如是！”（《画禅室随笔》）在1599年，他题跋自己七年前的书作，云：“余重展之，无能多胜于曩时，深以为愧！”（《画禅室随笔·跋自书》）这正是反映了不能更上一层楼时的心境。

四、大成时期

董其昌在前期末的心境，虽然持续到17世纪初期，但是已经进入了“自我肯定”的另一阶段。他在1600年时说：

予学书三十年，不敢谓入古三昧，而书法至余，亦复一变，世有明眼人必能知其解者。（《画禅室随笔·酣古斋帖跋》）

的确，书史学者都能首肯此言。也就是说，从17世纪初起，中国书史开始进入了一个董其昌的时代。同时，在此后二十年中，董氏除了在1604年至1605年间曾短暂“出山”以外，其他时间皆是赋闲在家，他的书画船在江南书画收藏家及好事家间悠然往来，是为董氏书画的大成时期。他五十岁（1604）时题其自书古诗卷尾云：

今日临古诗数首，俱不入晋人室，唯颜平原、虞永兴、杨少师三家，差不愧耳。

（《画禅室随笔·跋自书》）

虽然自谦不入晋人室，但实甚自负！此颜、虞、杨三家都是他平时极为推崇的师学渊源，现在自以为已经并肩而立。另有一无纪年自评亦与此相类：

吾书无所不临仿，最得意在小楷书……若使当其合处，便不能追踪晋宋，断不在唐人后乘也。（《画禅室随笔》）

董氏既自负上追唐人，故在1609年评书时，便已透露出他自以为胜于赵孟頫：

古人作书，必不作正局，盖以奇为正，此赵吴兴所以不入晋唐室也……余学书三十九年见此意耳。（《容台别集》）

然赵氏究有胜人之处，不容董氏过于自大。董在两年之后（1611）曾作一自我比较：

余十七岁学书……今五十七人矣，有谬称许者。余自校勘……与赵文敏较各有短长。行间茂密，千字一同，吾不如赵；若临仿历代，赵得其十一，吾得其十七。又赵书因熟得俗态，吾书因生得秀色。赵书无弗作意，吾书往往率意；当吾作意，赵书亦输一筹，第作意者少耳。（《容台别集》）

在文字上，董氏虽各述短长，而骨子里仍有胜赵之意。实际上，董氏有时尚不甘为王羲之束缚，况一赵孟頫乎？

书家妙在能合，神在能离。所欲离者，非欧、虞、褚、薛诸名家伎俩，直欲脱去右军老子习气，所以难耳……晋唐以后，惟杨凝式解此窍耳，赵吴兴未尝梦……然余解此意，笔不与意随也！（《画禅室随笔》）

这是董氏1614年之语，可概见其17世纪10年代勇猛精进之气概。

五、老年时期

至1621年，董氏再奉诏“出山”，时已六十七岁，学书已五十年。在此之后，出官五年，请告归家五年，再起故官五年，乞休致仕，又二年而卒。这是董氏的老年期，“渐老渐熟，归于平淡”，可谓这一时期的写照。

1622年，董氏书《金刚经》册时自题云：“出入钟太傅、王右军、（王）大令、颜平原、杨少师、米海岳诸家。”这是董氏集大成之后，将古来大家笔意随手写出，正是其老年期的能事。然董氏虽届高龄，当他七十二岁（1626）书《金刚经》册与早年所书比较时，“相去四十年，目力腕力不甚远”，足见其时未现老态。翌年，一再题1616年所出《论画册》时云：“展阅载四，觉秀媚之意，溢于毫端，知与古人相去甚远耳。”则可探知董氏晚年时期的书法境界，乃欲力去“秀媚”二字，已有“归于平淡”之意。1628年，董氏在寄吴周生《墨禅轩说》中有“唐人诗云：夕阳无限好，只是近黄昏。奈之何”一语，亦略见其伤老之慨。1630年，自题其所书《女史箴》云：“余此书直得晋人之髓，非敢自誉。书道本如是，历代皆迷耳。”足见其老而益壮的豪情。盖中年时只敢与唐人比肩，至是方入晋人之室，而唐宋以来书家皆不在其眼目中矣！

当董氏七十二岁时，书名已遍中外，曾云：

今七十二人矣，未知一生纸费几何，笔退几何！在礼部时，高丽进贡使者，询知余坐堂上，便谓异事，想事迹亦传流彼中。又，同年夏子阳黄门使琉球归，追请余书，以应琉球使人。（《容台别集》）

董氏虽感慨其一生中不知为学书费去多少纸笔、多少心血，但是当他述说异国使者闻其书名时，其得意的心情亦情见乎辞。董氏八十岁时，并时收藏家所收董书中，已经“真赝相半”，亦可见其晚年书名之盛。

董氏又云：

余书画浪得时名，润故人枯肠者不少。又吴子赝笔，借余名姓行于四方，余所至士大夫辄以所收视余，余心知其伪而不辩，以此待后世子云。（《容台别集》）

凡伪迹中，以后世伪作较易辨别。更何况有董氏授意的代笔。这种作品，连当时的收藏者也已不能分辨。董氏曾评赵孟頫云：“成名以后，悠然自放，亦小有习气。于是赝书乱之，钝滞吴兴不少矣。”（《容台别集》）而董氏一生，也颇多对客率尔应酬之作，兼之自晚年以来，声名远播，赝作纷起，故我们亦可借董氏之言曰：“钝滞玄宰不少矣！”

但大体而论，董氏承宋元人之书论与书学，虽然常作自高之论，以为上追晋唐，但是时湮代远，其精神风气皆已不相及。然自董氏之出，书风确为之一变，其在书学上之地位，与宋之米芾、元之子昂，实为相近。

六、晚明书坛与董其昌

在当时的晚明吴中一带，书风仍盛，文氏传统并未为董氏所取代；而且由于晚明经济、文化之发展，书学之盛，渐遍全国。如北方书家中有山东的邢侗（1551—1612）与董氏并称为“北邢南董”，又有定居北京的吴中人米万钟（约1565—1628），与董氏并称为“南董北米”。南方书家中，则有福建的张瑞图（1570—1641）与以上三家并称为“邢张董米”。可见，苏松地区的书家并不能专美，只是与南北书家并称而已，且自此以后，苏松书家式微矣！当时福建书家，尚有漳州的黄道周（1585—1646），而浙江书家，则有上虞的倪元璐（1593—1644）。同时在北方的书家，又有河南的王铎（1592—1684）。由此可见，松江书风虽由董氏达其巅峰，而且董氏自诩其个人造诣胜于文、祝，然由于全国各地之书家辈出，其声势较之文徵明笼罩一代的晚年盛况，实远逊焉！

七、董其昌的影响

以书史立场而论，董氏之影响实又较文氏为深广者，则其不在于晚明而在清初之康熙及中期的乾隆之间。近人裴景福对此有精当之论：

明末及国初，仍兼习赵、米，未尝以香光为宗师也。至圣祖仁皇帝（康熙，1662—1722）始诏华亭沈荃（1624—1684）供奉内廷，专重董法。乙酉（1705）南巡，驻跸松江府（董）其昌家祠，犹颁赐“芝英云气”匾额……嗣是二百余载，书家钜子，悉瓣香香光。（裴景福《壮陶阁书画录》）

裴氏之论，虽不免夸大，盖百余年后，嘉庆以来，碑学代兴，帖学渐趋下风，然终有清一代，帖学书家以赵、董并重，而文徵明不与焉。

松江（华亭）书派，自沈荃以后，当以王项龄（松乔老人，1642—1725）、王图炳父子，以及王鸿绪（1645—1723）为佳，至张照（1691—1745）以后，华亭一地以书名者实已寥寥，至王文治（1730—1802）虽亦以学董书名世，然他是丹徒人。至于在书风上，清代以帝王之提倡，臣下风从，不敢放纵，只就妍整遒媚的董氏楷书下功夫，终而发展出字字如算子的清代馆阁体，使帖学一派走上末路；而董氏所得意的怀素草书以及奇宕潇洒的晋人书风，学者皆置而不问，若董氏有知，当必为其所呵也！

董其昌的书画船

——水上行旅与鉴赏、创作关系研究

一般书画史的研究侧重于风格分析，进而探讨个人的思想、家庭及师友背景，更进一步讨论其时代大环境、社会及政治、经济、文化发展之互动关系，而较少对书画家的生活形态及创作环境、实际创作活动和作品之间相互的因果关系展开研究。本研究则是以“书画船”为中心进行研究之特殊个案。

传统上对“书画船”的观念，起自宋代著名书画鉴藏家的“米家书画船”，主要是指米芾（1051—1107）以其书画收藏随舟旅行，不时取出鉴赏的故事。而本文将扩展探讨古代书画家，特别是活动于江南地区的书画家们。水路乘舟的交通为他们生活的一部分，与今人的代步工具汽车无异。但是因为中国地域辽阔，长江大河，水道纵横，在汽船通行之前，唯有靠着风力、人力航行于各地，近者计日，远者计月。舟中既不能四处走动，亦无突然来访的访客，更无电视、电话，极少杂务，颇多闲暇。文人可以在舟中读书作诗，书画家则可以写字作画或鉴赏。而现代的交通工具，不论如何豪华，特别是汽车、火车、飞机，在旅途中皆无从进行书画鉴赏，更无从进行创作，是故“书画船”这一名词及其相关的作品和风格，随着科技的进步以及交通工具的改变，遂逐渐消逝于历史之中。

就笔者历年留意所及，流传至今的部分书画创作及鉴赏活动，有些是在舟行的旅途中所完成。这是中国人，特别是江南水乡的特殊生活形态所造成的。不但如此，尤其是绘画中的山水画卷，有一部分不但是在舟中所作，而且因舟行所见成为其创作的动机或灵感的来源，其构图、其景物皆与所见息息相关，因而构成中国山水画卷两大类别中，与“山行山水”相对的另一主要类型——“舟行山水”。这也是本文研究的要点之一。

本文所谓的“书画船”乃泛指乘者携有书画作品以供旅途中鉴赏，或乘者可以在其上作书画甚至兼有书画交易性的船只。因此，它没有一定的尺寸大小、规格、形制或设备。本文中所讨论到的历代相关人物，其地位与财富均不同，因此在其中进行书画鉴赏或创作的船只从简陋到豪华，从借用到特制定造都有。在本文的前篇中，将尽可能地寻找此一方面的具体图像材料，作为配合和增进吾人对古代书画家及鉴赏家相关生活的了解，但绝不意味古代有作此用途的专用船只，因而具有某种特定的设备和外貌造型。

一、绪论

（一）水乡与舟舫

唐代诗人杜荀鹤尝作《姑苏诗》云：“君到姑苏见，人家尽枕河。古宫闲地少，水港小桥多。”姑苏虽是东方威尼斯之代表，但其实江南太湖地区大湖小荡，星罗棋布，长河小川，纵横交错，是以河港相连，江湖通流，人民屋居大多依河而建，可以说是开门见水，举足有河，故对外交通除了陆路步行，一定要过桥。然桥多拱形，以利通舟，而石阶上下，不利马车。因此，江南地区主要的对外交通工具非舟船莫属。姑苏如此，附近的城市乡镇莫不如此，董其昌的家乡松江也是如此。[1]

舟之为用有两途，盖舟车之属，其基本的用途是代步，自甲地至乙地的交通工具。乘舟车，以省肢体之劳，而古代之路不平，轮车无避震设备，故乘舟较为舒适。然古之行舟，唯借人力与风力，中者计旬，远者计月，舟中既无访客，也无家累及尘俗杂事，故闲暇特多，而且心无旁骛，是故文人在乘舟旅途中可以读书作诗，此为常事。书家可以读帖临帖、随兴写字，画家可以赏景作画，鉴赏家可以鉴阅古书画并作题跋。

此外，另有一用途，即不作交通工具，因其舒适而作纯粹的消闲用具，可以在舟行中游览赏景，而无步履之劳，可以会友，可以消暑，可以赏月，可以歌唱，可以在舟中雅聚，读诗论画，而兴之所至便可作书作画。

归纳起来，对文人及书画家而言，舟舫之所以能成为创作作品之场所，因为它是在旅行途中仍然可以进行创作的理想空间，它不但具有移动书房或画室的优点，而且更具有约束力。因为舟上生活较少被打扰，空间近乎隔绝，但是它本身可以在江湖中移动，可以游目骋怀，而绝不会令人有受到禁足的感受。而且古代没有污染问题，真是"水面好风光"，随时有令人愉悦的环境，无怪乎有的诗人有"一入舟，便觉诗思泉涌"的感觉。这最能说明江南水乡为什么会有"书画船"产生的原因了。

（二）舟舫雅集——晚明文人书画家的时代氛围

董其昌既生长于江南水乡之一的松江，世代以来，当地居民即以舟船为主要交通工具，无论商贾、士人、行医、农夫等都需要各式舟船，犹如今日居民一般以陆路交通为主，各行各业拥有私家车、客车及货车一样。但是，现代车辆究竟在速度、空间以及行驶地点等与本文论及的古代舟舫有异，两者在作用以及气氛上有很大的不同。

自古以来，文人即喜好雅集。雅集场所众多，例如古有东晋王羲之于会稽山阴之兰亭雅集，今有1973年庄尚严先生于台北外双溪举办之曲水流觞雅集等，许多大大小小雅集的地点皆位于郊外有自然风景处。而在豪贵宅第雅集宴会者，自古以来如晋石崇替爱姬绿珠于河南洛阳西北构筑之金谷园，又如李公麟、米芾之西园雅集乃在私人园林，再如王维的辋川别墅则属于私人庄园。

江南地区的文人雅集则又多了一种形态，即舟舫雅集。文人雅集的舟舫除了必须为水上交通工具外，至少应具备今日旅游车的功能，它要宽敞雅致，行驶平稳舒适。在空间上，舟舫至少除了操舟者一两人、童仆一两人及必需的小厨房以供应茶点之外，还能容纳宾客两三人甚或十几二十人。想象中，船舱中应安置一张用来题诗作画的桌案，以及许多固定或移动式的坐具。

董其昌自青年时期起，其所交往的地方士绅即多拥有私家舟舫，而得以参与泛舟宴集雅聚。

万历七年己卯（1579），董其昌二十五岁，同乡先辈顾正心（字仲修，号清宇）自备一艘名为"青莲舫"的私家船。从此，他时常与莫廷韩（名是龙，1537—1587）、徐孟孺（名益孙，号与偕，华亭人）以及朱安之等辈"常为泛宅之游"[2]。

顾氏仲修"以诸生入太学，任侠好交游。万历十六年（1588）岁饥，出粟两万石行赈，青浦大吏特命嘉贤之额，授光禄寺署丞”[3]。可见顾氏必饶于资财，才有能力自造青莲舫并邀请友人泛舟同游，诗酒唱和。

顾正谊，字仲方，万历时中书舍人，以诗画驰声东南，画学元季大家。[4]顾正谊应属顾正心（仲修）之兄弟，与董其昌交往颇密，董曾向其借古画临仿。

在传世董氏中晚年法书作品中，一件无纪年绫本行草书《庚子嵩读庄子》卷，署款曰：“董其昌书于青莲舫。”[5]倘若此舫并未转手，则该卷应当在顾氏舟中所书。

另一次董氏与乡前辈泛舟雅集的记录，则是万历十一年癸未（1583）季秋十八日，董氏随其塾师莫如忠（1508—1588）西游长泖，同行者还有嘉兴山水画家宋旭（字石门，1525—1605）、松江冯大受（1579年乡荐）、蔡幼君、沈侯璧，以及莫如忠之子莫是龙等。[6]

以上是董其昌参加乡贤先辈的泛舟雅集。等到董氏自己有了功名，有了经济基础可以收购古书画后，在他生命中，无论闲居家乡或外地宦游，皆常有机会与同道好友在舟船中聚会雅集。例如，董氏一卷无纪年草书《白居易琵琶行卷》便书于“昆山道中舟次，同观者陈征君仲醇，及夏文学、庄山人、孙太学也”[7]。

董其昌与陈继儒（1558—1639）交游甚密乃众所皆知的事，《容台诗集》卷一《丙申（1596）闰秋舟行池州江中题陈征君仲醇〈小昆山舟中读书图〉》中，便记录两人舟中交游之雅兴。另外，癸卯年（1603）秋日，董其昌亦尝邀王衡、陈继儒共饮于舟中并同游畸墅。[8]又，壬子（1612）九月八日，董氏“同范长倩、朱君采、董遐周西湖泛舟”，并有诗文唱酬。[9]

至于陈继儒这位董氏的终生好友，他虽自称为“山人”，但是小舟却也是他生活上的必需品。在其《岩栖幽事》中，他简明地描述了此船的装潢及旅程范围：“住山须一小舟，朱栏碧幄，明棂短帆，舟中杂置图史鼎彝、酒酱荈脯。近则峰泖而止，远则北至京口，南至钱塘而止。”[10]说明这是一艘可以通行在太湖流域，不能过大江的船只。陈氏接着描述了此舟之为用：

> 风利道便，移访故人；有见留者，不妨一夜话，十日饮。遇佳山水处，或高僧野人之庐，竹树蒙茸，草花映带，幅巾杖履，相对夷然。至于风光淡爽，水月空清，铁笛一声，素鸥欲舞，斯亦避喧谢客之一策也。

这都说明了舟船具有移动性的私密书斋空间，不但可以“避喧谢客”，也可以主动探访故人，游览山水，来去自如，操之在己。这些也说明了董氏数度辞官居家时期如何享受在他书画船上的逍遥生活。

董氏同辈交游中有吴正志（字之矩，号澈如）者，其家有云起楼，藏法书名画，董氏亦曾数度为吴氏作画，黄公望《富春山居图》卷后亦归吴氏，可知其颇富书画收藏。吴氏卒后，董氏《容台集》有《祭吴澈如年丈》文，其中有句云“烟水五湖，岁发王猷之兴；图书千载，时寻米舫之踪”，可见两人扁舟往来，常携书画相访。

董氏的晚辈交游圈中亦不乏购有画舫者，其中以安徽歙县汪汝谦然明先生（1577—1655后）最为著名。汪氏因慕西湖之胜：

> 迁杭州，遂家钱塘缸儿巷，延纳名流，文采照映，董尚书其昌以陈大邱推之，制画舫于西湖，曰不系园、曰随喜庵，其小者曰团瓢、曰观叶、曰雨丝风片……四方名流至此，必选伎征歌，连宵达旦，即席分韵，墨汁淋漓。[11]

在董其昌的《容台集》卷四中有《汪然明绮集引》，即为汪氏之诗集而作。另，天启三年

（1623）有汪汝谦画舫“不系园”之记载，据《春星堂集·不系园记》，汪氏该船建造费时四个月：

计长六丈二尺，广五之一。入门数武，堪贮百壶，次进方丈，足布两席，曲藏斗室，可供卧吟，侧掩壁厨，俾收醉墨。出转为廊，廊升为台，台上张幔，花晨月夕，如乘彩霞而登碧落……中置家童二三擅红牙者，俾佐黄头以司茶酒……陈眉公先生题曰“不系园”。[12]

书画船虽不必如此豪华，而且湖船与江船有别，但也可见一斑。

董氏所乘的舟楫，依当时一般的风气，待有相当的官阶及积聚相当的资财，就可自备舟楫，但董氏多次出使远任，似应由政府提供官方船只送其赴任及赴京或返家。但就目前所得资料，可以确定董氏乘坐“官舫”的资料并不多见，以下是少数几则在董氏文字中确切说明是“官舫”中的活动：

丙寅（1626）二月望，董氏重观并跋李公麟《〈维摩演教图〉卷》“于吴门官舫”[13]。（图1）

同年仲春望日，董氏观并题王蒙《破窗风雨图》“于金阊官舫”[14]。

以上二画题于同日同地（金阊，即吴门或苏州之别称），两者都是在官舫中。

但在抵达吴门之前，董氏自题《仿十六家巨册》中《仿李成山水》时云：“丙寅二月二日，真州舟中写。”[15]

他当时所乘，应与抵达吴门时为同一舟，然而并不题作“真州官舫写”，却如平常一般，只是题作“舟中”，由此也许可以证明董氏多次奉旨来回长沙、闽中、江右等任所时，其所乘之船只为“官舫”应该是近乎事实的。其他董氏题明为“官舫”之例有：

丙寅（1626）九月二十一日，董氏题《丁云鹏画五像观音、于若瀛书〈楞严经〉合璧卷》云：

此予友济阴于念东中丞之笔也，昨年予道济中丞公子出谒于官舫，予为言及此卷……[16]

“昨年”为乙丑（1625）。按，是年董氏赴南京礼部尚书之任，故所乘为“官舫”。甲戌（1634）四月十九日，董氏时年八十，重题旧作《神楼图》云：

刘南垣大司寇侨居吴兴，欲购一楼，无长物足办。文徵明作《神楼图》赠之……予此图仿之……今日过东昌，见长公携以见示，盖三十余年矣，不胜感慨！重题于官舫中。[17]

东昌在山东，盖是年夏初，董氏乞休恩准，诏加太子太保致仕，遂束装返里，朝廷拨“官舫”送返。至四月十九日，已抵济南西南方的东昌，至五月仲夏，经维扬返松江。除了董氏自己的“官舫”之外，在董氏题跋中偶然也可以见到在他友人的“官舫”中观赏书画，例如乙丑（1625）四月二十二日自题《仿董源山水图》云：“近于朱参知敬韬官舫观北苑画仿此。”[18]

此外，在董氏的题跋文字中，偶然说明是题在“画舫”中的，就吾人所了解，“画舫”的设备是比较适于短距离的游艇，设备上较重于装饰华美的外观，讲究的是宴客集会时的舒适，而不是长途的风帆樯桅以及比较庄严坚固的船舱。董其昌偶有在“画舫”中作书画的记录，如：

明崇祯庚午（1630）十月，“丹阳城下画舫书”《画旨帖》一册。[19]

明万历甲辰（1604）六月，董氏观并题《宋元宝翰册》，云：“思陵书杜少陵诗，赵吴兴补图，乃称二绝……甲辰六月观于西湖画舫。”[20]（图2）

西湖上除有商业画舫之外，还有不少私人画舫，如前述董其昌的友人歙县汪然明自制画舫，为陈继儒命名为“不系园”者。想董氏之题古书画册，比较有可能是在备有文房用具的私家画舫，而不是在以声色游宴为主的观光画舫吧！

衡量各种情况，董氏应该置有私家舟舫，虽然目前尚无他本人描述自家舟舫，或友人述及董氏

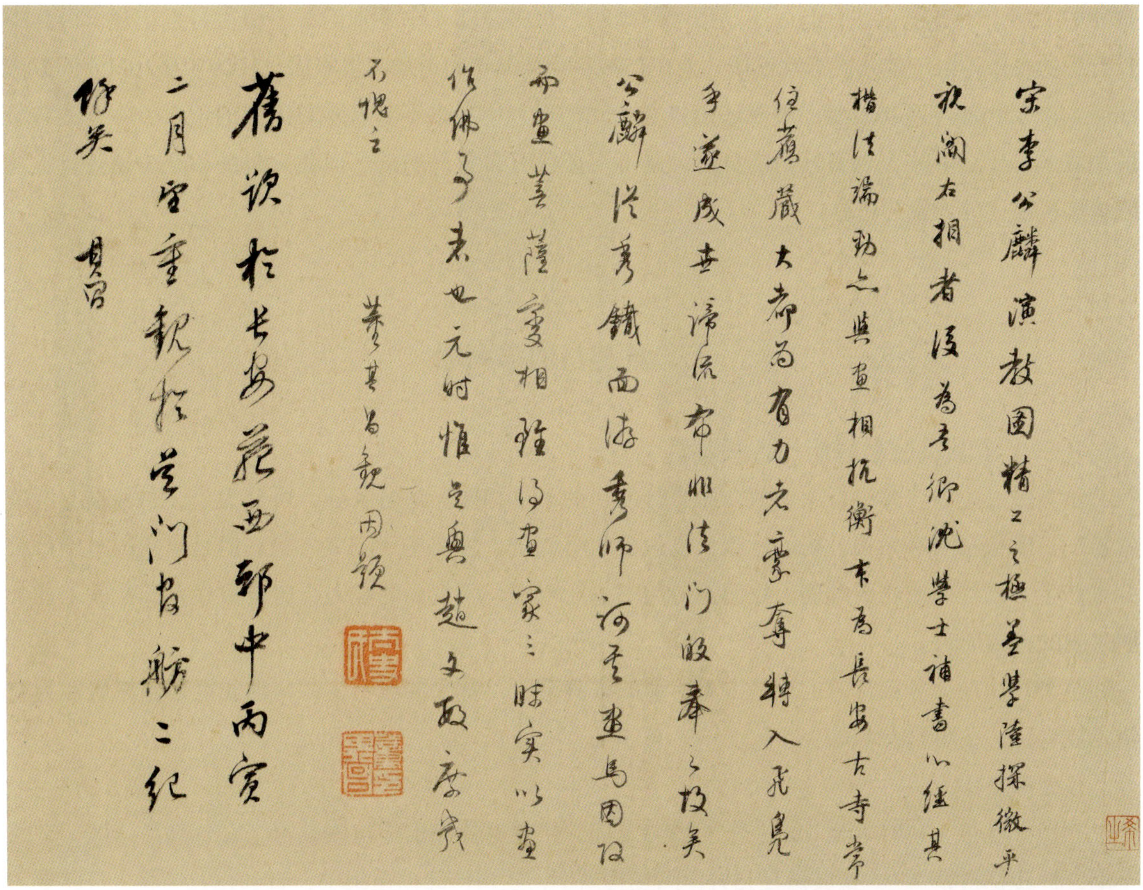

图1　北宋　李公麟（传）《维摩演教图》后董其昌题跋　故宫博物院藏

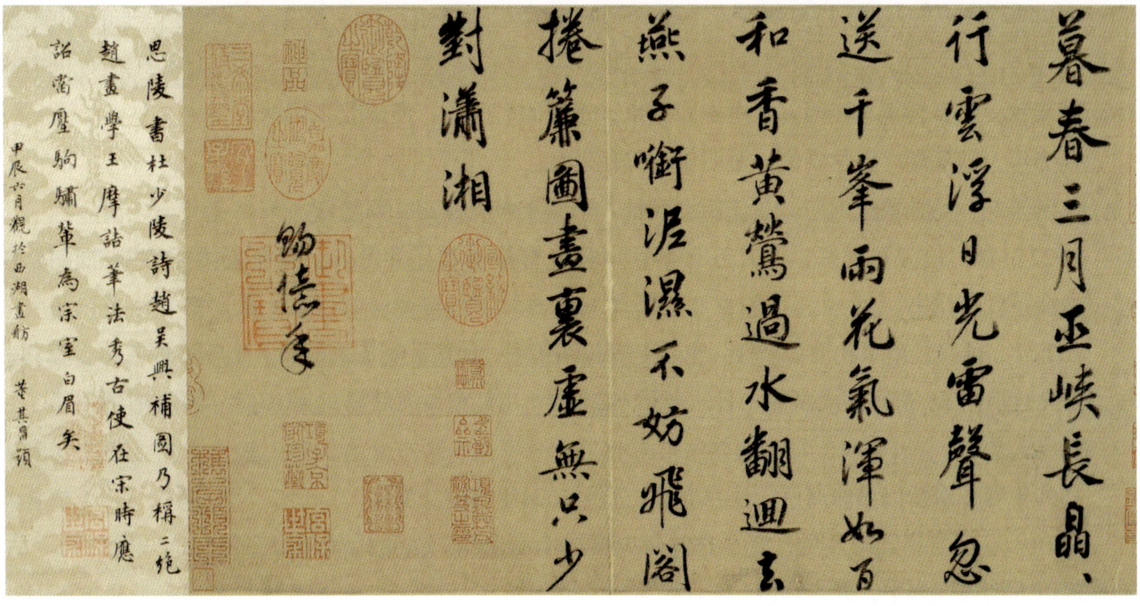

图2　南宋　赵构《书七言律诗》；董其昌跋　出自《宋元宝翰册》第一开　台北故宫博物院藏

卷上看出李成、王维的风格脉络。董氏在以上题跋之后，于同一天内又作六行小字长题，记述了董氏书画船在渡钱塘之前的情形：

先是予过嘉兴，观项氏所藏晋卿《瀛山图》，至武林观高氏所藏郭恕先《辋川图》，二卷皆天下传诵北宋名迹，以视此卷不无退舍……[24]

是以知董氏此行，先到嘉兴观赏了项元汴（1525—1590）的遗藏——王晋卿的画，又到杭州看了高深甫所藏郭恕先的《辋川图》，这两图都是拿来与他自藏的赵大年画作比较的，相信他实际所观赏的数量必多。而董氏对两图的评语是：

《瀛山图》笔极细谨而无澹荡之致，《辋川》多不皴，惟有勾染，犹是南宋人手迹。予在京师往来于怀，至形梦寐，及是获披觏再过，始知营平所言，"百闻不如一见"，真老将语也！此聊以论画耳，类是者更何限。人须自具法眼，勿随人耳食也。是日又题，其昌。[25]

对于当时天下传诵已久的王诜和郭忠恕的两卷名迹，自从他书画船有了赵令穰的画卷之后，更能比较出高下和时代的先后，这是他此行的第一项收获。

此行最大的收获，则是他日后津津乐道的长沙之行，其洞庭及潇湘道中的沿途所见，得以与日后所得之董源《潇湘图》以及米家云山的对照。董氏题《潇湘图》时云：

……忆余丙申持节长沙，行潇湘道中，蒹葭渔网、汀洲丛木、茅庵樵径、晴峦远堤，一一如此图，令人不动步而重作湘江之客。昔人乃有以画为假山水，而以山水为真画者，何颠倒见也……[26]

或者"予之游长沙也，往返五千里，江山映发，荡涤尘土"[27]。董其昌又是"读万卷书，行万里路"的发言人，可以从以下一则《评诗》中见此行之重要：

古人诗语之妙，有不可与册子参者，惟当境方知之。长沙两岸皆山，余以牙樯游行其中，望之地皆作金色，因忆"水碧沙明"之语。又自岳州顺流而下……孟襄阳所谓"挂席几千里，名山都未逢。泊舟浔阳郭，始见香炉峰"。真人语，千载不可复值也。[28]

领略诗句之妙，固然是要"当境方知之"，则而图绘山水，更是如此。董氏曾于自题画中论画云：

画家以天地为师，其次山川为师，其次以古人为师，故有"不读万卷书，不行千里路，不可为画"之语。又云"天闲万马吾师也"，然非闲静无他萦好者，不足语此。噫！是在吾辈勉之，无望庸史矣！乙巳六月，舟次城陵矶写。[29]

可见董氏的自我期许极为高远，他强调读书、行路之重要性，他不但要师古人，还要师山川，师天地，最后还要求"闲静无他萦好"，要能专心致志。

董氏一而再再而三地将湘江之行与董源《潇湘图》互相印证："余藏北苑一卷……乃《潇湘图》也……余亦尝游潇湘道上，山川奇秀，大都如此图。"[30]

查董氏与《潇湘图》的因缘，是首先在丙申年（1596）董氏持节吉藩，因而有机会"行潇湘道中"，见识到潇湘景致。等到第二年返回北京，在六月购得一图，"卷有文三桥题董北苑，字失其半，不知何图也。既展之，即定为《潇湘图》"。其所以能定名为《潇湘图》，一方面这是见于《宣和画谱》所载，另一方面是画中的景致让他回想到潇湘之行，所以让他有重游湘江的感觉。

可是董氏与湘江的因缘尚不止于此，到了万历乙巳年（1605），董氏又有湖广提学副使之命，重作湘江之行，乃有机会在书画船上将董源的《潇湘图》与实景相互印证：

……今年复以校士湖南，秋日乘风，积雨初霁，因出此图，印以真境，因知古人名不虚得，予为三游湘江矣！……万历乙巳九月前一日，书于湘江舟中。[31]

董其昌一生行旅中，最重要的似乎是上述两趟楚中之游。第一次是1596年持节长沙，行潇湘道中。第二次是1605年的湖广提学副使之任，这时在董氏的书画船上，不但有董源的《潇湘图》，而且还有米友仁《潇湘奇观图》。董跋小米此画云：

《潇湘图》与此卷，今皆为余有，携以自随。今日舟行洞庭湖中，正是潇湘奇境，辄出展观，觉情景俱胜也。乙巳五月十九日。董其昌。（图4）

董其昌在《画禅室随笔》中的《楚中随笔》谓：

米元晖又作《海岳庵图》，谓于潇湘得画景，其次则京口诸山，与湘江差类。今《海岳图》亦在余行笈中。元晖未尝以洞庭北固之江山为胜，而以其云物为胜。所谓“天闲万马皆吾师”也。但不知云雾何心，独于两地可以入画，或以江上诸名山任凭空阔，四天无遮，得穷其朝朝暮暮之变态耳！此非静者，何由深解？[32]

对于米友仁的另一名作董氏题云：

米元晖作《潇湘白云图》自题云：“夜雨初霁，晓烟欲出。”其状若此。余从项晦伯购之，每有所如，携以自随，至洞庭舟次，斜阳蓬底，一望空阔，长江云物，怪怪奇奇，一幅米家墨戏也。[33]

此小米画也是董氏书画船上“每有所如，携以自随”的古人师，而在洞庭湖上的舟中，领略在空阔的水面上，其天际层云的造型怪怪奇奇，使他印证了小米画《潇湘白云图》的画风来源。然而自然界的丰富变化，时常让董氏觉得不是画家所能想象得到的。因此，每到黄昏就会卷起窗帘来欣赏自然界的画卷中的天然图画，而“觉所得米卷为剩物矣”，这一定是董氏遇到了瑰丽的夏云，而觉得并非画家所能表现出来的。

在另一则题跋里，也可以进一步使吾人理解董氏在湘江上所见到的云雾造型。让他领悟到米家父子及郭熙的画风：

湘江上奇云大似郭河阳雪山。其平展沙脚与墨沈淋漓，乃是米家父子耳。古人谓郭熙“画石如云”，不虚也！[34]

有了以上的收藏，与潇湘洞庭舟中观赏云山的实景经验，在董氏本人的创作中，也就不时出现米家云山的墨戏之作，例如：

乙卯（1615）春日，作《潇湘奇观图》题云：“记忆巴陵舟中，望洞庭空阔之景写此。”[35]

己未（1619）夏日，娄水道中写得米元章《烟江叠嶂》遗意。[36]

庚午（1630）十月，丹阳城下画舫书：“春水生时，舟行洞庭湖中，望长云渺漫，绝似远山千叠，此图可称《楚山清晓》。”[37]

丁卯（1627）三月，仿米氏《潇湘白云图》题云：“董北苑好作烟景，烟云变没即米画也。余于米芾《潇湘白云图》悟墨戏三昧。”（图5）

这些都是董氏鉴赏古画的特殊心得，而这样的心得也只有董氏在舟行赏景，看江上的山川云物的机会中生发的。事实上，这也正是重建了上述古画的创作源起，因而让有山水癖的董氏豁然而悟，特别是对董源、米芾一派山水画以及郭熙的云头皴有了深刻了解，这是不同于一般鉴赏家与史论家的。

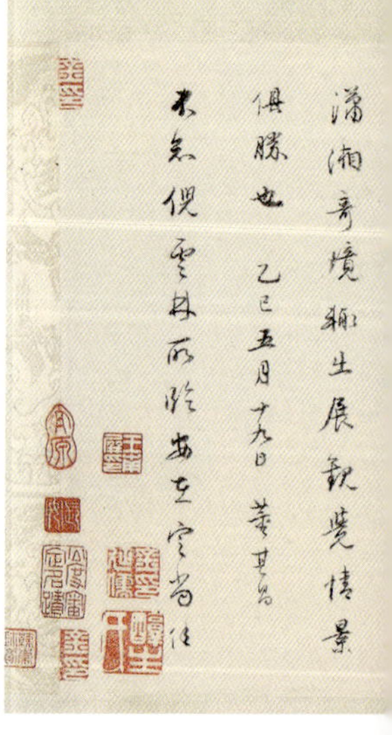

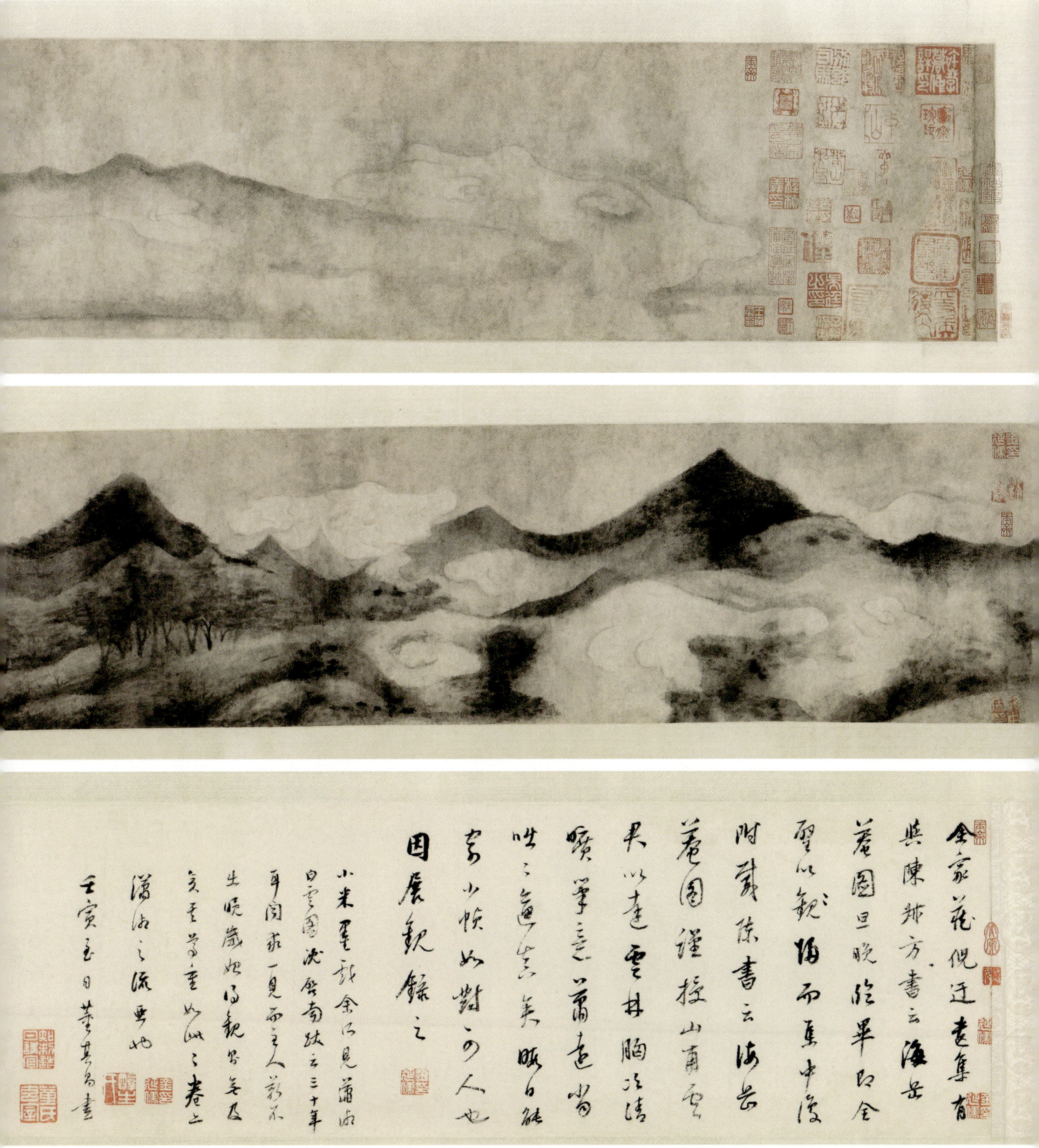

图 4　南宋　米友仁《潇湘奇观图》画心及其后的董其昌跋　故宫博物院藏

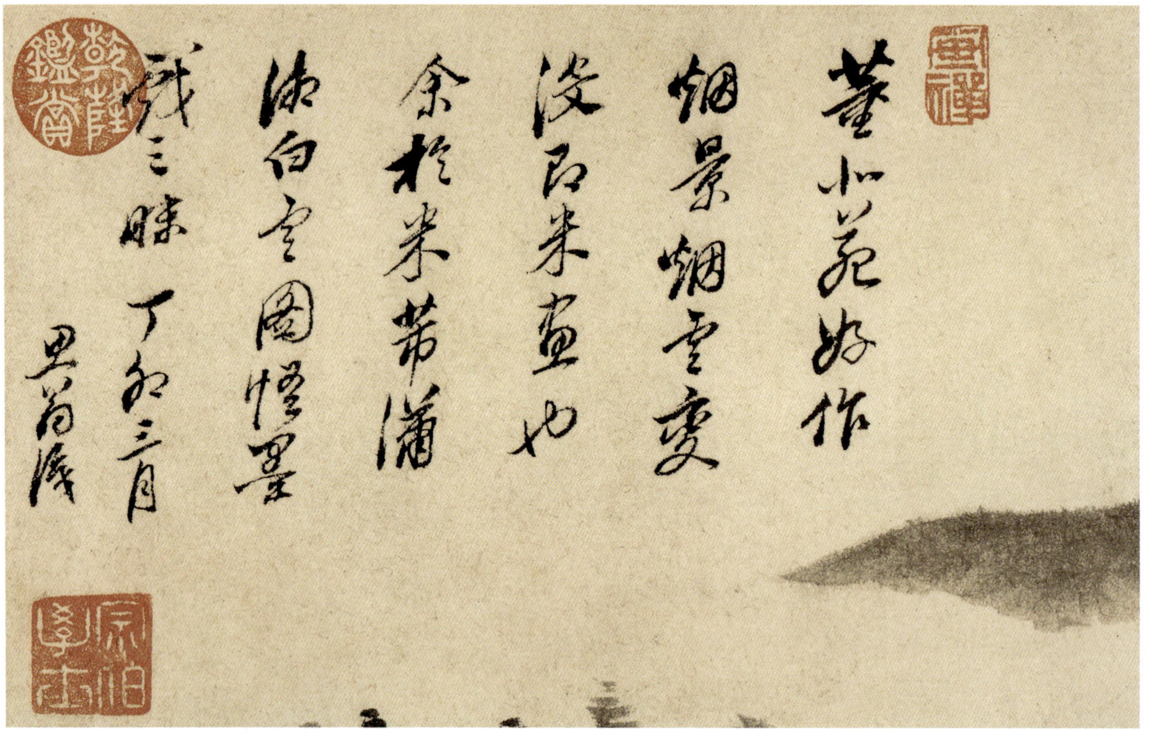

图5　明　董其昌《潇湘白云图》上的题识　辽宁省博物馆藏

（二）舟中闲暇

最能代表董其昌舟游闲适，有助书法创作心情的作品之一，乃是何创时书法基金会收藏的董其昌《草书怀素自叙卷》，该卷卷尾自题云：

> 甲戌（1634）中秋，放艇北郭烟水间，偶然欲书，为素师《自叙帖》，颇得其意，同观者陈仲醇征君、单孝廉质生与金陵听雪师，皆能诗文书画，绝不谈世俗事，亦一快游，庶不负此胜日耳。[38]

此则题记可助吾人推论该卷的书写情境。因正值崇祯七年甲戌（1634）秋高气爽的中秋佳节，此年董氏诏加太子太保致仕，退休闲居故乡松江。文中并无夜晚、灯下等字眼，故可设想他们本准备在舟中赏月，却提前于白日开始放艇舟游，等待晚间月出之前的时光，可以在舟中享受作书或观赏挥毫之乐。

山东省济南市文物商店收藏董氏《草书临怀素自叙》一卷，该卷虽无纪年，然卷后简短的自题亦与上述一卷类似："中秋日，放艇北郭，烟水间偶然欲书，为素师《自叙帖》"[39]，该卷上款为"巨卿"。

这两卷的创作氛围则是由同游友人共同营造的，前一卷有董其昌的终生朋友陈继儒以及单质生孝廉、金陵高僧听雪师，连同董氏，一舟四人兴趣嗜好皆同，皆能诗文书画，且谈话主题均以风雅为旨归，"绝不谈世俗事"。众人在松江北郭城外五湖三泖之间飘游赏景，心情之愉快可以想见。而四人之中，显然以董其昌之社会地位及书画造诣最高，董氏遂在知音面前放手挥毫。此件作品之书写情境颇契合孙过庭论书写乖合的"五合之说"：

> 神怡务闲，一合也；感惠徇知，二合也；时和气润，三合也；纸墨相发，四合也；偶

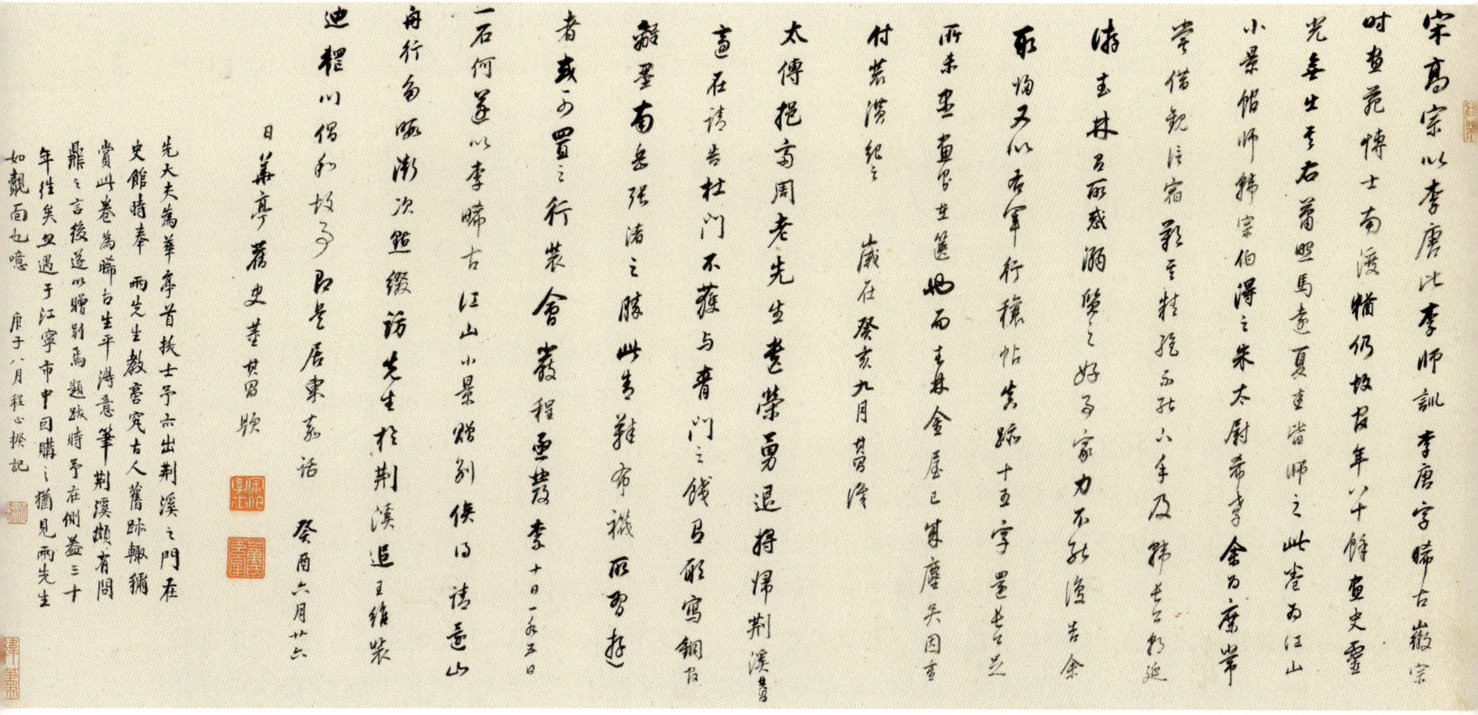

图6　南宋　李唐《江山小景图》后的董其昌跋　台北故宫博物院藏

然欲书，五合也。[40]

其中第四项“纸墨相发”是否相合，因董其昌未加着笔，无由得知其个人的感受。然而，从这一卷纸质及墨色看来，不但可以肯定纸墨相发，而且这支董氏书写的毛笔也是得心应手、指挥如意的。至于其他四项，似乎皆可在上引的董氏叙述中得到印证，也符合一般人所说的天时、地利、人和外加器利了。

万历四十年壬子（1612）九月，董其昌与友人范长倩、朱君采、董遐周于西湖泛舟，遐周作诗，董氏次遐周韵，作五言排律一首。[41]

此外，董其昌题李唐《江山小景图》卷跋，亦颇能说明“舟行多暇”为董氏作书画的重要时段。董跋描述崇祯六年癸酉（1633）六月廿六日，董氏与老友赠别之情形：

太傅挹斋周老先生，遗荣勇退，将归荆溪。其昌适在请告杜门，不获与青门之饯，有愿写铜官离墨南岳张渚之胜。此青鞋布袜所习游者，或可置之行装，会严程亟发，奈十日一水，五日一石何，遂以李晞古《江山小景》赠别……（图6）

此跋大意是友人周氏退休归隐荆溪，董氏因故未能饯别，但曾答允画旧游铜官等诸胜以为送行，然而平时无暇作画，老友行程在即，只有将两人平时称赏李唐生平得意之笔的《江山小景图》作为赠别礼物。但是为老友作画的心愿并未打消，董氏期望自己退休还家时，能在闲暇的舟行途中不慌不忙地完成并亲访于荆溪。董氏云“俟得请还山，舟行多遐，渐次点缀，访先生于荆溪，追王维、裴迪辋川倡和故事”[42]，从中可以看出董氏对长途旅程不但不以为苦，而且时常期待这种“舟行多暇”的闲适心情。

万历二十七年己亥（1599）春，董其昌在北京任职翰林院编修并充皇子讲官，后不久，因“失执政意，出为湖广副使，移疾归”[43]。湖广副使也称病不赴，奉旨以编修回乡养病。因此，董氏在仕途初期，第一次有机会衣锦还乡，度过数年悠游的生活。在存世可靠的董氏作品中，此年年底留下一件《己亥子月山水图卷》，董氏于卷尾自题七绝一首，题诗之外，另有七行小字题记：

己亥子月，泛舟于春申之浦，随风东西，与云朝暮，集不请之友，乘不系之舟，惟吾仲醇，壶觞对引，手着翰墨，固以胸吞具区，目瞠云汉矣！既悟炊粱之晚，可虚秉烛之游，为作此卷，兹余两人，敦此夙好耳！[44]

谈到董其昌家乡的友人中，与董氏终生知交的良朋益友非陈继儒（1558—1639）莫属。这位隐居不仕的山人工诗善文，书法苏、米，并以画梅名世。董氏较陈氏年长三岁，也较陈氏早卒。崇祯三年庚午（1630），董其昌刊行《容台集》，陈氏为其作序。董氏一生为陈氏徇知之作，为数不少。董氏于南城构屋筑楼于林越之间，陈仲醇数相过从，董氏因以题名曰“来仲楼”。[45]

上述《己亥子月山水图卷》董其昌的题记生动地记录了两人在水道纵横的家乡春申之浦随兴舟游，“随风东西，与云朝暮，集不请之友，乘不系之舟”[46]，没有目的乘风飘荡的出世生活，一派老庄思想，故与隐士陈继儒甚相投契，作此长卷相赠，以敦夙好。董其昌于此画先题一诗，诗中透露彼时的内心世界：“冈岚屈曲径交加，新作茅堂窄亦佳。手种松杉皆老大，经年不踏县门衙。”[47]此诗内容似正描绘友人陈继儒的隐居环境以及不阿权势的心态。万历二十七年己亥（1599），董其昌年值四十五岁，陈继儒时年四十二岁，两人皆已步入中年，陈氏隐居岁月亦届二十年之久，茅堂之外，陈氏手种的松杉均已老大，然经年以来不与官府往来，而聊以著述自娱。

董其昌于《己亥子月山水图卷》起首山坡上绘制三株松树，其挺拔高耸之姿，正与平坡茅亭隔水相望，茅亭背后树丛围绕，树丛当中有几间新建茅堂；隔山又作村居一处，对岸岗峦迤逦远去。此图在董氏的山水卷中可谓尺幅较长、布景较繁之手卷，也确实反映了董氏在悠闲的舟游生活中，为知己在图画中营造了一处溪山隐居之所。

（三）舟行状况

舟船行驶于水上，平稳舒适且空间宽大。整体而言，舟船旅行的质量应远较车马舆轿为佳；虽然若遇风雨，船只江行的危险度亦相对提高，但对于不急于行程时限的董其昌来说，停船等候风平浪静，或于大运河上等待放闸等，毋宁说给予他更多悠游于书画的时间。其中又有几种情况：

阻风

例一，万历二十年（1592）孟夏，董氏因“阻风黄河崔镇”[48]，见《论书卷》。

例二，天启元年（1621）二月七日，董氏作《江上萧寺图》并题七绝一首。六年后，再题云：“丙寅十二月娄江阻风重题。”[49]

例三，天启五年（1625）暮春八日，董氏舟行东光道中，作《松溪幽胜图》轴，题字两行于画轴左上方。到了四月三日，因“阻风崔镇”，重题七行于画轴右上云：

山右潘侍御翔公好收古名画。余出关前一夕，视予《子晋吹笙图》，乃郭恕先笔，设色布景，实为奇绝。余作此图亦有其意。[50]

此段因阻风的重题使吾人进一步了解董其昌《松溪幽胜图》的设色布景多少受到其所见郭忠恕山水

画的影响。

例四，天启六年（1626）正月二十七日，董氏题《范华原〈溪桥雪霁图〉》云：

> 泊舟江口，守风八日，吴用卿出城，持此图见示，观其笔势奇崛，气吞荆关，非范华原不能尔！咄咄叹赏，不枉风伯之眖。[51]

文中提及“守风八日”，可见此次风势持续颇久，但董氏仍以能见到范宽之作乃是“风伯”所赐。

万历三十六年（1608）七月十七日，董氏“阻风淀湖”并书《赤壁赋》。[52]

风势对于行舟有相当的影响力，如果风势恰当且顺风，不但舟子省力，行舟省时，更使人有“乘风破浪”的快感。例如，万历四十八年（1620）正月十七日，董氏在“龙华道中”乘风快书大字《天马赋卷》；[53]或如同年（1620）八月，“舟行瓜步江中，乘风宴坐，有偶然欲书之意”[54]。但是，舟行若遇逆风，则可想而知一定费力费时；如果再遇强风，则只有停舟观望了。不过对董其昌而言，这段停舟观望的时间既可写字又可作画。

阻雨

除了舟行阻风外，若雨势太大亦不利于行舟。在此种泊舟避雨的情况下，董氏若遇藏家友人，或遇到令人倾心的作品，在偶然欲书的心情下，也会有作品产生，例如：

万历三十年（1602）首春，董氏因阻雨葑泾，画《葑泾访古图》并题：“时同顾侍御自槜李归，阻雨葑泾，捡古人名迹，兴至辄为此图。”[55]（图7）

万历三十八年（1610），董其昌“自

图7　明　董其昌《葑泾访古图》 台北故宫博物院藏

闽中归，阻雨湖上，日望雨峰，如泼墨画，每有所会，辄为拈笔，成此长卷，几半阅月”[56]。

雷雨

如果天气恶劣，行舟中遇雷雨交加，有时亦令董其昌惊恐而不能定神作画，董氏曾回忆起船遇雷雨的状况：“自荆江至巴陵，连宵雷雨震荡，涛声澎湃，若有龙挟舟而去者。今日意甫定，遂亲笔墨。”[57]读董氏生动的文词，这次的风雨有声有色，而且还有动感，如是一般小舟，恐经受不起。

待闸

对于南北水上交通的大动脉——大运河来说，由于各地海拔及地势高低不同，在各段不同水位的运河间有许多闸口，南来北往的船只等待闸口放行的机会甚多，董其昌也往往利用这些等待的时间创作书画。例如，董氏自题《杂书卷》云：“此余在长安呵冻手书，及还山，舟中待放闸消遣永昼者。”[58]

关于船行大运河的待闸问题，与董氏同属“画中九友”之一的晚辈李流芳（1575—1629），在《自书诗轴》中表述得更为淋漓尽致：

> 济河五十闸，闸水不濡轨。一闸去一日，守闸如守鬼。十里置一闸，蓄水如蓄髓……帆樯委若弃，篙橹静如死。京路三千余，日行十余里。迢迢春明门，何时得到彼。长安远于日，斯言亦有以。[59]

李流芳诗中所谓“济河”，或如诗轴自题的“闸河舟中戏效长庆体”的“闸河”，因为诗句中有“京路三千余”“迢迢春明门”等句，应该就是大运河的别名。想李流芳有过这样的经验，可能是恰遇旱季，闸水不易蓄满，致使两方舟船停顿壅塞，似乎在以后也不可能再度北上。然而董其昌一生来回北京多次，在其文字中，似乎未见有类似李流芳对“待闸”的不耐烦与抱怨，待闸对董其昌而言，只是又有多余的时间可以写字作画了。

例如董氏在万历二十年（1592）三月、四月“舟中晏坐，阻风待闸，日长无事，因忆昨岁入闽山……阻风长日，作画数帧”[60]。“阻风待闸，日长无事”正代表了董其昌如何面对此类舟行状况而创作出更多的作品。

（四）董其昌与友人的书画船

董其昌一生在书法上精进努力时，往往对吴中书家甚至元代名家赵孟頫都不假辞色，唯独对米芾倾倒不已。董其昌于16世纪80年代悟到了往昔所师法晋唐名刻拓本之笔法概多失真，及见真迹，怅然若失。就在此时，他赫然发现宋人米芾的书风深得晋人风韵，且与自己笔性相近，米字存世作品又较多。于是，米芾成了董氏此后一生追随的目标，故笔者谓其“借径宋人，直追晋唐”[61]。

其实，董其昌不仅在书法上以米芾为依归，董氏生活品位、生活方式及绘画风格上亦多受米芾影响，其中，书画船便是米芾书画生涯的延长与扩大。万历癸丑年（1613）三月，董氏在舟中书《论画卷》云：

> 董北苑《潇湘图》、江贯道《江居图》、赵大年《夏山图》、黄大痴《富春山居图》、董北苑《征商图》、董北苑《云山图》、董北苑《秋山行旅图》、郭忠恕《辋川招隐图》、范宽《雪山图》、赵子昂《洞庭》二图、又《高山流水图》、李成《着色山图》、米元章《云山图》、巨然《山水图》、李将军《蜀江图》、大李将军《秋江待渡图》、王叔明《秋山图》、宋元人册页十八幅，右俱吾斋神交师友，每有所如，携以自随，则米家书画船不足羡矣。吾于书似可直接赵文敏，第少生耳。而子昂之熟又不如吾有

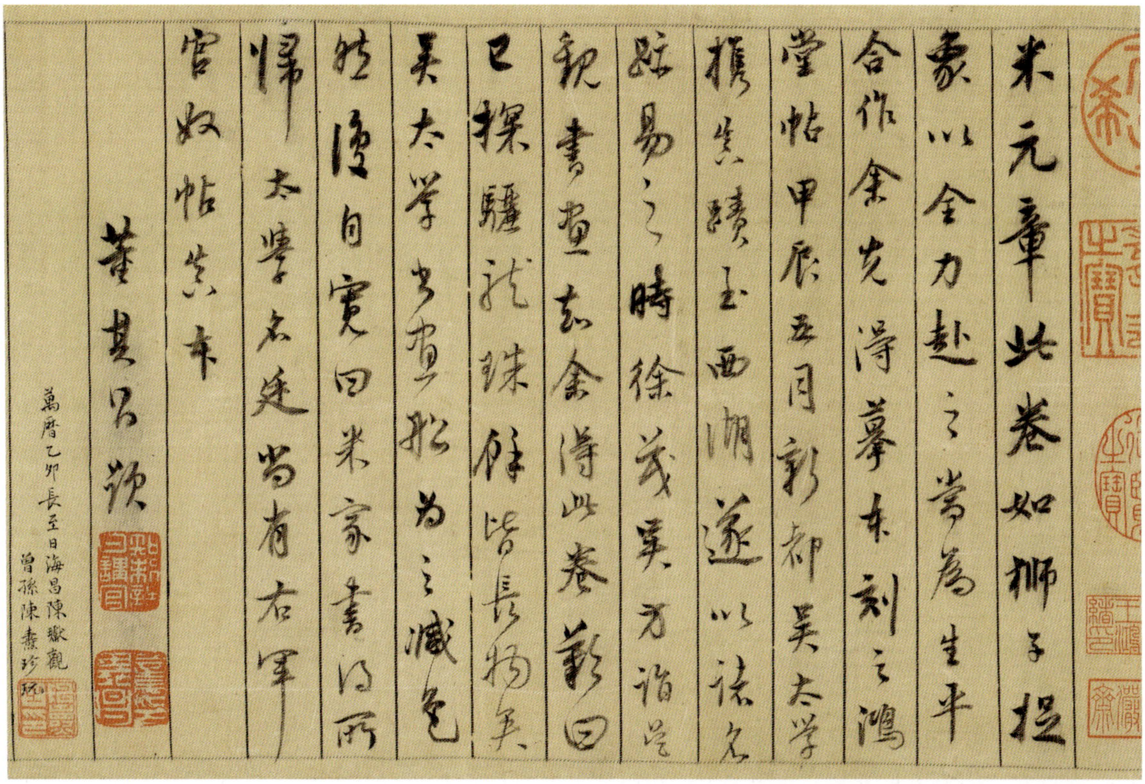

图 8　北宋　米芾《蜀素帖》后的董其昌跋　台北故宫博物院藏

秀润之气，惟不能多书，以此让吴兴一筹。画则具体而微，要亦三百年来一巨眼人也。[62]

董氏在此虽只列举出古人画迹，但从诸多文字叙述中，不难想见董氏应常携古法书名画相随舟中，以作临仿、鉴赏、观摩、雅玩之用。如此一连串堂皇的唐宋元名画，即便比起“米家书画船”也毫不逊色了。

董氏一方面慕米芾之书画，一方面仿其生活风尚，同时在明末的江南士大夫及收藏家间，拥有无形或有形的书画船者也不在少数。在董氏的交游圈中有以下数例。

项元汴

董其昌在为明末大收藏家项元汴（1525—1590）撰写墓志铭时，亦以米芾的书画船来比拟项氏：

公蒙世业，富贵利达，非其好也。尽以收金石遗文，图绘名迹……虽米芾之书画船、李公麟之洗玉池不啻也，而世遂以元章、伯时目公之为人，此何足以知公！[63]

的确，项元汴书画收藏之富确实难以估计，至目前为止，存世并钤有项氏收藏印之公私书画藏品，尚不易统计其确切的数目。万历十年（1582）左右，青年时期的董其昌因于平湖（嘉兴附近）作塾师而有机会与项元汴相识。项氏年长董其昌三十岁，是前辈，何况当时董氏一无收藏，识见也有限。董由此有机会于项氏座上聆听项氏讨论古书画，据其追忆：

公每称举先辈风流及书法、绘品，上下千载，较若列眉，余永日忘疲，即公亦引为同味，谓相见晚也。[64]

不难想见，这段机缘对董氏日后发展成当时最具权威的鉴赏家及重要的收藏家必具有关键性的影响。

吴廷

在与董其昌同辈的友人中，安徽歙县鉴藏家吴廷（1556—1626后）常于舟中携书画往来南北，拜访藏家，他与董氏收藏有密切的关联，董氏曾向吴氏易得米芾名卷《蜀素帖》。此卷后长题中，董氏即称吴氏之舟为“吴太学书画船”：

> 米元章此卷如狮子捉象，以全力赴之，当为生平合作。余先得摹本，刻之《鸿堂帖》。甲辰（1604）五月，新都吴太学携真迹至西湖，遂以诸名迹易之。时徐茂吴方诣吴观书画，知余得此卷，叹曰：“已探骊龙珠，余皆长物矣。”吴太学书画船为之减色，然复自宽曰，米家书得所归。太学名廷，尚有右军《官奴帖》真本。（图8）

根据上引董其昌跋文及汪世清先生之研究，吴廷亦风雅文士，与其兄长吴国逊在北京开设有余清斋古玩铺。两人均精鉴赏，藏品曾由董其昌鉴定并选刻成《余清斋帖》。董其昌常向吴廷长期借赏法书名画，因此余清斋实际上也是董其昌观赏与搜罗法书名画的一条重要渠道，尤其是余清斋殷实的法书宝库。在董其昌成进士之后的艺术生涯中，吴廷更长期而集中地向董氏提供珍贵的资料，使他不断拓展艺术眼界，扩大临摹领域并提高创作意境。[65]

因此，当董其昌为吴廷作像赞时，董氏即以米芾、倪瓒来比拟吴廷：

> 图书彝鼎，琢玉雕金，人食以耳，汝衡以心，璞中剖璧，爨下赏音，芾耶？瓒耶？风流可寻。[66]

就目前的资料看来，董、吴两人之结识当始于万历十八年（1590）吴廷入都之后。根据吴氏在董其昌所绘《白云潇湘图》后跋语：

> 余庚寅之春入都门，得与董玄宰太史周旋往返，乘闲以素绫作横卷乞画，因循阅岁，未能惠教。辛卯（1591）秋以庶常请告南归，余得尾其舟，船窗多暇，始得命管，至黄河乃竟《白云潇湘图》，笔随神运，真不减元章旧作也……新安吴廷用卿氏记。[67]

且不论此跋真伪，此则题跋至少可反映当时水上交通状况。[68]友人之间各自有船，行进途中首尾相接，而船窗多暇，两友可在同一船中进行种种活动。董、吴两人的共同话题是书画鉴赏，也是吴氏求董氏写字作画的最佳时机。此一情景，乃是古代书画船的最佳写照之一。

董其昌结识吴廷至晚始自万历二十一（1593）由江南初返北京时，彼时吴廷持董北苑《西山行旅图》进谒，见于高士奇《江村销夏录》卷一该图之董其昌跋语中。

董、吴两人自此交往甚密，万历三十二年甲辰（1604）上元日，吴廷携《唐虞世南临兰亭帖》一卷访华亭董其昌画禅室，董氏观后并加以题记。（图9）是年五月，董、吴两人皆至西湖，董其昌“以诸名迹”（未见列出）换取吴廷所藏的米芾《蜀素帖》；虽然吴廷书画船上没有了《蜀素帖》，却也得到了董氏用以交换的诸多名迹。

至于吴廷书画船上究竟珍藏哪些名迹，因其藏品时有交易，且未编目录，不得其详；但是，其《余清斋帖》收录二十六种名帖，从王羲之《霜寒帖》《行穰帖》、王珣《伯远帖》、王献之《鸭头丸帖》《中秋帖》、颜真卿《祭侄文稿》、苏轼《后赤壁赋》……可以窥见其藏品质、量俱丰。

万历三十六年戊申（1608）十月十三日，董其昌舟行朱泾道中，日写《兰亭》及《官奴帖》一过，因为此帖在苏州时，吴廷曾出示一次，“快余二十余年积想，遂临此本”[69]。万历三十七年己酉（1609）六月二十六日，董其昌再题王羲之《行穰帖》：“此卷在处，当有吉祥云覆之，但肉眼不见耳。”[70]“同观者陈继儒、吴廷。”[71]（图10）想必吴廷书画船彼时正行经松江、苏州一带。庚戌（1610）九月十七日，董其昌在新安舟次，“友人吴太学出（董氏1591年书）《论书画卷》以相质，如见故我”[72]。

万历四十七年己未（1619）四月，董氏舟次邗沟（扬州），与吴廷相遇并有书画交易，董跋吴廷藏元赵孟頫书《道德经生神章卷》中叙及董氏藏有赵孟頫为大长公主画《仿阎立本道教三清瑞像》，其上题有张嗣真诗题，吴见而奇之，欲以古帖与董交换，董并未应允。此次他出示此卷赵书，其后也同样有张嗣真题字，因此“此卷此轴似是双龙神物，合之双美，余无以难用卿也，遂题以归之”[73]。

七年后，天启六年丙寅（1626）正月二十七日，董其昌又为吴廷题其所藏范宽《溪桥雪霁图》：

> 泊舟江口，守风八日，吴用卿出城，持此图见示，观其笔势奇崛，气吞荆关，非范华原不能尔！咄咄叹赏，不枉风伯之贶！[74]

以上记录除了1604年那次系吴廷走访董其昌画禅室外，其余几次均是两人于旅途舟中相遇，在舟中交换藏品或题跋，故而《蜀素帖》董跋中有“吴太学书画船”之语，至于董氏自身所乘的船则更是当之无愧。

关于吴廷书画船的记录又见于台北故宫博物院藏王羲之《快雪时晴帖》，此帖原为王穉登所有，王氏售予吴廷后，复为刘延伯所有；刘氏得卷时并未付款给吴。两年后，刘逝于楚，吴廷轻装往吊，从刘氏家人手中复得此帖，大喜过望，遂在其前往湖北麻城的书画船中作长跋记其事：

> 余与刘司隶延伯寓都门，知交有年，博古往来甚多。司隶罢官而归……余后复偕司隶至云间，携余古玩近千金，余以他事稽迟海上，而司隶舟行矣……越二年，闻司隶仙逝矣……余亦伤悼不已，因轻装往吊之。至其家，惟空屋壁立，寻访延伯家事并所藏之物，皆云为人攫去，又问《快雪帖》安在，则云存，还与公，尚未可信。次日往奠，其家果出一帐，以物偿余前千金值，《快雪帖》亦在其中……临终清白，历历不负，可谓千古奇事……展卷三叹，因记颠末……天启二年（1622）三月望日书于楚舟，余清斋主人记。（图11）

此跋不仅使吾人对吴廷的书画船以及当时书画交易的实际状况多了一层认识，也令吾人得知楚中刘延伯的书画船亦曾经活跃于京师到江南与湖北途中。

吴桢

董其昌其他的歙县友人中，拥有书画船者尚有吴桢。崇祯元年（1628）重阳后一日，董其昌书《墨禅轩说》，寄歙县汪然明的友人吴桢（周生），邀请他们乘舟来松江观赏自己的收藏，云：

> 禅家亦云，须参活句，不参死句。书有笔法、有墨法，惟晋唐人真迹具是三昧……周生坐拥万卷，博雅好古，尤精八法。余老矣，黄山胜游，不复可续，周生饶济胜之具，新安江清浅见底，舴艋顺流，至我谷水只数日间，若与汪儒仲乘兴一来，观兹真迹，所谓读十年书，不如一日诣习主簿者也，周生以为如何？[75]

董其昌亦邀请汪儒仲，亦即上文所述于西湖制画舫的汪然明。另外，吴桢亦自具书画船。就董氏而言，从歙县的新安江顺流而下，入富春江即抵杭州，再经嘉兴到松江，总共“只数日间”就可抵达，似乎不是夸张的说法。若是回程，从杭州逆流而上，进新安江到歙县似要多费时日。

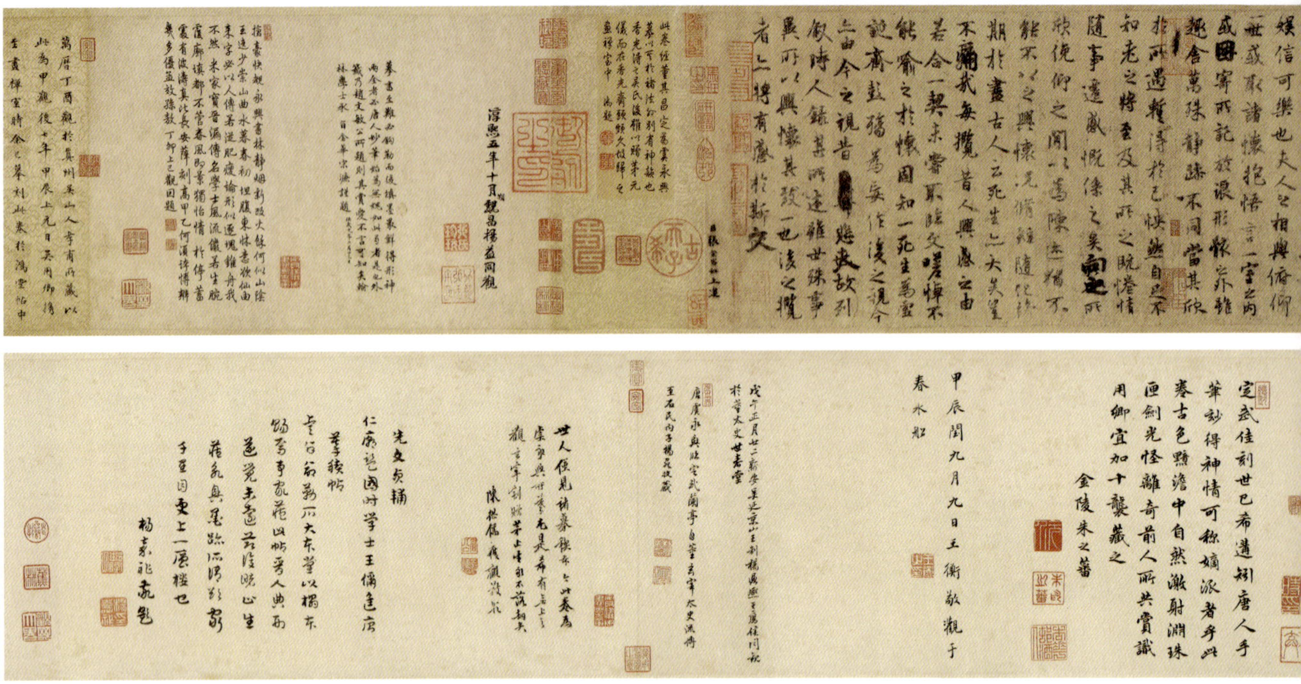

图 9　唐　虞世南临《兰亭序》 故宫博物院藏

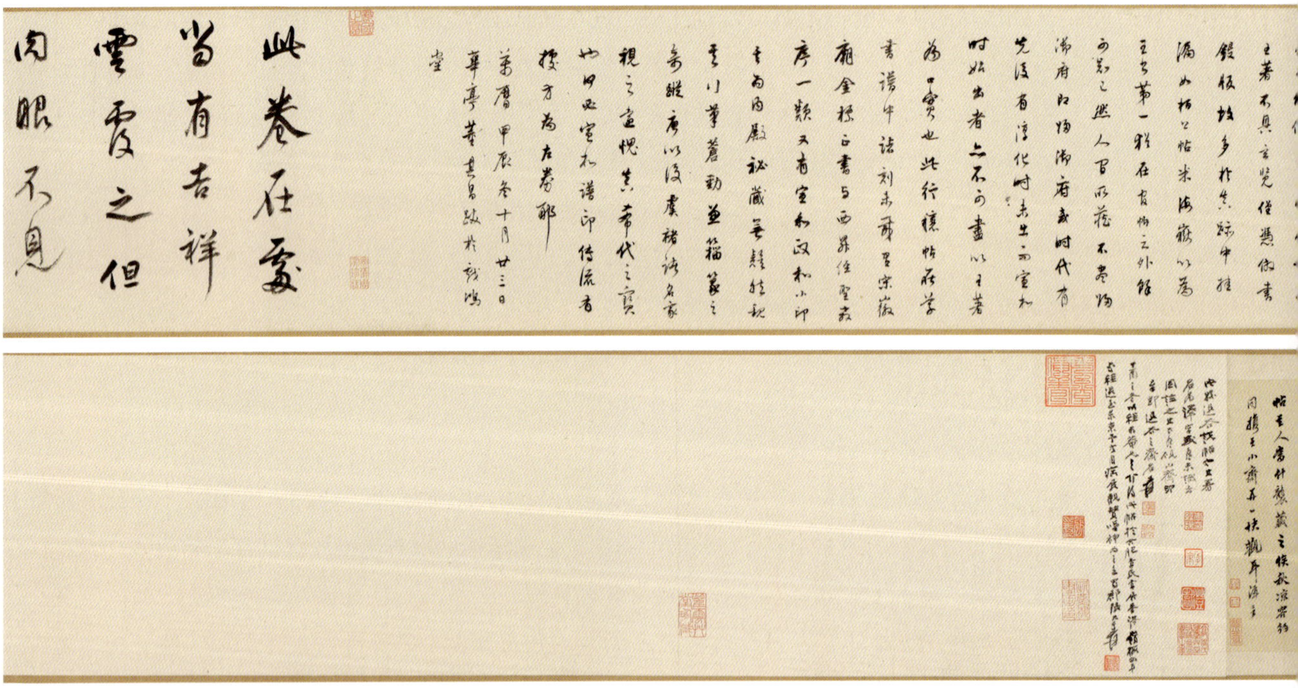

图 10　晋　王羲之《行穰帖》 美国普林斯顿大学艺术博物馆藏

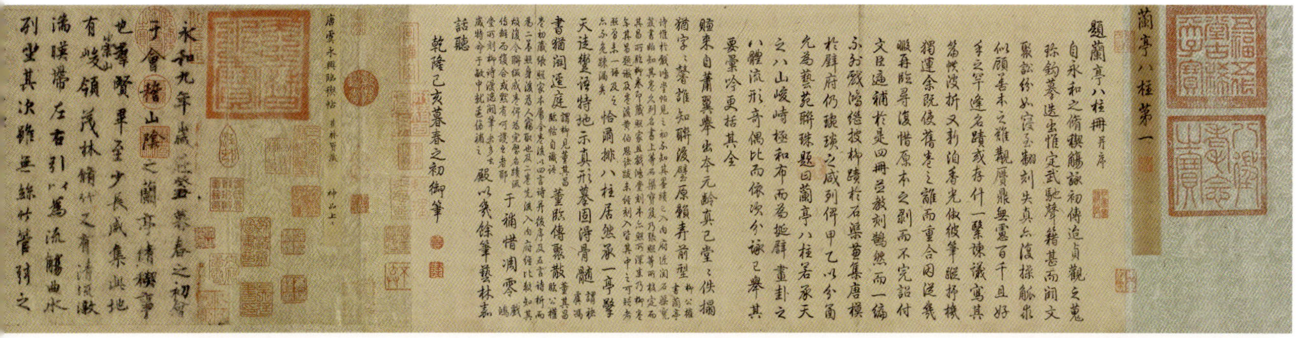

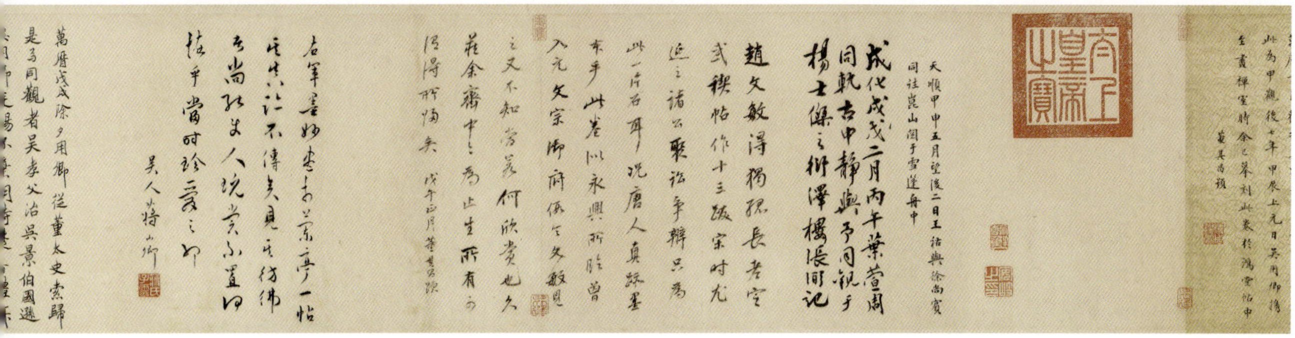

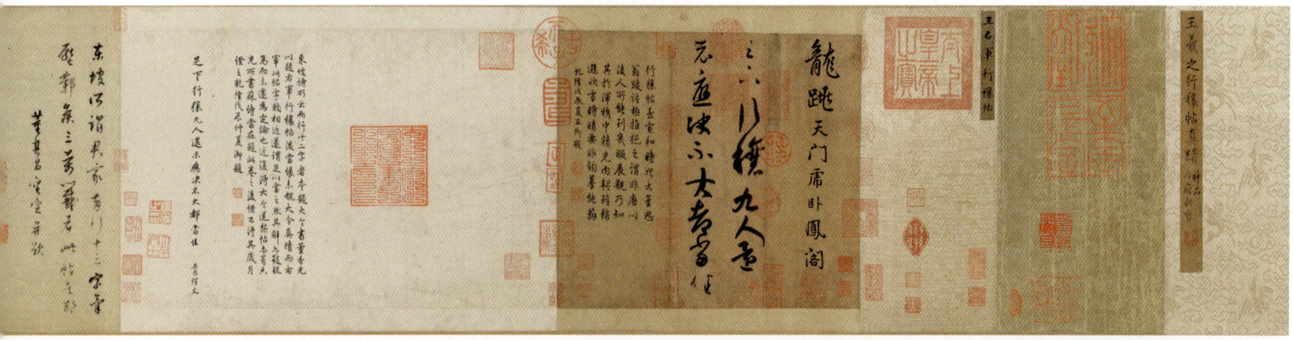

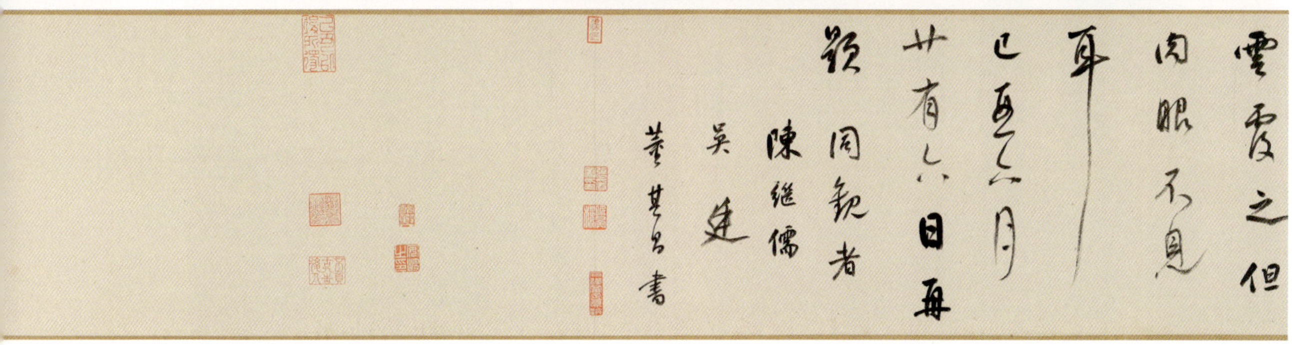
雲霞之但
肉眼不見
耳
已亥六月
廿有六日再
題 同觀者
陳繼儒
吳廷
董其昌書

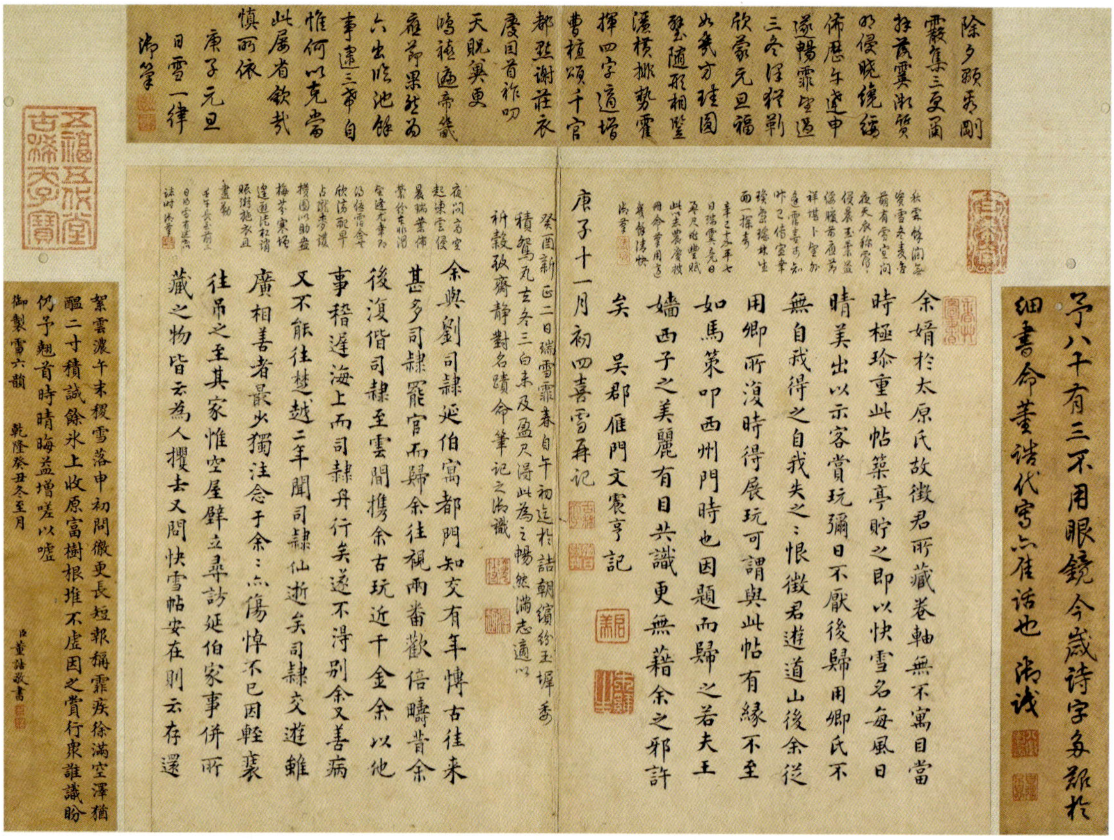

图 11.1　晋　王羲之《快雪时晴帖册》吴廷跋之一　台北故宫博物院藏

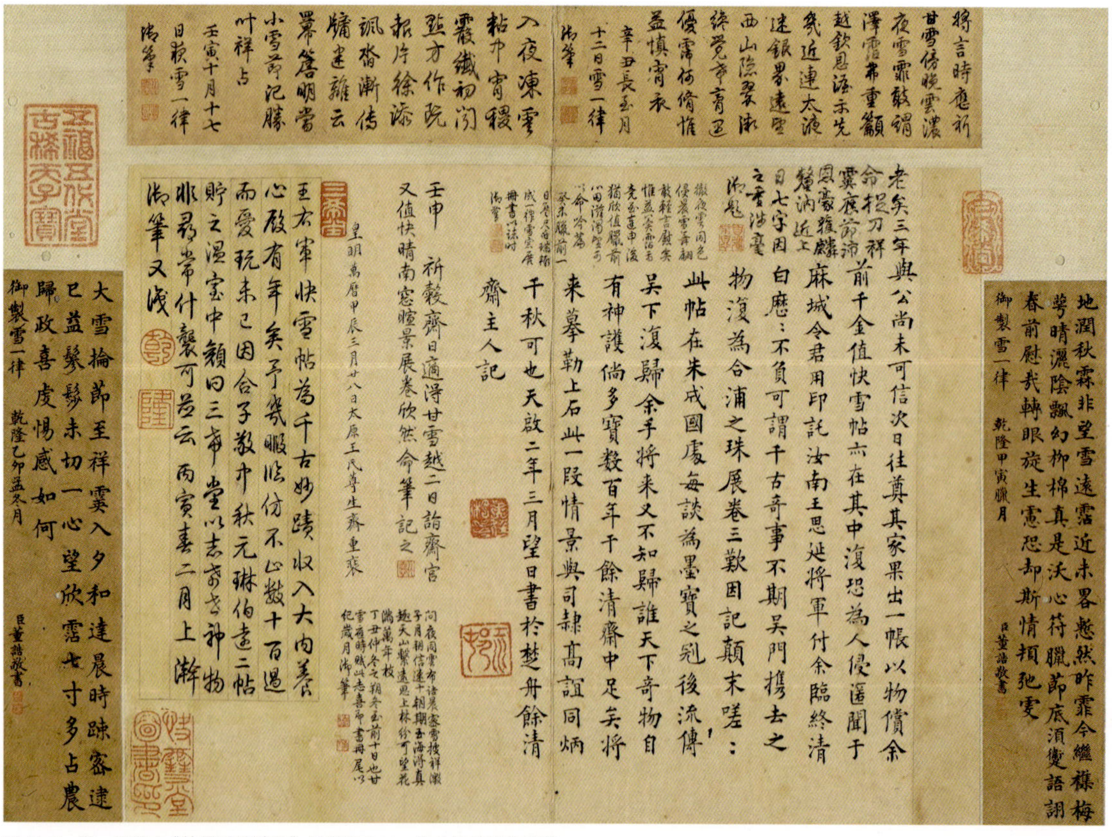

图 11.2　晋　王羲之《快雪时晴帖册》吴廷跋之二　台北故宫博物院藏

米万钟

在朋辈的交游圈中，作为米芾的后裔，对于米芾持特殊景仰与崇拜感情的米万钟（1570—1628），在书法上也成就颇高。由于米氏居住北京，故与董其昌有“南董北米”之美誉。天启二年壬戌（1622）二月十日，两人相会于舟中同观书画，董其昌于《五代宋元集册》后写下长跋：

予与米参知仲诏同观于晋陵舟次。昔日白香山守杭，（元）微之以守越州过杭，都人士聚而观者如堵墙，曰非欲观相公，欲观世所谓元白者耳！予与仲诏皆有烟霞之癖，世有南董北米之称，或不愧元白故事。收藏者新安程季白亦雅道，为东南顾阿瑛、曹云西辈人也。[76]

董其昌一生推崇米芾，慕其为人，而生为米芾后人的米万钟也性喜书画，好奇石，画山水。董、米两人“皆有烟霞之癖”，志趣相投。传世米氏作品中有行草书七言绝句立轴《题画寄董玄宰太史》[77]，可见两人相互交往，诗文酬唱，尤以董氏居北京任所时期为多。此次两人在晋陵（今江苏武进）舟中相遇，可以想见米氏南下必定乘舟，其中随行书画必不可少，是则为名副其实的“米家书画船”。今传世米万钟书迹亦往往钤有“书画船”引首章。[78]

米氏书迹《七言古诗卷》除了引首处钤有“书画船”一印外，卷尾款署纪年：“辛酉春分书于湛园之书画船，石隐米万钟。”[79]米氏所居湛园虽有池，但池中之船可能仅为旱船或“陆舫”，也可能纯属书斋的雅名。先此伏笔，留待探讨。

以下数则董其昌题跋，亦可显示其习惯于舟中携书画随行之惯例。

例一，万历四十一年（1613）中秋，董氏得观两件古画：

舟泊南徐，新安黄中舍以惠崇《春江图》见示，余亦携王叔明《青卞图》，乃山樵绝笔，中翰瞠目叫好，因共易一观。[80]

例二，根据《珊瑚网》作者汪砢玉之记录，万历四十五年（1617），董其昌曾向友人出示《唐宋元宝绘册》：

万历丁巳年（1617）春仲，董太史玄宰携至吾地，余同项又新孔彰过其舟中得阅。翌日，太史挈雷仁甫、沈商丞至余家，更携黄子久画二十册与先子观，越宿，始返之也。[81]

例三，万历四十六年（1618）七月二十五日，董氏望三塔湾并《自题画幅》云：

舟中携赵伯驹《春阴图》、赵文敏《溪山清隐图》、王叔明《青卞图》、倪云林《春霭图》《南渚图》；黄子久两幅、马扶风《凤山图》共十幅，皆奇绝。[82]

另，东京国立博物馆藏一幅董其昌尺牍，内有句云：

近得子昂、大痴、云林之迹，皆奇绝，虽携之舟中，以归心甚急，不复能至京口，因泊舟丹杨，与丈相闻，一订东游之约，幸命之。云林册如已得，乞付来手。[83]（图12）

董氏此札书于丹杨（阳）舟中，彼时其携于舟中之新获藏品，即包含元代名家赵孟頫、黄公望、倪瓒三人奇绝之迹，其余所携藏品是否为新购，则不得而知。

此札也可以帮助吾人了解董氏舟行在外时其他的一些旅途情况，如此时他到达丹阳，虽离京口不远，却已倦游思归。他不能与友人相见，遂在舟中修书一封，派人专送致候，希望友人日后东来华亭一游，并问及前此所托购之倪瓒册，如已到手，则交来使带回。

董氏一生，舟旅频繁，类此在舟中的书札，在当时必然甚多，但传世颇少，窥豹一斑，亦可想见其余。

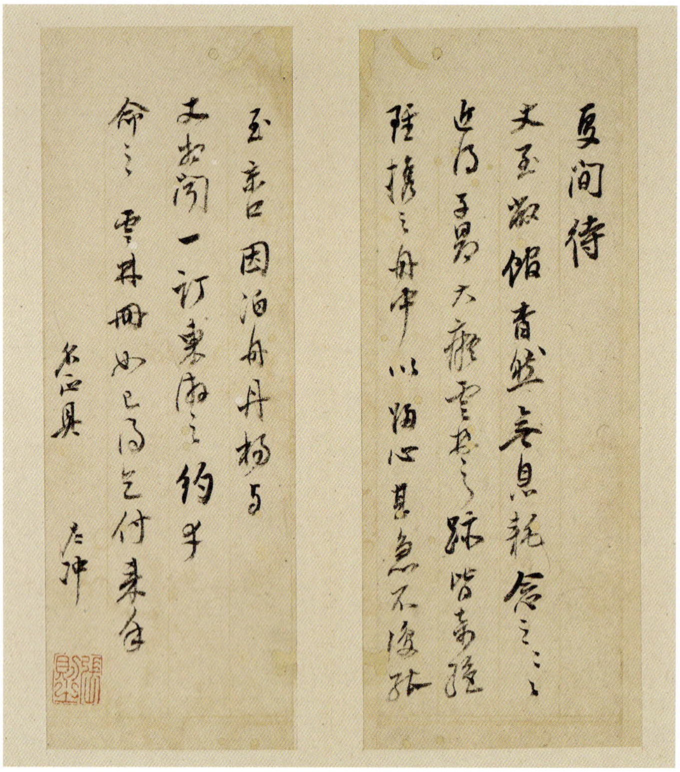
图12　明　董其昌《草书尺牍册》(局部)　日本东京国立博物馆藏

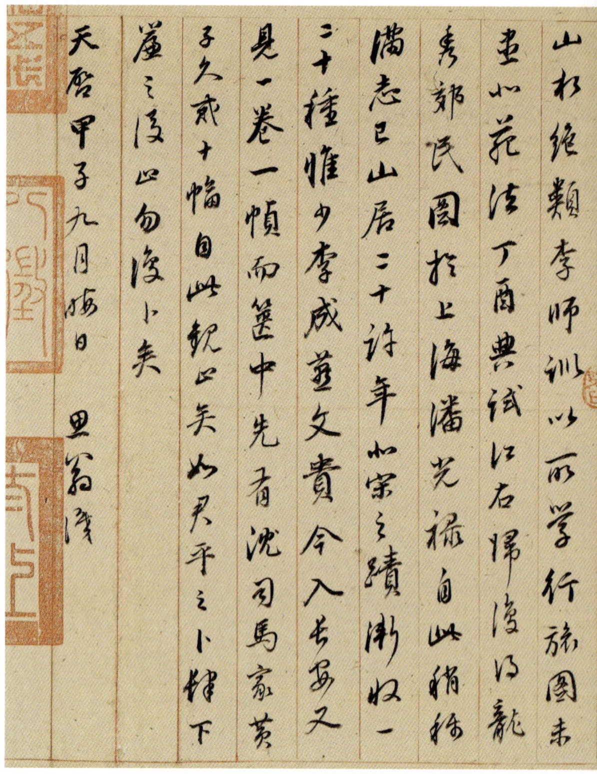
图13　五代　董源(传)《龙宿郊民图》上的董其昌题跋　台北故宫博物院藏

三、董其昌于舟中鉴题的古书画

（一）舟中鉴题古画

董其昌出身清寒，直至考取进士，授与官职，经济方为之好转，也才有能力购藏其喜爱的古书画，携之舟中，与其俱行，并在其上题跋，与其所向往之“米家书画船”看齐。俟董氏以鉴赏知名后，所到之处，自有藏家携来书画请其鉴赏题跋。董其昌题董源《龙宿郊民图》中尝谓“辛卯请告还里，乃大搜吾乡四家泼墨之作”[84]，后又云：

> 壬辰癸巳为庶常，请告，家居多暇，与顾中舍、宋太学借画临仿……不下数十幅……自是蓄画颇多，临摹反不及前。[85]（图13）

由是，知董其昌收购古书画以万历十九年（1591）为起点，接着在万历二十年（1592）、二十一年（1593）两年中，仍然借画临仿居多，从此才蓄画渐富。董其昌古画题跋大多在数年之后，其中以万历二十三年乙未（1595）题王维《江山雪霁图》年代最早，但该卷并非题于舟中；而后，万历二十四年丙申（1596）闰八月廿日，董氏于舟中题跋《王叔明山水立轴》：

> 余见山樵名画多矣，无不规摹古人者……此幅仿巨然，又叔明平生第一得意笔……此幅置吴兴画中不复可辨也。过蕲州泊舟江上书。[86]

同年（1596）十月七日，董氏于舟中题跋台北故宫博物院藏黄公望《富春山居图》“无用师卷”（图14）：

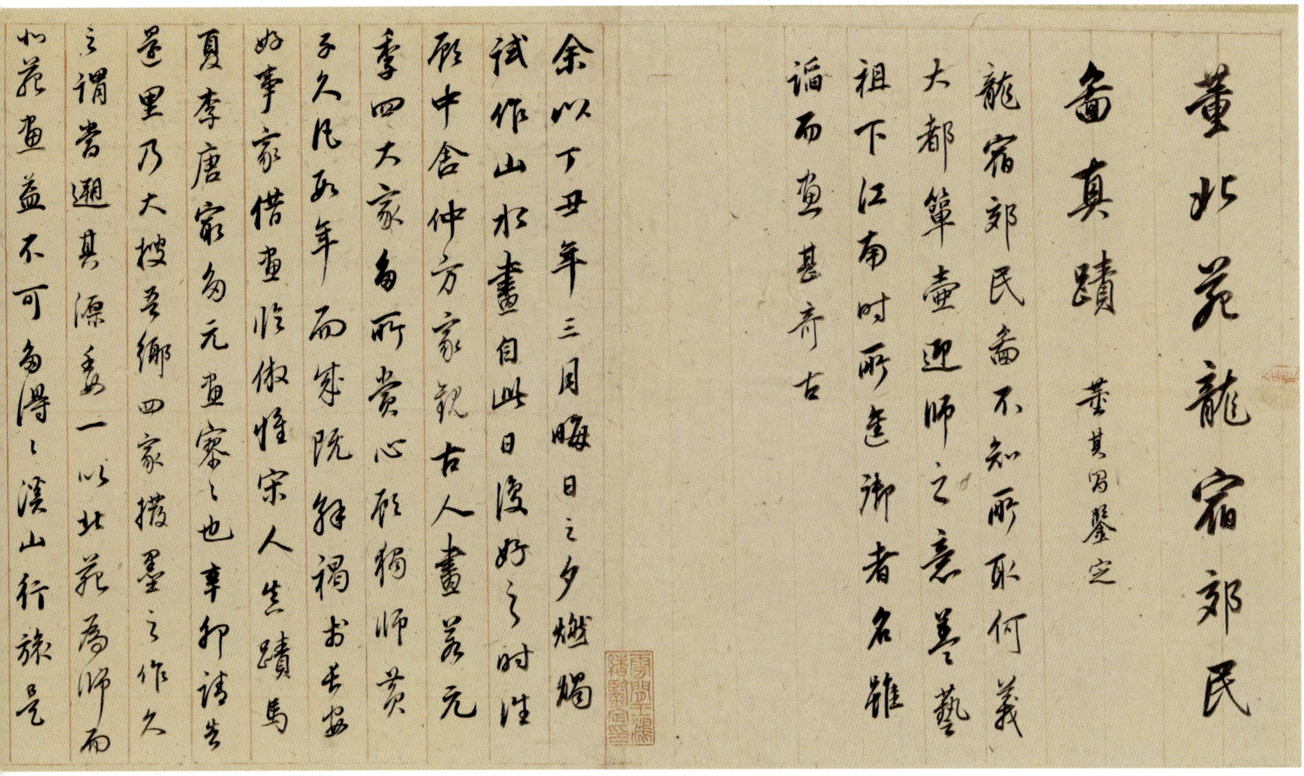

> 大痴画卷，予所见若檇李项氏家藏《沙碛图》……娄江王氏《江山万里图》可盈丈，笔意颓然，不似真迹，唯此卷规摹董、巨，天真烂漫……是子久生平最得意笔！忆在长安，每朝参之隙，征逐周台幕请此卷一观，如诣宝所，虚往实归，自谓一日清福，心脾俱畅。顷奉使三湘，取道泾里，友人华中翰为予和会，获购此图，藏之画禅室中，与摩诘《雪江》共相映发。吾师乎！吾师乎！一丘五岳都具是矣！丙申（1596）十月七日书于龙华浦舟中，董其昌。

跋中详细叙述董氏在北京时期早已熟悉并向往此画，今有机会与王维《雪江图》（《江山雪霁图》之简称）共聚于画禅室中，成为其师法的枕中之秘。

万历二十五年（1597）秋九月二十一日，董其昌在“龙游舟中”题夏圭《钱塘观潮图》，董谓此画“乍见之，即定为阎次平”，有趣的是此画实有款署，且款署两见：“谛视始得细款于树梢，则夏圭也。又复展之于石角中，亦注夏圭名。”[87]想必董其昌在舟中多暇，才发现这样藏于树梢的款字。

同样在是年（1597）秋九月二十一日，董其昌典试江右完毕，归返途中，于“兰溪舟中”题李成《寒林归晚图》（收录于《五代宋元集册》）。此图与《钱塘观潮图》俱题于同一日，然题跋地点则不相同，前者题于兰溪，而后者题于龙游。此二地实际上均位于浙江东部衢州至建德之间，兰溪北流，至建德与新安江合流北上即为富春江，一名浙江，入杭州湾，故可直达杭州。

董其昌在兰溪舟中最重要的题跋则见于前一年冬（丙申，1596）得海上的江参《千里江山图卷》，在与上述两跋同一年的丁酉九月二十二日，董氏写道：“还自江右，于兰溪舟中展观……时奉命校士毕，船窗晴霁，各手卷都勘阅一过，至乐也！”[88]（详见本书《〈画说〉作者问题的研究》

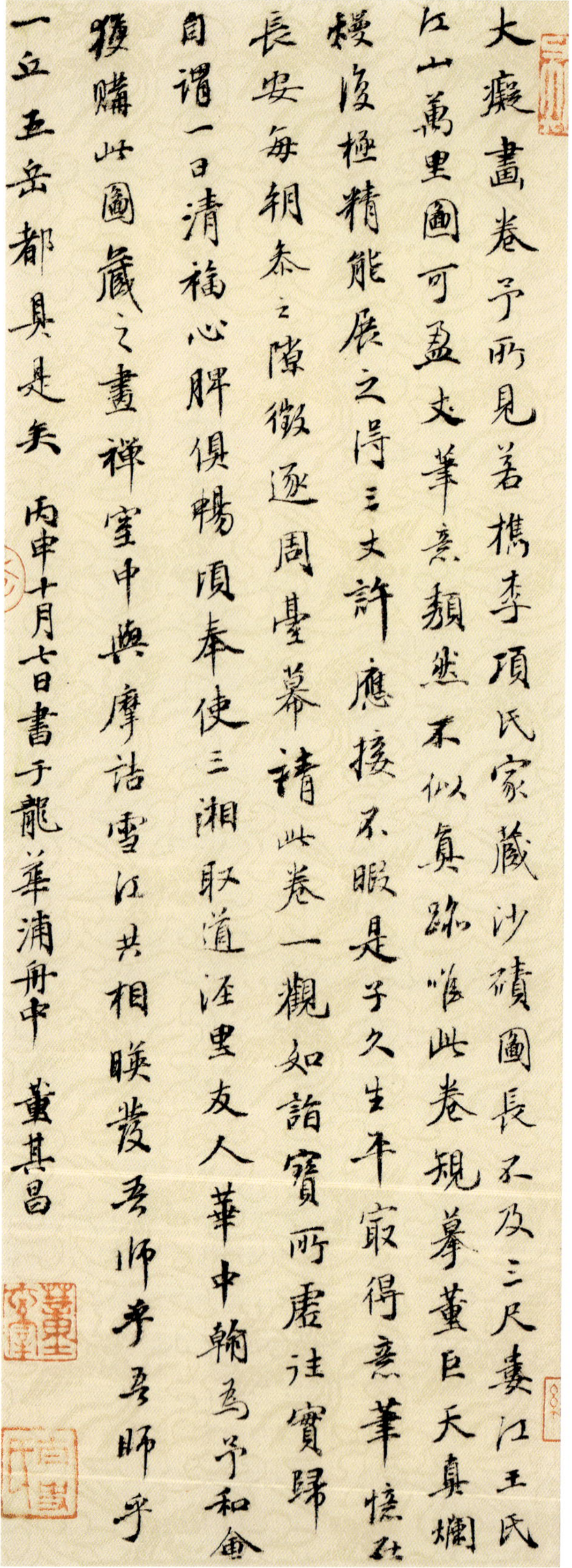

图 14　元　黄公望《富春山居图》“无用师卷”前董其昌跋
台北故宫博物院藏

图13）读此跋语，不难想见董氏当时的心情，奉命江右典试的任务既已完成，在取道回程归返家乡的水路上，正值秋高气爽的晴朗时节，于是将“书画船”上随行所携各手卷皆勘阅一遍，其闲适快乐的心境乃洋溢于长约两百五十字的题跋中。此则长跋叙述了江参《千里江山图》卷的流传过程。此卷原系元文宗御府收藏，元时尝经柯九思鉴定；明末一度流入严嵩家，及严氏败，万历丙申（1596）冬，董氏得于海上严氏后人。

董跋另一项重大的意义是晚明时江参在画史上的地位几乎被遗忘，此卷经董氏一再题跋阐述，遂重新奠定了江参在董巨画派中的承传关系：

> 江贯道，宋画史名家，专师巨然，得北苑三昧。其皴法不甚用笔，而以墨气浓淡渲晕为主，盖董、巨画道中绝久矣。贯道独传其巧，远出李唐、郭熙、马、夏之上，何啻十倍！[89]

董其昌既为自己得江参画而庆幸，也为江参画遇到自己而庆幸，他又说：

> 使此卷一入豪门，将与《上河图》等俱归御府，世间永不见有江贯道画，即贯道一生苦心，竟泯没无传矣！贯道画有神，其必择余为主人也夫！[90]

此跋之后，董其昌又附加了两段考证，长约两百字。至明年四月，董氏再题并抄录了吴宽原题，此于董氏藏品中亦属罕例。

万历三十三年（1605），董其昌出任湖广提学副使，米元晖《潇湘奇观图》、董源《潇湘图》两件藏品在此前已归董氏所有，故携以自随。五月十九日，当董氏“舟行过洞庭湖中，正是潇湘奇境，辄出展观，觉情景俱胜”[91]，遂题跋于米友仁画卷。

三个多月后，值九月前一日，董氏于“湘江舟中”复题董源《潇湘图》：

今年复以校士江南，秋日乘风，积雨初霁，因出此图印以真境，因知古人名不虚得，余为三游湘江矣。[92]

董氏以上两则题跋均系将古画携至与画境相关的地点，将画中山水与自然真境两相对照欣赏，这种鉴赏绘画的方式颇具有独创性。而世间徒拥画作却不能亲游其地，仅作卧游者比比皆是；同样，能亲游其地，却无画作可比对者更不胜其数，而像董氏这样将喜爱的古画携以自随，且恰好有描绘董氏游历之地的情况十分罕有。

将画作比对真境的赏画方式，若在陆路车行中实难进行，只有在舒适的船舱中或坐或卧，游目观赏四周景色，不仅为人生一大享受，亦能对画作有更深入的理解。此殆为董氏初见《潇湘图》时，虽“不知何图也”，继而“既展之，即定为《潇湘图》”的原因之一。因为一见此图，就令他回想起舟行湘江所见之景：

行潇湘道中，蒹葭渔网，汀洲丛木，茅庵樵径，晴峦远堤，一一如此图，令人不动步而重作潇湘之客。[93]

万历三十四年（1606），董其昌自湖广提学副使归途中，得观郭熙《关山行旅图》，董氏题谓：

右郭河阳《关山行旅图》，亦名《蜀道图》，乃海内尤物，余为庶常时，已耳食之矣。近自楚中校士归，舟次采石（当涂西北），友人持示，深慰夙怀……董其昌观因题。[94]

可知当董氏在北京为庶常时，已耳闻郭熙《关山行旅图》乃海内尤物，若非此次恰逢董氏从楚中校士归来，归舟从长江顺流而下至采石，友人持卷观赏，就无由满足董氏多年来对此卷的怀想。

万历四十一年（1613）四月十七日，董氏于射阳湖舟中，再度将随行的董源《潇湘图》展观赏玩并题跋。[95]射阳湖在江苏省淮安县东南，此次简短的题跋给予吾人的讯息，是董氏仍然在其他水上行旅中一贯地携书画以随行。董氏行舟于江苏中部大运河宝应东部的射阳湖上，也展观昔年在洞庭湖上随行所携董源《潇湘图》，意图再以此画对照自然真境。然而此次董氏仅简单记下日期与地点，似乎此时图画与实景契合对应的程度不如往昔在湖南那样令其感动，毕竟江苏一带地势较为平坦，与《潇湘图》中的景物并不相应，因此展阅之后，并未引发其翩翩联想，只记录下日期、地点了事。

万历四十四年（1616）夏日，董其昌仍处于赋闲江南的时期。就在前一年，因其子董祖常在乡里之恶行而发生“民抄董宦事件”[96]，到当年春三月十五、十六两日，董氏住宅遭焚，所藏书画颇多损失。此后，董氏避地镇江、吴兴、苏州期间，多与收藏家往还，鉴赏、临摹、题跋不一而足，其在舟中临摹活动有以下纪录：

万历四十四年（1616）夏日，董其昌在“苏门舟次”，重展曾经在嘉兴项子京处见过的李伯时《维摩不二说法图》，弹指之间，已经是三十余年前的事了。[97]

万历四十七年（1619）四月，董其昌书画船抵达邗沟（即扬州一带的运河），遇友人吴廷。董氏为吴廷题跋赵孟頫《书道德经生神章卷》：

余家有赵文敏为大长公主《仿阎立本画三清瑞像》，张嗣真题诗，吴用卿见而奇之，愿以古帖易去，余未之许也。用卿乃出此卷相视，亦张嗣真题文敏真迹，所云“天宝君、

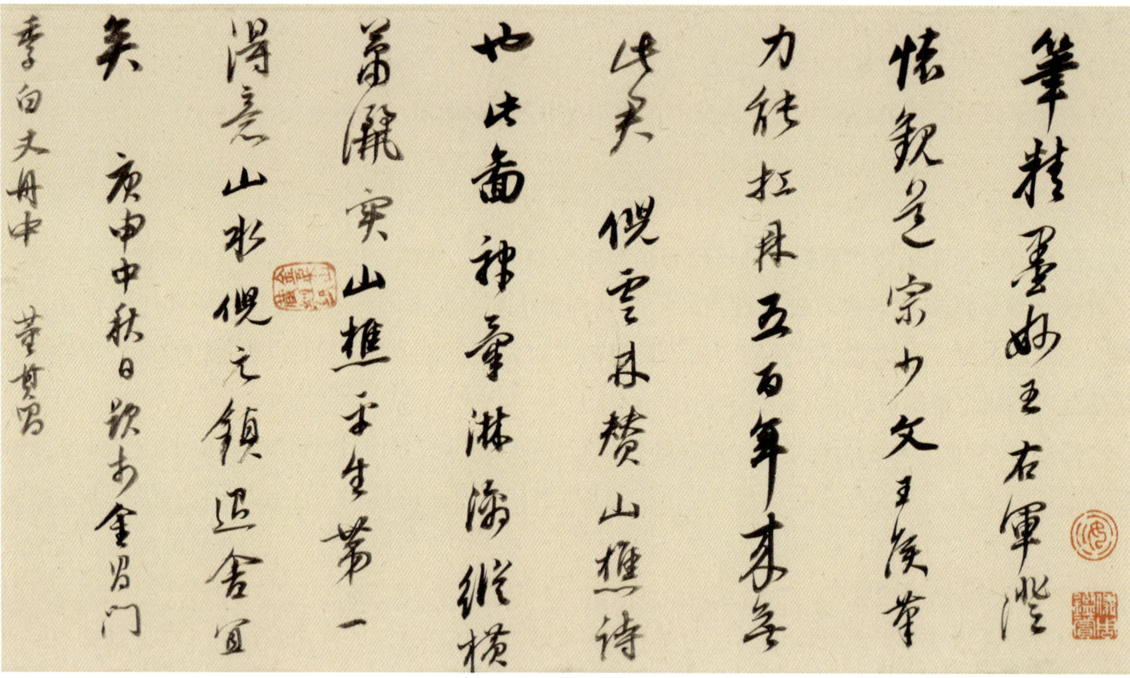

图15 元 王蒙《青卞隐居图》诗堂上的董其昌题跋 上海博物馆藏

灵宝君、神宝君”正合三清之意。此卷此轴，似是双龙神物，合之双美，余无以难用卿也，遂题以归之。[98]

由此跋语，知董氏此时将本来不愿割爱的赵孟頫《仿阎立本画三清瑞像》轴亦归赠吴廷所有，使赵孟頫所绘相同主题的一书一画，均道家题材，且皆有道教天师张嗣真题诗的两件作品合藏一处，成为书画双美。

泰昌元年（1620）中秋，董氏在金阊门程季白的书画船上，为传世最为知名的王蒙《青卞隐居图》题诗并跋语：

笔精墨妙王右军，澄怀观道宗少文。王侯笔力能扛鼎，五百年来无此君。倪云林赞山樵诗也。此图神气淋漓，纵横潇洒，实山樵平生第一得意山水，倪元镇退舍宜矣。[99]（图15）

在此跋中，董氏借倪云林赞誉王蒙绘画成就的诗句来赞美此幅王蒙杰作，并认为如此高质量的王蒙画作确实能使倪瓒退避三舍。

天启二年（1622）二月十日，董其昌跋李成《寒林归晚图》（收录于《五代宋元集册》）谓：“与米参知仲诏同观于晋陵舟次，收藏者新安程季白。”[100]彼时与米万钟同观之画作尚包括仇英《临宋人山水界画人物画册》，董氏评仇英画云：

仇实父于临宋画册无所不似，尤工赵伯驹而自靳，不时为之。独以刘松年、马远、夏圭酬应，然皆过之，虽宋人所难也。此册得其大全矣，季白宝之！壬戌仲春其昌识。米万钟同观。[101]

董其昌虽认为“此派画不可习”，然而仍然颇加推崇，董谓：

李昭道一派为赵伯驹、赵伯骕，精工之极，又有士气，后人仿之者，得其工不能得其雅……盖五百年而有仇实父在，昔文太史亟相推服，太史于此一家画，不能不逊于仇氏。[102]

董氏又题仇英《临赵伯驹〈光武渡河图〉》曰：“位置古雅，设色妍丽，为近代高手第一。”[103]

所以上述舟中题画，请其友“季白宝之”，并不是面对友人才作的谀词。

天启三年（1623）四月十三日，董其昌于“吴江道中”题王蒙《谷口春耕图》，谓两日前“晋陵唐君俞持赠。元人题此图有‘老董风流尚可攀’，谓吾家北苑也”。后又题：“叔明有《青卞图》，与此图同一笔法。”（图16）

两年前，董其昌曾在程季白舟中题王蒙《青卞图》，今见此画，两相比较，其笔法相类似。又，董氏题王蒙《松山书屋图》云“此图……与吾家《青卞图》绝类”[104]，可见董氏亦曾收藏过王蒙《青卞图》。

同年（1623），董氏题梵隆《应真理相卷》云：“天启三年，岁在癸亥又十月朔，观于武丘舟次。”[105]

丙寅年（1626）正月二十七日，董其昌泊舟江口，吴用卿持示范宽《溪桥雪霁图》轴，董氏为之题跋云：“观其笔势奇崛，气吞荆、关，非范华原不能尔。”[106]同年二月望，董氏于吴门官舫中，重观宋李公麟《维摩演教图》并加以题记。[107]同一日在官舫中，董氏又题元王蒙《破窗风雨图》：“王叔明画卷有《听雨楼》，与此卷绝类，此图更觉清润，有赵吴兴法，尤可宝也。”[108]

天启七年（1627）四月朔，董氏在玉峰道中，以七绝诗题唐寅《梦筠图》卷，其后跋云：“唐六如画《梦筠图》，娟秀姿态，虽李龙眠复生，不能胜此，因观系一绝。”[109]董氏对于苏州画家唐寅如此推崇，赞美其胜过李公麟，此为董氏比较少见的赞语。

崇祯二年己巳（1629）中秋，董氏于元钱选《维摩像卷》上仅题一行简单观款：“观于阊门舟次，董其昌。”[110]与此同时，董氏第四次题跋赵令穰《湖庄清夏图》卷，并以此卷易赵孟頫《六体千字文》于惠生舟中。同年，不知哪一月份，董氏重题元赵孟頫《鹊华秋色图》：“崇祯二年岁在己巳，惠生携至金阊舟中获再观。”[111]（图17）盖董其昌曾拥有过此图。万历三十年（1602）长至日，嘉兴项元汴之子项晦伯乘书画船将《鹊华秋色图》卷携至松江董氏戏鸿堂中，此卷遂为董氏所藏。但在1629年之前，此画已转入惠生之手。（按：惠生，金沙人，有“恽斋”）

（二）舟中鉴题古法书

不论长程或短途的舟中行旅，董其昌或多或少必携古书画随行，途中不时取出品赏玩味或临仿研讨，兴之所至便将所感所鉴题于卷册。而其所到所访之处，亦必有同道友人或书画商贾持古书画来请鉴共赏或交易，因此也留下不少在舟中鉴题古法书的资料。

万历三十二年甲辰（1604）六月，吴廷的书画船与董氏相遇于西湖，董氏为其题跋苏轼《后赤壁赋卷》：

> 东坡《赤壁》余所见凡三本，与此而四矣。一在嘉禾黄参政又玄家，一在江西庐陵杨少师家，一在楚中何鸿胪仁仲家，皆东坡本色书。此卷又类黄鲁直，或谓苏公不当学黄书，非也！苏黄同学杨景度，故令人难识别耳。[112]

由此跋语，可见董氏见识之广，即东坡所书四本《赤壁赋》，所见来源分散在嘉禾、江西、楚中及西湖各地。而此次杭州之行，董氏在西湖画舫中，又跋《宋元宝翰一册》：“思陵书杜少陵诗，赵吴兴补图，乃称二绝。”[113]

图 16　元　王蒙《谷口春耕图》 台北故宫博物院藏

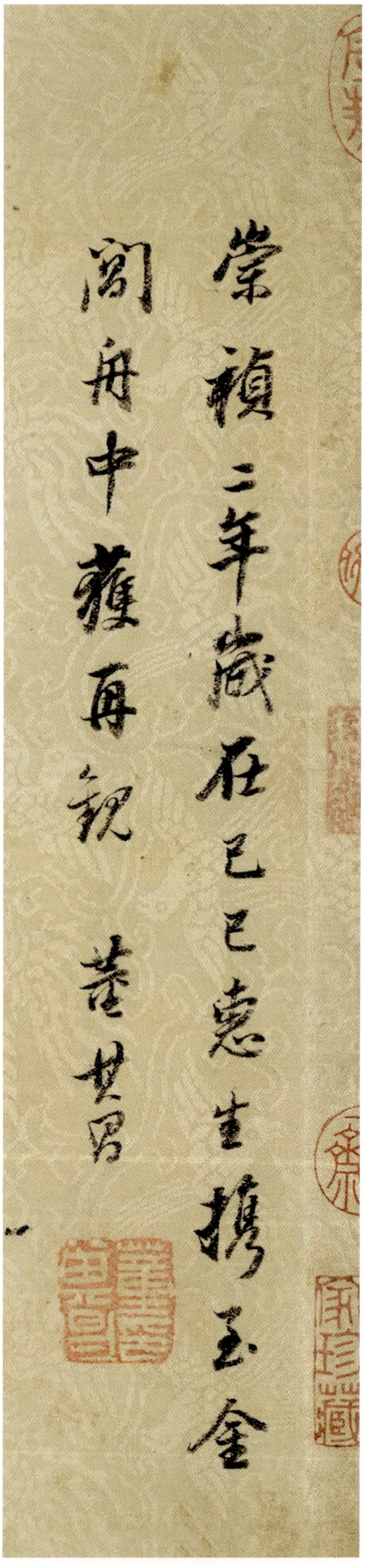

图 17　元　赵孟頫《鹊华秋色图》后的董其昌跋
台北故宫博物院藏

同年六月，董氏在西湖舟中还题跋了元赵孟頫《临王大令四帖卷》：“赵吴兴常背临十三家书，无一笔不肖似，余于韩礼部见其书《阁帖》三卷，乃知吴兴深得临仿之力。”[114]

万历三十三乙巳（1605）六月七日，董其昌“舟次城陵儿，时自常、荆校士还武昌”[115]，题跋云“今年春正，吴阊得王伯谷所藏宋拓《绛帖》，顷携以自随”[116]，并书写一大段考证文字，认为此帖应为《鼎帖》而非王氏所谓《绛帖》。

万历三十七年（1609）九日晦，董氏于“西湖舫斋”观览并题跋米芾《九帖》真迹：“此卷刻于文氏‘停云馆’，文太史鉴定，所谓众龙之尤也。若从石本想见真迹，今如叶公好龙下室矣。”[117]

万历四十年（1612）闰十一月二十七日，董其昌于“金阊门舟次”展观《黄庭经》，董跋论及此帖：

昔人论右军《黄庭》尚存钟法，今他本不似元常结构，似钟亦惟此本。

余在长安闻此帖有年，曾游新安访之，乃（丁）南羽从留都购得，信稀世之珍，墨池为之放光，因记岁月如此。[118]

万历四十二年（1614）十月，董氏在“吴阊舟次”观并题苏轼《尺牍五帖》云：“皆有徐季海、李泰和风致……吴性中从项氏探此骊珠勿遂，落好事手，宜拓传海内共赏之。”[119]

泰昌元年（1620）九月二十一日，董氏观南宋张即之《书金刚经般若波罗蜜经》“于金阊门舟次”，颇有会心，题云：

观其用笔结字，不沿袭前人，一一独创，禅家所谓自己胸中流出，盖天盖地者是已。余尝持论，书家难在合，尤难在离。右军灵和，大令奇踪，虞褚妍丽，颜柳刚方。既规模通会，与之合矣，则复以灵和还右军，以奇踪还大令，以妍丽还虞褚，以刚方还颜柳……而别自有灵和，有奇踪，有妍丽，有刚方，始成一书家，否则重佁之诮，宁能免乎？[120]

天启三年（1623）十月十三日，董其昌于舟中敬观并跋宋《文天祥遗像家书卷》云：“文信国家书一纸，具当时江西流离颠沛情事，去宋亡无几何事矣。兰虽可焚，香不可灭，当与《正气诗》作注脚。”[121]

同年，董其昌于“十月，观于舟次”，长题仇英《十美图卷》。[122]

天启五年（1625）暮春之朔，董其昌“于天津舟次”再跋《宋拓王大令十三行洛神赋》：

惟子敬《洛神十三行》，隽逸骀宕，秀色可餐，贾似道所藏，至赵文敏得之陈灏集贤者，为正书第一……余以己丑（1589）获观于晋陵唐庶常……求之二十四年更得此本。[123]

崇祯二年（1629）十月四日，董其昌“于昭彦舟中”，观题宋苏轼《画记卷》云：

每见坡公墨迹，十九双钩廓填，即余家误收《养生论》《三马图赞》，经岁余知之，皆不如此《画记》之无疑也。昭彦其宝藏之。[124]

又云：

玉局行书，皆规模徐季海，此帖独仿颜平原《送明远序》，纵横迭宕，中含宫商，非赵吴兴所能梦见也。[125]

此跋所提供的有趣讯息，是董氏自己承认其先前误收的两件坡公墨迹，乃是“双钩廓填”的复制品，经一年多后才得以识破。可见每一位鉴赏家都曾有过误鉴的经验，董氏有此雅量自暴其短，表现出他在晚年自信已是鉴赏界的高手，对于早年的偶尔误鉴，只是一笑置之而已。

其他董氏无纪年在舟中题书之作尚多，不一一列举。

四、董其昌舟中的书画创作

（一）舟中作画

董其昌的绘画作品，虽然可能有多半在他的书斋中绘制，但有一部分却是在他舟中行旅时所作。他较早在舟中所画的有万历二十年（1592）三四月中的《纪游画册》，乃忆写闽中之行所经所游；然其他舟中所作，过半为其舟中独自或与友人赏鉴古人名迹时兴之所至或偶然欲画，或应友人之请的情况下一种纯粹文人即兴之作。

万历三十年（1602）首春，董其昌“同顾侍御自槜李归，阻雨葑泾，检古人名迹，兴至辄为此图”[126]，即台北故宫博物院藏《葑泾访古图》。董氏从浙江嘉兴归返松江的途中，在葑泾遇大雨，泊舟闲暇，将携以自随的古人名迹取出欣赏，忽动画兴，遂成此幅。

万历三十一年（1603）九月二日，董氏重题《临郭忠恕山水卷》云：

> 是岁秋携儿子以试事至白门，大江舟中，旋为拈笔，遂能竟之，以真本不在舟中，恐未能肖似耳。[127]

董其昌于同年春天，在北京根据自家收藏的郭忠恕原画《辋川招隐图》临摹成一粉本，唯该粉本“恨未设色与点缀小树”，因此在往白门（江宁）的“大江舟中”，重新拾起该粉本逐渐补笔点缀完成，惜此时书画船上却未携郭忠恕原作，以供随行参照。

万历四十年（1612）十月二十二日，董氏在“锡山道中”，作《仿赵集贤水村图》并题云：

> 余谓此《水村图》乃欲兼高克明、赵集贤笔意。高克明《雪渔卷》，天雄张平仲水部携至官舍。余与陈仲醇赏叹永日。集贤《水村图》从娄水王闲仲所见之，遂和会两家，若元人所谓合作。[128]

同年十月晦，董氏于舟中“仿倪高士画”，又题云：“孺仲自岩上寓书，征余作《九峰秋色》以此寄之。”[129]

另，董其昌于万历四十一年（1613），“中秋，舟泊南徐，新安黄中舍以惠崇《春江图》见示……余为临……适朱敬韬亦至，夺予所临”[130]。同年（1613）九月二十五日，董作《仿米南宫山水卷》题云：“泊舟升山湖中，即赵子固轻性命，宝《兰亭帖》处。诘旦，吴性中以颜公真迹见示，为临二本，因写此图记事。”[131]此图又名《升山图》，现藏南京博物馆。

同年（1613）八月中秋后三日，董氏为吴正志题辛亥所作《荆溪招隐图》卷于吴昌（阊）舟次。此卷后吴正志跋中有云：“玄宰亦以史官外补，自泖上至荆溪几六百里，扁舟过从，音问不绝。”可见两人扁舟过从甚密。（图18）

万历四十二年（1614）七月，董其昌“舟行昆山道中”，画《秋林晚景图》并作长题论画，语中有云：“不行万里路，不读万卷书，欲作画祖，其可得乎？此在吾曹勉之，无望庸史矣。”[132]

万历四十四年（1616）九日，董氏行经“毗山道中”，绘《仿黄公望山水图》（图19）并跋云：“余得黄子久所赠陈彦廉画二十幅，及展临，舟行清暇，稍仿其意，以俟披图相印，有合处否？”[133]

万历四十五年丁巳（1617）三月，董其昌作《高逸图》（图20）赠蒋道枢丈，并题云：“道枢载松醪一斛，与余同泛荆溪，舟中写此纪兴。玄宰又题。”[134]

万历四十六年（1618）八月十一日，董其昌于昆山道中写《夜村图》。[135]同年腊月朔日，董

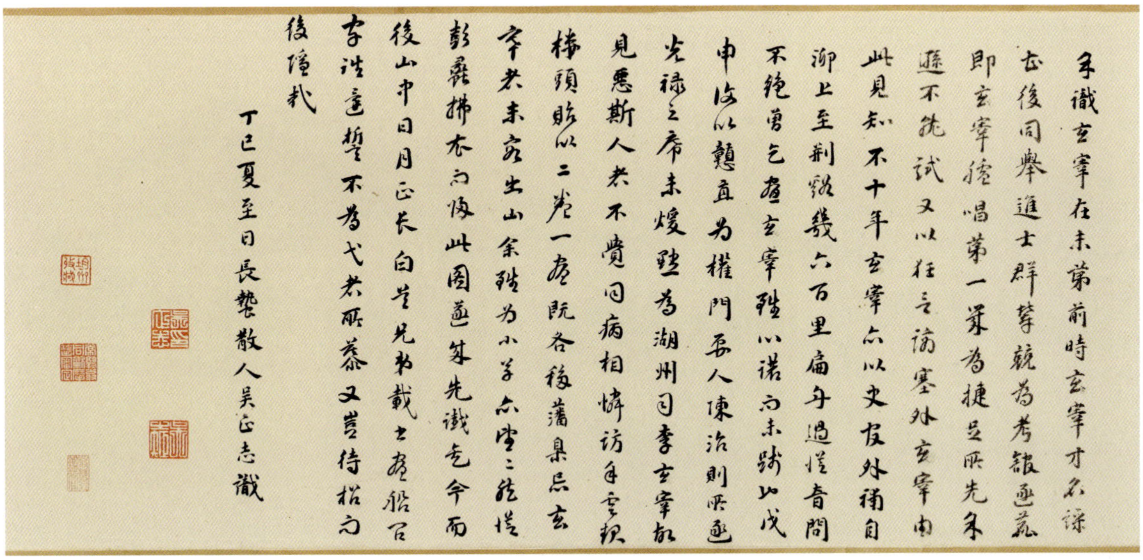

图 18　董其昌《荆溪招隐图》后的吴正志题跋　美国纽约大都会艺术博物馆藏

氏“舟次凤山村识，玄宰仿倪元镇”，作《仿倪云林山水图》并题云：“家藏有赵吴兴《水村图》卷，虽缥缈荒率，然水胜于山.此卷似反离骚也。”[136]

万历四十七年（1619）七夕后三日，董氏“送敬韬兄还朝，舟至泖口为别，写此二图，长安轻尘中出此披对，可当乡梦”[137]。

万历四十八年（1620），董氏于金阊舟中写《仿巨然册页》；[138]同年夏日，写《山居图》于金阊舟次。[139]同年，“七夕之朝，舟济黄龙浦题”，自画《林和靖诗意图》。[140]

董其昌于庚申年最有名的作品为上海博物馆所藏《秋兴八景图》册，八开全画于秋间，其中第四、第五、第六、第七开之款题均说明在舟中所作，其余四开并未述及作画地点，故也有可能全是在舟中所作。（图21）以下仅将款识中明白指明舟中的作品列举于下。

第四开：“庚申八月，舟行瓜步江中，乘风晏坐，有偶然欲书之意。”[141]

第五开：“庚申中秋，吴门舟中画。”

第六开：“庚申八月廿五日，舟行瓜步大江中写此，并书元人词，亦似题画，亦似补图。”

第七开：“庚申九月朔，京口舟中写。”[142]

瓜步在六合东南，仪真之西，南临长江。以上第四开、第六开皆作于瓜步江中，在时间上可能较为相近，只署八月的第四开，应作于第五开的八月中秋之后。从吴门至瓜步，途中道经无锡、常州、镇江等地，水程约需五六天。而且第七开纪时九月朔，已是回程东行时所作。画第八开时在九月七日，此时董氏已经回到吴门了。又，第五开作于中秋那日，地点在吴门。与此同日同地，董氏还曾到新安友人程季白的书画船中题跋王蒙名迹《青卞隐居图》，称此图为“山樵第一得意山水”。

考察董其昌《秋兴八景图册》，以时间先后为序：第一开，作于八月朔前一日，地点不明；八月中秋，董氏在吴门作一幅；其后，于八月二十五日前后于瓜步江中作两幅；九月朔，在京口画一幅；九月五日画一幅；九月七日在吴门画一幅；最后一幅作于九月八日（重九前一日），地点不明，推测可能仍在吴门。八幅画作的时间跨度共三十八天。

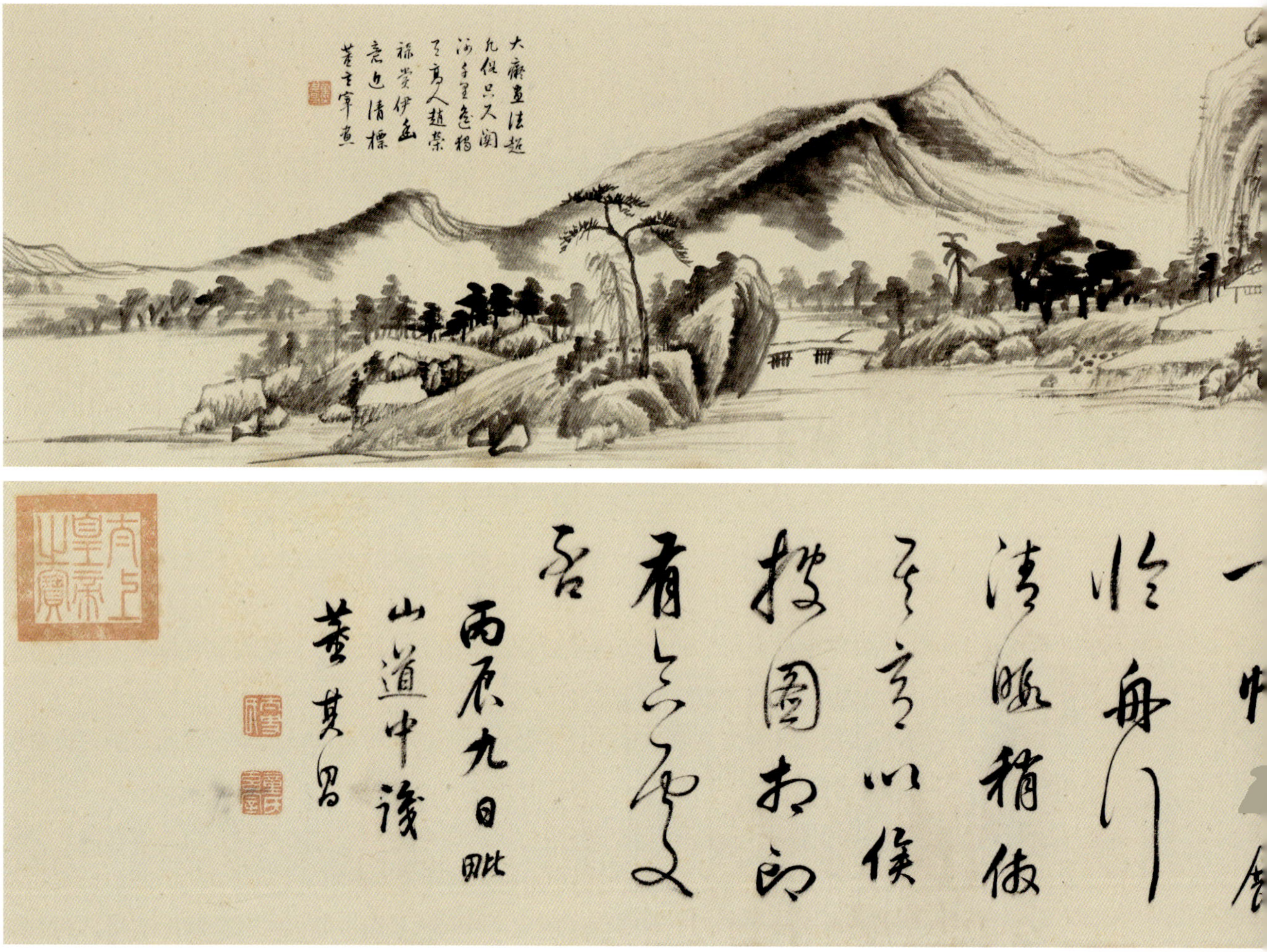

图 19　明　董其昌《仿黄公望山水图》　台北故宫博物院藏

《秋兴八景图册》不仅在尺幅上高达53.8厘米（一般册页约高25厘米至30厘米左右），且每一开均为细笔设色，并以小行楷书长题。可见董氏此趟书画船之旅，心情上是非常闲适的，生理上是健康的，精神上是饱满的。这时，他悠游闲居已经十年多了。

天启元年（1621），董其昌作《仿宋元山水十幅》，其中第十开题云："辛酉七月朔日，舟过河淀，写黄鹤山樵笔意。"[143]第六开题云："辛酉七夕，青龙江舟中题。"[144]青龙江在松江西北青浦县，离董其昌家乡甚近。

同年，董氏作《山水册》，其中第十三开题云："辛酉九月，舟行玉峰道中写此。"[145]玉峰应在昆山附近。同月，董又于昆山道中绘《山远天高图》。[146]

天启三年（1623）二月，董氏"画于丹阳舟中，因命之《延陵村图》"，并题云："延陵村在茅山之东，有张从申碑……赵子固称其书品在李北海之右。"（图22）题此画时，于界格上作小楷，长约一百五十字，颇为罕见。

同年四月，舟过昆山，董其昌在自画《设色山水立图》中长题论画，再次提出画家以天地为师的重要性："画家当以古人为师，尤当以天地为师……今块坐斗室，无惊心洞目之观，安能与古人抗衡也。"[147]

癸亥“正月之晦，舟行大江中识”[148]，董氏再题《仿倪云林山水图》，此画甚为工细；同年三月，董氏重题此幅并以长篇论倪瓒画。此画右下角有“书画船”腰圆朱文印，当为董氏画中罕见，目前尚不能确定为董氏之印还是收藏家所钤。

此年四月十九日，董氏舟次震泽，画《仿赵孟頫〈溪山仙馆图〉》并题云：

庚子（1600）秋七夕，余舣棹姑苏，同年王文考……大出家藏名画见示，中有倪元镇、黄子久、赵文敏《溪山仙馆图》……此图以右丞、关仝参合成之……当为生平得意笔。……偶拟为之，因记。天启三年（1623）岁在癸亥四月十九日，舟次震泽村，同观者杨彦冲。（图23）

同年癸亥，董氏在舟中画《临李晞古画卷》并题云：

此浒关民部张平仲所携李晞古卷也。舟中匆遽临之未竟，盖粉本耳。又于周敏仲见李所自，乃赵幹卷也。始知宋人无一笔无来历，因略掇成之。癸亥。[149]

上例系友人携古画至董其昌书画船中鉴赏，董氏爱而临之，然而画卷不能久留，所以仓皇间无法临摹完成，后又见赵幹卷，见两卷用笔相似，于是援其笔意完成此卷。

天启四年（1624），董氏作《仿古山水册》，其中仅第四开署有“甲子元旦写”纪年，而第三开对幅题云：

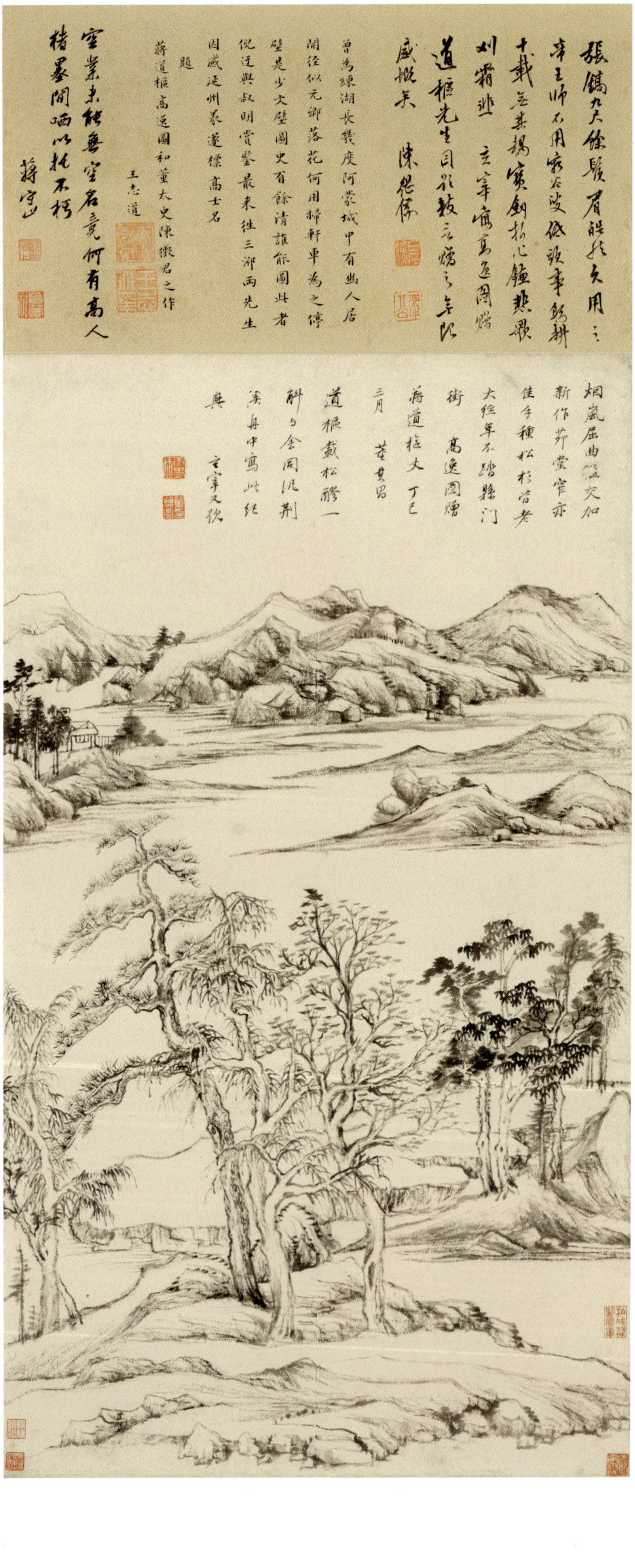

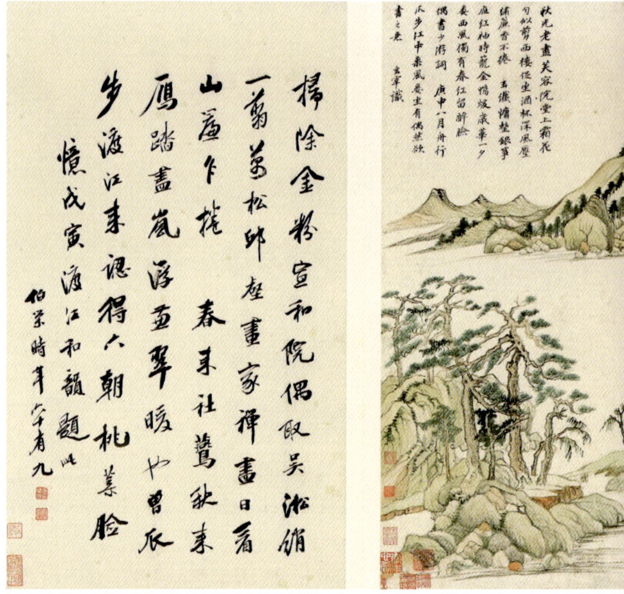

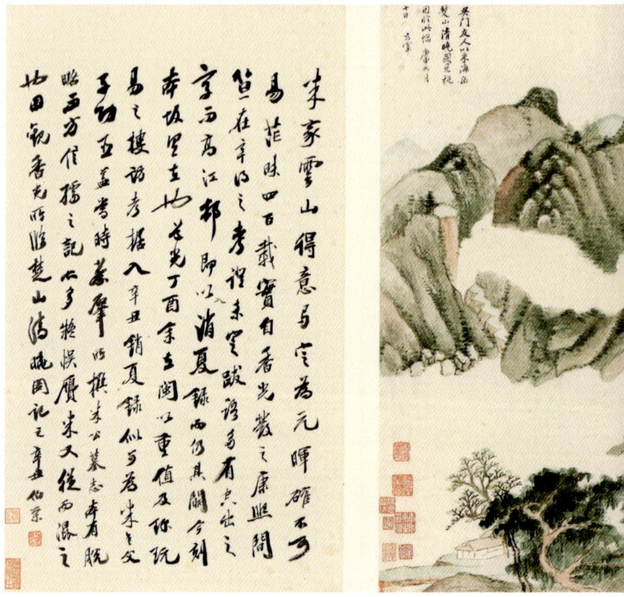

图 20
明　董其昌《高逸图》
故宫博物院藏

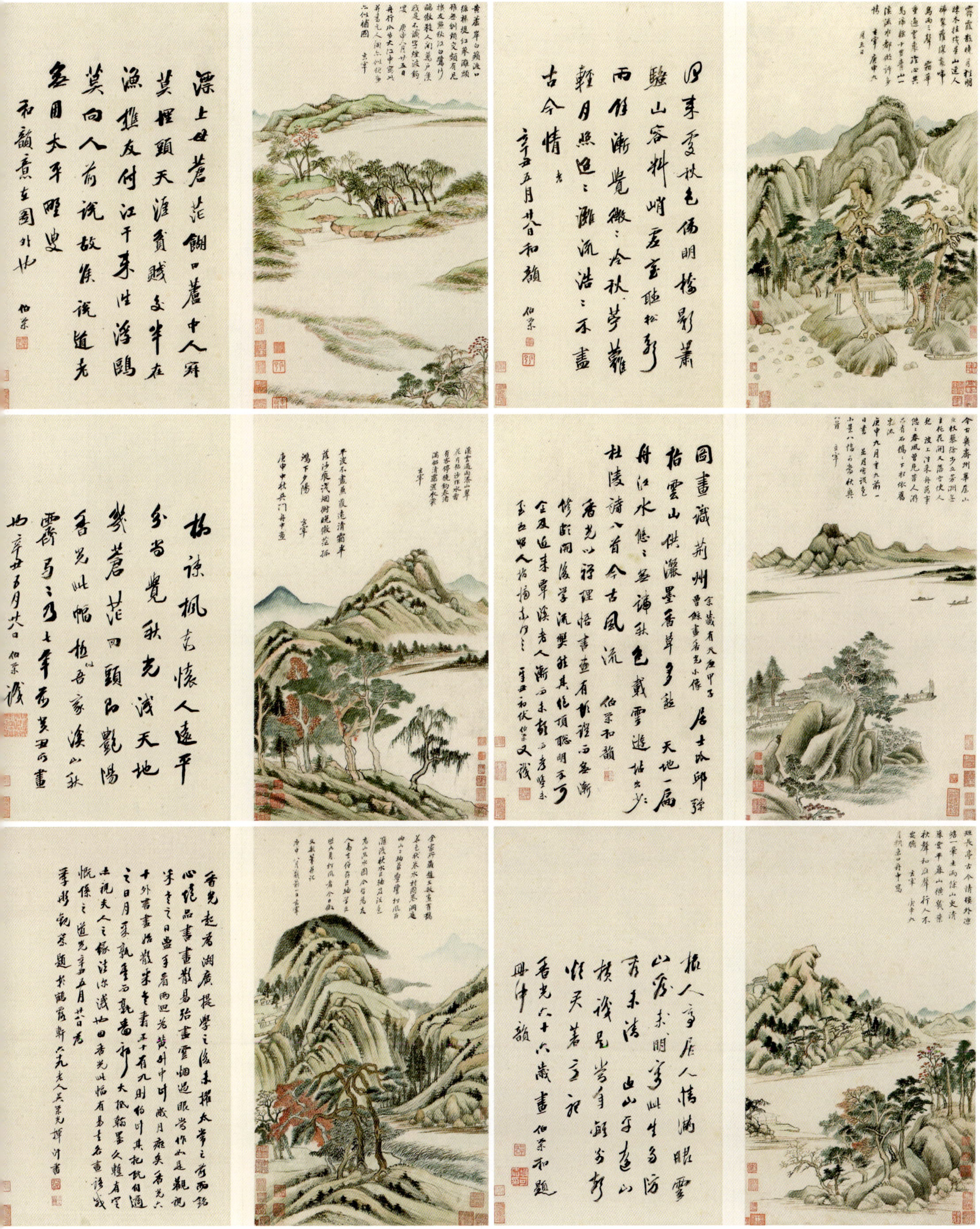

图 21 明 董其昌《秋兴八景图册》 上海博物馆藏

图 22　明　董其昌《延陵村图》 故宫博物院藏

图 23　明　董其昌《仿赵孟頫溪山仙馆图》 日本东京国立博物馆藏

> 余家藏子久画甚多，最胜者《浮峦暖翠》，寻为友人易去，二十余年往来于怀，致形梦寐，续构画册二十幅，始为一生愿足。青溪避喧，时出展观，信笔临此，仍参董、巨家法，时有合处。[150]

可知此第三开所临者为其所藏黄公望二十幅之一。又，董其昌画在“青溪道中”的作品不少。青溪在江宁东北，溪泄玄武湖水，南入秦淮。如董氏之所谓“青溪”果是此处，则董氏书画船从松江来此避喧，水程颇远。此册每页各仿一家，非一时一地所作，未必皆作于舟中。

天启五年（1625）二月，董氏于“潞水舟次写为鹿庵宫谕留别”，因作《枫林霜叶图》。[151]潞水即北运河，其时董氏拜南京礼部尚书（宗伯），正乘舟离京南下。同年画《右丞诗意图》并先后写下两题，首题“天启五年，岁在乙丑暮春八日，舟行东光道中写此”；另一题云：

山右潘侍御翔公好收古名画，余出关前一夕，视予《子晋吹笙图》，乃郭恕先笔，设色布景，实为奇绝，予作此图，亦有其意。四月三日阻风崔镇重题。[152]

东光在河北河间府东南，崔镇在邳州、淮安之间，董其昌费了二十五天左右通行此两地之间，可见行程非常缓慢。又，董氏“四月七日画于宝应舟次”[153]，又经十五日抵达平望，于四月二十二日作《仿董源山水图》，题云：“旧有此题画一绝，今日阻风平望，写此小景，颇合诗意，因以题之。”“近于朱参知敬韬官舫观北苑画，仿此。”[154]

同年九月，董其昌“自宝华山庄还，舟中写小景八幅，似逊之老亲家请正。玄宰”[155]。逊之，即王时敏（1592—1680），董、王两家已结为姻亲，关系可知。其时，王氏三十三岁，可见其亲炙董氏为时颇久且得其正传。

同年九月二十七日，董氏作《仿十六家巨册》，其中第八开《仿高房山山水》有董氏长题，末尾云：“归舟写此，付孙庭收贮以见志。”[156]

天启六年（1626）二月二日，董其昌于真州舟中写《仿李成山水》并题云：“偏头关李成画在万金吾邦孚家，余在长安借临，今仿其意为此。”[157]

天启七年（1627），董其昌作《丁卯小景四幅册》，其中第四开款云：“丁卯泊舟南徐写此。归途为石尤所困，排闷终之，而命曰《丁卯小景》，如许浑之《丁卯集》也。”

崇祯二年（1629），董其昌题《为王奉常画山水立轴》，款云：

逊之尚宝以此纸属画，经年漫应，非由老懒，每见其近作，气韵冲夷，动合古法，已入黄痴、倪迂之室，令人气夺耳。……己巳又四月廿一日，青龙江舟次，其昌似逊之老亲家正。[158]

可见当王时敏三十余岁时所仿之倪、黄两家山水已登堂入室，极为董氏赞赏。王时敏之父王衡与董氏为旧识且有交游，故他从少年到青年时期都有机会观看董氏作书画，力学之时，也常向董氏求画。

崇祯五年（1632）正月，董其昌画《仿董北苑笔意》，自题云：“壬申正月十九日，揆予初度七十有八之辰也，时应宫詹大宗伯之召，舟次宝应。”[159]

其他无纪年舟中所作之画，不在少数。

《仿米芾山水轴》：“泊舟虎丘，仿米元章云山，贻肖莪老年兄以当觌面，其昌。”[160]

《书画合璧神品卷》：“其昌书于娄江道中。”[161]

《马鞍山色图》：“舟次湖上，用子久笔意写马鞍山色。玄宰。”[162]

《卧游五月图册》：“赵伯骕《万松金阙图》见示……余今日舟中清暇，想其形势为之，不能入其奥耳。其昌。”[163]

《仿赵吴兴水村图》：“舟次薛淀望马鞍诸山……”[164]

（二）舟行纪游写景山水

董其昌的山水画，一般的印象都是模仿及变化古人的笔法风格转化成自我，极少令观者产生实景写生的视觉效果。但是吾人若将董氏划归为一味的仿古主义者，则无疑是一种偏狭的误解，因为在众多的董氏论画文字里，他认为师古人只是初步，进一步是要师天地、师造化的。

董其昌既喜乘舟旅游，其沿途所见之景必深印于胸中，当其作画时，忆其所见，往往作印象式及概括性的描绘，而非是对景写生，故其所作，虽然师天地造化，但并不具写实的性质。

董氏最早在舟中作画的记录，当在万历十九年（1591）护送馆师田公之柩归葬福建大田，沿途见闻甚多，明年还朝，阻风长日，舟中作画，多写此行所见，其所作《纪游画册》，自题云：

壬辰（1952）三月四月，舟中宴（晏）坐，阻风待闸，日长无事，因忆昨岁入闽山，由信州历瀫水，返自钱塘，又与社中诸子游武林。今年自广陵至滕阳，旅病回车，徘徊彭城、淮阴，皆四方之事，聊画所经，以为纪游耳。（图24）

全册共三十六页，是否全作于舟中，则不得而知，但以下两页题识，足以证其所作，必是画其舟中所见的印象。

《武夷接笋峰》题云："武夷接笋峰，奇绝为天下名山最佳处。予不能登峰，舟行仰视，已在别一世界。"（图25）

《严陵钓台》题云："严子陵滩，予以三更月落枕席上过，怅然兹行。既从闽中归，得从舟中盼望……"（图26）

万历三十年（1602），董其昌"六月过嘉兴鱼江中，写所见之景，却似重游也"[165]。

万历三十二年（1604）八月二十日，董跋米敷文《楚山秋霁图》云："此米侍郎在临安时作，

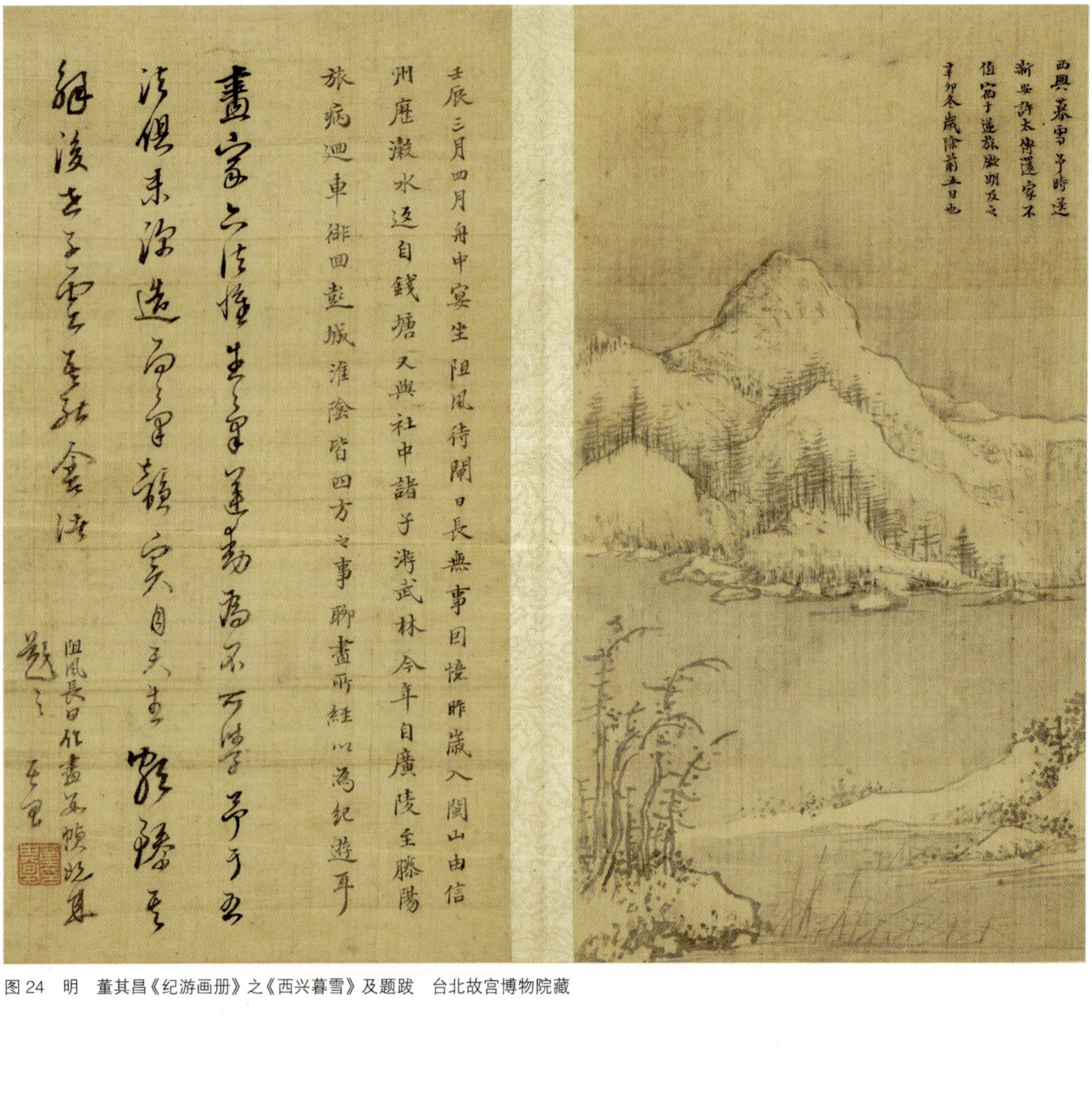

图24 明 董其昌《纪游画册》之《西兴暮雪》及题跋 台北故宫博物院藏

图 25　明　董其昌《纪游画册》之《武夷接笋峰》　台北故宫博物院藏

图 26　明　董其昌《纪游画册》之《严陵钓台》　台北故宫博物院藏

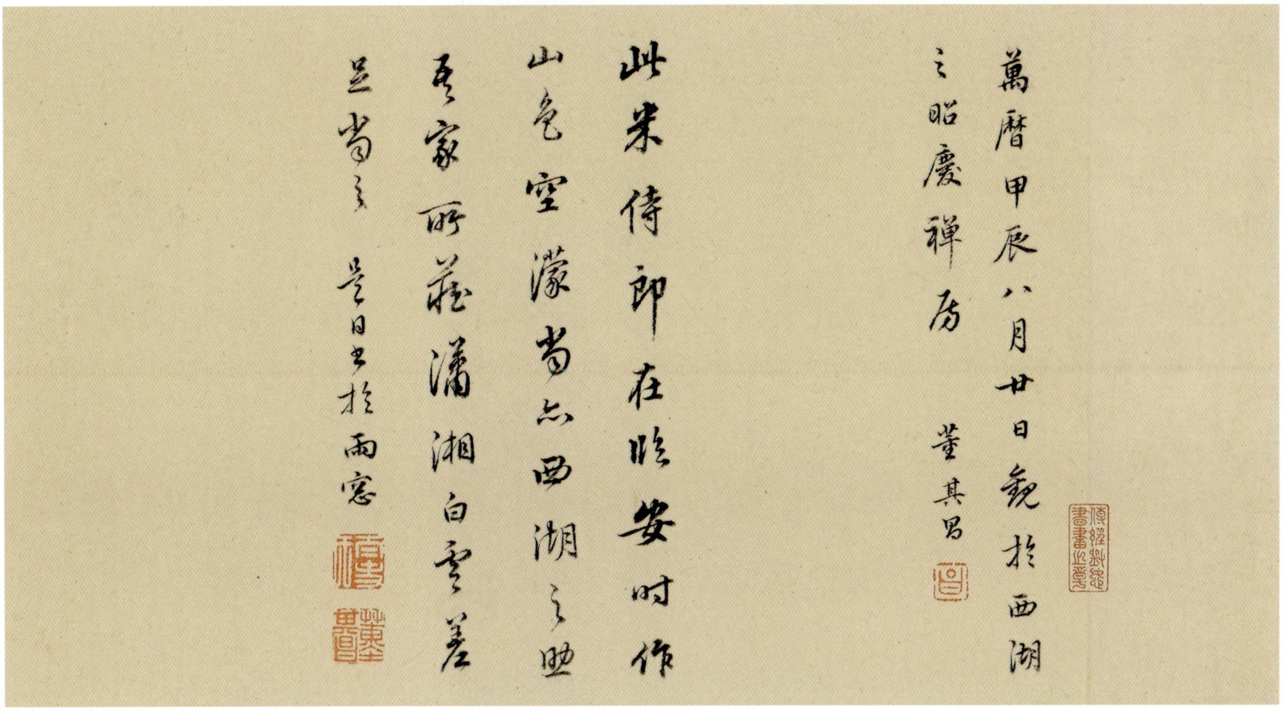

图 27　南宋　米友仁（传）《楚山秋霁图》后的董其昌题跋　佛利尔美术馆藏

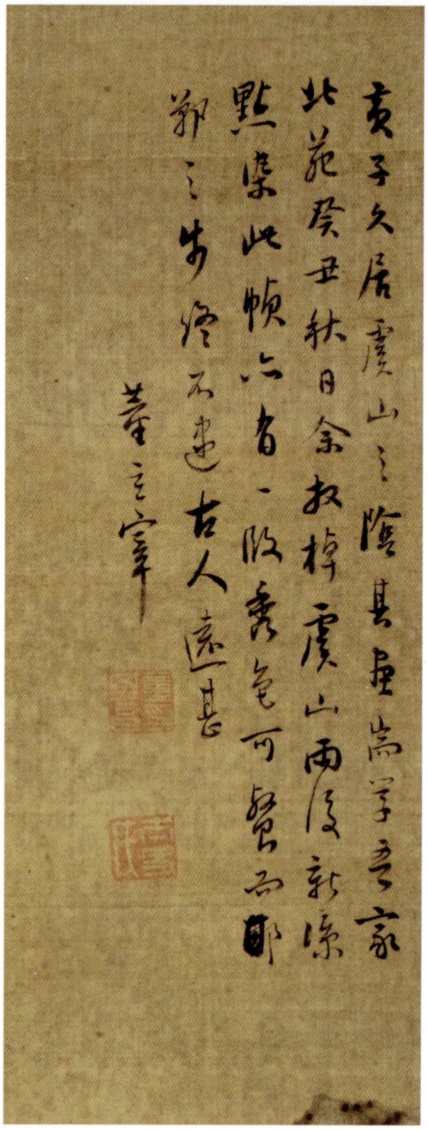

图 28
明　董其昌《虞山雨霁图》
台北故宫博物院藏

山色空蒙，当亦西湖之助。”（图27）

万历三十四年（1606）秋八月，董其昌于南陵舟次写《秋山图》，左上角陈继儒题六绝一首并跋云：“玄宰楚归，出示此幅，真得北苑家风，亦是山川映助力耳。丙午九月同游泖上题。”[166]董氏此画作于楚归途中，不必特定写某景。在陈氏看来，此画亦得山川之助。

万历三十八年（1610），董氏记曰：“自闽中归，阻雨湖上，日望雨峰，如浓墨画，每有所会，辄为拈笔，成此长卷，凡半阅月，雨霁图穷，别构一境，不复米氏父子可伎俩矣。因记岁月于此。”[167]

万历四十年（1612）十月晦，董氏于舟中画《九峰秋色图》。九峰在松江之西的三泖湖上，为董氏家乡一景。同时董氏《临杨凝式诗帖册》，款云：“壬子十月晦，泖湖舟中识。”[168]可见此书亦作于泖湖舟中，而九峰正是作画当时之眼前景物。

万历四十一年（1613）秋日，董氏作《虞山雨霁图》题云：“黄子久居虞山之阴，其画专学吾家北苑。癸丑秋日，余放棹虞山，雨后新凉，点染此帧，亦有一段秀色可餐，而邯郸之步终不逮古人远甚。”（图28）

万历四十三年（1615）春，董氏作《潇湘奇观图》题云：“记忆巴陵舟中望洞庭空阔之景，写此。”[169]

万历四十七年（1619）夏日，董其昌题云：“娄水道中写得米元章《烟江叠嶂》遗意，因系二诗。”[170]

天启元年（1621），董其昌题云：“九月惠山道中写所见，因补图，命之曰《杜陵诗意》。”[171]

天启五年（1625）二月十九日，董氏题《山村清霁图》云：玄钵宫谕好收余画，迫余理装上道，未能猝应也。与为约以春水楼船，风日清美时拈笔，先题款于纸端，知无捉刀之根。[172]

此画先题上款再画，颇似无用师惧人豪夺，故请黄公望在《富春山居图》上先题上款。上述题识乃在理装时，尚未上道，至三月十三日已画毕，乃再题左方曰：“既登舟至于清源道中，写所见山村清霁，三月十三日玄宰重题，寄玄钵馆丈。”[173]

天启六年（1626），董其昌作《佘山游境图》题曰：“丙寅四月，舟行龙华道中，写佘山游境，先一日宿顽仙庐，十有四日识。”（图29）

崇祯二年（1629），董作《湖山一曲》题曰：“己巳暮春，自西湖归，写湖山一曲。”[174]

崇祯三年庚午（1630）十月，董其昌于丹阳城下之画舫题云：“春水生时，舟行洞庭湖中，望长云弥漫，绝似远山千叠，此图可称《楚山清晓》。”[175]

董其昌《仿古山水册》之八，题云：“舟次娄江，追写虞山所见之景。”[176]

《山水册页》对题云：“行常山道中，瞥见此景，七年而图之。”[177]

若就上述作品中尚存世的实迹来看，董氏是以记忆中的印象，运用古人的笔法来写景的作品，因此并不具有明显的写景性质，更不具今人心目中的写实风格，然而吾人不能因此而全盘否认其写景成就。正是因为董氏重视师天地造化，才能使他的作品不陷入僵化的仿古主义泥淖之中，特别是那些描绘令他印象深刻的洞庭湖及潇湘道中所见之景，都是他“舟行山水”的代表作品。

图 29
明　董其昌《佘山游境图》
故宫博物院藏

（三）舟中作书

董其昌于舟中作书的记录也要在中进士作京官有远行的机会之后，据董氏自述，较早的记录有：

万历十九年（1591），董氏论书一则，云：

辛卯年（1591）余以送馆师田公之丧，请告还。时韩馆师曾使朝鲜，有高丽黄笺一番以赠余行。壬辰（1592）春还朝，纸已装潢，舟中多暇，随意拈笔，大都论书画法。[178]

万历二十年（1592）孟夏十八日，董氏“阻风黄河崔镇书”，写《论书一卷》：

作书之诀，在能放纵，又能攒捉……书道只在巧、妙二字……有墨须使有润……转、束二字，书家妙诀也……东坡诗论书法云“天真烂漫是吾师”，此一句丹髓也……写字时须用敬也。[179]

从万历二十年（1592）到万历二十二年（1594）的几年中，董其昌定居江南，较少有长途旅行。直至万历二十四年（1596）秋奉命为持节使臣，赴长沙封吉藩朱翊銮。是年闰八月，董氏“舟行池州道中，得朝鲜鼠笔，漫为书此（《问政山歌》）”[180]。

董氏《杂书一卷》自题云：“此余在长安呵冻手书，及还山，舟中待放闸，消遣永昼者……戊戌（1598）书此卷，行书之最。”[181]

万历三十一年（1603）八月，董氏舟次云阳，作《小楷卷》并自题作书原由：

今年游白下，见褚遂良《西升经》，结构遒好，于《黄庭》《像赞》外，别有笔思，以顾虎头《洛神赋》易之不得，更偿之二百金，竟靳固不出，登舟作数日恶，忆念不置，然笔法尚可摹拟，遂书此论，亦得二三耳。使《西升经》便落予手，未必追想如此也。[182]

此为一则特殊的故事，董氏在书画商处见到了令其动心的褚遂良《西升经》，竟然愿意将已藏顾恺之《洛神赋图》相交易，可惜再添二百金亦无法成交，使董氏登舟后念念不忘，遂追想模拟其笔法而成此卷。诚如董氏所言，假使董氏顺利或廉价得之，还不一定会如此神梦牵萦。又如果他不是在书画船上，舟行闲暇，朝思暮想，也不一定会有这一件小楷卷的产生。

万历三十六年（1608）七月十七日，董其昌“阻风淀湖”，于是写了一本《赤壁赋》册页。淀湖在江苏青浦县西三十里，北接昆山县，吴淞江与此湖相汇，实距松江不远。此时前后，直至1622年的十余年中，董氏都在家乡一带活动。

同年戊申十月十三日，董氏“舟行朱泾道中，日写《兰亭》及此帖《官奴帖》一过，以《官奴》笔意书《禊帖》，尤为得门而入”[183]。由此见出董氏在舟行途中，还是如同居家的书斋一般不忘日课，每天临写《兰亭》等帖，此正是笔者所强调的书画船实为“流动书斋”的最佳写照。

再者，此日董其昌自觉有悟并“得门而入”，而此一因缘说来话长，其关键却在又遇到了友人吴廷的书画船。盖董氏之于《官奴帖》，与他的老师莫如忠，以及董氏自己在早年见过此帖的真迹有关。首先，他从莫如忠学书法，董云莫氏：

书学右军，自谓得之《圣教序》，然于《圣教序》体小异。其沉着逼古处，当代名公未能或之先也。予每询其所由，公谦逊不肯应。[184]

可见董氏对其师的书法评价甚高，而对其师承所自极为好奇。董氏曾谓：“及余己卯试留都，见王右军《官奴帖》真迹，俨然莫公书，始知公深于二王。”[185]由于董氏发现其师莫氏的书法源出于《官奴帖》，其于此帖之评价自不同于一般。

米芾尝谓《官奴帖》“绝似《兰亭序》”，且“字字骞翥，势奇而反正，藏锋裹铁，遒劲萧远”[186]。而后，《官奴帖》辗转易手多次，终而落入友人吴廷之手，董其昌云：

已闻为海上潘方伯所得，又复归王元美，王以贻余座师新安许文穆公。文穆传之少子胄君，一武弁借观，因转售之。今为吴太学用卿所藏，顷于吴门出示余，快余二十年积想，遂临此本云。[187]

董、吴两人的书画船相遇于吴门，而后两人是否联舟而行不得而知，但董氏书写此作时，已经在“朱泾道中”。朱泾在松江西南，一作洙泾，其水汇入黄浦江，想是他在返家途中观赏临帖，颇有所得，发出以下的感想：

抑余二十余年时书此帖，兹对真迹，豁然有会，盖渐修顿证，非一朝夕。假令当时力能致之，不经苦心悬念，未必契真。怀素有言：“豁焉心胸，顿释凝滞。”今日之谓也。[188]

此为董其昌书画船的最佳例子，他乘船周游，与鉴藏家、书画贾相遇于异地舟中，或互相观赏所携书画，或相互交换，或交易藏品。对董其昌而言，其所留心之作品有两类：其一是作品在书画史上的承传关系，其二则是能启发他个人创作或创作方向的作品。

万历三十六年（1608），董其昌重遇了三十年前（万历七年[1579]）当其开始留心古书画时，令之深感震撼且“搁笔不书者三年”的《官奴帖》，于是董“豁然有会……以《官奴》笔意书《禊帖》，尤为得门而入”[189]，其在舟中的快慰心情是可以想见的。

万历四十年（1612）秋八月十四日，董氏在“嘉禾道中”，作《书〈骚〉诗画荆关倪米卷》并自题云：

乘潮嘉禾，得此卷于乱纸中，因漫书诗《骚》数首，以余册作关、荆、米、倪诸笔意，聊遣兴耳，无足大观也。[190]

此行目的似乎是去钱塘观潮，舟行途中，随意遣兴，打发时间所书，而不是因为见到或想到什么名迹要去追仿，故文中自谦“无足大观”。然而，“偶然欲书”的这类作品，也常有可观之处。

同年九月二十三日，董氏行书《乐志论》于石湖舟中。[191]石湖在吴县西南，吴江之北，即昔范蠡隐居之处，风景颇胜。此年十月晦，在董氏家乡的泖湖舟中，董其昌《临杨凝式诗帖一册》并自题云：

杨少师《步虚词帖》即米家藏《大仙帖》也。其书骞翥简淡，一洗唐朝姿媚之习，宋四大家皆出于此。余每临之，亦得一斑。[192]

万历四十一年（1613）三月，董氏书画船中携以自随的宋元名画已包括董源、李成、郭忠恕、范宽、赵大年、江贯道、米元章、赵孟頫、黄公望、王蒙等名品，遂自诩为“米家书画船不足羡矣”，书《论画》一卷自评云：

吾于书似可直接赵文敏，第少生耳。而子昂之熟，又不如吾之有秀润之气，惟不能多书，以此让吴兴一筹。画则具体而微，要亦三百年来一具眼人也。玄宰癸丑三月书于舟次。[193]

董氏一生血战赵孟頫，誓与赵一较高下。董评赵书之际，常有过苛之论。此则较为持平，至少自认为“可直接赵文敏”而不凌驾其上。又，董氏此一论画之内容，与“禅家有南北二宗，唐时始分”及“画家之妙，全在烟云变灭中”等十余条均为《画说》中的文字，故此卷也是证明《画说》应出于董其昌而非莫是龙的重要证据。

同年八月四日，董氏泊舟江阴，观苏轼《后赤壁赋册》，同观者有雷辰甫、夏有之。[194]雷、夏两人或为其江阴友人，书写时有无旁观者助兴，或多或少会影响书写时的情绪与节奏。

万历四十二年（1614）三月，董氏于吴门舟次，作草书《梅花诗卷》。[195]

万历四十四年（1616）子月（十一月），董其昌“于青溪舟次”书《重修新桥募缘疏》。[196]十二月，书《苏诗册》于青溪舟次。[197]

万历四十五年（1617）二月十九日，董氏舟宿凤凰山麓，因“偶有《万竹山房帖》，秉烛临此”，书《临宋四家诗卷》并论书云：

蔡君谟学颜行，黄鲁直学《瘗鹤铭》，苏子瞻学徐浩，米元章为集古书，四家俱唐后嗣响。而东坡以文章气节益增润饰，故称宋朝第一。[198]

此作系董氏夜间宿舟秉烛而书，此种情况较为少见。现代人习惯了充足而稳定的电灯，是很难想象古人在摇曳的舟中及昏暗的烛光下秉笔书写的情况的。

同年（1617）三月，董氏“过京口，访张太学修羽，出所藏杨少师真迹，赏玩弥日，登舟拟之，书此论，因复补图”[199]。董其昌在京口收藏家张修羽处观赏其藏品，其中包括了杨凝式真迹。董氏赏玩良久，等回到自己的书画船上，凭记忆书写自己的书论心得。

万历四十六年（1618）三月，董其昌于昆山道中，以虞永兴笔法书皮日休《桃花赋》。[200]三月十八日，董氏书《楷书六种册》于吴门舟次。[201]“三月晦日，舟次南湖”，书《临兰亭序》。[202]南湖在浙江嘉兴，一名鸳鸯湖。以上三种董书皆书于戊午年三月，一在昆山道中，十八日已在吴门，三月底则在嘉兴，此次行程似是由北而南。

另外，与此同年的传世作品中，尚有《行草书卷》一卷，款作：“戊午夏日题于邗关舟次。”[203]细观此书，虽风格相似，然用笔结字均未及董氏真迹水平。

万历四十七年（1619），董氏书有《参同契卷》，款曰：“己未春日书于吴门舟次，董其昌。”[204]同年，董氏再题《仿各家书古诗十九首册》云：

己未五月之望，舟次京口，季康为秉烛游，纵谈书道，都非昔人论书窠臼，季康亦甚解颐，张子房所谓告他人辄不省者也。有口能言笔不随，则余自愧。董其昌再题。[205]

董氏在万历三十八年（1610）十月将己书赠送给方季康，方氏临《圣教序》亦深得晋唐笔意，故九年后有此秉烛之游。舟中“纵谈书道”，其欣快之情，溢于言表。类似场景在董氏书画船应不时有之，然而，见诸董氏文字者却并不常见。

万历四十八年（1620）正月二十七日，董氏于龙华道中乘快风书大字《天马赋》一卷，自题云：

此分宜家米物也，朱太保以勋奉得之尚方。岁庚寅，余见之中丞黄履常所，后转入高孝廉明水，迩闻为金沙于太学所购矣；因有石刻，复为临之。米书此赋，余见三本，学擘窠大字，仅有此本，字字皆可为榜署。米公自言大字如小字，以势为主。[206]

由是，知董氏所见米书《天马赋》共有三本，而大字者只有一本，董自藏有石刻拓本。董其昌在家乡附近的龙华道中扬帆乘风，心情豪放，悬腕大书。其“以势为主”之笔势多少得自扬帆破浪之助，只是时值正月尾声，江南初春仍有寒意。

同年三月望后六日，董氏“舟行海上，天气晴朗，跃跃动人，因百朋满馆丈索书，作书于秋水亭中”[207]，所书者为《乐寿图叙屏》。此屏并非书于舟中，然而值得一记者，一是因为董氏此次“舟行海上”的记录不多，大概由吴淞江出长江口，在崇明岛附近游赏；二是因为此作与一般长卷或册页不同，此件作品计十二条屏，每条高四尺余，宽一尺二寸，如此大屏在传世董氏的可靠书迹中，还无可相比，姑记于此。

天启元年辛酉（1621）重九后二日，董氏于舟中偶书，作《七言律诗一册》（图30）并“付祖常收之”[208]。此次舟游有儿子董祖常陪侍，故落款赐之，这种资料也不常见。

天启二年壬戌（1622）春日，董氏题云：“恩召北上，衲子操舟送别，索拙书一字，以为珍重，余笑而状之，其昌书赠。”[209]

天启五年（1625）九月望，董于“沪波塘中”书《便面书一册》。[210]从地名推测，沪波塘应是上海松江一带的小湖。董自题云“杜工部《华清宫诗》与李峤《汾阴行》同意”[211]，写的是杜甫诗。此年大月（十月），董其昌《书鲜于枢题画语》谓：“此鲜于太常题画语，余味其涉世感慨，书之，朱阳驿舟次。”[212]

天启六年（1626）九月二十三日，董氏于青浦舟中自题《楷书多心经册》云：

> 因观颜鲁公《田神功八关斋会记》，拟其笔意书此经。米元章重颜行，而不许颜真书，故无楷行世，亦是缺陷，张长史《郎官壁记》乃狂草之筑基也……同观者俞彦直、陈卧子孝廉、许令则……其昌。[213]

董氏一生服膺米芾，然犹憾其无楷书传世。此《楷书心经册》是董其昌在观赏颜鲁公书《八关斋记》楷书拓本之后，拟其用笔笔法写成的。董氏一再强调楷书乃行草之基础，是故他的传世书作中仍不乏楷书作品。

同年，董书《法书纪略册》并跋云：“右跋语是余丙寅岁游梁溪，船窗多暇，随意书此。”[214]

天启七年（1627）新秋，董氏有《行书唐人诗卷》，乃“书于吴门道中”[215]。十一月，“舟行锡山道中”，书楷书《前赤壁赋》《后赤壁赋》。[216]

崇祯三年（1630）十月，“丹阳城下画舫书”《画旨帖一册》。[217]

崇祯四年（1631）六月，董于青阳江宵济书《行书卷》。[218]八月十五日，在金陵行舟中为沈犹龙作《行书李白诗册》。[219]子月（十一月），赴詹事之召，书温飞卿词于广陵舟次。[220]同年嘉平月十日，于玉峰道中书《送刘侍御还朝卷》。[221]

崇祯五年（1632），董氏于舟中作《临淳化阁帖并跋册》，款书如下：

第一册款：“壬申正月上元后一日。”（图31）

第二册款：“泊舟清江浦临。”

第三册款：“壬申正月廿四日，舟次新庄临。”

第四册款：“舟次古城，其昌临。”

第五册款：“其昌。”

第六册款：“舟行清源驿。”

又有跋：“二月十九日，晨起作楷书《心经》数行，觉笔法墨法似有所会，因临此《淳化阁帖》。”

第七册款：“临于桃花口。”

第八册款：“舟次杨村守风临之。”

第九册款：“舟次和合驿。”[222]

同年二月，“舟泊金山下，友人以佳纸索”，漫书《行草诗卷》以应。[223]

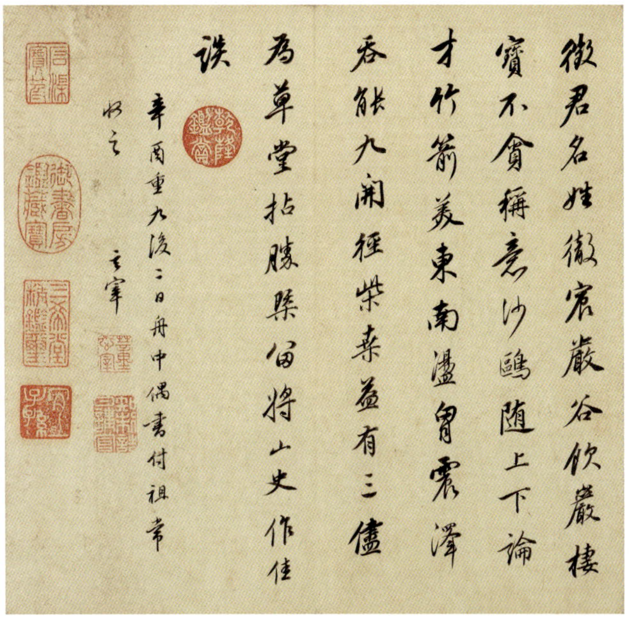

图 30　明
董其昌《书七言律诗册》
台北故宫博物院藏

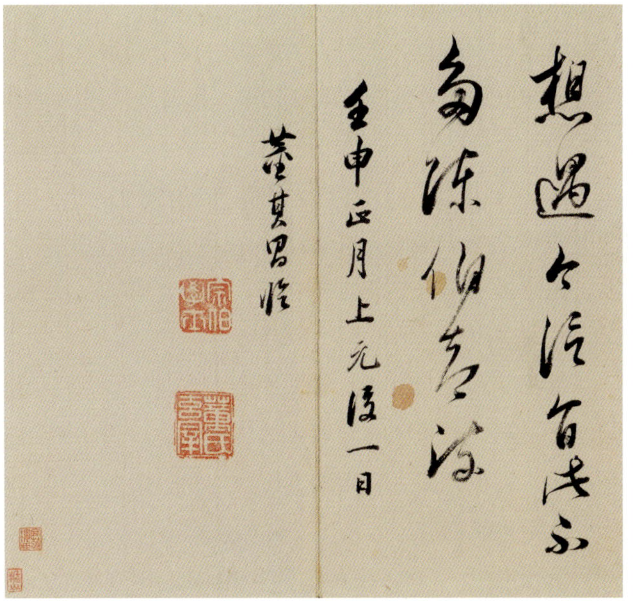

图 31　明
董其昌《临淳化阁帖并跋册》第一册款识
故宫博物院藏

崇祯七年（1634）六月，董其昌“舟次武塘，蓬窗多暇，阅法书名画一过，随手书此册，颇多悟入。孙虔礼所云，偶然欲书，谓之一合也”[224]。此年另有《行草书册》题曰：“甲戌秋七月书于武塘舟次。八十翁董其昌。”[225]同年中秋，董作草书《怀素自叙帖》，自题云：

放艇北郭烟水间，偶然欲书，为素师《自叙帖》，颇得其意。同观者陈仲醇征君、单孝廉质生，与金陵听雪师，皆能诗文书画，绝不谈世俗事，亦一快游，庶不负此胜日耳。八十翁董其昌识。[226]

盖是年初夏，董氏乞休致仕，六月已归返家乡，从此悠游卒岁。上述中秋放艇，与同游好友尽一日之欢，随行船上，文具皆备。知友在前，兴至即放笔挥洒，而成此卷，此可谓董氏“书画船”的最佳写照。两年后，董其昌病逝，吾人可以想见董氏晚年的乡居生活，应是如此悠游于诗文书画的天地之中。

以上为所知见的董氏书于舟中的纪年作品，其他尚有许多无纪年的舟中作品，略列数例于后。

《行书临古帖卷》，款："其昌舟次吴门书。"[227]

《后赤壁词卷》，款："其昌书于青溪道中。"[228]

《行草书诗卷》，款："沧池漭沆帝城边……不羡乘槎云汉边。董其昌书于青溪道中。"[229]

《书禅悦册》，款："舟行荆溪道中书此，董其昌。"

《临古帖册》，款："广陵舟次，客有持宝贤堂帖见示，遂为临此，董其昌。"[230]

《书苏轼黄泥坡词后卷》，款："毗陵道中，船窗多暇，书此。"[231]

《行草书卷》，款："庚子嵩读《庄子》……董其昌书于青莲舫。"[232]

以上只是初步的举例，不论是从著录或图录，董其昌其他书于舟中之作，当不在少数。

五、结论

从本文罗列董氏在舟中众多的书画活动来看，吾人不得不承认一个事实，即至少对董氏来说，若忽略了此一现象，则吾人对作为一位书画家及鉴赏家的董氏来说，肯定是不够周全的。以下，将本文所涉及的几个重要方面在此作一回顾及检视，并提出个人的观察所得。

（一）董其昌书画船活动特多的原因

董氏之所以能在舟中留下如此多的作品和鉴赏活动，其客观条件为地利，因其家在江南的水乡，而京城又为远处北方的北京。然而，家在江南水乡的书画家为数不少，为何董氏更为突出？则又因以下诸因素。

董氏生性闲散好游，京官的生活并非其所喜。他对自己的最佳写照是："结念泉石，薄于宦情。"早期研究董氏的学者吴讷孙先生（1919—2002），称董氏"热心于艺术，无心于政治"[233]。至近年，石守谦更进一步称董氏为"朝服山人"[234]。结合吴、石二位先生的勾勒，的确能描绘出董氏一生行止的特色。

董氏处于一个好旅游的时代氛围，如袁宗道之弟袁中道（小修）及明末旅行家徐弘祖（霞客）。这或许是董氏在才入仕途，考中进士后两年的1591年便自告奋勇地要护丧归葬与他关系并不特别深厚的礼部侍郎田一儁。他千里迢迢从北京来到南方的福建大田。这一段路程，其中从北京到钱塘是他的旧游，但从钱塘南下，穿过浙江省，再到福建省的中南部，这不是很短的路程。这是董氏第一次壮游，他游历了福建的武夷等名山。他在归途中作了《纪游画册》，也在沿途拜访了他在收藏界的旧识及新知。

董氏虽好远游，但如果天不假人，使他老死于京，也不是没有可能的。然而有如天助，首先是他的高寿以及相对稳定的太平岁月，使他屡次衔命出任远官。他享寿八十二岁，基本上直到晚年的健康状况仍佳。因此终其一生，他屡次从北京奉命前往江南，先后出使武昌、长沙、南昌、湖广、福建、南京，最后在家居十年之后，以七十七岁高龄尚应召拜礼部尚书，掌詹事府事，明年又进太子太保，方才致仕告归。除了他初年赴京赶考，从护丧福建之行，尚有八次在舟中的长途旅行。对于他人，或许会感到跋涉之苦，但在董氏而言，却甘之如饴，而且这八趟舟旅，他都有官职在身。他宦游所到之处，多少会有地方官及书画界人士接待迎送，想必沿途并不落寞。

上述因官职而作如此多趟的舟中"宦游"，恐在一般人的宦迹中也绝非多数。而除此之外，董氏曾多次在请告家居期间，也并非是定点静处，而是周游于太湖流域一带携书画访友的。因此若论个人一生水路行旅之路程而言，他在江南一带的文人士大夫中，也当属前列。

（二）士大夫舟中作品的文人书画性格

有了上述的背景，加之董氏善享"舟中闲暇"之乐，赏景赏画，作书作画，真是做到了古人"能事不受相促迫"，可以悠游于书画的境界。

分析起来，董氏的案例可说是标准的士大夫式的文人生活。与他的同乡友人陈继儒比较起来，陈氏选择作一位不求仕进的"在野山人"。虽然陈氏也靠他的文才、著作及出版业过着悠游的生活，但他与官府的资源绝缘。董氏在中进士以前也是一介穷书生，然而在他任官不久以后便能成为晚明的一大收藏家，并且乘官舫"宦游"南北，这绝不是作为单纯文人的陈继儒所能享受到的。

董其昌晚年，特别在家乡一带，由于书画方面的成就以及官阶不低，收藏界及一般爱好或好事者都希望能拥有其作品，因此其作品在当时就有商品价值。然而，以他文人的性格又不能大事生产，于是就有代笔、仿作，或中介人如陈继儒者介入的状况。这是近代学者们都曾关注的研究问题，笔者并不回避此一事实；然而就本研究中，即在舟中所从事的书画作品来看，此种商业行为实不显著。

董氏于舟中作书作画，多半是即兴之作，其中有主动赠送友人的，也有应友人之请而作的。

所谓即兴之作，例如与友人一同观赏讨论自己的收藏，该件古书画使他触发临仿的兴趣，或用其笔意作自己的书画。或者友人出示其藏品，为董氏早有耳闻的，也有未尝过目的作品，使他产生临摹仿学的兴趣；或经欣赏而有所悟，偶然发兴而留下的作品。

"徇知之作"也是舟中书画的另一大类，在知交中有同辈者，如陈继儒常与他同舟泛游。兴之所至，他便为友人作书画，陈氏遂为董氏作品主要收藏者之一。其他如为京中友人送别而作，或在舟旅途中有不期而遇，晤谈之余，为作书画。也有董氏在舟行途中所作，却为偶然相遇之友人爱赏而求去。也有年轻一辈的画友事董如师，一再请索，如王时敏。董氏也会在兴会之时应其所请。也有他时常思念的友人，因不见多时，而邮寄书画聊充晤面的。诸如此类的作品都是最具备所谓"文人画"的必要性质。

毕竟董氏以士大夫的身份，已经不必靠出售自己的书画换取日常生活所需，因而许多作品的产生并非经由所谓的赞助者或出资者指定的，这就是董其昌之所以被认定为文人书画家的主要原因之一。

此外，由于舟中作书画，不像在书斋中有较为宽敞的空间及书桌，因此舟中所作的书画绝大多数是小幅，也就是册页及手卷，极少是立轴的形式。这两种形式也属于文人或书斋中欣赏把玩的作品，而不像中堂、立轴具有室内装饰及展示的意味，因而更具有为附庸风雅者流竞购的可能及条件。如此说来，凡是在舟中即兴而作的书画都是属于文人书画的类型。

除此之外，因为浮在水面的舟舫究竟不如陆上书房的稳定，多少会受到风浪的影响而有摇晃的情形。因此在书法上，除非风平浪静，否则不便作楷书，而以用笔较迅速的行楷为多；而在绘画上，同样是以写意的画风为主，而不便作谨细的工笔或界画之类。这些都是舟中作书画时所受到的先天性的限制，其实也颇符合文人书画的基本特性。

（三）董其昌舟中以古画印证实景的鉴赏

董其昌在中国书画史上，且不论其作为书画家的成就及地位，他是极为重要的书画史家及鉴赏家。当然，处于十六七世纪，他必然有其局限性，因而近代学人常有批判他在史观及鉴赏上有所缺失的文章。然而，这也反证了他早在三四百年前就已经提出了一些重要的史观及论点，而且颇具影响力，才会引起当代学者的反省。

董其昌之所以能成为如此出众的书画史家与鉴赏家，其史观及鉴赏能力的养成一部分是他内在的，可以说是与生俱来追溯原委的研究精神及志趣，一部分则是董氏顺利考取进士及一生所服官职的配合及利用。

董其昌在舟中进行的鉴赏活动，一般来说，与他在其他场合如友人持古书画来他家中请鉴，或他去拜访藏家请观名迹，作为他进行书画史研究，对书画作品及其风格的承启谱系的认证，或自题其收藏等，并无实质上的不同。不过由于他长期的舟中行旅，使他在较少干扰及外务的空间内能充分利用舟中闲暇的时间，来较集中地思考他所欲厘清的问题。

此外，更重要的是，就如同现今的学者一样，若要成为出众的鉴赏家，便绝不能闭门造车，而是要见多识广。若要达到这样的要求，就不能守株待兔，而是要主动创造条件。因此，董氏时常利用公务之便，顺道造访藏家。很多情况下，他是刻意安排自己的行程及路线，甚至特意绕道造访藏家或游览山水名胜。这些理念与实际行动都是使他能够成为书画史上特别突出的鉴赏家的重要原因。诚如石守谦在研究董氏所作《婉娈草堂图》时，指出董氏“表面上服官，实质上却以艺事为其真标的……不仅在北京积极地寻求观赏、研究书画名迹的机会，连出使在外，因事离京，亦莫不趁之争取艺事进境提升的机会……董其昌几乎是一个穿着朝服的山人，借着服官而在追求经国大事之外的个人艺术理想”[235]。这确实反映了董氏的生活行径及其成就的外在条件。

以上就整体而论，董氏几次长途舟行对其书画鉴赏带来了相当的实际收益；而最值得重视的，当是他携画舟中，直接与舟中所见之景相对照的鉴赏方式，并因此而造成鉴赏的结果。例如在万历二十四年（1596）董氏因持节吉藩而行潇湘道中，得以领略其景致，其后在北京购得董源画卷，但不知图名，然此画令他忆起潇湘的景色，于是一见即定其为《潇湘图》。而这一卷画作，直到现今，仍然是研究董源绘画的重要作品。明清的三百年中，此图不知影响了多少画论家及创作者。

而董其昌对董源的鉴赏还不止于此，连同此派米友仁《潇湘奇观图》一类的相关作品，都成了他书画船中携之同行的画作。万历三十三年（1605），有湖广提学副使之命的他还有第二度来到湘江的机会，于是免不了在重游途中将董源的手卷再次展开，来与真境相印证！当他舟行于洞庭湖中，同样又取出米友仁的《潇湘奇观图》或者《潇湘白云图》来领略米氏创作二画的因由。这使他大有所悟，因而在日后也屡有仿米家风格的山水画。

此种将舟中所见实地真景的印象用来作为古画定名的标准，而后又将该画携之舟中，当重游该地时取出来与真境相互印证的鉴赏方式绝对是少见的，而且是超出了“米家书画船”的原有范畴。

此外，董氏书画船中常携之相随的江参《千里江山图》经董氏再三题跋，以为“董、巨画道中绝久矣，贯道（江参）独传其巧，远出李唐、郭熙、马、夏之上”，他重新奠定这位几被遗忘的画家在董、巨画派中的传承地位。

由于董氏有了这几次的长途舟中之旅，他对古人的画迹增进了不少认识，有的画是需要“当境方知之”的，因而使他发出以下重要的画论：

> 画家当以天地为师，其次以山川为师，其次以古人为师，故有“不读万卷书，不行千里路，不可为画”之语。[236]

可见这些长程舟中的行旅，对董氏产生了极为重要并令他更为自信的影响。同时，《画说》第三条因论及赵大年不得远游而受到限制的言论，也可以看出绝对是出于董其昌之口而非莫是龙。[237]若连同其他类似的理由，可以确证董其昌才是《画说》的唯一作者。

因此，董氏屡次长途舟中行旅，不但对董氏鉴赏及研究古书画创造了许多有利的条件，更有助于他在画论上有更深刻的论述，因而具有更深远的影响力。

（四）董其昌的“舟行山水”画

在所有中国画的不同形式中，与西洋画比起来，最具中国特色的形式是手卷或长卷，它采取的是移动的视点，而没有一个固定的焦点。古人在书斋内观赏是边卷边看，是人不动而画动，犹如人坐舟轿之中，景色不断移进视线一般。今人在美术馆、画廊的长柜里，观赏全部展开的画卷时，是需要边走边看，这是画不动而人动，犹如自然界的山水有其固定的位置，是需要移动才能看到不同的景色。这种观赏的方式与人与画两不动的立轴或册页大为不同，这就是中国画中最具魅力的因素之一。

山水画所描绘的景色，一般都是有山也有水，然而不但山和水的比重每有不同，而且所谓的“水”也有涧瀑的山中细流与江河平湖之异。如在立轴、册页画之中，则有“山中山水”与“水上山水”之异。若以山景及陆路行旅为主的，例如范宽《溪山行旅图》、传唐人《明皇幸蜀图》、朱锐《盘车图》及王履《华山图册》等都是“山中山水”的代表。“水上山水”则以倪瓒、董其昌等人的画迹为代表。而长卷山水画，本文将之区分为两大类，即“山行山水”与“舟行山水”（当然也有结合两者的山水长卷）。所谓的“山行山水”是长卷以描写山中景色为主，如王翚所仿关仝风格的手卷、赵伯驹（传）《江山秋色图》卷、夏圭《溪山清远图》卷的后半段、吴镇的《中山图》卷、文徵明《关山积雪图》卷以及弘仁《黄海松石图》卷等。至于“舟行山水”，则以董源的《潇湘图》卷、米氏的《云山图》卷，赵孟頫《水村图》卷、黄公望《富春山居图》卷等为代表。

董其昌由于长期作舟中行旅，习惯于在行船中观赏两岸或长江大湖上的自然景色，因而在创作山水画卷时，除了一部分是仿效古画卷中章法结构之外，很多是描绘其舟行所见。因而董氏所作山水画卷，不论是否作于舟中，颇多是属于本文所谓的“舟行山水”一类。今仅就本文引用之《董其昌画集》一书内，如《潇湘奇观图》卷、《石壁飞泉图》卷、《山水图》卷、《赠珂雪山水图》卷、《己亥子月山水图》卷、《仿米元晖笔意图》卷、《烟江叠嶂图》卷、《仿黄鹤山樵云山小隐图》卷、《琵琶行图》卷、《山水图》卷、《江山秋霁图》卷等，其画中景色都有曲折的水路可通，或是从舟中眺望所得，特别如《潇湘奇观图》卷，正如其自题：“记忆巴陵舟中，望洞庭空阔之景写此。”其画中景色都是写其船窗所见，故此图可以作为本文所云“舟行山水”

之代表。然而，即使上例诸图并不全如此图之结构章法，也可一望而知是在舟中所见之山色。那是因为此图所描绘者乃“洞庭空阔之景”，若是曲折的江行，两岸又有较高的山势如富春者，其章法结构固当不同。

总之，本文所要强调的乃是中国山水画中的长卷形式，最是符合所谓“卧游”的审美观念。而在实际上，也只有在较其他交通工具既宽敞又平稳舒适的船舱内，才能坐卧自如地观赏游览山水之美。这种赏景的方式，特别是在古代舟行较为和缓，绝不会像今人在快艇中会使人目不暇接、眼花缭乱，而是人坐舟中，人不动而两岸景色徐徐迎来。由于速度适宜，在没有肢体之劳的闲适心态下，这正是游赏的最佳方式，也最切合手卷画移动视点的原理。吾人固不能说山水手卷的形式乃是因舟行看山而产生，但却可以肯定地说，山水画卷中，以江河为动脉的构图必然与舟中行旅的经验相关。对于像董其昌这样具有丰富水上旅行经验的画家而言，其所作的诸多手卷山水画必然也是本文所谓“舟行山水”的最佳代言人。

附录一：董其昌行旅及舟中书画活动简表

年号	公元	岁次	岁数	行旅及舟中书画活动纪事
嘉靖三十四年	1555 年	乙卯	1 岁	正月十九日生。
隆庆六年	1572 年	壬申	18 岁	读书于莫如忠家塾。
万历二年	1574 年	甲戌	20 岁	陆树声归里（董于 1577 年从陆学）。
万历五年	1577 年	丁丑	23 岁	镇江京口观张觐宸修羽藏《韭花帖》等藏品。 始绘山水，学黄公望。
万历六年	1578 年	戊寅	24 岁	与莫是龙、顾正谊、李日华等游。
万历七年	1579 年	己卯	25 岁	秋试留都，见《官奴帖》真迹。
万历十三年	1585 年	乙酉	31 岁	舟过嘉兴武塘；禅悟。 秋，南京乡试落第，游杭州西湖。
万历十五年	1587 年	丁亥	33 岁	平湖教私塾。
万历十六年	1588 年	戊子	34 岁	与嘉兴项元汴父子往还。 秋，南京乡试及第，受王世贞称赏。会袁伯修于龙华寺。 北上邂逅陶望龄。
▼中进士后				
年号	公元	岁次	岁数	行旅及舟中书画活动纪事
万历十七年	1589 年	己丑	35 岁	春，北京会试，中进士第。 馆师韩世能。
万历十九年	1591 年	辛卯	37 岁	春，京中观韩世能藏品。 闰三月十一日，登舟离京。 礼部左侍郎田一儁卒，董护柩南行，走数千里，至福建大田。 四月，泊舟徐州黄河岸；题宋拓《黄庭经》《兰亭记》。 五月四日，至京口北固山。 初秋，游武夷大王峰、大田七岩、洞天岩。 返江南，大搜元四家画。

（接上表）

年号	公元	岁次	岁数	行旅及舟中书画活动纪事
万历二十年	1592年	壬辰	38岁	二月，在松江。春，经北固山返京。还朝舟中以高丽笺书《论书画法卷》。 游惠山。于广陵舟中，自题《书卷》。 夏，奉命为持节使臣，出使武昌，册封楚王朱华奎。 南下途中。四月观吕梁山瀑布。四月四日于吕梁道中，仿倪瓒笔意作山水。 四月十八日，阻风黄河崖镇，书《论书册》。 五月，持节楚藩归，告病返松江三阅月。 九月过嘉禾，壬辰、癸巳为庶常，请告家居。
万历二十一年	1593年	癸巳	39岁	春，饮顾仲方第，不久入京。 五月，从朝鲜使臣处获《兰亭》袖珍册。
万历二十二年	1594年	甲午	40岁	春二月，皇长子朱常洛出阁就讲，董任讲官。 北京与陶望龄、袁宗道兄弟相过从。
万历二十三年	1595年	乙未	41岁	七月十三日冯开之得董书，借王维《江山雪霁图》。 十月作跋于长安官舍。
万历二十四年	1596年	丙申	42岁	秋，奉命为持节使臣，赴长沙封吉藩朱翊銮。 七月，取道嘉兴，观项氏藏王诜《瀛山图》。 二十八日，跋武林高深甫藏《郭忠恕摹右丞卷》。 渡钱塘待潮。 闰八月二十日，过蕲州，泊舟江上，题王蒙《山水轴》。 闰秋，舟行池州道中，书《问政山歌》，题陈继儒《舟中读书图》。 持节长沙，行潇湘道中，自洞庭而下，道出齐安，书苏轼《大江东去词》《小赤壁诗》。自岳州顺流而下，至九江则匡庐兀突。至庐山东林寺，游石钟山。 十月七日，龙华浦舟中跋《富春山居图》。冬，得江参《千里江山图》卷于海上。
万历二十五年	1597年	丁酉	43岁	三月十五日，游苏州韩世能家，其子韩逢禧出示收藏。 六月，于北京得董源《潇湘图》。忆行潇湘道中，一一如此图。秋，奉旨校士江右（江西），游九华。 九月二十一日，龙游舟中，题夏圭《钱唐观潮图》、李成《寒林归晚图》。二十二日，典试江右归，次兰溪舟中，观并题江参《千里江山图》卷。 九月，访高深甫。 十月晦，又访高深甫。冬，燕山道上。
万历二十六年	1598年	戊戌	44岁	任北京翰林院编修，充皇子讲官。 春初一，于都门外兰若中见李贽。 是年常与杨明时、王肯堂、吴廷等在京中品评书画。 出为湖广副使，以病不赴。奉旨以编修回乡养病，在北京度岁。

▼1599年—1604年，请病归里

年号	公元	岁次	岁数	行旅及舟中书画活动纪事
万历二十七年	1599年	己亥	45岁	春离京，还乡养病，过山东汶上，舟中待放闸。 四月三日，梦见莫是龙，题郭熙（传）《溪山秋霁图》。 七月二十七日，泊舟徐门，题陈继儒藏倪云林《渔庄秋霁图》。 子月（十一月），与陈仲醇泛舟春申之浦，为陈继儒作《山水图》卷。
万历二十八年	1600年	庚子	46岁	休病江南。四月于戏鸿堂。秋七夕，舣棹姑苏，王文恪公大出家藏名画见示。
万历二十九年	1601年	辛丑	47岁	于苏州灵岩村。 三月十五日，过西湖，题旧作《西湖八景图》册。

（接上表）

年号	公元	岁次	岁数	行旅及舟中书画活动纪事
万历三十年	1602 年	壬寅	48 岁	首春，自槜李归，阻雨葑泾，作《葑泾访古图》。 六月，过嘉兴鱼江，写所见之景，作《仿赵令穰〈村居图〉》。
万历三十一年	1603 年	癸卯	49 岁	休病江南。凡十二年不复为元人画。 《戏鸿堂帖》刻成。 二月十六日，舟次娄水，于鹤来堂自识《临颍上兰亭序十二轴》。 秋与王衡、陈继儒饮舟中，游畸墅。 秋，携儿子以试事至白门，大江舟中，拈笔续完《仿郭恕先山水卷》。 八月，舟次云阳（丹阳），跋自书《小楷卷》。 九月二日，大江舟中，九月既望，于画禅室中。
万历三十二年	1604 年	甲辰	50 岁	休病江南。上元，在画禅室。 三月三日，泊舟浒墅，拟虞、欧书《礼观音文卷》。 五月，易得米芾《蜀素帖》于吴廷书画船中。 六月，观并题苏轼《后赤壁图》卷及《宋元宝翰册》、赵孟頫《临王大令四帖》卷于西湖画舫。 六月三日，过南湖，观僧巨然《山寺图》。 八月二十日，于西湖昭庆禅寺。 十月二十三日，于戏鸿堂。 养病六年，起湖广提学副使。 冬遇陶望龄于金阊舟中。
▼ 1605 年—1609 年，任湖广提学副使、福建副使				
年号	公元	岁次	岁数	行旅及舟中书画活动纪事
万历三十三年	1605 年	乙巳	51 岁	春正，在吴阊得宋拓《绛帖》。 正月，往楚督学，取道槜李，游南湖，大书“鱼乐国”三字。 五月，于武林官署。 五月十九日，舟行过洞庭湖中，再跋米友仁《潇湘奇观图》。 六月七日，舟次城陵几，大江浩荡，跋《鼎帖》及作画自娱。时自常、荆校士还武昌。 七月十四日，辰州郡署。 八月望，于武昌署中。 九月前一日，于湘江舟中再跋董源《潇湘图》。
万历三十四年	1606 年	丙午	52 岁	正午日（一月五日），于武陵公署，春过湖口石钟山。 六月八日，蕲州公署避暑。 八月二十六日，舟泊龙江关，吴廷出示米芾画作《米山轴》。 八月，于舟次作《秋山图》轴。 楚中校士，归舟次采石，跋郭熙《关山行旅图》。 秋，辞任顺长江归松江（因试题别出心裁）。与陈继儒同游泖湖，出示旧作《秋山图》。
万历三十五年	1607 年	丁未	53 岁	在江南，六月二日舟至昆山道中，仿董源画《夏木垂阴图》。 秋七夕，过清溪别馆。 十月，泊舟鸳湖，书《杜诗》《临颜帖卷》。 十一月十二日，与陈继儒、林符卿至清溪试墨。
万历三十六年	1608 年	戊申	54 岁	三月，赴吴县震泽扫先人墓，憩苏州灵岩村居。 七月十七日，阻风淀湖，乘兴书《赤壁赋》。 八月二十三日，与陈继儒在宝鼎斋。 八月于西郊草堂。八月十三日，舟行朱泾道中，日书《兰亭序》，临《官奴帖》。

（接上表）

年号	公元	岁次	岁数	行旅及舟中书画活动纪事
万历三十七年	1609 年	己酉	55 岁	春仲，游黄山，居停新安吴君翼明家两月，鉴赏其藏唐宋以来名绘。 自义阳至大石、天池，山水间探阅两月。 九月晦，跋米芾九帖于西湖舫斋。 十月起，补福建副使。十二月十九日福建南平公署观书画。 任上四十五天，辞职告归。
▼ 1610 年—1621 年，赋闲江南				
年号	公元	岁次	岁数	行旅及舟中书画活动纪事
万历三十八年	1610 年	庚戌	56 岁	离福建，归松江，阻雨杭州湖上，作《山水卷》。 春日，阻雨湖上，寓于德清吴礼部之来青楼，楼收西湖之胜。修禊之后，与陈继儒舣舟栖水。 九月七日，新安江舟次，跋自书《论书画》卷。
万历三十九年	1611 年	辛亥	57 岁	一月，于松江。
万历四十年	1612 年	壬子	58 岁	春，泊舟黄河岸口，书白居易《长恨歌》。 二月，于吴光禄云起楼中，《鹊华秋色图》为吴廷易去。 八月一日，昆山道中作《楚天清晓图》轴。 八月十四日，观钱塘潮于嘉禾道中，书诗骚数首并仿关、荆、米、倪山水。 九月八日，西湖泛舟，书次韵诗。 九月二十三日，石湖舟中，书《乐志论》。 十月二十二日，锡山道中，仿赵孟頫《水村图》。 十月晦，泖湖舟中（娄县西），临杨凝式《诗帖》及《九峰秋色图》。 十一月二十七日，金阊门舟次，跋《黄庭经》。
万历四十一年	1613 年	癸丑	59 岁	仲春，于虎丘僧舍。三月，舟中携宋元人册页十八幅，俱神交师友，以为米家书画船不足羡矣。 四月十七日，于射阳湖舟中再跋董源《潇湘图》。 八月四日，泊舟江阴，书《后赤壁赋》。 中秋，泊舟南徐，仿《惠崇册》。 九月二十五日，泊舟升山湖中，作《仿米南宫山水卷》。近以中州之役不果，肆情山水。 秋，登南徐甘露寺，纵览大江浩荡。 还项元汴子项玄度黄公望《浮峦暖翠图》。 秋日，放棹虞山，作《虞山雨霁图》。 腊月，过青溪，跋自书《后赤壁赋册》。
万历四十二年	1614 年	甲寅	60 岁	正月，吴阊舟次，作山水屏之一。 一月十九日，六十岁寿，陈继儒作文以贺。 三月，吴门舟次，书《梅花诗卷》。 四月，泖湖舟中书《舞鹤赋卷》。 九月，赴京口，送友人杨鹤上任。 秋，至京送杨侍御。 十月，京口舟次作《闲窗兴致诗画册》。 十月，吴阊舟次，跋苏轼《尺牍五帖》。 是年，舟渡斜塘，作《庐山图轴》。
万历四十三年	1615 年	乙卯	61 岁	春，巴陵舟中作《仿小米潇湘奇观图卷》。 春，昆山道中书《王述帖卷》。 四月八日，京口舟中作《烟江叠嶂图》并书诗。 秋九月，民抄董宦。 中秋，舟泊南徐仿惠崇册。 十一月望，于吴阊舟中写此六景《山水册》。

（接上表）

年号	公元	岁次	岁数	行旅及舟中书画活动纪事
万历四十四年	1616年	丙辰	62岁	三月十五日、十六日，董宅被焚，所藏书画大多付之一炬。避地京口吴兴间，夏苏门舟次，跋李公麟《维摩不二法图》。 七月，毗陵道中书《画述》卷。 九月六日，于晋陵道中作《神怡写性书画册》。 九月九日，于昆山道中，仿黄公望《山水卷》。 十一月，青溪舟次，书《重修新桥募缘疏》。
万历四十五年	1617年	丁巳	63岁	花朝春，在汪砢玉家鉴赏书画。 二月十九日，舟宿凤凰山麓，夜临宋四家行书卷。 春仲，舟至汪砢玉处，汪氏同项孔彰过其舟中阅《宋元宝绘册》。 三月，过京口，访张太学修羽，登舟仿所见杨少师真迹。 三月，蒋道枢同泛荆溪，作《高逸图》轴。 夏日，休夏吴门。 九月九日，武林舟次题赵令穰绢本山水卷。 九月之望，在武林之乐志园。
万历四十六年	1618年	戊午	64岁	正月二十二日，止生（茅元仪）过墨禅轩。 三月二日，娄江道中，跋《十三行洛神赋》。 三月十八日，吴门舟次，作楷书六种册。 三月，于昆山道中，书《桃花赋》。 三月晦日，舟次湖南，临《禊帖》并修禊四言诗卷。 七月二十五日望，三塔湾，舟中携赵伯驹、赵文敏、王叔明、倪云林、黄子久等十幅，作小景纪之。 八月十一日，昆山道中作《夜村图》。 八月，于武林香月堂。 十二月一日，于凤山村舟次作《仿倪云林山水图卷》。
万历四十七年	1619年	己未	65岁	正月二十七日，龙华道中书大字《天马赋卷》。 二月十五日，昆山道中作《书画册》之书幅。 三月八日，书《汉书铭赞册》于龙华舟次。 春访汪砢玉。项又新邀汪砢玉会董氏于读易堂。 春，过汪砢玉舍。吴门舟次，书《参同契卷》。 四月，舟次邗沟，跋《赵文敏书道德经生神章卷》。 夏日，娄水道中写《米元章烟江叠嶂遗意》及《闲窗逸笔书画卷》。 六月，于杭州孤山。 冬，青溪道中临苏米行书数种。 腊月，于海上世德堂。
万历四十八年	1620年	庚申	66岁	朔旦（一月一日），至金阊门。 正月五日，于金阊舟中《仿巨然册》。 正月二十七日，于龙华道中，乘风快书《天马赋》卷。 三月望后六日，舟行海上，天气晴朗，跃跃动人。 五月，于吴门购黄公望《陡壑密林图》。 七夕，舟次黄龙浦，题《林和靖诗意图》。 中秋，金阊门季白舟中，题王蒙《青卞隐居图》。吴门舟中，作《秋兴八景册》第二幅。 八月二十五日，舟行瓜步大江中，作《秋兴八景册》第三幅及第五幅。 八月晦，于吴门道中作绫本《山水轴》。 九月朔，京口舟中。 秋，于海上世德堂作《秋兴八景册》第八幅。 九月二十一日，题张即之《金刚经册》于金阊舟次。 光宗立，召为太常少卿，掌国子司业。 光宗在位一月，于九月一日卒，故未赴京任职。

（接上表）

年号	公元	岁次	岁数	行旅及舟中书画活动纪事
天启元年	1621 年	辛酉	67 岁	三月，西湖兰若。于西湖舟中题吴彬《二十五圆通册》。 三月十五日，过西湖，行舫中题旧作《山水书画册》。 四月，于天马山舟中作《深谷幽深图》扇页。 七月朔日，舟过河淀，写黄鹤山樵笔意。 七夕，青龙江舟中，自题《仿宋元山水册》第六幅。 八月，吴门舟次书《琵琶行》。 秋，将至京江，舟次作《山水扇》。 中秋，灵岩村。 八月，京口张太学修羽观书画。 重九后二日，舟中书《七言律诗册》付祖常。 九月，惠山道中写所见，并补图。舟行玉峰道中，作《仿十六家巨册》之第十三及《秋山万叠图卷》。

▼ 1622 年—1625 年，天启朝出仕活动

年号	公元	岁次	岁数	行旅及舟中书画活动纪事
天启二年	1622 年	壬戌	68 岁	春，应召赴京，恩召北上，衲子操舟送别，书《化育衲子状卷》。 二月十日，与米仲诏同在晋陵舟次观李成《寒林归晚图》并题。 二月十八日，舟次高邮甓社湖，仿吴门石刻米书《天马赋》。 二月，于射阳湖，敬韬公署题画。 六月朔，于苑西画禅室。 官衔："赐进士第通议大夫礼部右侍郎，詹事府协理府事兼翰林院侍读学士奉旨纂修两朝实录，前知制诰起居注，经筵讲官，董其昌。" 十月望，于昆山道中，作《古松图》。 壬戌献岁，为陈继儒仿子久画，陈题于顽仙庐，故知其时董在松江家。
天启三年	1623 年	癸亥	69 岁	元旦，与友人在南京唱和。 正月之晦，舟行大江中，自识《仿倪云林山水轴》。是岁，舟中临李唐画卷。 二月，画《延陵村图》于丹阳舟中。 四月朔，舟过昆山题画《设色山水》。 四月十三日，吴江道中题王蒙《谷口春耕图》。 六月十九日，舟次震泽，拟子昂《溪山仙馆图》。 七月二十三日，《光宗实录》修成，天启帝下旨，得进礼部右侍郎兼侍读学士，协理詹事府事。 九月十日，宝鼎斋中。 秋，寓金台。 十月，东光道中，作七言绝句五首。十月一日，武丘舟次题梵隆《十六应真图》卷。 十月，有先墓焚黄之行，先墓在屿洋，小憩宝华山庄。 十月十三日，舟中跋《文天祥家书卷》。 闰十月十二日，舟次晋陵，自题《山水册》。
天启四年	1624 年	甲子	70 岁	由江南返北京。春，过问政山房。 仲春三月，访栎社老人于拥翠山房。 在南京采辑邸报册完毕。患病，进书报命乞休。 春入都门，见董源《夏景山口待渡图》。 五月，在京中与王时敏、吴廷同赏董源画。 夏，在长安（即北京），多蝇与沙尘。 九月晦，在苑西，秋日于燕都公署。 十月十二日（燕都），大风扬尘（今所谓"沙尘暴"）。

（接上表）

年号	公元	岁次	岁数	行旅及舟中书画活动纪事
天启五年	1625 年	乙丑	71 岁	正月，拜南京礼部尚书。 二月，潞水舟次，写《潞水赠别图》。 三月一日，暮春之朔天津舟次，再跋宋拓王献之《十三行洛神赋》。 暮春八日，舟行东光道中，写《右丞诗意图》。 三月初旬，舟行平原道中，用杨凝式笔意书宋词。 三月八日，舟行东光道中，作《松溪幽胜图》。 三月十三日，既登舟至清源道中，见山村清霁，作山水轴。 三月之望，舟过清源，临颜鲁公《争座位帖》。 三月十七日，清源舟中作《山水扇》。 四月三日，阻风崔镇，重题自画《右丞诗意图》。 四月七日，宝应舟次，绘山水便面。 四月，自京师还，复见辛亥自书《别赋、舞鹤赋册》，重题之。 夏五月，长安归之十日。 九月望，坡塘中楷书便面。 九月，自宝华山庄还，为王时敏作小景山水册。 九月二十七日，归舟《仿高房山册页》，付孙庭。 十一月朔，于陈继儒宝颜堂书王维诗。
▼ 1626 年—1631 年，躲避党祸的乡居生活				
年号	公元	岁次	岁数	行旅及舟中书画活动纪事
天启六年	1626 年	丙寅	72 岁	正月二十七日，泊舟江口，守风八日，为吴廷题范宽《溪桥雪霁图》，又为题董源《山水轴》。 正月，龙江关阻风。 二月二日，真州舟中，仿李成山水册页。 二月望，吴门官舫（金阊官舫），跋李公麟《维摩演教图》。又题王蒙《破窗风雨图》卷。 去年拜南京礼部尚书，时政在阉竖，党祸酷烈，其昌深自远引，逾年请告归。今春解绶还山。 九月望，于惠山，游梁溪，船窗多暇，书《法书纪略册》。 九月二十一日，于王越石舟中题于念东中丞书《楞严经卷》。
				九月二十三日，青浦舟中，楷书《多心经册》。 十二月八日（腊日），于青龙江舟中书旧诗两首于《疏木远山图》后。又书《宋人词卷》。 十二月，娄江阻风，重题自画《江上萧寺图》。
天启七年	1627 年	丁卯	73 岁	春，惠山得云林画。 四月朔，玉峰道中，题唐六如《梦筠图》卷后。 四月六日，过白门，阻风采石，舟中临《淳化阁帖》。 四月七日，陈继儒过王时敏山馆。 丁卯，泊舟南徐，归途为石尤所困，排闷作小景山水册。 五月，娄江道中书《琵琶行册》。 七月十五日，青溪舟次，临黄大痴《山水轴》。 七月，吴门道中书《唐人诗卷》。 新秋，吴门道中。 七夕，泊舟吴阊，张慕江以画售董氏。 八月十五日，舟泊金阊门，题王时敏仿倪瓒山水。 十一月，舟行锡山道中，楷书《前后赤壁赋册》。
崇祯元年	1628 年	戊辰	74 岁	二月，在陈眉公顽仙庐。 三月三日，西湖舟次书《阿房宫赋册》。 清明日，松江北门别宅。 四月，与王时敏同泊昆山塔下，题赵孟頫《太湖石赞》。 九月十日，书《墨禅轩说》寄吴桢（其时似在松江家中）。 十一月，于莲花庄。

（接上表）

年号	公元	岁次	岁数	行旅及舟中书画活动纪事
崇祯二年	1629年	己巳	75岁	江南，春仲三日，于西湖陈生甫之听跃楼。 春，自西湖归。 三月望，归山居。 闰四月二十一日，青龙江舟次，为王时敏画山水立轴。 六月二十三日，陈仲醇访董于湖庄（松江）。 八月十一日，金阊门舟次作《仿古书册》。 中秋，阊门舟次（金阊舟中），题钱选画《维摩像》卷。于惠生携赵孟頫《鹊华秋色图》卷及惠崇《溪山春晓图》卷，并以赵大年《湖乡清夏图》易赵承旨《六体千字文》。 十月四日，于昭彦舟中跋苏轼《画记卷》。
崇祯三年	1630年	庚午	76岁	十月，于丹阳城下画舫，书《画旨册》。 是岁，与韩宗伯之子韩逢禧于虎丘山楼观书画。
崇祯四年	1631年	辛未	77岁	四月，于临平道中（杭县），作《山水轴》。 夏，泊舟荆溪，为吴正志作山水卷。 八月十五日，有金陵之行，舟中为沈犹龙书古诗册。 仲冬，应掌詹之召，舟次维扬，书《千文卷》。 子月（十一月），赴詹事诏，于广陵舟次书温飞卿词。 十一月二十六日，将有都门之行，于吴与京舟中观沈周《万寿吴江图》。 嘉平月八日，晋陵舟次，题《云间高会图》。 嘉平月十日，于玉峰道中书《行书卷》。
▼1632年—1634年，崇祯朝的出仕活动				
年号	公元	岁次	岁数	行旅及舟中书画活动纪事
崇祯五年	1632年	壬申	78岁	春正月，泊舟清江浦。舟次古城，舟行清源驿。于桃花口，舟次杨村守风，舟次和合驿。 正月十九日，舟次宝应，仿董源《夏山图》，仿高尚书《云山图》。 正月二十四日，舟次新庄等，《临淳化阁帖》十一册并跋。 二月，应官詹宗伯之召，道出淮阳，至清和命长儿祖和归。于德州道中，遇粤东李伯襄，出示宋拓《圣教序》。 四月十日，于京兆署中。此后皆在京，无舟中行旅。 六月朔，于苑西邸舍。 八月二十九日，奉诏祀历代帝王庙，归邸。
崇祯六年	1633年	癸酉	79岁	正月于长安，是年皆在京中，无舟中行旅。 季夏日，于苑西邸舍。 子月，于东华门邸中。 嘉平十日，于长安行馆。
崇祯七年	1634年	甲戌	80岁	修禊前一日（三月二日）及修禊日，皆在苑西草堂。 暮春，于长安邸舍。 夏，乞休，诏加太子太保致仕，驰驿返里。 四月十九日，官舫过东昌，重题自仿文徵明《神楼图》。仲夏归，舟过维扬，缪先辈以高克恭《溪山图》见示。 六月，舟次武塘，行书《古法书杂记册》。 自壬申（1632）出山三载，宦游往返八千。 六月，避暑东佘山庄（已返家乡）。 九月十一日，舟过毗陵道中，书《后赤壁赋》十屏。 冬至日，于戏鸿堂。

（接上表）

年号	公元	岁次	岁数	行旅及舟中书画活动纪事
崇祯八年	1635年	乙亥	81岁	春，过扫花庵（王时敏）。 六月，书《袁公行状》册，自署光禄大夫太子太保礼部尚书掌詹事府事，准致仕驰驿归里。 八月二十四日，访同籍李绪岩于其乡居（嘉兴梅里），出王大令笔见示，自题《临帖册》。 九月，于海上。
崇祯九年	1636年	丙子	82岁	上元后三日，于画禅室。 八月，逝世。（见冒襄跋董其昌《关山雪霁图》卷） 仲冬九日，忽痰作，不三日逝。（出《陈眉公先生集》）

注　释

[1] 参阅邓愚、邹志一《水乡泽国桥文化》，收录于《吴地文化一万年》，江苏：吴县政协文史资料委员会，1994年，第241—253页；何荣昌《太湖水利与吴地的开发》，江苏：吴县政协文史资料委员会，1994年，《吴地文化一万年》，第294—303页。

[2] 郑威《董其昌年谱》，上海：上海书画出版社，1989年，第14页。

[3] 郑威《董其昌年谱》，上海：上海书画出版社，1989年，第14页。

[4] 董其昌《容台集》，（1630年成书），《明代艺术家集汇刊》卷四《顾仲方山水歌引》，台北：台北图书馆，1968年，第65—66页。

[5] *Christie's*，2000:4，Lot316.

[6]《莫如忠秋日泛泖记》，《崇兰馆帖》，参阅郑威《董其昌年谱》，第15页。

[7] 古原宏伸、傅申《董其昌的书画（图版篇）》，东京：二玄社，1981年，第266—273页。

[8] 任道斌《董其昌系年》，北京：文物出版社，1988年，第76页。

[9] 董其昌《容台诗集》卷一，台北：台北图书馆，1968年，第28页。

[10] 陈继儒《岩栖幽事》，载于《宝颜堂秘笈》，百部丛书集成本，台北：艺文印书馆，1965年，第17—18页。

[11]（清）汪汝谦《春星堂诗卷》卷一，《小传》，光绪丙戌钱塘汪氏刊于湖南长沙，1886年，第1页。

[12] 汪汝谦《春星堂集》卷一《不系园》。

[13] 高士奇《江村销夏录》卷三，第22页。

[14] 汪砢玉《珊瑚网》卷十一，《中国书画全书》第五册，上海：上海书画出版社，1992年，第1049页。

[15] 青浮山人《董华亭书画录》，《艺术丛编》第一集第二十五册，《明清人题跋》，台北：世界书局，1962年，第19页。

[16]《秘殿珠林》，台北：台北故宫博物院，1971年，第264页。

[17] 蒋生沐《别下斋书画录》卷三，《中国书画全书》十一册，上海：上海书画出版社，1992年，第422—423页。

[18] 古原宏伸、傅申《董其昌的书画·图版篇》，图18。

[19]《秘殿珠林·石渠宝笈》上，台北：台北故宫博物院，1971年，第313页。

[20]《故宫书画录》（增订本）卷三，台北：台北故宫博物院，1965年，第222页。

[21]《明史》卷二八八《董其昌传》，台北：鼎文书局，1975年，第7395页。

[22]《明史》卷二八八《董其昌传》，台北：鼎文书局，1975年，第7396页。

[23] 赵令穰《江乡清夏图》卷，波士顿美术馆藏。关于该卷拖尾之董跋跋文，参阅古原宏伸、傅申《董其昌的书画》（图版篇），图32。

[24] 赵令穰《江乡清夏图》卷，波士顿美术馆藏。关于该卷拖尾之董跋跋文，参阅古原宏伸、傅申《董其昌的书画》（图版篇），图32。

[25] 董其昌《容台别集》卷六，前引书，第33页。

[26] 董其昌《容台别集》卷六，前引书，第31页。

[27]《画禅室随笔·题画赠陈眉公》，前引书，第49页。

[28]《画禅室随笔·评诗》，前引书，第65页。

[29]《珊瑚网》卷十八《董玄宰自题画幅》，《中国书画全书》第五册，上海：上海书画出版社，1992年，第1160页。

[30]《画禅室随笔》卷二《画源》，前引书，第40页。

[31]《容台别集》，卷六，前引书，第31页

[32]《画禅室随笔》卷四《楚中随笔》，前引书，第78页。

[33]《画禅室随笔》卷四《楚中随笔》，前引书，第78页。

[34]《画禅室随笔》卷四《楚中随笔》，前引书，第78页。

[35]《董其昌书画集》，前引书，图18。

[36] *Christie's*，N.Y，Nov.1994，Lot.50。

[37]《三希堂法帖》第 30 册。

[38] 翰海 2000 年春拍，Lot.289。

[39]《中国古代书画图目》，第十六册，鲁 4-13，《董其昌草书临怀素自叙》，北京：文物出版社，1997 年，第 278 页。

[40] 参见孙过庭《书谱》，台北故宫博物院藏。

[41] 董其昌《容台诗集》卷一。

[42]《故宫书画录》，册二卷四，《李唐江山小景图卷》，台北：台北故宫博物院，1965 年，第 44 页。

[43]《明史》卷二八八《董其昌传》，台北：鼎文书局，1975 年，第 7395 页。

[44] 美翁万戈氏旧藏《己亥子月山水图卷》，刊载于《董其昌画集》图 125，上海书画出版社，1989 年。

[45]《董其昌史料》，前引书，第 343 页。

[46]《己亥子月山水图卷》之董氏题识。

[47]《己亥子月山水图卷》之董氏题识。

[48]《石渠宝笈续编》卷七，台北：台北故宫博物院，1971 年，第 440 页。

[49]《大观录》卷十九，台北：台北图书馆，1970 年，第 2375 页。

[50] 董其昌《松溪幽胜图》轴，南京博物院藏。

[51]《穰梨馆过眼录》卷二《范华原溪桥雪霁轴》，《中国书画全书》第十三册，上海：上海书画出版社，1998 年。

[52]《穰梨馆过眼续录》卷八，《中国书画全书》第十三册，上海：上海书画出版社，1998 年，第 305 页。

[53]《石渠宝笈》卷五，《董其昌书天马赋》，台北：台北故宫博物院，1971 年，第 362 页。

[54] 董其昌《秋兴八景册》，上海博物馆藏。

[55] 董其昌《葑泾仿古图》，台北故宫博物院藏。

[56] 董其昌《容台别集》卷六，《题跋》，前引书，第 54 页。

[57]《珊瑚网》卷十八，《中国书画全书》，上海：上海书画出版社，1992 年，第 1160 页。

[58]《平生壮观》卷五，《董其昌杂书卷》，《中国书画全书》第四册，上海：上海书画出版社，1992 年，第 1938 页。

[59]《中国美术全集（明代书法）》，上海：上海书画出版社，1989 年，图 149。

[60]《董其昌法书特展研究图录》，台北：台北故宫博物院，1993 年，第 183、184 页。

[61] 参见傅申《董其昌书学阶段及其在书史上的影响》。

[62] 董其昌《论画卷》，见《吴越所见书画录》卷五，《中国书画全书》第八册，上海：上海书画出版社，1994 年，第 1129 页。

[63] 古原宏伸、傅申《董其昌的书画》，图版篇，东京：二玄社，1981 年，第 206—207 页。

[64] 古原宏伸、傅申《董其昌的书画》，图版篇，东京：二玄社，1981 年，第 211 页。

[65] 汪世清《董其昌和余清斋》，《朵云》，1993 年第 3 期，第 58—67 页。

[66] 董其昌《容台集》卷七《吴江村象赞》。

[67]《董华亭书画录》，第 7 页。

[68] 据任道斌先生之见，是年"秋日董氏无渡黄河之举，故此卷应属伪品"。参阅任道斌《董其昌系年》，前引书，第 27 页。

[69] 董其昌《画禅室随笔》卷一《临官奴帖真迹》，前引书，第 24—25 页。

[70] 关于王羲之《行穰帖》之董其昌题跋，参阅傅申、中田勇次郎《欧米收藏中国法书名迹集》，东京；中央公论社，1981 年，卷一，第 6—12 页。

[71] 关于王羲之《行穰帖》之董其昌题跋，参阅傅申、中田勇次郎《欧米收藏中国法书名迹集》，东京；中央公论社，1981 年，卷一，第 6—12 页。

[72]《石渠宝笈续编》第八册《董其昌论书一则》，前引书，第 440 页。

[73] 金梁《盛京故宫书画录》第三册，台北：世界书局，《艺术丛编》第一集，第二十一册，1961 年，第 3 页。

[74] 陆心源，《穰梨馆过眼录》卷二，《中国书画全书》第十三册，上海：上海书画出版社，1998 年，第 16 页。

[75] 董其昌《容台集》卷五《墨禅轩说》，台北：台北图书馆，1968 年，第 31—32 页。

[76] 安岐《墨缘汇观》卷四，台北：商务印书馆，1956 年，第 216 页。

[77]《明清的书》（上册），大阪：日本书艺院出版社，1976 年，第 27 页。

[78] 米万钟至少有两方同文异印之"书画船"印，见上海博物馆编《中国书画家印鉴款识》上册，北京：文物出版社，1987 年，第 321 页，印编 32、33 两例，第 321 页。

[79]《明清的书》（上册），前引书，第 28 页。

[80] 吴升《大观录》卷十九《董香光仿惠崇册》。

[81] 汪砢玉《珊瑚网》卷十九，《中国书画全书》第五册，上海：上海书画出版社，1992 年，第 1166 页。

[82] 汪砢玉《珊瑚网》卷十八，《中国书画全书》第五册，上海：上海书画出版社，1992 年，第 1166 页上。

[83]《东京国立博物馆图版目录中国书法篇》，东京国立博物馆，1980 年，第 72 页。

[84] 参见传董源《龙宿郊民图》之董其昌题跋。

[85] 董其昌《容台别集》卷六《画旨》，前引书，第 26 页。

[86] 蒋光煦《别下斋书画录》卷三，《中国书画全书》第十一册，上海：上海书画出版社，1999 年，第 420 页。

[87] 任道斌《董其昌系年》，前引书，第 50 页。

[88] 参见江参《千里江山图》后之董其昌题跋，台北故宫博物院藏。

[89] 参见江参《千里江山图》后董其昌跋，台北故宫博物院藏。
[90] 参见江参《千里江山图》后董其昌跋，台北故宫博物院藏。
[91] 任道斌《董其昌系年》，前引书，第 88 页。
[92] 参见董源（传）《潇湘图》后董其昌题跋，故宫博物院藏。
[93] 参见董源（传）《潇湘图》后董其昌题跋，故宫博物院藏。
[94]《石渠宝笈续编》卷十七，前引书，第 932 页。
[95]《书道艺术》卷八，东京：中央出版社，1972 年，第 113 页。
[96] 任道斌《董其昌系年》，前引书，第 143—144 页。
[97] 张丑《清河书画舫》未集，《中国书画全书》第四册，上海：上海书画出版社，1992 年，第 296 页。
[98] 金梁《盛京故宫书画录》第三册，参见任道斌《董其昌系年》，前引书，第 166 页。
[99] 参见王蒙《青卞隐居图》董其昌题跋，上海博物馆藏。
[100]《墨缘汇观》卷四，前引书，第 215—216 页。
[101]《墨缘汇观》卷三，前引书，第 177 页。
[102] 董其昌《容台别集》卷六，前引书，第 50 页。
[103] 董其昌《容台别集》卷六，前引书，第 44 页。
[104] 吴荣光《辛丑销夏记》卷四《王叔明松山书屋》，《中国书画全书》第十三册，上海：上海书画出版社，1998 年，第 898 页。
[105] 陆时化《吴越所见书画录》卷一梵隆《应真理相卷》，《中国书画全书》第八册，上海：上海书画出版社，1994 年，第 986 页。
[106] 陆心源《穰梨馆过眼录》卷二《范宽西桥雪霁图轴》，前引书，第 16 页。
[107] 高士奇《江村销夏录》卷三《李龙眠维摩演教图》，引自《景印文渊阁四库全书》子部 132，台北：台湾商务出版社，1993 年。
[108]《珊瑚网》卷十一《破窗风雨》，前引书，第 109 页。
[109]《大观录》卷二十《梦筠图卷》，前引书，第 2433—2434 页。
[110]《石渠宝笈·秘殿珠林续编》册一，前引书，第 84 页。
[111] 赵孟頫《鹊华秋色图》后董其昌题跋，台北故宫博物院藏。
[112] 高士奇《江村销夏录》卷二《宋苏文忠公后赤壁赋卷》，前引书，第 516 页。
[113]《故宫书画录》增订本，卷三，前引书，第 222 页。
[114]《盛京故宫书画录》第三册，《赵孟頫临王大令四帖卷》，台北：世界书局，艺术丛编第一集 21 册，1962 年，第 8 页。
[115] 董其昌《容台别集》卷五《书品》，前引书，第 24 页。
[116] 董其昌《容台别集》卷三《书品》，前引书，第 23 页。
[117] 郁逢庆《书画题跋记》卷四，参任道斌《董其昌系年》，前引书，第 107 页。
[118] 裴景福《壮陶阁书画录》卷二十一《黄庭经》，台北：中华书局，1971 年，第 1419 页。
[119] 李日华《味水轩日记》卷七，北京：北京图书馆古籍珍本丛刊，1996 年，第 340 页。
[120] 傅申、中田勇次郎《欧美收藏中国法书名迹集》第二册，东京：中央公论社，1981 年，第 80—81 页。
[121] 胡敬《西清札记》卷四《文天祥遗像家书》，引自《续修四库全书》，上海：古籍出版社，1995 年，第 120 页。
[122] 佚名《十百斋画录》卯卷《仇英十美图卷》，《中国书画全书》第七册，上海：上海书画书版社，1994 年，第 652 页。
[123] 缪曰藻《寓意录》（1840 年成书）卷二，转引自任道斌《董其昌系年》，第 218 页。
[124]《盛京故宫书画录》第二册《宋苏轼画记卷》，前引书，第 3 页。
[125]《盛京故宫书画录》第二册《宋苏轼画记卷》，前引书，第 3 页。
[126]《董其昌的书画》，图版篇，图 4。
[127]《董其昌的书画》，图版篇，图 5。
[128] 姚际恒《好古堂家藏书画记》卷下《访赵集贤水村图》，《美术丛书》14 册，台北：艺文印书馆，第 96 页。
[129]《董华亭书画录》，前引书，第 15 页。
[130] 吴升《大观录》卷十九《董香光仿惠崇册》，前引书，第 2362—2363 页。
[131] 庞元济《虚斋名画录》卷四《仿米南宫山水卷》，《中国书画全书》第十二册，上海书画出版社，1994 年，第 429 页。
[132]《董其昌书画集》，上海书画出版社，1989 年，图 25。
[133]《石渠宝笈》卷五，前引书，第 400 页。
[134]《董其昌书画集》，前引书，图 74。
[135] Wai- kam Ho, *The Century of Tung Ch' i-cháng 1555—1636*, (Kansas, Nelson- Atkins Museum of Art, 1992) , P.129.
[136]《董其昌书画集》，图 26。
[137]《中国古代书画图目》第 18 册，鄂 1-40，文物出版社，1998 年，前引书。
[138]《董华亭书画录》，前引书，第 20 页。
[139] 上海工美拍卖图录，1999 年春，481 号。
[140]《中国古代书画图目》，第 21 册，京 1-2168，文物出版社，2000 年，第 110 页。
[141] 参见董其昌《秋兴八景图册》，上海博物馆藏。
[142] 参见董其昌《秋兴八景图册》，上海博物馆藏。
[143]《寓意录》卷四，参见任道斌《董其昌系年》，第 186 页。

[144]《寓意录》卷四，参见任道斌《董其昌系年》，第 186 页。
[145]《董华亭书画录·仿十六家巨册》，前引书，第 21 页。
[146] 任道斌《董其昌系年》，前引书，第 184 页。
[147]《董华亭书画录》，前引书，第 44 页。
[148] 参阅《董其昌书画集》，前引书，图 86。
[149]《董华亭书画录》，第 2 页。
[150]《董其昌书画集》，图 141。
[151]《董其昌书画集》，图 84。
[152]《董其昌书画集》，图 55。
[153]《董其昌便面画一册》，收录于《石渠宝笈》，卷四十一。
[154]《董其昌书画集》，图 88。
[155]《董其昌书画集》，图 38。
[156]《董华亭书画录》，第 20 页。
[157]《董华亭书画录》，第 19 页。
[158] 陆时化《吴越所见书画录》卷五，转引自任道斌《董其昌系年》，第 259 页。
[159]《董华亭书画录·仿董北苑笔意》，前引书，第 17 页。
[160] *Christie' s*, N.Y.1994.6, Lot.142.
[161]《思文阁墨迹资料目录》，第 125 号，No.92。
[162] 天津国拍 2001 年，第 11 期，第 939 号。
[163] 董其昌《卧游五月图册》，东京国立博物馆藏。
[164]《容台诗集》卷四，前引书，第 39 页。
[165] 董其昌《画禅室随笔》卷二《仿赵令穰村居图》，前引书，第 55 页。
[166]《董其昌书画集》，图 8。
[167] 董其昌《容台别集》卷六《题跋》，前引书，第 54 页。
[168] *Sotheby's*，N. Y. Dec.1987，Lot.43.
[169]《董其昌书画集》，图 18。
[170] *Christie's*，N. Y. Nov.1994，Lot.50.
[171] 古原宏伸、傅申《董其昌的书画》图版篇，前引书，第 30 页。
[172]《董其昌书画集》，图 89。
[173]《董其昌书画集》，图 89。
[174] 古原宏伸、傅申《董其昌的书画》，前引书，第 37 页。
[175]《三希堂法帖》第三十册，台南：华夏图书出版社，1971 年。
[176]《董其昌书画集》，图版 28-8。
[177] *Christie's*，N.Y.1993.12，Lot.151.
[178]《石渠宝笈续编》第八册，《董其昌论书一则》，前引书，第 440 页。
[179]《石渠宝笈续编》第八册，《董其昌论书一则》，前引书，第 439—440 页。
[180] 郑威《董其昌年谱》，上海书画出版社，1989 年，第 31 页。
[181] 顾复《平生壮观》卷五，前引书，第 938 页。
[182] 顾文彬《过云楼续书画记》（1882 年成书）卷二，《董华亭小楷卷》，参任道斌《董其昌系年》，前引书，第 77 页。
[183] 董其昌《画禅室随笔》，《临官奴帖真迹》，前引书，第 25 页。
[184] 董其昌《画禅室随笔》，《评法书》，前引书，第 5 页。
[185] 董其昌《画禅室随笔》，《评法书》，前引书，第 5 页。
[186] 董其昌《画禅室随笔》，《临官奴帖真迹》，第 25 页。
[187] 董其昌《画禅室随笔》，《临官奴帖真迹》，第 25 页。
[188] 董其昌《画禅室随笔》，《临官奴帖真迹》，第 25 页。
[189] 董其昌《画禅室随笔》，《临官奴帖真迹》，第 25 页，《临官奴帖后》，第 9 页。
[190]《吴越所见书画录》卷五，《中国书画全书》第八册，上海书画出版社，1994 年，第 1127 页。
[191]《内务部古物陈列所书画目录》，参见任道斌《董其昌系年》，前引书，第 124 页。
[192]《石渠宝笈续编》卷六十七，前引书，第 3294 页。原迹见《纽约苏富比拍卖目录》，1992 年 12 月，Lot.10。
[193] 参见陆时化《吴越所见书画录》卷五，《中国书画全书》第八册，上海书画出版社，1994 年，第 1129 页。
[194]《石渠宝笈续编》第三十三册《董其昌书苏轼后赤壁赋》，前引书，第 3301 页。
[195]《古芬阁书画记》卷七，参任道斌《董其昌系年》，前引书，第 133 页。
[196] 陆时化《吴越所见书画录》卷五《董其昌书重修新桥募缘疏》，前引书，第 1130 页。
[197] 李佐贤《书画鉴影》卷十四《董文敏书苏诗册》，台北：汉华文化事业出版社，1971 年，第 768 页。
[198]《宝迂阁书画录》卷一《临宋四家书卷》。参任道斌《董其昌系年》，前引书，第 121 页。

[199] 《容台别集》卷五《书品》，前引书，第 2 页。
[200] 安岐《墨缘汇观》法书卷下《董其昌法虞永兴、徐季海书册》，前引书，第 104 页。
[201] 陆心源《穰梨馆过眼续录》卷九《董文敏楷书六种册：乐志论》，前引书，第 312 页下。
[202] 《古缘萃录》卷五《董香光临禊帖并修禊四言诗卷》，鸿文书局石印本，第 18—19 页。
[203] 《翰海拍卖图录》，1999 年春拍，Lot.814。
[204] 《古芬阁书画记》卷七《董文敏书参同契卷》，参郑威《董其昌年谱》，前引书，第 123 页。
[205] 《董其昌的书画》图版篇，前引书，第 147 页。
[206] 《石渠宝笈》卷五《董其昌书天马赋卷》，前引书，第 362 页。
[207] 《古芬阁书画记》卷七《乐寿图序屏》，参郑威《董其昌年谱》，前引书，第 127 页。
[208] 任道斌《董其昌系年》，前引书，第 187 页。
[209] 陆时化《吴越所见书画录》卷五《董文敏书化育衲子状卷》，前引书，第 1129 页。
[210] 任道斌《董其昌系年》，前引书，第 224 页。
[211] 任道斌《董其昌系年》，前引书，第 224 页。
[212] 《中国历代法书名迹集》第六册，东京堂出版社，1978 年，第 6-19 页。
[213] 孔广镛《岳雪楼书画记》卷四《楷书多心经册》，参任道斌《董其昌系年》，前引书，第 236 页。
[214] 汪世清《董其昌的书法纪略册》，《朵云》，1989 年，总 23 期，第 122 页。
[215] 《董华亭书画录》，第 8 页。
[216] 《石渠宝笈》卷十一《明董其昌杂书一册》，前引书，第 485 页。
[217] 《石渠宝笈》卷三前引书，第 313 页。《三希堂法帖》第三十册。
[218] 《中国嘉德拍卖目录》，北京，2000 年，5 月，797 号。
[219] 见《石渠宝笈三编·乾清宫》，另参阅黄惇编《董其昌年表》，《中国书法全集》第五十四册，北京：荣宝斋，1992 年，第 294 页。
[220] 《董华亭书画录·温飞卿词》，前引书，第 16 页。
[221] 《翰海拍卖图录》，1997 年 12 月，594 号。
[222] 以上所引董跋俱取自任道斌《董其昌系年》，前引书，第 273—274 页。
[223] 纽约佳士得拍卖，1991 年 5 月拍卖目 37 号。
[224] 首都博物馆藏，参阅《中国古代书画图目》第一册，京 5-232《行书古法书杂记》，前引书，第 285 页。
[225] 《翰海拍卖图录》，2000 年春拍，787 号。
[226] 台北何创时书法艺术基金会收藏。
[227] *Christie's*，N.Y.1993: 12, No.136.1998：9, No.56，Lot.136.
[228] 《中国历代法书名迹集》，第六册，前引书，第 42—53 页。
[229] *Christie' s*，N.Y.1991: 5, Lot.40.
[230] *Sotheby's*, N.Y.1990: 5, Lot.36.
[231] *Christie's*，N.Y.1993: 12，Lot.150
[232] *Christie's*，HK.2000: 4，Lot.316.
[233] Nelson Wu, "*Tung Chi-chang: Apathy in Government and Fervor on Art*"，in Arthur F. Wright and Denis Twitchett eds, Confucian Personalities (Stanford, California: Stanford University Press, 1962), pp. 260-293.
[234] 石守谦《董其昌〈婉娈草堂图〉及其革新画风》，《"中研院"史语所集刊》第 65 本，第二份，1994，第 307—332 页。
[235] 石守谦《董其昌〈婉娈草堂图〉及其革新画风》，《"中研院"史语所集刊》第 65 本，第二份，1994，第 307—332 页。
[236] 汪砢玉《珊瑚网》卷十八，第 1160 页上。
[237] 参阅傅申《画说作者问题的研究》。

《书迹》图版释文·解说

阿辻哲次 中译日
郭昳歆 日译中

关于书法作品的选择

本次编写收入的董其昌书法作品并非局限于其名作与各书风代表作，而是尽可能广泛地收选了董其昌各时期、各种书体、各种风格的真迹，旨在让赏阅之人可以对董其昌的书法有全面的理解。也就是说，这种方法是站在书法史家的角度，而不是通常鉴赏家所采取的态度。

自然，书法史家也并非不能称为“鉴赏”。书法史家是指理智的鉴赏家的意思，与一般鉴赏家只靠直观的欣赏有不同之处。直观的鉴赏无法鉴别真伪、解说作品缘由，也不能正确判断其所具有的历史价值。要想对某位书法家有一个全面的认识，就必须同时理会书法家之“心”与“手”。要想对一个书法家有一个全面的认识，就必须同时理解书法家的“心”和“手”。“心”指的是书法家的书学全貌，包括对书法史的认识、书学理论，以及书法家作为理想所追求的目标。“手”是指该书法作品的实际成果。然而，世上却有许多“心术不正”的书法家。心优于手者接近书法史家或书论家；手优于心者，上至行家，下至戾家；心与手皆下者无法成为书法家，心与手皆非凡者方能成为书法家；心与手都能超越世人者被视为大书家，董其昌即是如此。

关于董其昌之“心”，在拙论《董其昌的书学》中有所略说，然如何理解董氏之“手”呢？我认为最重要的方法是按其作品所作年代顺序编辑真迹。这不仅是研究董其昌，也是研究所有书法家、画家最重要的方法。其秘诀在于“广泛寻找”“慎重选择”两点。“广搜”，越广越好，“慎重选择”不是“精选”，而是更多地选择，“宽严适中”（选择不严也不松，而是准确）。“宽严适中”才是理智鉴赏的极则，是书法史家应该遵守和追求的。实际上，本书（即《书迹》）所收录选入的书迹，受刊登许可和图版数量等限制，需要介绍的作品不能按照理想全部刊登。但从这里的作品中，我们也可以看到董其昌书法风格的变迁，是将来董其昌书法断代研究的一个基础。

在刊登作品时，有纪年的作品按创作年代顺序排列在《书迹Ⅰ——纪年作品》中。对于没有纪年的作品，将其收录在《书迹Ⅱ——无纪年作品》中。根据内容与书风，再与纪年书迹并列进行比较研究，可以推测出各个无纪年书迹的制作年代。

大致说来，董其昌的书法，字体方面，行书优于草书和楷书，篆书和隶书尚未得见；字的大小方面，中小字较多，大字书写较少；形式方面，卷轴上书写的优于轴上。如果把气、韵作为问题讨论的话，韵比气更胜。师仿则是逼宋人，更追晋、唐人。

书迹 I ——纪年作品

初致冯开之书（借王右丞雪山卷札）

乙未（万历二十三年，1595）　四十一岁

纸本　小行楷书

纵20.3厘米

私人藏（日本京都）

自春首伫俟台旌入都，至今未闻扬舲息耗，不惟仆一人仰企之私，凡在绅裾，靡不愿接末光，为正人标帜，想亦匪久遵途。日颇闻南雍国师之推，已有成言。果尔，则今岁尚未得瞻近，凝想为劳耳。朱雪蕉来，为言门下新得王右丞《雪山图》一卷，大佳。右丞迹，自米海岳《画史》所载，已自存真者二本，其余皆细谨近李将军。又有一种，脱略皴法，而趣简淡者。两种为王晋卿、赵大年所宗。想北宋时只凭摹本，无复真迹可定矣。不审门下所得近谁种画法乎？项子京家有《江干雪意卷》，殊简淡。杭州高萃南家有《辋川图》，甚细谨。总之绢素鲜洁，尚是宋摹本，今欲亟得门下卷一观。仆精心此道，若一见古迹，必能顿长，是门下实成之。倘遂得左相诗中画诗，亦千载嘉话也，必不敢污损名迹。俟门

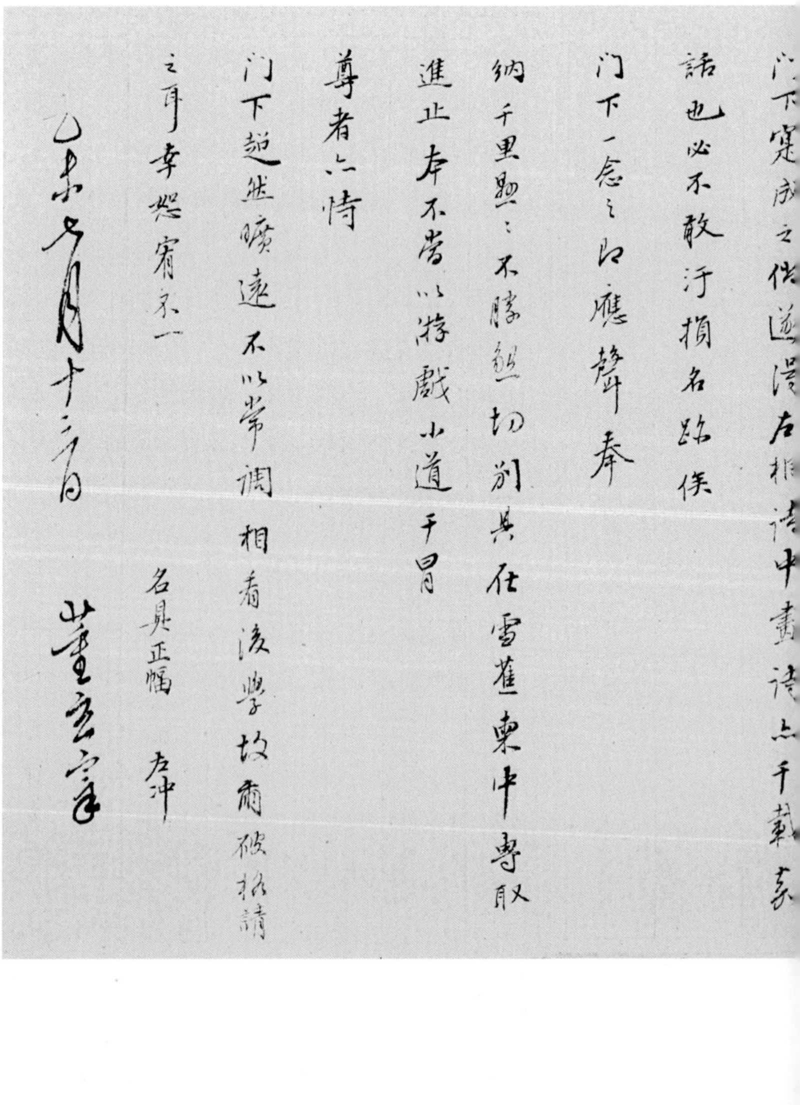
門下實成之倘遂得左相詩中畫詩亦千載嘉
話也必不敢汙損名跡俟
門下一念之以應聲奉
納千里興之不勝懇切别具在雪蕉柬中專取
進止本不當以游戲小道干冒
尊者之情
門下超然曠遠不以常調相看後學故爾破格請
之耳幸恕宥不一　名具正幅　左沖
乙未七月十二日　董玄宰

明　董其昌《初致冯开之书（借王右丞雪山卷札）》

下一念之，即应声奉纳。千里悬悬，不胜恳切，别具在雪蕉柬中，专取进止，本不当以游戏小道干冒尊者，亦恃门下超然旷远，不以常调相看后学，故尔破格请之耳。幸恕宥不一。名具正幅。左冲。

【乙未七月十三日，董玄宰。（冯梦祯批注）】

董其昌于16世纪90年代初期致力于画学中的宗派研究，详细考虑了诸如王右丞的画风中是否有皴法，是否有细致或简淡之画等问题。当时，他突然听闻冯开之新入手了王右丞《江山雪霁图》，遂派人从北京至武林（杭州）借观此画。这封信是当时董其昌亲笔书写的。从中可以看出，董其昌致力于绘画史的研究，乃继米芾之后第一人。

这封信虽没有记载年月日，冯开之的家人（或书记）在末尾记有“乙未七月十三日，董玄宰”，大概是记载了收到书信的时间吧。那么，考虑到当时的交通，从北京到武林应需一个多月，董其昌书写此信最迟应不晚于同年（1595）六月之后。故此封信札也属于董其昌存世书迹中较早期的作品，它不仅对董其昌绘画史理论建构过程的研究很重要，也是研究董其昌书风发展的重要资料。这篇书法非常工整，以小楷为主，行书为辅。董其昌曾言：“吾书无所不临仿，最得意在小楷书，而懒于拈笔，但以行草行世。”现存董其昌书札中，小楷作品极少，由此可见，董其昌借阅王维画卷之态度实在是郑重其事。

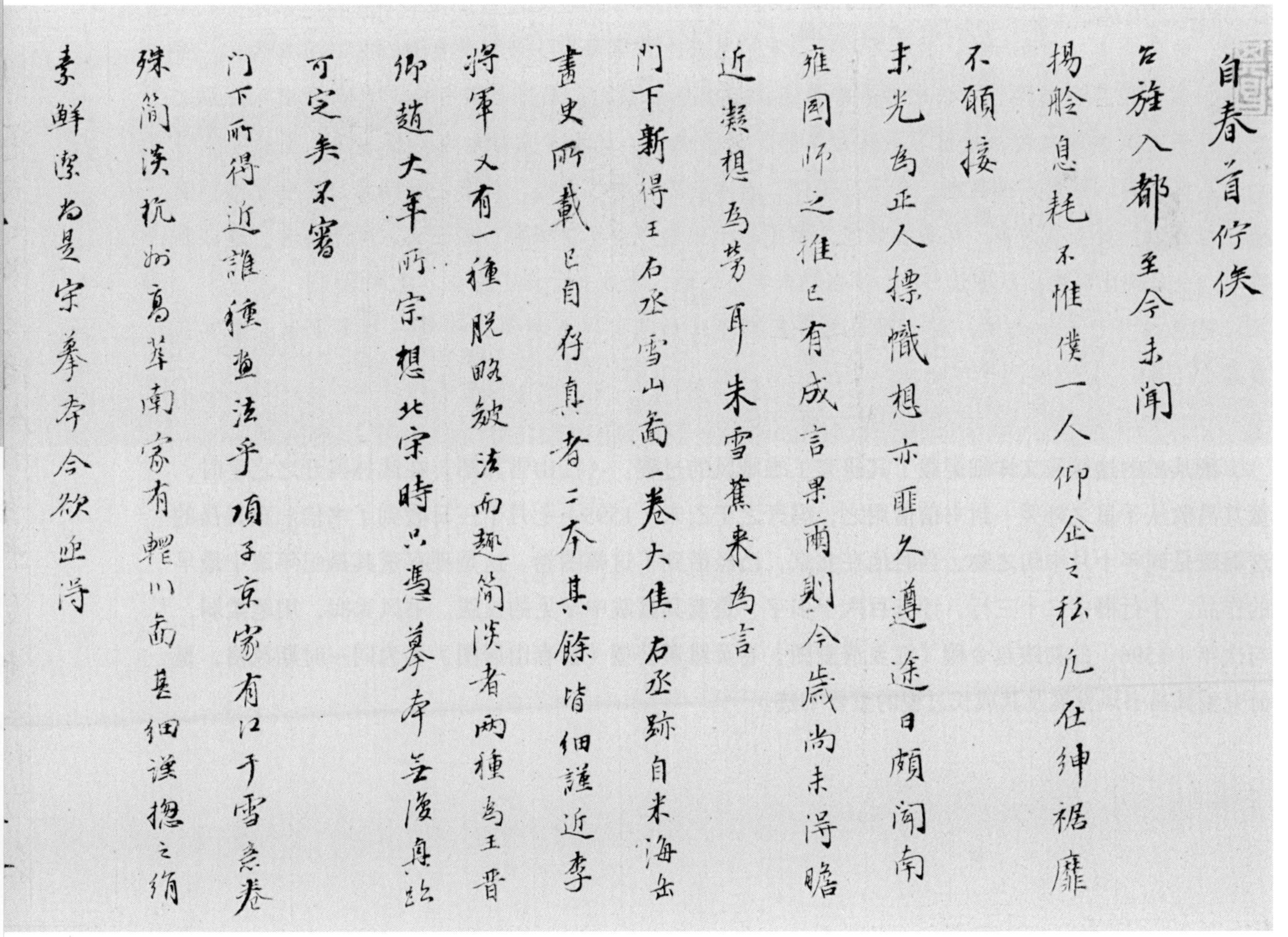
自春首佇俟
台旌入都至今未聞
揚舲息耗不惟僕一人仰企之私凡在縉裾靡
不願接
末光為正人標幟想亦匪久遵途日頗聞南
雍國師之推已有成言果爾則今歲尚未得瞻
近凝想為勞耳朱雪蕉來為言
門下新得王右丞雪山圖一卷大佳右丞跡自米海岳
畫史所載已自存真者二本其餘皆細謹近李
將軍又有一種脫略皴法而趣簡淡者兩種為王晉
卿趙大年所宗想北宋時只憑摹本無復真跡
可定矣不審
門下所得近誰種畫法乎項子京家有江干雪意卷
殊簡淡杭州高華南家有輞川圖甚細謹總之絹
素鮮潔為是宋摹本今欲照得

再致冯开之书（光膺新命札）

丙申（万历二十四年，1596）　四十二岁

纸本　小行楷书

纵19.0厘米

私人藏（日本京都）

恭惟阁下，光膺新命，秉铎南雍，海内山斗之仰，皆已忭慰，矧其昌辱忘年之知者乎。伫俟还朝，得时亲音旨，以日为岁耳。秋间得远寄《雪图》，快心洞目，深感阁下割爱相成。所恨古意难复，时流易趋，未能得右丞笔法，须少宽之，或稍具优孟衣冠，以不负雅意。更当作一帧，都门面请教也。长安物态，无复可人者，不独排击疏议，今片纸出宫中，百官横遣，大是差事，乃不闻有一人捋虎须，士风可知矣。竹几蒲团参赵州一归何处话，则是道人本色。聊以绅裾之流，为海鸥鸟可也，阁下以为何如？远承厚贶，容专候起居。人还附谢。献岁发祥，惟为国为道珍重。不一。名具正幅。左冲。

【丙申二月初十日，董玄宰。（冯梦祯批注）】

虽然这篇书法没有标注纪年，但冯开之收到的时间是“丙申（1596）二月初十日”，而且在董其昌的书法末尾可以看到“献岁发祥”这个短语，所以董其昌写这篇作品的时间大约是从乙未（1595）十二月到丙申（1596）新春之间，大约是公元1596年一月左右。

当时王维的《江山雪霁图》卷还在董其昌那里，董其昌正仿效王维的笔法为冯开之进行创作。这篇书法以小行书为主，用笔十分巧妙且带有成熟韵味，但不像之前借画时的书信那样郑重其事。末尾的“左冲”二字是明人书信末尾之用语，与“左空”意思相同。

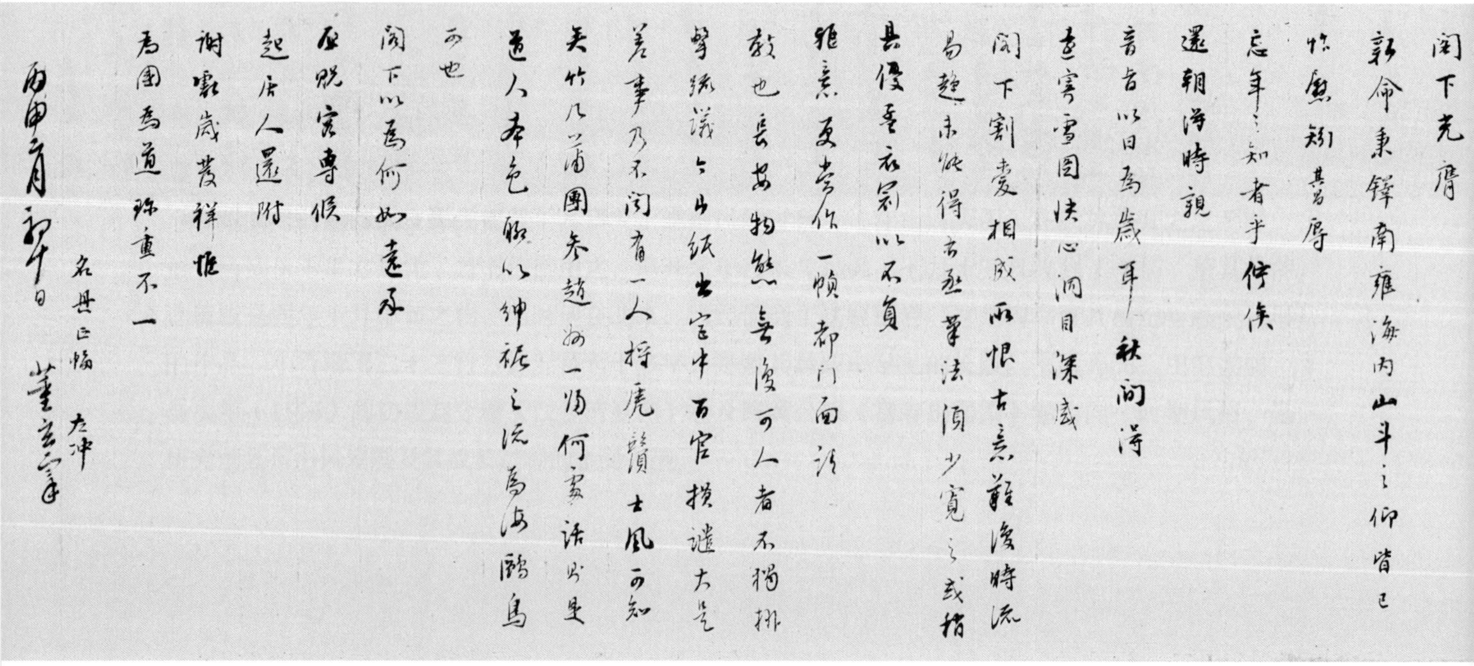

明　董其昌《再致冯开之书（光膺新命札）》

初跋赵令穰《江乡清夏图》卷（今名《湖庄清夏图》卷）

丙申（万历二十四年，1596）　四十二岁

纸本

纵19.1厘米

美国波士顿美术馆藏

赵令穰《江乡清夏》卷，笔意全仿右丞，余从京邸得之。日阅数过，觉有所会。赵与王晋卿，皆脱去院体，以李咸熙、王摩诘为宗，然晋卿尚有畦径，不若大年之超轶绝尘也。丙申七月卅日，奉旨持节封吉府，度钱塘，次马氏楼，待潮多暇，出此卷临写，因题后，董其昌。

先是，予过嘉兴，观项氏所藏晋卿《瀛山图》。至武林观高氏所藏郭恕先《辋川图》，二卷皆天下传诵北宋名迹，以视此卷，不无退舍。盖《瀛山图》，笔极细谨而无澹荡之致，《辋川》多不皴，惟有勾染，犹是南宋人手脚。予在京师，往来于怀，至形梦寐。及是获披玩再过，始知营平所言，百闻不如一见，真老将语也。此聊以论画耳，类是者更何限。人须自具法眼，勿随人耳食也。是日又题，其昌。

此二跋在《容台别集》卷六中也能看到，但行文有两处不同。“南宋人手脚”刊本作“手迹”，“披玩再过”作“披觀”，应以真迹本为据。

这篇跋的结体特别紧峭，但用笔多为米芾之法，与同年十月“跋黄公望《富春山居图》卷”精神相近。

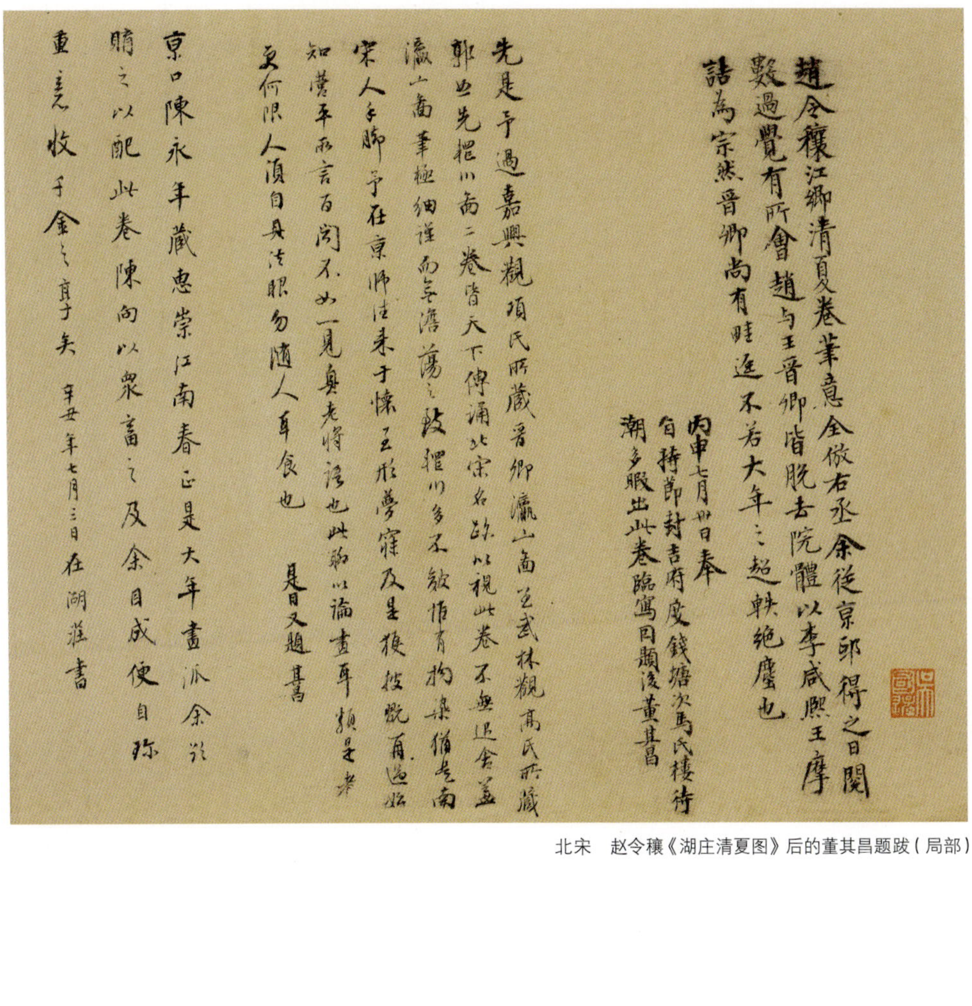

北宋　赵令穰《湖庄清夏图》后的董其昌题跋（局部）

跋黄公望《富春山居图》卷

丙申（万历二十四年，1596）　四十二岁

绫本　小行楷书

纵28.4厘米

台北故宫博物院藏

大痴画卷，予所见若檇李项氏家藏《沙碛图》，长不及三尺，娄江王氏《江山万里图》可盈丈，笔意颓然，不似真迹。唯此卷规摹董、巨，天真烂漫，复极精能，展之得三丈许，应接不暇，是子久生平最得意笔。忆在长安，每朝参之隙，征逐周台幕，请此卷一观，如诣宝所，虚往实归，自谓一日清福，心脾俱畅。顷奉使三湘，取道泾里，友人华中翰为予和会，获购此图，藏之画禅室中，与摩诘《雪江》共相映发。吾师乎！吾师乎！一丘五岳，都具是矣。丙申十月七日，书于龙华浦舟中，董其昌。后钤："董玄宰"朱文印、"太史氏"朱文印

这篇跋原是写于后隔水上的，后来吴问卿于临终之际投入火中，烧毁了前段。重新装裱时，将董其昌的跋移到前隔水。这篇书法以米芾为基调，与同年7月的"初跋赵令穰《江乡清夏图》卷"，戊戌年（1598）的"跋王珣《伯远帖》"等相比，属于同一个人之作。《富春山居图》有两卷流传于世，董其昌的跋也有两篇。但其中一篇用笔重浊，几乎没有董其昌真迹中的灵秀之气，毫无疑问是赝品。

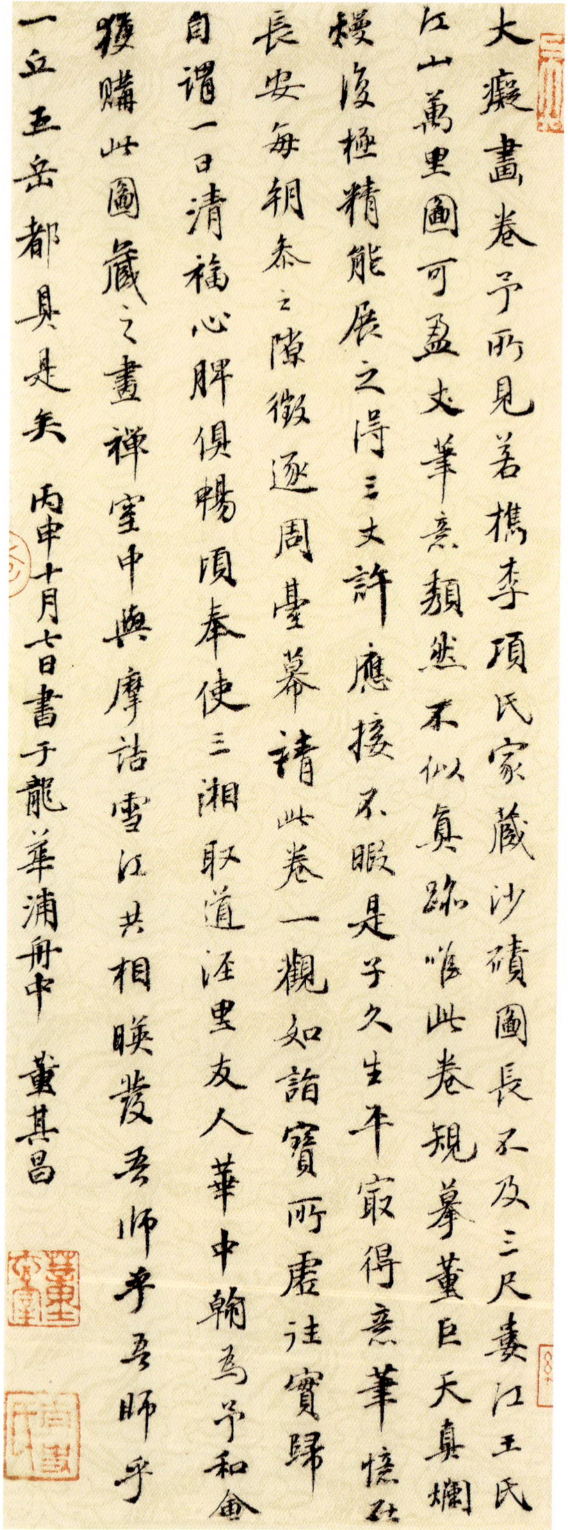

元　黄公望《富春山居图》"无用师卷"前的董其昌题跋

跋王珣《伯远帖》

戊戌（万历二十六年，1598）　四十四岁

纸本　小行楷书

纵29.0厘米

故宫博物院藏

晋人真迹，惟二王尚有存者。然米南宫时，大令已罕，谓一纸可当右军五帖，况王珣书，视大令不尤难觏耶。既幸予得见王珣，又幸珣书不尽湮没，得见吾也。长安所逢墨迹，此为尤物。戊戌冬至日，董其昌题。

《画禅室随笔评旧帖》中记载的“题王珣真迹”一条，内容与此大致相同：“米南宫谓右军帖十，不敌大令迹一。余谓二王迹世犹有存者，唯王、谢诸贤笔尤为希觏，亦如子敬之于逸少耳。此王珣书，潇洒古澹，东晋风流宛然在眼。用卿得此，可遂作宝晋斋矣。”文中所提“用卿”，是安徽的友人吴廷，他的收藏很丰富。这一条应与前跋相互参照。

此王珣《伯远帖》与王羲之《快雪时晴帖》，以及王献之《中秋帖》一起成为清朝乾隆帝珍藏之物，并称为“三希”，乾隆将其收入养心殿一室，称为“三希堂”。

董其昌的这篇跋，是其1598年即四十四岁时的作品。那时，董其昌已经对自己书法所达到的境界相当自负。跋谓“既幸予得见王珣，又幸珣书不尽湮没，得见吾也”，其实真正想表达的是“恨古人不见吾也”，亦是从南齐张融“非恨臣无二王法，亦恨二王无臣法”中借鉴改写出来的。

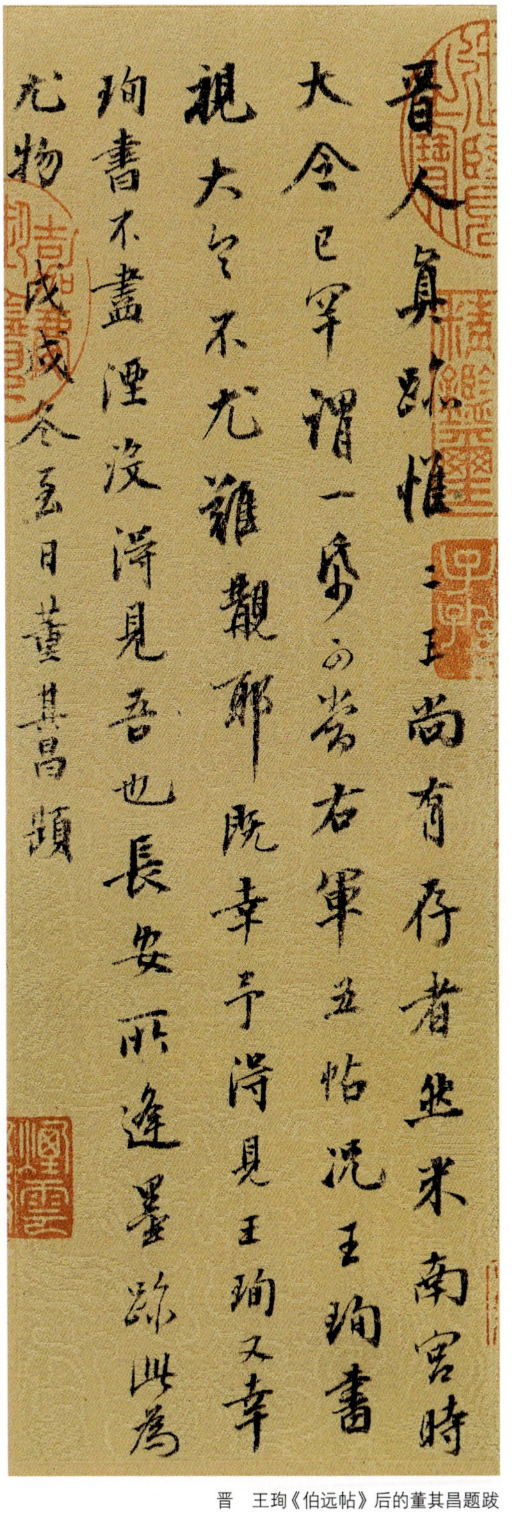

晋　王珣《伯远帖》后的董其昌题跋

跋郭熙《溪山秋霁图》卷

己亥（万历二十七年，1599）　四十五岁

纸本　行书

纵26.0厘米

美国佛利尔美术馆藏

余友莫廷韩嗜画，画亦逼黄子久。此卷盖其所藏，以为珍赏甲科。后归潘光禄，流传入余手。每一展之，不胜人琴之叹。万历己亥首夏三日，董其昌。是日前一宿梦廷韩，及晓起题。

董其昌十七岁时曾在莫是龙的父亲莫如忠家的私塾学习。因此，董其昌称："余师方伯而友廷韩。"莫氏父子均善书，对董其昌有相当影响。董其昌曾推崇二家之书法，曰："吾乡莫中江方伯，书学右军……其沉着逼古处，当代名公未能或之先也……其子云卿，亦工书。"（《画禅室随笔评法书》）又评二家书，曰："故当时知廷韩者，有大令过父之目。然吾师以骨，廷韩以态，吾师自能结构，廷韩结字多出前人名迹，此为甲乙，真如羲、献耳。"（《崇兰帖题词》）

董其昌十七岁时才开始学习书法。当时，莫廷韩大约三十三岁（见傅申《〈画说〉作者问题的研究》），两人的年龄相差约一倍，交往未甚亲密。八年后，董其昌已二十五岁，在书画方面都有相当的自信，那时他开始与莫廷韩亲密交往。"顾光禄公清宇于前己卯岁造青莲舫，余时与莫廷韩、徐孟孺、宋安之辈常为泛宅之游。"又八年（1587），莫廷韩去世。董其昌此跋为1599年之作，莫氏所藏之郭熙山水卷已转为董其昌所藏，他去世后留下画作已过十二年，董其昌仍在梦中与莫廷韩相见，足可以窥见两人交情之深吧！

然而，"南北宗论"被误认为是莫是龙之作。其实，"南北宗论"是董其昌在1595年至1604年间，研究当时传世古画的结果所成。那是莫是龙逝世很久之后的事，与莫氏无关。

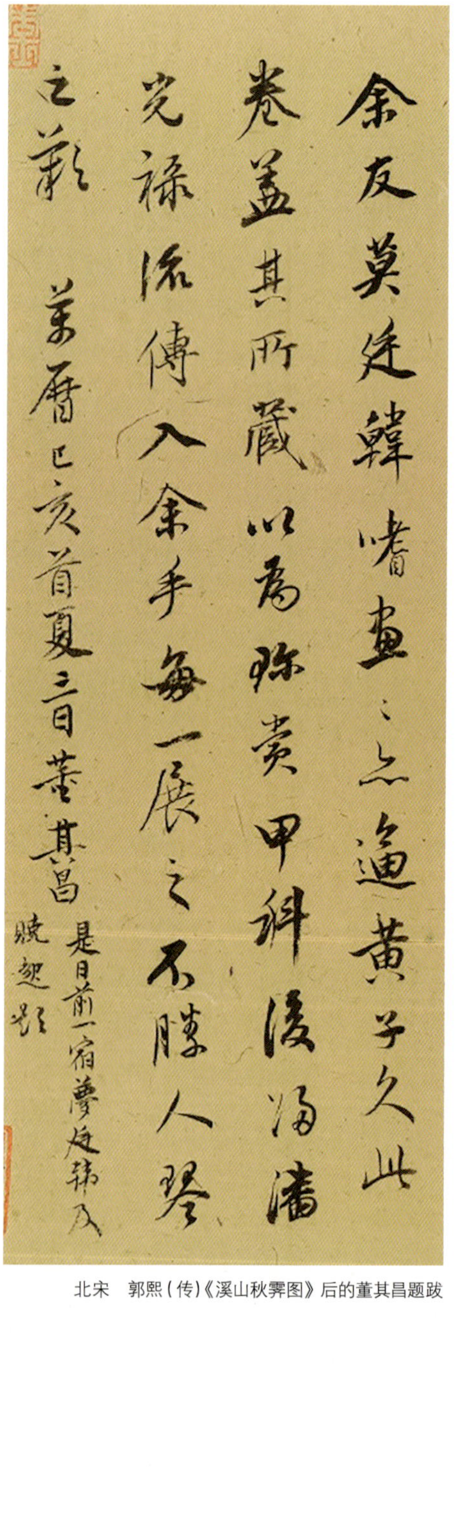

北宋　郭熙（传）《溪山秋霁图》后的董其昌题跋

辋川诗册 附董其昌小像

庚子（万历二十八年，1600）　四十六岁

纸本　行草书　全二十一幅

纵27.0厘米、横11.7厘米

台北故宫博物院藏

新家孟城口，古木余衰柳。来者复为谁，空悲昔人有。飞鸟去不穷，连山复秋色。上下华子冈，惆怅情何极。

过荆溪访吴澈如年丈，出楮素，属余书右丞《辋川》绝句。澈如爱右丞诗且学之，欲逼人，愧余书不能学右军也。董其昌，庚子暮春识。

此篇诗册为董其昌为吴澈如所写之作。吴澈如，名正志，与董其昌为同年进士，二人交往甚密。传米芾《云起楼图》（美国佛利尔美术馆藏）亦为董其昌赠予吴氏之物。辛亥年（1611）董其昌又作《荆溪招隐图》卷赠予吴氏。

《董其昌小像》未有作者款印，以小篆题“明礼部尚书谥文敏董公小像”。此画像制作时间约为明末清初之际。虽然为董其昌年迈之像，但目光炯炯有神，气度外溢，与其书风表里如一。董其昌的画像传世甚少，故此像十分珍贵。

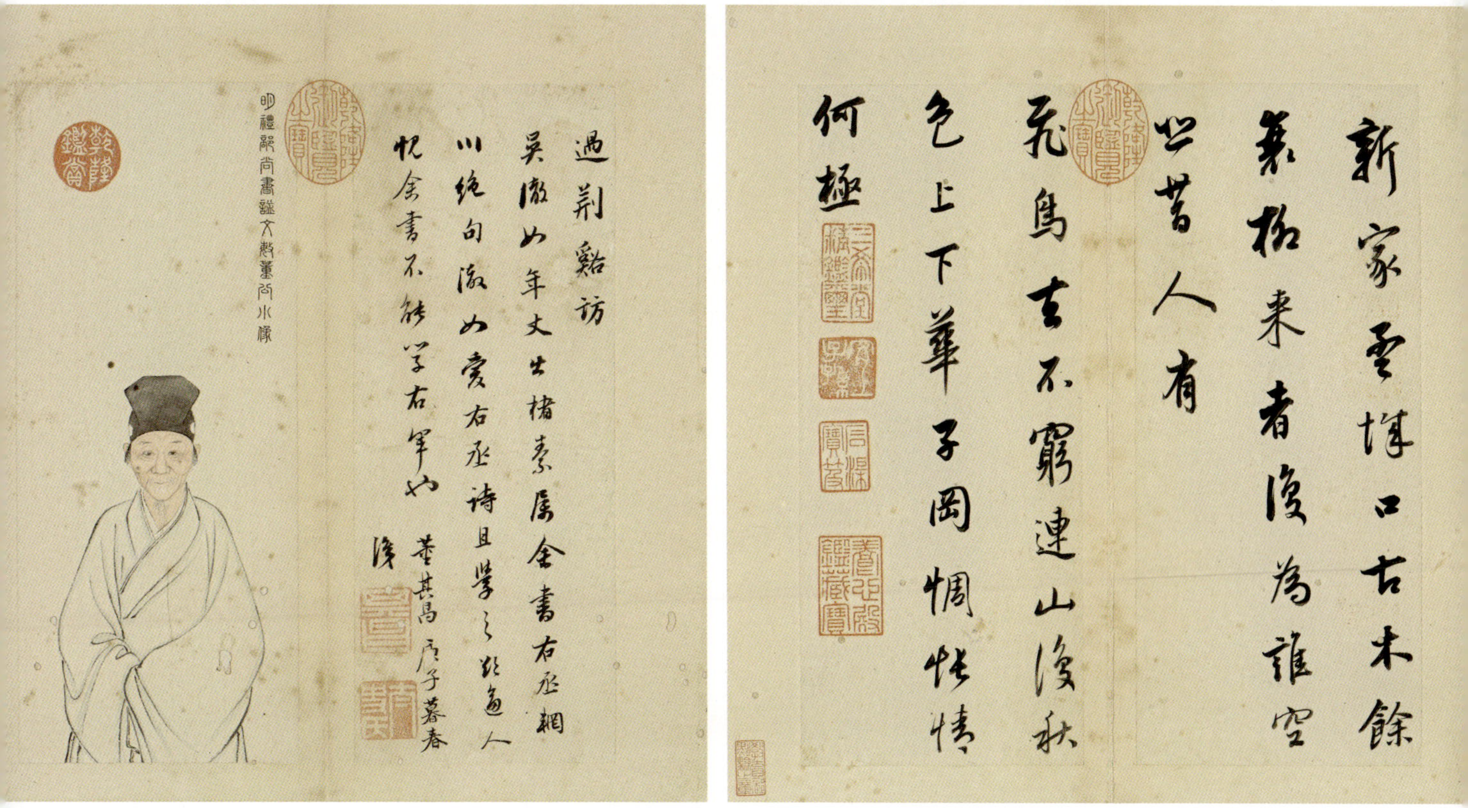

明　董其昌《辋川诗册》 附《董其昌小像》

再跋赵令穰《江乡清夏图》卷（今名《湖庄清夏图》）

辛丑（万历二十九年，1601）

四十七岁

纸本　小行书

纵19.1厘米

美国波士顿美术馆藏

京口陈永年藏惠崇《江南春》，正是大年画派，余欲购之以配此卷。陈向以众畜之，及余目成，便自珍重，竟收千金之享矣。辛丑年七月三日，在湖庄书。

宋人画，赵大年、马和之可称逸品，盖元镇倪迂所自出也。其昌题。

此篇跋的书风与五年前的初跋相比而言，结体紧峭之处非常相似，然此篇用笔劲直之处与柳公权相似。由《戏鸿堂法书》卷一可见，《柳氏书小楷清净经》系董其昌摹写于海上潘光禄之处，亦见项希宪所藏柳氏书《度人经》（《容台别集》卷五），董其昌小楷的书风格因此有所改变。

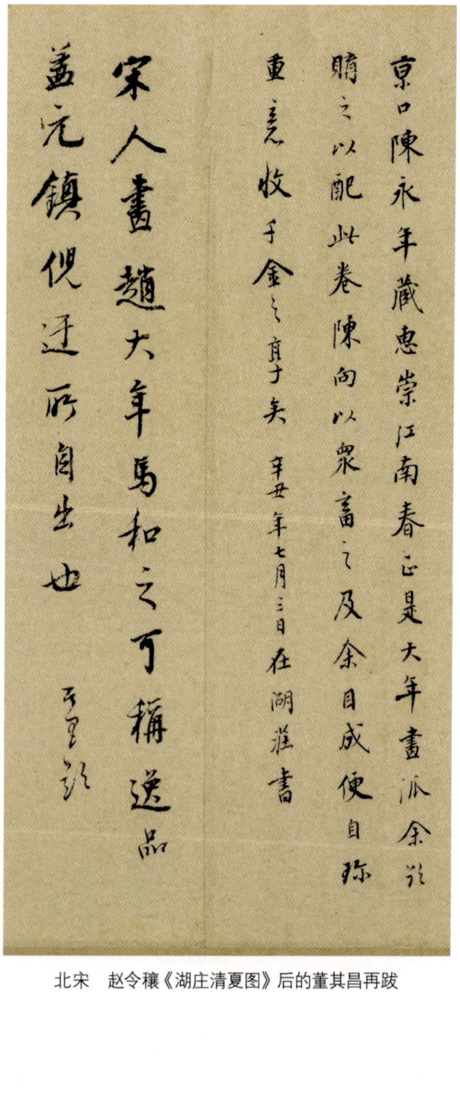

北宋　赵令穰《湖庄清夏图》后的董其昌再跋

临月仪帖卷

壬寅（万历三十年，1602）　四十八岁

纸本　草书　一卷

纵28.8厘米、横261.3厘米

台北故宫博物院藏

十二月朋友相闻书。正月孟春。聚会乖离，经今数载，音书断绝，忽隔两年。敬想履新，故当请适，聊陈一酌，冀叙二难。仰屈高贤，希垂下顾。余人尽到，唯待明公。伫望光仪，愿无推阻。二月仲春。献岁将终，春阳应节。和风动物，丽景光辉。复以翠柳摇鳞，红桃结绶。想弟盘游胜地，纵赏嘉宾。酌桂醑以申心，玩琴书而写志。无由披叙，聚会何期，谨遣一行，希还数字。

……

壬寅四月，余访于比部中甫于金沙，中甫出诸古帖相质，有唐人《月仪帖》，生平仅见，因手临之，欲刻入鸿堂帖，帖成遂遗此书。余所临仿，实与真帖颇肖似，第不知唐名贤为谁？殆元和以后手也。董其昌记。钤：“知制诰日讲官”白文印、“董其昌印”白文印

唐人所书《月仪帖》墨迹流传至今，有台北故宫博物院藏《唐人十二月朋友相闻书》一册，但缺正月、二月和五月三首。《宣和书谱》中有索靖书《月仪帖》，故董其昌跋文中有“《月仪帖》本出索靖……此多唐人拟作者，笔法亦宗索靖”之语。想来董其昌对索靖之理解源于《出师颂》吧！董其昌曾将此作摹刻于《戏鸿堂法书》卷三中。

董其昌之章草存世之作极少，然通过该作，可以看出董其昌于晋唐书法无不学之。跋最后云：“大都为章草者必兼右军乃合，不则宋克辈耳。”可见董其昌对章草的深刻理解，再加上其对明初章草大师宋克颇有诟病，可见董其昌之自负。卷尾之己未年（1619）之跋自临书之时已过去十八年之久，但章草的笔法甚多，作为董其昌的另一书体是非常珍贵的。

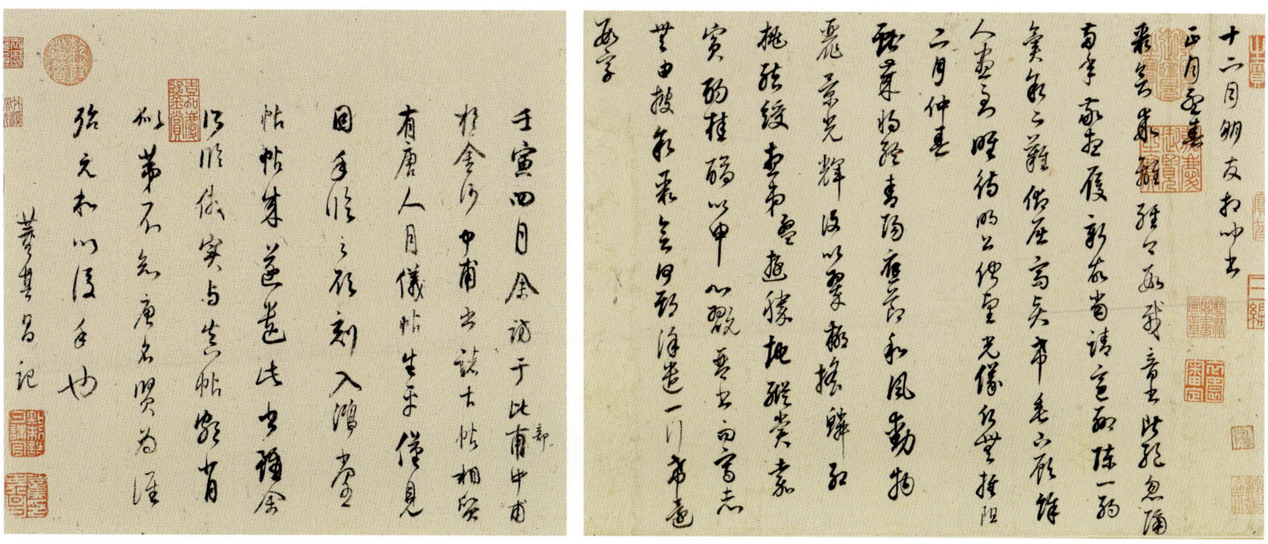

明　董其昌《临月仪帖卷》(局部)

跋（传）张旭《草书古诗四帖》卷

壬寅（万历三十年，1602）　四十八岁

纸本　行草书

纵28.7厘米

辽宁省博物馆藏

唐张长史书庾开府《步虚词》、谢客《王子晋（赞）》《衡山老人赞》，有悬崖坠石、急雨旋风之势，与其所书《烟条诗》《宛溪诗》同一笔法，颜尚书、藏真皆师之，真名迹也。自宋以来，皆命之谢客，因中有“谢灵运王子晋赞”数字误耳。丰考功、文待诏皆墨池董狐，亦相承袭。顾庾集自非僻书，谢客能预书庾诗耶？或疑卷尾无长史名款，然唐人书如欧、虞、褚、陆，自碑帖外都无名款。今《汝南志》《梦奠帖》等，历历可验。世人收北宋画，政不须名款乃别识也。或曰，安知非醉素，以旭肥素瘦，故知为长史耳。夫四声始于沈约，狂草始于伯高，谢客时皆未之有。丰人

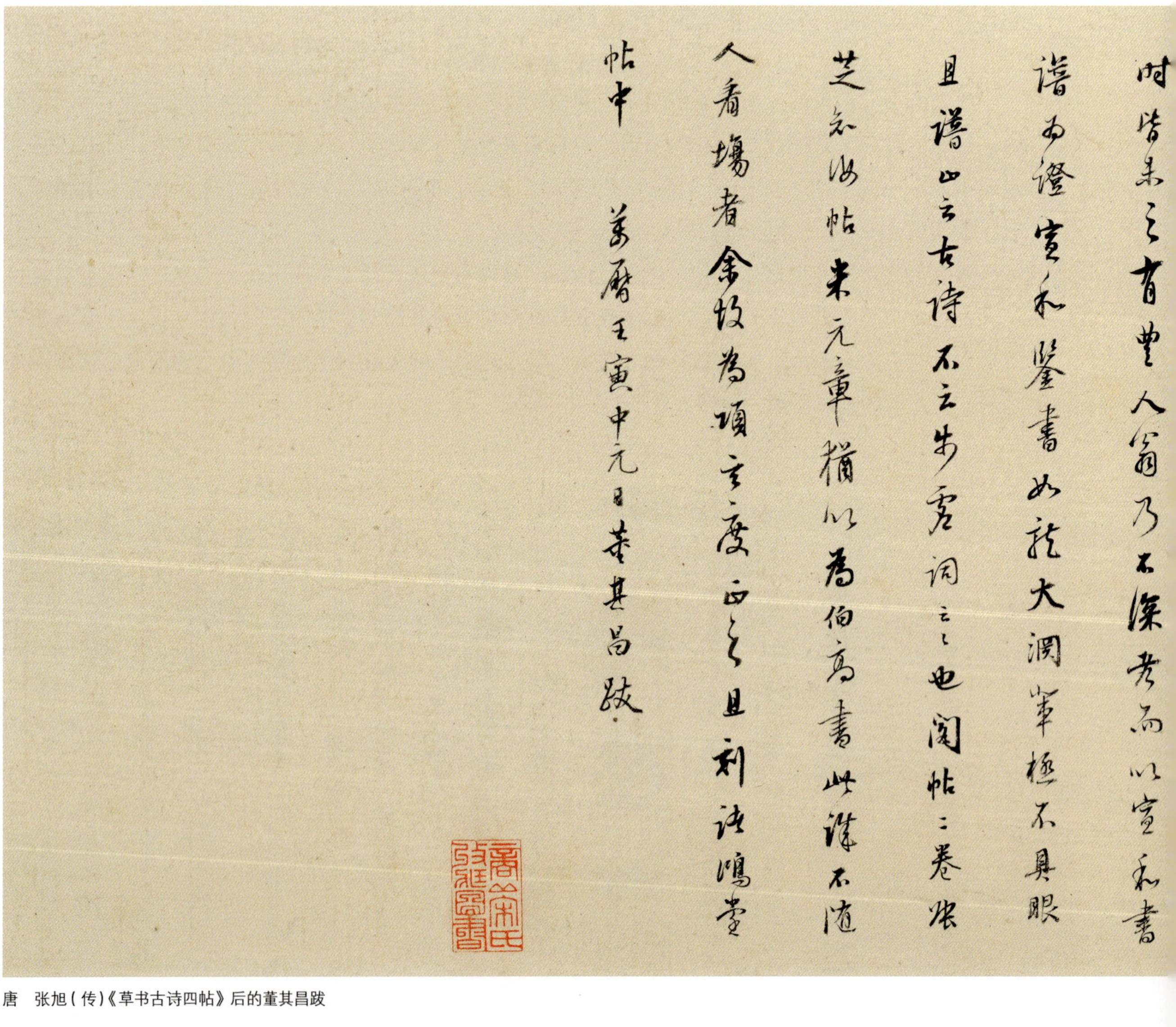

唐　张旭（传）《草书古诗四帖》后的董其昌跋

翁乃不深考，而以《宣和书谱》为证。宣和鉴书，如龙大渊辈，极不具眼。且《谱》止云古诗，不云步虚词云云也。《阁帖》二卷，张芝《知汝帖》，米元章犹以为伯高书，此诚不随人看场者。余故为项玄度正之，且刻诸鸿堂帖中。万历壬寅中元日，董其昌跋。

此《草书四帖》今藏辽宁省博物馆，因无落款，成为历代争论之焦点。古称谢灵运之书，明朝嘉靖己酉年（1549），丰道生（坊）在长跋中提出疑问。丰氏认为谢灵运（385—433）不能给庾信（513—581）写诗，提出了可能是贺知章（659—744）之书的说法。直到董其昌才首次断定其为张旭的书法，同时对丰道生进行了强烈抨击。董其昌在丰道生的议论下断定是张旭，但实际上，只是提出“旭肥素瘦”这个简单的论点，其说法是否正确有待进一步探讨。想来董其昌的眼光很高，几乎不认可米元章以后的人的书法。这篇跋的语气也无法摆脱其自大之感，在末尾又拿出米元章来抬高了自己。跋中书法也模仿米芾，乃中年佳作。

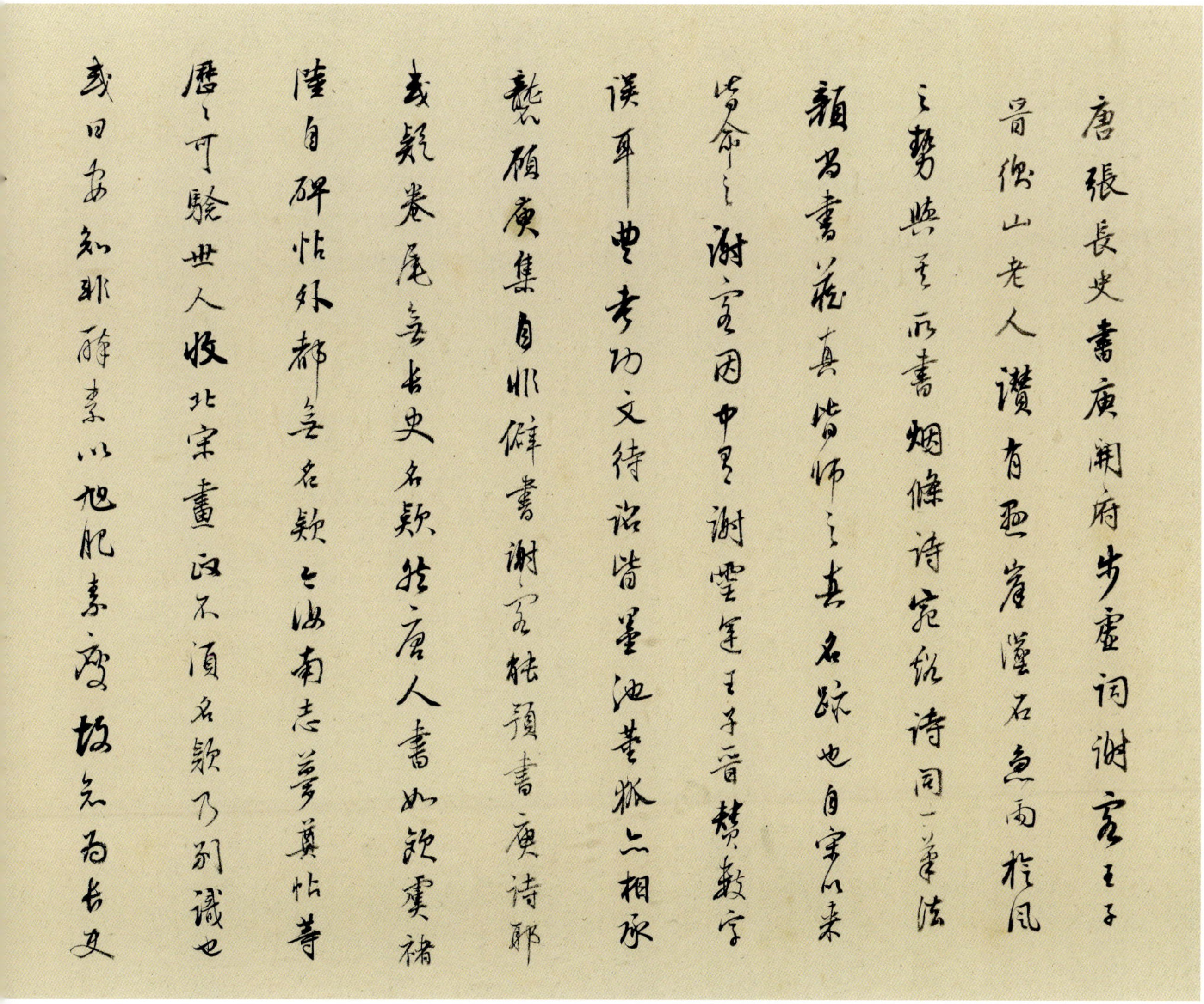

初跋赵孟頫《鹊华秋色图》卷

壬寅（万历三十年，1602）

四十八岁

绫本　小行书

纵28.4厘米

台北故宫博物院藏

余二十年前，见此图于嘉兴项氏，以为文敏一生得意笔，不减伯时《莲社图》，每往来于怀。今年长至日，项晦伯以扁舟访余。携此卷示余，则《莲社》已先在案上，互相展视，咄咄叹赏。晦伯曰，不可使延津之剑久判雌雄，遂属余藏之戏鸿阁。其昌记，壬寅除夕。

这篇跋作于1602年，“二十年前”约指1580年至1582年间。换言之，时值董其昌“予为诸生时，馆于嘉禾，与项元汴交善”（《容台别集》卷二，跋自书）。这篇跋以米芾为典范。董其昌在这幅图上写了四次跋。第二次是1605年，后一次是1629年，第四次是1630年。

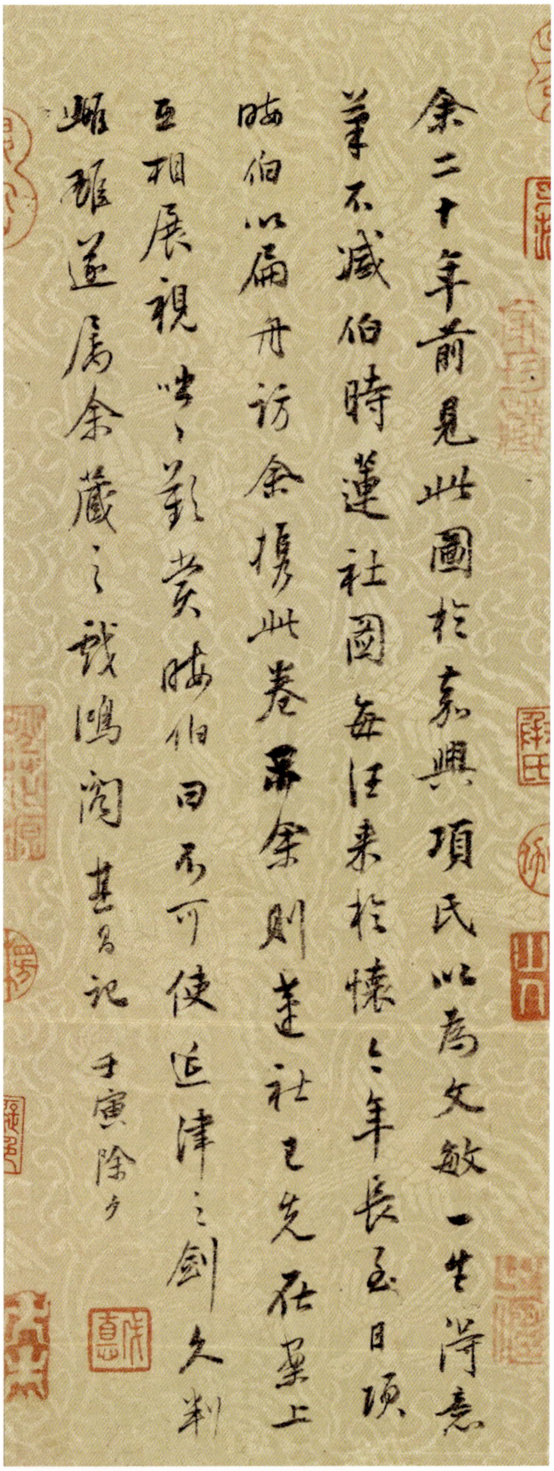

元　赵孟頫《鹊华秋色图》后的董其昌初跋

行草书罗汉赞等卷

癸卯（万历三十一年，1603） 四十九岁

纸本 行草书 一卷

纵31.0厘米、横479.5厘米

东京国立博物馆藏

罗汉赞。名身句身，如月标指。悟或遮眼，迷则钻纸。此修慧者，我法王子。贝叶一片，大藏里许。其一手贝叶像。

大海有沤，沤即全海。向法海中，游戏自在。搅动毒龙，献珠捏怪。摄入钵盂，事事无碍。其二龙水像。

初祖赞。廓然无圣，关捩无多。刹那即证，措思成魔。金鸡报晓，香象度河。若取于相，壁观婆罗。

送僧游五台。孤锡清凉去，人天此路分。僧寮长扫雪，香饭半蒸云。欲辨龙蛇种，须穿虎豹群。西游多证入，合遣老庞闻。

送僧之牛山鸡足。火禅摧阴魔，鸡山问迦叶。心知火里花，不如眼拈切。锡杖凌空飞，万里脚小歇。南询何时还，西来意当彻。

众生狭劣，故以《华严》度之，以痴起教也。众生执着，故以《法华》解之，以贪起教也。众生多欲，故以《楞严》净之，以淫起教也。

吾尝入定信宿，方信李长者华严论，所谓十世古今，始终不离于当念。当念两言，即经所云。一念普观无量劫，无去无来亦无住，如是了达三世事，超诸方便成十力。平时亦解此语。不如悟时亲得受用耳。有偈曰：帝网明珠遍刹尘，都来当念两言真。华严论主分明举，五十三参钝置人。

三昧解作正思惟。何谓正思惟。非正不正，非思不思。乃心心念念，相续不断，依智智慧也。今人解作无念无思，以为佛法。此乃离常入断，永嘉所诃，非三昧义也。

苦行谓之修福，如远离眷属。精修梵行，便得天乐，且无论佛法。以李杜诗证之，太白豪吟，如飞天仙人，俊爽无碍。杜子美苦吟，如坐禅入定，百炼修持。然千载以后，学子美者代不乏人，至尊其道与风骚并，而太白诗未有学之者。子美，修福故也。

古人所谓神品，此神即吾辈之神，与天地转运，刘安精神训具之矣。东坡、赵吴兴有书石，埋处皆放光。二公书不甚高。所以能尔者，其神用处，不可磨也。

韩宗伯曾为余言，赵吴兴一石，入地数尺，取之遂不见光。又王行甫有东坡保母石刻，每放光。因迹而出之。唐人有徐浩书放光，事见文粹。浩书比虞、褚小劣，犹尔。

癸卯三月。在苏之云隐山房，雨窗无事。范尔孚、王伯明、赵满生，同过访。试虎丘茶，磨高丽墨，并试笔乱书，都无伦次。董其昌。钤："知制诰日讲官"白文印，"董氏玄宰"白文印。

明末文人好语禅。董其昌在达观禅师（紫柏）初次来到云间时受启发，"沉酣内典，参究宗乘"（《容台别集》卷三），乙酉年（1585），乘船经武塘时曾曰："瞥然有省。"陈继儒亦于《容台集序》中写道"间独好参曹洞禅，批阅〈永明宗镜录〉一百卷，大有奇悟"。之后，一直

与陶周望、袁伯修等人一起享受参禅之乐，1598年与李卓吾在都门外的兰若（寺院）中相遇，曰：“略披数语，即许可莫逆”。《容台别集》卷三中有《禅师》五十二则，由此便能理解董其昌在此卷中杂书有《罗汉赞》《初祖赞》《送僧游五台》，以及《禅悦》数则之理由吧。

董其昌还喜欢以禅论画、以禅论诗、以禅论书。所以这卷的结尾有一节是其论李白与杜甫之诗

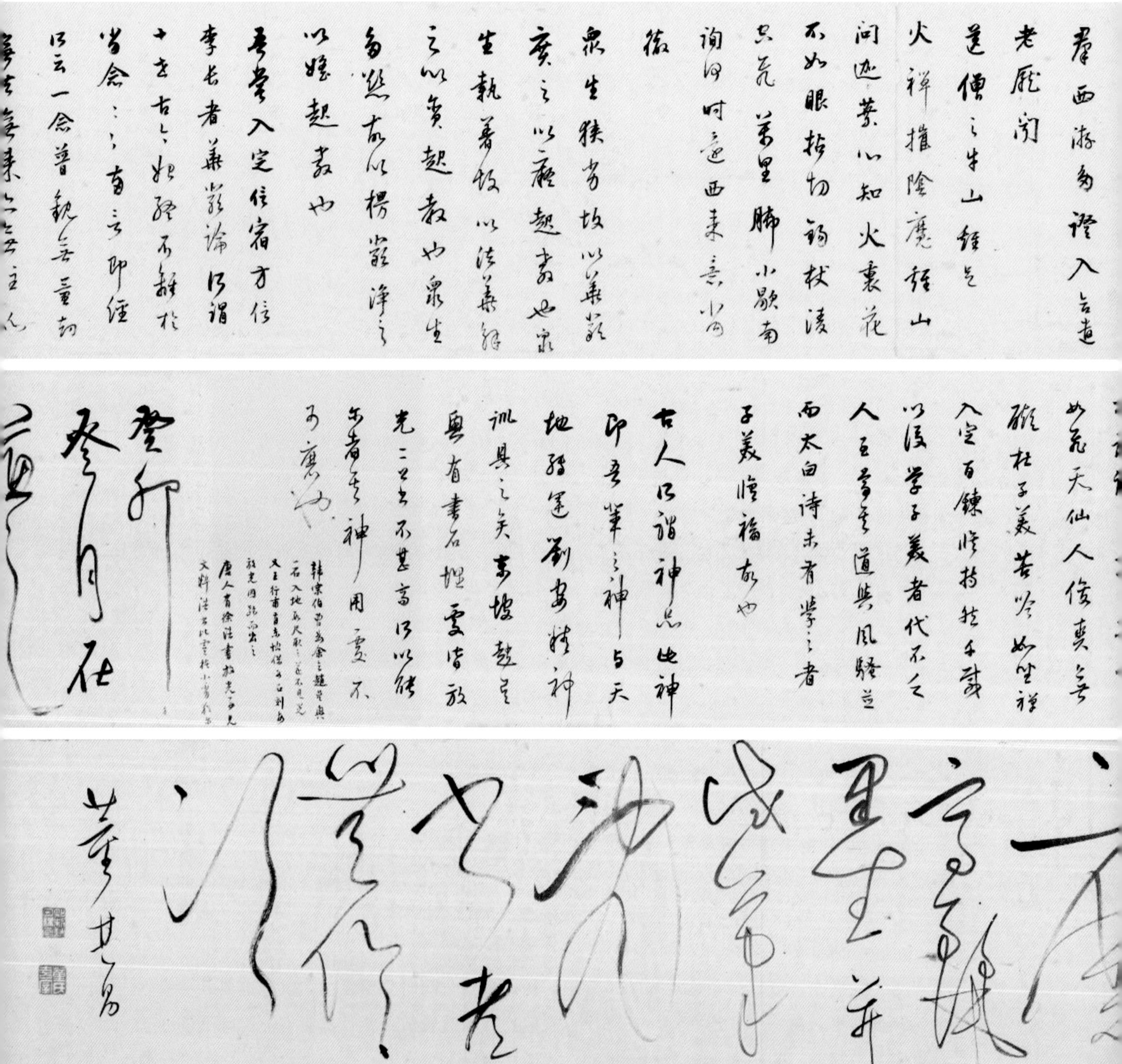

明　董其昌《行草书卷》

的异同，也论述了一节古人之书放光的故事。董其昌曾经评价“二公（苏东坡、赵子昂）之书不甚高”，但仍能发光，所以董其昌的言外之意为自信于自己的书法也会发光吧。董其昌此卷，其行书沉着而蕴藉，而跋文则骤然成狂草。那是因为他年轻时在项子京那里看到过怀素《自叙帖》，并借阅临摹了好几次的缘故吧。此为其四十九岁时的作品，真乃中年时期之代表作。

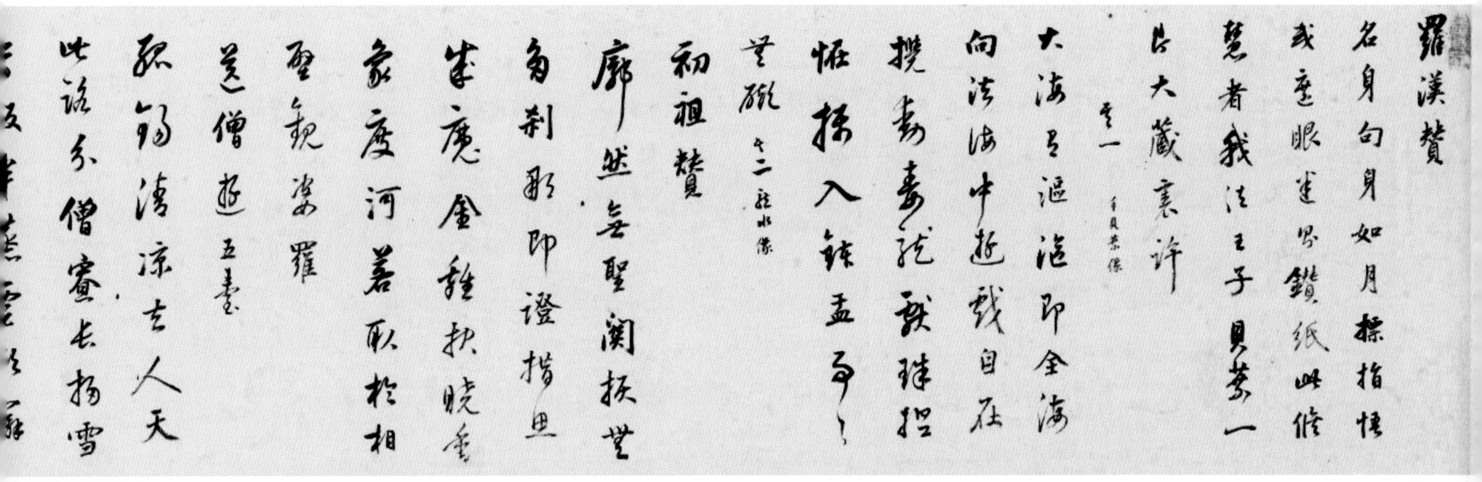

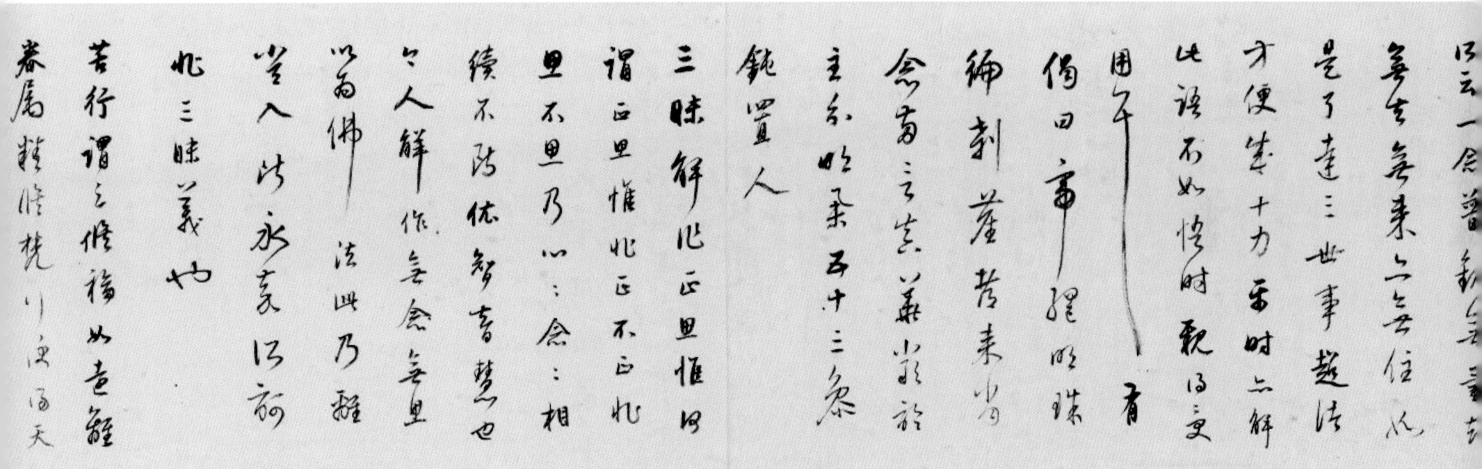

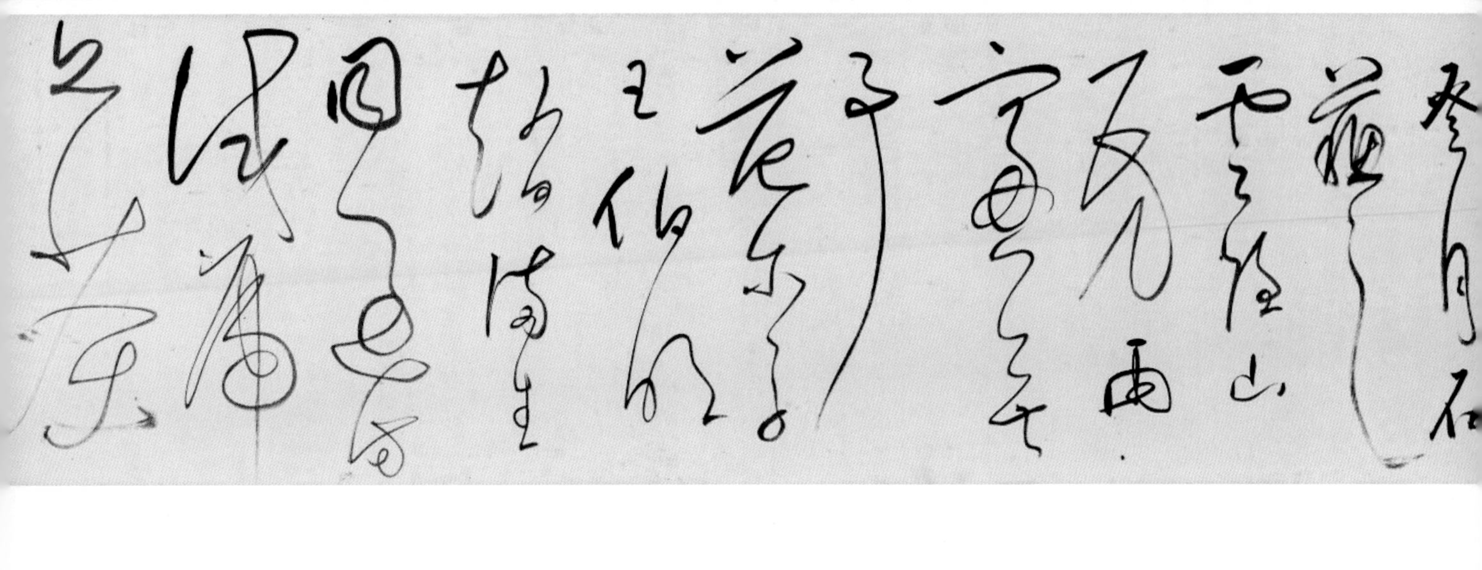

跋王献之《中秋帖》

甲辰（万历三十二年，1604）　五十岁

纸本　小楷书

纵27.8厘米

故宫博物院藏

大令此帖，米老以为天下第一子敬书，又名为一笔书。前有“十二月割”等语，今失之。又“庆等大军”以下皆阙，余以《阁帖》补之，为千古快事。米老尝云，人得大令书，割剪一二字售诸好事者。以此古帖每不可读，后人强为牵合，深可笑也。甲辰六月观于西湖僧舍，董其昌题。

钤：“董其昌印”白文印、“玄宰氏”白文印

阁帖“已至也”“分张可言”止，系此后，今离而为二，自余始正之，刻之《戏鸿堂帖》。

《淳化阁帖》第十卷中有王献之一帖：“庆等已至也，鹅差不甚悬心。宜道寻去，奴定西。诸分张可言。”董其昌认为此为《中秋帖》之后半部分，刻入《戏鸿堂法书》卷三中。在前面补充了“十二月割至”等词，与此合而为一，董其昌对于这一发现，自己认为乃“千古之快事”。

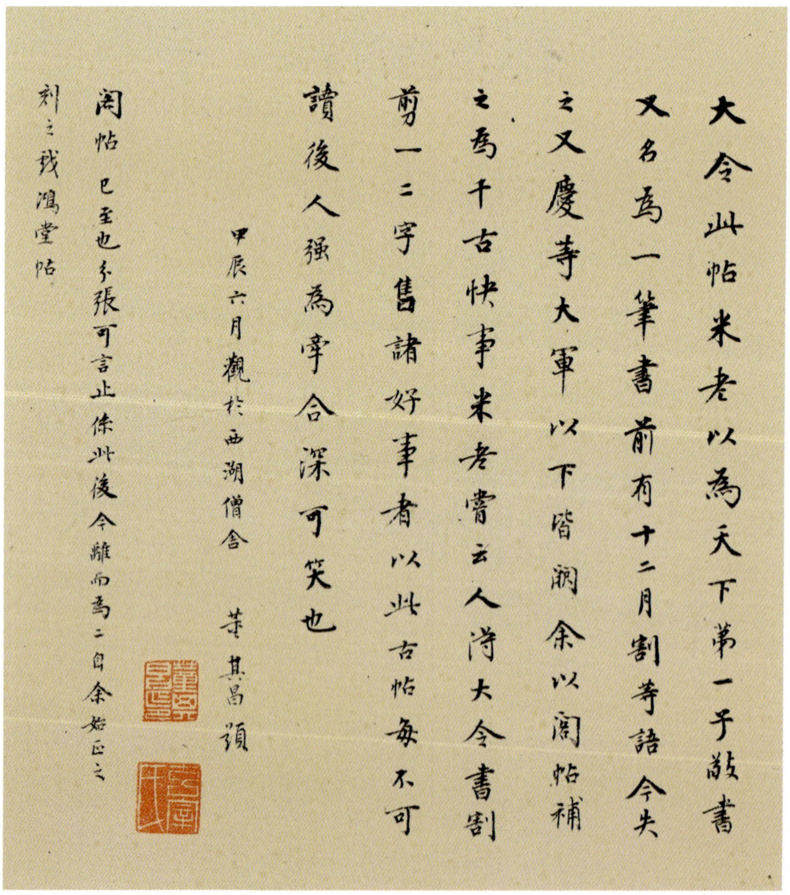
大令此帖米老以為天下第一子敬書
又名為一筆書前有十二月割等語今失
之又慶等大軍以下皆闕余以閣帖補
之為千古快事米老嘗云人得大令書割
剪一二字售諸好事者以此古帖每不可
讀後人強為牽合深可笑也
甲辰六月觀於西湖僧舍　董其昌題
閣帖已至也分張可言止係此後今離而為二自余始正之
刻之戲鴻堂帖

晋　王献之《中秋帖》后的董其昌跋

三致冯开之书（《书快雪堂札》）

甲辰（万历三十二年、1604）　五十岁

纸本　小行草书

纵23.3厘米

私人藏（日本京都）

残岁奉教，书快雪堂，不审有当尊意否。《雪江图》如武陵渔父怅望桃源，阁下亦念之乎？湖上两峰，似已兴尽，惟此结梦为有情痴，世有以山水为真画者，何颠倒见也。然恐其昌亦颠倒见耳。阁下为广大教化主，而游客至武林者，以不见阁下为愧。舍亲陈懿卜，敝乡之以文行推者，古篆学遂不减寿承，兹有新锲印选成，敢属先客于阁下。蒲葵长价在此行矣，恳赐通谒，感当何如！秋请奉觌，不尽覼缕。四月晦日，其昌，名正具。左冲。

【甲辰八月初一日，董玄宰。（冯梦祯批注）】

董其昌这篇书法作品本来并没有纪年，但冯开之收到这封书信是在甲辰（1604）八月，可见这篇书信也是在甲辰年所作。董其昌发出这封书信是在四月末，而八月一日才寄到冯氏手中，中间整整花了三个月。

从这篇可以看出，董其昌曾经为冯开之写过“快雪堂”大字匾额。另外，董其昌也称“《雪江图》如武陵渔父，怅然桃源，阁下亦曾念之乎”。《雪江图》是指王维的《江山雪霁图》卷。此处，董其昌把自己称为“武陵渔父”，意味着看了一次就再也看不到了，所以这时可以看出王维的图已经还给冯开之了。

但董其昌于同年（1604）八月二十日路过武林，在西湖昭庆禅寺又看到了《江山雪霁图卷》，又加了小楷二行题。这封书信行草混杂，与1596年写给冯开之的书信相比，此书所见米芾之法较多。

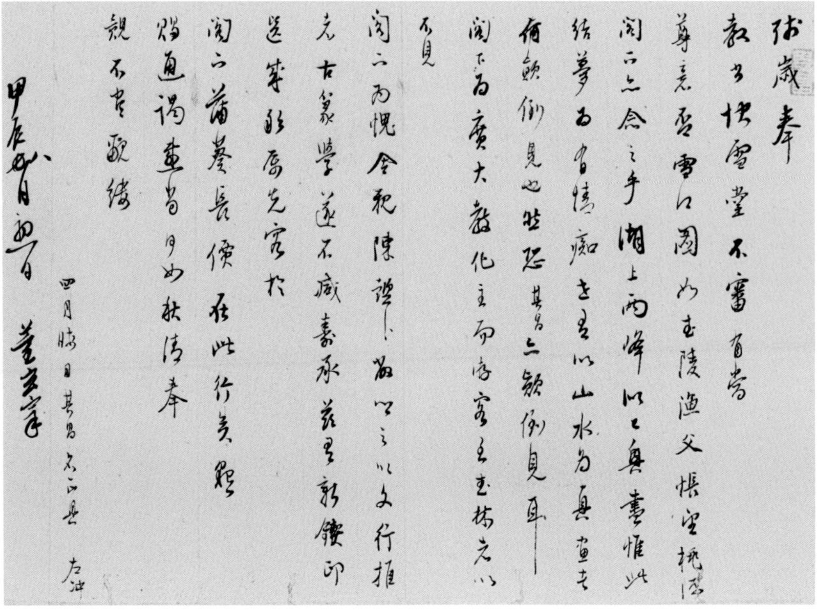

明　董其昌《三致冯开之书（书快雪堂札）》

再跋、三跋赵孟頫《鹊华秋色图》卷

乙巳（万历三十三年，1605）

五十一岁

纸本　小楷

己巳（崇祯二年，1629）

七十五岁

绫本　行书

纵28.4厘米

台北故宫博物院藏

吴兴此图，兼右丞、北苑二家画法。有唐人之致，去其纤，有北宋之雄，去其犷。故曰师法舍短，亦如书家以肖似古人，不能变体为书奴也。万历三十三年，晒画武昌公廨题，其昌。

崇祯二年，岁在己巳，惠生携至金阊舟中获再观，董其昌。钤：“董其昌印”白文印

1605年，董其昌为湖广学政督，携书画赴任。这篇跋是题写于武昌役所之物。赴任后不久，董其昌就遇“不徇请嘱，为势家所怨，嗾生儒数百人鼓噪，毁其公署”（《明史·本传》）随即回乡。幸好这张画与跋未被“狂童”破坏。关于此件事情，董其昌描述为：“其昌再出之悔，殊不可追，为狂童一事牵绊，归来已晚，否则今春试事了毕，遂可拂依侍。”（中村不折旧藏小楷尺牍）。这篇再跋用笔笔直地延伸，书风接近前一年的王献之《中秋帖》，但比它写得更工整。董其昌共四次为该画题跋，崇祯二年（1629）的三题跋附载于此。

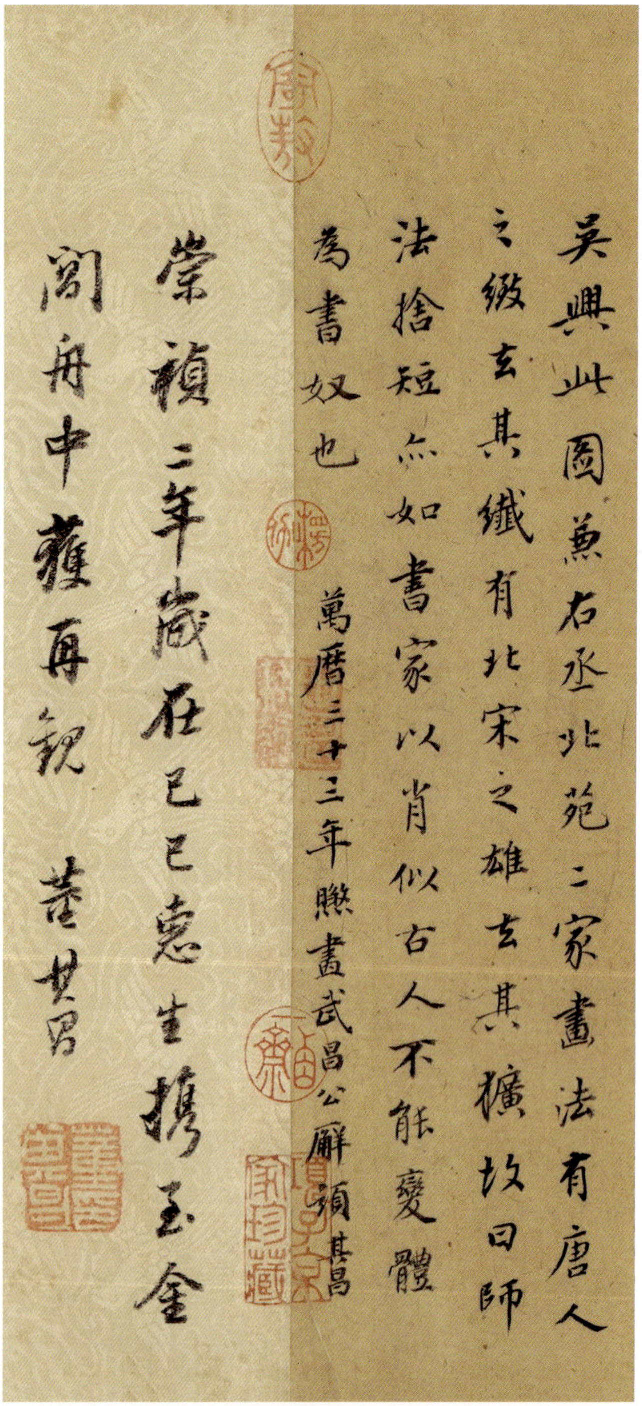

元　赵孟頫《鹊华秋色图》后的董其昌再跋、三跋

临钟王帖册

戊申（万历三十六年，1608） 五十四岁

纸本 行草 全十册

纵19.7厘米、横23.0厘米

台北故宫博物院藏

臣繇言：力命之用，以无所立。帷幄之谋，而又愚耄。圣恩垂矜，待以殊礼。天下已定，唯有江东，当少留思。

墓田丙舍，欲使一孙于城西，一孙于都尉府。此繇家之嫡正之良者也，兄弟共哀异之。都尉文岱自取祸痛，贤兄慈笃，情无有已，一门同恤，助以悽怆，如何如何！

赵吴兴之《兰亭》与《丙舍帖》绝相似。《丙舍》虽钟帖，实右军临也。钟书以《戎路》为正。

戎路艰难，履险冒寒，臣以无任，不获扈从，即日长史逮充，宣示命令，知征南将军，运田单之奇，厉愤怒之众，与徐晃同势并力，馘灭凶逆，应时克捷，传方反覆，胡修背恩，天道祸淫，不终厥命，望路载笑，踊跃逸豫，因便宜上闻。

此为吴郡韩宗伯所藏宋拓，与世间拓本形类，而意迥绝，盖国初宋克，亦学戎辂，因失其意，遂成俗体。如急就音释是已。钟为右军源流。右军笔阵云：字如算子，便不是书。岂若书传钟体，了无骞翥之势耶。玄宰识。

何者大国，防礼自修，岂况庶贱，露屋草茅，不扶自直，不镂而雕，哀此贞励，千载不渝，越梁过宋，比之有殊。

《曹娥碑》真迹，宋高宗有跋，元文宗以赐鉴书博士柯九思，赵吴兴再跋。余馆师韩公，得之长安，有历代题识。宋高宗但题云晋贤曹娥碑，绢黯墨渝，仅可想见字形耳。

嗟佳人之信修，羌习礼而明诗，抗琼珶以和余兮，申礼防以自持，愿诚素之先达，解玉珮以要之，恨人神之道殊，陈交接之大纲，虽潜处乎太阴，长系心于君王，忽不悟其所思，怅神消而蔽光。

《洛神十三行》，宋贾秋壑得完本，元时陈灏以贻赵吴兴，吴兴集有诗记其事，今世所传仅宋拓，亦难得佳本，惟武进唐太常家藏，笔意精采，不减真迹。予曾借临，为友人夺去，后令人就太常摹，乃以吴传朋所跋本，应非原帖也。不见太常本，难以定《洛神赋》甲乙。戊申寒食后七日，董其昌书。钤："太史氏"朱文印、"董其昌印"白文印

董其昌评钟繇的书法"予少而学之，颇得形模"，大约当时所学为《淳化阁帖》中所收《宣示表》或《还示帖》吧。之后，董氏得以从馆师韩世能（宗伯）之处借到唐拓《戎路表》临写，曰："始知钟书自有入路"，更有评钟氏之书法本领为"盖犹近隶体，不至如右军以还姿态横溢，极'凤翥鸾翔'之变也"。董其昌的这篇书法可以说是以身说法，研究董其昌的书法应该仔细注意这几点。

今藏辽宁省博物馆的《曹娥碑》绢本墨迹，是董其昌为庶常时于馆师韩宗伯处所见。"当时以馆师严重，不敢借摹，亦渝敝难摹，略可仿佛于非烟非雾间耳。"（《画禅室随笔》卷一《临王右

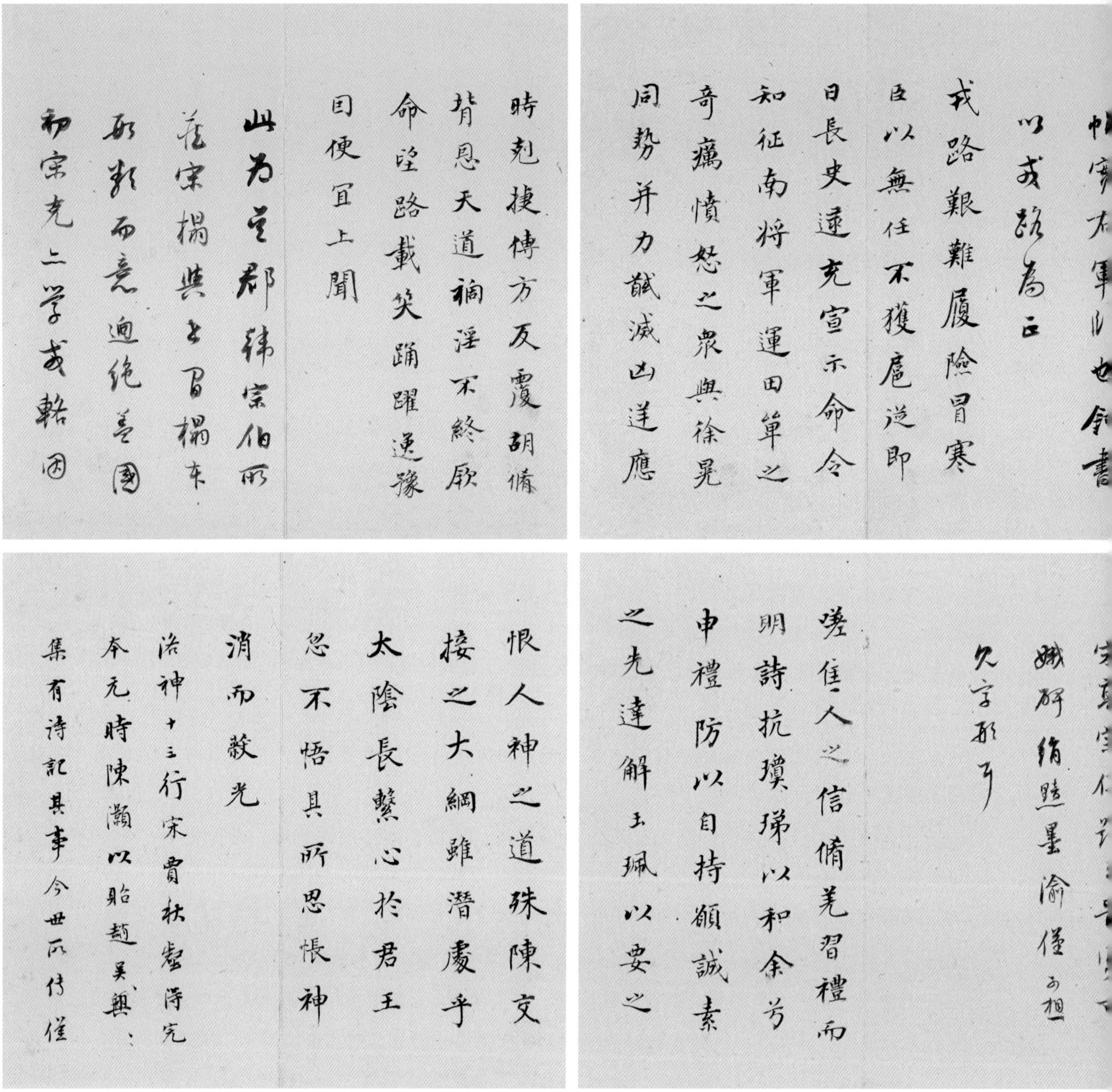

军曹娥碑》跋）故《戏鸿堂法书》中未刻入此帖。

关于《洛神十三行》，明末仅有唐摹本，董其昌视晋陵唐氏所藏宋拓本为最好。董其昌《戏鸿堂法书》卷一有三种《洛神十三行》，可惜看不到真迹，同时董也以此评赵孟頫："恨赵吴兴有此墨迹，未尽其趣。盖吴兴所少，正《洛神》疏隽之法。使我得之，故当不啻也。"（《画禅室随笔》卷一《跋十三行洛神赋》）

明　董其昌《临钟王帖册》

臣繇言力命之用以無所
立帷幄之謀而又愚耄
聖恩無矜待以殊禮天
下已定唯有江東當少留
思
墓田丙舍欲使一孫
於城西一孫於都
尉府此繇家之嫡正

之良者也兄弟共
哀異之都尉文武
自勵禍痛賢兄慈
篤情無有已一門同
恤勛以悽愴如何
趙吳興之蘭亭與丙

失真意遠遂成俗體
如此者稱是已
鍾為右軍源流右
軍筆陣之字如冀
子孫不見其祖豈以為
存鍾體乃無驚
為之摹勢耶
玄宰識

何者大國防禮自備豈況
庶賤露屋草茅不扶自直
不鏤而雕哀此貞勵千載不
渝越梁過宋比之有殊
曹娥碑真跡宋高宗有跋
元文宗以賜鑒書博士柯
九思趙吳興再跋余館師
韓公得之長安見唐代題識

宋搨已難得佳者惟武進
唐太常家藏筆意精采
不減真跡予曾借臨為友人
奪去後之人能太常摹乃
以吳傳朋兩跋未確非原帖
也不見太常本難以定洛
神賦甲乙
戊申寒食後七日
董其昌書

先太史墓在震澤龍
洋山今歲拜墓輒想靈
巖村居留連旬日閒吳
筆墨以破寂寞寒
食過君精舍有茶於棪
拳先生湯蘆祠堂而宏
得與為鍾王楷書名家門
明日循揆之后悟紙無餘地

仿各家书古诗十九首册

庚戌（万历三十八年，1610）　五十六岁

纸本　楷书　行书　草书　全二十四幅

日本藏

行行重行行，与君生别离。相去万余里，各在天一涯。道路阻且长，会面安可知。胡马依北风，越鸟巢南枝。相去日已远，衣带日已缓。浮云蔽白日，游子不顾返。思君令人老，岁月忽已晚。弃捐勿复道，努力加餐饭。皇象。

青青河畔草，郁郁园中柳。盈盈楼上女，皎皎当窗牖。娥娥红粉妆，纤纤出素手。昔为倡家女，今为荡子妇。荡子行不归，空床难独守。钟繇还示帖。

青青陵上柏，磊磊涧中石。人生天地间，忽如远行客。斗酒相娱乐，聊厚不为薄。驱车策驽马，游戏宛与洛。洛中何郁郁，冠带自相索。长衢夹罗巷，王侯多第宅。两宫遥相望，双阙百余尺。极宴娱心意，戚戚何所迫。右军禊帖。

今日良宴会，欢乐难具陈。弹筝奋逸响，新声妙入神。令德唱高言，识曲听其真。齐心同所愿，含意俱未申。人生寄一世，奄忽若飘尘。何不策高足，先据要路津。无为守贫贱，坎坷长苦辛。右军《十七帖》。

西北有高楼，上与浮云齐。交疏结绮窗，阿阁三重阶。上有弦歌声，音响一何悲。谁能为此曲，无乃杞梁妻。清商随风发，中曲正徘徊。一弹再三叹，慷慨有余哀。不惜歌者苦，但伤知音稀。愿为双鸿鹄，奋翅起高飞。大令《鹅群帖》。

涉江采芙容，兰泽多芳草。采之欲遗谁，所思在远道。还顾望旧乡，长路漫浩浩。同心而离居，忧伤以终老。智永。

明月皎夜光，促织鸣东壁。玉绳指孟冬，众星何历历。白露霑野草，时节忽复易。昔我同门友，高举振六翮。不念携手好，弃我如遗迹。南箕北有斗，牵牛不负轭。良无（盘）磐石固，虚名复何益？欧阳询《化度寺》碑。

冉冉孤生竹，结根泰山阿。与君为新婚，兔丝附女萝。菟丝生有时，夫妇会有宜。千里远结婚，悠悠隔山陂。思君令人老，轩车来何迟。伤彼蕙兰花，含英扬光辉。过时而不采，将随秋草萎。君亮执高节，贱妾亦何为。虞世南汝南志。

庭中有奇树，绿叶发华滋。攀条折其荣，将以遗所思。馨香盈怀袖。路远莫致之。此物何足贵，但感别经时。虞世南《夫子庙碑》。

迢迢牵牛星，皎皎河汉女。纤纤擢素手，札札弄机杼。终日不成章，泣涕零如雨。河汉清且浅，相去复几许。盈盈一水间，脉脉不得语。褚遂良哀册。

回车驾言迈，悠悠涉长道。四顾何茫茫，东风摇百草。所遇无故物，焉得不速老。盛衰各有时，立身苦不早。人生非金石，岂能长寿考。奄忽随物化，荣名以为宝。薛稷《杳冥碑》。

东城高且长，逶迤自相属。回风动地起，秋草萋已绿。四时更变化，岁暮一何速。晨风怀苦心，蟋蟀伤局促。荡涤放情志，何为自结束。李北海。

燕赵多佳人，美者颜如玉。被服罗裳衣，当户理清曲。音响一何悲，弦急知柱促。驰情整巾带，沉吟聊踯躅。思为双飞燕，衔泥巢君屋。陆柬之。

驱车上东门，遥望北郭墓。白杨何萧萧，松柏夹广路。下有陈死人，杳杳即长暮。潜寐黄泉下，千载永不寤。浩浩阴阳移，年命如朝露。人生忽如寄，寿无金石固。万岁更相送，圣贤莫能度。服食求神仙，多为药所误。不如饮美酒，被服纨与素。怀素《圣母帖》。

去者日以疏，来者日以亲。出郭门直视，但见丘与坟。古墓犁为田，松柏摧为薪。白杨多悲风，萧萧愁杀人！思还故里闾，欲归道无因。颜鲁公《多宝碑》。

生年不满百，常怀千载忧。昼短苦夜长，何不秉烛游。为乐当及时，何能待来兹。愚者爱惜费，但为后世嗤。仙人王子乔，难可与等期。鲁公乞米帖。

凛凛岁云暮，蝼蛄鸣何悲。凉风率已厉，游子寒无衣。锦衾遗洛浦，同袍与我违。独宿累长夜，梦想见容辉。良人惟古欢，枉驾惠前绥。愿得常巧笑，携手同车归。既来不须臾，又不处重闱。亮无晨风翼，焉能凌风飞。眄睐以适意，引领遥相睎。徙倚怀感伤，垂涕霑双扉。柳公权《禊事诗》。

孟冬寒气至，北风何惨栗。愁多知夜长，仰观众星列。三五明月满，四五蟾兔缺。客从远方来，遗我一书札。上言长相思，下言久离别。置书怀袖中，三岁字不灭。一心抱区区，惧君不识察。苏子瞻。

客从远方来，遗我一端绮。相去万余里，故人心尚尔。文采双鸳鸯，裁为合欢被。著以长相思，缘以结不解。以胶投漆中，谁能别离此。黄鲁直。

明月何皎皎，照我罗床帏。忧愁不能寐，揽衣起徘徊。客行虽云乐，不如早旋归。出户独彷徨，愁思当告谁。引领还入房，泪下沾裳衣。米芾。

祝希哲诣文休承，属休承之吴市。案上有高丽茧纸，为书十九首。书竟，休承犹未归，纸有余地，又为书《榜枻歌》《秋风辞》，停云馆所刻是也。祝书人不知其所自，余见褚遂良行草阴符经于广陵，亟谓友人吴生曰，此祝京兆衣钵也。及搜寻卷尾，有希哲款印，吴始服予具眼，因书十九首识之。《东城》一首，旧误为一，今正之，当二十首。庚戌重九后二日，董其昌。钤："太史氏"朱文印、"董其昌"朱文印

余访方季康于岩之期麓，出所临《圣教序》，深得晋唐笔意，咄咄叹赏，喜海内书苑中更增一人。季康犹嗜，昌厌不已，因以所书《古诗十九首》贻之，且请品其离合，尤愿季康以圣教序书法写十九为报，勿走忘羊路如予也。庚戌十月之望，董其昌再题。

董其昌一生几乎遍临所有古帖。自己也说"吾书无所不临仿"。故今日流传下来的作品中临古之作很多，但如这卷这样，将各家书法排列起来模仿，且不是正确临书，而是根据内心深处流露之感将各家书法的集大成者，着实罕见。

全卷分为二十节，模仿魏、晋、隋、唐、宋各时代大师十七人之书法，大致按照时代的顺序排列。

1. 皇象；2. 钟繇《还示帖》；3. 右军（王羲之）《禊帖》；4. 右军《十七帖》；5. 大令（王羲之）《鹅群帖》；6. 智永；7. 欧阳询《化度寺碑》；8. 虞世南《汝南志》；9. 虞世南《夫子庙堂碑》；10. 褚遂良《哀册》；11. 薛稷《杳冥碑》；12. 李北海（邕）；13. 陆柬之；14. 怀素《圣母帖》；15. 颜鲁公（真卿）《多宝塔碑》；16. 颜鲁公《乞米帖》；17. 柳公权《禊事诗》；18. 苏子瞻（轼）；19. 黄鲁直（庭坚）；20. 米芾。

大致说来，以上各家及书迹都是董其昌毕生临书学习的对象，经过多次临书后，初次得以随心所欲地书写。其中模仿黄庭坚的最少，董其昌曾言"余于宋四家书差平视山谷"。

至于古诗，先说《十九首》，董其昌写的共计二十首。这是如“自识”中所述“东城一首，旧误为一”，董其昌把“燕赵多佳人”到“衔泥巢君屋”写成了另一首。因此，共计二十首，从诗意来看，董其昌的说法甚为有趣。

董其昌此篇书法是用新笔书写的，所以笔意温和，姿态柔弱。然而，另有别意可解释，每想改变一个整体，需仔细考虑那位书法家的用笔和结体的特征，精神和古趣融为一体，心手相合。这是极其困难的事情。并且，在各体书法中不断发挥自己的本领。我想，董其昌曾道“临古人书，要在神会意得耳”，如果只将其局限在形体之间考虑，那就是皮相之论。

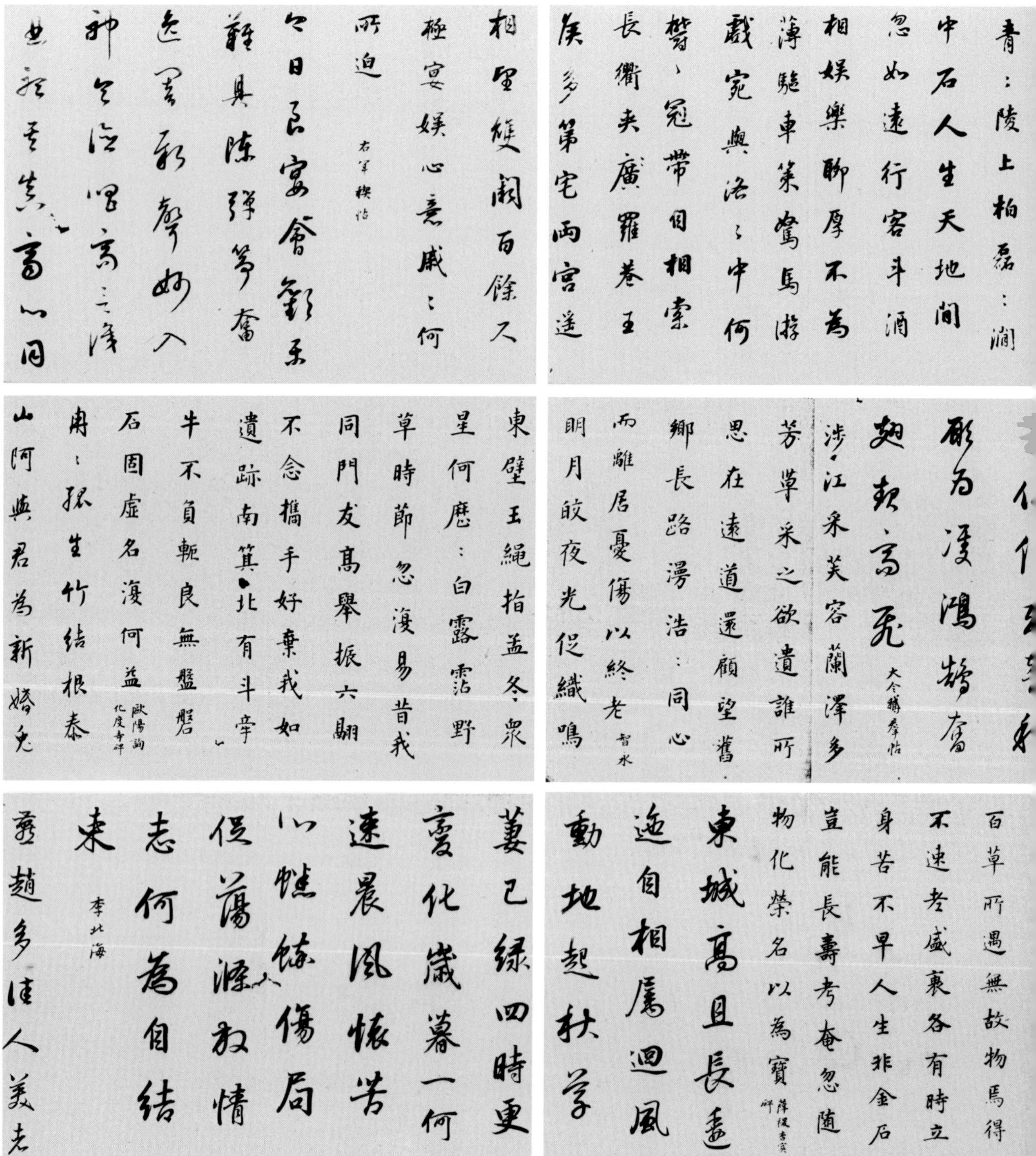

这篇书法作于庚戌（1610）年重阳之日。“自题”中《停云馆法帖》中提到的祝允明书《古诗十九首》，祝允明之书是用其个性的一种字体书写而成的，董其昌写这篇作品的时候有与祝允明相争的心情，为了博取出其书法之渊源，显示出钻研之深度，每一首都换用了新的字体，这篇书法无疑是一部用心之作。跋中所见的方季康，是一位崇尚《圣教序》之人，董其昌对其评价很高，可惜今日未有流传下来的作品。

己未年（1619）之跋笔力沉着，可伺知董其昌书法风格之发展。

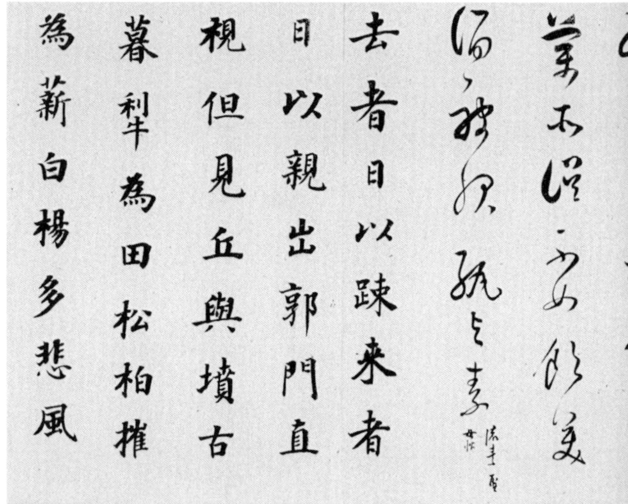

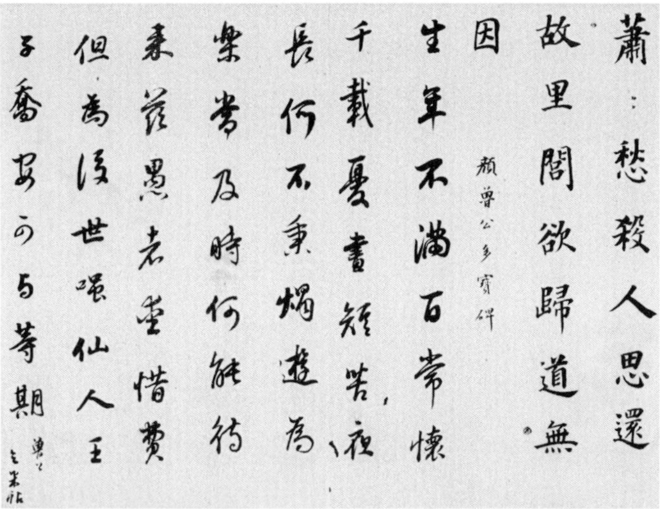

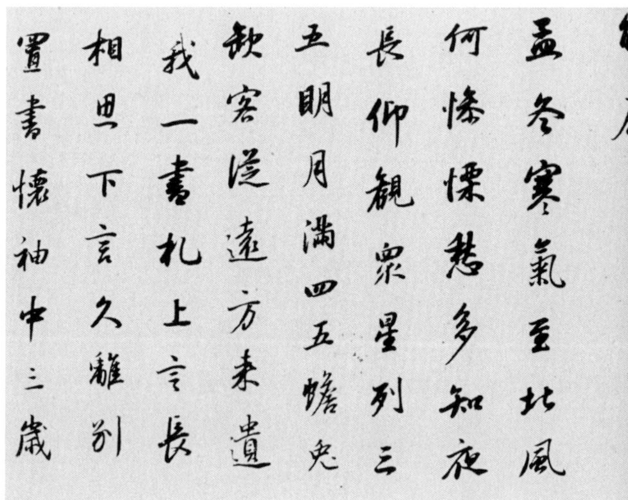

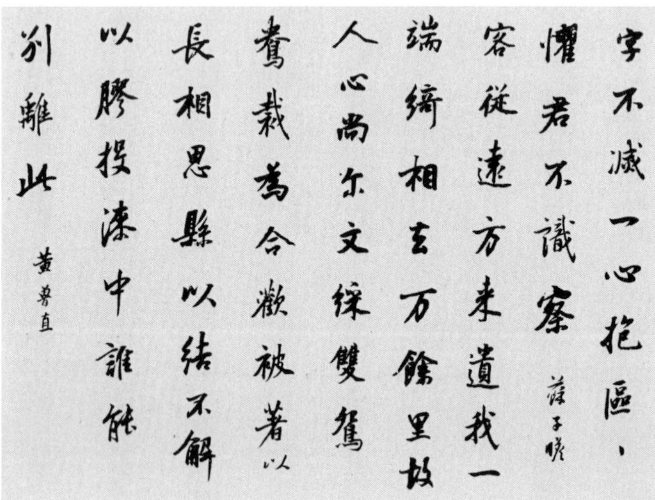

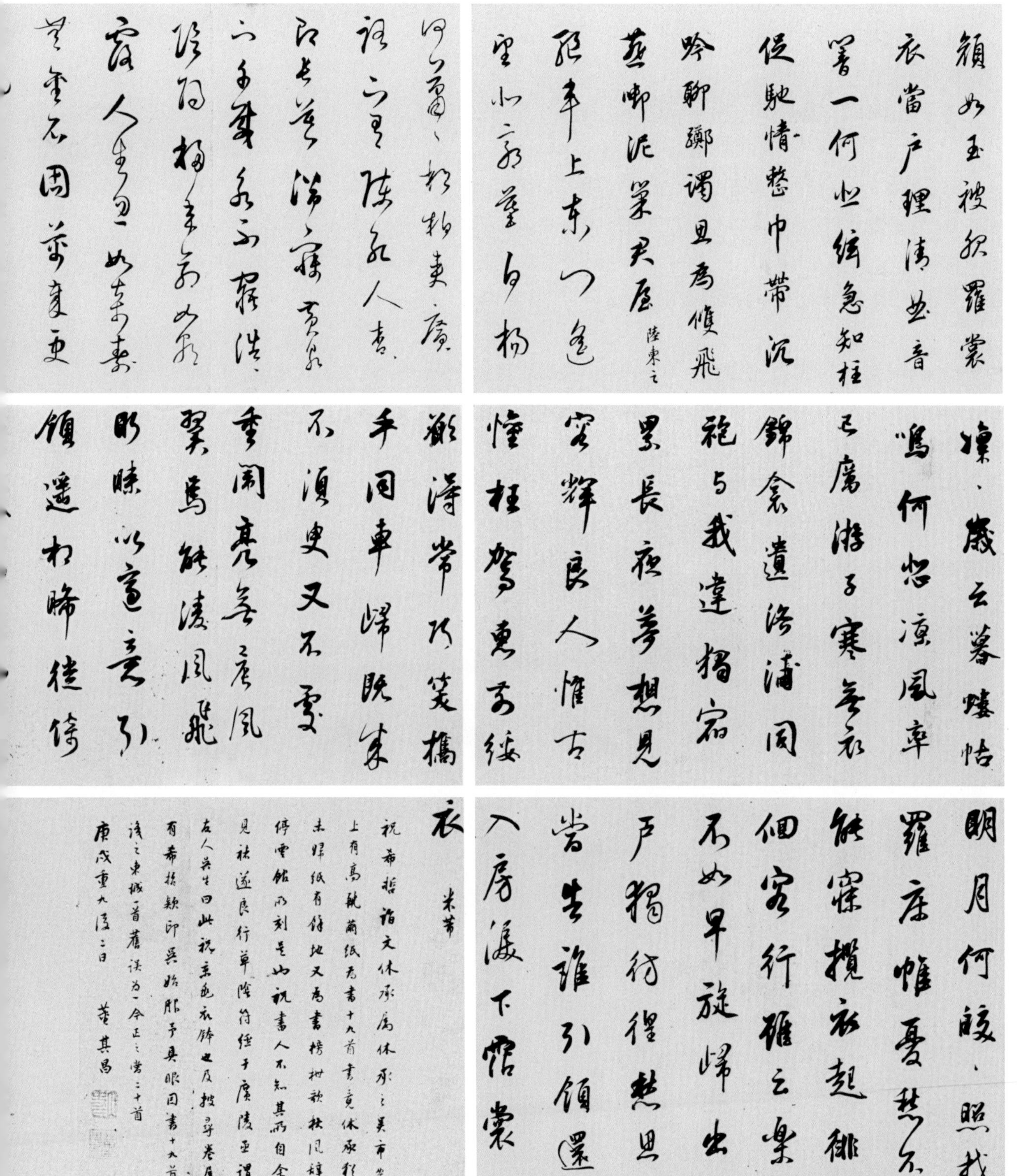

明　董其昌《仿各家书古诗十九首册》

自跋《荆溪招隐图》卷

癸丑（万历四十一年，1613） 五十九岁

纸本 行草书

纵28.3厘米

翁万戈旧藏

此余辛亥岁为澈如光禄作也。今年予自田间被征，与澈如同一启事。予既已誓墓不出，而澈如亦意在鸿冥。余举赠友人诗题此卷曰，我如还山云，君如朝日暾，出处各有宜，何必鹤与猿，惟容避世者，终老桃花源。澈如携此游江门，时以展之，知余不作孔稚圭举止也。癸丑八月中秋后三日，华亭年弟董其昌书于吴昌舟次。钤："知制诰日讲官"白文印、"董其昌印"白文印

1608年吴澈如下台后，董其昌经常造访荆溪吴澈如的云起楼，并经常向吴氏赠画。其画除辛亥年（1611）的《荆溪招隐图》卷外，还有台北故宫博物院所藏的《奇峰白云图》轴、收藏者不明之《潇湘奇观图》等，后二者无纪年。董其昌还为自己所藏米芾《云山图》轴题"云起图楼图"，赠予吴澈如。（现藏佛利尔美术馆）

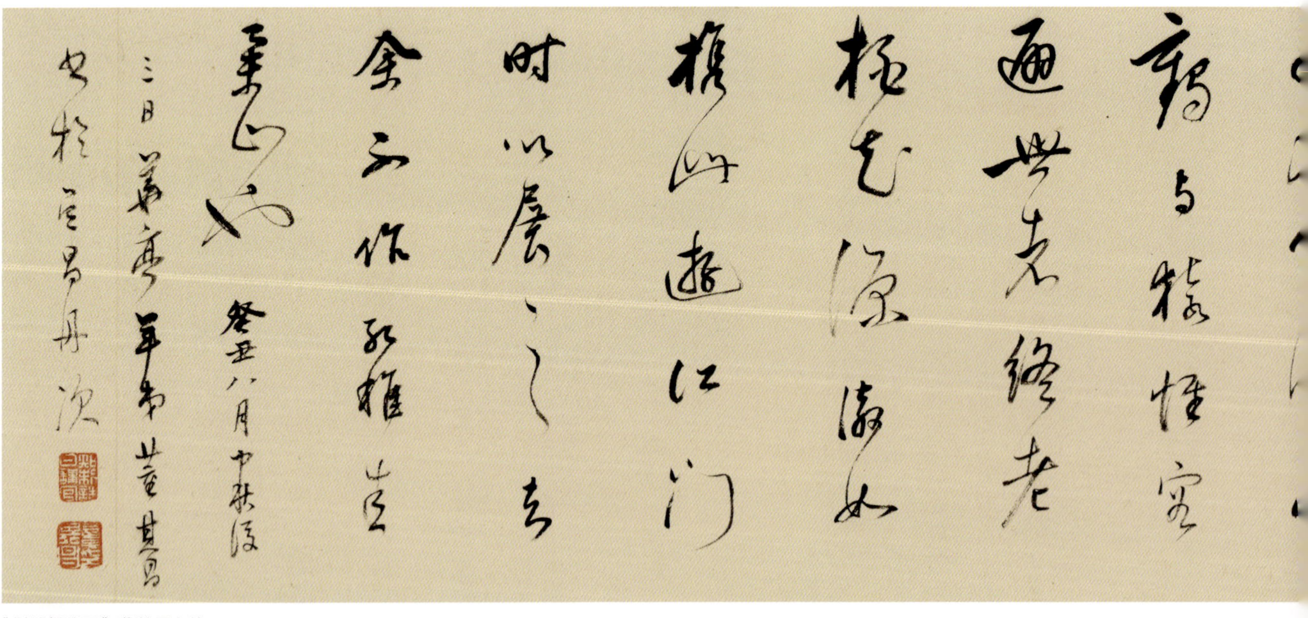

《荆溪招隐图》董其昌自跋

王述帖卷

乙卯（万历四十三年，1615）　六十一岁

绫本　行草书　一卷

纵23.1厘米、横201.0厘米

澄怀堂文库藏

王述字怀祖，与羲之齐名，而羲之甚轻之。羲之尝谓宾友曰，怀祖正当作尚书耳，投老可得仆射，若求会稽，便自邈然。已为怀祖去郡，誓墓不出。

白云在天，丘陵自出，道路遥远，山川间之，西王母谣也。谢朓白云在天，龙门不见，去德滋永，思德滋深，本此。

范蠡《种鱼经》云，以活鲫鱼用竹刀破之，入水银少许，同水滓油菜醉之，和拌入鱼腹内。再以叶裹之，悬空处四十九日，用河水取腹内元子一二粒，至水中盖之，一粒一鱼。

菖蒲最难得花，南史梁武帝母张皇后见之曰，人言见菖蒲花开者，当富贵。因取吞之，生武帝，众人不见也。即知菖蒲故尝开矣，第人难见耳。

吾乡有谚语曰，先甜，盖有所本。崖蜜与橄榄较味，橄榄曰，汝虽甜，争似我回味。蜜曰，待得你回味时，我已先甜也。见东坡诗注。

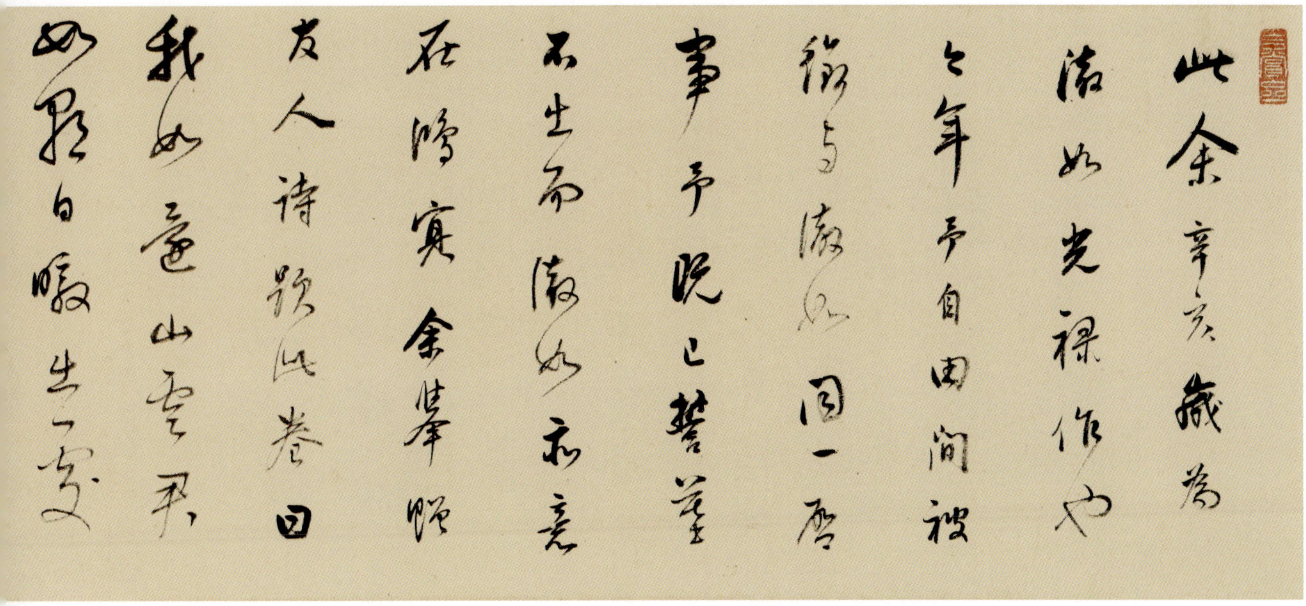

乙卯春日，舟次昆山道中书，董其昌。钤：“太史氏”白文印、“董玄宰”朱文印

董其昌自乙巳年（1605）起督湖广学政，不徇请嘱，为势家所怨，嗾生儒数百人鼓噪，毁其公署。其昌即拜疏求去，帝不许，而令所司按治，其昌卒谢事归。（见《明史》本传）在这之后的十多年间，他经常乘坐装满书画的船在太湖流域游玩。许多书迹和名画法书的题跋，都是在“船窗多暇”之闲适的心境下完成的。

本卷的书法恰到好处，既不快也不慢，没有妩媚与妖娆，真正达到了平淡天真的至高境界。本

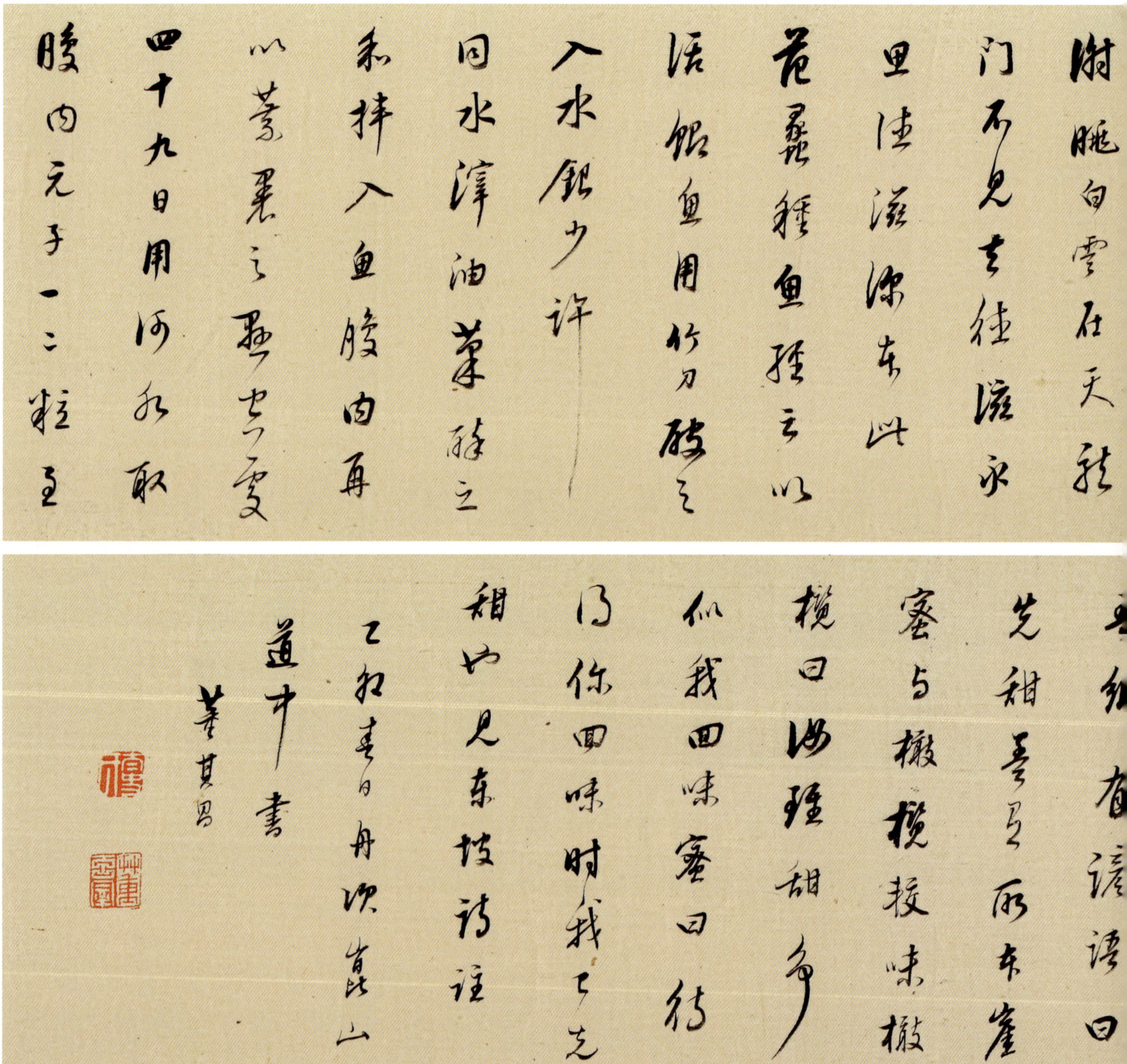

明　董其昌《王述帖卷》

卷末段论述的是崖蜜（高山悬崖中的蜂蜜）之甘甜与橄榄之后味，董其昌的这篇书法正是兼具这甘甜与后味的精彩之处。本卷首段记载了“羲之誓墓”之典故（王羲之任会稽内史时，关系不好的王述作为上级对会稽郡进行了行政监察，使王羲之痛苦不堪。因此，羲之辞职，之后专心守在父母墓前），其实董其昌是借着这故事说自己。想来，两年前（癸丑八月）的《自跋荆溪招隐图》卷，有“今年予自田间被征，与澈如同一启事。予既已誓墓不出，而澈如亦意在鸿冥……”的说法，读了这段话，才知董其昌的心情。

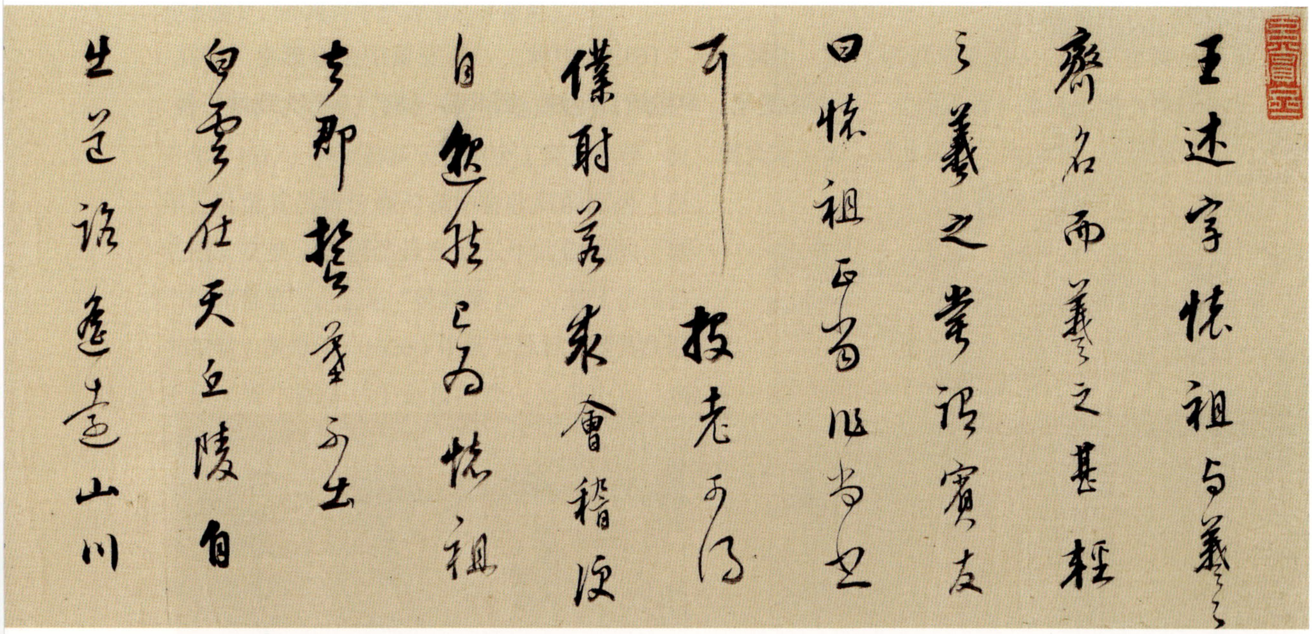

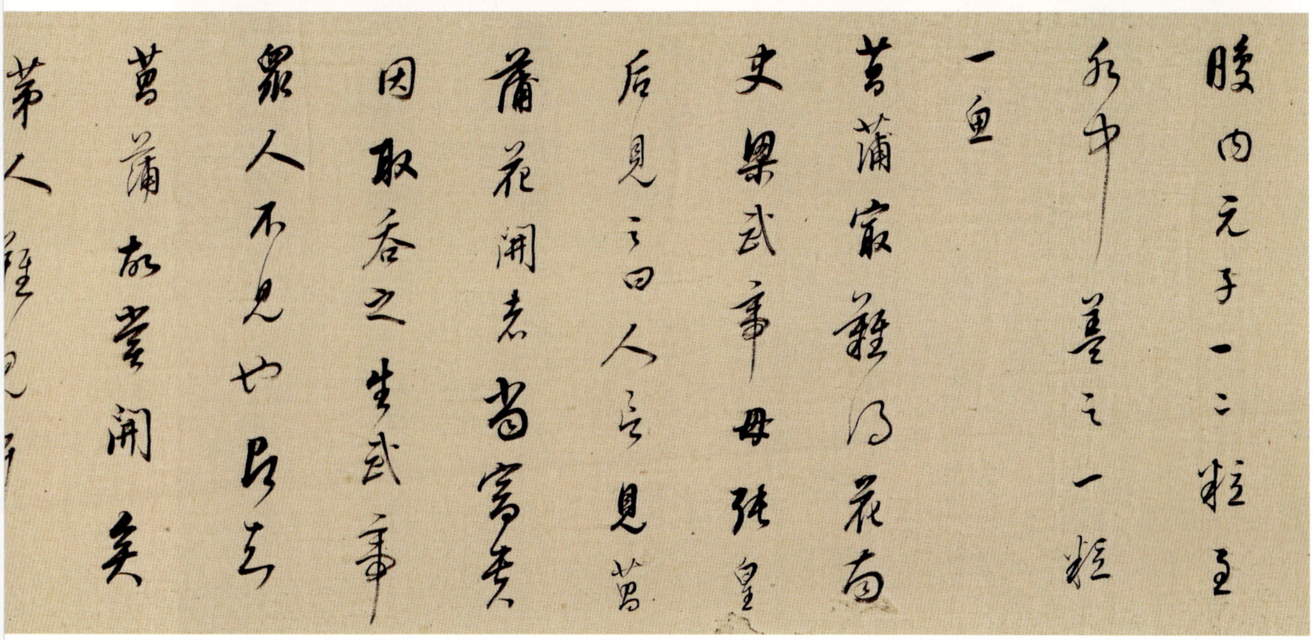

杂书卷

戊午（万历四十六年，1618）　六十四岁

纸本　行草书　一卷

纵30.1厘米、横665.8厘米

台北故宫博物院藏

东坡亦能画奇石，不止墨竹一派出自文同也。其尺牍有云，灯下画成十扇，今不可复得。

山谷评宋朝书，当以东坡为第一，谓其挟以忠义贯日月，文章妙古今之气。余友陈仲醇尽集苏书，为二十余卷，刻石行世，欲使因字见文、因文见字，如随所入。昔山谷文字皆学《禊叙》，古来合之双美，惟王右军《兰亭序》，此外即褚遂良《文皇哀册》，自作自写，若虞永兴书《庙堂碑》、欧阳询《九成宫记》，皆他人之文也。戊午又四月十二日，雨舟笔。董其昌。钤："董其昌印"白文印

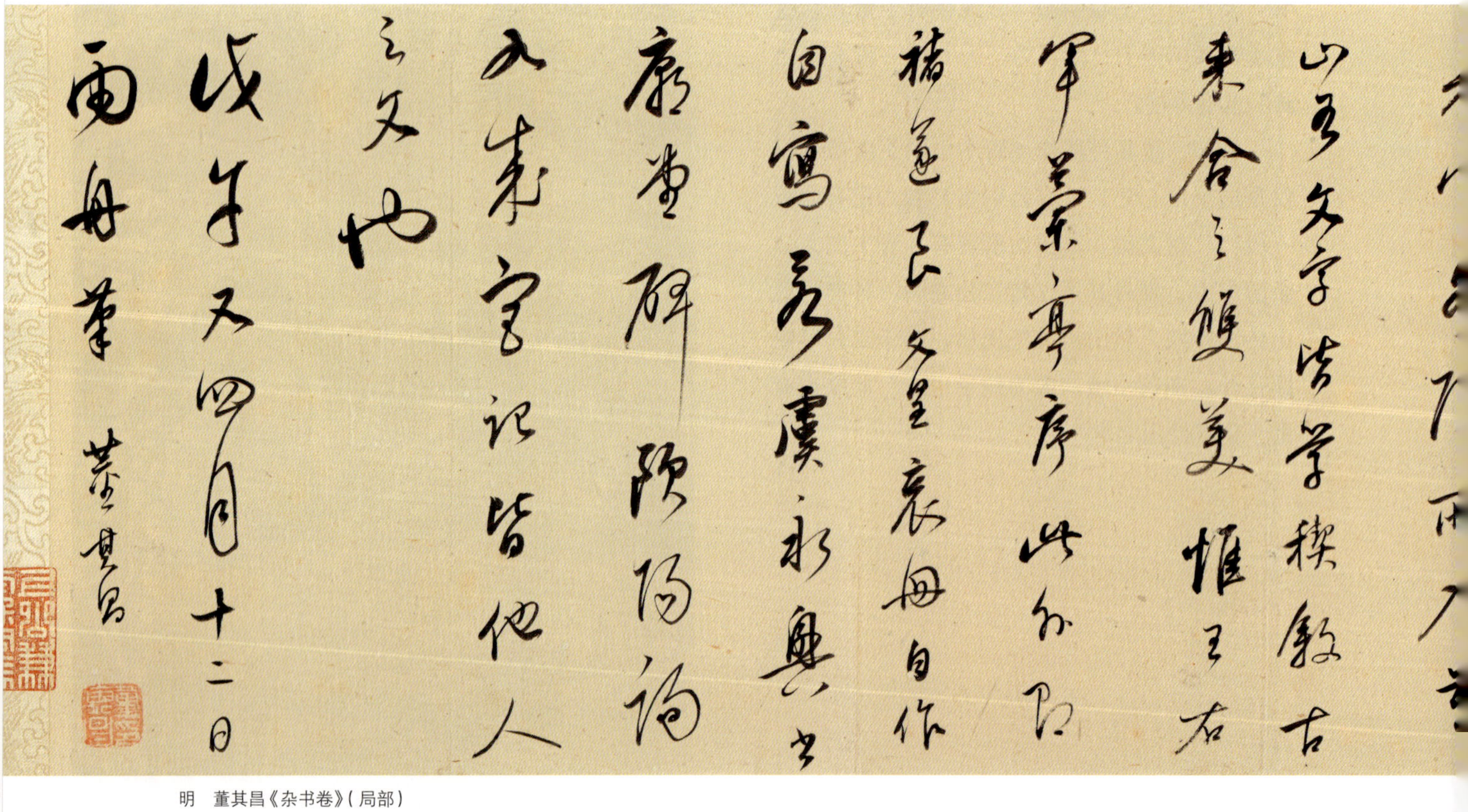

明　董其昌《杂书卷》（局部）

此卷为《前书王安石金陵怀古词一首》《后书苏轼赤壁怀古词》《后临米芾诗帖三首》《自书杂评四则》，这里刊载的是《自书杂评四则》末段。

董其昌于癸亥年（1623）书《诗词手稿册》，自己在那之后书识语：“己酉后诗词，皆以米南宫行楷笔书写。”这篇《杂书卷》亦有颇多米南宫（芾）笔法，有轻妙灵动之风，承辛未年（1631）所写的《行草诗册》颜真卿之法，异于以沉着之趣为基调之作。这篇书法著录于《石渠宝笈》及《故宫书画录》，但误将纪年写成了“戊子（1588）又四月”。我想是把“午”错记为“子”了吧！进一步核查，戊子年的闰月是六月，戊午年的闰月是四月。这也是“戊午”之作的证据之一。

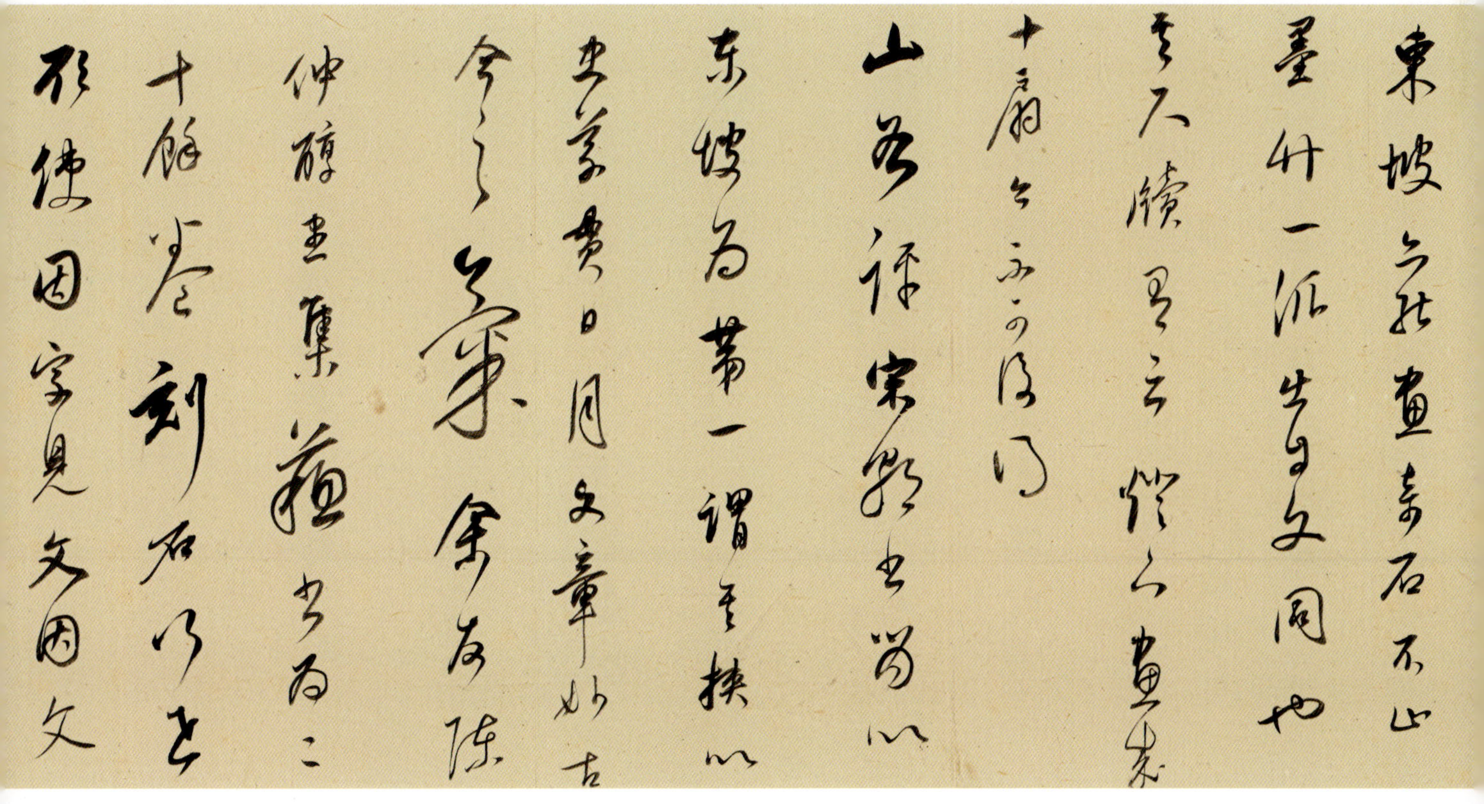

菩萨藏经后序册

戊午（万历四十六年，1618）　六十岁

纸本　行书　全十二幅

纵26.8厘米、横12.5厘米

台北故宫博物院藏

菩萨藏经后序。盖闻羲皇至赜，精粹止于龟文，轩后幽通，雅奥穷于鸟篆。考丹书而索隐，殊昧真际之源，征渌字以研几，盖非常乐之道，尤且事光图史，振薰风于八埏；德洽生灵，激尧波于万代。伏惟陛下转轮垂拱，而化渐鸡园；胜殿凝旒，而神交鹫岭。总调御于徽号，匪文思之所窥，极波若于纶言，岂象系之所拟。由是教覃溟表，咸传八解之音；训浃寰中，皆践四禅之轨。遂使三千世界，尽怀生而可封；百亿须弥入提封而作镇。尼莲德水，迩帝皇之沧池；舍卫庵园，接上林之茂苑。虽复法性空寂，随感必通；真乘深妙，无幽不阐。所谓大权御极，导法流而靡穷；能仁抚运，拂劫石而无尽。体均相具，不可思议，校美前王，焉可同年而语矣。

余以问安之暇，澄心妙法之宝，奉述天旨，微表赞扬，式命司存，缀于卷末。

世知有高宗述《三藏记》，此后序无传，故以《圣教序》笔意书此。戊午五月八日，其昌。钤：“太史氏”白文印、“董其昌”朱文印

董其昌曾于《圣教序》题跋，书曰：“近日长安《圣教序》宋拓大出，士大夫不惜十五城之偿。”可见当时对《圣教序》的重视。董其昌曾收藏绢本墨迹《圣教序》，断为怀仁手迹，并将其刻入《戏鸿堂法书》卷六。

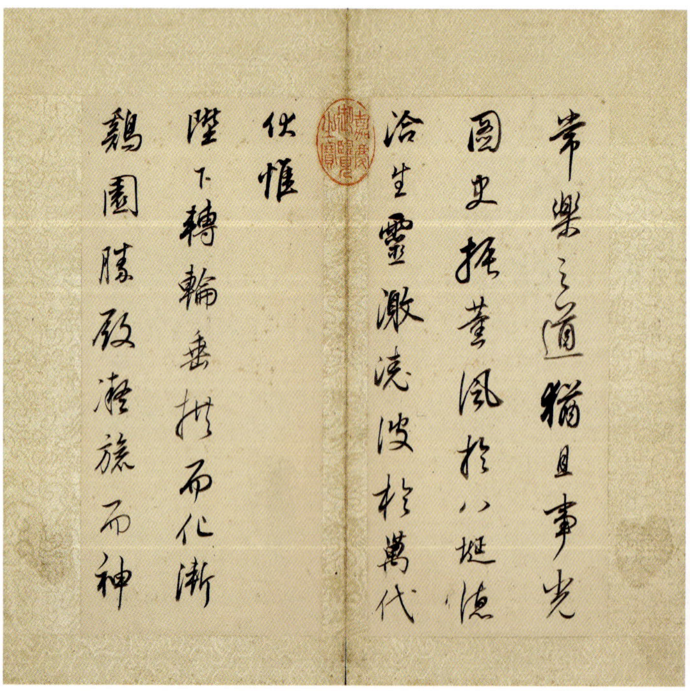
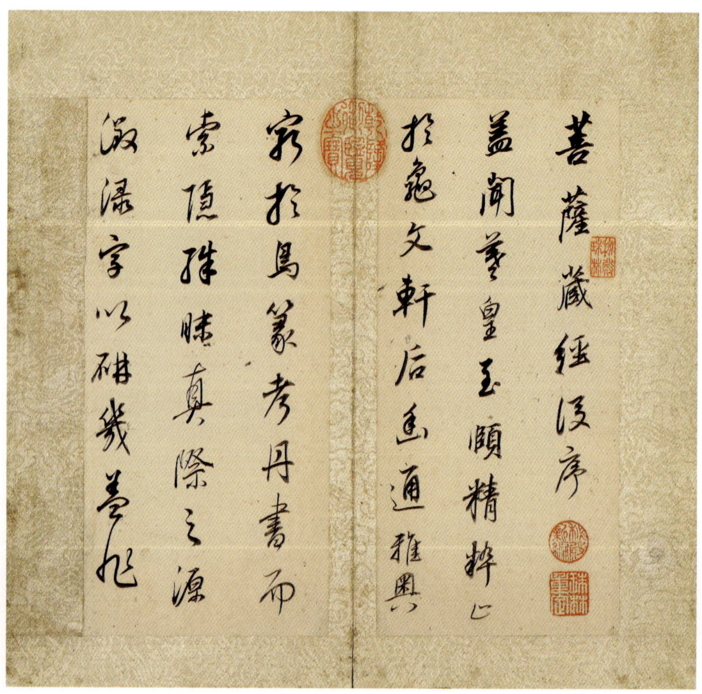

明　董其昌《菩萨藏经后序册》

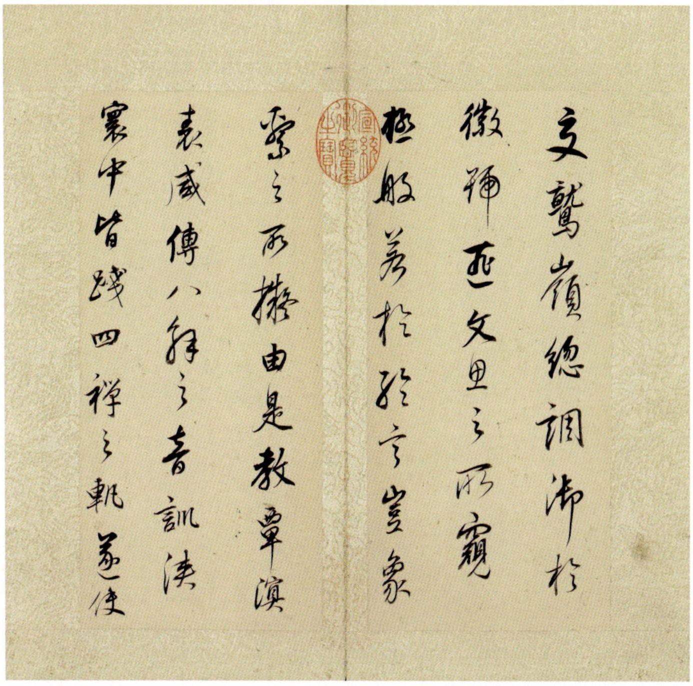

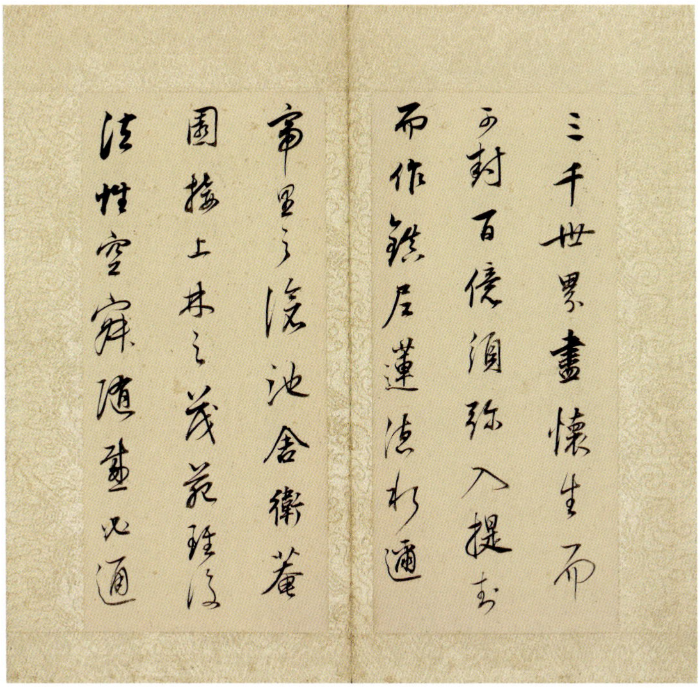

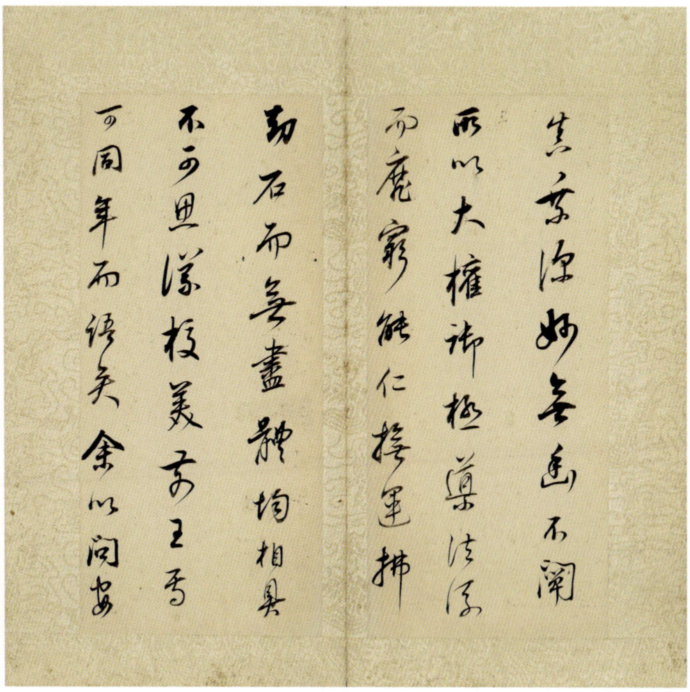

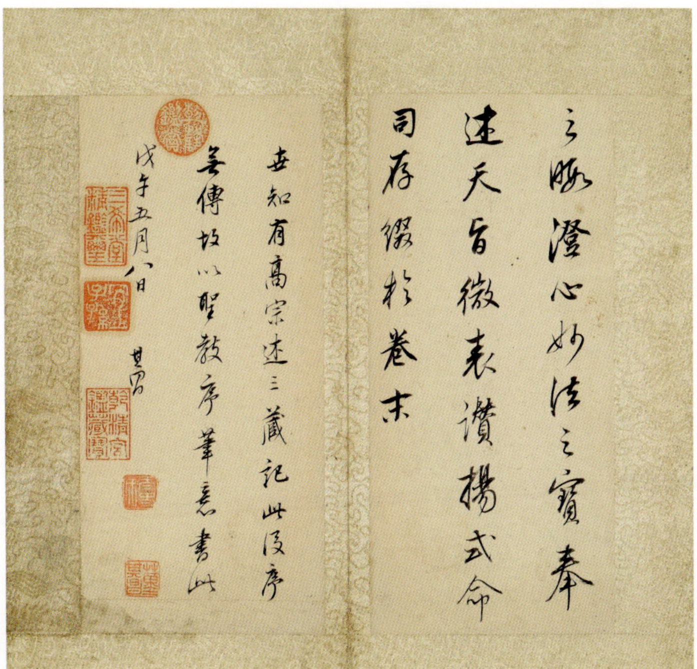

再题《仿各家书古诗十九首册》

己未（万历四十七年，1619）　六十五岁

纸本　行草书　全二十四幅

己未五月之望，舟次京口，季康为秉烛游，纵谈书道，都非昔人论书窠臼。季康亦甚解颐，张子房所谓告他人辄不省者也。有口能言笔不随，则余自愧。董其昌再题。

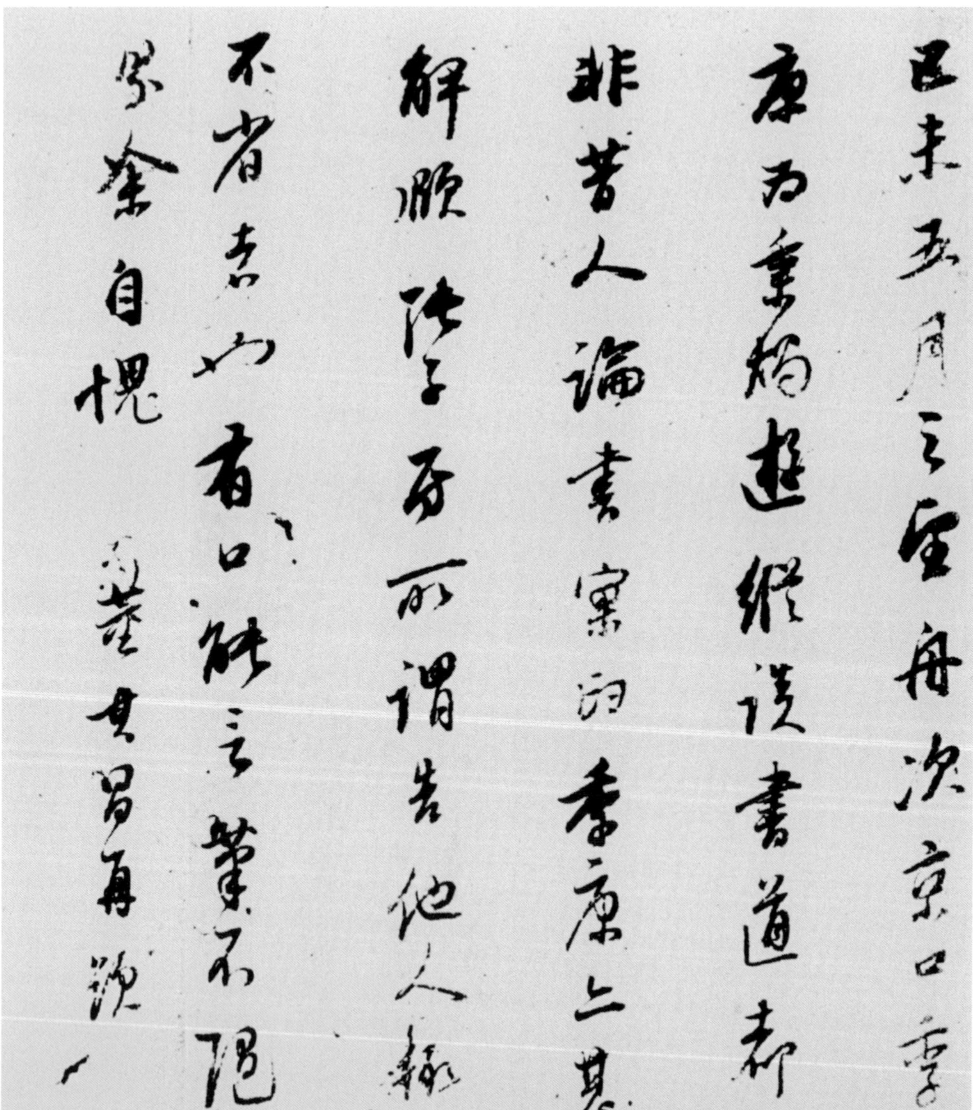

明　董其昌再题《仿各家书古诗十九首册》

重观自题《临月仪帖》卷

己未（万历四十七年，1619）　六十五岁

纸本　行草书

纵28.8厘米

台北故宫博物院藏

《月仪帖》本出索靖，后多散佚不传。此为唐人拟作者，笔法亦宗索靖，观其虚和夭矫，间有《豹奴》遗意。大都为章草者，必兼右军乃合。不则宋克辈耳。己未七月重观题，去临书时十八年矣。其昌。

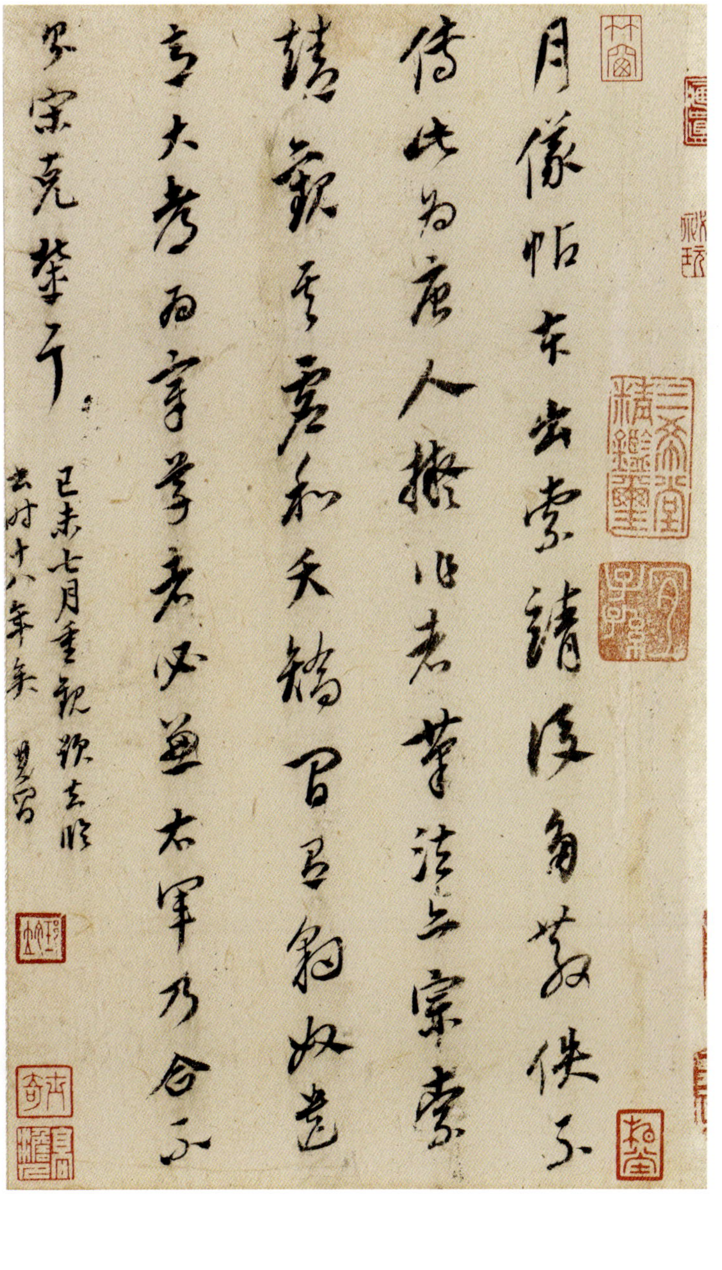

明　董其昌　重观自题《临月仪帖》卷

顾野王《登虎丘山序》

庚申（万历四十八年，1620）　六十六岁

绢本　行草书

夫少室作镇，以峻极而标奇。太华神掌，以削成而称贵。若兹山者，高不暨云，深无藏影。卑非培塿，浅异棘林。秀壁数寻，被杜兰与苔藓。桂枝十仞，挂藤葛与悬萝。曲涧潺湲，修篁荫映。路若绝而复通，石将颓而更缀。抑巨丽之名山，信大吴之胜壤。若乃九功六义之文，依永和声之制。志由兴作，情以词宣，形言谐于韶夏，成文畅于钟律，有日来矣。未有登高能赋，而韬斐丽之章。入谷忘归，而忽锵然之节。故总辔齐镳，竟雕虫于山水。云合雾集，争歌咏于林泉。于时风清邃谷，景丽修峦，荼佩堪纫，胡绳可索。林花翻洒，乍飘扬于兰皋。山禽转响，时弄声于乔木。班草班荆，坐磻石之上。濯缨濯足，就沧浪之水。倾缥瓷而酌卮酒，剪绿叶而赋新诗。肃尔若与，三径齐踪。锵然似共九成偕韵盛矣哉。聊述时事，寄之翰墨云尔。顾野王登虎丘山序。

庚申七月晦，特有吴门之行，因书此。董其昌。钤：“董其昌印”白文印、玄赏斋

顾野王（519—581）为南朝梁陈间的人物。《艺文类聚》卷八载有顾野王《虎丘山序》，清严可均（1762—1843）从中采录，收入其所集《全上古三代秦汉三国六朝文》之《全陈文》卷一、卷三中。与董其昌书迹对校，文本有七八处稍异，但与文中大旨无关，故不详录。就书风而言，有米元章笔意，用笔、结体偶与董其昌通常之体略有不同。但经仔细鉴定，认定为董其昌之真迹无疑。

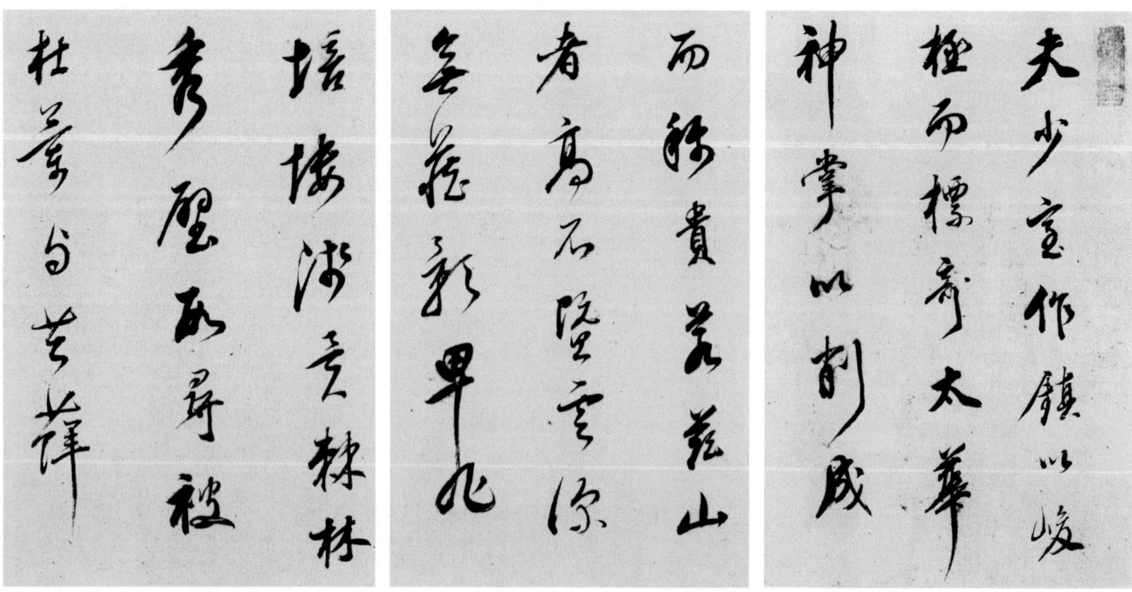

明　董其昌　顾野王《登虎丘山序》

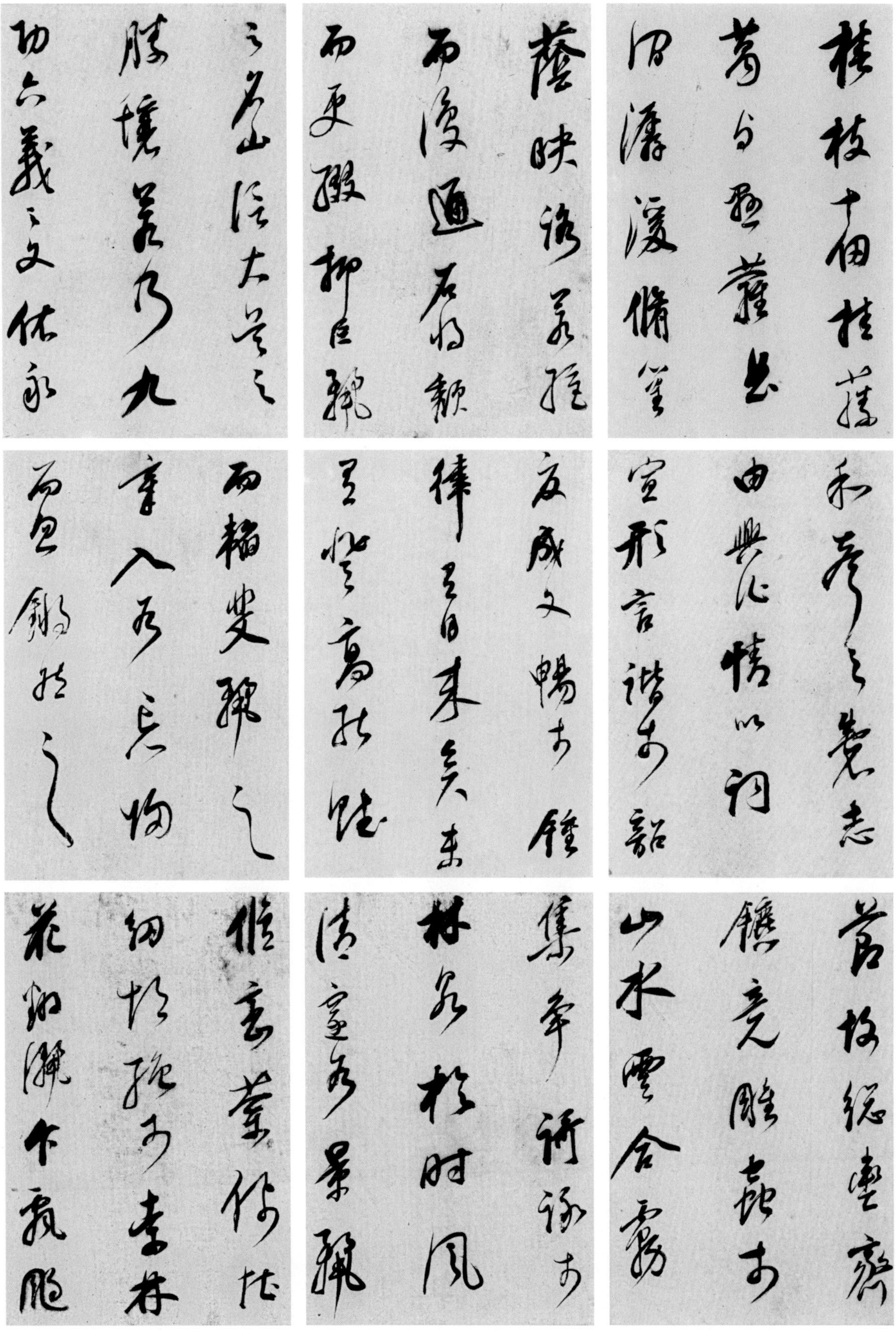

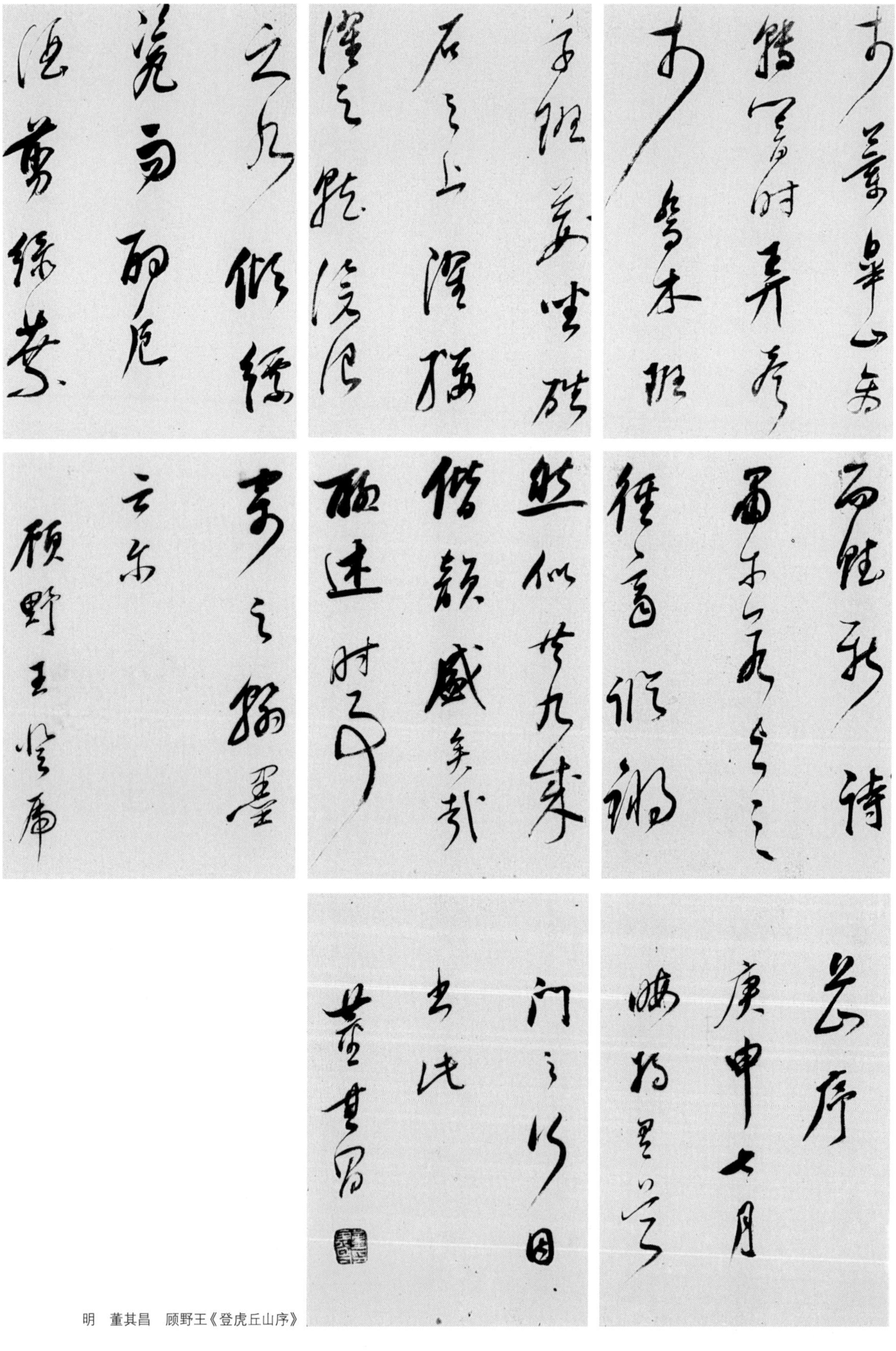

明　董其昌　顾野王《登虎丘山序》

郊风图诗卷

天启元年（辛酉年，1621）　六十七岁

纸本　行草书　一卷

纵40.5厘米、横234.0厘米

日本东京国立博物馆藏

郊风图。玉书金简不足异，布帛菽粟真文字。委宛惊开先代藏，诗中尽绘农桑事。忆昔章皇全盛时，尧水汤乾德不如。千仓万箱陈陈积，祈寒暑雨谁其咨。因披承旨图《郊风》，亲洒宸章赋《闵农》。田家作苦非一状，深耕薄获何茕茕。犁头风雨生绡幅，余音散入春桑曲。但识宫中锦绣香，争知陌上蚕缫促。曾闻姬满黄竹影，明河霓羽纷相逐。讵举三推古籍田，肯怜四月新丝熟。大哉竹筒羽陵书，可信农桑足开国。曲阜遗履乌号弓，精光喷薄摩苍穹。愿将装御连屏叠，率祖弥增圣道隆。天启元年秋九月，董其昌。钤："董其昌""太史氏""戏鸿堂"

天启元年，董其昌已六十七岁，其书法开始进入晚年阶段。不同于中年时期类晋人秀媚的书风，此时字结体略宽，其风格介于王羲之《圣教序》与颜真卿《争座位帖》之间。

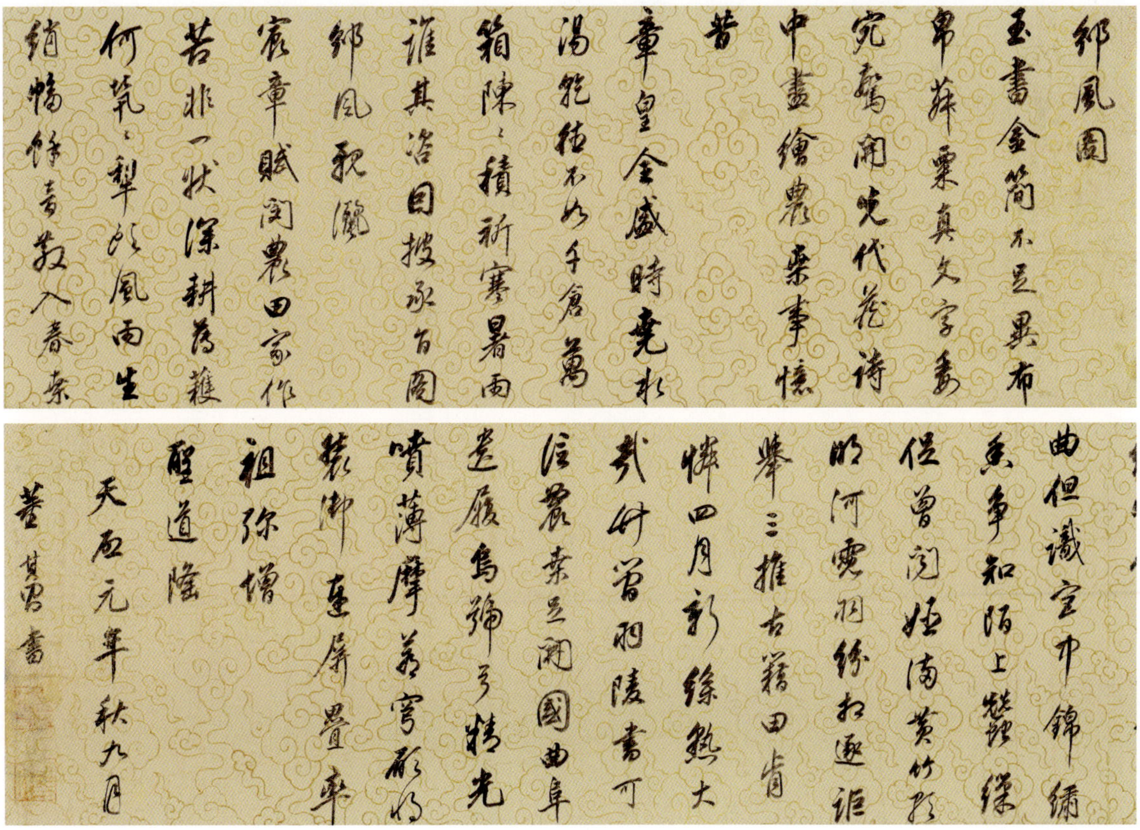

明　董其昌《郊风图诗卷》

日月诗卷

丙寅（天启六年，1626）　七十二岁

纸本　小草书　一卷

朝游碧峰三十六，夜向天坛月中宿。仙人携我搴玉英，坛上夜半东方明。仙钟撞撞迎海日，海中离离三山出。霞梯赤城遥可攀兮，霓旌绛节倚彤云。八鸾五凤纷在御，王母欲上朝元君。群仙指此为我说，几见尘飞沧海竭。竦身别我期丹宫，空山处处遗清风。九州下视杳未旦，一半浮生皆梦中。始知武皇求不死，去逐瀛洲羡门子。

花间一壶酒，独酌无相亲。举杯邀明月，对影成三人。月既不解饮，影徒随我身。暂伴月将影，行乐须及春。我歌月徘徊，我舞影凌乱。醒后同交欢，醒（醉）后各分散。永结无情游，相期邈云汉。李益日诗，李白月诗。乙丑除夜，丙寅元日书。其昌。钤：“思翁”“董其昌印”

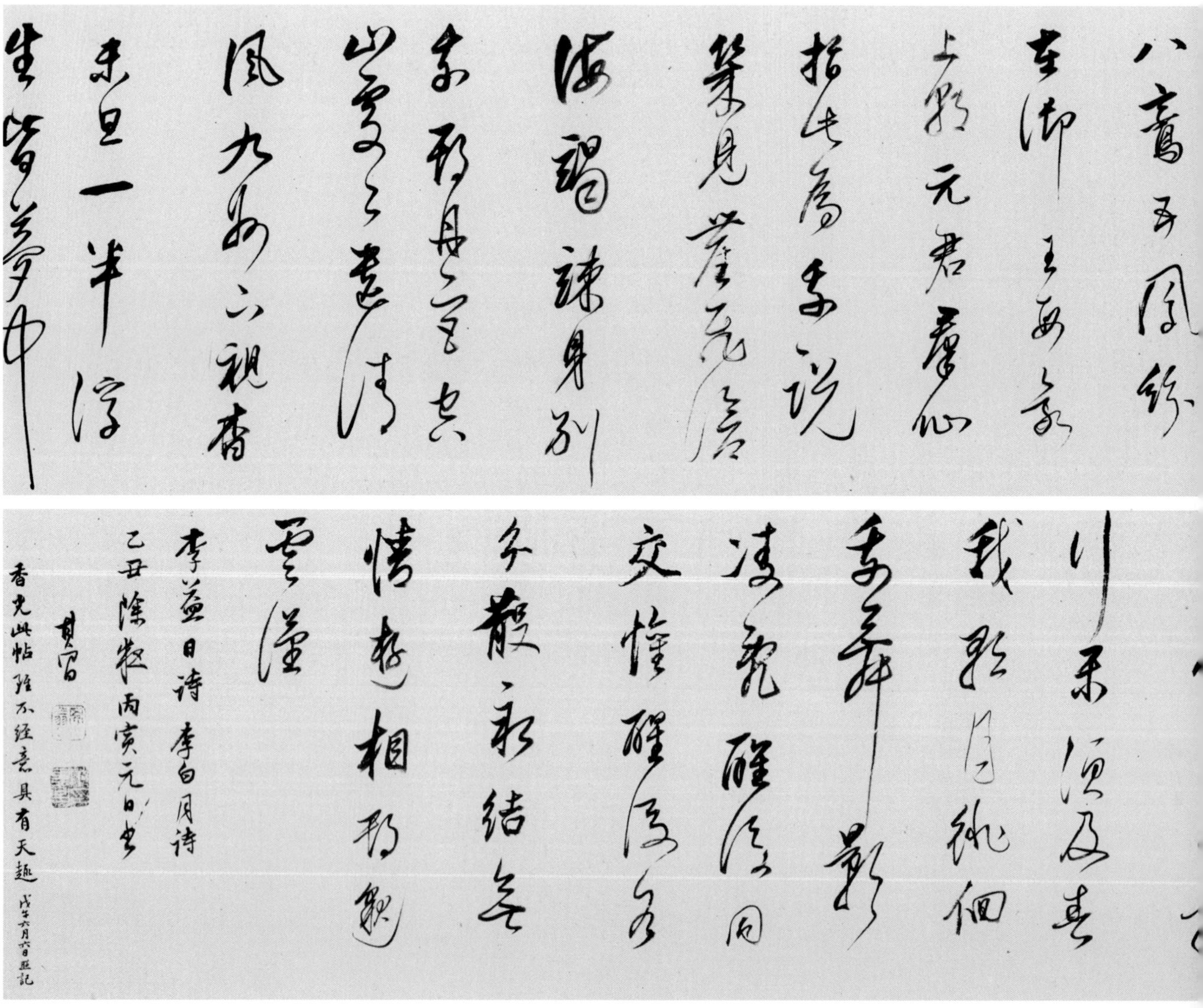

明　董其昌《日月诗卷》

此卷是乙丑除夕开始书写的，翌日，即丙寅元旦写成。正是新旧交替之际，董其昌有所感触，挑选这些诗，象征着日月推移。虽然只差一天，但在阴历上已跨两年。但是在现代美术史家使用的西历中，乙丑的除夕（十二月三十日）是西历1626年1月27日，丙寅元旦是第二天，所以在全卷书法实际上是1626年1月内所作。

董其昌喜欢写李白的诗。除了这里写的诗之外，还有《李白五松山送殷淑诗卷》（艺苑真赏社影印）、《李白登锦城散花楼诗》（书道博物馆藏）以及《登峨眉山诗卷》（也称《日照帖》）。本卷后半段写的是李白的五言古诗《月下独酌》其一，前半段是李益的七言排律《登天坛夜见海日》。

本卷是董其昌擅长的行草书，多用米芾笔法。用长锋，纤细但不柔弱，挺拔而有风度，妙趣横生。卷尾处，张照戊午（1738）题有“香光此帖，虽不经意，具有天趣”。张照（1691—1745）一生追摹董其昌，用心且努力，但始终着意颇多，终不得董其昌之天趣。

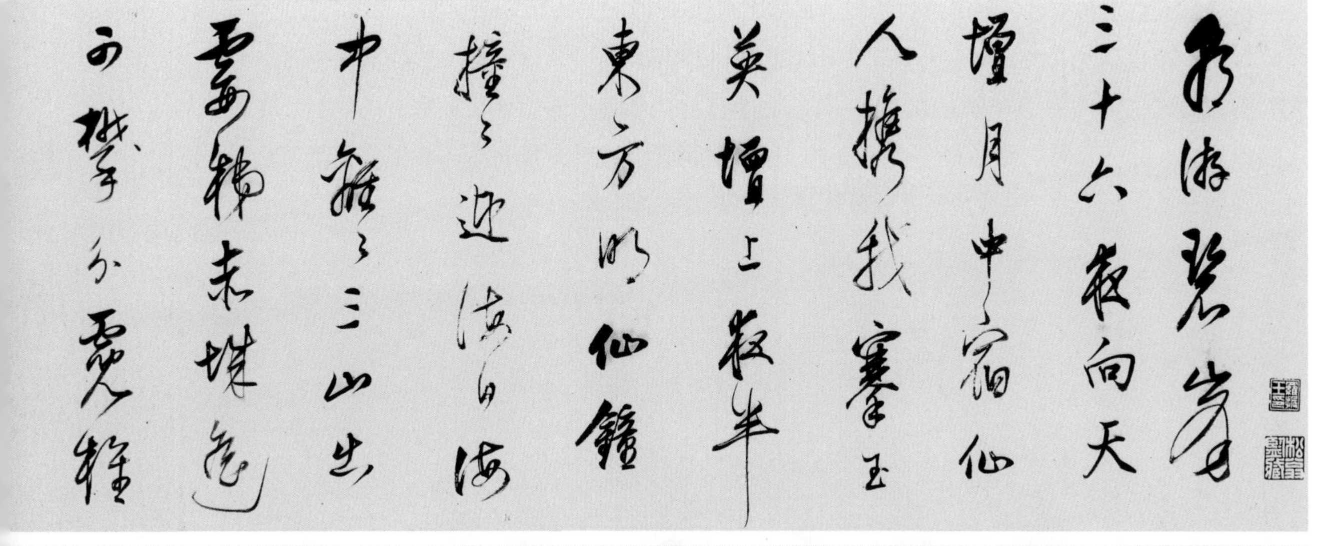

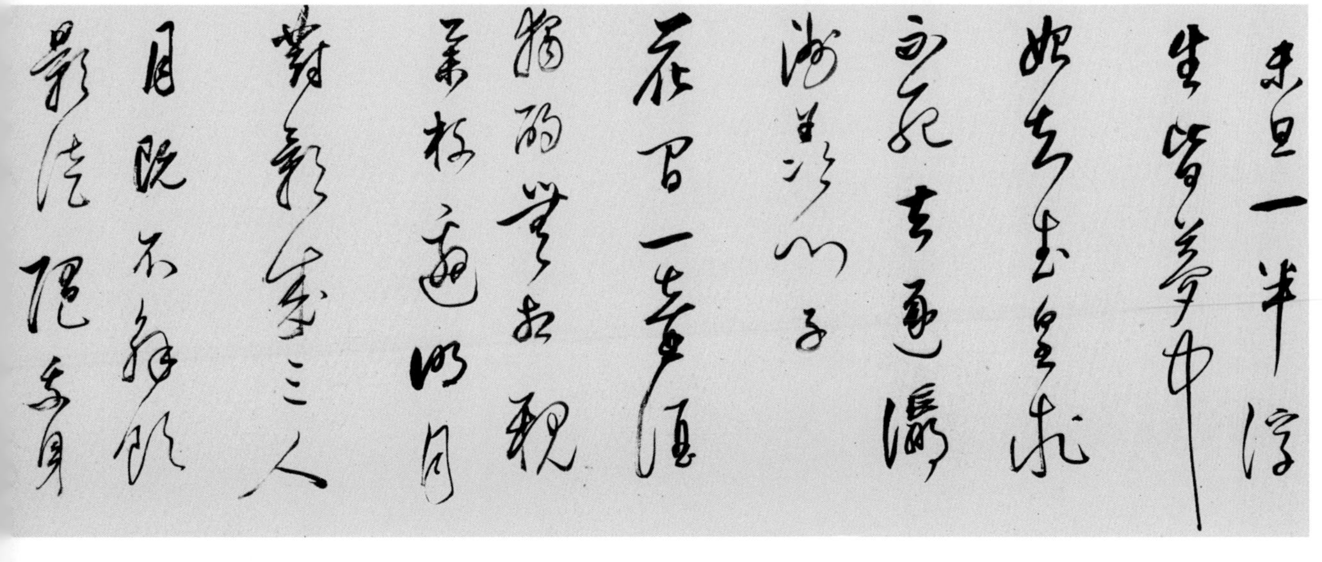

临怀素《律公》《脚气》二帖

丙寅（天启六年，1626）　七十二岁

纸本　行草书

纵26.7厘米、横30.6厘米

台北故宫博物院藏

律公好事者，前后数度，遂发怀小兴也，可深藏之箧笥也。

贫道频患脚气，异常忧闷也。常服三黄汤，诸风疾兼心中常如刀刺，乃可处方数数服，不然客舍非常之忧耳。律公能枉步，求贫道颠草，斯乃好事也，卒卒不尽，沙门怀素。

越观怀素之书，有飞动之势，若悬岩坠石，惊电遗光也。珍重。

怀素书以《圣母帖》为最，胜《自叙》之狂怪怒张也。思翁临。

此作品收于《杂书册》中。

董其昌的草书多出自怀素《自叙帖》，其临书流传于世。

跋中，董氏认为《圣母帖》是怀素书中最精彩的作品，胜过《自叙帖》中的狂怪怒张趣味。想来，董其昌的这篇书法是丙寅（1626）的作品，也就是晚年逐渐回归平淡趣味时的作品。在怀素的书法作品中，《圣母帖》是最具晋人神韵的。临写完怀素二帖后，董其昌还临了宋初草书家周越之跋。周越未见作品传世，这段董临周越跋算是目前仅见的"回响"了。

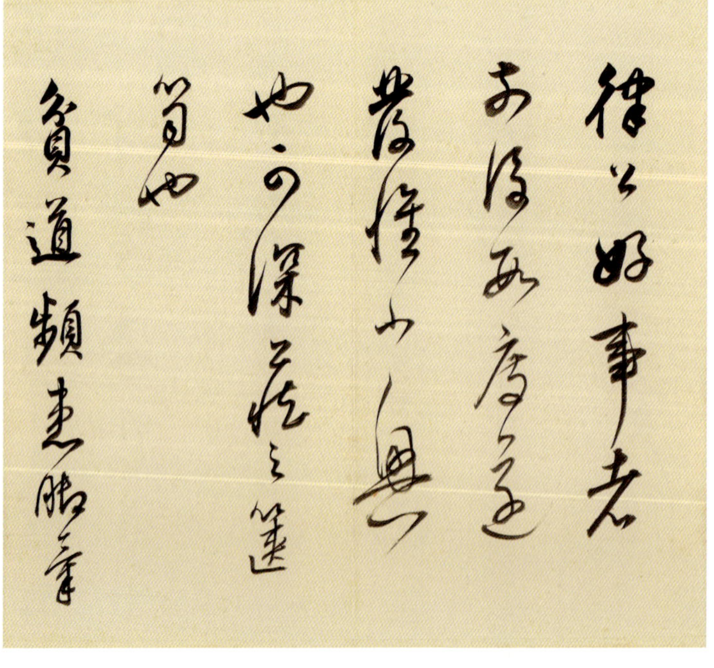

明　董其昌《临怀素〈律公〉〈脚气〉二帖》

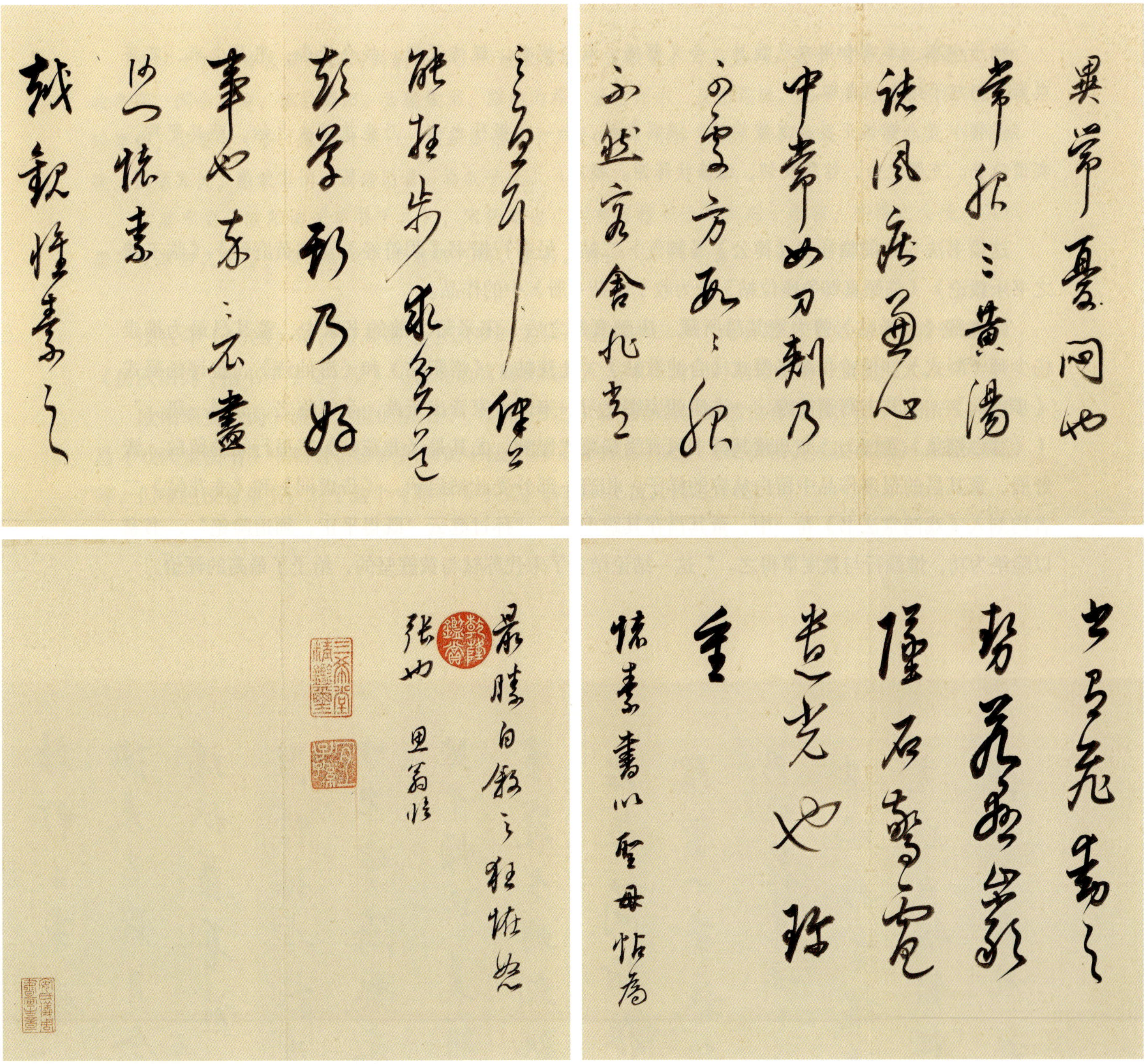

仿欧阳询《楷书千字文》册

戊辰（崇祯元年，1628）

纸本　楷书　全十二幅

纵26.8厘米、横13.1厘米

台北故宫博物院藏

千字文藏于武林邹孟阳南浮阁。己巳，玄宰。勑员外散骑侍郎周兴嗣次韵，太子率更会欧阳询书。（《千字文》原文略）

大唐贞观十五年，岁在辛丑三月廿日，附于隐之明奴通之善奴，遂命工摹石安于学舍东壁永为不朽。

信本二子，欧阳通有碑刻传世，此帖有欧阳隐，其书不著，乃知佳书不必尽传，不独书也。其昌。

米元章评欧阳率更书，真到内史。又论笔以牙与竹，俱不足用，欧阳通可人也，谓其矜重耳，至欧阳隐则无闻矣。欧书寒峭，姜白石跋《兰亭序》曾拈出，亦谓行狎如《华阳隐居帖》，及阁帖《投老残年帖》耳。正书无敢议者，褚河南犹退三舍也。戊辰十月重题。钤："玄宰""董氏玄宰"

《戏鸿堂法书》卷四载有欧阳询《楷书千字文》全文，有董其昌跋。其中有"真有完字具于胸中，若构凌云台，一一皆衡剂而成者"，还有"欲学书，先定间架，然后纵横跌宕，惟变所适也"。但后世评董其昌书法者以行书为最高，不知董其昌书学在楷书方面也是大有钻研造诣。

《戏鸿堂法书》摹刻于1603年，此篇书法虽无纪年，但在戊辰（1628）十月有重题，其书风与先前的《千字文》并无明显区别。台北故宫博物院有先登董其昌仿欧阳询《草书千字文》册，董其昌题记有"尚有楷书千文……余皆临之。戊辰四月晦，其昌"。所以这《楷书千字文》册很有可能是和《草书千字文》册为同时期作品。戊辰年（1628）时，董其昌已是七十四岁高龄，但仍一笔不马虎地临摹古人。了解了这一点，才知董其昌之用心。

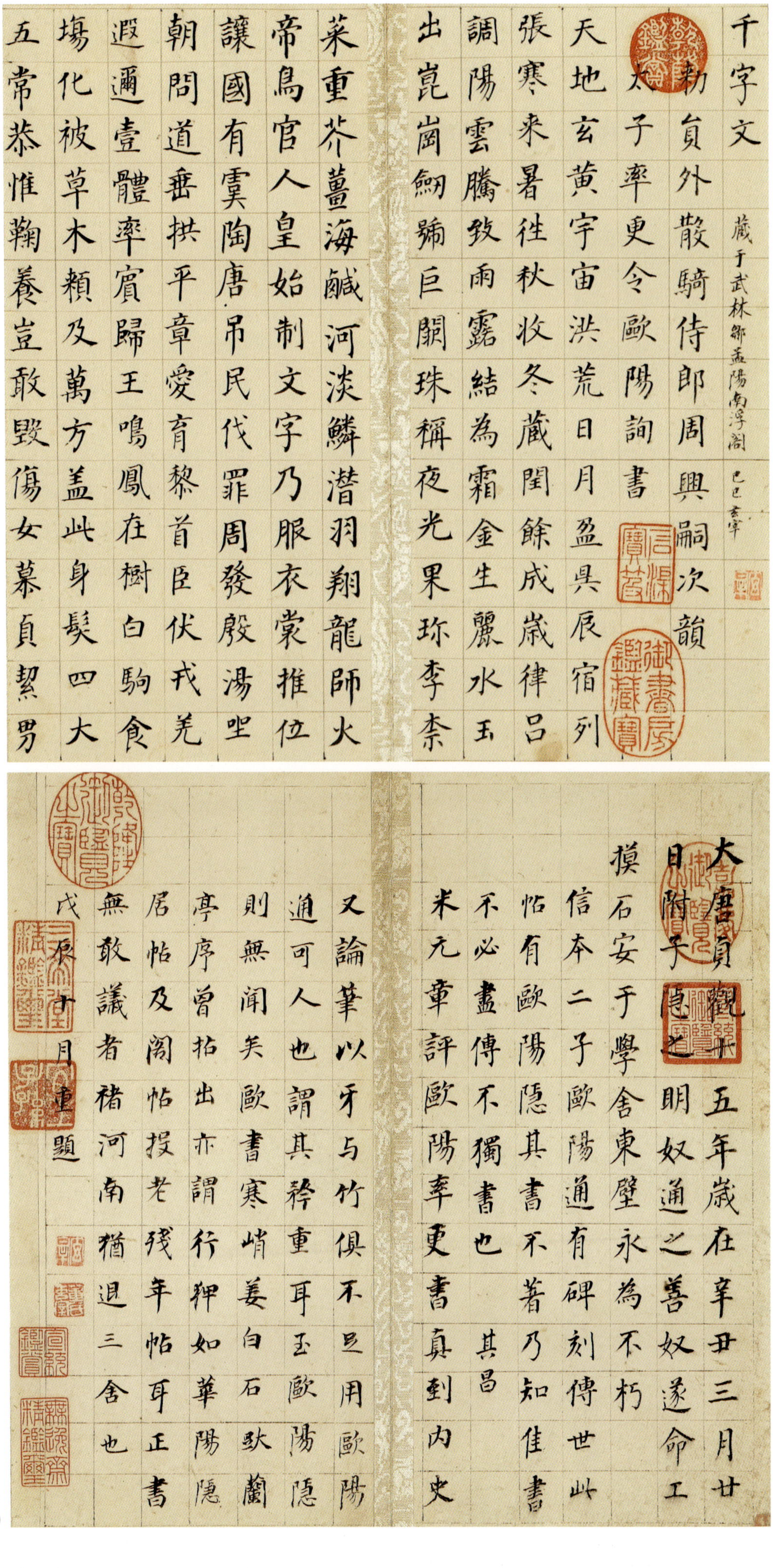

千字文

勑員外散騎侍郎周興嗣次韻

太子率更令歐陽詢書

藏于武林鄒孟陽南浮閣 己巳玄宰

天地玄黃宇宙洪荒日月盈昃辰宿列張寒來暑往秋收冬藏閏餘成歲律呂調陽雲騰致雨露結為霜金生麗水玉出崑崗劍號巨闕珠稱夜光果珎李柰菜重芥薑海鹹河淡鱗潛羽翔龍師火帝鳥官人皇始制文字乃服衣裳推位讓國有虞陶唐弔民伐罪周發殷湯坐朝問道垂拱平章愛育黎首臣伏戎羌遐邇壹體率賓歸王鳴鳳在樹白駒食場化被草木賴及萬方蓋此身髮四大五常恭惟鞠養豈敢毀傷女慕貞絜男

大唐貞觀十五年歲在辛丑三月廿日附子通之明奴通之善奴遂命工摸石安于學舍東壁永為不朽

信本二子歐陽通有碑刻傳世此帖有歐陽隱其書不著乃知佳書不必盡傳不獨書也 其昌

米元章評歐陽率更書真到內史又論筆以牙与竹俱不足用歐陽通可人也謂其矜重耳玉歐陽隱則無聞矣歐書寒峭姜白石跋蘭亭序曾拈出亦謂行押如華陽隱居帖及閣帖投老殘年帖耳正書無敢議者褚河南猶退三舍也

戊辰十月重題

明 董其昌

《仿欧阳询〈楷书千字文〉册》(局部)

四跋赵令穰《江乡清夏图》卷

己巳（崇祯二年，1629）　七十五岁

纸本　行书

纵19.1厘米

美国波士顿美术馆藏

己巳中秋，以此卷易赵承旨《六体千文》。令穰遂似交绝，是日并见惠崇卷于于惠生舟中，当有望气者惊诧。董其昌重题。

董其昌收藏此卷三十余年，题跋再三，此时将此卷与赵孟𫖯书《六体千字文》交换。董其昌的一生是与晋、唐、宋人的血战，又多次贬低子昂（赵孟𫖯），但在七十五岁高龄时，将自己珍视的赵令穰卷换成子昂的书法。董其昌曾题跋于《智永千字文》，曰："吾家有赵文敏《六体千文》，惟楷书纯类智永，盖以虞伯施参合为之，遂为古今之绝。"（《容台别集》卷二）又曰："子昂有《鹊华秋色图》，仿王右军。小楷以《过秦论》《内景黄庭》为第一。又有《六体千字文》，皆予家藏。然予与之同学李北海，未尝临之也。"（《容台别集》卷四）

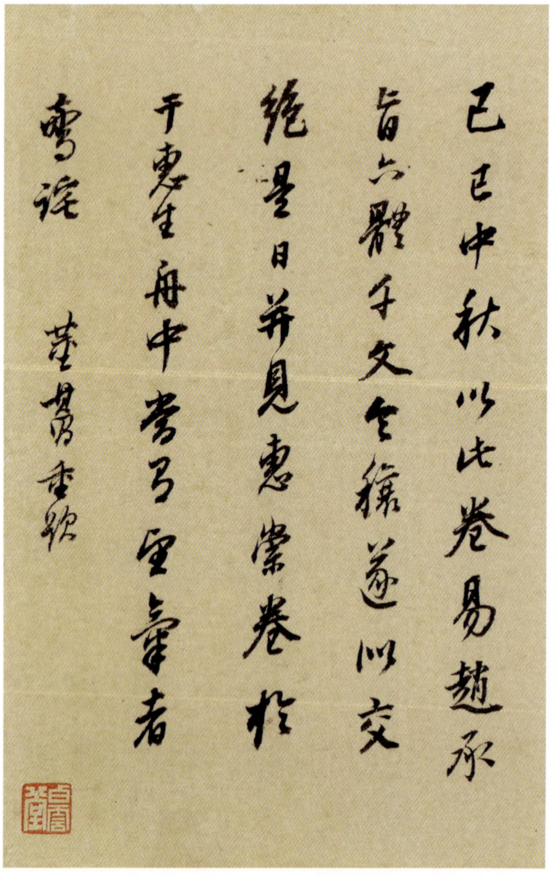

北宋　赵令穰《湖庄清夏图》后的董其昌题跋

五跋赵令穰《江乡清夏图》卷

庚午（崇祯三年，1630）

绫本　行书

纵19.1厘米

美国波士顿美术馆藏

此卷为王越石以倪迂设色山水易去，犹恐越石新都多收藏家，转入素封子不韵。今又为逊之玺卿所得，得所归矣。第景纯梦中之锦，为江令割截多尽，且奈何。董其昌。钤：“董其昌印”白文印

这是董其昌在赵大年之卷所题诸跋中的最后一段，此时该卷已为王时敏（逊之）所藏。这篇跋文虽无纪年，但应该作于1630年前后。这篇书法的字形蟠扁，与本卷所附的初跋、再跋的那些细长字形的早期字形有着明显不同。

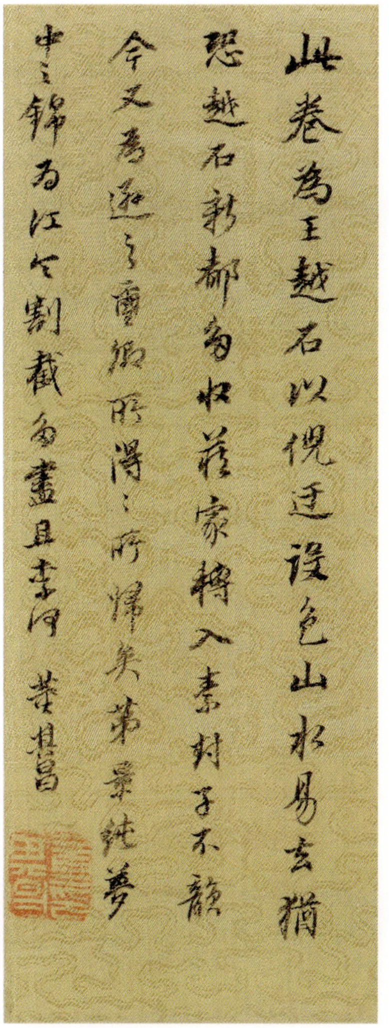

北宋　赵令穰《湖庄清夏图》后的董其昌题跋

四跋赵孟頫《鹊华秋色图》卷

庚午（崇祯三年，1630）　七十六岁

纸本　行书

纵28.4厘米

台北故宫博物院藏

《鹊华秋色图》诗。弁阳老人公谨父，周之孙子犹怀土。南来寄食弁山阳，梦作齐东野人语。济南别驾平原君，为貌家山入囊楮。鹊华秋色翠可食，耕稼陶渔在其下。吴侬白头不归去，不如掩卷听春雨。右张伯雨诗集所载，惠生属予再录以续杨、范二诗人之笔。岁在庚午夏五十三日。董其昌识。钤：“昌”朱文印

弁阳老人在晚宋时以博雅名，其《烟云过眼录》皆在贾秋壑收藏诸珍图名画中鉴定。入胜国初，子昂从之得见闻唐宋风流，与钱舜举同称耆旧，盖书画学必有师友渊源，湖州一派，真画学所宗也。董其昌重题。钤：“宗伯学士”白文印、“董其昌印”白文印

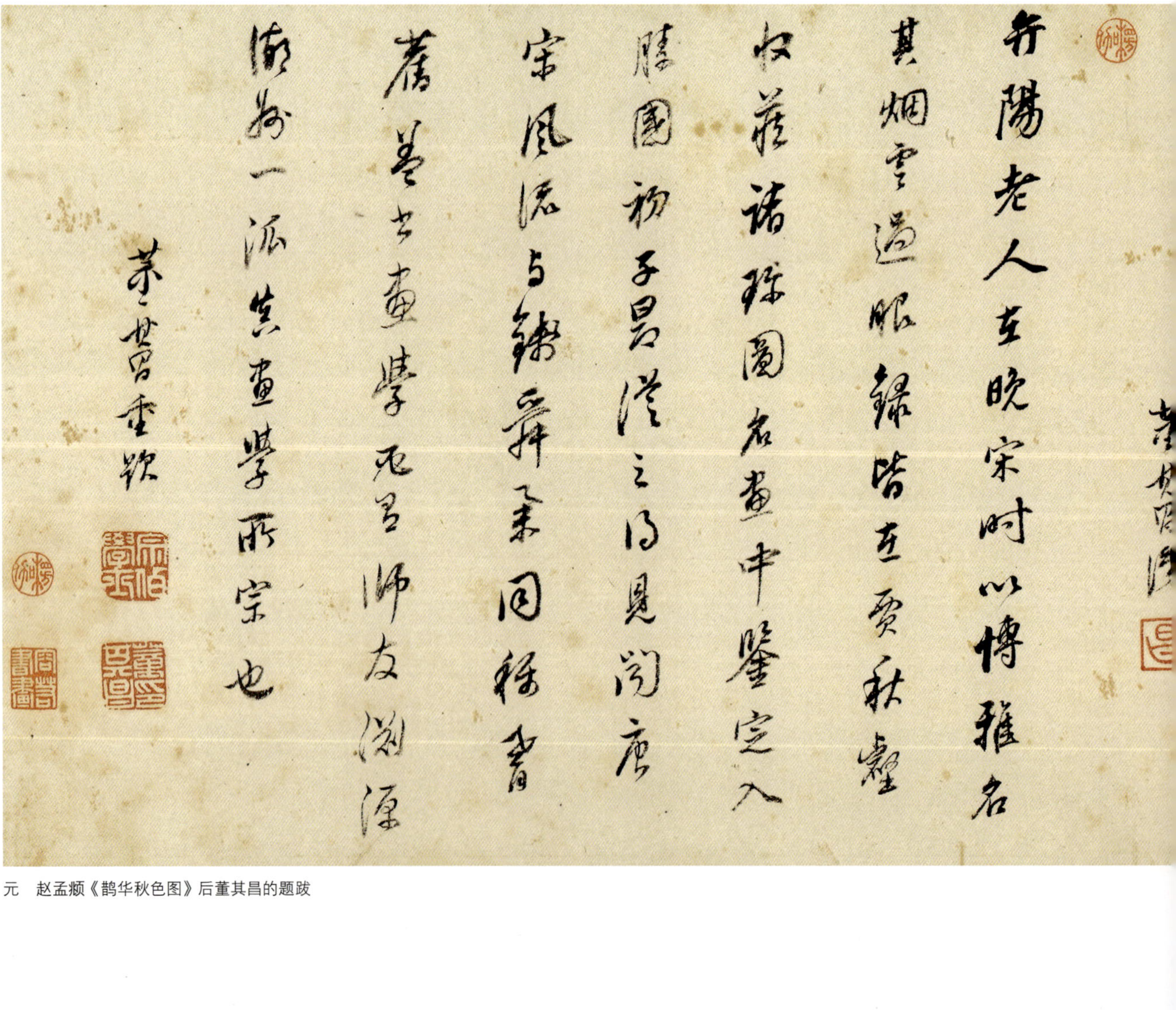

元　赵孟頫《鹊华秋色图》后董其昌的题跋

董其昌在壬寅年（1602）获得该卷，题了小行书跋，并于1605年在武昌再次题跋。壬子年（1612）前，将该画与吴澈如交换。己巳年（1629），该画再次更换收藏者，成为惠生的收藏，董其昌作两行题记（惠生是比董其昌年轻的收藏家，也收藏了惠崇《江南春图》，这一点在董其昌1629年的四跋赵令穰《江乡清夏图》卷中可见）。庚午年（1630）夏，惠生委托董其昌在杨载和范梈（德机）的诗后，书张雨《鹊华秋色图诗》。此后，董其昌又作跋，阐述湖州一派画学渊源。该跋虽无纪年，但与“庚午夏五十三日”所书张雨诗比对，其笔墨具有完全相同的风格，似应该是同时之作吧！在子昂的这一卷里，董其昌前后题了好几次跋。最早是四十八岁（1602）的时候，其次是五十一岁（1605），再之后是七十五岁（1629），最后是七十六岁（1630）。董其昌的书风发展痕迹由此可见一斑。

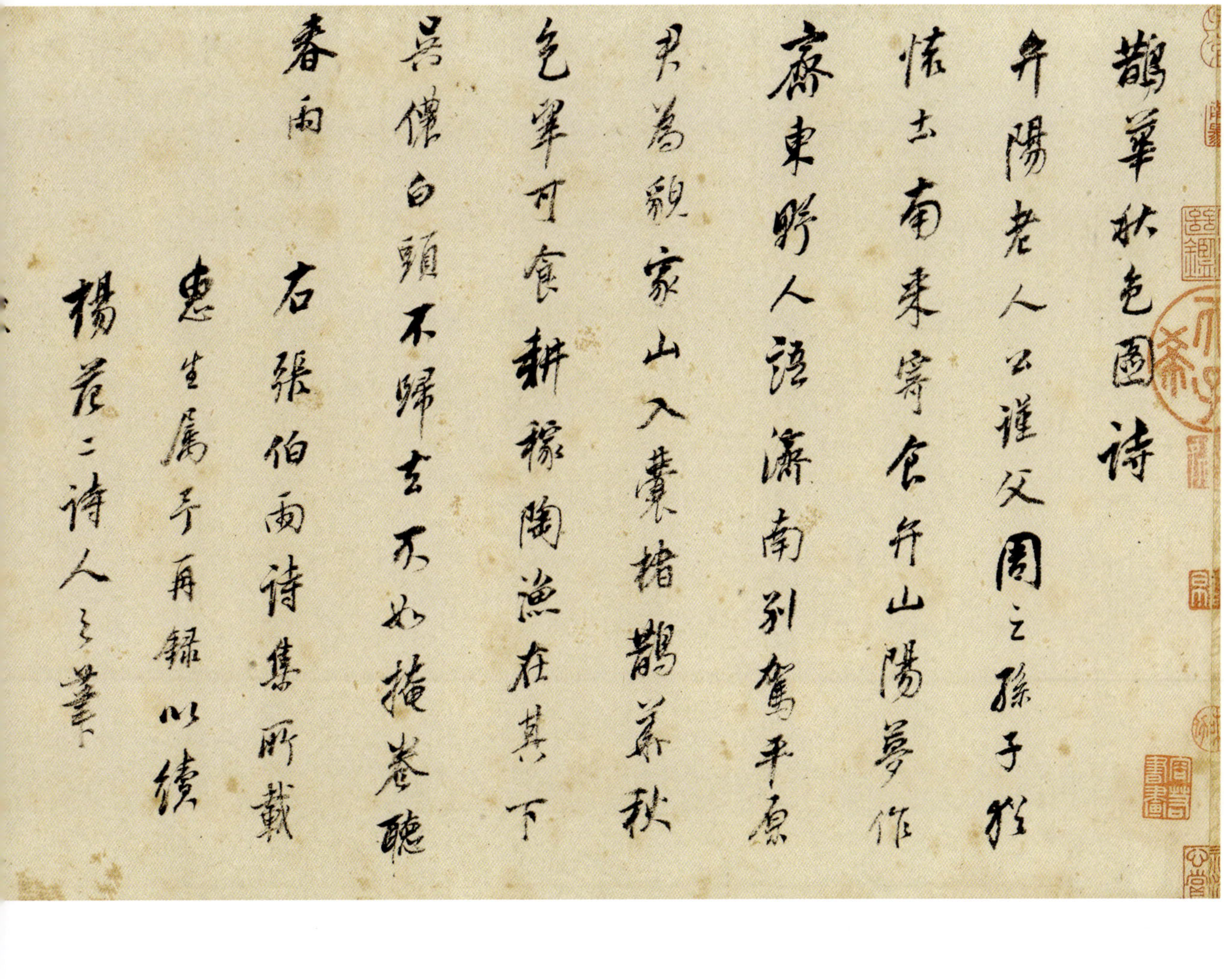

行草诗册

辛未（崇祯四年，1631）　七十七岁

纸本　行草书

纵24.6厘米、横31.6厘米

台北故宫博物院藏

金榜重楼开夜扉，琼筵爱客未言归。衔欢不觉银河晓，尽醉那知玉漏稀。晴风丽日满芳洲，柳色春筵祓锦流，皆言侍跸横溪（燕，赞似乘槎天汉游。……柳条拂地不须折，）松枝入云从更长。藤花欲暗藏猱子，柏叶初齐养麝香。辛未中秋，其昌书。钤：“董其昌印”白文印

本册为《元明书翰》七十六册中的第五十六册。册后无款题跋中有：“业师董宫保，少年笔力遒媚，多用侧锋，中年中锋极多，晚时则全用中锋，愈老愈健，真右军复生矣。”这对董其昌的书风变迁分析得很得要领。这册是辛未年（1631）董其昌七十七岁时所书，中锋的老笔真是力量弥漫，几乎没有颓废之笔，陈眉公的鉴赏之词非敷衍。想来本册用笔虽沉郁，但其意在颜真卿《争座位帖》中。

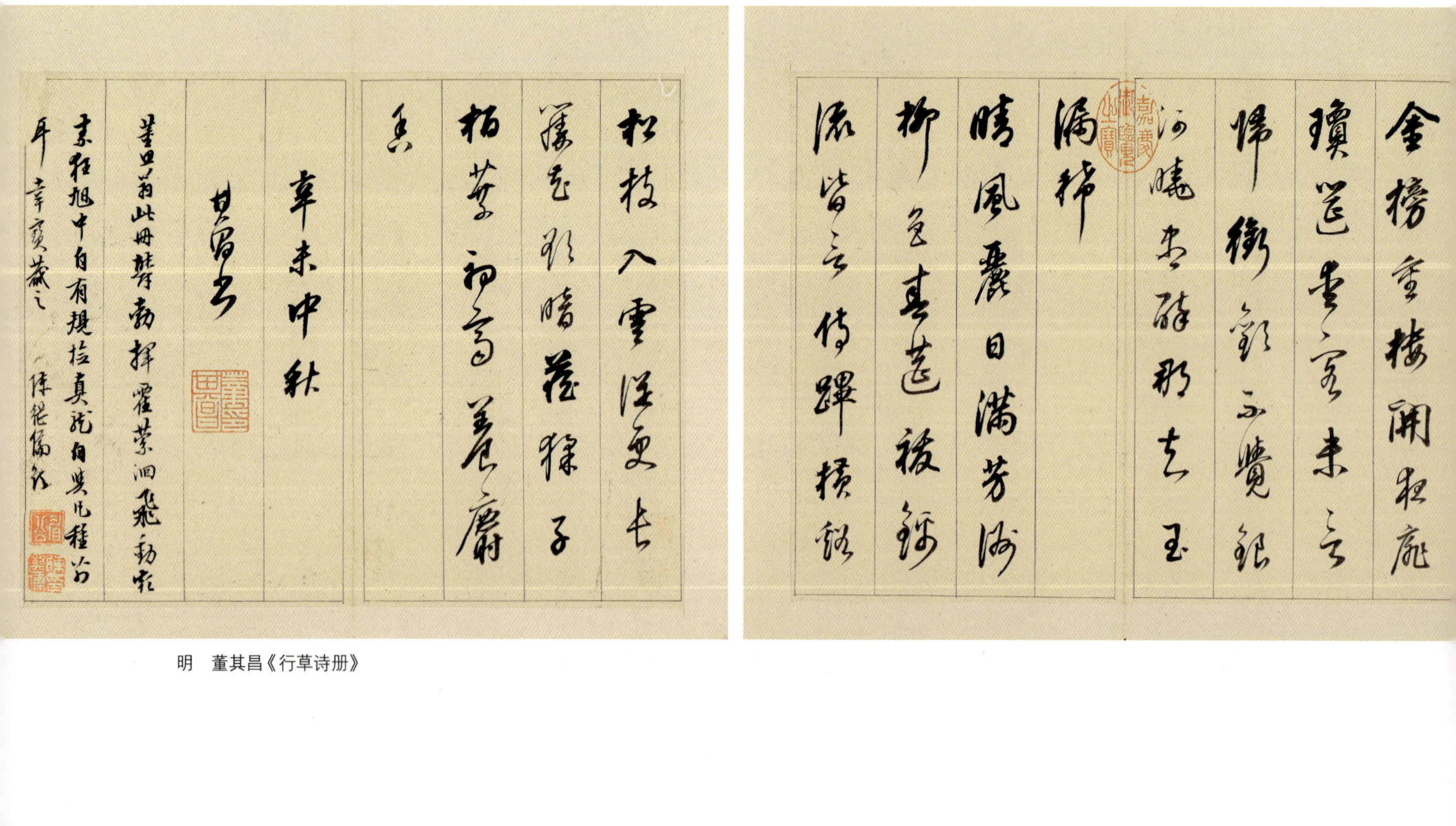

明　董其昌《行草诗册》

《赐百官麦饼宴诗》扇

壬申（崇祯五年，1632）　七十八岁

纸本　行书

社筵重举五朝仪，衎衎千官侍宴迟。列鼎几承明主赐，回波不数近臣词。麦秋好及樱桃信，肉食能忘芹藻私。为问大酺颁汉诏，何如含哺颂尧时。壬申夏五赐百官麦饼宴恭纪。其昌。 钤：“董其昌印”白文印、“玄宰”白文印

《故宫书画录》卷二第十九页，载董其昌的五言（应作七言）律诗轴，亦书有麦饼宴之诗。虽无纪年，但想必是同时的作品。想来董其昌在那年（壬申）之春，曰“再应容台之召，留长安者二载”（《容台别集》卷二《跋景州王中翰酬答尺牍》），然这是董其昌出仕的最后时刻，1634年，他请求辞官。

明　董其昌《赐百官麦饼宴诗》扇

临颜真卿《争座位帖》册

壬申（崇祯五年，1632）　七十八岁

纸本　乌丝栏　行书　全三十四幅

纵23.0厘米、横29.7厘米

台北故宫博物院藏

十一月日金紫光禄大夫检校刑部尚书上柱国鲁郡开国公颜真卿，谨奉书于右仆射定襄郡王郭公阁下。盖太上有立德，其次有立功，是之谓不朽。抑又闻之端揆者，百寮之（师长，诸侯王者，人臣之极地……黾勉就命，）亦非理屈。朝廷纪纲，须共存立，过尔隳坏，亦恐及身。明天子忽震电含怒，责戮彝伦之人，则仆射将何辞以对。临颜鲁公争坐位帖真本，董其昌时年七十有八。钤：“宗伯学士”“董氏玄宰”

董其昌在颜真卿的书法中，最推崇《争座位帖》，曾刻入《戏鸿堂法书》中。其推崇理由，通过下面的跋可以知道：“《争坐位帖》，宋苏、黄、米、蔡四家书皆仿之。唐时欧、虞、褚、薛诸家虽刻画二王，不无拘于法度。惟鲁公天真烂漫，姿态横出，深得右军灵和之致，故为宋一代书家渊源。”（《画禅室随笔》卷一《题争座位帖后》）

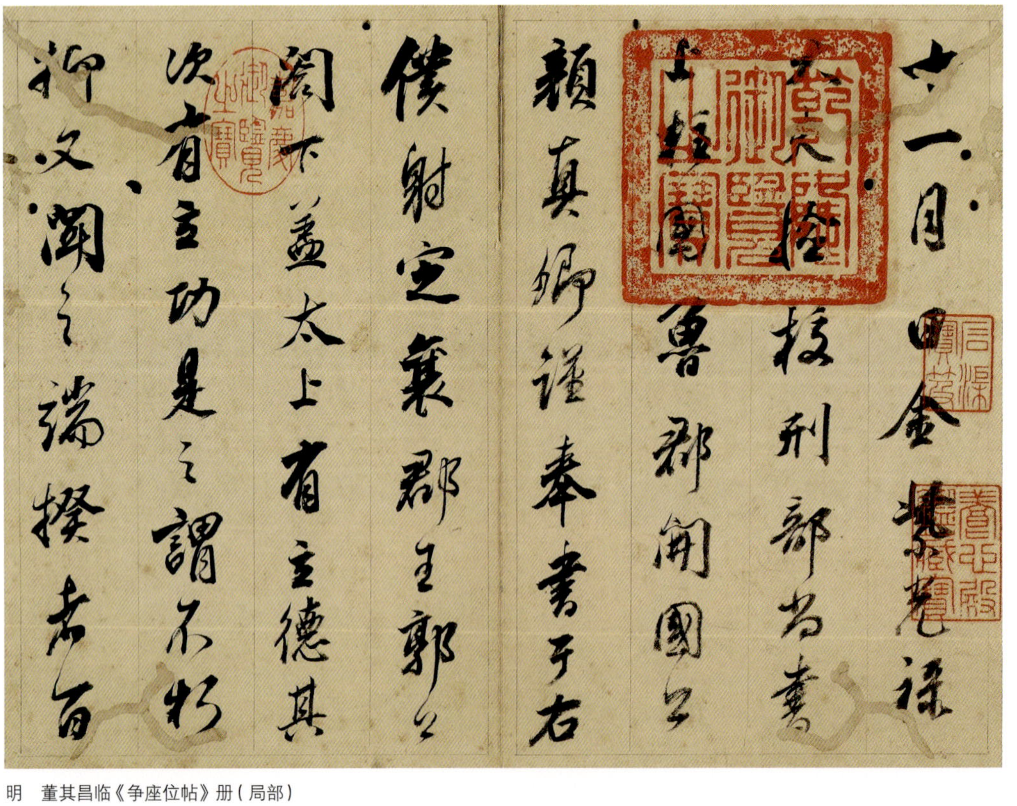

明　董其昌临《争座位帖》册（局部）

跋王献之《保母帖》

甲戌（崇祯七年，1634）　八十岁

纸本　行书

纵29.8厘米

美国佛利尔美术馆藏

书家得宋拓已为罕见，况唐拓乎。又谁知有晋拓，如《保（多一“宝”字）母帖》，是王子敬刻，八百年而再出，又六百年而落吾手。宋时聚讼《定武禊帖》者，似多事矣。癸酉十月朔颁历日，得之菜市口秦人。甲戌九月望后二日题。其昌。钤：“青宫太保”白文印、“董其昌印”白文印

王献之的《保母砖志》发现于南宋嘉泰壬戌年（1202）在浙江会稽山北，由王畿（字千里）购入，曾在研究者之间展开了广泛的讨论，有人肯定它是真的，也有人怀疑它是假的。词人书论家姜夔曾作一长跋，论及此为真。跋曰：“此字与《兰亭叙》不少异，真大令之名迹。不经重摹，笔意具在，犹胜定武刻也。”接着列举了《保母志》的七大精彩之处。董其昌的这段跋是与姜夔前后呼应的，都认定为王献之的真迹。元时，赵孟頫在两本上题跋，董其昌都看了，一本刻入《戏鸿堂法书》，另一本即在此。

董其昌为此篇题跋时已是八十高龄，其书法枯而力强，不再如中年书法般秀润。在《保母志》的拓本中流传于世的只有这一卷，这是一本孤书，非常珍贵。该拓本及诸跋曾入乾隆帝收藏，刻入《三希堂法帖》。

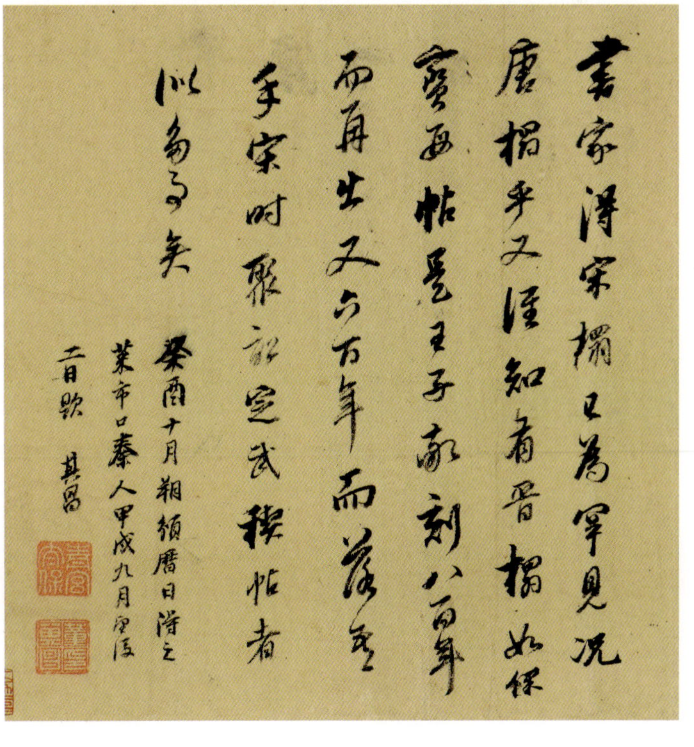

晋 王献之《保母帖》后的董其昌的跋

项元汴墓志铭

乙亥（崇祯八年，1635）　八十一岁

纸本　行楷书　一卷

纵27.0厘米、横543.0厘米

日本东京国立博物馆藏

明故墨林项公墓志铭。陶隐居论书曰：“不为无益之事，何以悦有涯之生。”世无达人，鲜知其解，其在槜李项子京乎。公蒙世业富贵利达，非其好也。尽以收金石遗文图绘名迹。凡断帧只行，悉输公门，虽米芾之书画船，李公麟之洗玉池，不啻也。而世遂以元章、伯时，目公之为人，此何足以知公。元章论书，以端明为画字，蔡卞为得笔。伯时故游苏门，苏助之羽翅。党事起，寻负之。一死已生之际，岂有达人之观哉。子京夷然大雅，自远权势。所与游，皆风韵名流，翰墨时望，如文寿承、休承、陈淳父、彭孔嘉、丰道生辈，或把臂过从，或遗书问讯。淡水之谊，久而弥笃。此外则宁狎飞凫，弗亲轩盖。郡守某，以年旧请见。虽复倒屣，殊乖凿坏，为数日不怡，某介特如此。先是吴中好古之家，浸寻疲于势要搜刮。公以翰墨徜徉，竟厥世，不为他嗜，以故廉者不求，贫者不顾，人以是服远识。繇斯以观公之贤于元章、伯时，不已多乎。公名元汴，字子京。项之先，汴人也。以扈宋居秀胥山里，为甲族。自襄毅公以来，七叶贵盛。有以孝廉令长葛者，曰纲。纲生赠吏部郎铨。铨有丈夫子三人。长，上林丞元淇。次，东粤少参笃寿。公其季也。少而颖敏，十岁属文，不难究其家学。已念赠公既背养，而太宜人苦节。即仲致身王涂，不遑将毋吾。宁以青毡故，重远子舍乎。于是绝意帖括，颛奉太宜人色养。亲自浣涤，终身孺慕。少参公忠孝大节，公有助焉。公居恒以俭为训，被服如寒畯如野老。婚嫁宴会，诸所经费，皆有常度。至于赡族赈穷，缓急非罪，咸出人望外曰，吾自为节缩，正有所用之也。戊子岁大祲，饥民自分沟壑，不恤扞网。公为捐廪作糜，所全活以巨万。郡县议且上闻，牢让不应，终不以为德。市闾巷声，有司益重之。公虽蚤谢呫哔，谓祖父遗经，堂构斯在。不欲令子弟，亦知达生之趣。有六子，各受一经。

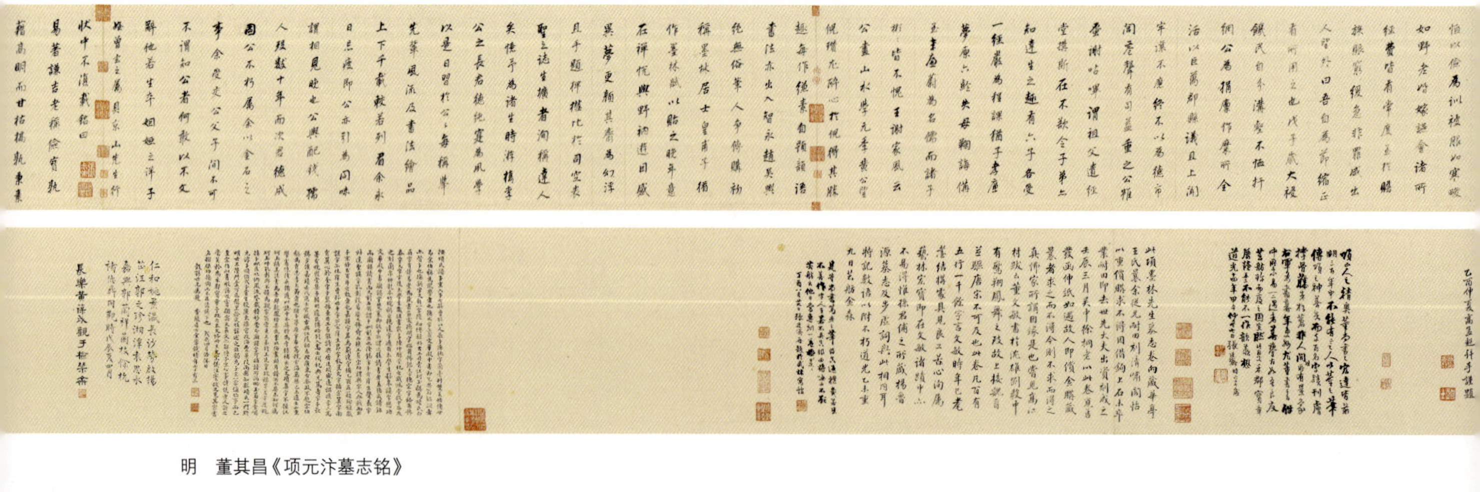

明　董其昌《项元汴墓志铭》

严为程课，犹子孝廉、梦原，六龄失母，鞠诲备至。孝廉蔚为名儒，而诸子彬彬，皆不愧王谢家风云。公画山水，学元季黄公望、倪瓒，尤醉心于倪，得其胜趣。每作缣素，自题韵语。书法亦出入智永、赵吴兴，绝无俗笔。人争传购。初称墨林居士。皇甫子循作墨林赋，以贻之。晚年意在禅悦，与野纳游。因感异梦，更颜其斋为幻浮，且手题榑楮，比于司空表圣之志生圹者，诩称达人矣。忆予为诸生时，游檇李。公之长君德纯，寔为夙学，以是日习于公。公每称举，先辈风流，及书法绘品，上下千载，较若列眉。余永日忘疲，即公亦引为同味，谓相见晚也。公与配钱孺人，殁数十年。而次君德成，图公不朽，属余以金石之事。余受交公父子间，不可不谓知公者。何敢以不文辞。他若生卒姻娅之详，子侄曾玄之属，具京山先生行状中。不复戴。铭曰：易著谦吉，老称俭宝。孰藉高明，而甘枯槁。孰秉素心，而事幽讨。今游古初，神传象表。越山啸傲，长水潦倒。清虚之乡，达人所保。有啬其躬，施及国葆。有朴其容，艺穷文巧。死何如生，大梦独晓。向平犹惑，彭祖为夭。史铭诸幽，聊识其小。舟壑之藏，齏臼可考。

墨林雅士，名满吴越间。余此志亦具其神照。次孙相访请余书，且以镌石，亦王谢子弟家风也，书此应之。崇祯八年乙亥子月，董其昌题。钤："宗伯学士"白文印、"董氏玄宰"白文印

项墨林是中国历史上为数不多的大收藏家之一。董其昌不仅生在项元汴在世之年，而且在1580年前后，"忆予为诸生时，游檇李。公之长君德纯……公每称举，先辈风流，及书法绘品，上下千载，较若列眉。余永日忘疲，即公亦引为同味，谓相见晚也"（《项元汴墓志铭》），阐述了与项元汴亲近的原委，终"得尽睹项子京家藏真迹"（《画禅室随笔·评法书》）之幸。这对董其昌后来成为鉴赏家、收藏家和书画家有着决定性影响。所以，董其昌在撰此文时，称"余受交公父子间，不可不谓知公者"，而对于作为收藏家的项元汴，称之为"虽米芾之书画船，李公麟之洗玉池，不啻也"。其尊敬项元汴，是为非常。

董其昌写此文时已是八十一岁高龄，第二年就去世了。此书用笔枯槁沉着，结体平淡，实为董氏最晚年作品的代表作。此墓志铭载于《容台文集》卷八。

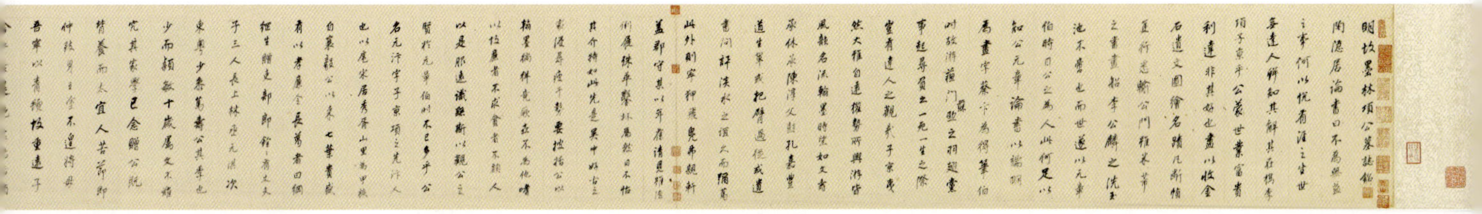

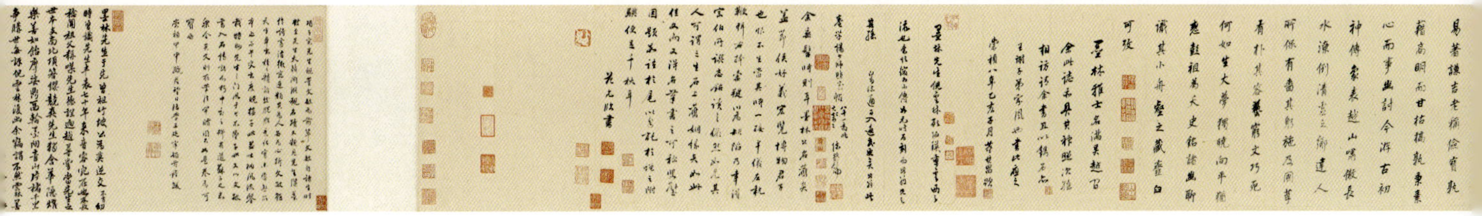

董其昌《项元汴墓志铭》

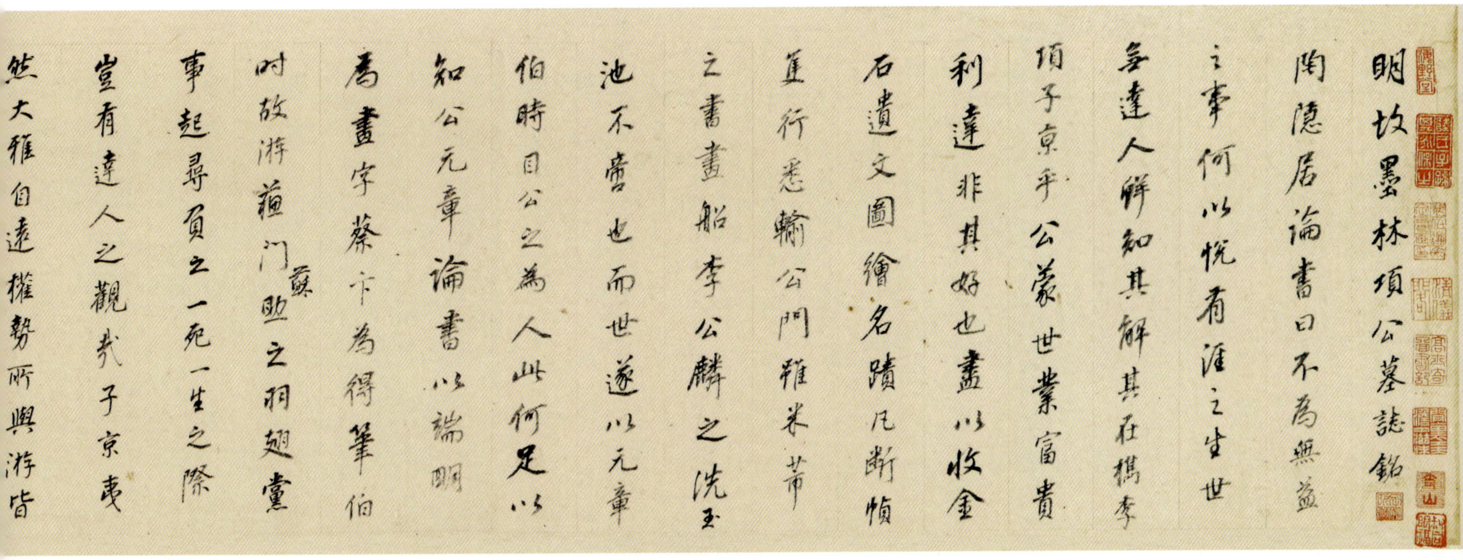
明故墨林項公墓誌銘
陶隱居論書曰不為無益
之事何以悅有涯之生世
多達人鮮知其解其在檇李
項子京乎公蒙世業富貴
利達非其好也盡以收金
石遺文圖繪名蹟凡斷帖
篚行悉輸公門雖米芾
之書畫船李公麟之洗玉
池不啻也而世遂以元章
伯時目公之為人此何足以
知公元章論書以端明
為畫字蔡卞為得筆伯
時故游蘇門助之羽翼畫
事起尋負之一死一生之際
豈有達人之觀哉子京惠
然大雅自遠權勢所與游皆

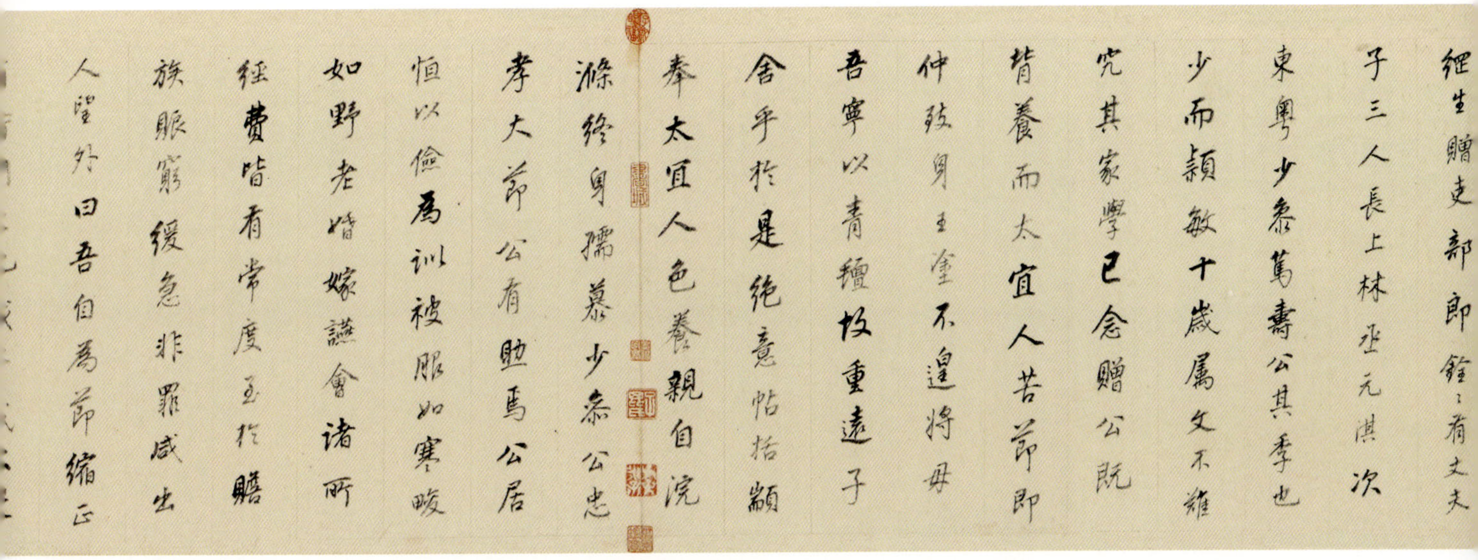
縉生贈吏部郎銓之有丈夫
子三人長上林丞元淇次
東粵少參篤壽公其季也
少而穎敏十歲屬文不難
究其家學已念贈公既
背養而太宜人苦節即
仲弦身主全不遑將母
吾寧以青氈故重遠子
舍乎於是絕意帖括顓
奉太宜人色養親自浣
滌終身孺慕少參公忠
孝大節公有助焉公居
恒以儉為訓被服如寒畯
如野老婚嫁讌會諸所
經費皆有常度至於賙
族賑窮緩急非罪咸出
人望外曰吾自為節縮正

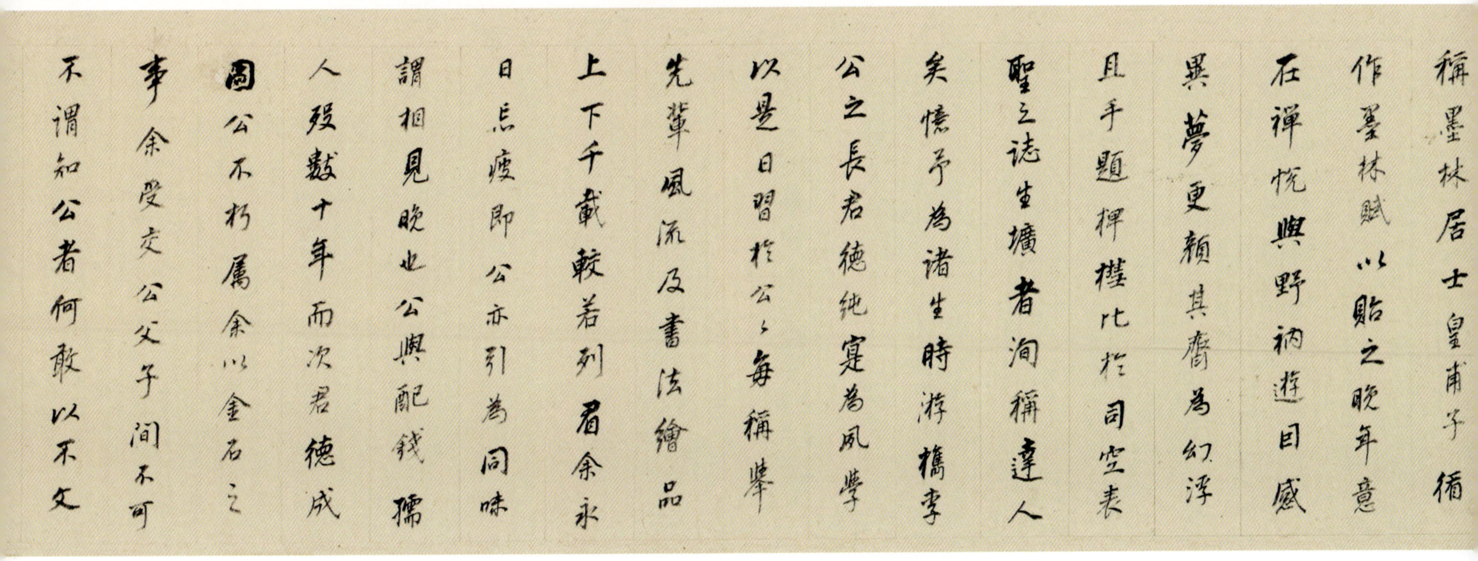
稱墨林居士皇甫子循
作墨林賦以貽之晚年意
在禪悅與野衲遊因感
異夢更顏其齋為幻浮
且手題押楗几於司空表
聖之誌生壙者洵稱達人
矣憶予為諸生時游檇李
公之長君德純寔為風學
以是日習於公公每稱舉
先輩風流及書法繪品
上下千載較若列眉余永
日忘疲即公亦引為同味
謂相見晚也公與配錢孺
人殁數十年而次君德成
圖公不朽屬余以金石之
事余受吏公父子間不可
不謂知公者何敢以不文

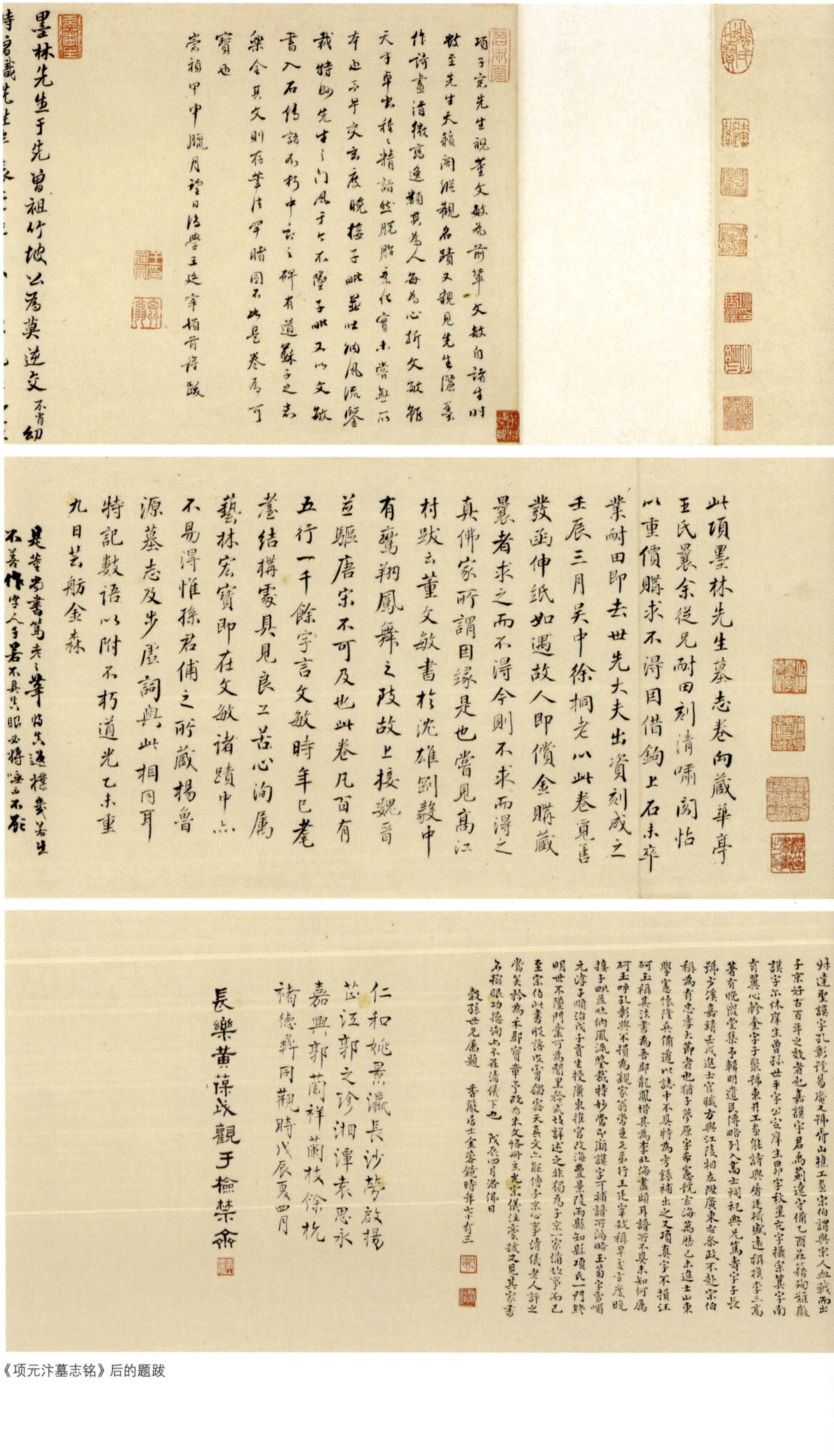

《项元汴墓志铭》后的题跋

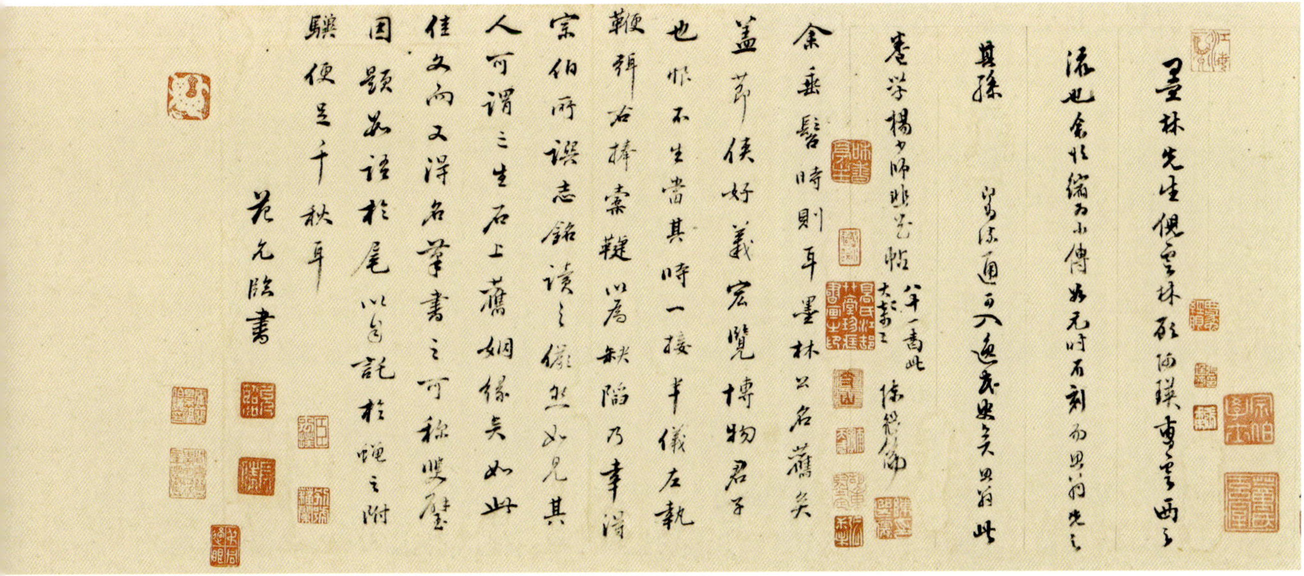

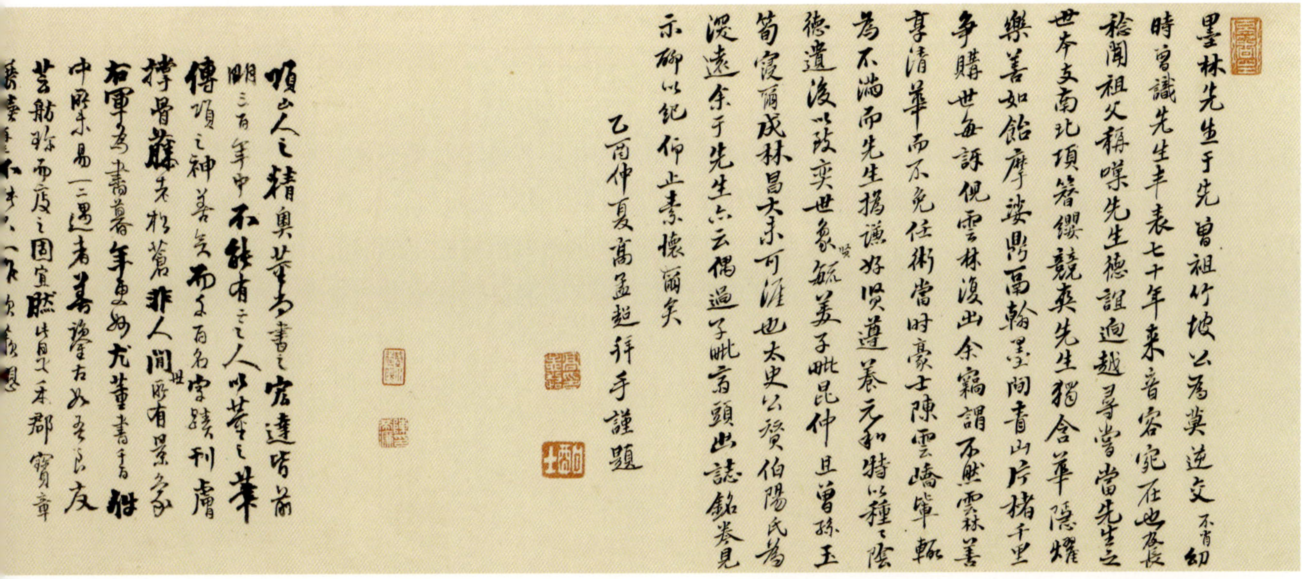

跋张僧繇《五星二十八宿神形图》卷

丙子（崇祯九年，1636）　八十二岁

纸本　行楷书

纵27.5厘米

日本大阪市立美术馆藏

二十八宿真形图，吴道子笔，曾为吴中韩宗伯家藏，宗伯教习庶常时尝得谛观。今又见嘉禾戴康侯藏此卷。宣和时重道教，又收括名画，必载谱中物，真神品也。丙子中秋，董其昌识。钤：“宗伯学士”白文印、“董氏玄宰”白文印

此卷前后有徽宗御府的藏印，又在《宣和画谱》中吴道子名下著录为“二十八宿像一”，董其昌认其为吴道子之画。陈继儒的无纪年跋中认为是阎立本的画，到了清朝安仪周才初次断定为南朝梁张僧繇的画。想来，《宣和画谱》在张僧繇名下也有这幅画的著录，但《墨缘汇观名画续录》中这幅画下的注中写道：“大似唐人临本，不然，即令瓒之作也。”梁令瓒是唐朝开元时期之人，所以安仪周将此画作为唐人的作品。

这篇跋的书法写得很好，与前一年的《项元汴墓志铭》相比，有过之而无不及。但书风相同，结体宽扁，均呈左倾右耸之形。董其昌于丙子（1636）八月逝世，此跋纪年为“丙子中秋（1636年9月13日）”，可见董其昌不仅是于中秋以后逝世，而且在传世的董其昌有纪年的书法中，没有比这跋更晚的作品了，所以此篇书法可以认为是董其昌之绝笔之作了。另外，此书笔力充沛，几乎没有颓废之态，也可一窥董其昌晚年的健康状况。

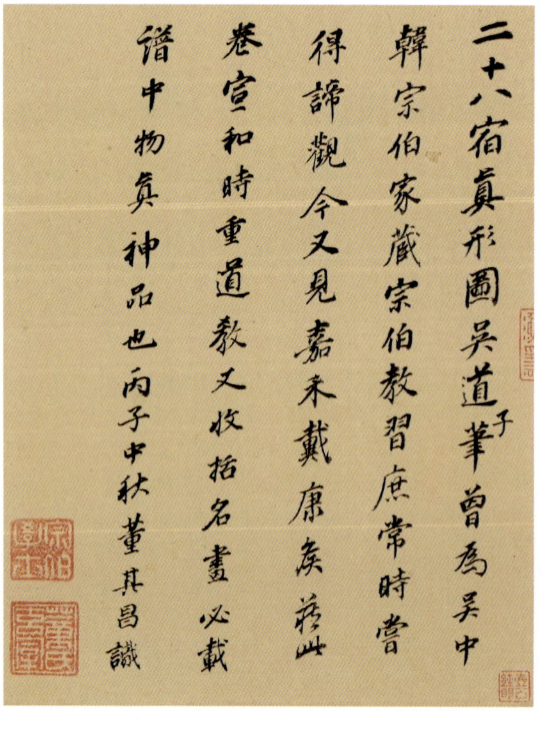

南朝梁　张僧繇《五星二十八宿神形图卷》后的董其昌跋

桑寄生传册

丁丑（崇祯十年，1637）

纸本　行书 全十四幅

纵23.4厘米

台北故宫博物院藏

桑寄生传。桑寄生者，常山人也。为人厚朴，少有远志，读书数百部，长而益智不凡，雌黄今古，谈词如玉屑。状貌瑰异，龙骨而虎睛。劈（当作“臂”）力绝人，运大戟八十斤，走及千里马。与刘季（当作“寄”）奴为布衣交。刘即位，拜为将军。口含鸡舌待左右，恩幸无比。荐其友周升、杜仲、马勃。上召见之曰：“公等所谓参、苓、芝、术，不可一日无者也，何相见之晚耶！”生即进曰：“士以类合，犹磁石取铁，琥珀拾芥；若小人而望其进贤，是犹求柴胡、桔梗于沮泽也。”然好佛，与天竺黄道人、弥陀僧交最善。从容言于上，上恶异端，而弗之用。木贼反，自称威灵仙，与辛夷、前胡相结连，犯天雄军。公谓生曰：“豺狼毒我民，奈何？”生曰：“此小草寇耳，臣请折箠笞之。”上大喜，赐以川山甲、犀角带。问：“何时当归”？曰：“不过半夏。”遂率兵乘海马，攻贼大败。战百合，流血余数里。士卒挽川弓，发赤药箭，贼不能当，遂走，绊于蒺蔾或践滑石而蹶。悉追斩之。惟先降者独活，以延胡索系之而归，获无名异宝不可胜计。或：“马援以薏苡兴谤，此不可留之也。”但献之。上迎劳生曰：“卿平贼如翦草，孙吴不能过也。”因呼为国老而不名。生益贵，赏赐日积，钟乳三千两，胡椒八百斛，以真珠一斛买红娘子为妾。红娘子有美色，发如蜀漆，颜如丹砂，体白而乳香，生绝爱之，以为牡丹、芍药不能与争妍也。上闻之，赐以金银、玳瑁簪，月给胭脂胡粉之费。一日，上见生体羸，谓曰：“卿大腹顿减，非以好色故耶？宜戒淫欲，节五味以自养。”且令放还其妾。不得已，赠以青箱子而遣之。然思之不置，遇秋风起，因取破故纸题诗以寄焉。其诗曰：“牵牛织女别经年，安得鸾胶续断弦。云母幛空人不见，水沉香冷月娟娟。泽兰憔悴渚蒲黄，寒露初凝百草霜。不共玉人倾竹叶，茱萸甘菊自重阳。”

妾答之曰：“菟丝曾附女萝枝，分手车前又几时？羞折红花簪凤髻，懒将青黛扫蛾眉。丁香漫比愁肠结，豆蔻常含别泪垂。愿学云中双石燕，廷乌头白更何迟。天门冬日晓苍苍，落叶初惊满地黄。清泪暗消轻粉面，凝尘闲锁郁金香。石莲未嚼心先苦，红豆相看眼更长。镜里孤鸾甘遂死，引年何用觅昌阳。”

生得诗，情不自胜，乃言于上，召之使还。然生既溺于欲，又不能防风为寒所侵，寝而成疾。面生青皮，两手如干姜，皤然一白头翁也。上疏乞骸骨，上曰：“吾曩者豫知卿有今日矣。”赐神曲酒百斛，以皂角巾归家，养病而卒。作史君子曰：“桑氏出于秦大夫桑生，桑白皮之后。有名螵蛸者，即其远族。生少孤茕，仅知母而不识父，卒以才见于时，非所谓邓林之桂枝，松江之鳖甲耶？然其后耽于女色，甘之如石蜜，而竟忘其味之苦于熊胆；美之于琅玕，而不知其毒之甚于乌蛇也。迷而不悟，卒以伤生，哀哉！”丁丑四月立夏日书于水云阁。其昌。钤：“董其昌印”白文印、“玄宰”白文印

这篇书法仅就书风而言，有董其昌中晚年的标准风格。卷后无款题跋中“此吾师居翰苑时笔，晚年又入馆阁，年高法到，又进一筹”，故此书被认为是1590年至1600年前后，董其昌在翰林院时所作。但是，如果将此作与那个时期作品的书风进行比较的话，没有相似的地方。

董其昌此书纪年为“丁丑”。如果以普遍认可的董其昌生卒年1555年至1636年（钱大昕《疑年

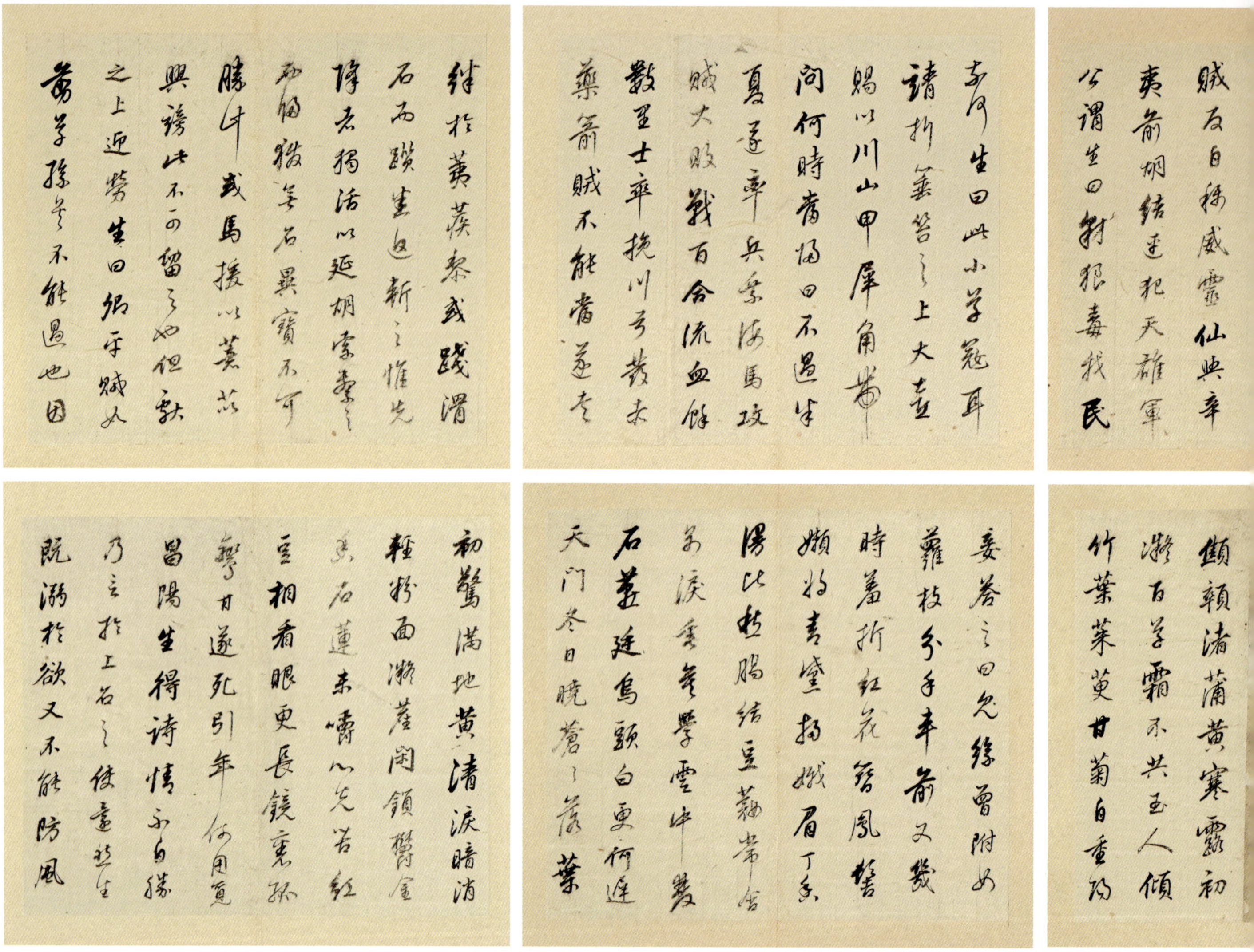

录》）为准，此书是1577年董其昌二十三岁时的作品。但董其昌的书画纪年，在1590年至1595年之间的极少，1590年以前的纪年作品，尚不知其的存在。如果以书风而论，这个“丁丑”应该是1637年。因此，有必要研究董其昌卒年是否是1636年。

《明史》卷二八八的《董其昌传》中，虽然没有记载他是何年去世的，但记载他年龄是“八十有三”。如果按董其昌生于1555年计算，其卒年应为1637年，而非1636年。近年来台湾图书馆编《明人传记资料索引》一书将董其昌的生卒年定为1556年至1637年，又道“崇祯十年卒，年八十二”。崇祯十年是1637年，但遗憾的是没有记载其论据。

裴景福《壮陶阁书画录》卷一二的第50页上载有《董其昌书陆放翁诗》，其纪年为“戊寅修禊”。裴景福称之为“余藏思翁六十以后之书五十余种，爱护头目不止。今得此册。乃八十四岁书，恐再无较此老者，当视同性命”。说来，这幅《董其昌书陆放翁诗》，落款下有“宗伯学士”之印，所以这里的“戊寅”绝对不可能是1578年。因为当时董其昌还未列进士。裴景福收藏董其昌的书法数十种，对董其昌的书法有相当的认识，如果《董其昌书陆放翁诗》果真是真迹，那“戊寅”一定是1638年。裴景福在前面的记述之后，对董其昌的生卒年进行了论述：“明史作八十三，钱氏《疑年录》松江娄县二志处作八十二。然余屡见香光崇祯丁丑年之书跋，知其八十二非也。此册又作《戊寅修禊书》，神采盎溢，则是年八十又四确然无疑。”

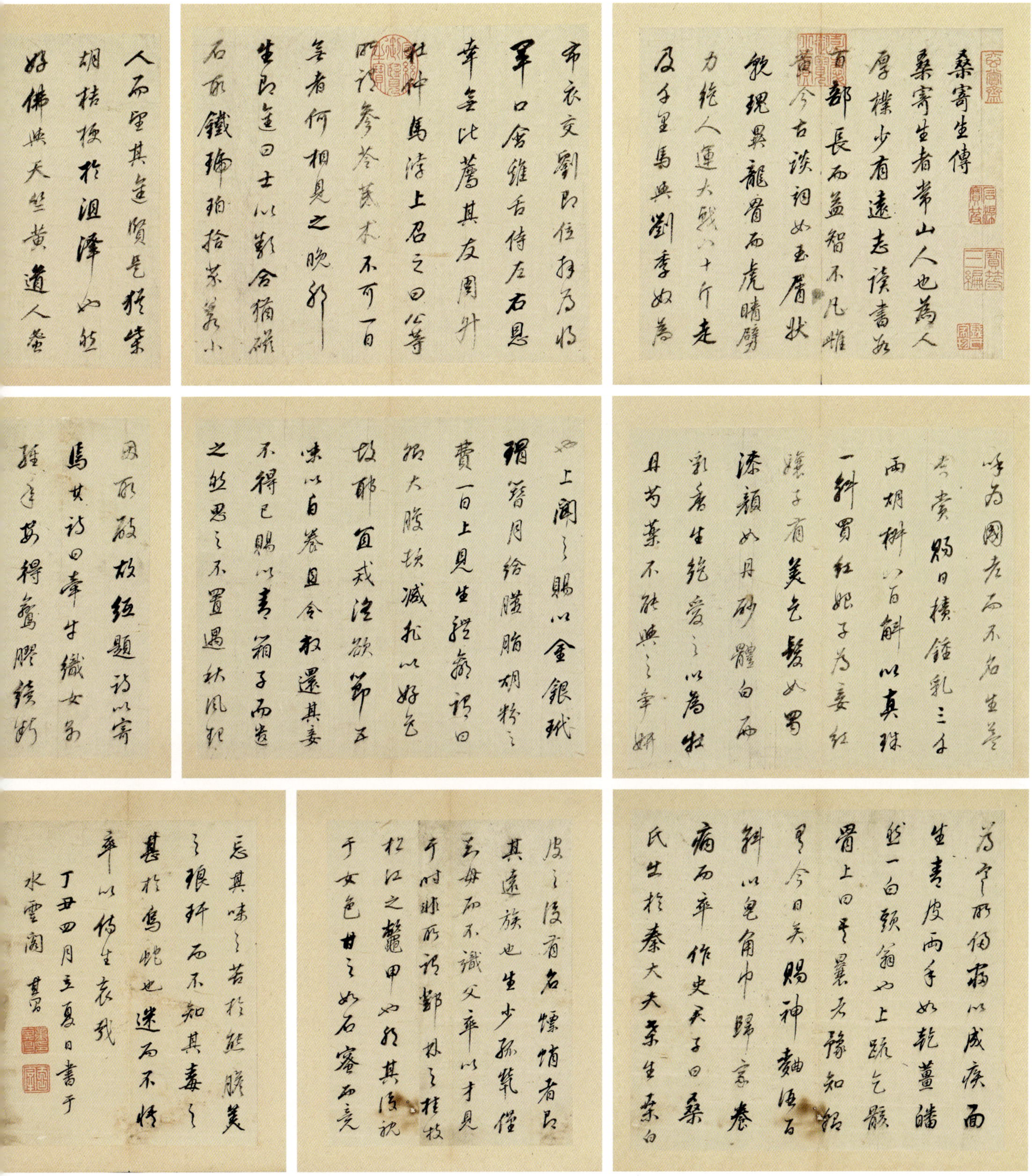

明　董其昌《桑寄生传》册

裴景福所藏《董其昌书陆放翁诗》未见，真伪不明。此《桑寄生传》虽得董其昌书法之形，却不得其精神，恐怕并非真迹。但书迹真伪与纪年真伪是两码事，不能相提并论。如果此书是临的董其昌真迹，那么董其昌的卒年是有探讨余地的。因此，将这篇书法公开刊载，以便学者作为进一步研究的资料。

书迹Ⅱ——无纪年作品

临《十七帖》卷

绫本　草书 一卷

纵25.2厘米、横543.9厘米

台北故宫博物院藏

（郗司马帖）十七日先书，郗司马未去。即日得足下书为慰。先书已具示，复数字。

（逸民帖）吾前东，粗，足作为逸民之怀久矣。方复及此，似梦中语耶，无缘言面为叹，书何能悉。

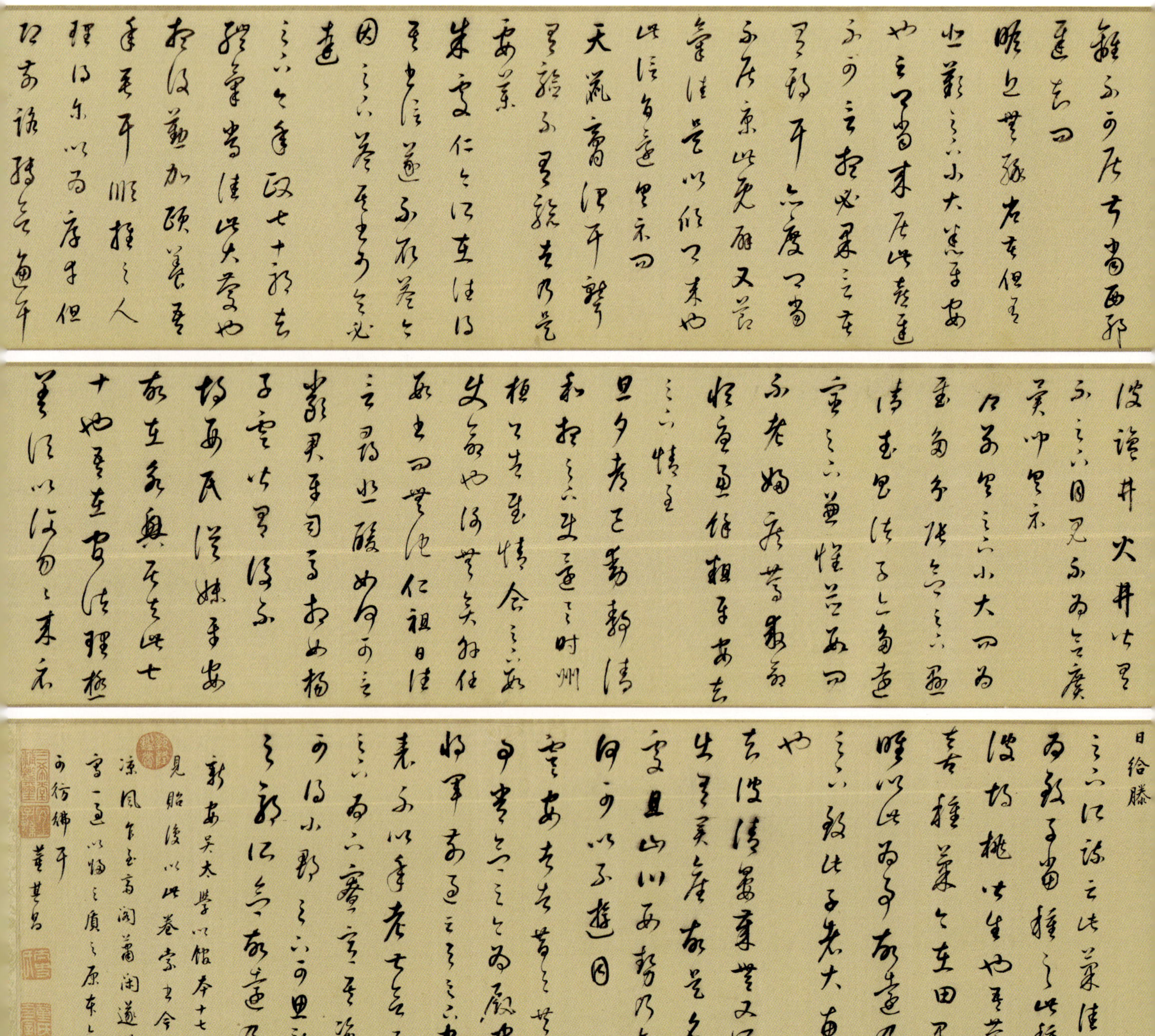

（龙保帖）龙保等平安也，谢之。甚迟见舅，可耳，至为简隔也。

（丝布衣帖）今往丝布单衣，财一端，示致意。

（积雪凝寒帖）计与足下别廿六年，于今虽时书问，不解阔怀。省足下先后二书，但增叹慨。顷积雪凝寒，五十年中所无。常冀来夏秋间，或复得足下问耳。比者悠悠，如可言。

（服食帖）吾服食久，犹为劣劣。大都比之年时，为复可可。足下保爱为上，临书，但有惆怅。

（知足下帖）知足下行至吴。念违离不可居，叔当西耶！迟知问。

（瞻近帖）瞻近无缘省告，但有悲叹，足下小大悉平安也。云卿当来居，此喜迟不可言，想必果言告有期耳。亦度卿当不居京，此既避，又节气佳，是以欣卿来也。此信旨，还具示问。

（天鼠膏帖）天鼠膏治耳聋有验不？有验者乃是要药。

明　董其昌《临〈十七帖〉卷》

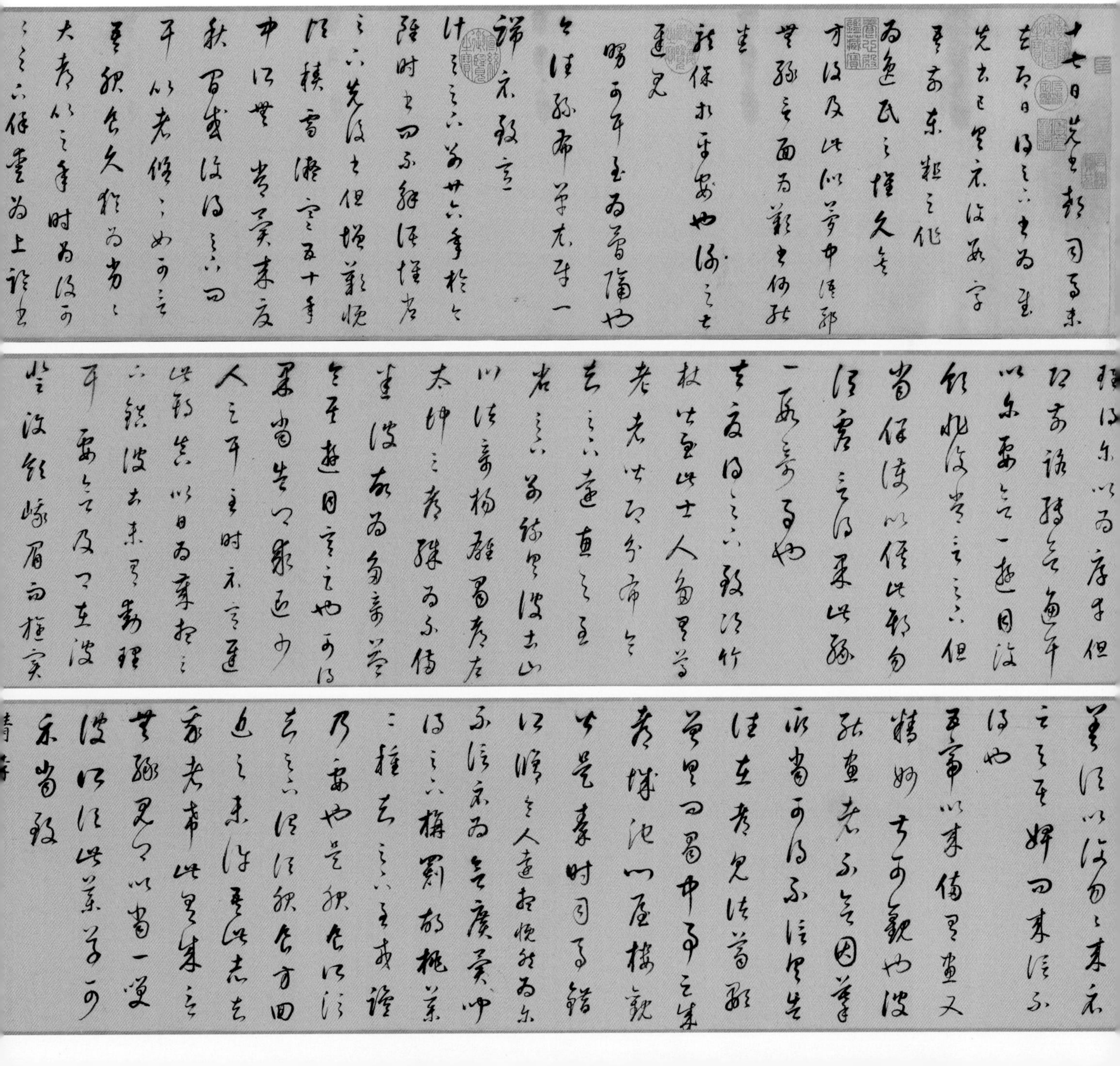

（朱处仁帖）朱处仁今所在，往得其书，信遂不取答。今因足下答其书，可令必达。

（七十帖）足下今年政七十耶？知体气常佳，此大庆也。想复勤加颐养。吾年垂耳顺，推之人理，得尔以为厚幸。但恐前路转欲逼耳。以尔，要欲一游目汶领，非复常言，足下但当保护，以俟此期，勿谓虚言。得果此缘，一段奇事也。

（邛竹杖帖）去夏，得足下致邛竹杖，皆至此。士人多有尊老者，皆即分布。令知足下远惠之至。

（蜀都帖）省足下别疏，具彼土山川诸奇。扬雄《蜀都》、左太冲《三都》，殊为不备。悉彼故为多奇，益令其游目，意足也。可得果，当告卿求迎。少人足耳，至时示意。迟此期真以日为岁，想足下镇彼土，未有动理耳。要欲及卿在彼，登汶领峨眉而旋，实不朽之盛事。但言此，心以驰于彼矣。

（盐井帖）彼盐井、火井皆有不？足下目见不？为欲广异闻，具示。

（远宦帖）省别，具足下小大问，为慰。多分张，念足下悬情。武昌诸子亦多远宦，足下兼怀，并数问不？老妇疾笃，救命恒忧虑。余粗平安，知足下情至。

（都邑帖）旦夕都邑，动静清和。想足下使还，具时州。桓公告慰，情企足下，数使命也。谢无奕外任，数书问，无他。仁祖日往，言寻悲酸，如何可言。

（严君平帖）严君平、司马相如、扬子云，皆有后不？

（胡毋从妹帖）胡毋氏从妹平安。故在永兴居，去此七十也。吾在官，诸理极差。顷比复匆匆。来示云，与其婢问。来信不得也。

（讲堂帖）五帝以来备有画，又精妙，甚可观也。彼能画者不？欲因摹取，当可得不？信具告。

（成都帖）往在都见诸葛显，曾具问蜀中事。云成都城池、门屋、楼观，皆是秦时司马错所修，令人远想慨然。为尔不？信示，为欲广异闻。

（旃罽帖）得足下旃罽、胡桃，药二种。知足下至，戎盐乃要也，是服食所须。知足下谓须服食，方回近之，未许吾此志。“知我者希”，此有成言。无缘见卿，以当一笑。

（药草帖）彼所须此药草，可示，当致。

（来禽帖）青李、来禽、樱桃、日给藤，子皆囊盛为佳，函封多不生。

（胡桃帖）足下所疏云，此果佳，可为致子，当种之。此种彼胡桃皆生也。吾笃喜种果，今在田里，惟以此为事。故远及。足下致此子者，大惠也。

（清晏帖）知彼清晏岁丰，又所出有异产，故是名处。且山川形势乃尔，何可以不游目？

（虞安吉帖）虞安吉者，昔与共事，常念之。今为殿中将军。前过，云与足下中表，不以年老，甚欲与足下为下寮。意其资可得小郡，足下可思致之耶？所念，故远及。

董其昌之跋中“新安吴太学”即为重要收藏家吴廷。两人交往甚密，董其昌收藏的书画不少来自吴廷，吴氏也经常向董其昌求书画。此即为其中一例。

董其昌在首都北京时，友人王思延入手了硬黄本《十七帖》。董其昌借来临书，后将临本给济南邢侗看，邢侗大加赞赏，劝他多临书传世。此后，董其昌开始写《十七帖》，但传世者寥寥无几。（《画禅室随笔·跋自书临十七帖书后》）

临张旭《郎官壁记》轴

纸本　楷书　一幅

纵161.2厘米、横54.9厘米

台北故宫博物院藏

上天垂象，北极著于文昌。先王建邦，南宫列为会府。六官既辩，四方是则。大总其纲，小持其要。礼乐刑政，于是乎达，而王道备矣。圣上至德光被，睿谋广运，提大象以祐生人，躬无为以风天下。三台淳曜，百辟承宁。动必有成，举无遗策。年和俗厚，千载一时。而犹搜择茂异，网罗俊逸。野罄兰芳、林殚松秀，尽在于周行矣。夫尚书郎廿四司，凡六十一人，上应星纬，中比神仙，咸擅国华，以成台妙。修词制天一之议，伏奏为朝廷之容，信杞梓之薮泽、衣冠之领袖。临张长史《郎官壁记》，董其昌。钤："董其昌印"白文印、"宗伯之印"白文印

此篇非《郎官壁记》的全文。《戏鸿堂法书》卷七中有全文，其末尾董其昌跋语记："长史《郎官壁记》，世无别本，唯王奉常敬美有之，陈仲醇摹以寄余，知学草必自真入也。"

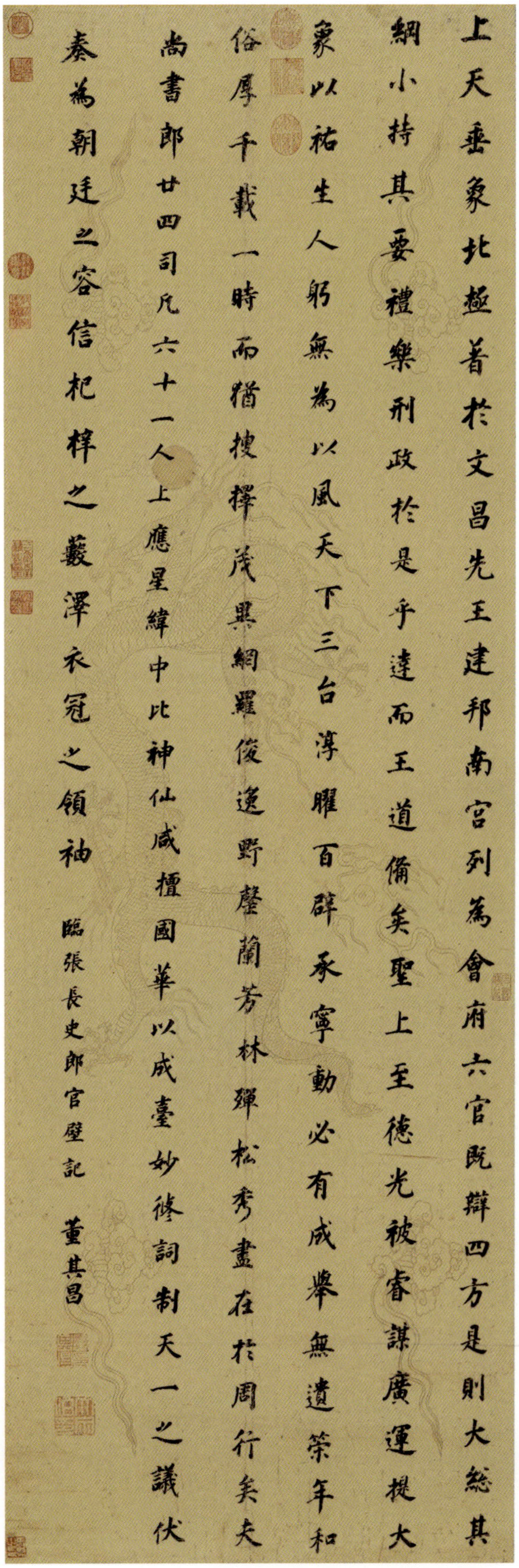

明　董其昌《临张旭〈郎官壁记〉》轴

临褚遂良《兰亭序》册

纸本　行书　全十二幅

纵25.0厘米、横27.0厘米

台北故宫博物院藏

引以为流觞曲水，列坐其次，虽无丝竹管弦之盛，一觞一咏亦足以畅叙幽情。

是日也，天朗气清，惠风和畅，仰观宇宙之大，俯察品类之盛，所以游目骋怀，足以极视听之娱，信可乐也。

夫人之相与，俯仰一世，或取诸怀抱，悟言一室之内；或因寄所托，放浪形骸之外。虽趣舍万殊，静躁不同，当其欣于所遇，暂得于己，怏（同“快”）然自足，不知老之将至。及其所之既倦，情随事迁，感慨系之矣。向之所欣，俯仰之间，以为陈迹，犹不能不以之兴怀。况修短随化，终期于尽。古人云：“死生亦大矣。”岂不痛哉！

每揽昔人兴感之由，若合一契，未尝不临文嗟悼，不能喻之于怀。固知一死生为虚诞，齐彭殇为妄作。后之视今，亦犹今之视昔。悲夫！故列叙时人，录其所述。虽世殊事异，所以兴怀，其致一也。后之揽者，亦将有感于斯文。天圣丙寅年正月十五日重装。

才翁东齐所藏图书尝尽览焉，高平范仲淹题。

皇祐己丑四月太原王尧臣观。

元祐戊辰二日获于才翁之子洎字及之。米芾记。

右米姓秘玩，天下兰亭本第一。唐太宗获此书，命起居郎褚遂良检校，冯承素、韩道政、赵

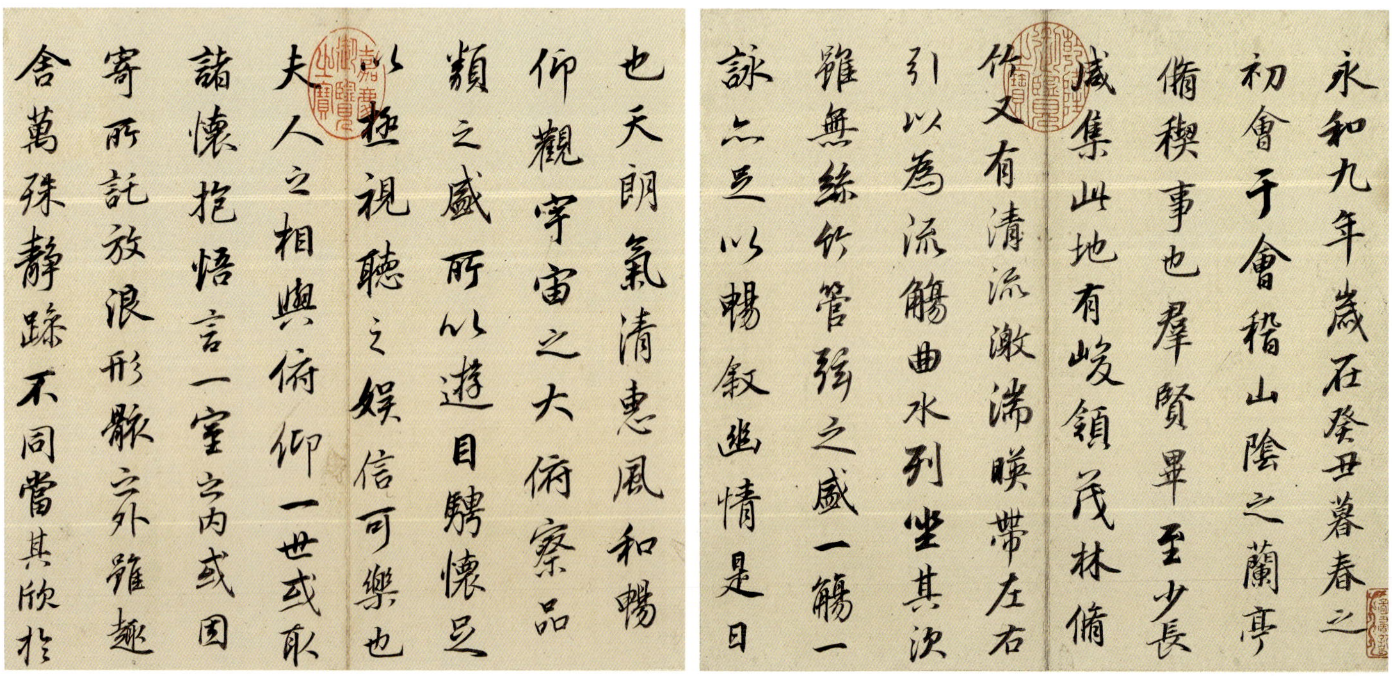

明　董其昌《临褚遂良〈兰亭序〉》册（局部）

模、诸葛贞、汤普澈之流摹赐王公贵人，著于张彦远《法书要录》。此轴在苏氏，题为褚遂良摹。观其意，易改误数字，真是褚法，皆率意落笔。余字勾填，咸清润有秀气，转折毫铓备尽，与真无异，非深知书者所不能到，世俗所收或肥或瘦，乃是工人所作，正以此本为定。

熠熠客星，岂晋所得。卷器泉石，流腴翰墨。戏著谈标，书存马式（戎）。郁昭陵，玉椀已出。戎温无赖，谁宝真物。水月何殊，志专用一。绣缫金鐍，瑶机锦綍。猗欤元章，守之勿失。壬午闰六月九日大江济川亭舣宝晋斋艎对紫金浮玉群山，迎快风销暑重装。米芾平生真赏。戊午二月廿日临褚摹兰亭真迹，董其昌。

乙亥中秋观戊午岁临帖，其昌。

（后蔡樅、夏允彝跋略）

董其昌曾说《兰亭序》是“右军真血脉”。元朝文宗御府所藏《禊帖》（张金界奴本《兰亭序》）归董其昌所有，其跋曰：“笔法飞舞，神采奕奕，可想见右军真本风流，实为希代之宝。余得之吴太学，每以胜日展玩，辄为心开。至于手临，不一二卷止矣，苦其难合也。”（《画禅室随笔·跋禊帖后》）。可见董其昌的临书不少，但流传于世的却寥寥无几。

《戏鸿堂法书》卷三收录有《兰亭序》。这其实是董其昌收藏的元文宗藏本（张金界奴本），但董其昌跋中书有“此卷似永兴所临……久藏余斋中”，最初传说是褚遂良所临，直到董其昌晚年才有虞世南临的说法，梁清标以后完全将此书断定是虞世南的。乾隆时，该本被定为“兰亭八柱”第一。

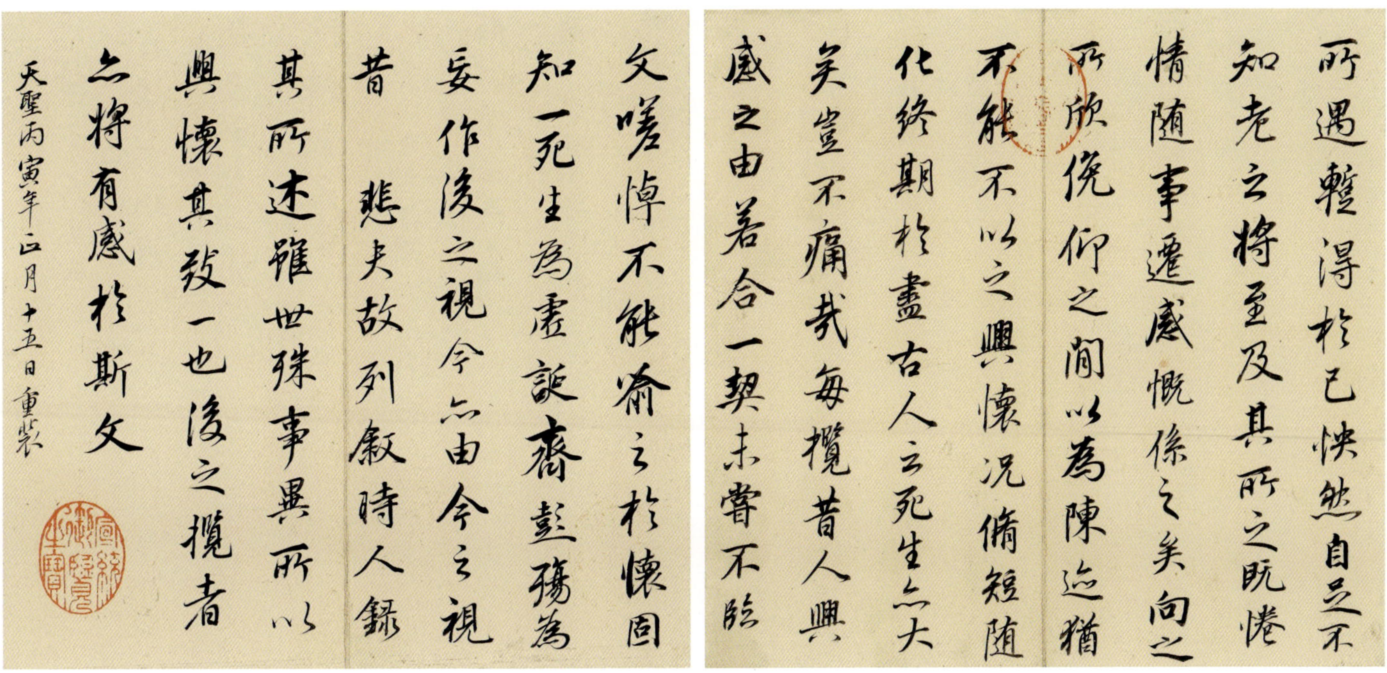

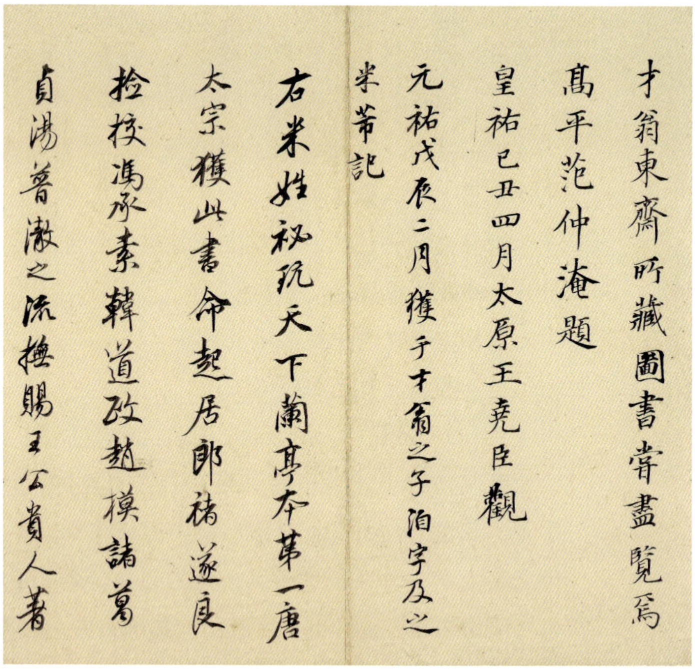
才翁東齋所藏圖書嘗盡覽焉
高平范仲淹題
皇祐己丑四月太原王堯臣觀
元祐戊辰二月獲于才翁之子洎字及之
米芾記
右米姓秘玩天下蘭亭本第一唐
太宗獲此書命起居郎褚遂良
檢校馮承素韓道政趙模諸葛
貞湯普澈之流摹賜王公貴人著

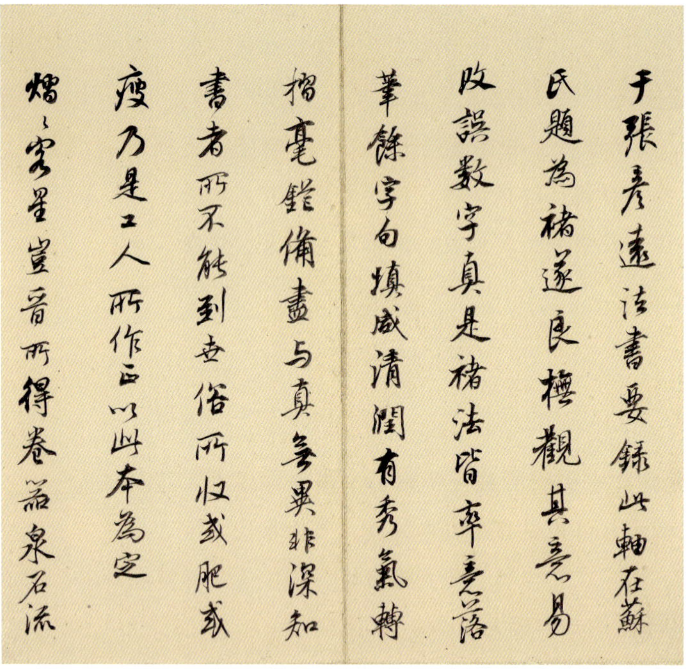
于張彥遠法書要録此軸在蘇
氏題為褚遂良摹觀其意易
改誤數字真是褚法皆率意落
筆餘字句填咸清潤有秀氣轉
摺毫鋩備盡與真無異非深知
書者所不能到世俗所收或肥或
瘦乃是工人所作正以此本為定
熠熠寶星豈晉所得巻茹泉石流

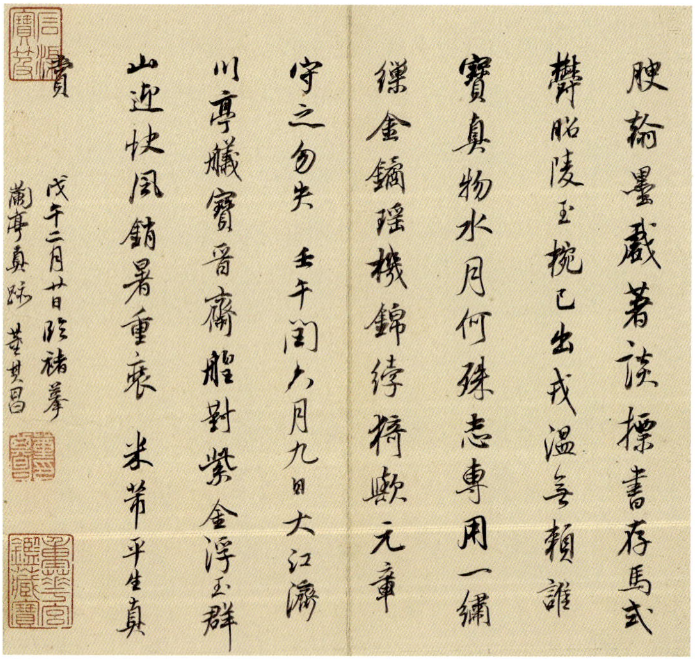
腴翰墨戲著談標書存馬式
彝昭陵玉捥已出戎温無賴誰
寶真物水月何殊志專用一繡
縹金鐍瑤機錦縧精歟元章
守之勿失　壬午閏六月九日大江濟
川亭艤寶晉齋艎對紫金浮玉群
山迎快風銷暑重裝　米芾平生真
賞
戊午二月廿日臨褚摹
蘭亭真跡　董其昌

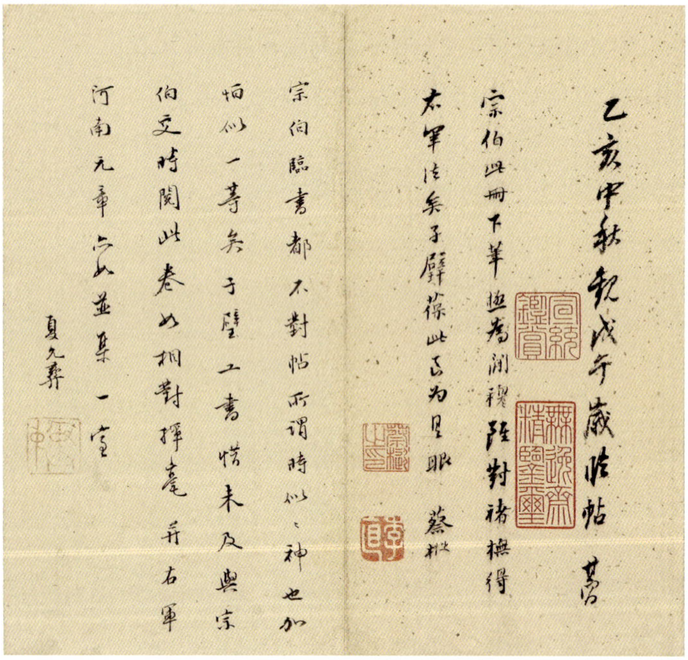
乙亥中秋觀戊午歲臨帖　其昌
宗伯此冊下筆極為閒穆陸對褚摹得
太牢法矣子驛篠此正為見眼　蔡楙
宗伯臨書都不對帖所謂時似時神也加
恒似一等矣于壁上書惜未及與宗
伯交時閱此卷如相對揮毫并右軍
河南元章亦以並集一堂
夏允彝

临徐浩《张九龄告身》卷

绫本　楷书　一卷

纵25.0厘米、横248.0厘米

日本东京国立博物馆藏

唐相张九龄告。门下。春秋之义，尚重卿才。王国克桢，莫先相位。用增其命，必正其名。中大夫守黄门侍郎同中书门下平章事弘文馆学士赐紫金鱼袋上护军裴耀卿，正议大夫中书侍郎同中书门下平章事集贤院学士副知院事兼修国史赐紫金鱼袋上柱国曲江县开国男张九龄，经济之才，式是百辟。正议大夫检校黄门侍郎赐紫金鱼袋上柱国李（林甫），泉源之智，迪惟前人。既枢密载光，而亲贤称首。审能群会，所莅有孚，宁唯是日畴咨。故以多年历选，国均繄赖，邦礼克清。宜命曰鼎臣，置之廊庙。耀卿（可银青光禄大夫守侍中、学士勋如故。九龄）可银青光禄大夫守中书令学士知院事修国史勋封如故。（林甫）可银青光禄大夫守礼部尚书同中书门下三品，勋如故，主者施行。

金紫光禄大夫守尚书右丞相集贤殿学士修国史上柱国徐国公嵩。吏部尚书上柱国武都县开国男暠。朝议大夫守尚书左丞赐紫金鱼袋挺之。开元廿二年五月廿日下。

右徐浩书张曲江《告身》。唐世告身都出当代善书者之手，不尔谓孝慈不足。故颜鲁公、徐越公皆为之。此帖刻于淳熙秘阁，予临写亦无复余恨。董其昌。钤：“知制诰日讲官”白文印、“董其昌印”白文印

《淳熙秘阁帖》的《张九龄告身》原本没有落款，书者不明。王恽《玉堂嘉话》卷一虽载有全文，但也没有言及书法家之姓氏。董其昌根据刻本临摹，初次断定是徐浩的书法。在徐浩传世的楷书中，《不空和尚碑》的拓本被认为是名迹，如果将其与此《告身》相比，《不空和尚碑》在笔法和气调上是远远超越的，严格地说，两者不可能出自同手。但《不空和尚碑》是建中二年（781）书，徐浩时已七十九岁高龄，次年逝世，乃绝笔之名作。《张九龄告身》纪年是开元二十二年（734），徐浩时年三十二岁，那时书法的成果自不可与晚年时造诣同日而语。所以，《张九龄告身》是否出自徐浩之笔，在资料匮乏的现代恐怕没有足够的证据可以断定了。

董其昌断定这篇书法是徐浩的，理由如下：公元734年前后，以书法闻名于世之人，虽有颜真卿，但其弱冠二十六岁，书风也与此不同。但是徐浩被称“授中书舍人，四方诏令多出其手”（《新唐书》卷一百六十）。另外，这篇书法与宋代苏轼有很多相似之处，相传苏轼之书出自徐浩，董其昌又称“东坡先生书，深得徐季海骨力”（《画禅室随笔·评法书》）。因此，董其昌断定此卷为徐浩所书。

然而，董其昌对苏轼的书法并没有给予太高的评价。比如，东京国立博物馆收藏《行草书卷》中曰“二公（苏东坡和赵吴兴）书不甚高”，所以把徐浩和苏轼两家区别开来：“子瞻多偃笔，季海藏锋，正书欲透纸背，安得同论，此书颇似之。”（《容台别集》卷三）董其昌的这番论调，首先是把徐浩书法置于东坡之上，其次是说自己的书法与徐浩的书法非常相似。言外之意，自己的书法也比东坡优秀。这卷《临徐浩〈张九龄告身〉》的跋尾也有“予临写亦无复余恨”，都是同样的

心理。想来，董其昌对徐浩书法是深刻钻研，有所收获的吧。“右军有拨镫法……南唐李后主犹传此法，余于徐季海《三藏碑》悟笔意，当于内擫留笔取之，正自觅解人不可得。”（《容台别集》卷四）徐浩的书法除了《张九龄告身》以外，还有新安吴氏藏杜少陵《谒玄元皇帝庙》诗，董其昌称“余玩其用笔，知是徐季海真书”（同上）。董其昌的鉴定是否正确，我们不作确切论述，但这些都是董其昌对徐浩持片面看法的记述。《戏鸿堂法书》中刻录的徐浩书法有《道经》和《朱巨川告身》。

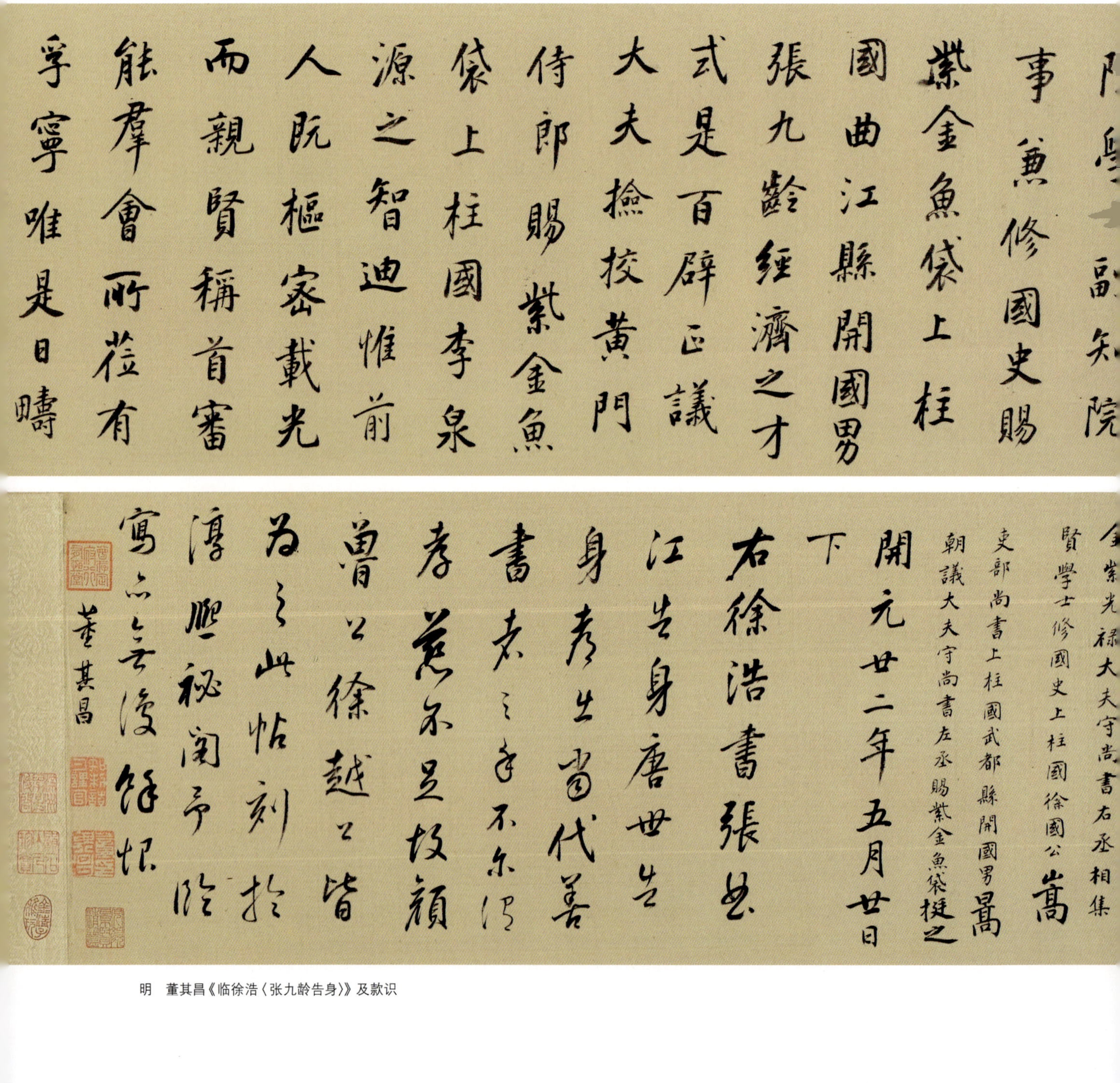

明　董其昌《临徐浩〈张九龄告身〉》及款识

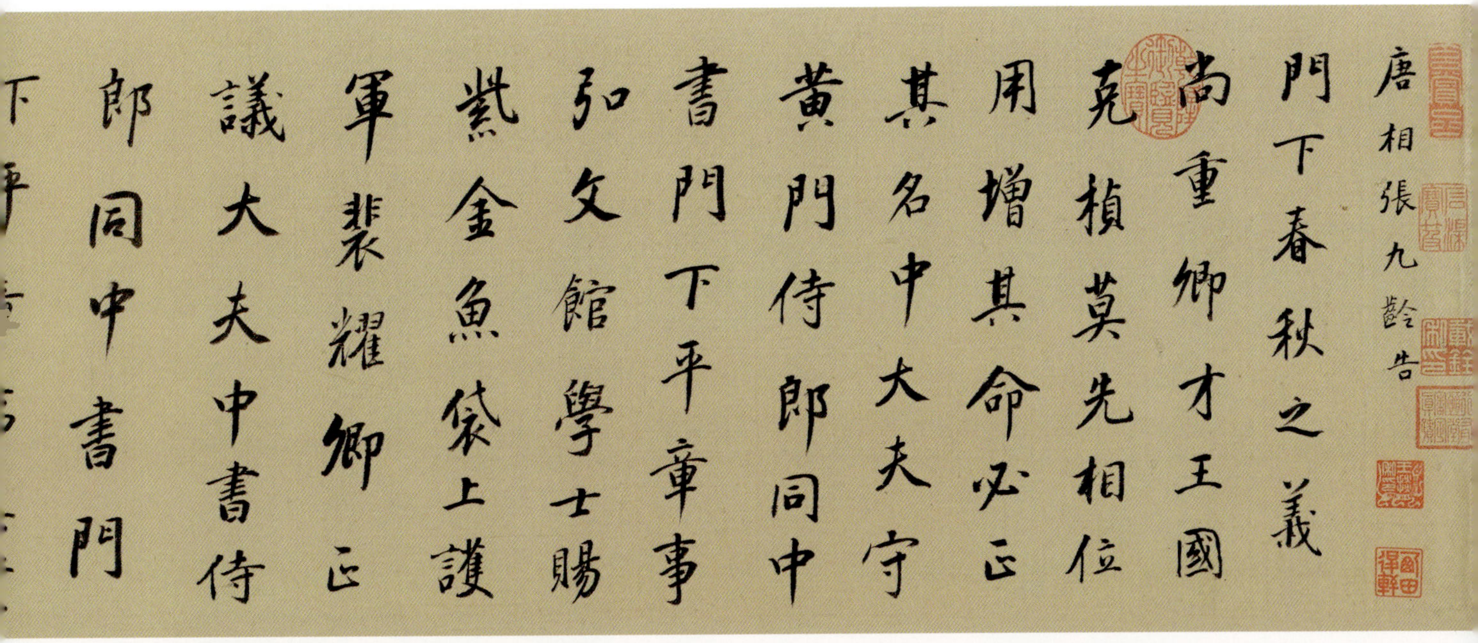
唐相張九齡告
門下春秋之義
尚重卿才王國
克楨莫先相位
用增其命必正
其名中大夫守
黃門侍郎同中
書門下平章事
弘文館學士賜
紫金魚袋上護
軍裴耀卿正
議大夫中書侍
郎同中書門
下

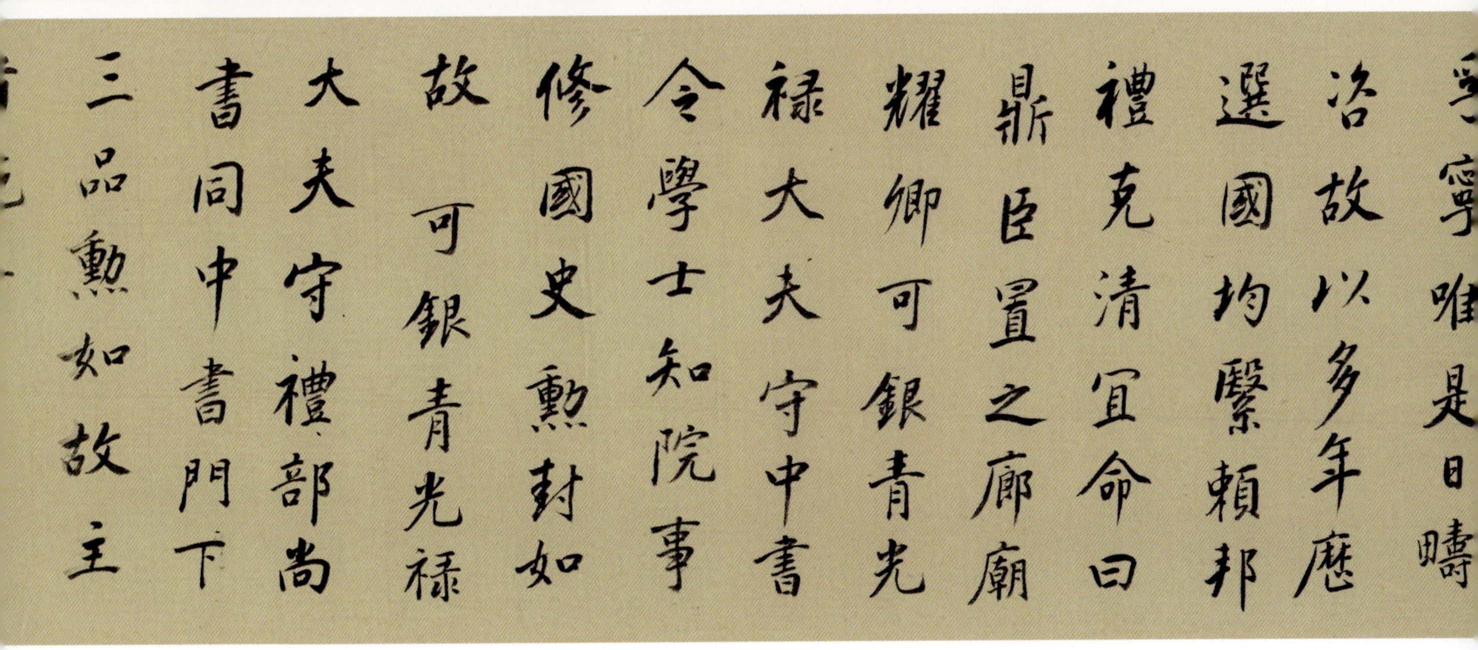
寧唯是日疇
洛故以多年歷
選國均繫賴邦
禮克清宜命曰
鼎臣置之廊廟
耀卿可銀青光
祿大夫守中書
令學士知院事
修國史勳封如
故 可銀青光祿
大夫守禮部尚
書同中書門下
三品勳如故主

临颜真卿《告身帖》轴

纸本　楷书　一幅

纵180.8厘米、横48.1厘米

台北故宫博物院藏

敕：国储为天下之本，师导乃元良之教。将以本固，必由教先，非求忠贤，何以审谕？光禄大夫行吏部尚书充礼仪使上柱国鲁郡开国公颜真卿，立德践行，当四科之首；懿文硕学，为百氏之宗。忠谠罄于臣节，贞规存乎士范。述职中外，服劳社稷。静专由其直方，动用谓之悬解。山公启事，清彼品流；叔孙（制）礼，光我王度。

鲁公告身帖真迹，在吴门韩宗伯家。米元章重颜行而不许颜真书，亦是偏见。张长史《郎官壁记》，乃狂草之筑基也。其昌。钤："青宫太保"朱文印、"董其昌"白文印

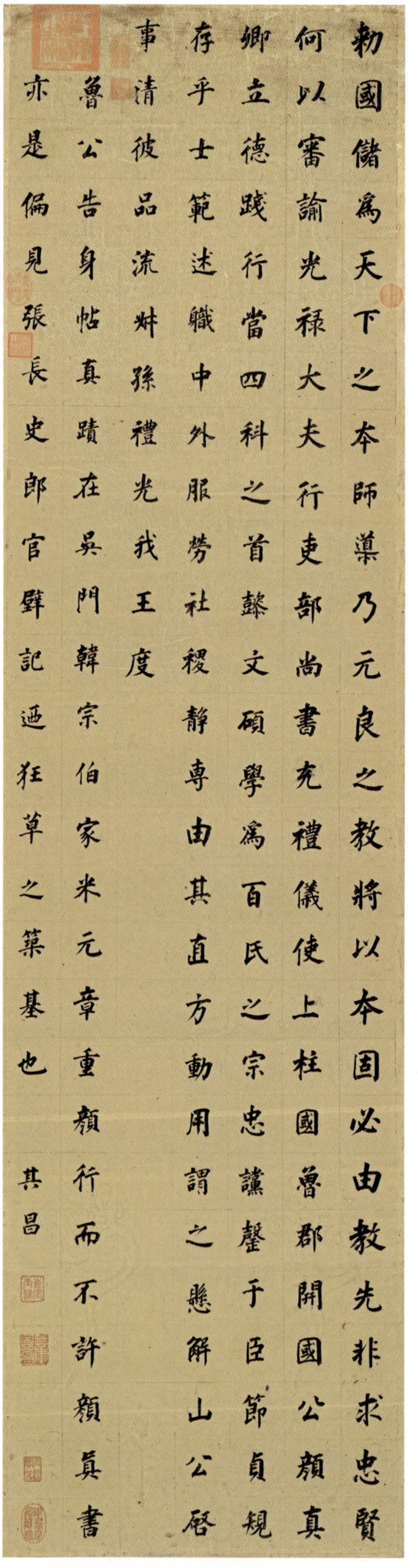

明　董其昌《临颜真卿〈告身帖〉》轴

临苏氏六帖册

纸本　行书　全十一幅

纵23.5厘米、横34.7厘米

台北故宫博物院藏

轼启。屡获教字，眷与隆厚，感服不已。比日履兹伏暑，起居清胜。轼数日卧病，今日方稍痊，久稽来人，悚息悚息，承旦夕东归愈远，益深怅仰，尚冀。

董其昌在宋人的书法中对米芾评价最高，其书风也与米芾最接近。但董其昌年轻时学过苏东坡的书法，晚年偶尔临摹也有精彩之处。观此临本，几乎隐藏了董其昌自身的风格。对于东坡书法的渊源，董其昌自己也有其独到的看法："世谓其学徐浩。以余观之，乃出于王僧虔耳。但坡公用其结体，而中有偃笔，又杂以颜常山法，故世人不知其所自来。"（《画禅室随笔·评法书》）

《戏鸿堂法书》中也刻有东坡书八种，可见董其昌对东坡的书法有着深刻的理解。这一幅是董其昌《临苏轼六帖册》中的第一幅，到第五幅都是临东坡的，第六幅是临苏过的。

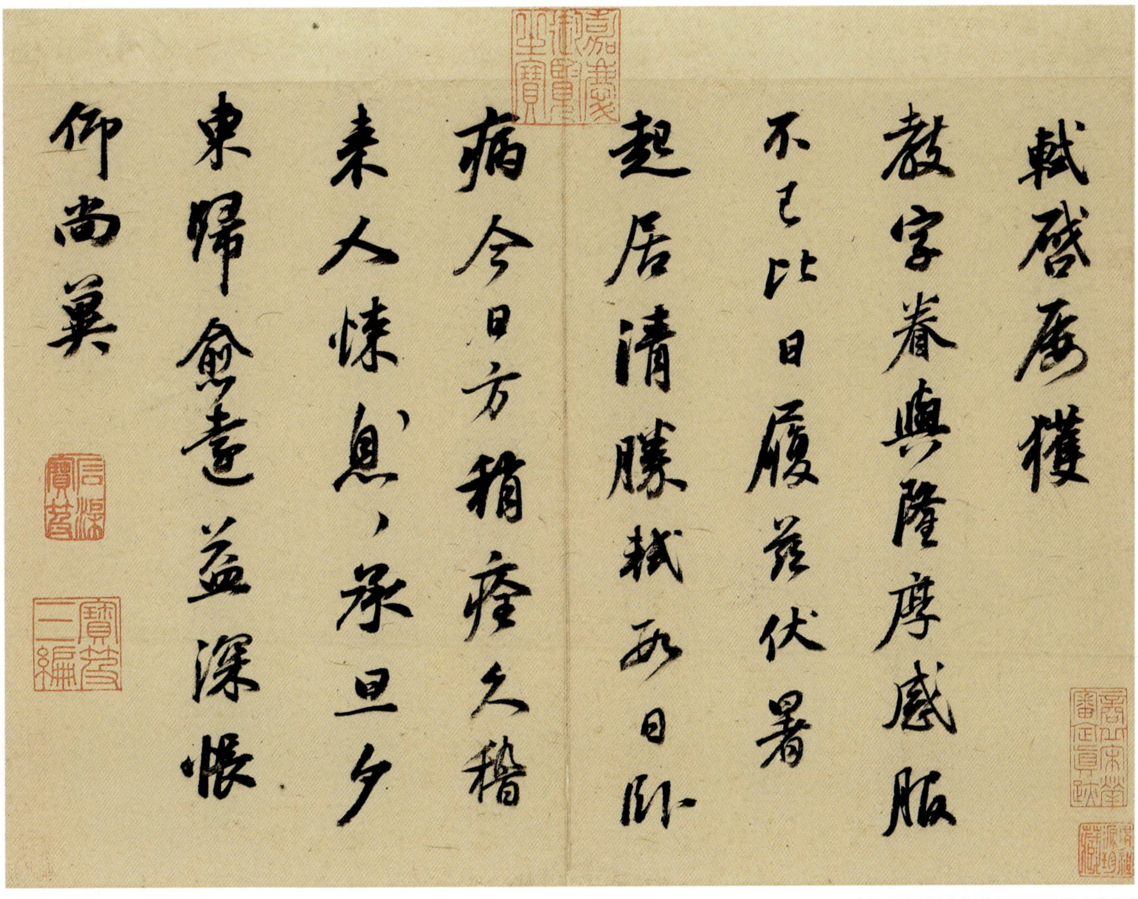

明　董其昌《临苏氏六帖册》（局部）

行楷书白居易《琵琶行》卷

纸本　行楷书　一卷

琵琶行。浔阳江头夜送客，枫叶荻花（鸣）瑟瑟。主人下马客在船，举酒欲饮无管弦。醉不成欢惨将别，别时茫茫江浸月。忽闻水上琵琶声，主人忘归客不发。寻声暗问弹者谁，琵琶声停欲语迟。移舟相近邀相见，添酒回灯重开宴。千呼万唤始出来，犹抱琵琶半遮面。转轴拨弦三两声，未成曲调先有情。弦弦掩抑声声思，似诉平生不得志。低眉信手续续弹，说尽心中无限事。轻拢慢撚拨复挑，初为霓裳复六么。大弦嘈嘈如急雨，小弦切切如私语。嘈嘈切切错杂弹，大珠小珠落玉盘。间关莺语花底滑，鸣咽泉流水下滩。冰泉冷涩弦凝绝，凝绝不通声暂歇。别有幽愁暗恨生，此时无声胜有声。银瓶乍破水将迸，铁骑突出刀枪鸣。曲中抽拨当心画，四弦一声如裂帛。东船西舫悄无闻，惟见江心月秋白。沉吟抽拨插弦中，整顿衣裳起敛容。自言本是京城女，家在虾蟆陵下住。十三学得琵琶成，名属教坊第一部。曲罢常教善才服，妆成每被秋娘妒。五陵年少争缠头，一曲红绡不知数。钿头银篦击节碎，血色罗裙翻酒污。今年欢笑又明年，秋月春风等闲度。弟走从军阿姨死，暮去朝来颜色故。门前冷落车马稀，老大嫁作商人妇。商人重利轻别离，前月浮梁买茶

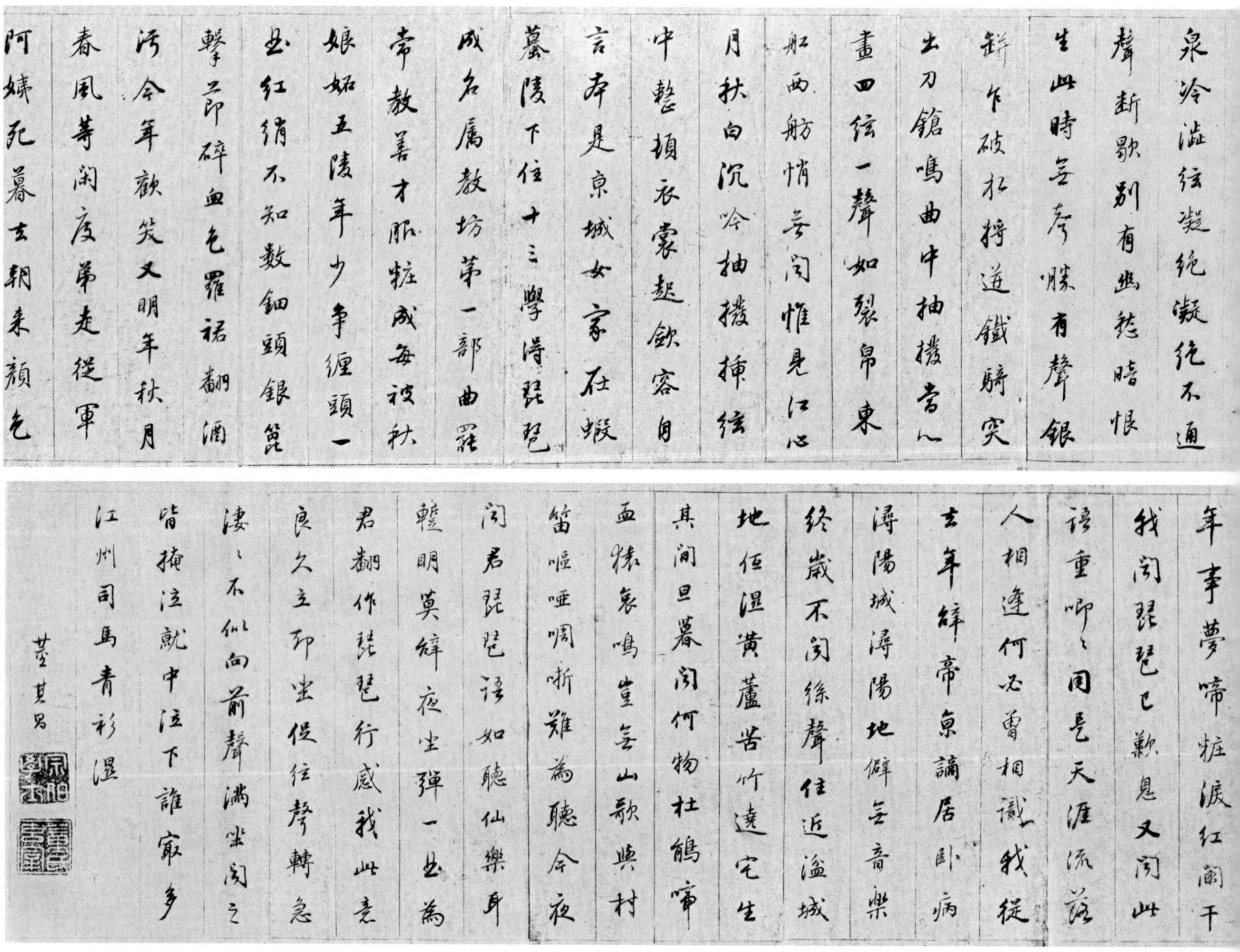

明　董其昌《行楷书白居易〈琵琶行〉》卷

去。去来江口守空船，远船明月江水寒。夜深忽忆少年事，梦啼妆泪红阑干。我闻琵琶已叹息，又闻此语重唧唧。同是天涯沦落人，相逢何必曾相识。我从去年辞帝京，谪居卧病浔阳城。浔阳地僻无音乐，终岁不闻丝（竹）声。住近湓城地低湿，黄芦苦竹绕宅生。其间旦暮闻何物，杜鹃啼血猿哀鸣。（春江花朝秋月夜，往往取酒还独倾。）岂无山歌与村笛，呕哑嘲哳难为听。今夜闻君琵琶语，如听仙乐耳暂明。莫辞夜坐弹一曲，为君翻作琵琶行。感我此意良久立，却坐促弦声转急。凄凄不似向前声，满座闻之皆掩泣。就中泣下谁最多，江州司马青衫湿。董其昌。钤：“宗伯学士”白文印、“董氏玄宰”白文印

此卷的最后丙寅嘉平月（1687）吴永跋，曰：“此高丽笺书，香光晚年笔也。姿态秀逸中极沉郁顿挫之致，所谓百岁老梅，嫣然一笑，视漫山桃李不足多矣。”吴永认为这是董其昌的“晚年之书”，但这个“晚年”的意义却十分模糊。从书风来看，应当是1610年前后创作的。当时董其昌五十多岁，人和书都还未臻化境。与董其昌1630年后的书法相比，秀润有余，所以这篇书法其实是中年时的作品，不是晚年的笔墨。

董其昌这篇书法的文字与《四部丛刊》初编《白氏长庆集》中的有相当大的不同。

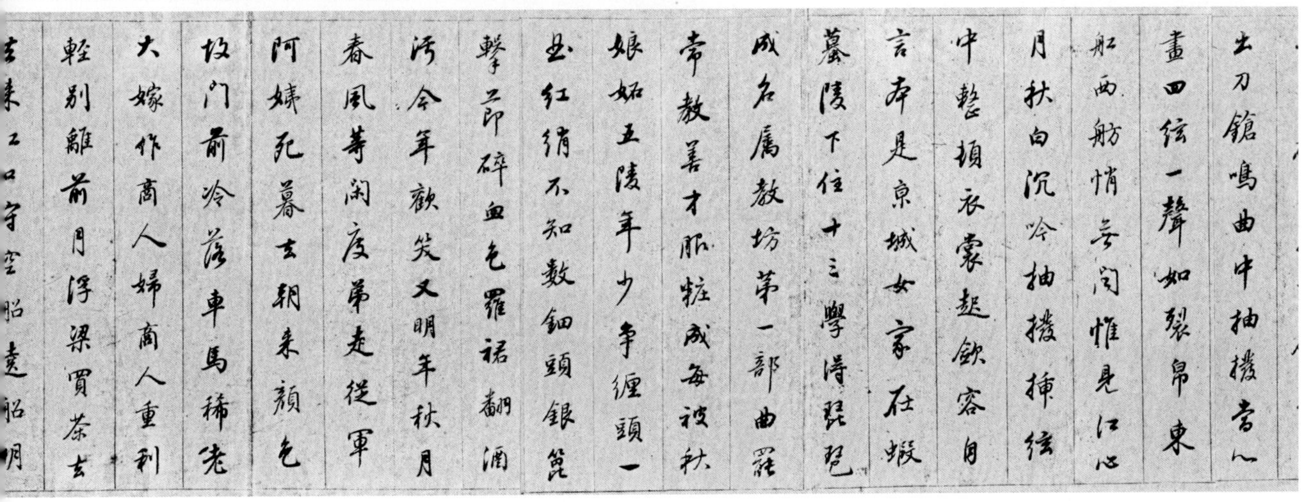

跋李氏《潇湘图》卷

绢本　小楷书

纵30.3厘米

日本东京国立博物馆藏

海上顾中舍所藏名卷有四，谓顾恺之《女史箴》、李伯时《蜀江图》《九歌图》及此《潇湘图》耳。《女史》在檇李项家，《九歌》在余家，《潇湘》在陈子有参政家，《蜀江》在信阳王思延将军家，皆奇踪也。董其昌观因题。钤："董玄宰"

董其昌所称"海上四名卷"中的顾恺之《女史箴图》现藏大英博物馆，其小楷刻入《戏鸿堂法书》。传为李公麟的《蜀江图》现藏于美国佛利尔美术馆，有董其昌两跋。一篇置于后隔水，小楷四行，与此跋的书法风格极为相近。另一篇在王穉登的长跋之后，行书三行："此卷余得之海上顾氏，今转入思延将军手，得所归矣。壬寅腊日重观书，其昌。"之后有小楷一行，曰："思延乃宫谕王师竹先生子，好古能诗，中州人。"其内容是对该跋的补充，而且可以看出该跋应作于1603年左右。小楷齐整，结体细长，是这个时期董书的特色。落款的"董其昌观因题"几字的写法，与1604年6月的跋王献之《中秋帖》和无纪年的跋李公麟《蜀江图》卷的字最为相似。

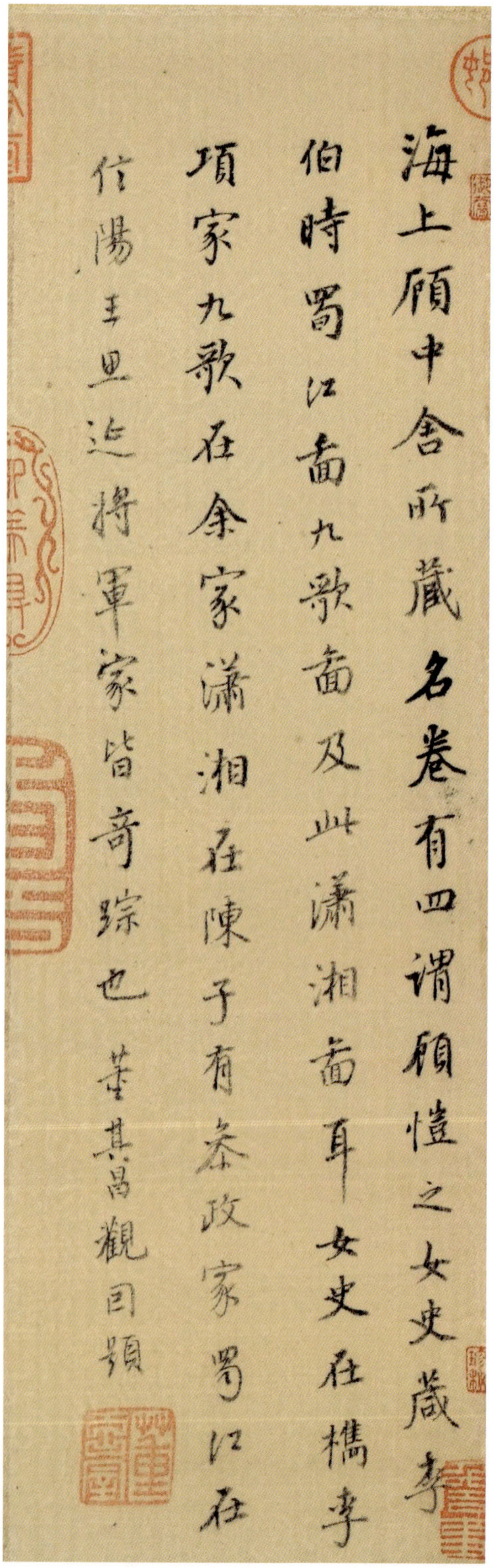

宋　李公麟《潇湘图》卷首董其昌题（局部）

跋李公麟《蜀江图》卷

绫本　小行楷

纵32.4厘米

美国佛利尔美术馆藏

龙眠画精工极矣。余尤爱其蝇头细书，展之皆可寻丈。榜署之法，从此可得。所谓小字如大字也。或曰，米元章笔。然宣和谱称，伯时书逼魏晋，安得以伯时题画书概归海岳耶？董其昌观因题。钤："董玄宰"

此卷余得之海上顾氏，今转入思延将军手，得所归矣。壬寅腊日重观书，其昌。

董其昌所题此画卷乃海上顾中舍旧藏四名卷之一，先为董其昌所藏，后来成为王思延的收藏。董其昌在这幅画卷上书有"再跋"，因其纪年为"壬寅腊日"，所以这篇跋一定是在它之前写的，大概是1602年左右。这篇书法和落款的字都与跋李氏《潇湘图》卷很相似。这两幅作品后来都为高士奇所藏，但两者相比，这幅《蜀江图》的画格并不高，应当不是出自李公麟之手。

宋人很好地论述了字的大小。东坡曰："凡世之所贵，必贵其难。……大字难于结密而无间，小字难于宽绰而有余。"黄山谷曰："小字莫作痴冻蝇。"米芾曰："凡大字要如小字，小字要如大字。"董其昌的书论出自这些讨论。董其昌中年题跋多作小楷，但他一定是以"小字如大字"为自己所追求的目标。

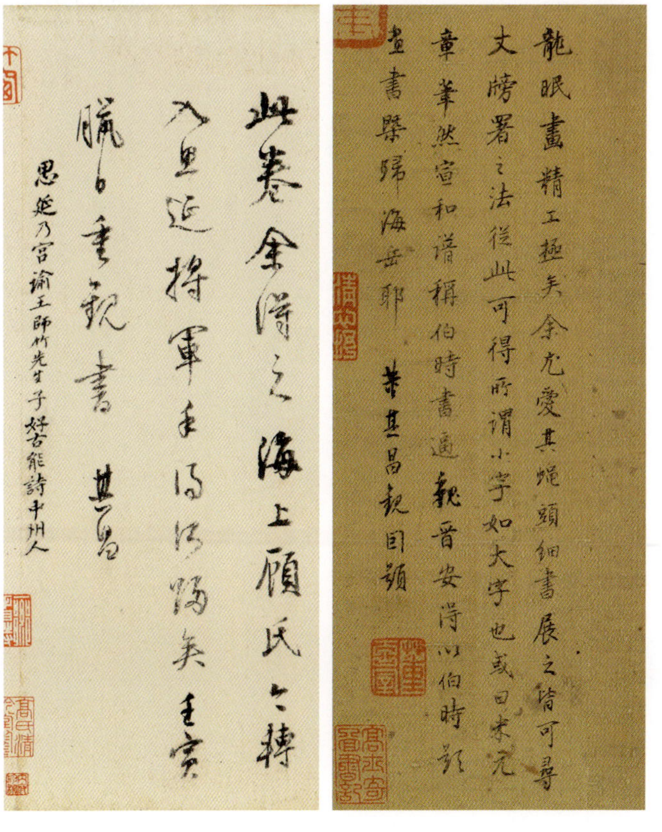

宋　李公麟《蜀江图》卷后的董其昌跋（两段）

王维《积雨辋川庄诗》扇

纸本　行草书

扇骨长约18.5厘米

美国芝加哥美术馆藏

积雨空林烟火迟，蒸藜炊黍饷东菑。漠漠水田飞白鹭，阴阴夏木啭黄丽（鹂）。山中习静观朝槿，松下清斋折露葵。野老与人争席罢，海鸥何事更相疑。其昌书，王右丞诗。钤：“董其昌印”

这首诗见于《王右丞集》，题为《积雨辋川庄作》。诗中“海鸥何事”，或作“海鸥何处”。这幅扇面书法用笔兼具秀丽与淡雅，没有董其昌晚年书法的范式，乃中年时的佳作。前半部分行书多，后半部分草书多，而由于使用了新笔，笔锋的转折和笔墨细微的地方，几乎都毫无遗憾地表现出来了。

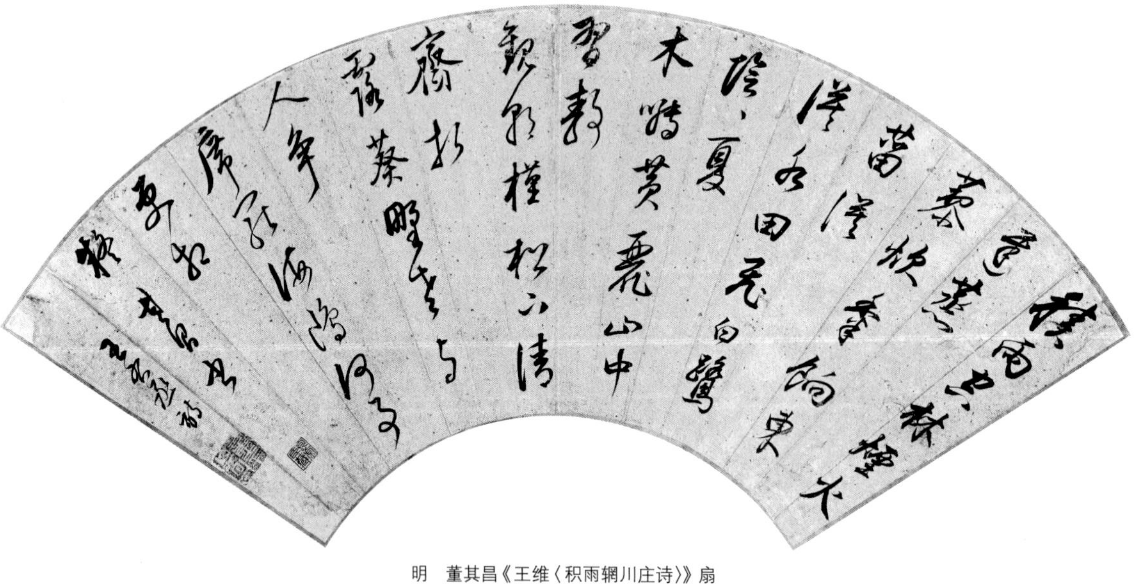

明　董其昌《王维〈积雨辋川庄诗〉》扇

行草书诗扇

纸本　行草书

扇骨长约15.9厘米

美国芝加哥美术馆藏

难把长绳系日乌，清时惟有醉功夫。任能金壁摩星斗，能使花枝不老无。其昌。钤："董其昌印"

董其昌写了这首诗，却没有记下其出处，不知是谁的诗。诗中，哀叹时过境迁，能否不让花枝老去。此书虽属无纪年，其实是董其昌哀叹自己已至暮年。从书风来看，完全是气势磅礴，不讲究细节。同芝加哥美术馆收藏的《王维积雨辋川庄诗》扇相比，可以看出此《行草书诗》扇是董其昌老年初期的作品。

明　董其昌《行草书诗》扇

陶潜《归去来辞》扇

泥金纸本　行书

纵17.4厘米、横50.5厘米

顾洛阜藏，现藏于纽约大都会艺术博物馆

乃瞻衡宇，载欣载奔。童仆欢迎，稚子候门。三径就荒，松菊犹存。携幼入室，有酒盈樽。引壶觞以自酌，眄庭柯以怡颜。倚南窗以寄傲，审容膝之易安。园日涉以成趣，门虽设而常关。陶靖节辞。董其昌。钤："董其昌印"

此书虽没有纪年，但从书风来看，应该是董其昌六十岁以后的作品。左下角有一枚收藏章，"听帆楼书画印"，但这并没有在潘正炜《听帆楼书画记》《听帆楼续刻书画记》中著录。

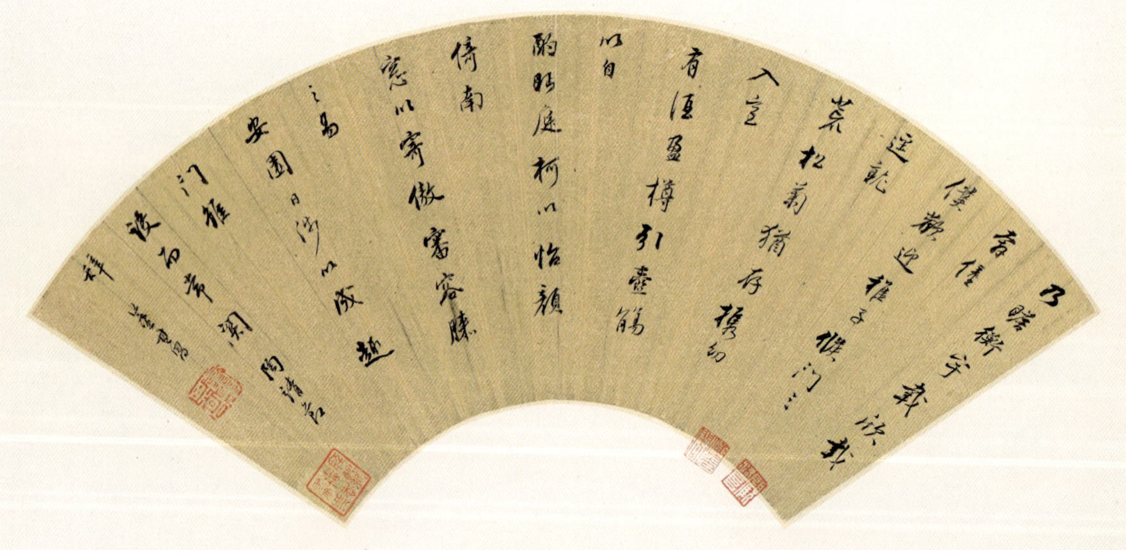

明　董其昌《陶潜〈归去来辞〉》扇

跋米芾《蜀素帖》卷

纸本　行草书

纵27.8厘米

台北故宫博物院藏

米元章此卷，如狮子捉象，以全力赴之，当为生平合作。余先得摹本，刻之《鸿堂帖》。甲辰五月，新都吴太学携真迹至西湖，遂以诸名迹易之。时徐茂吴方诣吴观书画，知余得此卷，叹曰：已探骊龙珠，余皆长物矣。吴太学书画船为之减色。然复自宽曰，米家书得所归。太学名廷，尚有右军《官奴帖》真本。董其昌题。钤："知制诰日讲官"白文印、"董其昌印"白文印

增城嗜书，又好米南宫书。余在长安，得《蜀素》摹本，尝与增城言，米书无第二，但恨真迹不可得耳。凡二十余年，竟为增城有，亦是聚于所好。今方置棐几，日夕临池，米公且有卫夫人之泣，余亦不胜其妒也。董其昌题。

崇祯七年，岁在癸酉子月（当为甲戌）。申甫计偕入都门，再观于东华门邸中，一似米老重观研山，第无玉蟾蜍泪滴之恨。董其昌。时年七十九岁。

董其昌曾曰："宋时有人以黄素织乌丝界道三丈成卷，诫子孙相传，待书足名世者方以请书。凡四传而遇元章。元章自任腕有羲之鬼，不复让也。"（《容台别集》卷四）所指的便是米芾《蜀素帖》。米芾书《蜀素帖》后还空了十几行，南宋及元明三代，竟无人敢跋。沈周、祝允明等人在卷后接裱的纸上才落笔。到了为董其昌所藏，董氏毫不客气地写了十三行跋，且基本没有踌躇之笔。此书中有"甲辰"（1604）的纪年，也许是在那一年写的。

二十多年后，此卷至海宁陈增城手中，董其昌再次题跋。此时，董其昌的书法进入了最成熟的阶段，流丽秀媚，更兼具沉着温厚之风，是董其昌书法最上品之一。卷后虽有董其昌崇祯七年（1634）的跋四行，但人与书都已至老年，没有前两篇跋那样爽快的作风了。

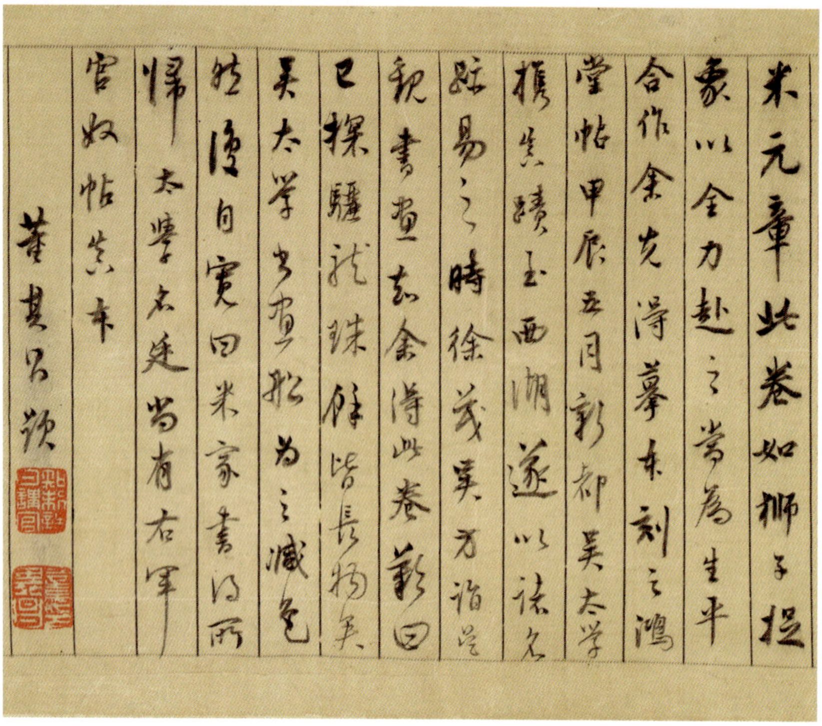

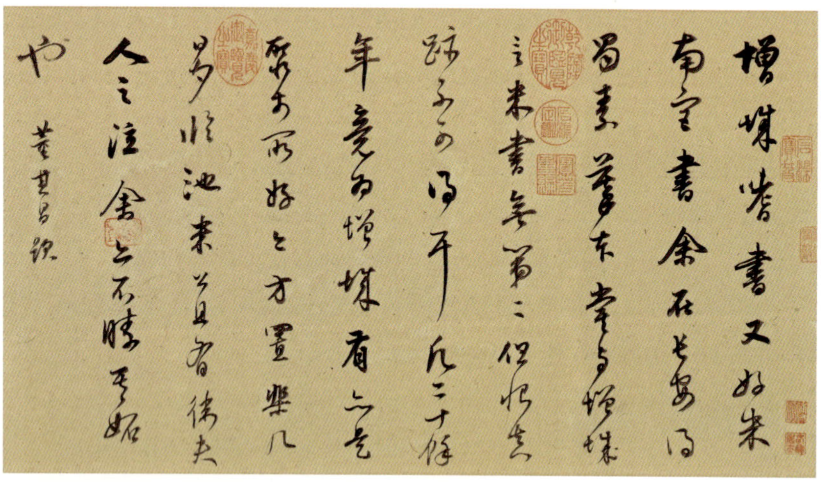

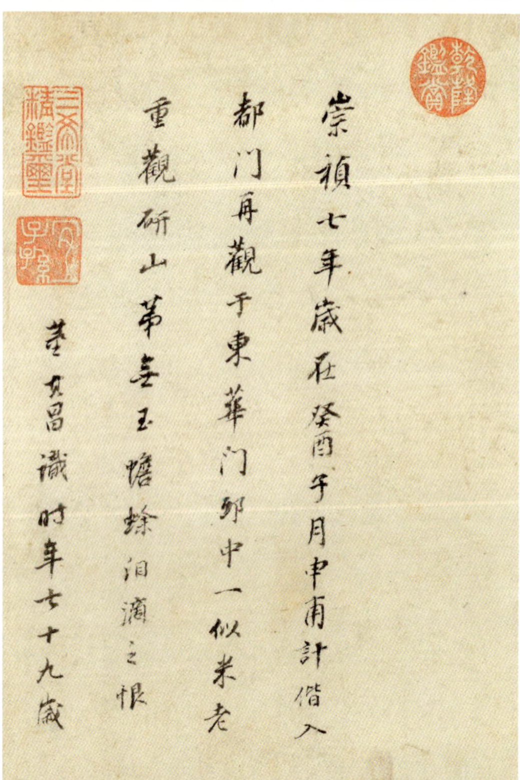

宋　米芾《蜀素帖》卷后的董其昌跋

跋赵孟頫《玄妙观重修三门记》卷

纸本　行书

纵35.8厘米

日本东京国立博物馆藏

熟观李北海《岳麓寺碑》，乃知此碑之逼真，犹是集贤偏师耳。董其昌题。钤：“董其昌印”白文印、“太史氏”白文印

赵子昂是董其昌在学书过程中毕生追赶欲超越的对象，有时他对赵孟頫的书法又相当严厉，曰：“古人作书，必不作正局。盖以奇为正，此赵吴兴所以不入晋唐门室也。”（《画禅室随笔·论用笔》）有时又还阐述公平的理论，曰：“吾于书似可直接赵文敏，第少生耳。而子昂之熟，又不如吾有秀润之气。”（《画禅室随笔·评法书》）对赵子昂学习李北海也曾加以评论：“大令实为北海之滥觞。今人知学北海而不知追踪大令，是以佻而无简，直而少致。北海曰‘似我者俗，学我者死’不虚也。赵吴兴犹不免此，况余子哉。”（《画禅室随笔·跋娑罗树碑后》）

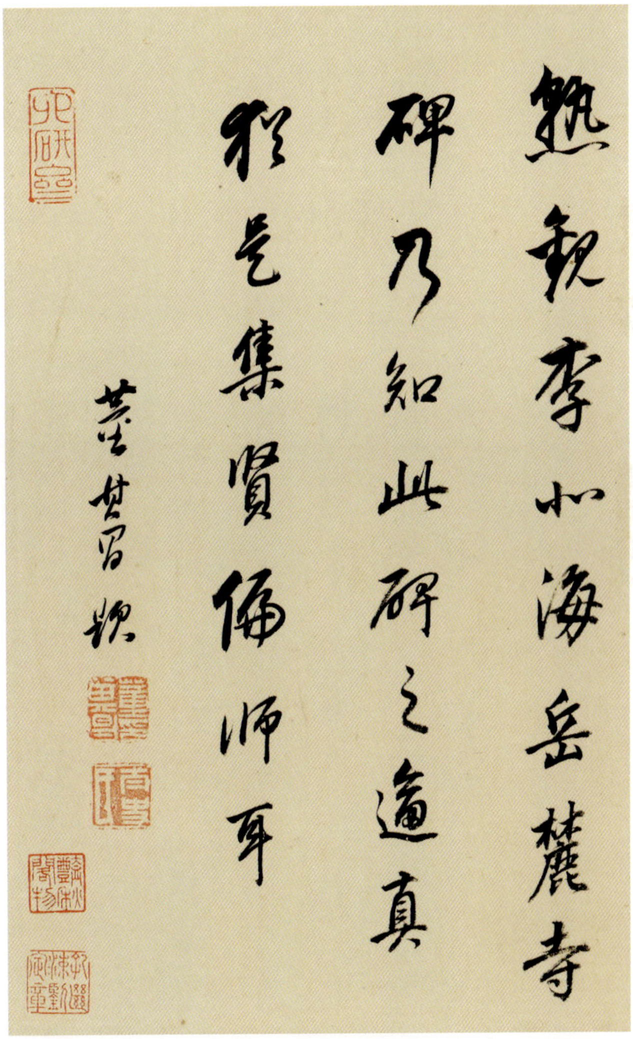

元　跋赵孟頫《玄妙观重修三门记》卷后的董其昌跋

此篇董其昌《跋赵孟頫玄妙观重修三门记》曰：“熟观李北海《岳麓寺碑》，乃知此碑之逼真。”可见优秀的书法在前，董其昌也不能随心所欲地加以批判。董其昌对李北海的书法评价极高，谓：“右军如龙，北海如象，世必有肯余言者。”（《画禅室随笔·跋李北海缙云三帖》）而今，赵子昂正逼李北海之真，可见他对赵孟頫《玄妙观重修三门记》是多么钦佩。董其昌写这段跋也是全力以赴，气定神闲，力量充沛。此篇也是师法李北海之作，虽只有三行，但确实是董其昌的力作。

韩愈《送李愿归盘谷序》卷

绢本　行草书

纵40.6厘米

日本大阪市立美术馆藏

送李愿归盘谷序。太行之阳有盘谷。盘谷之间，泉甘而土肥，草木丛茂，居民鲜少。或曰，谓其环两山之间，故曰盘；或曰，是谷也。宅幽而势阻，隐者之所盘旋。有（友）人李愿居之。愿之言曰，世之称大丈夫者，我知之矣。利泽施于人，名声昭于时。坐于庙堂，进退百官，而佐天子出令。其在外，则树旗旄，罗弓矢，武夫前呵，从者塞途。供给之人，各执其物，夹道而疾驰。喜有赏，怒有刑。才俊满前，道古今而誉盛德。入耳而不烦，曲眉丰颊，清声而便体，秀外而惠中。飘轻裾，翳长袖，粉白黛绿者，列屋而闲居，妒宠而负恃，争妍而取怜。大丈夫之遇知于天子，用力于当世者之（所）为也。吾非恶此而逃之，是有命焉，不可幸而致也。穷居而野处，登高而望远，坐茂树以终日，濯清泉以自洁，采于山，美可茹，钓于水，鲜可食，（起居无时，惟适所安。）与其誉于前，孰若无毁于其后。与其乐于身，孰若无忧于其心。车服不维，刀锯不加。理乱不知，黜陟不闻。大丈夫之不遇于时者之所为也，我则行之。伺候于公卿之门，奔走于形势之途。足将进而次（赼）且（趄），

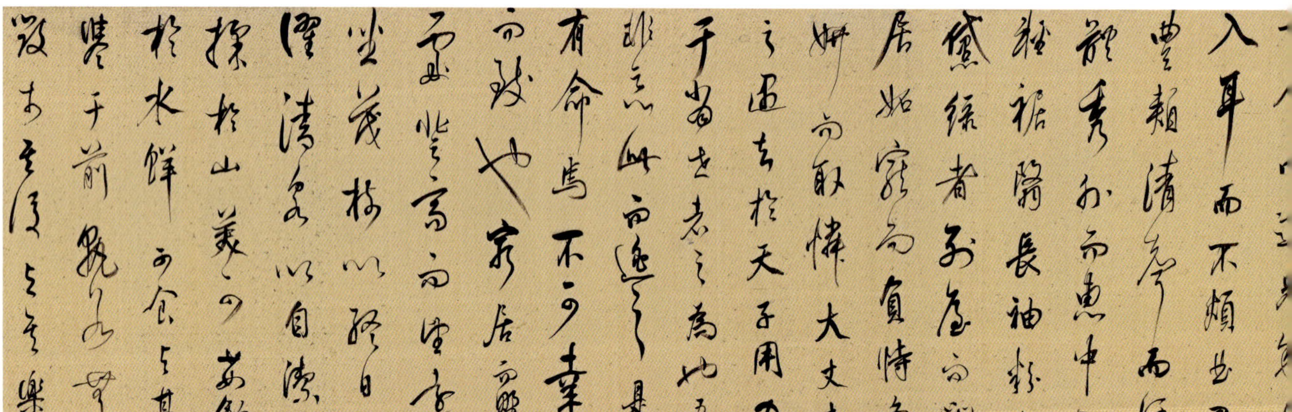

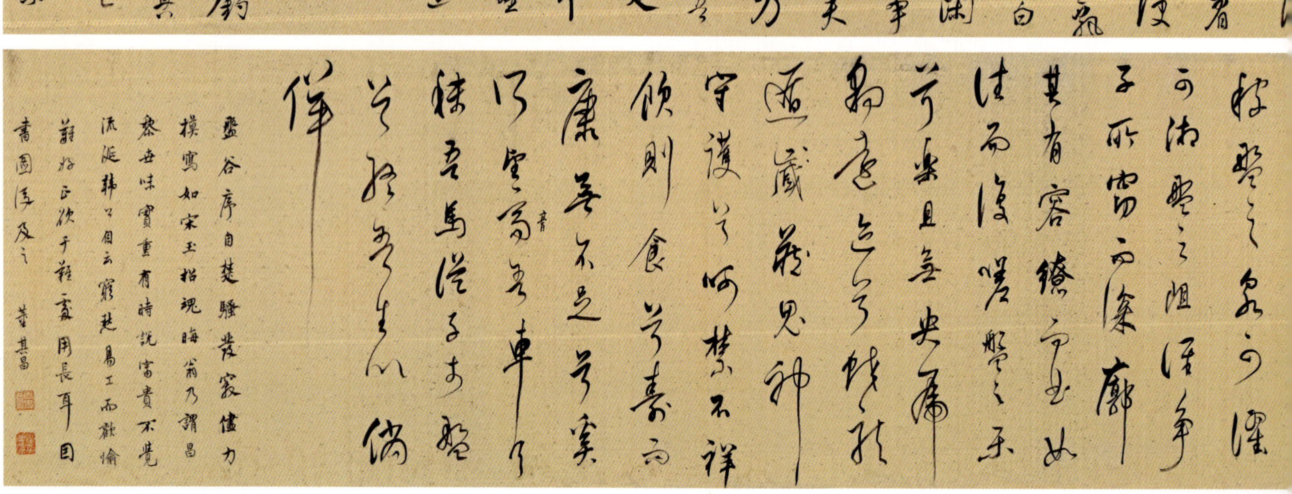

明　董其昌《韩愈〈送李愿归盘谷序〉》卷

只将言而嗫嚅。处污秽而不羞，触刑辟而不诛戮。侥幸于万一，老死而后止者。其于为人，贤不肖何如也。昌黎韩愈，闻其言而壮之，与之酒而为之歌曰。

盘之中，维子之宫。盘之土，维子之稼。盘之泉，可濯可湘。盘之阻，谁争子所。窈而深，廓其有容。缭而曲，如往而复。嗟盘之乐兮，乐且无央。虎豹远迹兮，蛟龙遁藏。鬼神守护兮，呵禁不祥。饮则（且）食兮，寿而康。无不足兮，奚所望。膏吾车兮，秣吴马。从子于盘兮，终吾生以徜徉。

盘谷序自楚骚发窍，尽力模写，如宋玉招魂。晦翁乃谓“昌黎世味实重”。有时说富贵，不觉流涎。韩公自云，穷愁易工，而欢愉难好，正欲于难处用长耳。因书图后及之。董其昌。钤：“太史氏”白文印、“董其昌印”白文印

此卷前面有董其昌画的《盘谷图》，题为“余书昌黎全序，因为山水以弁之”，可见董其昌是先写这个序，然后补图的。而现在画非常有名，但其书法反而不为人所知，《书法全集》《书法技艺》《书迹名品丛刊》等都未刊行此书，然其书风肃然，超越世俗，没有董其昌书法惯常所见的娇气。想来，此书虽以米芾为宗，但在跃动中也具有怀素之平淡，洋溢着高傲的气质，可以说是董其昌书法中最高级的作品。书和画都没有年代，但就风格而言，可能是晚年初期之作了。

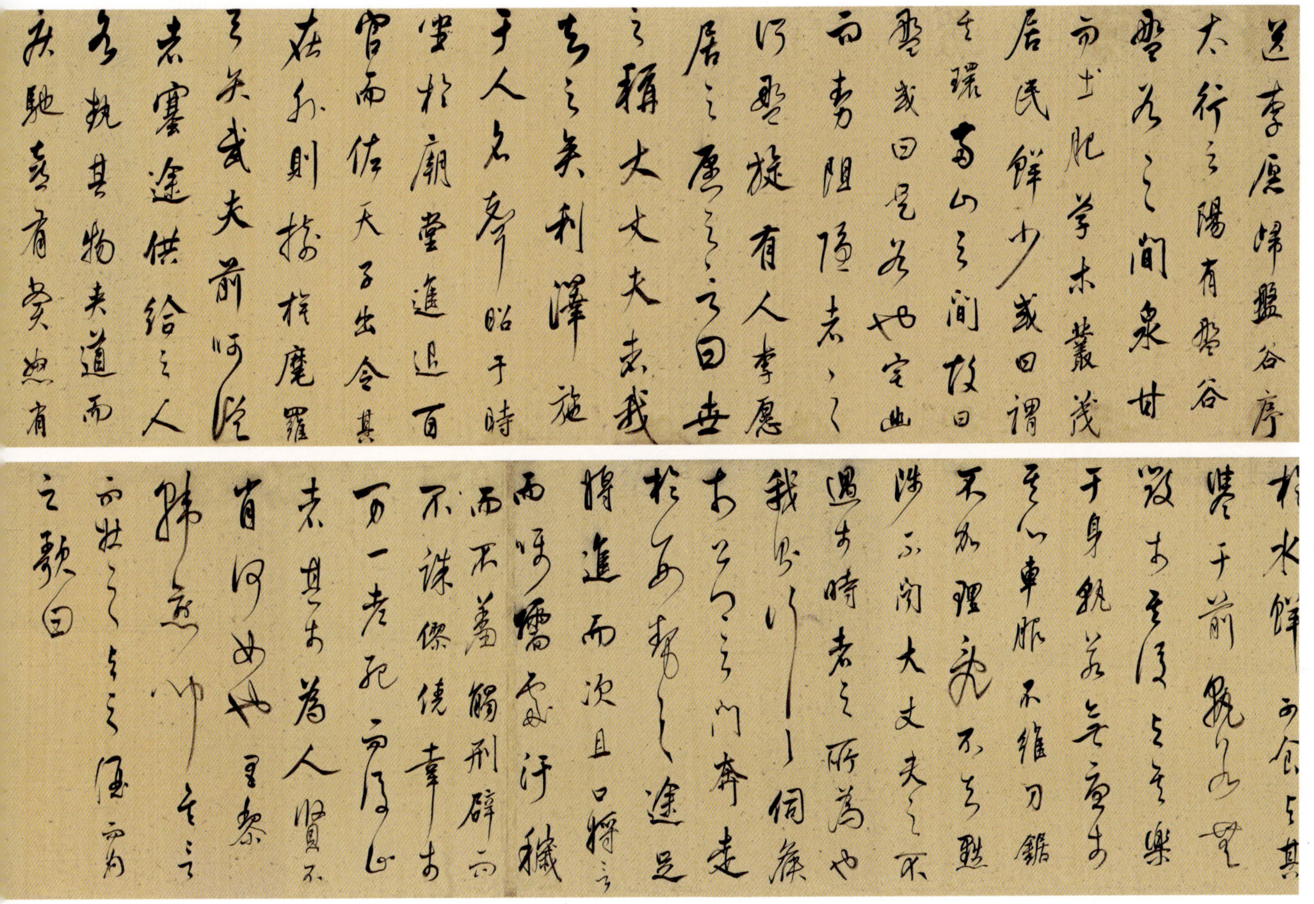

跋戴文进《灵谷春云图》卷

纸本　行草书

纵41.4厘米、横162.0厘米

德国柏林国家博物馆亚洲艺术馆藏

钱塘戴进画，入能品。此卷尤其合作，后有聂双江先生之迹，亦复道俊可传也。聂留心理学，乃擅临池之工，岂所谓玩物丧志，真杀风景语耶。董其昌题。钤："董其昌印"白文印

提倡南北宗论，且主张南宗画派正统性及其优势的董其昌，在浙派作品中的题跋是极为罕见的。除《画禅室随笔》外，董其昌的著作中也没有收录这篇跋文。《灵谷春云图卷》为绢本着色画，董其昌所说聂大年（1402—1456）之迹附在戴文进现存书信之后，接着董跋，还有康熙二年（1633）孙承泽的跋、无纪年的李佐贤跋。

（古原宏伸）

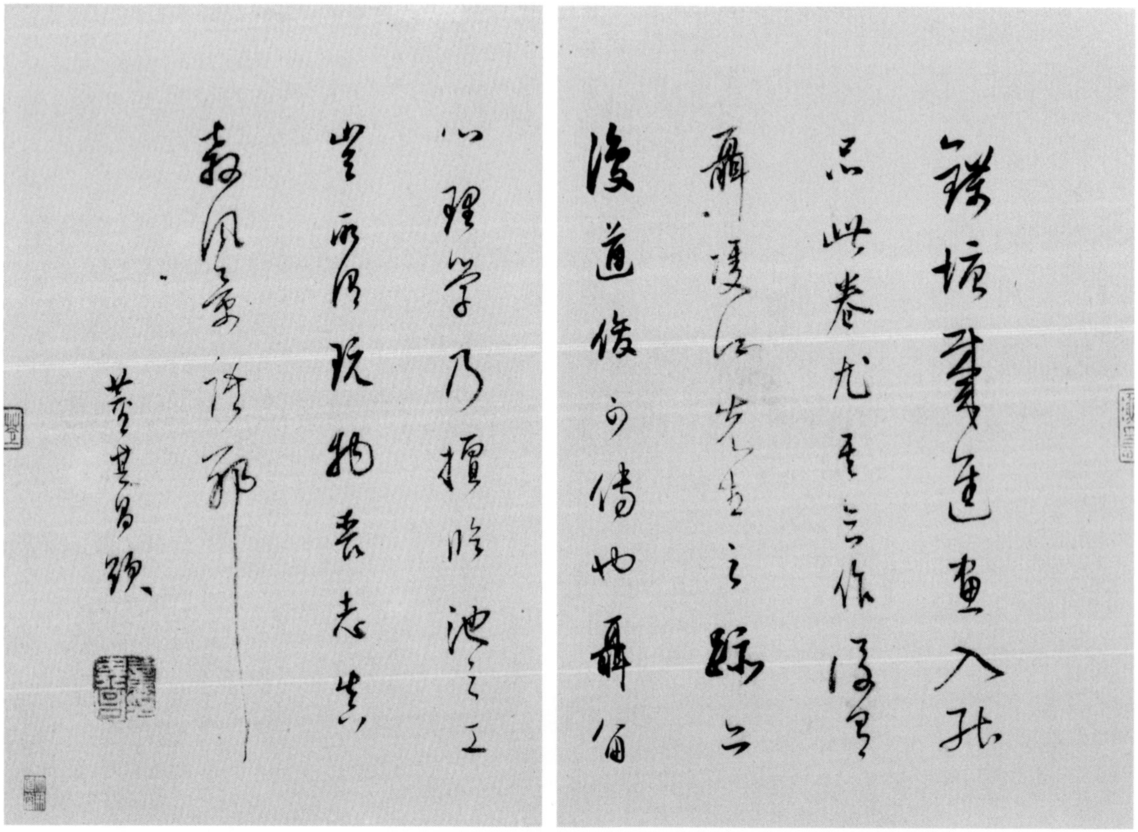

明　戴文进《灵谷春云图》卷后的董其昌跋

跋文徵明《山水图》卷

纸本　行草书

纵24.2厘米

私人藏（日本大阪）

余见赵子昂楷书过秦之论，是三十八岁书，及是文徵仲图为三十三岁画，皆盛年修名时笔，不似成名以后颓然自放也。董其昌题。钤：“知制诰日讲官”白文印、“董其昌印”白文印

嘉靖十二年（1533）十月四日的文徵明之跋，同年十三年（1534）闰二月十二日的王穀祥跋文，时期不明的袁袠跋文，万历五年（1577）闰八月望日的文嘉跋文之后，有董其昌的跋。

根据卷后直接有的文徵明之跋：“此卷余弘治壬戌岁所画。画未竟，为童子窃去，于是三十余年矣。客有持以相示者，恍然如隔世之事。非独老眼昏眊，不复能此，而思致荒落，不复向时好事矣。”题跋作于嘉靖癸巳（1533）十月四日，六十四岁。此图绘于三十三岁，是文徵明现存传世作品中创作年代最早的。虽然文徵明自称“未竟”，但纸面上却盖有五个文徵明之印。

作品几乎看不到沈周的影响，画面上的天地被重峦叠嶂填满，前景中只留下了一点点人马往来的道路，这一点是模仿14世纪的王蒙吧！类似的作品还有密歇根大学所藏绢本水墨画轴，但没有后者那样神经质地追随王蒙的意思，表现出通过再现漫长的自然景观来开拓自己样式的喜悦，虽多用干墨，但并未让人感到冷寂。

（古原宏伸）

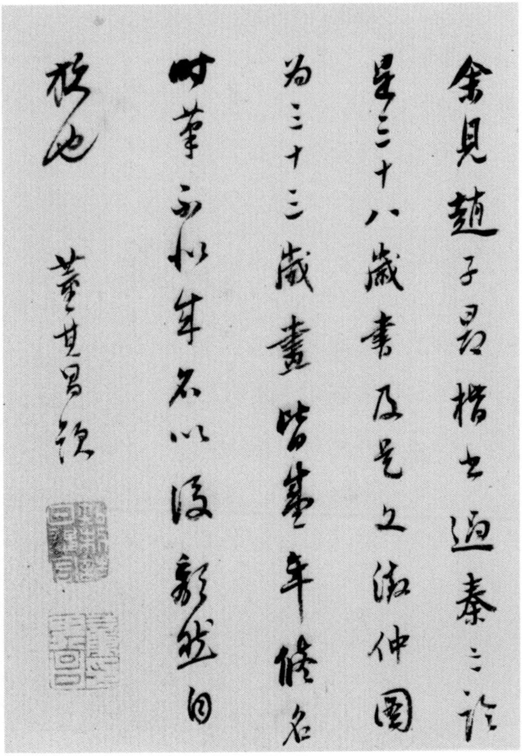

明　文徵明《山水图》卷后的董其昌跋

董其昌题米芾《云起楼图》卷首

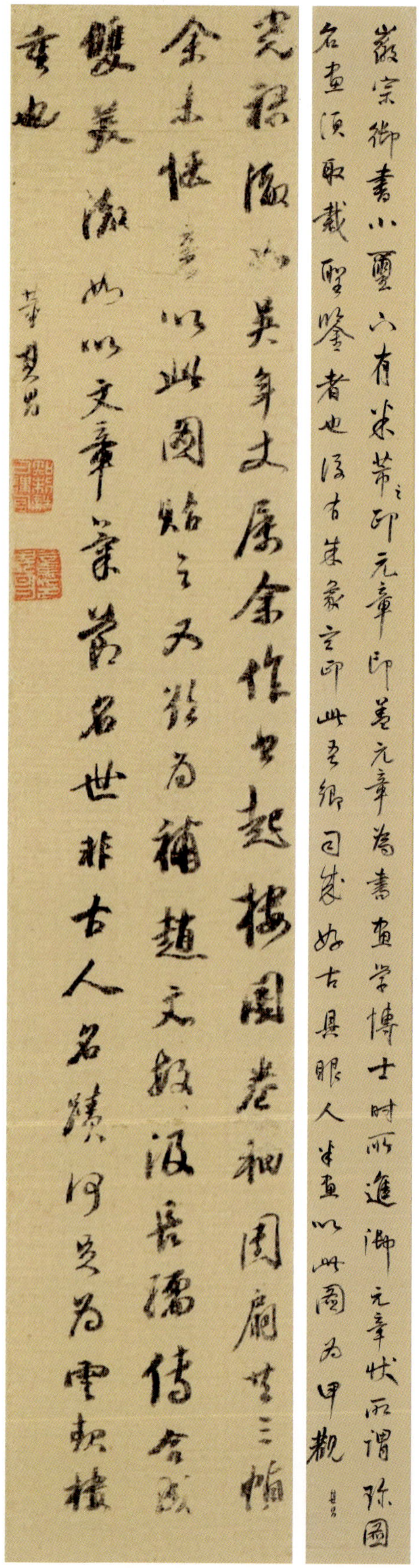

宋　米芾《云起楼图》后的董其昌跋（局部）

题米芾《云起楼图》轴

花绫本　行书　一幅

纵18.4厘米、横71.0厘米

美国佛利尔美术馆藏

云起楼图。董其昌书。

这篇书法原本是写在画幅上端的诗塘部分，现在被移到了画幅背后。此外，此画两侧还有董其昌行书题记。现著录如下：

徽宗“御书”小玺下，有“米芾之印”“元章”印。盖元章为书画学博士时所进御，《元章状》所谓“珍图名画，须取裁圣鉴”者也。后有朱象玄印，此吾乡司成，好古具眼人。米画以此图为甲观。其昌。

光禄澈如吴年丈，属余作《云起楼图》卷、轴、团扇共三帧。余未惬意，以此图贻之。又欲为补赵文敏《汲长孺传》，合成双美。澈如以文章气节名世。非古人名迹，何足为云起楼重也。董其昌。

由此跋可见，董其昌将此画赠予吴澈如。吴澈如是宜兴世家，与董其昌同年进士，两人交往密切。吴澈如收藏的书画也有很多名品，其中最著名的有黄公望《富春山居图》卷。“云起楼”为吴澈如书斋名。故宫收藏的董其昌庚子（1600）年的《辋川诗册》，也是为吴澈如所书。

轻阴阁小雨诗轴

绢本　行草书　一幅

纵153.5厘米、横48.5厘米

轻阴阁小雨，深院昼慵开。坐看青苔色，欲上人衣来。董其昌。钤：“玄赏斋”白文印、“太史氏”白文印、“董氏玄宰”白文印

这首诗于《容台集》中未见，也不知是哪位古人的诗作。书法仿米芾。董其昌的书法趣味远超“韵”，擅长手卷、册页以及题跋，大书巨轴并不擅长。因为在巨轴上，比起“韵”，“气”更胜吧。此轴是传世董其昌的轴中最精彩之作，字体与手卷、册页中书的大书没有多大区别，但兼具“气”和“韵”，这实在是难上加难。这篇书法虽然没有纪年，但从书风来看，被认为是六十五岁左右的作品。

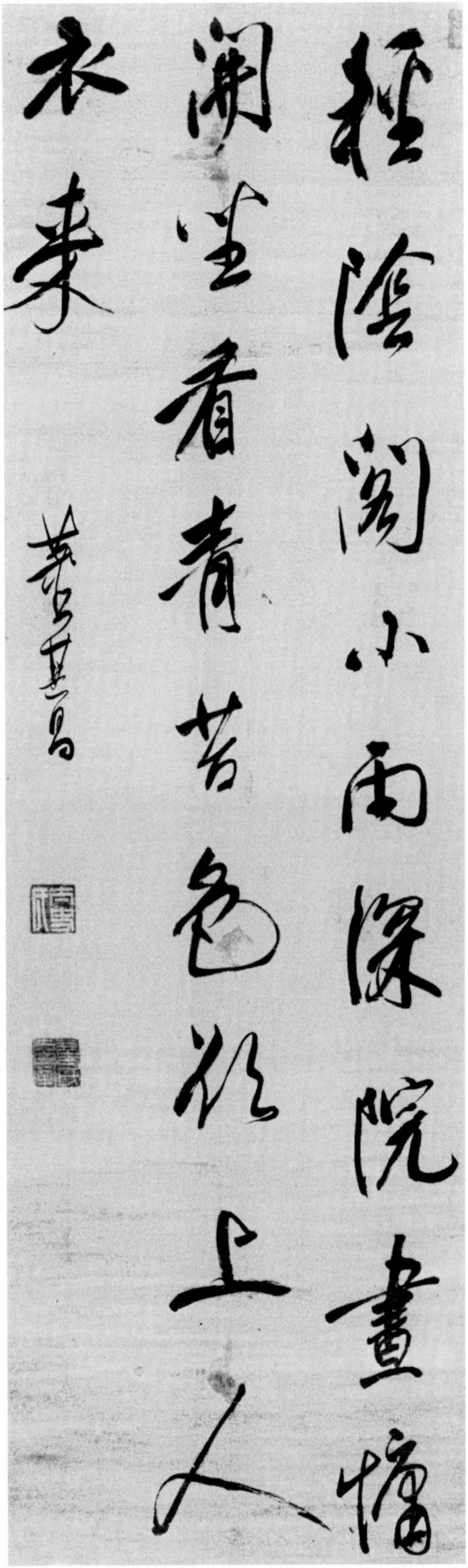

明　董其昌《轻阴阁小雨诗》轴

倪宽传赞

拓本　楷书草书

三希堂法帖

台北故宫博物院藏

汉兴六十余载，海内又安，府库（下略不录）……

褚遂良有此帖，颇类八分，余以颜平原法为之。山谷所谓送明远序，非行非隶，屈曲瑰奇，差得百一耳。董其昌。钤：“董玄宰”朱文印、“董其昌印”白文印

董其昌在“自识”中道“褚遂良有此帖，颇类八分”，指的是现藏于台北故宫博物院的《倪宽传赞》。其卷无董其昌跋，董其昌曾称“褚河南书此赞真迹，在馆师韩宗伯家，余尝借观，近于分隶，非二王法”，指的就是此帖。董其昌在书此篇时，不以褚氏为师而以颜真卿为范。想来，董其昌之大楷，几乎都是以颜氏为范的。卷后草书跋语则介于米芾、怀素之间。

明　董其昌《倪宽传赞》（局部）

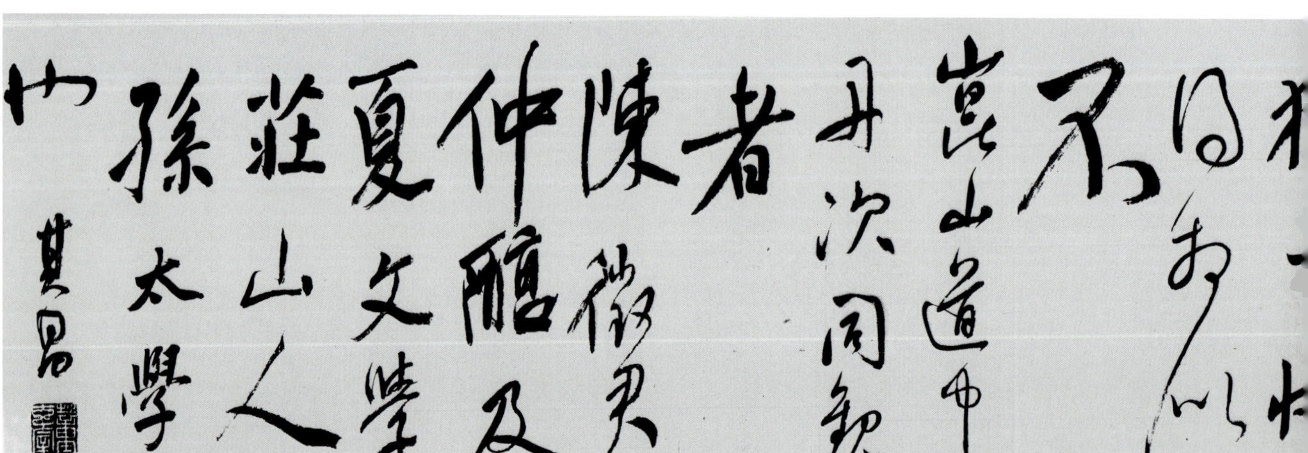

明　董其昌草书白居易《琵琶行》卷（卷首局部）

草书白居易《琵琶行》卷

纸本　行草书　一卷

琵琶行。浔阳江头夜送客，枫叶荻花秋瑟瑟。主人下马客在船，举酒欲饮无管弦。醉不成欢惨将别，别时茫茫江浸月……白太傅《琵琶行》，恨不逢张伯高书之。余以醉素笔意，仿佛当时清狂之状，得相似不。

昆山道中舟次同观者，陈征君仲醇及夏文学、庄山人、孙太学也。其昌。钤："董玄宰"白文印

此卷是传世董其昌书法中罕见之作。高士奇在董其昌的《草书郎官石记》题跋称"初见之，不觉董华亭"，这句话也可以形容此卷。董其昌的书法以秀润为特色，所以不适合大书特书。但此卷字大如拳，本来流芳百世的风格为之一变，庄重而沉稳。但仔细一看，果然还是董其昌。

卷后"自识"中称"（白太傅琵琶行，恨不逢张伯高书之。余以醉素笔意，仿佛当时清）狂之状，得相似不"。想来，张旭（720—750年间活动）是比白居易（772—846）稍早之人，虽然不能用狂草写这首歌行，但如果可以的话，一定能成双绝了。据说董其昌在写此卷时用了怀素的笔意，但与专门模仿怀素《自叙帖》的作品（临《自叙帖》卷）和东京国立博物馆的《行草书卷》相比，笔意并不完全相同。想当年董其昌胸中是张旭的精神在翻滚吧，因此，不知不觉中，笔端流露出此意，壮气大大增加。明朝中叶以后，前不次于祝允明，后不次于王觉斯，可惜此种书风董其昌没有多作，后人只能学到柔媚书风。如知以上，便知此卷重要性了吧！

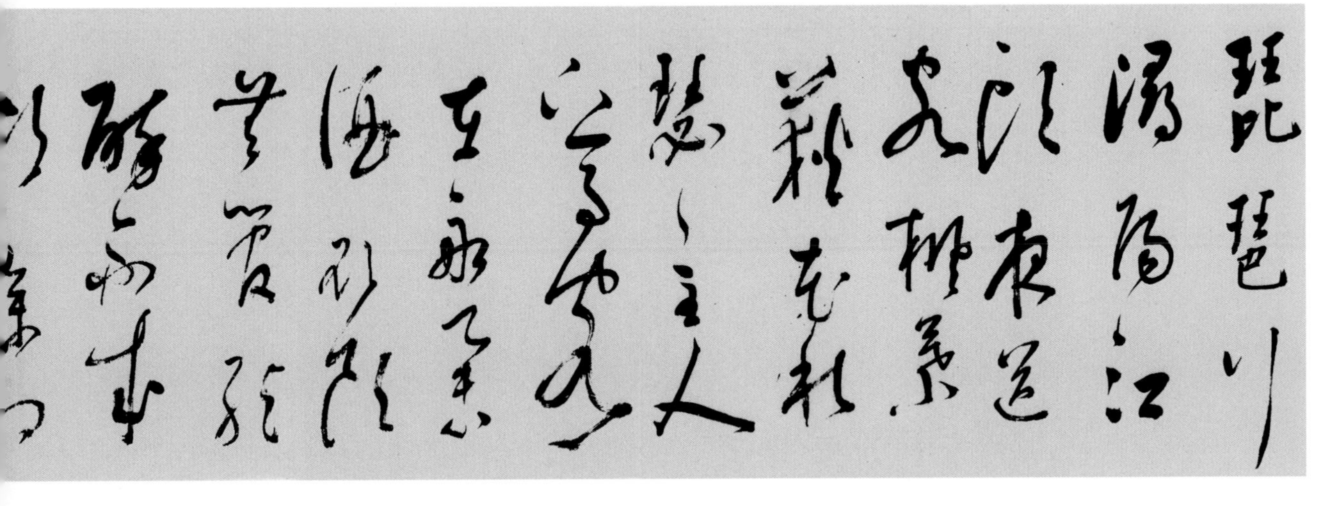

临张旭《郎官壁石记》草书卷

绢本　草书　一卷

纵26.7厘米、横328.3厘米

美国底特律美术馆藏

尚书省郎官壁石记。朝散大夫行右司员外郎陈九言撰，吴郡张旭书。

夫上天成象，北极着于文昌。先王建邦，南宫列为会府。六官既辨，四方是则。大总其纲，小持其要。礼乐刑政，于是乎达，而王道备矣。圣上至德光被，睿谋广运，提大象以祐生人，躬无为以风天下。三台淳耀，百辟承宁。动必有成，举无遗策。而犹搜择茂异，网罗俊逸。野罄兰芳，林殚松秀，尽在于周行矣。夫尚书郎廿四司，凡六十一人，上应星纬，中比神仙。咸擅国华，以成台妙。修辞制天一之议，伏奏为朝廷之容，信杞梓之薮泽，衣冠之领袖。顷朝荣初拜，或省美中迁，升降年名，各书厅壁。刊石为记，不其伟欤。

张长史《郎官石记》，怀素《自叙》，鲁公赠言所谓“楷法精详”，特为真正者也。又有草书一帖，并临之。董其昌。钤：“其昌之印”朱文印、“玄宰”朱文印

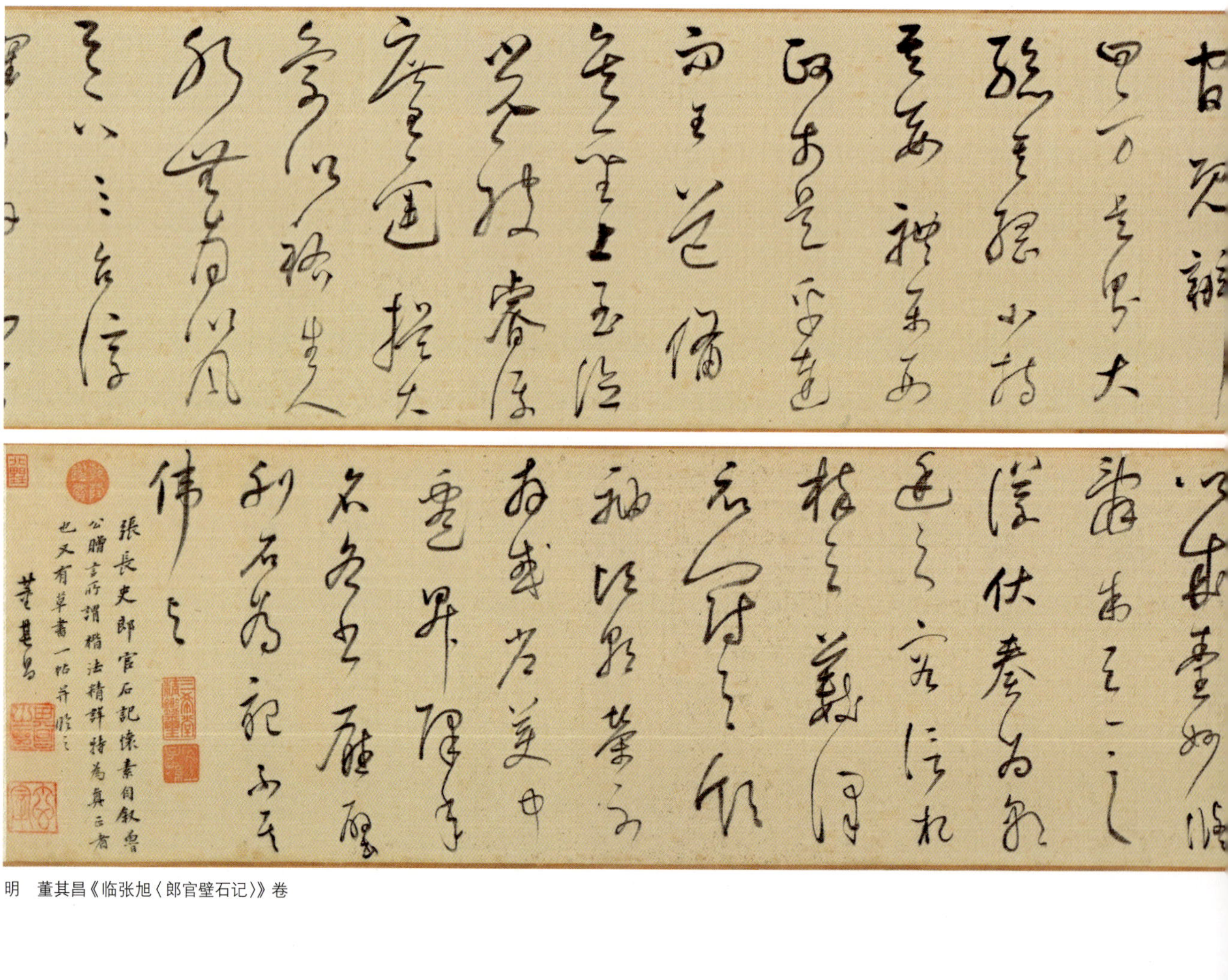

明　董其昌《临张旭〈郎官壁石记〉》卷

董其昌虽称此为临本，但张旭草书的原帖实在是稀缺。与《临张旭郎官壁记轴》作对校时，文字有若干异同。“上天垂象”本卷制作成“成象”，“举无遗策”之下的文字“年和俗厚，千载一时”缺失，又“各书厅壁”之下一百七十四字亦缺。

此卷书风与董其昌一般书法稍有不同，幸好卷后有董其昌小楷自识，那里发挥了董其昌的本领，所以高士奇（1645—1704）在其初跋中，称之为：“董华亭临张长史之书丰神逼肖，始视之，不知董华亭也。跋尾三行，楷法精妙，遂见本色。”高士奇还特别高度评价董其昌的书法，认为其位于明代诸大家之上，曰“至于其纵横变幻之中，倒有一段秀色餐可言。祝枝山、王雅宜之但以沉着而得意”。想来，祝允明和王宠二家在骨力方面都很出色，董氏书法在气韵方面很出色。

高士奇在这篇作品上写了三次跋。初跋是康熙的癸酉年（1693），次跋是戊寅年（1698），曰“展阅董迹三十余种”。可见其收藏董其昌作品之丰富多彩。高士奇所著《江村销夏录》的“凡例”的最后一条曰：“董文敏公书画近代第一，所见真迹甚多，另为一卷。”这与之前记述相符合，不过，遗憾的是高士奇所见所藏的董其昌书画目录没有刊行。第三篇跋是壬午年（1702），两年后高士奇与世长辞。

卷首有清张照的短记：“董尚书临张长史《尚书省郎官壁石记》。草书真迹，上上神品。”张照是紧追董其昌的主要人物，乾隆时，主编了清内府书画目录《石渠宝笈》。董其昌此卷曾为朱之赤所藏，后为高士奇所藏，继而入清内府。

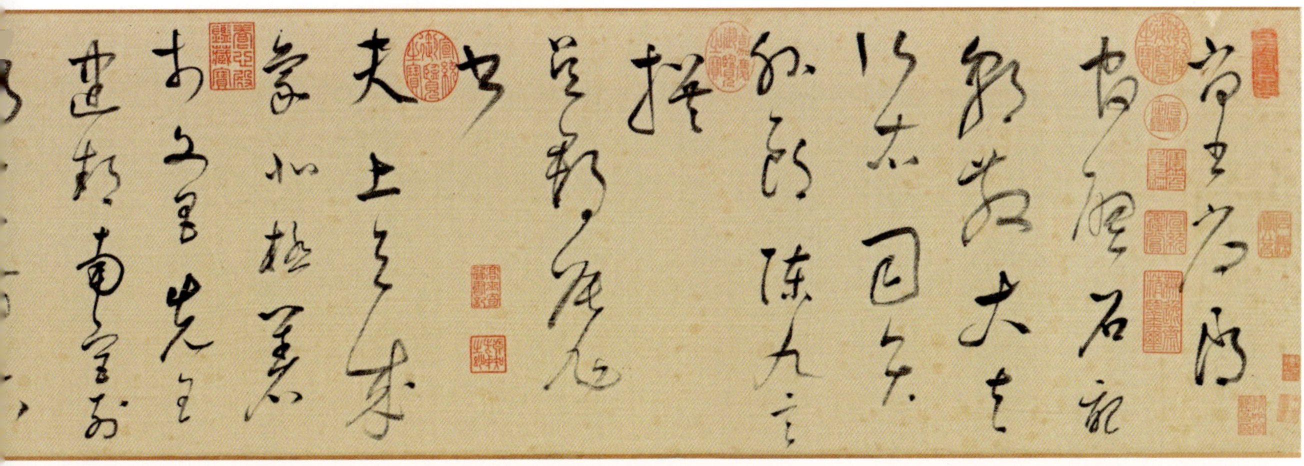

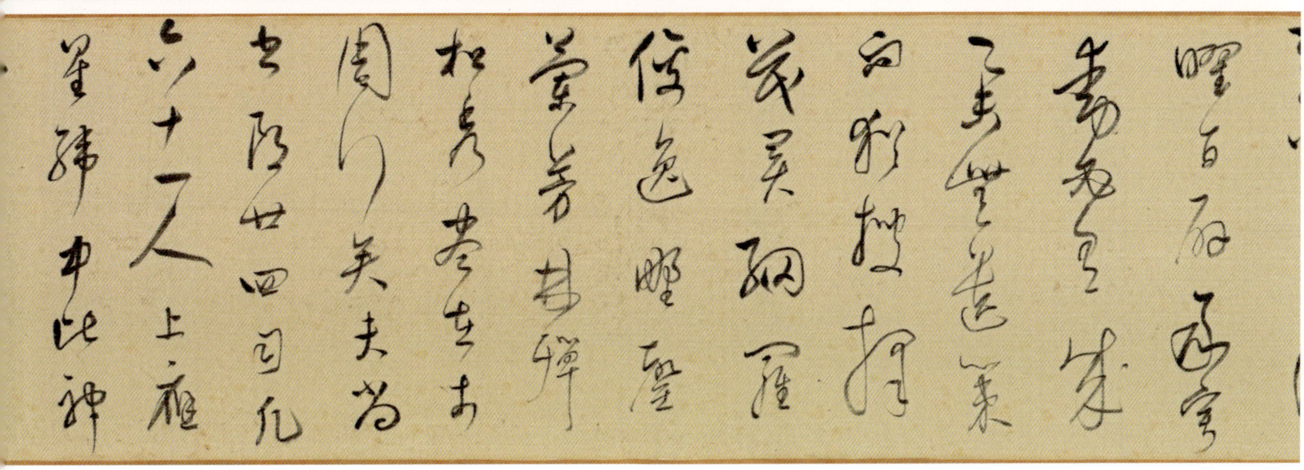

草书王维诗轴

纸本　草书　一幅

纵190.5厘米、横74.0厘米

顾洛阜藏，现藏美国纽约大都会艺术博物馆

山中相送罢，日暮掩荆扉。春草年年绿，王孙归不归。其昌。钤："玄赏斋"白文印、"宗伯之章"白文印、"董其昌印"白文印

董其昌草书受怀素《自叙帖》的影响最大，但作品数量却较行楷少。此巨轴，大字约有三十厘米，换言之可能是传世董其昌草书作品中单字最大的。如果不看原迹的话很难知道其精彩之处，但从缩小的图版来看，虽然有点模糊，但在最后一行可以看出董其昌草书的功力。

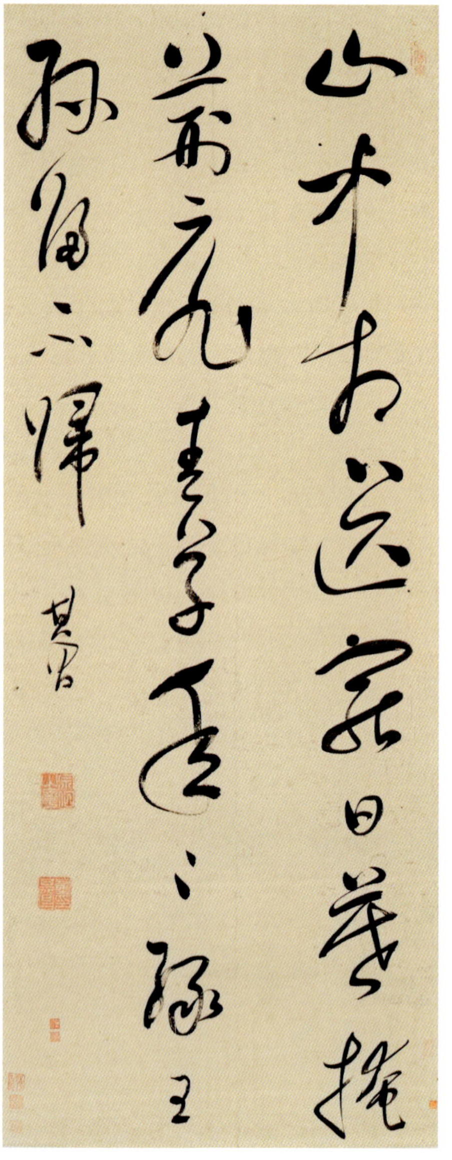

明　董其昌《草书王维诗》轴

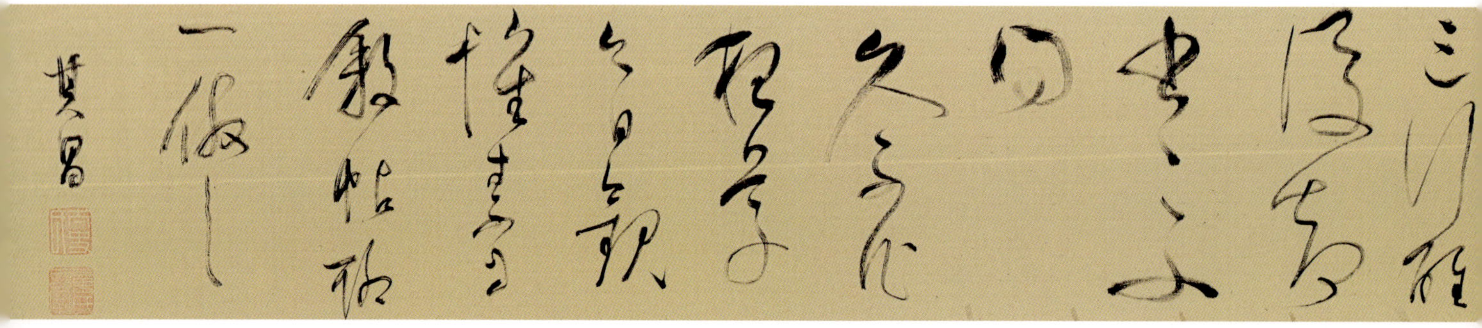

明　董其昌《临自叙帖》卷

临《自叙帖》卷

绢本　狂草书　一卷

纵32.0厘米、横323.0厘米

日本东京国立博物馆藏

初如轻烟澹古松，又似山开万轫峰。意在新奇无定则，古瘦漓澌半无墨。醉来信手两三行，醒后却书书不得。久不作狂草，今日观怀素《自叙帖》，聊一仿之。其昌。钤：“太史氏”白文印、“董氏玄宰”白文印、“玄赏斋”白文印

怀素《自叙帖》在成化年间（1465—1487）为江阴徐泰所藏，吴宽曾从徐泰处借临，并将其临本呈现给文徵明看，可惜其临本未流传至今。吴宽（1436—1504）逝世二十多年后，文徵明首次看到原本，于是用双钩法摹刻在石头上，数月后才完成。嘉靖壬辰年（1532），文彭将释文用小楷刻在其后。万历之时，真迹为项元汴所藏，项元汴在跋语中称“其价千金”，现藏于台北故宫博物院。

董其昌道：“予为诸生时，馆于嘉禾，与项元汴交善，屡得借临，因知本朝解学士（缙）、张南安（弼）仅得形骸之似，惟徐武功（有贞）庶几十三，盖怀素虽放纵不羁，实尺寸古法。”（《容台别集》卷二《跋自书》）由此跋可知董其昌与《自叙帖》的由来，更可见董其昌对自己狂草之书相当自信，有凌驾有明一代草书家的气概。

董其昌此卷，不是将原迹摆在眼前，准确临书的“对临”，而是试图表现原迹形象的“意仿”之作。这从文字有异同之处可以得知：“初疑”作“初如”，“煙”作“烟”，“万仞”作“万轫”，“志在”作“意在”，“漓骊”作“漓澌”。另外，六句中首二句和下四句在原本中没有连接。首二句是卢员外的句子，其下原本有王永州、朱处士、李御史以及张公等句，然后与“许御史瑶云，（意在新奇……书不得）”相连。董氏也许已经把此作牢牢记于胸中，当兴趣涌上心头时，因是随手书之，故产生了以上异同。遗憾的是，董其昌的狂草书作传世不多，除此作之外还可见癸卯年（1603）三月的《行草书卷》后的题识。

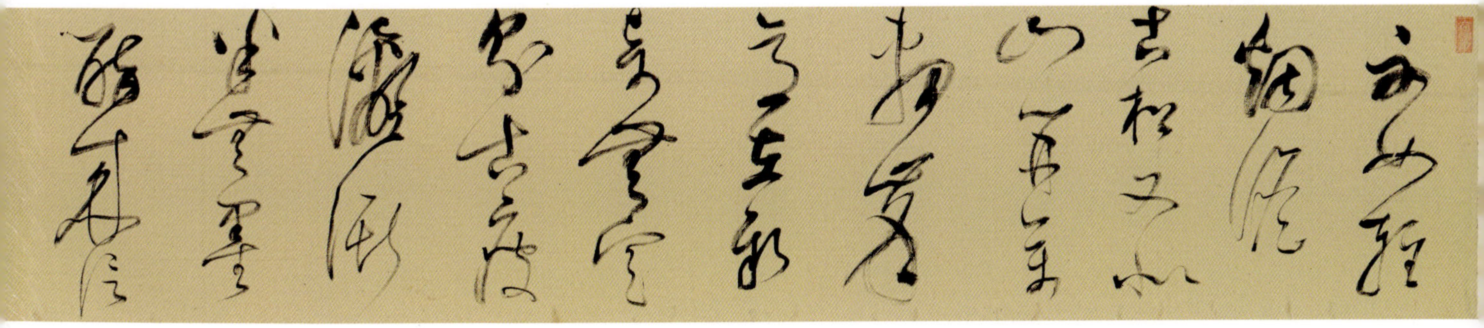

图书在版编目（CIP）数据
董其昌研究 / 傅申著. -- 上海：上海书画出版社，2024.5
（傅申中国书画鉴定论著全编）
ISBN 978-7-5479-3345-9
Ⅰ. ①董… Ⅱ. ①傅… Ⅲ. ①董其昌（1555-1636）—人物研究 Ⅳ. ①K825.72
中国国家版本馆CIP数据核字（2024）第093303号

本书系上海文化发展基金会图书出版专项基金资助项目

董其昌研究
傅申 著

责任编辑 袁 媛 苏 醒
审　　读 陈家红
责任校对 郭晓霞
封面设计 王 峥
技术编辑 包赛明

出版发行 上海世纪出版集团
上海书画出版社
地址 上海市闵行区号景路159弄A座4楼
邮政编码 201101
网址 www.shshuhua.com
E-mail shuhua@shshuhua.com
制版 上海久段文化发展有限公司
印刷 浙江海虹彩色印务有限公司
经销 各地新华书店
开本 889×1194 1/16
印张 20
版次 2024年8月第1版 2024年8月第1次印刷

书号 ISBN 978-7-5479-3345-9
定价 188.00元